ヒマラヤ旅日記　——ネパール・ポンモ村滞在記

ヒマラヤ旅日記

—ネパールポンモ村滞在記

田村善次郎［編］

西部ネパール民族文化調査隊［著］

目　次

第四部　帰途キャラバン日記

凡例

・本書の執筆は、一九六七年頃から始まっている。現在では使われない用語、表現をそのまま掲載している個所がある。

・当時のネパールでは、度量衡は地域によってかなりの差違があった。売り買いする双方が互いにこの量が1テ・1マナだと了解すれば……つまり、双方の合意がある計量具がその時々の量を決めていたので、記載した容量・重量換算は現地感覚で不正確なものもある。

ダイレク

スルケット

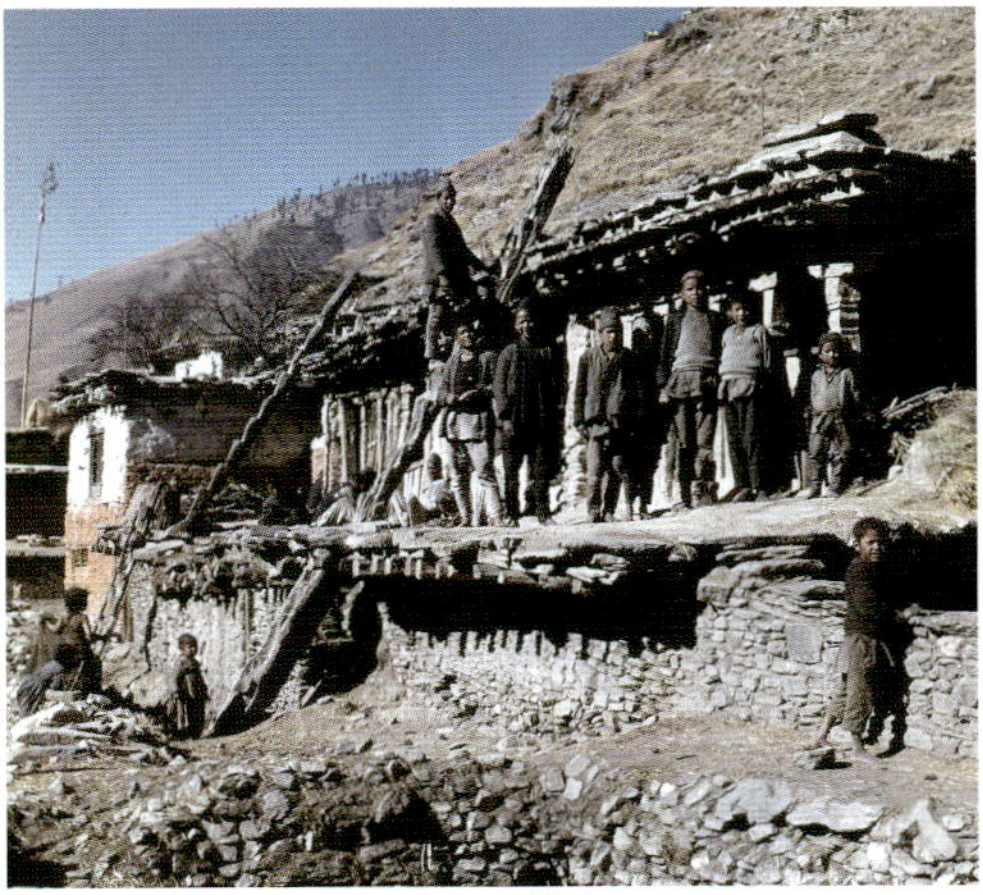
ジュムラ付近

ジュムラ中心街

リミ

リミ

リヒの人形橋

コンメイ

人形橋側面

欄干の人形たち

橋を下から

ポグアン

コンメイは男女一対が多い

ククリを腰にさしている

コンメイ

調査隊とポーターたち

後ろから見ると人の姿が見えない程に
担がれた松葉（ダイレクあたり）

マウレ・ラの頂上の
マリガデヴィに
立つ旗（ジュンラ）が
勢いよくはためく

ポンモ

陽だまりに集まっての手仕事

カグマラと村

村の外観

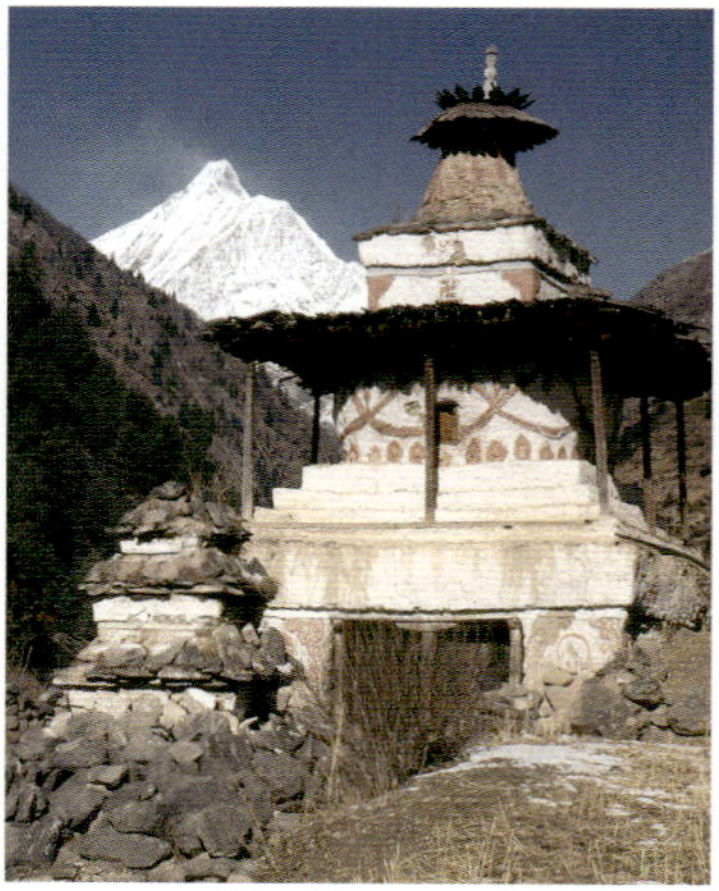

北側・第三のカンニ

崖の上から村を見おろす

崖の上からも村を護るチョルテン

こちらは朱色がまだ残っている

東崖上のチョルテン。基壇には薄れてはいるが吉祥紋などの浮彫装飾が見られる

第二のカンニ。ややくたびれかけているが、創建当時の豪華さが偲ばれる

二階・三階へは丸太の刳りぬき梯子で登る

狭いテラスで靴造り・菜種乾し。
後部の家に竹籠や大きなドコ。日に当てるもの多し

屋根に麦藁が積み上げられている

経文が印刷されたタルチョ

［組み写真］突然タックドゥックに出逢ってしまった

弓矢を持った僧侶が藁束の外側に向けて矢を放つ

村内から広場に繰り出すタワたち。ブランケットの上
に置かれた籠と皿に盛られ石の上に置かれたトルマ

僧侶が憤怒神や道化と絡みながら、
穢れのトルマなどを入れていた籠を藁束の方に運ぶ

紐が鳴って石が飛ぶ

憤怒神がカンニの外側に石を投げる。
面を上げないと方向が判らない

放擲する方向を見定めるように動き回る僧侶・憤怒神・道化

藁束・籠に火がつけられた

トルマを放り投げる僧侶

右手にトルマを持った僧侶は方角を変えながら、投げるポーズをとるが、直ぐには投げない。この放擲が儀式のクライマックスのようで、骨笛も吹かれている

ブランケットに二つの三角形を組み合わせた紋様が描かれている

最終的には川の方角に向けて投げた。どこに飛んで行ったのか私たちには判らなかったが、村人たちには見えたのだろうか。手前の裸足のアンキャル少年は行事の最初から旗を持ち弓を持ち参加している。ラマ僧志願の見習い僧

広場に石が三個積み上げられていた。結界である。おどけてみせる道化を残して、タワたちは振り返らずに村に戻る

タック・ドゥックの終わりに顔に白い粉を。左は面を外した憤怒神

ポンモの人びと

入り婿ニマ・ラマとプティ婆さん（No.13）

ツェワン・モラム爺さん（No.10）

リンブルツェ（No.5）

ニマ・ラマ長男ユンドゥン・イセ夫妻（No.13）

シンドゥル・ギャルボ（No.7a）

7つの名を持つジャンピ爺さん（No.12b）

シェラップ・ラマ（No.5）

ショナム・ギャルツェン（No.9b）

モラムの娘チェリン・ヨンドン（No.10）

チュルディン・ギャルツェン（サタシ No.9a）

ショナム・チュルディン（凍傷男 No.11）

シェラップの息子ニマ・ラマ（No.5）

6サタの妻ヌル・サンム（No.6）

ユンドゥン長女ダワ・プティ（No.13）

ツェワン・ギャルボ（パルダン No.7b）

パルデン・ラマ（No.12a）

モラム爺さんの心配の種タクラ（No.10）

パルダン夫人ザンム（No.7b）

しっかり者のニマ・ポンツォ（No.3）

ニマ・ラマ三男ツェワン・デンドゥ夫妻（No.13）

ニマ・ラマ末息子チン・テンジン（No.13）

タンキャル（No.9a）

ショナム・ツェリン（シンソワ No.8）

チュルディンの末弟のテシ・タルキャ（No.9c）

ゴンパの全景。正面の白壁がリンブルツェー家の居宅

ゴンパ。かなりの急斜面上にある

居宅入口でのニマ・ラマ。
入口上に彫刻施されている

風にたなびくゴンパのタルチョ群

入口上の彫刻

村の家とは異なり、下半部には白塗料、窓も装飾的

靴造り。大抵は男の仕事

雪の中の水汲み。重労働である

臼を搗く、ゴミをとる、もみ殻を飛ばす、三位一体。
臼杵は男がすることもあるが、大概は女の仕事

油絞り。握りしめ、強く揉み、体重をかけ、搾りだす

機織り。きれいな縞模様を紡ぐ

機織り。糸の持って二人で引っ張り伸ばす

グ・ドゥック／タルチョ立て替え

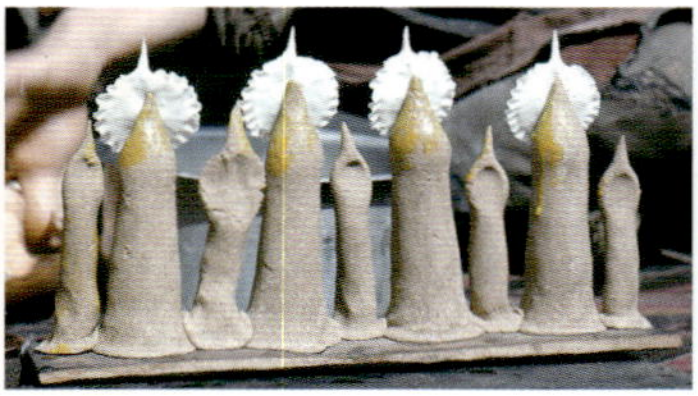

トルマ（法事用）

グ・ドゥックのトルマを持つモラム爺さん（No.10）

ツァンパをこねてトルマ造り

法事用の祭壇

タルチョ立て替えのため
ドコに乗るサタシ

ユンドゥン家のタルチョ立て替え
盛装したユンドゥン・イセ

村長の弟ギャムゾウが太鼓を抱えて打ち鳴らし、
隣家のヒャクパが女装して踊りだした

仮面に彩色する

タック・ドゥック用の仮面

仮面制作中のユンドゥン

ヤクキャラバン

仏画製作中のユンドゥン

赤い塗料でヤクの角を塗り、胴体に呪文を描き、
耳飾りを付け、額にはギーを付ける

ビャクシンの葉に付けた聖水を
振りかけて祝福するリンブルツェ

パルダンが群のリーダーの白ヤクに、
赤房を付け、荷に旗を立てる

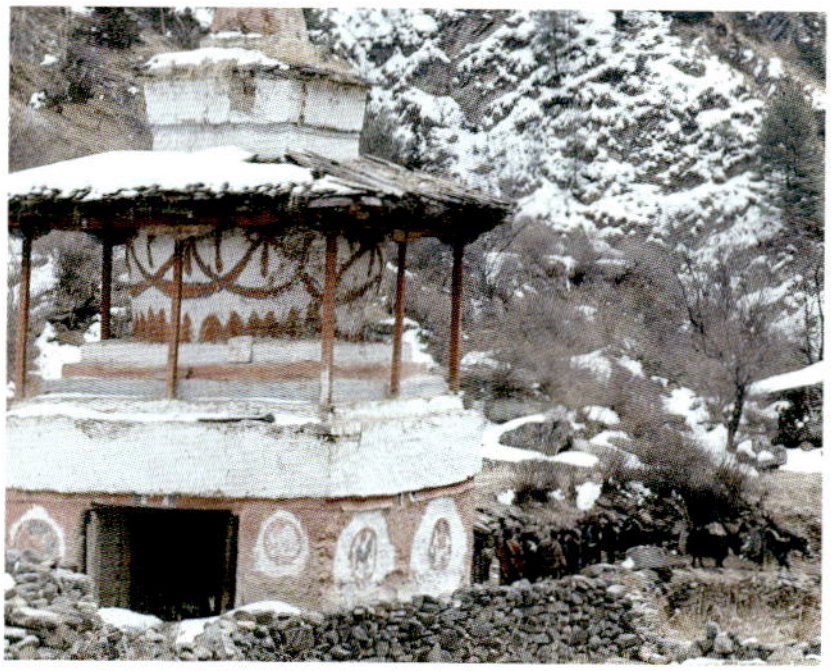
カンニを時計回りに村を出ていくキャラバン

角に赤い塗料を塗る
パルダンとユンドゥンの倅

ヤクから荷物を下ろし、積みあげ、ビャ
クシンを焚いて今日の旅の無事を感謝

ポンモの道具・その他

当時村にはビニール類はなかった。私たちから入手した袋を早速水汲みに利用

ポンモ・チュ下流の橋の彫刻

重い竪杵と石臼

獣皮で作ったフイゴ

丁寧に編まれた蓋つきのドコ。
中身は殻付きのクルミ（リミ）

石臼でマカイを挽く

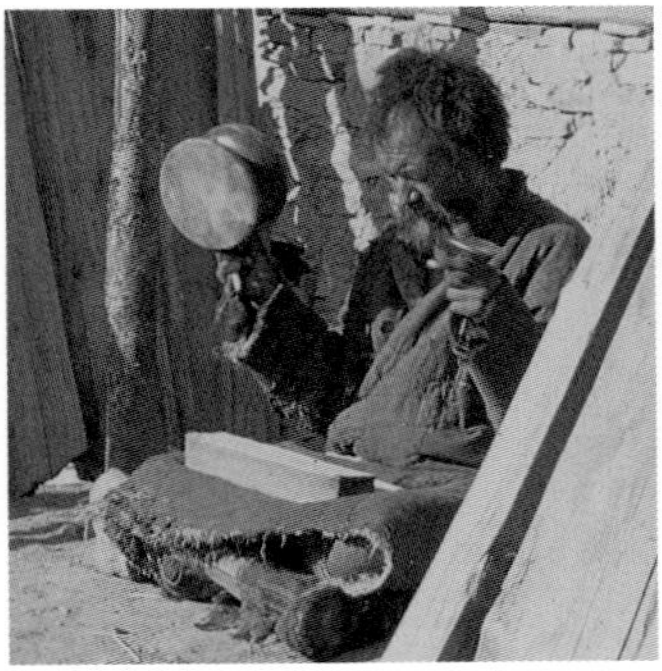

鈴と振り太鼓を鳴らし読経するモラム

糸紡ぎの道具

自分の身体より大きい干し藁の束を背負う

タルチョの柱にビャクシンの枝や木製の短剣、穀物などが括りつけられている

生活必需品、不等辺七角形の水桶。
シンソワが作るという

ブンチョロ一本で板を作るシンソワ

薬品寄付依頼について

謹啓、貴社益々御清栄の段慶賀申し上げます。

さて、私どもは、このたび別紙計画書のとおりネパール王国特に西部ネパールムグカルナリ地域を中心に学術調査を行うことになりました。つきましては、隊員の健康管理と現地住民診療のため下記の薬剤を必要としておりますが、経済的な余裕がございませんので貴社の御理解と御厚情により、御寄贈賜われば幸甚に存じます。ここにぶしつけながらよろしく御協力のほどをお願い申し上げます。

敬具

昭和42年7月5日

西部ネパール民族文化調査隊
隊長 田村善次郎
医師 小田晋

扶桑製薬殿

記

1. ビオチン 300丸

以上

薬品寄付依頼

食品寄付依頼について

謹啓、私どもはこのたび別紙計画書のとおり、西部ネパールに遠征して学術調査を行うことになりました。つきましては携行食品として、左記のものを必要としておりますが、経済的な余裕がございませんので、貴社の御理解と御厚情により、御寄贈賜われば、幸甚に存じます。ここにぶしつけながらよろしく御協力のほどをお願い申し上げます。

敬具

昭和四十二年七月二十八日

西部ネパール民族文化調査隊
隊長 田村善次郎

殿

記

食品寄付依頼

西ネパール民族文化調査隊募金依頼

拝啓 時下益々御健勝の御事とお慶び申し上げます。

さて、この度左記のようにネパール王国に民族文化調査団を派遣する運びとなりましたので、趣旨をおくみ取りの上、御協力のほどお願いいたしたく存じます。

ネパール王国は、調査すべき文化と多くの問題を持っているにもかかわらず、この国を訪れる日本人の大半はヒマラヤに目をうばわれて、その山麓に住む人びとの生活をこまかに調査研究をしようとする人は、二・三の先輩を除いてはきわめて少なかったと云えます。

ここに本格的な学術調査を目的とする若い人達の計画が進みつつあることは、学問の上からも、両国の文化交流を一歩進める上からも、きわめて意義のあることといわねばなりません。

とくに今回の調査では、従来見おとされていた西ネパールに重点を置くものであることに重要な意義がありま す。そこはラマ教文化圏に属していますが、ラマ教定着以前のボン教がなお残存し、しかも体制化せられる以前の黒ボン教の残存も予想せられる点において、民族信仰の原初的形態の探究も可能になるかと考えられます。

これらの事実をはじめ、ここに住む者の日常生活一般、とくに物質文化追求を通じて、その具体的な姿を見ようとする態度と方法は、日本文化と比較する上に、一つの重要な手がかりになるであろうと思惟せられます。もとよりこれらは調査対象の一部にすぎませんが、堅実に調査対象に接近し得るならば、効果は必ず大なるものがあろうと思われます。

しかも隊長以下隊員はすでに過去において、日本内外の物質文化、社会、経済についてのおびただしいフィールドワークを重ねて、充分な経験と実績を持っており、その成果の正確で価値高いものであることをも期待できますこうした試みを持つ隊員諸君は財政的にはきわめて乏しい状態であります。しかし過去の実績と堅実な方法の上に立てられた計画であるだけに何とか成功させたい念にかられる次第です。

調査隊の派遣予算は三百三十万円弱でありますが、そのうち隊員の個人負担分を除いて二百万円を外部からの募金に頼らなくてはなりません。

ここに心ある皆様方の御協力に待つこと切なるものがあり、御協力のほどお願い申し上げる次第であります。

右事情御諒察の上御高配を賜りますようお願い申し上げます。

敬具

殿

昭和四十二年六月

東京都小平市小川町一の七三六
武蔵野美術大学社会科学研究室内
電話〇四二三―四一―五〇一一
西部ネパール民族文化調査隊
後援会会長 日高信六郎

記

○ 調査隊後援会
日高信六郎（日本国連協会副会長 日本ネパール文化協会会長）
川喜田二郎（日本ネパール文化協会専務理事 東京工業大学教授）
泉靖一（東京大学教授）
堀一郎（東京大学教授）
鈴木二郎（東京都立大学教授）
宮本常一（武蔵野美術大学教授）

○ 調査隊派遣期間
昭和四十二年八月二十三日から昭和四十三年三月末日まで

○ 調査隊隊員構成
隊長 田村善次郎（三十三才）
東京農業大学大学院卒業
武蔵野美術大学講師
日本民俗学会会員
マネジャー 松沢憲夫（二十五才）
早稲田大学政経学部卒業
日本ネパール文化協会事務長
一九六二～三インドネパール調査 一九六六 東南アジア調査
隊員 小田晋（三十三才）ドクター
東京医科歯科大学助手
国際犯罪学会会員
〃 黒田信一郎
東京外語大学卒業
東京都立大学大学院社会人類学D・C存学中
日本民族学会会員
〃 木村真知子（二十四才）
早稲田大学文学部東洋史学科卒業
日本民族学会会員
〃 神崎宣武（二十三才）
武蔵野美術大学社会科学研究室
日本民俗学会会員
〃 西山昭宣（二十四才）
早稲田大学大学院東洋史M・C存学中

募金依頼

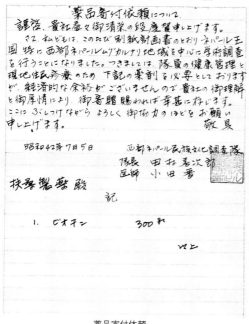

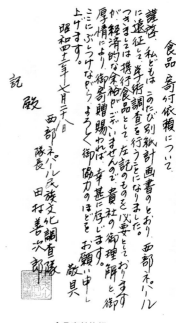

タック・ドゥック

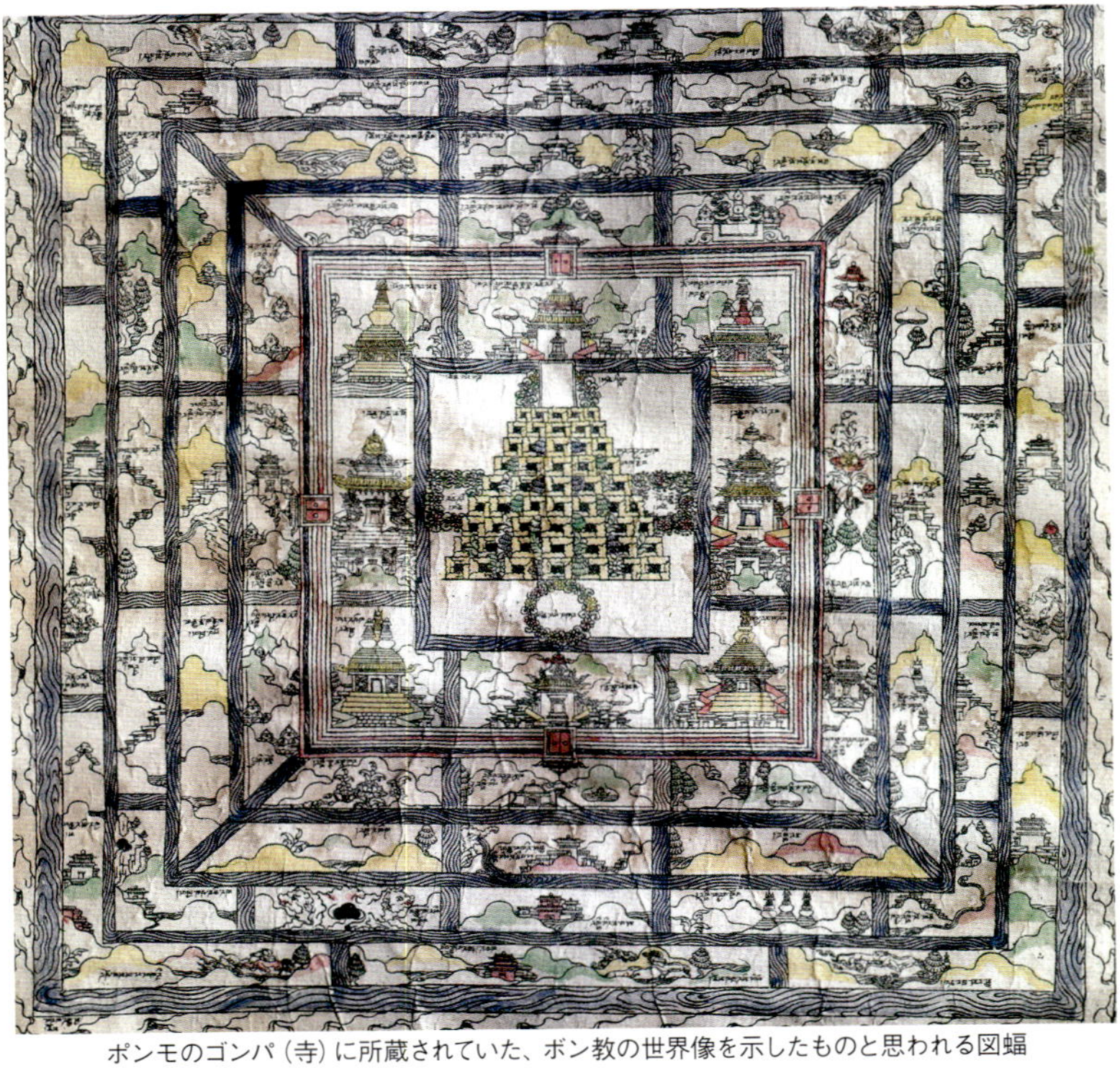

ポンモのゴンパ（寺）に所蔵されていた、ボン教の世界像を示したものと思われる図蝠

第一部　ネパール旅日記

（ラクソールからポンモ到着まで）

田村善次郎

一　ラクソールまで

一九六七年九月九日～一〇月三一日

私たち、西部ネパール民族文化調査隊の七人は、一九六七（昭和四二）年九月九日、横浜港を出発した。船はフランス郵船の貨客船カンボジー号であった。香港、マニラ、バンコック、シンガポールに寄港して、九月二九日、スリランカのコロンボに到着した。カンボジー号は本来ならカルカッタ（現コルカタ）に入港するのであるが、この時期、スエズ運河が改修工事で通航できないので、カルカッタには寄港せず、コロンボからアフリカ南端経由でマルセイユに向かう航路をとる。そのため、私たちはコロンボに上陸し、セイロン島経由でインドに入ることになった。

九月二九日～一〇月二日

コロンボ→ラメスワラム（インド）→カルカッタ

コロンボには九月二九日に到着した、カンボジー号で同室だったガラボダ君の紹介で、ホテル日本に泊まることになった（三食付き三〇ルピー）。ガラボダ君は技術研修生として日本のプラスチック工場で研修中のシンハリ族の青年で、休暇で一時帰国の船中で私たちと知り合ったのである。愛国心に富む好青年であった。

ホテル日本に一〇月二日まで三泊し、スリランカを縦断してタライマンナールから南インドのラメスワラムに上陸したのは一〇月三日の夕方であった。砂浜の上に仮に設けられたような税関で手続きを終えて、駅に向かい、馬車で運んだ荷物を駅前に積み上げた途端、驟雨の来襲に遭った。ザザーッと水を叩きつけるような音と共に、雨の幕が押し寄せてきた。雨だっ！と思ったとたん、その辺りにいた人々が、我先にと私たちの荷物を抱えて駅の中に飛び込んでいった。荷物はアッという間に消えてしまった。何が起こったのか、一瞬呆然としていたが、ハッと気がついて、私たちも飛び込んでいけば、何のことはない、荷物は待合室の真ん中にちゃんと積まれていた。荷物を運んだ

ラメスワラムの街

馬車

のは、仕事を求めて駅の周辺にたむろしている人びとであることは後で知ったことで、その瞬間は、ひったくりの集団に荷物を盗まれたと、青くなったのだ。それから運び賃の交渉がはじまった。私たちはヒンディー語はわからない。相手は日本語はもちろん英語もほとんどわからない。お互いに口を動かしてはいても、意志は通じない。凶悪な顔をした（その時は正直、そう思った）男たちに取りかこまれて、進退窮まったという時、救いの神が現れた。私たちは気がつかなかったが、日本に商用で来ての帰りで、同じ船に乗り合わせていたというインド人のご夫婦が口をきいて下さったのである。そして、荷物一個、一人一ルピーで収まった。このご夫婦は深夜に出る最終列車で出発するのだが、それまでの間は、駅のレストルームを予約しているので、彼らの出発後も、その部屋を使うようにと助言してくれたので、私たち五人（松沢と西山は先発隊としてバンコックからカルカッタへ空路入っていた）は、多くの人がごった返す待合室で徹夜をしないで済んだ。

南インド、ラメスワラムの一時《ひととき》は、旅慣れない私たちに強烈な洗礼を与えてくれた。

私たち五人が、ラメスワラムからマドラスを経由してカルカッタのハウラ駅に着き、出迎えた西山と合流したのは一九六七年一〇月七日であった。マドラスからカルカッタまで、二泊三日の汽車の旅はインドの広大さをいやというほど教えてくれた。

カルカッタ到着を二四時間（丸一日）間違えて電報を打ってしまったおかげで、西山はハウラ駅で私たちの到着を今か今かと待ちわび、心配して駅の中を駆けまわった。翌日、私たちと出会った彼は、ほとほと疲れた！という表情だった。

カルカッタでは、インド有数の中国人街であるティレッタ・バザールの一角、ブラック・バーン・レーンにある、チベット人経営の中華料理屋兼安ホテル、クンガに宿泊した。女性の木村は個室、男どもは大部屋で、チベット人留学生二人と同室で

マドラスからカルカッタへの車中。いい加減疲れた！

ブラック・バーン・レーンの宿クンガ周辺。
乾燥した牛糞で、木製車輪に嵌め込む金輪を焼く

荷車も、羊も、トラックも。カルカッタ喧騒の横丁

あった。宿泊料は、男一日三ルピー。木村は五ルピー。

折悪しく、インドはドゥルガ・プジャの時期で、役所も通関業務を行う事務所も長期休業中、税関も事務所も一〇月一七日までは休みになるので、全く動きがとれなかった。カルカッタでは全員、一日一ドルで過ごすことにして、会計担当の神崎から毎日一ドルずつ貰って、そのあたりを歩きまわった。夕飯は揃って、ホテル一階の中華飯店で食べるので、支払いは隊の会計から。つまり一ドルは昼飯代と小遣いということである。

一〇月一七日から別送荷物の通関業務が再開されたが、遅々として進まない。そんな状態で隊の全員がカルカッタにいても仕様がないので、西山（西ヤン）と私（田村）が残り、小田（ドクター）・黒田（クロさん）・松沢（ノリさん）・神崎（ヨゴさん：赤穂義士の神崎与五郎にちなんでヨゴロゥと呼ばれていたため）・木村（マチコ）の五人はカトマンズに先に行くことにした。彼等は一〇月二三日にカルカッタを発って二六日にカトマンズに到着した。

カルカッタに残った私と西ヤンは、通関業者・ヘリジャーに日参し、担当者のハリスの机の前に座って、作業の進行を待った。ヘリジャーにはカルカッタでの通関と、ネパールとの国境、ラクソールでの通関書類の作成を依頼していた。無事に通関が終わり、我々の装備の大部分が入っている六個の木箱がハウラ駅に運ばれ、貨車に積み込まれたのが一〇月三一日。私と西ヤンは、荷物が確実に貨車に積み込まれるのに立会い、安心してラクソールに向かった。

ハウラを一〇時半の急行で発ち、ラクソールに着いたのは一一月一日の午後九時半。その夜は駅構内の簡易宿泊施設、リタイアリング・ルーム（R・R）に泊まった。

順調なら一一月二日には着くはずの荷物が三日になっても着かない。どこかの登山隊の荷物が全く違ったところに送られていたという話などを聞いていたので、心配になり、一一月四日、西ヤンが探しに出ることになった。行き違いに荷物が到着することも考えられたので、私はラクソールに残り、駅裏のドアース運送会社の倉庫番の小屋に居候して待つことにした。

西ヤンは主要な駅で貨車の通過を確認しながら辿りたどって、

結局、出発駅のハウラまで帰り、出発ホームに我々の荷物を積んだ貨車が一輌だけポツンと残されているのを発見し、呆然となる。西ヤンは、その荷物が積みかえられた貨車を連結した列車の後を追うようにして、ラクソールに戻ってきたのが一一月一四日であった。

一〇日間、どの駅でも、その列車は時間通りに通過していると言われながら、捜し歩き、捜しあてた西ヤンの粘りは驚嘆に値する。私にはとても出来ない。私はその間、列車の着くたびに、と言っても一日に二本か三本であったが、駅に行き、ションボリ帰ってくるということを繰り返していた。西ヤンからは毎日電報が来た。ローマ字書きの日本文だから、意味のわからない電話局員が適当に判読したようで、他の人が読んだのでは意味不明の電文になってしまっている。私にだってキチンとは読めないけれど、〇〇では荷物見つからずということだけはわかるものであった。貴重な電報なので残しているはずなのだが、どこかに紛れ込んで見つからない。

ラクソールは国境の町である。チェックポストがあり、税関がある。国境警備隊の屯所もある。駅までの間には粗末な小屋がけの茶屋や飯屋が並んでいるし、ちょっとした空き地では、笛を吹いてコブラを踊らせる芸人がいたり、テント劇場が建てられて芝居が一日だけ行われたりする。いずれも国境を越える前か後の一休みで、長い時間滞在するものではない。毎日入れ代わる。閑な私は、毎日その辺りをブラブラして、西ヤンには申し訳ないと思いながら楽しんでいた。荷物隊の出迎えにビルガンジまで来ていたマチコが、越境してきたのは一一月一〇日であった。

マチコと二人、駅裏を一回りして、これまでは行かなかった村の方に足を伸ばして、耕作風景などの写真を撮っていたのだが、何となくおかしい。周りに人は殆どいないが、空気が険しい。しまったと思って、引き返そうとしたが、時すでに遅く、ペタコンペタコン、半分壊れた自転車に乗ってやってきた巡査に「ちょっと来てくれ」と、派出所に連れて行かれた。マチコはビルガンジ（ネパール）からラクソール（インド）に入る時に、入国手続きをして正規に入ったのではなく、「ちょっと、よろしく」で入ってきたのだから、四角四面にいえば密入国である。

コブラを持つ芸人

街を楽しむ

巡査に捕まったラクソールの街はずれ

困ったことになったと思ったが、今さら仕方が無い。二人仲良く何日か、留置所の臭い飯を食うことになるだろうと覚悟をきめたが、派出所の巡査は、案に相違してとても友好的であった。「あなた方のことは、よくわかっています。ただ住民から、チャイニーズのスパイが写真を撮っている。と通報があれば、それに応えなければならないので、一応来てもらいました。いま、署長に報告しているので、すぐに返事が来るでしょう。大丈夫ですから、お茶でも飲んで待っていて下さい」ということで、お茶（ミルクティ・以下同）をご馳走になった。パスポートを見せろというので、私のは見せたが、マチコのパスポートは宿においてあって、持ち歩いてはいない。と言ったらそれ以上は追求しなかった。彼女はビルガンジから来たこともわかっているはずなのに、何もいわなかった。というより、後で思い返してみると、マチコについても、私たちについてもすでに充分調べがついていて、無害な日本人だと判っていたから追求しなかったのだと思える。ともあれ、何事もなく済んでホッとした。

荷物を積んだ貨車と西ヤンが帰ってきたのは一一月一四日であった。ノリさんも心配してカトマンズからビルガンジまで迎えに来ていた。

以下の「荷物を追って」は西ヤンの荷物捜索記録である。

二　荷物を追って

―荷物捜索記

西山昭宣

一九六七年一一月四日　「見つけ次第電報打ちます」、「気をつけて行けよ」、「何言うとる。英語もよう喋らんくせして。気ィつけるのはそっちの方じゃ。俺がおらんで大丈夫かいな」冗談を交わして別れるくらいに軽い気持だった。同志社ＯＢの川合、岡田両氏と偶然に出合って同行出来る気易さも手伝っていた。

カルカッタに向かう両氏と別れ、バラウニ駅の宿泊所（Ｒ・Ｒ）に入った。急ぐことはない。仕事は明朝だ。

一一月五日　我々の荷物を積んだ貨車ＷＲＣ３９６８８が到着した記録はない。それが連結される貨物急行（Parcel Exp.）は、二時半にガンジス川の対岸にあるモカマ駅に入り、そこで入線がチェックされてから、バラウニに来るのだという。一足先にモカマに行って待つことにする。

いったい、何処へ行ったのだろう。一昨日からの睡眠不足がたたって体がだるい。考えることが悲観的になっている。

モカマの街をぶらついて、インドの商業民族として知られるマルワリが経営する学校に入りこんだ。校庭で六頭の牛が草を食んでいる。ひどくのんびりした風情だ。僕には残酷な皮肉にさえ思える。

ハウラまで戻ってみようか。ガタガタ騒ぐこともないのかもしれんぞ。でも、順調にハウラを出ていれば少なくともモカマに着いてないはずはない。

日曜だというのに授業をしていた。僕がジャパニーだと判ると、大急ぎで地図をもってきて日本の位置を探しだした。ヨーロッパの図を探したりしてなかなか見つけだせなかった。校長がお茶に招待してくれ、教員の待遇の悪さを嘆いた。身に憶えのあることなのでよく判る。

三時、小荷物係の話によれば、三一日にハウラを出ているなら一日には着くとのこと。そんなことは聞かなくったって知っている。

可能性は三つある。

１は、ＷＲＣ３９６８８はまだハウラにいる。

２は、荷物はＷＲＣ３９６８８には積まれていない。他の貨車に移されてしまったか、僕と隊長の見まちがいか。

３は、ＷＲＣ３９６８８はParcel Expに連結されず、別方面に向かってしまった。

いま、僕の取るべき行動は

１　予定通り、バラウニもしくはモカマで待機する。

２　ラクソールに引返して隊長と相談する。

３　ハウラへ戻って調べてみる。

１の方法は、モカマ、バラウニでの作業を督促出来るが、精神的苦痛は大きい。

２は気楽トンボの隊長と二人で考えられるという魅力がある。でも僕がここまで来た意味がなくなってしまう。僕自身でどうするかのケリをつけた方がいい。荷物は僕の仕事だから。

３は原因確認にはいい方法だ。しかし、行違いになる可能性があるし、金銭的にも、肉体的にもロスが多い。

四〇分遅れてParcel Exp到着。ＷＲＣ３９６８８はない。係のオフィサーが言うには、荷物に打ってある６００１５／Ｐ６のナンバーが必要だったとのこと。一縷《いちる》の望みをつないで彼の調べを待つ。

一縷の望みも切れた。考えてみれば、モカマで貨車を開くわけではないのだから６００１５／Ｐ６が台帳に控えてあるはずがない。

とにかく、バラウニへ引返すことにする。もう一度調べなおしてみよう。見つからなかったらどうしようか。今夜もバラウニのＲ・Ｒ泊りにするより他にないだろう。

バラウニへの車中にて

疲れた。ちっとも考えがまとまらない。目を遮るもののない一望千里の大平原。陽が沈みその残照が地平線を薄赤く染め、水辺に一本足で立つ白サギの黒い影。鎌のような月が何気なく中天にぶらさがっている。ガンジスの流れは音もない。鉄橋の耳を聾する轟音。夕闇の訪れはこんなにも広いインドでもひどく悲し気だ。ガンジスの畔に佇立する物寂びたヒンドゥーの寺。そこにもインドの陽の暮れがある。河原にテントを張り、水辺に灯を流している巡礼者の群。

バラウニにて

Parcel Officeで散々ねばって探してみたが、結果は同じことだった。６００１５／Ｐ６、ＷＲＣ３９６８８のナンバーは何処に記されているのか。期待することを止めようと思うのだが、場所が移るたびにそれぞれの期待が生まれては消えていく。インド人を信じちゃいかん。インド人のやることを期待しちゃいかんと思い続けようとする努力は、僕にとってひどく苦痛だ。俺はシアワセな日本人なんだろうな。チキショーメ！

古寺の壁にもあるか秋の暮
ガンジスの古寺にも悲し秋の暮
ガンジスに灯流しつつ陽の沈む
残照に隻脚鳥の影ながし
古寺の影映しつつ陽の沈む
巡礼は夕陽とガンジス共に浴び

一一月六日　やはり熟睡できず。五時に眼がさめる。Parcel Officeへ行ってみるも無駄足だった。何度台帳をひっくり返しても無いものは無い。僕がラクソールから出てくる間に、積み換えられて別の貨車ナンバーになって移動したという可能性は、60015/P6が控えられていないことから、薄いものになった。

一二時、ハウラへ戻ることを決める。迷うまい。R・Rの宿泊期限も今夜で切れる。

ベッドで横になっていると、ラクソールで待つ隊長の顔が浮ぶ。カトマンズの寒気に堪えている仲間たちの姿が浮ぶ。どこかで僕の力が足りなかった。予定ではもう山の中を歩いているはずなのに。イライラして全く落ちつかない。ここで考えてみても仕方ないのだから、と思ってはみても効果はない。ニュージーランドのヒッチハイカーが同室になる。小さなザック一つの気軽な旅行をしている。横浜を発つ時、同じ船でたくさんの若者がヒッチハイクに出かけた。僕は非常に良いことだと思う。彼らはまだ旅に慣れていないためにいろんなものを詰め込んだ大きなザックを背負っていたが、慣れるにしたがって小さくても足りる旅をするようになるだろう。日本のヒッチハイカーが北欧で問題を起す、アラブの外人部隊に紛れこんでいた、そんな報道がされた時、すぐに出てくるのは、したり顔をした老人や、常識的なことを常識的な範囲の中でしか考えられない人の「恥さらしだ」という言説。ヒッチハイカーが日本の恥をさらしたとしても、彼らが体験として得て帰る知識や精神力は、さらした恥を補って余りあるし、それはまた日本に新しい型の文化を作っていく力となるのではないだろうか。常識的な生活から一歩も出られず、出ることは悪であると信じこまされて、恥もかけないでいる人には想像できないものを、彼らは摑むにちがいない。「恥さらし」を社会的に締め出すことしかしてこなかった社会が、他の社会を知るための小さな恥を恐れてきたために、何度の大恥をさらしてきたことだろうか。

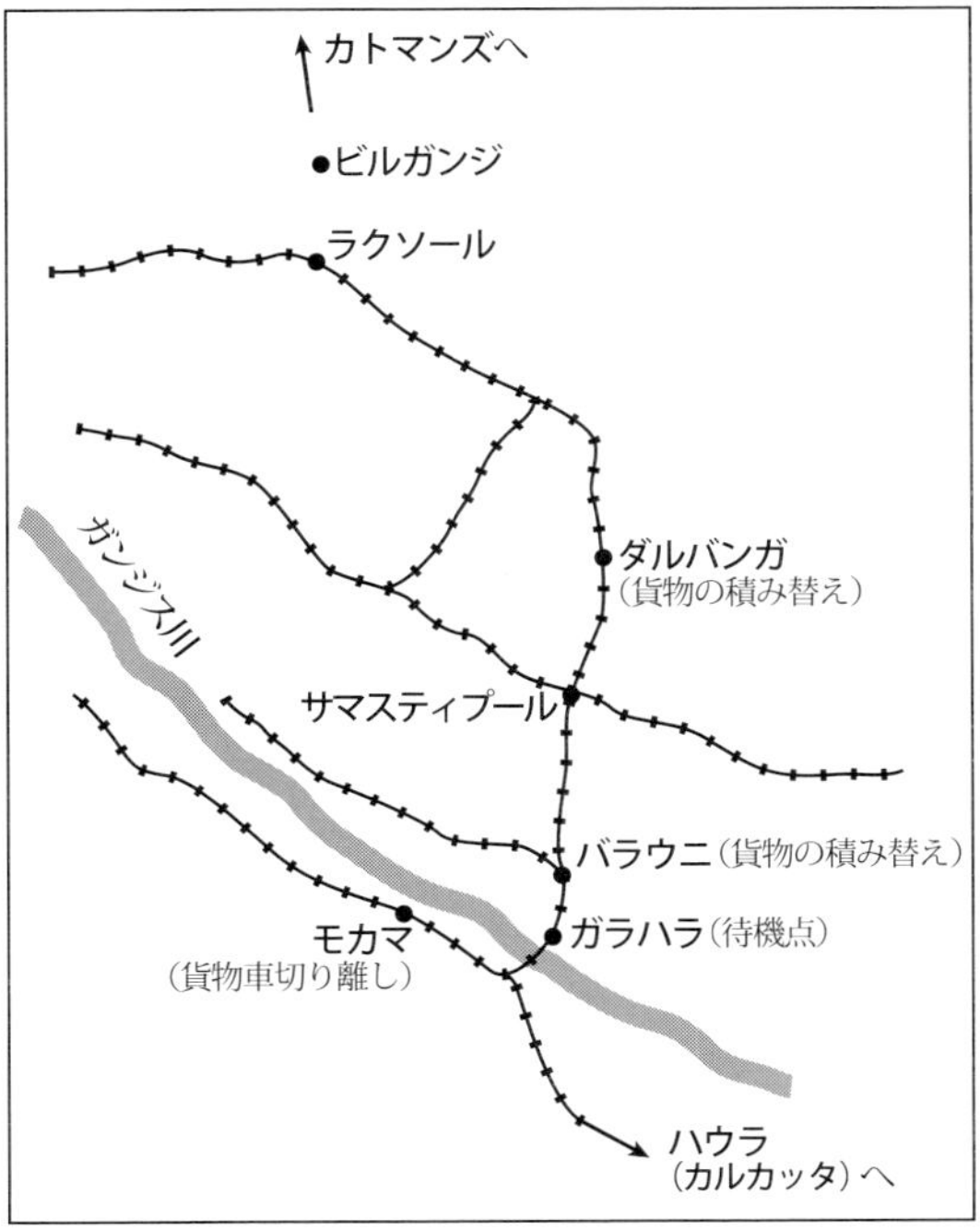

一一月七日　ハウラへの車中、騒々しくて睡れず。荷物はハウラから動いていなかった。到着後、直ちに積込みが行われた現場へ行き、係の親父を摑まえて聞いてみる。親父は、三一日に出る便にリザーブして積み込まれたのなら、確実に三一日に出ているはずだ、と。それなら出線の台帳を見せてくれと食い下がってみたが、肝腎なところへ来ると英語が通じないと言いだし、話が進展しない。業を煮やしてそこをホッポリ出して Parcel Office へ行ってみる。茶色に変色した書類がホコリをかぶって棚の上一杯に積み上げられている。僕らの書類があの中に入ってしまったらと思うとゾッとする。ここでも同じこと、出線台帳は見せてもらえなかった。ハリス（通関代行会社 Heiliger の担当者で、毎日通って交渉したのですっかり懇意になっていた）の所へ行ってみなければならんかなあと、途方にくれてしまった。相変らずゴッタ返す人波と、大声の交錯する中で、しばらくの間ボケーッとしていた。弱気になっている自分を叱りつけようとでもしたのか、ヤケクソになっていたのか、S・S（Station Superintendent ＝駅長）に面会を求めることにした。ハウラのS・Sといえば相当な地位にある人らしいのだが、そんなことは全く気がつかなかった。ましてや、ラクソールを出た時からの着たきり雀のGパンにポロシャツという、自分のみすぼらしいスタイルを考えてみる余裕すらなかった。何人かにタライ回しされた挙げ句、S・Sは忙しいとかで会ってもらえず、彼の隣に部屋を持つC・I（Commercial Inspector ＝検査官）に会うことになった。彼の部屋には数人の面会者が控えていて、ザックをぶらさげてのそのそ入っていった僕を、うさん臭い者を見る眼で注視した。先着の面会者を後まわしにしてC・Iは僕の話を聞いてくれた。これまでの事情をできるだけ詳細に説明しようとしたが、彼は話し途中で電話をかけて連絡した。彼の答えも同じことだった。三一日に出るはずのものは三一日に出ているはずだ、と。相手の迷惑そうな表情を気にしてはいけないぞ、自分にそう言いきかせながら、確実に出ているのなら確実にモカマに到着し、確実にモカマでチェックされているはずである、ハウラを出たという証拠の出線台帳をここで貴方の立会いのもとで確認させて欲しい、と食下がってみた。オフィサーが電話で呼び出されている間、C・Iは他の面会人の用をテキパキと片づけていった。彼の自信たっぷりな仕事ぶりを見ていると、僕の方がどこかでミスを犯して荷物を見過ごしているのではないのかな、という気になってしまう。三〇分も待ったであろうか。画用紙を綴じたような大きい台帳を抱えたオフィサーが入ってきて、確認がはじまった。

C・Iの言い訳は、貨車が混んでいてWRC３９６８８がスケジュール通りに出られなかった、という点についてだけであり、正確に調べて答えようとしなかった彼等のミスに関しては、一言も触れていなかった。

僕は熱いものがこみあげてくるのを抑えることができなかった。それは決して怒りの感情ではなかったように思う。どうしてなんだという情けないような、無事にあったというホッとしたような気持だった。

仲間たちはカトマンズで待っている。カトマンズはもう寒さが厳しいだろう。冬の衣類は全部荷物の中にある。誰かが寒さの為に病気になったらどうする。荷物が一日遅れるごとに、我々の出発も遅れ、ヒマラヤの峠が雪に埋まってしまうかもしれない。我々は日本のたくさんの人びとから援助を受けて調査に出かけてきた。雪の為に調査地域に入れなくなったらどうしたらいいんだ。僕を苦しめ、焦らせ続けていた仲間への心配、調査期間の懸念がもどかしい口を破って出た。頭をかきむしり、涙をポロポロ流したのは決して演技ではなかった。

S・Sの部屋へ連れて行かれた。その頃には感情の昂ぶりも整理されていて、彼に対しては怒りの口調になっていた。彼の口から初めて"I am sorry"という言葉を聞いた。彼はＷＲＣ３９６８８をその夜のParcel Expに確実に連結する、モカマ、バラウニでも特別の配慮をするように打電すると約束した。彼のくれた電文のコピーには、我々の荷物は日本大使館扱いのものとなっていた。

S・Sと握手して別れる時、明日もう一度来るからその時に台帳を見て出発を確認させて欲しい、といった。こういう念の押し方に対してインド人は決して嫌な顔をしないということを知った。

一一月八日　一〇時一〇分。Heiligerへいく。Ｂフォーム（カルカッタ港での通関書類）がラクソールに送られたかどうか確認するよう依頼する。ハリスは突然舞い戻ってきた僕を見てひどく驚いていた。説明を聞きながら眉をしかめて何度も舌打ちした。僕らがラクソールへ向けて発った後、ハウラへ電話して荷物が出たことを確かめたそうだ。彼は自分が仕事が出来るせいか他人の非能率的なことは嫌いなのだ。

我々の通関経費については、税関側の領収書がまだ来ていないとのこと。

立正大のＴ氏が来た。彼等の通関はこれかららしい。Ｔ氏も英語が苦手らしく、ハリスが僕に通訳するように言った。俺の英語も通訳に使われるようになったのか。

一一時、ハリスと共に税関へ。彼の冗談に久しぶりにゲラゲラ笑った。税関へ入る時、荷物が遅れていることは伏せて、書類が遅れて国境で困っていると言うようにと忠告してくれた。Ｂフォームは、Ｓ8−３８４５のナンバーでラクソール宛発送済みだった。これで、荷物さえ着けば問題ないわけだ。

ハリスと握手して別れハウラへ。Ｓ・Ｓに会いＷＲＣ３９６８８の出線を確認する。

カトマンズへ打電。

7HI NIMOTYU HOWRAH DETA

8HI ATOOU ISAIFUMI.

連中待ちくたびれているだろう。

切符の予約。二二時三五分のMithla Exp.

我々の連絡先を引き受けていただいたM商事カルカッタ支店に立ち寄り、日本からの手紙などを受け取り、担当のSさんから本を借りる。「漫読」のヌード見ても〝キレイヤナー〟と思うだけで他に何ともない。少しおかしくなったのではないだろうか。

クンガで晩飯を御馳走になる。暖かい飯にザーサイを食うと漬物を思いだしてならない。エビの甘露煮がやたらと美味かった。御礼に財布につけていた小さい鈴を渡す。親父さんの目尻に寄るシワが好きだ。

一一月九日　今までの汽車では一番よく睡れた。ガンジスを渡るのもこれで五度目だ。さてと、バラウニに荷物が入っているだろうか。

一一時、待合室にて。着いていなかった。S・Sに会おうとしたが不在。他の連中ではさっぱり埒《ラチ》があかない。三時にS・Sの部屋に来るようにとのこと。昼寝でもするか。

駅長室、三時一五分。誰もいない。舌が荒れて痛い。煙草の喫いすぎだろう。

S・Sは三時半を過ぎてようやく姿を現した。ゲーリー・クーパーに似た好男子。でも、荷物に関しては芳しい解答をくれなかった。仕方なく、時刻表を出して、もしこれが正確なものであり、ハウラのS・Sが約束を守っていてくれたなら昨日の午後一時にはモカマを経由してバラウニに入っているはずだが、と嫌みを言った。さすがに鉄道マンらしく機嫌を悪くしたような顔だった。それでも、すぐモカマへ電話して問合わせてくれた。バラウニから約二・五マイル程離れたガラハラという所に待機していることが判った。明朝バラウニに入ってくる。バラウニまでの広軌道用の貨車から、ラクソール方面への狭軌道用の貨車への積換えの作業があって、出発出来るのは明後日というところだな。

隊長への電報は明後日にしよう。

一一月一〇日　九時、ホームに出てみるが入っていない。再び焦りが頭をもたげてくる。

一一時、まだ。明日中にラクソールへ戻れる可能性がなくなった。

現在、貨車専用ホームに入っているのは、一昨日からのものだという。この調子では仮に今日入ってきたとしても、出るのは何日になるか判らない。ハウラに向かう前日に降ろされていたスクーターが、まだホームに置きっぱなしにされている。隊長も心配しているだろうな。ビルガンジに来ているマチコも、カトマンズにいる連中も。

三時過ぎS・Sに合ってみるもラチがあかない。何か打つべき手はないだろうか。ガラハラまで行って貨車を押してきたいと思う。時間が早くたって欲しい。明日になれば何か変化が起きるのではないか。

不正確なものに期待して待つことは、僕のように神経質で短気な人間にとって実に辛いことだ。インド人の顔を見ていると、それを苦痛と感じていないように思えてならない。殊に、貨車ホームで働いているクーリー達は。彼等もきっと何かを待っているに違いない。でも、彼等にとって時の流れとは、現在だけが異質なものとして浮いており、過去は昨日も千年前も同じもの、未来は明日も一〇年後も同じものとして捉えられているのではなかろうか。過去と未来は、現在を浮き上がらせたまま結び合っている。現在だけが流れに浮いてフワフワしているのではないだろうか。

一一月一一日　幻のワゴンWRC39688、遂に現れる。八時一五分！　四番ホーム。ホームでお茶をすすっていた。

ラクソールを出たのはこの段階から何か仕事をするために、だった。ワゴンに手を触れてみた。長い待機だった。

ここはインドだ、か。ヌカ喜び。ワゴンが来たというだけで今日の仕事は終わりなんだ。貨車ホームは先着の貨車で一杯で入れない。積換えの仕事は明日になるのか。

四時、S・Sに会う。同じことだ。しかし、明朝九時には貨車ホームに入ると言った。

"It's sure?"

人が何か言うと反射的に口をついて出てくる。言っても詮無いことなのに。嫌な癖がついてしまった。

S・Sに交渉して、R・Rの宿泊期限の延期を認めさせる。ベアラー（下働きの使用人）とも顔なじみになった。ジャパンは遠いだろうと聞くので、ラクソールの方がもっと遠い、と答えた。つまらん冗談をいったものだ。

太りゆく月を見あげて荷を待ちぬ。
国境に残せし友を思いやれば、
　バラウニの夜睡れずに過ぐ。
荷を待ちて駅舎の窓を見上ぐれば、
　バラウニの月今宵も太りぬ。

一一月一二日　睡れず。八時前、ホームに出てみる。39688は前に着いていた貨車三両を切り離して先頭に出ていた。貨車ホームには全く変化なし。しかし、39688の貨車群に変化があったのだから、今日中に移動することも充分可能性はある。

九時過ぎ、移動開始。今まで入っていた貨車の最後尾につける。押込むつもりらしい。押せ押せ、もう少しだ。ダメだ、足りない。いったん線路に落としてからホームに引き上げるのは、人力にしか頼れない状態では６００１５／Ｐ６の重量では無理だ。Ｓ・Ｓが貨物の係と共に先頭に立って心配してくれている。僕は単純に喜びそうになる自分の気持ちを戒めようと思う。ここはインドだぞ。ひょっとすると今日の仕事はこれで終りにするのかもしれん。

昨日から警備のお巡りがいつも僕に付き添っている。どうも見張られているらしい。ここも長い間ブラブラしているからな。こんな片田舎のしかも年配のお巡りまでが僕より余程立派な英語を使う。

今日はデリーの方面から沢山の兵隊が来ている。東北国境に向かう列車に乗り込むようだ。鈍く光る自動小銃やライフルが並べられ、雑嚢やゴボー剣があちこちに積んであるのはなんとも異様な雰囲気だ。中国とまだ交戦しているのだろうか。彼等の表情には戦場へ向かうという緊迫感は見られない。彼等の物腰はいたって機敏そうに見えるが、周囲の連中と比較した上でのことだ。整列して上官の話を聞いている時でも体がグラグラ動いているし、列そのものがデコボコしている。スタンドで茶をすすっていて、整列に遅れてくる兵隊もいる。

一二時、貨車は朝の位置から動かず。先に入っている貨車の積み換えも極めてのんびりとしており、いつ果てるとも知れない。Ｓ・Ｓは今日中に出すとは言っていたが、どうなることやら。あの二〇人足らずの貧弱なクーリーでは仕事が遅いのも無理はない。３９６８８を入れるためには、先着の貨車を一度外へ出してしまわなければならない。どうも今日中には発てそうもないな。

二時前から積み換えの作業を見る。貨車と貨車の間（ホームの幅）、約七ｍ。運んでいるものは二〇kgくらいのミルク製品の紙箱。五人が貨車の間を往復し、出す方、入れる方にそれぞれ一人ずつ、それに細くて短い竹の棒を持った監督。多い時で一分間に八個、少ない時で四個。運ぶ途中でビリー（木の葉で刻みタバコを巻いた安煙草）を喫ったり、他の貨車の仲間の所へ遊びに行ったりする奴もいる。監督の威令も効果が薄く、唾を飛ばして口答えだか口論だかをおっぱじめるのが関の山。

Ｓ・Ｓが再びやってくる。３９６８８を入れるために仕事が急がされた。ミルク箱は反対側の貨車まで運ばずにホームに降ろすだけになった。

三時半、３９６８８はポジションに入った。だが、積み込み用の貨車が反対側のホームに入っていない。Ｓ・Ｓや貨物係が動きまわっているが、クーリー達がしきりと時間を聞きに来る。恐らく今日の作業の打切りを考えているのだろう。

３９６８８が開かれた。我々の荷物は奥の方に積まれていた。形が少しゆがんでいるようだ。

四時、案の定、ミルクを運んでいたクーリー達が引きあげていった。貨物係が別のクーリーを六人集めてきた。約一時間かかって荷物をおろす。五時終了。相変らず荷物の扱いは悪い。ドスンドスンと転がすたびに命の縮む思い。荷物№３は特に傷みが激しい。カトマンズまで無事にもつだろうか。傷だらけになった外装。鍵はどこかへ吹き飛んでしまっている。緩んだボルトをひとつひとつ締め直し、釘の甘くなったところも石で打ち直した。久しぶりの御対面なので、ひとつずつ撫でてまわった。

本日は降ろすだけで、積み込みは明朝。出発は一〇時五五分。サマスティプール止まりの貨物列車に連結。サマスティプールからどの列車に連結されるかは判らないそうだ。１０５ＵＰだとラクソールへ直行するので、それにするようＳ・Ｓからサマスティプールにプッシュしてもらう。

夜、マニプールへ赴任する役人と同室になる。Ｎ・Ｅ・Ｆ・Ａ（東北辺境地域）に入りたいのだがいい方法はないだろうか、と聞いてみたが、とんでもないという顔をされた。日本製のトランジスタを大切そうに持っており、口を極めて賞めていた。ＮＥＦＡに入れてくれたらインドの鉄道も賞めるのになあ。

隊長に打電。

ARRIVED BARAUNI.

今まで日本文で打てたのに、ここの電報係は英文でなければダメだと言い張った。このくらいの英語なら判るだろうて。長いのはこっちも困る。

食堂は飯もチャパティもない。米なし日だろうか。ホームのプーリー売りの小僧、僕を物陰に連れていって六枚売ってくれた。毎晩のことなので残しておいてくれたらしい。

一一月一三日　暁方からガタガタしていた。変な夢を見たらしい。

九時、例のお巡りに会い、茶を振る舞われる。これで三日連続だ。今日は殊に機嫌がいいようだ。昨日パスポートを見せておいたせいかもしれない。

貨車ホームの方へ行ってみると荷物の姿が見えない。既に積み込まれていた。意外な早さに僕の方で狼狽してしまった。貨車ナンバーはＢＸＣ２１１４４。一〇時五五分、サマスティプールへ向けて出る。問題はそこでどの列車に連結されるかだ。それによってラクソール着が大分違ってくる。

積み込みをしたクーリー達がバクシスだのチャーだのと言ってきたが、自信を持って使える唯一の言葉、ヒンディー・ナヒン・サマスタ・ハイ（「ヒンディー語は判りません！」）で押し通す。

僕は一時発の汽車に乗る。今夜はサマスティプール泊りだ。

連結列車さえ確定しているのならダルバンガまで足を伸ばしておきたいところだが。調子づかない方がいいと思う。荷物より前に出るのはまずい。ケツを追うのだ。

一〇時五五分に出るはずの４４５ＵＰ。三〇分近く遅れて出発。貨車を見て歩いたが、ラクソール行きと表示してあるのは同じＢＸＣ型の２１０５５で、僕らの荷物を積んだ２１１４４はサマスティプール行きになっている。サマスティプールでは４４５ＵＰの到着確認だけでなく、ＢＸＣ２１１４４の所在も確認しておかなくてはならない。

一時、バラウニ発。ラクソールを出てから一〇日目にしてやっと帰路につける。あと何日で帰りつけるやら。

三時過ぎ、サマスティプール着。どうも僕の時計が進みすぎている。時差でもあるのかなあ。

ＢＸＣ２１１４４ありました。

例の如く、何人かにタライ回しにされながらもＳ・Ｓに会い、ＢＸＣ２１１４４の連結車名を聞く。今夜の貨物便か遅くとも明朝１０５ＵＰということ。デキタ？　明日はラクソールだ。ザマーミロ。

Ｒ・Ｒに入る。隊長に打電。

13HI ARRIVED SAMA-STIPUR.

街をぶらついてみる。好奇な眼が光る。どうせ中国人とでも思っているのだろう。こんなところをうろついている日本人は余りいないだろうからな。輪タクにスピーカーをつけて走りまわっている。宣伝カーだ。

九時過ぎ、同宿のセールスマンに誘われて外へ出る。駅前のホテル兼食堂でビールを飲む。やはり、なんともまずいビールで、満ちてゆく月を見上げ、インドの田舎町の雑踏を見下すという雰囲気で、少しは美味く飲めると思ったのが間違っていた。

日本の繁華街でも相当に騒がしい音が溢れているが、ここの音には敵わない。一晩中ボリュームをあげて鳴りっぱなし。デカイからいいってもんじゃないよ全く。その騒音と急に多くなった蚊に悩まされ、疲れて眠いはずなのに全然ダメ。

一一月一四日　何度も何度も時計を見た挙句、六時四〇分起床。

１０５ＵＰを見に行くが、ＢＸＣ２１１４４は連結されていない。心配になってＳ・Ｓの部屋に行ってみるが来ていない。こんな大事な時に何をしてるんだ。貨物扱いの所へ行って聞いてみる。昨夜のうちに出たらしいという答。台帳を見せてくれと言うと、金庫に入っていて鍵はＳ・Ｓだとのこと。

まずはハラに何かを入れてからの思案だ。

１０５ＵＰは七時三五分に出る。もう一度Ｓ・Ｓの所へ行ってみる。まだ来ていない。覚悟を決めて、昨日のＳ・Ｓの言葉に賭ける。ダルバンガでチェックして通過が確認出来なければ引き返して来ればいい。

九時半、ダルバンガにてS・M（Station Mastor）に会う。BXC21144の通過を確認。万歳だ。お祝いにミカンを買う。もっと速く走れ。一時間も遅れてるじゃないか。自然とドッカドッカ足踏みしている。大声出して歌う。誰も判りゃしないよ。「漫読」を読む。国から来た手紙の音読をする。じっとしていられない。大分暗くなってきた。ラクソールの灯が見えた。

「着いとるぞ、西ヤン、ゴクロウ！」

窓枠に飛びかかるように隊長が迎えてくれた。疲れが吹き飛んでしまった。大きな木箱が三つ、ラクソールのホームに積み上げられていた。

（西山捜索記了）

荷物が着き、西ヤンがやつれた青白い顔に目ばかり、ギラギラ光らせて帰ってきたのは一一月一四日、四時半を過ぎていた。直ぐにも出発したい。しかし、今日はもう無理だ。

ドアースの連中も自分のことのように喜んで、明日は早く出発出来るようにすると言ってくれる。カトマンズの本隊から心配してビルガンジまできていた、ノリさんとマチコに連絡する。二人とも大喜びで越境してくる。四人で乾杯といきたいところだが、それはカトマンズで全員が揃ってからにして、せめてもの夕食を……といっても、いつもの薄暗い掛小屋の食堂であるが……食べることにする。四人揃っての食事は何ともいえず美味しい。話はいつまでもつきない。ノリさんとマチコがビルガンジに帰ってからも、いつまでも、月を見ながら西ヤンの話は続いた。

明日は、この番小屋とも、人のいい倉庫番の爺さんともお別れだ、別れてしまえば二度と会うこともあるまい。着いた日は満々と水をたたえ、水牛が泳いでいた池は、僅か一〇日余りなのに、ほとんど干上がってしまっている。インドの乾期の凄さは想像以上だ。

（田村）

三　ラクソール受難の記

（「真知子旅日記」から）

木村真知子

一九六七年一一月一〇日　ビルガンジ

朝、カトマンズに電報を打つかどうか迷ったあげく、一応報告すべきだと思い局へ行く。昨日の私の電報をちょうど打電しているところ。何がExpresだ。昨日の分六〇パイサ不足だという。これまたあきれた話。身なりのいい紳士が話しかけてくる。カトマンズに住んでいて時々こちらへ来るという。カトマンズとビルガンジの間、八時間か九時間のバス旅。何となく仙台〜東京間より近いように思える。ヒマラヤ・ジャンタのバスも毎日結構客が集まるし、カトマンズからのバスもたいてい満員だ。アメレクガンジー行きの駅の構内を抜けて写真を撮りに行く。気軽に写真撮影に応じてくれる。ワイワイ寄ってきて話しかけてくる。壁に描かれた色彩・形が豊かな模様をカラーで集めておくと面白いだろう。村の中でバアさんが赤ん坊をあやしている。家の前に布きれを敷き、そこにころがしている。頭に油、目に黒いアイシャドー。これは宿の娘もしている。赤ん坊はいつ見てもおしめをしていない。池の縁でベットを編んでいる。三人がかりで縄を締めている。老人が色々指図をして、それより若いのが一生けんめい縄をしめている。うまくいかず、そのたびに、老人がやりなおしている。両端に一人ずつ、そのほかに二人。午後ラクソールでも同じ作業を見たが、やはり二人でやっている。編み方からみてどうしても二人は必要ない。そばでミカンの汁を竹筒に絞って、生まれたての仔牛に呑ませている。

池の縁を回って向こう岸へ。池の辺は人糞、牛糞がいたる所にある。牛糞を五、六列並べたのがある。籾殻か何かをまぜ一〇センチ位の幅と高さ。〈田村註：籾殻などを混ぜた牛糞を円板状にしてよく干して、燃料にする〉この池はプジャの時、大勢集まった池。共同水道の所ではいつも誰かが水浴びをしているが、男の方が多い。日中に歩くせいだろう。女もたまに見かける。

橋を渡って池にそって南へ。子供達が数人ついてくる。一人少し大きい賢そうなのをつかまえて、いろいろ聞く。「イオ・ナム・ケホ」と聞くと、わかりやすく答えてくれる。ついでにノートにヒシ（菱の実）、穀物倉などの名を書いてもらう。

穀物倉は直径二m位、泥壁の丸い筒にわら屋根をかぶせてある。上の方に小さな窓があるが、どこから穀物を入れるのかはまだわからない。床は必ず高くしてレンガなどを台にしている。籾で貯蔵する。これはほかの村では一つも見かけなかった。高さは恐らく三m。〈田村註：これは倉というより、穀物を入れた大きな竹籠で、外側に牛糞と赤土を混ぜたものを塗っている。地面に石を置き、木の台を置いた上に竹籠を乗せ、上には藁屋根をかけている。常設の倉で

はない。〉

アオサギ？……Bakulla　辞書によるとアオサギ、ただし真っ白の美しい鳥。この鳥は税関の近くの池でもよく見かける。

Shigra…ひしの実。辞書にはなし。最初に見たのははたしかホンコン。これは佃煮のようにしてあった。あちこちのバザールでよく見かけたが何だかよくわからなかったもの。ラクソールではもう花も枯れて茶色になっていたが、この辺りでは、まだうす紫の美しい花が咲いている。

綿打ち（Rui）〈綿弓〉…槌で弦を打ち、糸に綿を絡ませて、打ち直す。右手に槌、左手で心棒を持つ。ビンビンとなかなか冴えた音がする。〈田村註：綿弓の弦を槌で弾《はじ》くように打って、綿にあてる。不純物を取り除くと同時に、綿がほぐれて空気を含みふかふかになる。〉

一〇時、ラクソールへ、国境の川のネパール側で火葬が始まったところ。川の縁で相当太い薪を積み、バナナの葉を二、三本立てちょうど煙が上がり始めた所。男ばかり七、八人。

ラクソール駅裏のザル作り。イスを張りかえている。カメラ

壁の模様

目に黒いアイシャドー

3人で縄しめ

イスの張り替え

ネパール人の店

テントでパロタを焼いている

を向けるとニコニコしている。

隊長はザックをひっくり返して薬を探している。薬はビタミン剤、シノミンなどばかり。下痢止めをのむ。

今日は隊長とこの辺りの写真を撮るつもり。彼一人だと、とても愛想が悪く、カメラを向けると拒否されることが多いが、私が一緒だと全く違うという。茶屋で茶とロティ、ザル作りの前で店を出しているネパール人の店。茶が切れていたが、となりの店から買ってきてくれる。オバサン、オヤジ共にあいそがいい。多くの人がビンロウをを買いに来ている。香料は全部で一二種。カルカッタではビンロウの葉に濡れた布をかぶせていたが、こちらでは水に浮かべている。

テントの中でパロタを焼いている。踏切の向こうの木の下で手引きのロクロでハサミを研《と》いでいる。ハサミは止め方が悪いのかあまり切れない。二人がかりで、一人がチェーンを交互に引いてロクロをまわす。他の一人が足でレンガをヤスリの部分に押しつけ、手で研ぐものを持っている。

次に昨日のコイン屋、昨日あさりつくしたようで、古いものは何もない。バザールの小さな広場でも何人か布の上にコインと札束を積んでいる。プジャがすんだためか、バザールの広場もあまり賑わっていない。バザールの裏の広場にベット作りがいる。朝のとほとんど同じ台を青く塗っている。網は麻ではなく、別の草らしい。隊長は大工道具を並べて写真を撮っている。

かんな　大 Palen　小 Ramdha
のみ二種 Kachak batari　線引き khatkas
物差し Gaju　曲尺 Batamu　のこぎり Ari

村に入ってワイワイやっていたら、一人のあまり感じの良くない男がやって来て、ついてこいという。村を抜けて、干からびた田んぼをぬけてどこまでも、どこまでも。どこへいくんだと聞くと"Office of cooperation Society"と答えた。村はずれの建物に役人らしいのが数人座っている。農業開発の仕事をしている所らしい。これまた感じの良くない男たち。いろいろ訊問される。約三〇分、彼等の言語はさっぱりわからない。やっと放免されて、村へ帰ってきたら、巡査が自転車でやってきて、ついてこいという。行く先は綿打ちがいつもいる広場の建物。警察。そこで二時間もっそりした訊問。次々と下から順に三人あらわれ、最後に署長らしいのが来て、やっと放免。但し隊長が描いた茶屋付近の地図は取りあげられる。隊長のパスポートだけ見せ、私のはドアースに置いてきたとシラを切る。お茶をご馳走してくれた。何をノートにつけているのだというので、ベット作りの所で書いた大工道具の名前を見せる。拍子抜けした顔をしながらもノートを最初からていねいに見ている。

夕方、ドアースの太ったオジさんが家に招待してくれた。家族の話などをしていたが、よくわからなかった。

夕食はチャパティ（ロティ）、サブジーと菓子。久しぶりにおいしいロティ。朝もチャパティを食べたのに、また、食べすぎ。ロティ、パロタなどは家庭で作ったものの方がおいしい。ビルガンジやラクソールの茶屋で食べるチャパティは厚すぎる。

駅の裏の茶屋と竹かご編み。テントは二つ。夕方になると方々で炊事がはじまる。日中でもどこかで料理をしている。

ロクロを回してハサミ研ぎ

大工道具

一一月一一日　一日中ホテルで昨日の日記つけ。

H・J（ヒマラヤ・ジャンタ）のマネージャーが来ている。あまり感じは良くない。米の粉と砂糖で作った冷たい菓子を二つ、またしばらくして娘が作ったザボンとトウガラシ、ゴマをまぜたものをバナナの葉に乗せて持ってくる。

一一時頃、僧が花を持ってくる。マネージャーの額にマッチ棒みたいのでティカをつけ、髪に花をはさむ。マネージャーは一〇パイサほど与えていた。

午後、ネパールのPrim ministolがUSAの農業技術援助の建物の前の広場で演説、写真を数枚撮る。

夜、Prim ministolのおつきらしいのが大ぜい泊まりうるさいこと。H・Jのマネージャー、昼間"I love You"と言い寄った。カトマンズから来るはずのノリさんを一〇時まで待って寝る。西ヤンの事など気がかりなことばかり。

一一月一二日　神に捧げる花　Puja Garune Pulu

支出　茶・パン　〇・三〇ルピー　せんべい　〇・〇五
ダヒ　〇・二〇　切手　二・〇〇
力車　一・三〇　テンプラ　〇・一五

朝、手紙を出しにいく。

一〇時頃、ラクソールへ。隊長と税関の途中で会う。西ヤンより電報が入った。一〇日現在バラウニにまだ荷物つかず。暗澹たる気持。カスタムの側の店で隊長と朝食。店の連中、一つひとつヒンディーで何々と名前を教えてくれる。酸っぱいカレースープを初めて食べる。天井はキャンパス、壁は葦簀。

倉庫に帰って三時間くらい、日本のフォークロアやエスノロジーのことなどについて話を聞く。倉庫の番人小屋はとても涼しい。五時までドアースでノリさんを待ち、ビルガンジに帰る。ドアースに寄って帰りかけると、H・Jのバスが来る。しばらく曲り角で待っていたが来ない。ホテルに帰ると赤いザック。部屋に灯りがついている。ジャパニかと聞くと、「そうだ。ドアースに行った」とのこと。あわてて飛び出す。もうすっかり暗くなっている。これではまた行き違いかと思いつつ、線路の付近まで行くと、バッタリノリさんに会う。さすがに嬉しかった。彼はビールを飲んできたと少しふらついている。一週間ぶりでホテルで夕食。とても美味。食後またビールを飲みにいく。最近、一缶飲めないのに、最後までおいしかった。

ノリさんは、カトマンズ待機組からあれこれ不満をぶつけられているらしい。待ちくたびれている彼らの気持ちが判るだけに、ノリさんも辛いのだろう。

一一月一三日　五時に目がさめる。七時すぎカメラをさげてバザールへ。

山羊を屠殺している。肉は一kg五ルピー。線路の裏の広場に四人で店を出している。

今朝はホテルの庭で祈禱がはじまる。爺さんが一人、七時半から九時頃まで。

一二時半、ラクソールへ。隊長とは行き違い、茶屋で二時間。現れた隊長と共に、ノリさんからカトマンズの状況を聞く。

ノリさん散髪屋につかまる。一ルピー。マンパリ（落花生）売りがもう一人の散髪屋にマッサージをしてもらって、マンパリで払っている。散髪屋からもらったマンパリとてもおいしい。二〇パイサ買う。今日はいつもの店の隣に座ったので、こちらが繁昌する。隣のオカミがふくれっ面をしてこちらを見ている。チベット人の女が二人、男が一人、向かいのホテルに泊まっているらしい。

駅へ列車を見に行く。陸橋の上より約三〇分。今日はホームが人でいっぱい。またヒマラヤンホテルの若い従業員、Photo, Photo, Photo, Dinos（写真を撮ってくれ）とうるさい。

一一月一四日

支出　テンプラ 四・五〇ルピー　力車 〇・八〇

ロティ 〇・三五　力車 一・〇〇

荷物が着いた。四時三〇分の汽車で西ヤンも帰ってきた。

二時までネパール語の単語をあっちこっちひっくりかえしたり本を読んだり。ノリさんは朝食がすんでからずっと寝ている。二時、ラクソールへ。隊長は倉庫で本を読んでいた。お茶を飲んで四時少し前、駅へ。ポーターが何か言いながらホームを指す。荷物が着いている。六個が、あまり壊れもせずに。一つひとつ触ってみる。

ビルガンジへの帰りぎわ、税関の前でArrivedと手を振る。通る人みんなに荷物が来たと知らせたい。税関から少し来たところで顔見知りの男性が手を振っていた。私に振ったのか別な人にか判らないが、とにかく互いに笑い合う。ノリさんは起きたばかり。彼の手をつかんで「ついた！ついた！」というだけ。涙が出る。長かった。毎日まいにち、夢想家のように、来るはずもないものを待っているような日々だった。

すぐラクソールへ。ドアースの裏で隊長と西ヤンが歩いてくるのに出会う。

荷物はハウラで貨車が車庫を出る順番を待って七日まで。バラウニまでは途中でホームが一杯だったりして一一日。サマスティプールが一三日の夜中。

いつもの店で夕食。私も米飯を食べる。おいしい。肉は相変わらずなし。ラクソールもビルガンジも肉はとても少ない。おかずはダル（豆・ダルスープ）とタルカリ（野菜炒め）だけ。

夕食は四人で七・二〇ルピー（ご飯、タルカリ四品、ダル、ダヒ、茶）。七時、月を見ながら力車で帰る。八時ベッドに入る。昨夜は一晩中、うつらうつらと寝つけなかった。

四　荷物とともに ―ビルガンジからカトマンズ

ビルガンジ出発

一一月一五日　ラクソール・ビルガンジ　七時に起きて、電報局へ。それから茶を一杯。久しぶりに朝食をヒマラヤンホテルで、待望のパロタ（揚げたチャパティ）を作ってもらう。ノリさんはライスを二杯。おかずはナスのタルカリ、ダル。どれもうまい。

一〇時、ラクソールへ。隊長と西ヤン、ドアースの前に座っている。西ヤンは居眠り。ゆっくり眠ればいいのに……。荷物は、今日、インド側の通関を終え、ビルガンジに運ぶという。

お茶をお気に入りの所で飲んでいたら、Ｈ・Ｊ（ヒマラヤジャンタ・ネパールの運送会社）の人が一杯ずつご馳走してくれる。駅に荷物を見に行くが、もう運んでしまっている。

昼食を隊長、西ヤンと税関横の店で済ます。

ドアースの倉庫に帰って二人の荷物をまとめる。倉庫番の爺さんにバクシス（心付け）だと二ルピー渡す。この爺さんもドアースの人もみんな笑顔で送ってくれる。

昼食後、三人でコイン屋へ行き、戴冠記念の二五パイサ、五〇パイサ一ルピーコインを三組探し出す。インドの一ルピーコインが一個見つかった。

二時、ドアースに帰ると、荷物はもうビルガンジ税関に入っていると係の人が教える。隊長ら二人の出国手続きにチェック・ポストに行くと、なぜ最初に来なかったかと始末書をとられる。

三時半頃、力車でビルガンジへ、二人の入国手続きはすぐ済んだが、荷物の方はさっぱり。結局、別送荷物はカトマンズの空港税関へ行けという。カトマンズまでの荷物の通行料六〇ルピーを払わされる。

荷物をカトマンズまで運ぶトラックには二人しか乗れないというのを強引に四人乗せてもらうことにする。五時に出発するというので慌ててホテルに帰り、荷物をまとめる。五時すぎてもトラックは現われず。

食事をし、茶を飲み、すっかり暗くなった七時頃に、やっとトラックが来る。ホテルのサーバントと爺さんに一ルピー宛わたす。

運転台に隊長と私、荷物の上にノリさんと西ヤン。月が美しい。町をはずれた所で運転手は車を止め、一杯やってくる。

九時、ヒタウラ。わりと大きな四人部屋をとる。一人二ルピー。ウイスキーとパロタ、マトンカレーで二四ルピー。カレー、パロタはとてもおいしい。夜はとても暖かだった。

一一月一六日　三時半頃、目がさめる。真暗な中でよく覚めたもの。どこかで断続的に太鼓の音がしている。部屋から出て月を見る。とても寒い。

四時三〇分、運転手が起こしにくる。隊長を起こすのに苦労する。まだ真っ暗。すぐ登りにかかる。

〈「真知子旅日記」了、以下田村〉

一九六七年一一月一六日（木曜日）　一一月一五日、国境での手続きを終え、念願のネパールに入ったのは、午後四時を過ぎていた。こころなしか、人も空気も優しい感じがする。

ビルガンジ出発は結局、午後七時頃になる。それまでにヒマラヤンホテルで夕食をとる。一人二ルピー。飯は比較的おいしい。夜の道を走る。ノリさんと西ヤンはトラックの荷物上に乗る。マチコと私は運転席。トラック便乗一人一〇ルピー。ビルガンジを出外れるまでチェックポストが多い。しばらく走ったところで運転手どこかに消える。月は十三夜か十四夜くらいか、ほとんど満月に近い。トラックの荷台でビルガンジで仕入れてきたサッポロビールをあける。何とも言えずうまい。降りて茶店をのぞくと、声を掛ける男がいる。日本人だと分かると、ラクソールで見かけたという。ラクソールのインド人が、一人の女性と三人の男のチャイニーズがラクソールからビルガンジに入ったといっていたが、おまえさん達だったのかという。ラクソールでは二週間にわたって顔を売ったはずなのに、まだ中国人だと言われるのはいささか心外だ。インド人の中国に対する反感は大変なものである。

ビルガンジ。ヒマラヤジャンタのバスの上に荷物を

アメレクガンジから山にかかる。暗い中に見える家の屋根は入母屋である。暗いので細部は見えないのだが、日本の家に実によく似ている。運転手が一杯飲んだ所から一緒に乗り込んできた男は、車の持ち主だそうだが、この男じつによくしゃべる。こちらは黙って外を眺め、荷物と一緒に走りゆく喜びをかみしめていたいというのに、日本は富んだ国、ネパールは貧しい国だ。この道はアメリカ、インド、ロシア、中国などの経済援助で舗装している。日本はネパールに対して何かしてくれているか、ということをくりかえし何回もへたくそな英語でしゃべる。いかにも物欲しそうな言い方は不愉快である。こういう気持が国

日本の家に似ている

マリーゴールドの花綱が道きりの注連縄のようだ

民の多くに行き渡っているとしたら、憧れのネパールも居心地の良い国ではないかもしれないと、いささかウンザリ。

ヒタウラに着いたのは九時過ぎ。東京農大での先輩、島田（輝男）さんが管理しているラプティの農大農場へは、ここから別れる。ラプティはタライにあり、我々はマハバラータの峠を越えてカトマンズに向かう。

夜でよくは分からないがヒタウラは結構大きな町のようだ。ホテルに泊まる。一床二ルピー。インド産のウイスキー一杯ずつとパロタ、水牛のカリー。部屋はこんなところにしてはなかなか立派。蒲団をかけて寝る。暖かい。ラクソールに着いて以来はじめて暖かく寝る。西ヤンは夜中にベッドから落ちた由。

朝四時、運転手が起こしに来る。眠い、眠い、全く眠い。トラックに乗ったのも半分夢の中、兎が道を横切って畑に走りこむ。五時か六時、ようやく東の空が白みかける。車を止めて顔を洗う。うまい水である。タライのジャングルを抜けて山に入る。シワリーク山脈である。峠の茶屋でお茶を飲む。東の空が紅味がかっていた。六時四五分であった。

茶屋の前の道に、綱に花をつけたものが注連《しめ》縄《なわ》のように張り渡されている。サテナラムプジャの時に飾られたマリーゴールドの花綱だという。道きりの注連縄、近畿地方のカンジョウナワとよく似ている。

山中にポツンポツンと農家が見える。ゆっくり見て歩けば、このあたりも面白いことに出会いそうなところだ。

シワリークを越えてマハバラータ山地である。シンバンジャンの峠越えにかかる手前から消え残った雪がみえる。焼畑らしきもの一つあり。茶屋から写真を撮り始める。シンバンジャン（二三八二m）を越えたのが七時四〇分。八時一〇分ダマンの展望台（二三二三m）に着く。ヒマラヤの雄大な眺めと、目の下に見える谷間の階段状の耕地、集落、何ともいえず見事。

道は下りにかかる。眼下に見えた谷に下る。屋根は入母屋あり、切妻、寄棟あり、妻入りの家まである。土は悪いようだ。シラスに似た土のように思える。シコクビエ、ソバが熟れている中に菜の花が咲いている。日本の季節に当てはめれば、春と秋と冬とが一緒に来ている。家は壁を赤く塗っているものが多い。

谷に下って道はまた登りにかかる。峠を越えてカニコーラの谷に下る。この谷には水田がある。甘蔗もある。稲刈りがはじまっている。収穫が終わって藁積みにしたものもあちこちに見える。藁小積みの上に木の枝を挿しているのが見える。

カニコーラの谷で朝食、一一時。皆腹ペこで物も言わずに食べる。飯とマスカリー、肉は水牛。四ルピー。何とも高い。

カニコーラの谷に下りるまでの段々畑はいちだんと見事になる。ひと山全て耕されている。まさに「耕して天にいたる」とはこのことである。家のまわりの畑には菜の花が美しい。と書いたが、落ちついて良くよく見ると、集落は尾根筋にあるのが多い。そして畑は、集落から下、谷に向かって拓かれている。私がこれまでに見慣れた日本の山村とは似ているけれど真逆である。「耕して天にいたる」は間違いで「耕して谷まで下る」というべきであろう。

橋を渡る手前で、助手席を出て荷台の荷物の上にあがる。

朝食後、谷を登り、峠を越えるとネパール盆地。遂に着いたカトマンズ。タンコットのチェックポスト一二時四五分。何とも豊かな感じがする盆地。

さまざまな屋根の家

階段状の耕地

五　カトマンズ　—出発準備にあけくれて

カトマンズ着一時半。一緒に積んできたアメリカ大使館の荷物を下ろして空港の税関にゆく、三時半。先に到着を知らせに宿へ行ったマチコ（木村）の案内で、ヨゴさん（神崎）、ドクター（小田）が来ている。感激の対面。実に三週間ぶり。皆元気のようで嬉しい。クロさん（黒田）は民族学者と会っているとかで来ていない。通関書類が着いていないということで通関が出来ない。また先を急いで失敗した。何とも不吉な予感がする。ノリさん（松沢）、西ヤン（西山）と三人でドアースの本社に行く。書類は明日空輸で着くはずだから、一〇時過ぎに税関に行くといわれ、幾分ホッとするが、何か不安で引っかかる気持ちは残る。荷物の輸送は全くいっときの油断も出来ない。西ヤンの寝言ではないけれど「ちょっと油断するとこれだからなー」

ノリさん、西ヤンと荷物を置く家を見に行く。京都のU氏が借りている部屋だとか。かつてのネパールの支配者・ラナ家一族が住んでいる一画だとかで、静かな、古い煉瓦塀に囲まれた家々の並ぶ屋敷町であり、この辺りをタメルという。飫肥《おび》城下の屋敷町を思い出させるような佇まい。

六時ちょっと前、夕食をとる予定のニュー・チベッタンというレストランに行く。まだ誰も来ていないので、ノリさんの案内でシェルパの家に顔を出す。暗い細い道をまわりまわっていく。面白いところ。サーダー（シェルパ・チームのリーダー役）代理のプルバとパサンがいる。他に四人ばかり仲間がいる。はじめてなので、出来るだけ威厳をつけて構えていたが、面白そうな、友だちになれそうな連中だ。時間がないのですぐ帰るというと、チャンを飲んでいけというので、二杯ほどご馳走になる。薄いがなかなかうまい。ジョムソンから入ったところにある聖地、ムクチナートの水というのを少し舐めさせられる。

六時一五分、レストランで隊員の皆に会う。ビールで乾杯。夜一二時まで話す。楽し。暖かくして貰って寝る。

当時のタメルの屋敷街。現在では想像もできない閑静さ

タメルの屋敷の庭

一一月一七日（金曜日）　極寒用のシュラフに寝かせてもらい、暖かくぐっすり寝た。朝六時半起床。ヨゴさんと外に出る。ヒマラヤが朝日に映えて美しい。こんなに山が美しく見えるのは珍しいという。旧王宮のあたりをまわって帰る。

先にカトマンズに入ったドクターたちは、荷物が着かないので、不自由だった由。シュラフもなく、寒くてドクターは三時半頃まで寝付けなかったという。ノリさんは遅くまでタイプを叩いていた。

一〇時半、外務省にシャハ氏を訪ね、入域許可申請書を提出する。結局、我々が当初から希望していた、ムグの谷への立ち入りは許可されず、ドルポ地域への入域のみが許可された。許可証は日曜日に受け取りに行くことになった。

朝、ドアースに行った西ヤン・ヨゴさんの方はまだ書類が着かないということで、不安になる。ラクソールに電報。ビルガンジにはドアースから電報して貰う。最後の詰めがまた甘かった。まだまだ駄目だ。

二時に我々と同行するシェルパたちを呼んでいるのでタメルに行く。四人に顔をあわせる。思いがけず島田さんが来ていた。今朝バスの中から我々を見かけたので、わざわざ宿まで訪ねて来て下さった由。町を案内して貰い、旧王宮に入る。宗教がここでは生きている。カリプジャの時には一〇二頭の水牛の首が刎ねられるという。

夕方、ドアースから書類到着したと連絡あり。明日は休みなので、通関は日曜日になる。ネパールは土曜日が休日なのだ。ちょっとした油断で皆にまた迷惑をかけてしまう。カトマンズは全く興味ある町である。中世の都市はこうもあったろうかと思われる。ヨゴさんによるとパタンの町がまた面白い由である。

ネパールに対する援助競争、八方美人的なネパールのやり方、どこの国の悪口も言わない。

外国人は、お茶などの値段は倍になっているという。

一一月一八日（土曜日）　朝六時、マチコに起こされる。ヨゴさんはすでに出かけている。西ヤン、マチコと三人で朝市を見に行く。自転車に乗って出る。さすがに寒い。手が凍える。ヒマラヤはまだよく見えないが、冷たい風が眠気をさます。

ヨゴさんから聞いた仏教寺院に行く。まだ早いせいか人影はまばら。野菜売りが一人ようやく店開きをしたところ。女の人がボツボツお詣りに来ている。寺をとりまいて周りは三階建ての家が塀のようになっている。その家々の一階はみな商店らしい。戸は蔀《しとみ》形式になっている。まだ開いてはいない。参拝の人々は花、穀物の入った盆を捧げ持っている。それを本堂に捧げ、回廊を右回りに廻っていく。まわりには仏塔が建ち並ぶ。それは家々の寄進によるものらしい。代々伝えられるものだとか、一時間位うろついていたが、参拝者が五、六人しか来ないので諦めて別の辻に行ってみる。しかし、そこも少ないので、旧王宮前の広場に出る。ここには沢山の人が集まって店を出している。朝市である。魚、鶏、肉などの他、ダヒ（ヨーグルト）などの乳製品、中でも野菜類が一番多い。それぞれが自分の作ったものを天秤で担いで来て、地べたに並べているのだから、一人分の量は多くはない。カルカッタのバザールに比べると、野菜などの種類は多く、新鮮である。ネギ、カブ、大根、トマト、ウリ、カリフラワーなどが多い。果物はザボン、ミカン類、グアバーなど。天秤で担いで来る人と、竹籠（ドコ）を背負って来る人とある。ドコは籠にかけた紐を額で支える額部運搬である。

周辺の村々から、夫々が作ったものを持ち寄って市が立ち、それで需要の多くを賄うことができ、農家も自立できる。その程度の規模の都市と農村が最もふさわしいような気がする。旧王宮前の朝市を歩きながらそんな事を考えていた。

昼食は島田さんの家でよばれる。ドクター、ノリさんと三人、他に山田さん、宮原夫妻。二時半、西ヤン、マチコ来たり島田先輩の案内でパタンをまわる。

一一月一九日（日曜日）六時起床。西ヤン、ヨゴさんと三人でパタンにゆく。歩けば歩くほどすばらしく、魅力ある町である。機会を見て調査したいと思う。

八時半朝食。九時半ドアースで落ちあい、ボロトラックで空

供物を持った参拝の少女

旧王宮前の広場

パタンの中心部。右側が旧王宮

港へむかう。

ノリさん、西ヤン、ドクターと四人のシェルパが一一時頃から荷物を開ける。一二時終了。ヨゴさん、西ヤン、ドクターがタクシーの交渉をしている。

タクシーは六〇〇ルピー、それにトランジスターラジオのデポジットが三〇〇ルピーで合計九〇〇ルピー余ということになった。一〇〇ドルほどを予定していたので、だいたい予想通りの金額で納まったことになる。

クロさん、ヨゴさん、マチコの三人は朝の内に飛行機の予約にゆく。昨日ロイヤルネパール・エアラインにクロさんとヨゴさんが行って聞いてきたところでは、カトマンズからのシートは四席しかなく、一一人乗るとすれば三便に分かれなければならないとのことだったが、今日の交渉の結果、木曜日（二三日）五人、月曜日（二七日）六人という事でまとまったという。運賃は一人と手荷物二〇kgまでで各二一八ルピー、荷物のオーバーチャージは一kg二・九ルピー。オーバー分の荷物は六〇〇kg程になるので、先発・後発各三〇〇kgずつ分けて運ぶことにする。

二隊に分けて、先発はドクター、クロさん、ヨゴさんと、シェルパのプルバとパサンの五人、後発は田村、ノリさん、マチコと西ヤン、それにミンマとアンノック（正しくはアン・ノルブなのだが、最初から我々全員が間違ってアンノックと覚えてしまった）の六人、ということにした。

二時頃、荷物をラナ家の庭に運び、木箱を解体して物品の整理にかかる。無駄なものもかなり多く、反面、必要なもので欠けているものも多いようだ。夕方から珍しく雨になる。荷物は一応下の車庫に入れる。プルバにロキシーを買ってこさせて皆で乾杯。実にうまい。

昼食は缶詰とパンであったが、日本の缶詰がこれ程美味しいとは思いもしなかった。日本にいる時は缶詰なんかと思っていたが、なかなか良いものである。

シェルパ四人の人柄など

シェルパは四人。サーダー代理のプルバが一〇ルピー、彼は英語が出来る。パサン八ルピー、コックのアンノックは九ルピー、ミンマ八ルピー、ミンマも英語が出来る。

シェルパたちは、誰もが我々の指示に対して「イエス・サー」と反応してくれるが、人を使うことに慣れていない我々には、いささか面映ゆい気持ちもある。今後数か月は行動を共にするので、彼らを上手く使うことにも慣れていかねば、と思う。

今日の作業を見た限り、返事は良いが、あまり器用ではないようだ。彼らに任せた荷造りは、縄のかけ方が下手糞で、結局、我々が全部やり替えることになった。日本人が器用すぎるのか？

今夜から自炊することにし、マチコの監督の下でアンノックに料理をさせる。初めてなので、その腕前をみるためにマチコはほとんど手を出さない。出来上がったのは米飯とタルカリ（野菜の煮つけ）だが、結構我々の口に合うようにできている。これに、マチコによる野菜の塩もみが加わった。出発以来、外食ばかりだったので、これだけのものでも、全員が大喜びで食べた。満腹。

さらに、荷物到着を祝してチャンで乾杯！

夕方より雨すこしふる。

一一月二〇日（月曜日）　昨夜はラナ邸の門番小屋に泊まる。ノリさん、西ヤンと三人。ここは天井がトタン葺きのせいか、冷える。しかしチャンが効いたのであろう、ぐっすり眠る。

一日中、荷造り。いよいよ西に入れるかと思うと、面倒な片づけ仕事も楽しい。みんな生き生きと働いている。三分の一くらいの荷造りができる。

夜はパタンに帰って寝る。

一一月二一日（火曜日）　朝雲多し。霧がかかっている。荷造りおおまかなところは大体でき上る。

夕方ヨゴさんに散髪して貰う。まだ慣れていないのであまり上手とは言えないが、満足のいくできあがり。

個人の荷物も大体作る。明日は午前中に荷造りを完了し、先発隊が出発する準備をすることになる。

夜は西ヤンと荷物の所に泊まる。

シェルパのうち、プルバはサーダーだけあってやはり一番しっかりしているようだ。他の三人をリードして働いている。

ミンマもなかなか良い。買い物などは一番上手だという。マチコが何回か買物に連れて行っての感想である。値切り方が上手だとか。

パサンはあまり特色はないが、真面目で力持ちのようだ。

アンノック、料理の腕はまあまあだが、あまりてきぱき動く方ではない。総体的に味は薄味だ。

午後、ノリさんが外務省に行き入域許可証を貰ってくる。トランシーバーの携帯は許可されないので、国務省に寄付することにする。

買い物に出る。ケロシン・ランプ用の石油その他、細々したものあり、やはりいろいろ不足しているものがある。

夜は冷え込みが厳しい。もう冬であることを改めて思い知る。

一一月二二日（水曜日）　晴　七時起床。荷物見まわり、異常なし。一日中細々した荷造りにすごす。ほとんど完了。夜、宮原氏宅によばれてご馳走になる。

トラックチャーター、運転手の晩飯付きで三五ルピー。

田村（隊長）

西山（西ヤン）

木村（マチコ）

黒田（クロさん）

出発前の荷造り

隊長の髪を切る神崎（ヨゴさん）

先発隊スルケットへ

一一月二三日（木曜日）　雲多し　今朝の便でドクター、クロさん、ヨゴさんとパサン、プルバの五人、先発隊としてスルケットに出発する。田村、ノリさん、西ヤン、マチコ、ミンマ、アンノックは残り、後の便で出ることになる。荷物を含めて我々全員を一度に運ぶだけの容量を、ロイヤルネパールの国内便は持っていない。後発隊の出発は一一月二七日になる。

六時起床。昨夜は全員が、旧ラナ邸の部屋に泊まる。ここは京大のU氏が月に百ルピーで借りている部屋で、炊事もできるようになっている。外見は立派だが、屋根がトタンなので夜はかなり冷えるし、朝方には水滴がしたたる。

六時半、空港に向けて出発。荷物の計量を済ませて待機し、八時半に出発していった。荷物の総重量四五二kg。一人当たり二〇kgまでは手荷物扱いだから、三五二kgがオーバーチャージ料金の対象となった。

この日、岸信介外相がカトマンズに来着するということで、その出迎えのために島田さんなどが空港に来ていた。先発隊を見送った後、我々もそのまま残って迎えるつもりだったが、カルカッタでゼネストとのことで飛行機来ず。今夕に予定されていたレセプションは主賓不着につきキャンセル。

一一時帰り、昼食、水牛肉の野菜煮、ミンマ、アンノックの料理。

午後、庭に机とマットを出して思い思いに寝そべる。カトマンズも日光浴が楽しい季節になった。庭の木に巻きついたツタの葉が紅葉している。もう冬がそこまで来ている。西のキャラバンはさぞ辛いことであろう。今までもいろいろ苦しい旅であったが、これからますます辛くなるはずである。みんなかなりタフになっているが、これからの苦しさに堪えてくれるであろうか。

裸になってエアーマットに寝そべり身体をボリボリ掻くと垢が驚くほど出てくる。全くのんびりした一日。

先発隊（左より、ドクター、クロさん、ヨゴさん、プルバ、パサン）

夕方五時頃、ＡＰの通信員来る。我々の調査についてのインタビューであるという。私はここではプロフェッサーということになっているので、質問は専ら私に集中するが、さっぱりわからないので、悠然と構えるだけ。返事はノリさんが引き受けてくれる。

通信員君が言うには、ラクソールで写真を撮って警察署に連れて行かれたことが、インドの新聞には中国人だということになって出ているが、それは本当のことかという質問である。どうなっているのか知らないが、本当のことであるから、本当だと答える。

トゥンバの回し飲み（トゥンバ＝シコクビエの濁酒）

夜、ミンマとアンノックに連れられて、シェルパの家にトゥンバを飲みに行く。プルバの妹の家だという。トゥンバは蒸したコード（シコクビエ）に酵母を加え石油缶に入れて醗酵させたもの。ここでは暖かいから一か月ほどで出来るが、シェルパの本拠であるナムチェバザールは、高所で寒いから三か月位寝かせないとできないという。精白しない玄稗を醗酵させたものであるから、日本の濁酒《どぶろく》のようにドロドロにはならず、湿り気をおびた粒のままである。それをホーローびきの五合入りくらいの容器に入れて、竹のストローをつけて出す。それに熱湯を注ぎ、ストローで吸うのである。あまりアルコール度は高くはないが、すっきりした味でなかなか良い。何回もお湯を注いでは飲む。彼等はそれを回し飲みしている。ホーローの容器に入れているが、本来は竹の筒に入れて飲むものらしい。

暗い路地をいく曲がりもまわって、低い入口をくぐって裏に出て、細く急な階段を三階まで上がって、入ったところにある暗い陰気な部屋の奥の方に、マットが二枚敷いてあり、その前に小さな箱がおいてある。カンテラの灯がかすかに人の顔を見分けられる程度に揺れている。マットの上に靴のままどっかと腰を下ろしてトゥンバを呑む。その味はなんともいえない。私も西ヤンもこんなところが性にあっているようだ。

ＡＰの記者・噂広まる・岸外相来ネ

一一月二四日（金曜日）　朝、残すものの整理をする。ずいぶん多いと思っていたが、並べてみるとその少ないのに少しばかり驚く。

ノリさん、島田さんの家に行って背広、セーターなどを持ってくる。その時、ラクソールの件がかなり誇大に、ネパール外務省内に伝えられている、ということを聞いてくる。一体どうなっているのかわからないが、インドはいつまでも祟ることであるよ……。

カトマンズも狭い世界で、私たちの知らないところで噂が一人歩きしている。

インドも、また、日本の戦時中と同じ事で、民衆の中国に対する敵意を、機会を捉えてはことさらにかき立てているのであろう。引っかかったこちらが迂闊であった。

三時半の飛行機で岸信介外相が来るというので、招集をかけられ飛行場に。到着が遅れて五時着だそうで、時間を持て余す。島田さんや在デリー日本大使館員の人などと共にソリテイホテルに帰りお茶にする。西ヤン、マチコは、トイレで「必需品」を二巻拾ってくる。強《したた》かになったというべきか。

これから先のキャラバンは、ノリさんとこの二人、そしてヨゴさんがリードして、クロさん、ドクターを引っ張っていってくれるだろうとを期待している。しかし、西ネパールは凶作だとの情報が方々から入ってくる。物価がべらぼうに高くなっているということを聞くにつけ、いささか心細くなる。状況の悪さが重なって、隊の行動全体が厳しくなってくると、いろいろと不平不満も出てくるだろう。チームが壊れなければいいが。どこまでいっても心配の種は尽きない。

APの通信員が来て、またインタビューを受ける。写真を撮られる。彼がどういう記事を送ることやら。いささかならず気になる。

六時に帰ると、西ヤンたち（ノリさん、マチコ、西ヤンは学生時代、同じ早大アジア学会）の後輩、兼増さんがアフガニスタンからインドを廻りカトマンズに入って、西ヤンが来ていると聞いて訪ねてきた。パレスホテルに泊まっているという書き置きがあり、食後訪ねる。なかなか綺麗なおとなしそうなお嬢さんであるが、五ヵ月もアフガン、インドを一人でうろついているという。たのもしきかな大和撫子。

月の出が遅くなる。星が美しい。だが夜更けに小雨ぱらつく。マチコは、この旅に出る前に婚約したということだが、何か気に染まぬ事があるらしく、しきりに西ネパールから帰っても、帰国しないで残りたいという。

旧王宮前の朝市

一一月二五日（土曜日）　朝六時半起床。久しぶりに西ヤンと町に写真を撮りに出る。マチコ、ノリさんは兼増さんをホテルまで迎えにゆく。行ってみたがいないので町をぶらつく。

豚の解体を見る。耳のあたりから熱湯を注いで毛をむしり、皮はつけたまま解体する。

小さな路地を抜けると広場に出る。広場には寺（マンデル）がある。寺詣りの人々が集まるところに市《いち》が立つ。この頃は寒くなったせいか、朝市は七時頃からでないとはじまらない。

魚屋などは写真を撮ろうとカメラを向けると魚を持ち上げてサービスする。概してみんな愛想がいい。

午前中に空ボックスを、ネパール政府の中小企業局（コテッジ・インダストリー）で技術指導をされている宮原さんの所にキープして貰うために運ぶ。

四時半から、ネ日友好文化協会主催の岸外相歓迎レセプションがロイヤルホテルで行われ、出席。

六時半よりポリスクラブでネパールダンスを見る。西ヤンと二人で早く帰り、味噌汁だけの晩飯を作る。

ノリさんが新設の大使館へ

ノリさんには、以前からカトマンズに創設される日本大使館の開設準備のために勤めないかという話があったようだが、正式に決定したと岸外相随行の本省役人から連絡があった、という。

一一月二六日（日曜日） いよいよ明日は出発。準備といっても取りたててないが、それでも何かと慌ただしい。朝、重量などの関係でキャラバンには持参しない缶詰を売ると聞いて、何人かのネパール人の知人が来たが、大した量を買ってくれるわけではなかった。残りは宮原さんに買っていただくことになった。いろいろと迷惑をかけているので、安くしたいのだが、我々

西ヤン（前）、兼増さん、マチコ、隊長、ノリさん

豚の解体

ポーズをとる魚屋

の経済事情ではそうもいかないのが心苦しい。百缶で二七四ルピー頂く。

夜、チャン一杯。

ノリさんは外務省の役人に会いに行き、採用に関する具体的な話を聞かされた由。大使着任が二〇日以内とかで、早速にでも準備を始めてほしいとのこと。しかし、我々の西ネパールでのキャラバンは、やっとこれから始まるのだ。そんな時に、山歩きのベテランである彼に抜けられるのは困る。考え、話しあった末、一二月一杯は彼に同行してもらう。それが無理なら、せめてジュムラまでは一緒に行く、という結論に達した。その間に彼が持っている山旅に必要な知識や技術を、ズブの素人も含まれる我々は、出来るだけ吸収しなければならない。ジュムラまで行くにしても、彼の帰途をどうするか、単独で返すか、シェルパをつけるか。大きな問題だが、それはその時までに考えよう。まずは、スルケットに向けての出発が先決だ。

王宮

朝市の様子

六　スルケット　―全員集結

一一月二七日（月曜日）　五時半起床。昨夜の内に荷物は宮原さんに預かってもらい、準備は終わっているはずだが、なんだか結構慌ただしい。

大型ジープで出発、六時半。兼増さんも空港まで同行。彼女には残した用事のあれこれを頼んで申し訳ないことである。空港での荷物計量四七〇kg、三五〇kgオーバー。オーバーチャージ一〇二五ルピーはかなり痛い。

ダコダ二四人乗り、二〇秒数えるか数えないかで離陸。ゆるやかにネパール谷をすぎタライ上空に。雲がかかっていてヒマラヤはよく見えない。タライのジャングルは細く長く続いている。雲が低くたれこめており、雲の上をいく。

一時間ほどでバイラワに着く。広々とした野は稲の取り入れ真っ最中。ダコダは、バイラワ→ダン→ネパールガンジ→スルケットとつないでいく。

スルケット着一二時。先行したクロさん、ヨゴさん、パサンの顔が見える。元気そうだ。ドクターとプルバは診療中だという。

スルケットの空港は広い田んぼの中に一筋の滑走路があるだけの野っ原だ。空港事務所といっても粗末な掘立小屋がポツンと一つあるだけ。

このあたりの村人であろうか、薄汚れた格好で一〇〇人ほど集まって、物珍しそうに荷物を、人を眺めている。女の人はコインの首飾りを下げている。これはチェトリ・カーストに属する女性で、中以上のかなりの金持ちだという。首飾りには一ルピー、五〇ルピー、二五ルピーなどのコインが綴られている。

飛行機が轟音を残して飛び立ったあと、荷物を運ぶ。

先発隊が用意したキャンプは、空港から二五分くらい離れた小川のほとり。テントが張ってあった。荷物は一三人のポーターで運ぶ。女一人、子どもが三人混じっている。途中、田んぼの中の木の下で一休み。キャンプに着いたのが一時。

ドクター青空診療大繁盛

ドクターは診察に余念がない。そばに一〇人ほど野次馬が突っ立って眺めている。

クロさんが言うには、とにかく見物人がすごくてやりきれない。一日中怒鳴りっぱなしだそうだ。どこまでも入ってくるので、キャンプの周囲に縄を張って、立ち入りを制限したという。キャンプのまわりに縄を張り巡らしているが、それでも食事を作っていると、いつの間にか側に来て、黙って座っているのだという。常時二〇人ほどの見物人が座って観ている。人に観られることに慣れていない我々にとっては、きわめて居心地が悪く、イライラすることもあるだろう。しかし、これから毎日こんな状態が続くのだろう。我々が、観られることに慣れていくしかないのかもしれない。

医療サービスはドクターたちが着いた翌日、二四日から始めた。初めは様子見のつもりで誰でも診ていたら、次から次ときりがないので、クロさんが怒って、なんでもいいから何か持ってこいと、プルバに伝えさせたという。この辺りにはヘルスセンターがあり、そこでの医療サービスは無料であるため、医者の診療や投薬にお礼をするという習慣がないのだろう。それでも、薪、野菜などをボツボツもってくるようになり、今朝はだいたい四割位の患者が何かしら持ってきたという。

今日、ドクターが診察したのは約四〇人くらい。夕方三ルピー持ってきた人がいる。金を持ってくるのは珍しい。

三時、地区パンチャヤット（伝統的な長老会議を基にし、新たに行政・司法制度を加えて構成された、当時の地域評議会）のラム・シング・トクリ氏に会いに行く。ポーターの件を依頼してあるので、その確認と、バラサーブ（隊長）が着いたので、その挨拶のためである。

スルケットの現在のカースト分布

ブラーマンは下のカーストを軽蔑するが、チェトリあたりからは低いカーストの人たちをあまり差別しない、話しかけてきた学生の一人は、我々は人間であって動物ではない、上の連中は低いカーストの人たちをまるで家畜の様に使うがこれは良くないことであるという。この学生のカーストは聞き忘れた。

古い村と新開地と

スルケットはヒマラヤの前山、マハバラータ山脈とシワリー

川のほとりのキャンプ。左側に患者が待っていて、見物人も多い

ク丘陵にはさまれたインナータライの盆地で、海抜一三〇ｍくらいの低地である。マハバラータ山脈とシワリーク丘陵の間にはいくつかの盆地があって、そういう盆地はドウンと呼ばれている。私たちは帰りにはダンから飛行機に乗ったのであるが、ダンという地名はドウンからきたもののようであった。

スルケットは、川を境にして古くからの集落と、この二年位の間に拓かれた新しい集落とに分かれている。古い村はチソパニと呼ばれている。チソパニは日本語だと「冷たい水」であり、冷たく澄んだ良い水なのである。したがってチソパニ村は良い水に恵まれた、良い村ということになるのだろう。

開拓地の方は、最近までマラリヤの猖獗《しょうけつ》地帯で、人の住めるところではなかった。それがＤＤＴなどによってマラリヤを媒介する蚊の撲滅に成功した結果、開拓が進んだのである。大木の切り株がまだあちこちに残った中に、粗末な草葺きの家がポツンポツンと建っているし、警察、パンチャヤット、学校、土地改良区なども新開地の方にあるが、建物は仮設的なものである。要するに、スルケット全体がこれから発展する、その緒についたところだといえる。

スルケットの現在のカースト分布

ブラーマン	30%	少ないが勢力がある
トクリ	5%	（広義にはトクリもチェトリに含む）
チェトリ	25%	
マガール	10%	
グルン	5%	
ギリ	5%	
サルキ	3%	靴屋（皮革）・テーラー
カミ	3%	クーリ、コック、便所掃除
スナール	1%	テーラー
ドマイ	？	機織り

マハバラータ山脈と菜の花に囲まれたスルケットの村

チソパニの水場

七　てんやわんやのポーターあつめ

新開地の方がポーターなどの仕事をする人が多い。古い村はやはり見識が高いのか、生活が安定しているのか、ポーターなどの日雇稼ぎをする人が少ないようである。

先発隊はポーター集めをパンチャヤットを通じて交渉をしている。最初に話した時には、ダイレクまで一五ルピーくらいで良いということだったらしいが、次には一六ルピーといい、今日の夕方に持ってきた手紙では二〇ルピーとなっている。明日一〇時に集めてほしい、顔を見た上で値段の件は直接交渉したいから、と伝える。隊の懐具合を考えると、出来るだけポーター賃は安くしたい。カトマンズで聞いていたよりは安く上がりそうだ。

地区パンチャヤットと村の有力者の間で、ポーターの件については意見が分かれているらしい。地区パンチャヤットはポーターから突き上げられたのか二〇ルピーを主張し、村の方は一六ルピーで良い、そのかわりデポジットマネーを幾らかくれという意見だという。

我々のテントは三張り。真中の七人用に男六人、マチコは一人。シェルパ四人は同志社隊から借りたテントに寝る。

夜、焚火を囲んで話し合い

① ポーターの件　二〇人は必要
② 明日の予定　荷造りのやりなおしとポーターの交渉
③ ノリさんの大使館勤務の件
④ キャラバン中の荷物輸送については当番制にする
⑤ カナサーブ（食事担当）はジュムラまでノリさん、マチコが補佐、ジュムラより先はマチコがやる
⑥ シェルパの担当　ドクター付はプルバ
　プルバは全体を統轄する
　ミンマはポーターおよび荷物の監督にあたる
　アンノックは料理
　パサンはミンマの補助および料理手伝い

一一月二八日（火曜日）　六時半起床。昨夜は暖かかったが、エアーマットを膨らませられなかったので、床がゴツゴツで寝苦しかった。夜、少し雨が降ったので芝生がじっとり濡れている。雲が多く、霧がなかなか晴れない。

八時にはもう患者が押しかけてくる。ベッドを担架代わりに、子どもを乗せて担いでやってきた。あれあれと思っていると、続けてこれも女の人を乗せたベッドが担がれてきた。今日は出発の荷造りをしなければならないので、診察はしないと周囲には伝えておいたのだが、こうして連れてこられると診ないわけにはいかない。やはりドクターサーブは今日も忙しくて自分の

出発準備は出来そうにない。今日はベッドに乗せられたり、駕籠に乗ったりして運ばれて来た患者が四組あった。遠くからきたもののようだ。歩いて四日かけて来たという患者もいた。ドクターはたいへんなヒューマニストである。食事の時間を割いても診察を続ける。その姿勢には頭が下がる。

ヒステリー性の患者が比較的多いという。一見、のどかで何の苦もなさそうなこんな所でも、人が生きてゆく上での苦労は変わらないと見える。

運ばれて来た患者

集まったポーターたち

淋病の患者が来たと、ドクターは怒る。インド兵だという。治療費を請求することをしないドクターが、彼には一〇ルピーを請求する。ドクターなりの正義感か?。こういう怪しからん奴からはふんだくってやるのだという。いくらとっても良いが、理由をちゃんと伝えておかないと、つまらない誤解を招く恐れがあるので、プルバに使用した薬、その他について、ドクターのいうことを間違いなく通訳するように伝える。

薪、野菜、米など持ってくる患者が今日は割合多い。クロさん曰く「我々は遂にドクターの居候になってしまった」と。

朝一〇時にポーターを集めるように、昨日のうちに地区パンチャヤットに伝えておいたら、村長という男がやってきて、ダイレクまで一マウント一六ルピー、デポジット一〇ルピーで二〇人を契約していく。あまりのあっけなさに、これまでのやりとりは何だったのだと、いささか拍子抜けするが、まぁ明日の朝になってみないとわからない。一マウントといっても、かなり詰めたので、彼等が考えているより少し重いかもしれない。途中で一波乱あるかもしれない。村のパンチャヤットがポーターに関しては責任を持つという一札を書いているというから心配

泥壁の下半分が赤く塗られている

新築中の家

はないというのだが……。まぁなにかあっても授業料と思って我慢するしかないだろう。

朝のうちに古い村の方を少し歩いてみる。丘の上にあって菜の花が咲き、のどかな風景、畑には麦が二、三寸伸びている。家は石を泥で塗込んだ壁造り。屋根は入母屋風、泥壁の下半分を赤く塗った家が多い。庭先に踏臼を備えた家二軒あり。

家を新築している所に行きあう。石を積んで泥で練り込んでいく。石は、ほとんどそのままの形で、割ったりするなどの加工はしてないが、実にきれいに積んである。なかなか立派なものだ。屋根は藁葺き、屋根組は股木に棟木を乗せ、竹か蔦状のもので縛っている。サスづくりに似ている。土間は少し固めてある。その上に煉瓦を砕いた赤土を撒いて叩き固めたらしい様子が見える。

このあたりの煉瓦は八〇〇℃ほどの低温で焼くので、かなり脆いものだ。

南インドからの汽車の旅で、田んぼの中あるいは野の中に、ポツンポツンと煉瓦が積まれているのを見かけたが、あれは煉瓦を焼く所であったようだ。泥を型枠に入れて型を作り、積み上げる。びっしり積むのではなく、中には適当な隙間があり、窓もいくつか開けてある。その窓から籾殻と藁を詰め込んで火を付ける。今は薪とコークスで焼くという。インドからネパールにかけての土はかなり雲母を含んでいるので、低温でも焼けるのだという。島田さんの話である。

パタンに行く途中、畝たてをした田んぼの畔《あぜ》に、一尺ないし一尺五寸くらい土を積み上げているのを見かけたが、これは野菜畑で、畔を高くするのは牛よけであるという。これも島田さんの話。思い出したついでに書いておく。次も島田さんから聞いた話。

カトマンズ盆地の土地利用は他の地域に比べると大変すぐれている。水田も稲作の後は鍬で畝をたてて野菜をつくる。麦を播くらしい牛耕も見られる。堆肥は反当り少ないところで一トン、多いところで六トンほど入れる。堆肥を作るのには人糞を混ぜる。農民は自分で堆肥を作って撒くのではなく、それをするのはもう一つ下のカーストである。低カーストの人が作った堆肥を農民が買って使うのだが、畑や水田に撒くところまでは、下のカーストの人がやるのだという。カースト社会らしい分業といえる。カトマンズの農民はとてもよく働く。その点、日本の篤農家に似ている。新しい種子なども積極的に取り入れるが、その反面、自分たちの伝統的な技術に固執するところが強いので、新しい技術を受け入れることには、なかなか抵抗があるらしい。化学肥料はまだほとんど普及していない。たまに使うと、まだ慣れていないので、量を多く使いすぎて稲が倒伏するという。

マチコが米を買いに行ったついでに赤米の籾を貰ってきてくれた。赤米はかなり多いようだ。

昼食時に西ヤンがテント周りの見物衆を数えたら、一二〇人いた。朝早くから飽きもせずに見ている。ご苦労な事である。

ドクター奮闘記

ドクターはたいへんな奮闘である。スルケットに来て一二〇人あまり診ているとか。今日は朝から六時までの間に三〇人診たという。だんだん重症患者が来るようになって、一人当たりの診察時間が長くかかるようになり、診察する人数が今日は少なかったのだという。ソコヒ（白内障、緑内障などの眼病）などの手に負えないもので帰した人が四、五人いるという。

牛耕

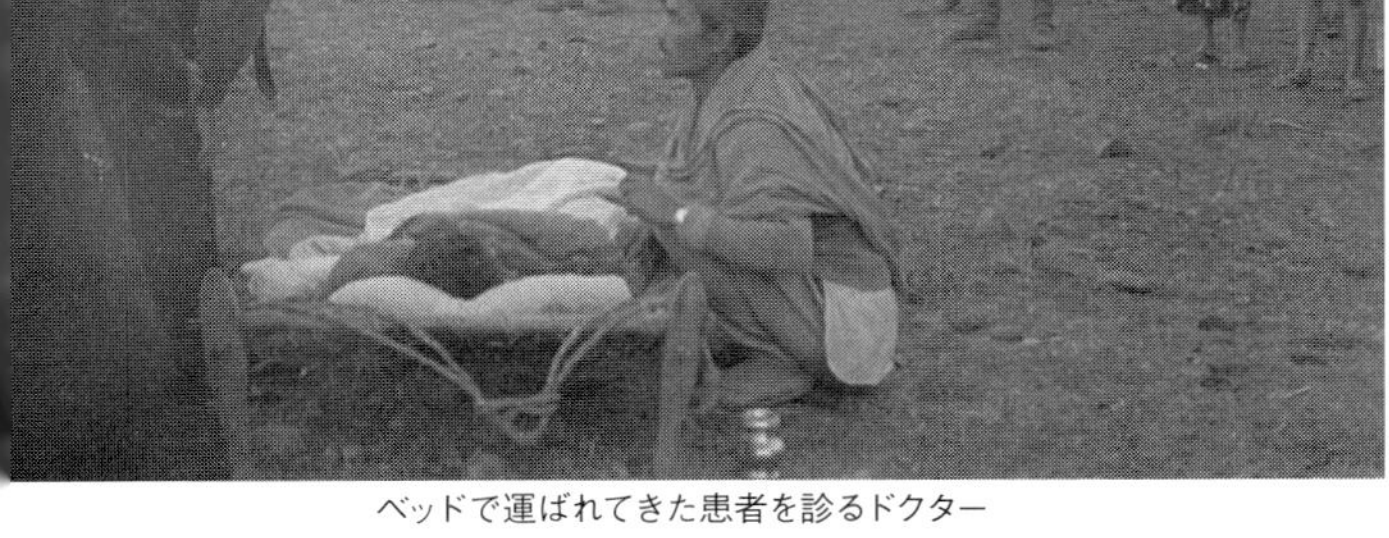
ベッドで運ばれてきた患者を診るドクター

次々と来る患者

精神病の患者が五人来たと言って驚いている。最後にダミ（呪医）にロールシャッハテストをする。彼はテンカン（癲癇）持ちだそうで、ドクターは、探し求めていたものだといって驚喜している。——シャーマン（呪術師）で、しかも病的な体験をもっているということ——彼は癲癇がもとでダミになった。それで時には神の声を聞いたりする。今となってはテンカンとは関係がなくなっているが、今でもひっくり返ることはあり、そこで神の声を聞くという。

荷物のパッキング終わる

明日からいよいよキャラバンがはじまる。西ヤンは今から神経を尖らせている。無理もない。荷物ではこれまで散々苦しめられたのだから……。何が起こるかわからないけれども、少なくとも、いま荷物は目の届く範囲にある。

キャラバン中の隊員とシェルパの組み合わせと、ポーター群への付き添っていく順番などを、話しあう。

ポーター群に付き添うのは、

先発：ノリさんとプルバ

中間：田村とパサン

後発：西ヤンとミンマ。

また、

①ドクターとマチコ

②クロさんとヨゴさんはポーターの進行に合わせて適宜

③アンノックは全体に先行して、食事のタイミングをみる

……としたのだが、これが全く机上の空論であったことが、翌朝すぐに露呈する……。

夕食六時。味噌汁、大根おろし、大根葉の塩もみなど。

八　スルケットからダイレク

一一月二九日（水曜日）　朝五時起床。まだ空には星が輝いていて暗い。鎌のような月がかかっている。少し早すぎたか、明日からは六時に起きればいいだろう。もう冬だから歩く時間は少なくなることを、覚悟しなければならないだろう。六時半朝食。アルファ米とカボチャの朝食を済ませてテントをたたみ、荷造りを終わると七時半になる。ポーターは集まらない。一〇人位来ているので、ポーターだと思って声をかけると、何のことはないただの見物衆だ、荷持ちはジュムラから来ているというのが一人だけと聞いてがっかり。西ヤンが一人やきもきしているが、あわてても仕様があるまい。

八時になった頃、西ヤンがプルバ、ミンマ、パサンを連れて出て行った。いささか気にしていたら、三〇分ほどすぎたころ、何かをムシャムシャ食いながら帰ってきた。コード（シコクビエ）のチャパティをラムロ、ラムロとおだてて、せしめて来たという。これくらい余裕があるのなら心配することはない。さすが西ヤン、ラムロ、ラムロだ。（ラムロ＝良い・美味しい・美しい）

コードのチャパティは一見草餅風だが、パサパサしている。

貧乏隊の効用

我々は、初めから金がなかったので、苦しい切りつめた旅をせざるを得なかった。辛いことも多かったが、それだけみんな逞しくなったといえる。神経質にみえたクロさんも、余りじたばたしなくなり、どんとした落着きを感じさせるようになった。先発隊の、飛行場からテント場までのポーターたちとの運賃交渉は、昼食をはさんで四時間、三ルピーか二ルピーかで頑張ったという。そのせいか、後発の我々が着いた時のポーター代は二ルピーで、文句は出なかった。僅か一ルピーの差だが、それが我々にとってはとても大きいことを皆が認識している。

村パンチャヤットから、ポーターは九時に集まれという触れがまわっているということである。二〇人では少し荷物が余るかもしれない。一人は追加しなければならないだろう。それに一人当たりの重量が三六～三八kgに荷造りしているので、重いとごねる人がでるのではないかと気にかかる。一マウントは三五kgが基準と聞いている。

バラバラの出発

先発：マチコ、アンノック、プルバは、ポーター一人を連れて一〇時頃に出発。これに追いつくのは時間がかかりそうだ。

中発：一一時近くなってようやくポーターが集まって中発が出発。ノリさん、クロさんが先に行き、後にヨゴさんとドクターがパサンと共につく。

後発：西ヤンと田村とミンマが後尾をゆくことになる。あと五人来ない。デポジットを受け取って来ない奴がいるらしい。村長が慌てて呼びに走る。すんなり集まれば良いが……。

新しい紙幣でないと受け取るのを嫌がる。このあたりはまだ紙幣の普及が新しいのであろう。硬貨でないと駄目だといわないだけましだと思わなければなるまい。川喜田二郎先生のドルポ調査（一九五六年）では少額硬貨が主であったという。ネパールも急速に変わってきている。

今日はどこまでいけることやら。

見物衆も患者も来ない　―情報伝達の謎

昨日まであれほど集まっていた見物人が今日はほとんど来ない。それに患者も一人も来ない。この情報伝達の行届き具合は、驚嘆すべきことだ。口コミ以外にはないはずなのに。驚異的な早さと正確さで伝わるものだ。昨日までは、少なくとも二日や三日がかりで来ていた患者がいたのだ。それが今朝になってパッタリ止っている。これは、どう解釈すればよいのだろう。

情報伝達の方法と手段、口コミの効用、その速度とメカニズム……。

荷物が重いと相当ごねる者もいたのだが、強引に一マウントで押し通して出発させた。道中でごたごたしていないか気にかかる。

後発隊はもう一泊

一二時一〇分前になるが、残り五人のポーターがまだ集まらない。村長はどうしているのか姿が見えない。下手すると今日はまたここに泊まることになりかねない。西ヤンと二人はいつも後に残る。そういう運命にあるようだ。それにしても腹が減った。

芝生にひっくり返っていると、小春日というには少し暑すぎるが、ポカポカして良い気持ち。後の丘では小鳥がチチ、チッチとさえずりかわし、前の畑には菜の花が今を盛りの満開である。何とも長閑な景色かな。思わずウトウトしてしまうが、まさか眠りこむわけにはいかないと気を引き締める。それでも一〇分位は眠ったらしい。西ヤンとミンマの足音に起きあがる。

村長は我々から一人当たり一六ルピーで請負って、ポーターには一五ルピーという事で渡しているらしい。一ルピーずつピンハネしているわけだ。それで約束通り集めないとは怪《け》しからん。

二時になった。村長をとっつかまえてきたが、どうしても三人集まらないという。デポジットを渡しているが、仕事に行って、何時になったら帰るかわからない。だから、ともかく二人だけを連れて出発しろ。後からすぐに三人を送る、という。いまさら、そんな話を信用できる訳はない。あっちこっちうろつき廻ったが、集まらない。どうも荷物の移動は、一筋縄ではいかないようになっているらしい。二〇人のポーターを集めて動かすのは容易なことではないのだ。

腹が減ってかなわないので茶店でミルク一杯とスンタラ（ミカン）四個ずつ食べる。ミルクは二〇パイサ、ネパール人なら一五パイサだが日本人は二〇パイサだという。カトマンズでも外国人値段があった。どうしてこういう事になるのだろうか。しかし、黙ってふんだくられるよりは、外国人値段だといってとられる方が気分的には良いようだ。

三時半頃、村長の妹の家だというホテル（?!）で、ようやく昼食にありついた。カナ（飯）と水牛の肉。マス（肉）は、カトマンズで先発隊出発の前夜食べて以来なのでとても美味しい。残りの三人もようやく顔を見せたので、それから出発しようと思ったが、この時間からでは先発隊に追いつくのは難しい。山中で飢えるのも情けないので、また一晩、ここで過ごすことにする。先発隊がパサンでも連絡によこすだろうという期待もあった。泊まると決めたら、西ヤンと二人、のんびり村の中を見物にまわることにする。

木の枝で小屋がけ

窯で石を焼く

スルケットバザールのはずれ、キャンプ地の少し上流に、木の枝で片流れの小屋をかけている一家がいる。どこから来たのか、全く粗末な、小屋ともいえないものである。その少し奥の方では窯を築《っ》いて石を焼いている所がある。よくわからないが、家を建てる時に使うためのもののようだ。しかし、煉瓦とは違う。壁土にする（壁に塗る）ものではないかと思う。

菜の花の香りにむせる古い村

さらに奥にいくとチソパニの村。菜の花が咲き乱れ、その香りにむせるようである。ちょうど春の筑紫野を歩いているような錯覚にとらわれる。菜の花の中に高床式になった納屋を持つ農家がある。母屋の方は入母屋になっているが、高床式の納屋は切妻。高床の床下には踏臼が備え付けられている。母屋の入口の下屋には石臼が据えられている。そこから涸谷《かれだに》を越えた東の方で騒がしい人声が聞こえるので行ってみると、火事であった。村人が大勢集まって、パニ！パニ！（水だ！水だ！）と叫んで、水甕で下の川から水を運び、パラパラと掛けている。屋根の上にあがって土を掛けている人もいる。こんな程度で火が消えるものではない。丸焼けである。丸焼けといっても、日本の家と違って石を泥で塗り込んだ壁造りの家だから、廻りの壁だけは残っている。大勢の人が集まってはいるが、日本の村の火事場のように皆が顔色を変えて、働いているということはない。よそ者があまり長く眺めているのも、と気が引けてバザールに帰る。五時半、ようやく落日。カトマンズよりも幾分か日没は遅いようだ。

菜の花の中の農家

火事場の野次馬

雲一つない夕焼けは美しいが、それほど色彩が鮮やかではないので、カラーでは撮れないとヨゴさんがこぼしていた。

店の前に坐ってボンヤリとポーター達が炊事をするのを眺める。カルカッタ、ラクソール、カトマンズと待つことに慣れた身は、こういう一時の過ごし方がすっかり身についてしまったようだ。

六時、すこし暗くなり、寒くなったのでホテルに入りシャツを着ているところに、連中が心配してよこしてくれたパサンが顔をみせた。アクシデント・マネーと称して、二〇ルピーを届けてくれる。パサンはこのまま泊めて、明朝早立ちさせる。

これからは、こんな事が度々おこるかもしれない。そんな事態に慌てないで対処できるような体勢を作っていきたい。今夜は五人のポーターをここに泊めて、明朝は早く発つことにする。おそらく明日中には先発隊に追いつけるかもしれない。パサンによれば、今日の行程は正味三時間半であったという。

〔パサンが持ってきた手紙〕

ポーター不足は最初から覚悟していたもののどうも大変ですね。一時三〇分昼飯、一時間待てど来ないので、飯を残して松沢のみ五時まで待つ。

五時ちょうどパサン、ヨゴ、クロダむかえに下りてきてくれる。とりあえず、ここから二時間さきのキャンプに先行する。明日は後発を気にせず先行する。ダイレクは明後日になろうが、ダイレクで待つ。

パサンに小生のシュラフ、キルティング等を持参させる。本日はパサンを下に泊め、明朝早く帰して下さい。こちらも相当遅れているので（本日の行程は正味三時間半位）↓後発待ちのため。

明日キャンプで会えることを期待しています。明日は小生むかえに下ります　　松沢　五：〇五ＰＭ

えさはてきとうに荷をあけてかまわずあとでちょうせいします。

隊長・西ヤンいつもすまんです。　　黒田、ヨゴ

俺とクロさん、パサンは本日のキャンプ地まで行って、直ぐに昼待ち（松沢待機）の所まで降りたので持ち金がありません。皆のアクシデントマネーを預けます。何とかしのいで下さい。明日パサンは早く登らせて下さい。　　ヨゴ

食うのはホテルあり。

一一月三〇日（木曜日）　六時、スルケットバザールの屋根裏部屋で目覚める。朝焼けが美しい。菜の花畑の真ん中でのキジうちもまた楽しからずや。パサンを六時半出発させる。昨夜ホテルに泊まったはずのポーター二人が夜中に抜け出していなくなったと、ミンマが探しに行くが、間もなくミンマが行った方とは逆の方から出てくる。七時二〇分出発。西ヤンとミンマは後に残して先に出る。二五分で一本たてる（休む）。二人が追いついてくる。道とも言えぬ様な山道で、歩きはじめの体には厳しい。八時半に一本。山道を喘ぎあえぎのぼる。チソパニの村であろうか、ポコポコという太鼓の音がさっきから聞こえる。ここまでに材木を引っ張って下ってくる男四人、女と子ども、

古材をスルケットまで運びおろす

石塚の中に樹を植えた休み場（チョータラ）

シシガキに似た石垣

女一人、二人連れの女、に出会った。材木は古い柱のようだ。

　一〇時五〇分、先発隊が昼食をとったという休場に着く。このあたりは街道筋であるためか、所々に石塚を築き、中に木を植えて休み場（チョータラ）を作っている。ここの村は牛を防ぐのか、畑や家の廻りにシシガキに似た石垣を築いている。家の屋根は切妻に近い入母屋で、棟木が外に出ているのが特徴的である。

　今朝の朝食はここになるらしい。ミンマがポーターの米を召し上げて、道路脇の家から鍋釜を借りて食事を作る。その間に村を一廻りしてみる。ほとんど人のいる様子がない。聞いてみるとここは廃村になりかけているという。スルケットバザールのあたりの低地がマラリヤが撲滅されたことから、誰もが住めるようになり、開拓が進んできている。そうすると、下の方が住みよいし、土地も広く耕しやすいので下の方に移りつつあるのだという。

　ここまで登ってくる間に何組も古い材木や、家財道具などを運んでいるのに出会ったが、それは皆、このあたりからスルケット方面に移住する人たちであったようだ。

　カッツカ村というのがこの村の名前である。

谷間に水場があり、ちょっとした広場があって無料宿泊所（ダルマサール）が建てられている。ほとんど使われたことがない様子。

　昼食は一二時半、ミンマのつくったカナ（米飯とダルスープ）で昼食兼朝食。容器・ダル（豆）・薪代で一・二五ルピーはらう。

　本隊は今朝九時にこの峠を越えたという。牛を追って水場に来た男からの情報である。

　五～六頭から一〇頭くらいの牛を追ってこの水場に水を飲ませにやってくる。先導する牛は頸に大きな鈴をつけている。ガランガランという鈴の音。長閑で平和な峠の水場。牛はインドコブ牛というにはコブが小さいが、普通の牛よりは首の付け根が盛り上がっている。コブ牛の血が混じっているのだろう。

ポーターは低カーストだから、本来なら彼等の使った容器では食事は出来ないし、水も飲めないのだが、今日は仕方がない。と、言訳しながらミンマは食事を作る。ミンマは仏教徒（チベット仏教）のシェルパ族だから、融通をきかせているが、ヒンドゥー教徒のネパール人だと、どうしただろうか。

峠にかかってくるにつれて眺望が開けてくる。インナータライの森林に取り囲まれたスルケットは、かなり広い盆地になっていることがわかる。盆地の周辺部に集落が拓けている。村のあるところは、菜の花が今を盛りと咲き誇っている。菜の花畑からはずれた所が水田になっていて、すでに取り入れが終わっている。

カッツカ村は峠越えの鞍部になった所にあり、上から眺めると、石垣に取り囲まれて畑と家が点々と見える。散村だ。村外れにも畑であったと思われる段があるが、草が生えて荒れている。畑はすべてスイッチバック式になっている。山の傾斜畑を牛で犁く事から生まれた耕作景観である。

とにかく少し傾斜の緩くなった所は耕されている。見事というほかない。ただこのあたりは砂礫の多い荒山なので、ビルガンジからカトマンズまでの間、シンバンジャンの峠あたりのような見事に整った段々畑ではないが、畑にできるところはすべて拓きつくし、村を作り、人が住んでいる。ここでも人の営みの凄さを感ずる。

昼食後の登りは辛い。西ヤンが足に痙攣をおこす。三〇kgを越える荷物を背負っての登りは、初日には無理なのだ。この人、軽くしろと言っても聞いてくれない。

いつまで行っても登り、上り、それもガレ場のような上りが続く。さすがの西ヤンも痙攣の足をひきずってでは、遅れがちになる。先に進むことにするも気になる。ミンマも後を気にしながら、振り返りふりかえりのぼっている。

二時半頃、スンタラ（ミカン）売りが下りてくるのに出会う。一ルピー買う、一〇数個くれる。スルケットバザールでは一個一〇パイサだったから、かなり安い。食べながらのぼる。いくらか元気が出る。四時まではガレ場を九十九折《つづら》りに上り詰める。

スイッチバック式の畑

それから幾分下りになる。下りになると矢張り楽になり、西ヤンも追いついてくる。二〇分位下りが続き、ようやくスルケット盆地が見えなくなりかける。スルケットは下の方で見た時にはかなり広い盆地のようであったが、高くなるにつれて、小さくなり、ここからだと山また山のなかの小さな広場にしか見えない。さすがに山の国である。タタナハル（たたなわる）という形容があるが、全くこういうところをいうのであろう。

上り詰めたところでミンマが西ヤンの荷物を少し分けて持つ。それで幾分軽くなったのか、あまり遅れなくなった。西ヤンには元気でいてもらわなくてはどうにもならない。西ヤンはポーターと張り合うかのようにリュックに荷をつめて担ぐ。

「ドコにヒヨコ　子豚に鞭の家族づれ　移り住むかやタライの盆地」

何組も何組も、うっかり数えなかったので正確ではないが、少なくとも一〇組以上の家族ぐるみの群れが下ってくるのに出会った。ドコを担ぎ、牛を追って下ってくる。ドコの中には家財道具一式が入っている。中に、二組、小さな子供がヒヨコを入れたドコを担いで下りてきた。子豚をムチで叩きたたき下ってくるのが一組。これらの組は牛を追っていない。鶏を抱きかかえているのが二、三人いた。これらの人々は、どこから来て何処に行くのか。冬を迎えて暖かい南の方に稼ぎにいくのか、それとも開拓の進みつつあるスルケットに移住するのか。今日出会った家族連れの多くは、冬を過ごすために南に下ってきたというより、開発が可能になったインナータライに、移住するために山の家を捨てきた、というものが多いような印象をもった。

ポーターの支度

ポーターたちは実に身軽な格好で出てくる。二、三人が組になって、炊事道具を持っている。道具といっても鍋くらいで、

ドコを担いだ子供

大きな荷を担いだポーターたち

他には米と僅かの塩だけである。私の連れているのは三人組と二人組である。三人組の方は兄弟と一人、弟の方は一五、六才であろうか、実に可愛い顔をして、細いすんなりした脚で、荷物を担がせるのが可哀相なくらいだが、よく担ぐ。黙々といつもトップにたっている。さすがに五時頃になると疲れたのかペースが落ちたが、立派なものである。この三人組は陽気で真面目である。できたらダイレクより先まで連れて行きたいと思う。年取った二人組は、彼らに比べると少し落ちるが、まぁ良い方であろうか。上り詰めたところの休場では若い二人は陽気に唄を歌い騒いでいる。

五時頃、山をまわった道端に石碑（カンパ）が建っているのを見る。字が読めないので正確ではないが、チベットからインドに通ずる街道でマルラ王によって整備されたことから「王の道」と呼ばれ、道標がたてられている。その道標の一つであろう。険しい山道だが、かなり整備されていることがわかる。

五時半、鞍部に出る。落日が実に美しく、印象的である。そこをまわったところに平屋根の家が一軒ある。今晩の泊まりは近いというミンマの言葉に力を得て歩き出す。一〇分くらいいったところに粗末な掘っ立て小屋が三、四軒並んでいる。峠の茶屋らしい。ミンマがその中の一軒、小僧っ子が店番をしている店を選んで、今晩ジャパニサーブ二人を泊めろと交渉する。茶（ミルクティ）を一杯飲んでミンマは西ヤンを迎えに行く。すぐ傍まで来ていたと見えて待つほどもなく着く。時計は六時。

ようやく暮れてきた山上の風は冷たい。三人組の米をもらって、茶店の小僧に飯を炊かせ、おかずがないので牛乳をかけて食べる。ドゥドゥ（牛乳）には砂糖を入れているので甘すぎて

山の道端の石碑

小僧が店番の峠の茶屋が一夜の宿に

ラムロとは言いかねるが、何とかしのげる。小人数であるとこういうことが出来るから面白い。茶屋の細いたき火の傍でこれ（日記）を書く。

ヒマラヤの旅のはじめの峠茶屋

ようやく旅がはじまった。苦しい旅になるか、楽しい旅になるか。苦しくても楽しい旅にしたい。本隊は三時間くらい先のほうに泊まっているらしい。

一一月も今日で終わった。明日からはいよいよ師走。東京ではみんな忙しく働いていることであろう。冴えた夜空の星を見上げていると、学校を辞めると聞いた人のことが思い出される。

ここでもまた西ヤンと二人、気楽トンボの旅である。よくよくの縁であろう。

一二月一日（金曜日）晴　昨夜は九時一五分にシュラフに入る。茶屋の小僧が来て何かと話しかけるので、薪を燃しながら起きていた。西ヤンは疲れたとみえて八時にはもう鼾をかいていた。壁もないあばら屋で今夜は寒いだろうと覚悟をしていたが、それほど寒さを感じなかった。

昨夜遅く着いたネパール軍の兵士たちが、朝早く出発するのであろう、バタバタやっている。起きようと思ったが、襟元から吹き込む風が冷たく決心がつかない。そのうちにポーターたちが目覚めたとみえて歌声が聞こえてきた。

子を背負いツムを持つ

六時起床。東の空がようやく白みかけてきた。さすがに山風は冷たい。軒先で寝たミンマは寒かったろう。

茶を一杯のみ、七時出発。例のすんなりした脚の少年ポーターがトップを行く。今日はそれほどの坂もなく、平坦な道が続くようだが、今日中にダイレクに着くのは難しいという。やはり本隊には追いつけないようだ。今夜の泊まりは何処だろう。

三〇分くらい歩いたところに茶店と宿泊所（ダルマサール）あり。宿泊所は半分壊れかけているが、何人か泊まっているようだ。少し窪みになっているところには一面に霜がおりている。

完全に山をまわったのであろうか、西の雪山が見えだした。これからますます高くなり、そしてだんだん寒くなる。

八時半、パトラシヒマールのよく見える曲がり角で先に行った西ヤンに追いつく。ここには石塚がある。これもまたデウタといった。

交易のボテに初見の峠かな

雪山の景観に見とれていると、羊と一緒に二人連れの人が下ってくる。羊は五〇頭ほど。羊の背には、おそらく岩塩が入っているのであろう、羊毛で織った布袋が振り分けに付けられている。スルケットかネパールガンジあたりまで行くのであろう。背に子供を負い、手にはツム（紡錘車）を持っている。

九時、ポーター追いつく。先ほど見かけた峠の石塚はデウタという。誰が積んだか、何のデウタかポーターに聞いたが、私のネパール語ではもどかしいが通じない。

九時半、第二のデウタに着く。相当にきつい下りである。帰りもこの道を辿るとすれば、かなり手強い上り道になる。羊を連れて南に下る何組もの人々に出会うが、我々のように北に向かう人はいない。

羊の群れ

少し先に茶店がある、そこで朝食にする。先発隊は昨夜、この茶店に泊まったらしい。先発隊との距離は、ポーターの足で三時間、この下りなら我々の足で二時間、少しとばせば一時間半くらいの距離である。先発隊は今夜ダイレクに着くだろうというが、我々は無理だろう。ポーターの足取りは、上り下りにかかわらず全くコンスタントである。だいたい二五分か三〇分で一本たてる。このあたりで出会う子供たちの脚は細いが、よく伸びて美しい。山坂を歩きつけているからであろう。

一一時、村に入る。あてにしていた茶店はなくて、ロキシー（蒸留酒・焼酎）屋だけだという。ポーターに米を買いに行ってもらう。今日はさすがに疲れてしまって、すぐにメモをとる気力がわかず、農家の庭先に積まれた草の上に転がって寝てしまう。うとうとして目が覚めたら一二時になっていた。一時間近く眠ったことになる。まだ飯は出来ていない。

道は村から村へと、村の中を縫うようにではなく、村からかなり離れて通っている。村に入り、家や畑に近づくと道の両側には石垣が積まれている。牛や羊の入るのを防ぐためである。

家畜を連れて南下する人々は、水場に近い、足場の良い道端を選んで野宿をするのであろうか、今朝は山中に、その跡らしいところを二ヶ所見かけた。一ヶ所は道ばたに粗末な小屋をか

切妻妻入の家

牛糞を混ぜた赤土で庭を拭く

菩提樹の休場

けている。道に杙を何本も打ち込んで、それに牛を繋いだらしい形跡がある。

挨拶は足持ち上げて額をつけて

ポーターが道で知り合いらしい人に出会ってビリ（刻み煙草を木の葉で巻いた安煙草）をもらう。相手の足を持ち上げ、その甲に自分の額をにつける挨拶をする。相手は上位のカースト、多分チェトリであろう。ポーターのカーストはカミ（道路掃除、便所掃除などをする）かサルキ（靴屋など皮革を扱う）であった。挨拶が済むと相手がビリを出して渡す。これほど丁寧なやり方ではなく、自分の右手を相手の足の甲につけ、その右手を自分の額につけるという挨拶は何回か見かけた。物乞いがよくやる方法である。

切妻妻入りの家

ラッティコラの村に入ると家は全て切妻になる。入口の形も少し変わる。妻入りが多いが、入口の上が二階になっていて、そこに木の梯子がかけられている。屋根は細い草で葺かれている。昼飯に立寄った家の婦人が、庭先を牛糞を混ぜた赤土で拭いている。牛糞を混ぜた赤土で床を拭くのは清めの意味がある。

この家の兄ちゃんは昼飯を食べてから牛を追って出かけていった。一二時四五分、飯はまだ出来ない。この家のテディ（娘）がいま水汲みに行ったので、これから飯を炊くことになるらしい。何とものんびりした話である。

一時出発。テディの作った飯にタルカリ、ダルスープをかけて食べる。米はポーターに買ってこさせたもの。一マナ一〇ルピー。ラクソールでは八ルピー、カトマンズでは七ルピーであった。かなり高い。

菩提樹の休場

村はずれに、四角に石垣を積んだデウタ（石塚）がある。そこは休み場（チョータラ）になっており、円形に石を積んで中央に菩提樹を植えている。先発隊はこのあたりで泊まったのであろうか。そうだとすると今日中にはとても追いつくことは出来ない。

ラッテイコラからは一路下りである。その下りも相当以上に険しい。足をガクガクさせながら下っていく。ポーターの足取りは全くコンスタント。

石壁でかこったデウタ

昨日は一日、全くの上り坂、今日は一日中下りである。

いちにちは登りにのぼり　一日は下りにくだる
さすがヒマラヤ。

上り下りともに規模が大きい。しかし、ヒマラヤと言っても
ここはまだ入口である。

石積みのデウタ

これまでに石積みのデウタは四個ばかり見かけたが、いずれも小高い丘の、雪山のよく見える所に積まれている。そのことにどんな意味があるのだろうか？。

雪山（ヒマール）は神のいます聖なる山、デウタは聖なる山の遙拝場か？

「雪山を拝む峠のデウタかな」「雪山に我も捧げん石こづみ」。

雪山を拝む峠のデウタ（石塚）

吊り橋と茶店の風景

裸足で川を渡る

簗をかけるように石を並べている

橋の壊れた川

喘ぎ喘ぎ、休み休み下りに下って四時半、川を渡る。吊橋が架けられているが壊れていて渡れそうもないので、裸足になって水に入る。水量は少なく、膝まではないが、水はさすがに冷たい。川を渡った対岸の道ばたに茶店がある。前の田圃でスンタラやビリを売っている。スンタラは一ルピーで二〇個、スルケットの半値である。

今日はとてもダイレクまでは着けないので、ここで泊まりたいとポーターが言う。一人だけは先に進もうという意見らしいが、こちらも疲れているし、明日は着けるだろうから、ここで泊まることにする。チャンがあるらしい。一杯飲めるか。

紙巻き煙草から葉巻のビリーへ

タバコが切れたので、昨日の茶店でビリを買った。二五本で三五パイサ。休む時にのむビリはなかなか甘くてうまい。先発隊から遅れての昨日今日は全くの現地食である。これもまた楽しからずや。トレッキングは小人数に限る。

河原で網を抄《す》く人あり。網はジャールという。河原に簗をかけるように石を並べている。いまは水が少ないが、雨期になって増水したら簗をかけて魚を捕るのであろう。

田圃の中に祠がある。マンデル（寺）だという。どういう寺か聞きたいが、私のネパール語では通じない。カナシイ！

ポーターは茶店の中に入れないらしく、入口にうずくまって寒そうにしている。茶店はバフン（ブラーマン）の経営であろうか。カトマンズなどでは、バフンが飲食店などを経営する例が多かった。ポーターは下位のカーストが多いと聞いたが、彼等はアンタッチャブルなのか。

五時半になると日が落ちて薄暗くなる。谷を吹き抜ける風は冷たい。

ケラ（バナナ）があるというので買ったが、熟し方が足りないようで美味しくはなかった。熟したバナナではなく、青いうちに穫って放っておいたものである。

夕方ついた旅人の話によると、先発隊は今日、ダイレクに着けないらしい。

旅人は軒下に　ロキシー（蒸留酒）

今夜はこの茶店の軒下を借りて寝ることになる。これがネパールの旅だ。日本でも昔の旅はこんなものであったろうかと、思い見る。

ここにはロキシーがある。一カップ二五パイサ。ケラとスンタラ（ミカン）でつくったロキシーだという。一杯ずつ飲む。旨い！というほどではないが、まぁまぁいける。

この村はオイリーパラジュルというらしい。家の多くは山腹にある。

西ヤンと二人、一つのベッドに頭を並べる。小さくて寝苦しい。

やまのちゃや　おとこふたりの　そいねかな

一二月二日（土曜日）　曇り、マジャール（マガール？バフン？）の茶店。

六時起床。夜中何度も目が覚めた。星がさっぱり見えないと思っていたが、案の定曇っている。少し雨がぱらつきだした。今は乾季。たいした雨にはならないと思うが……。

七時一〇分出発。赤いサブザックはカモシカ少年のキャンバスに入れてもらい、身軽になる。背中の皮がむけてヒリヒリする。今日でまだ三日目、こんなことでは先が思いやられる。

昨夜の夕飯は、茶店の中で食べた。二部屋に仕切られている。狭くて暗い方が台所、二階が寝所になっているようだ。

今日は川に沿って遡る。道はわずかな上り下りはあるが、昨日とは比べようもないほど平坦である。荷物を預けてしまったので大助かりだが、ミンマの荷は重すぎる。ダイレクから先は軽くしてやらなければなるまい。

茶店を出て二五分くらい来た山間の田圃の中に、木の枝葉でふっかけ小屋をかけ、五、六人が泊まっている。牛を一〇頭ほどつれている。こういう形で南への旅を続けるのであろうか。山中や取入れの済んだ田圃で牛に草を食わせながら進む旅は楽なものではあるまい。〔これは旅人ではなく、近在の村人が刈跡放牧に泊まり込みで来ているのだと後で知る〕

八時、小川との合流点に着く。川端にもふっかけ小屋をかけて、ここには一家族が泊まっている。ポーターは八時半に着く。

木の枝で造った小屋と牛の放牧

手にツムを持つ羊飼い

隊商に出会い大渋滞

羊おい南に下る四人

そのとき羊を連れた人々が下ってくる。羊は一〇〇頭ほど。いずれも背中に振り分けにして塩袋を付けている。大人が四人に子供が一人ついている。背負ったドコには鍋釜の他に羊毛が詰められている。手にはツム（紡錘車）を持ち、または毛糸を編みながら歩いている。

山は思った以上に人くさいものだ。姿は見えなくともいたるところで牛の鈴がなり、人声がする。

本隊は昨日ダイレクバザールに着いたというニュースを、ダイレクから来たという斧を持った三人連れの木挽から聞く。

ローアレ・コーラという川。ここで先発隊のポーターが引き返してくるのに出会う。

がけのみち　ひつじのむれと　にらみあい

ローアレ・コーラから次の休場までの間は二五分くらいの距離だが、その間に二〇〇頭以上の羊の大きな〝隊商〟に出会う。狭い崖道であったのでお互いに動けなくて時間を食う。八時半に出て、着いたのは九時一〇分であった。

川に簗《やな》をかけているのを見る。

ペールパタという村。茶店あり。茶店の前にモウラ（木標）あり。脱穀を見る。牛四頭に敷き詰めた稲を踏ませて籾を落とす。

一〇時、対岸にカーギタルの村を見る。山あいにかなり家が集まっている。家は切妻、壁を赤く塗っている。

一〇時半、踏板が何枚も抜けている危なげな吊り橋を渡って、馬宿のような茶店に着く。

インド人のロキシー屋

「ロキシーをつくってうるのはインディアン」

この茶店にはロキシーを絞る大きな樽が据えてある。ロキシー店もやっているらしい。キャラバン宿だと思ったので、ここで昼飯にするつもりだったが、何もないという。宿ではなくてロキシー専門らしい。モーア（木の実を米と混ぜ合わせて寝かせてあるもの・醪《もろみ》）を蒸留してロキシーの原酒をとり、それを瓶にためて、木の樽に移して、半分程度の水と混ぜて売る。サイダー瓶一本が三ルピー、水を入れない原酒は六ルピーという。コップに半分ずつごちそうになる。強い。昨夜飲んだものよりもかなりアルコール度は高い。モーアは貰って呑んでみた、少し甘みがあって美味いものである。

ここでロキシーをつくっているのはインド人だという。水牛でも羊の肉でもロキシーをつくるというのだが、真偽の程は不明である。

この道中は全てミンマが手配してくれるので、何もしなくていい。何とも気楽なものだ。飯がないといってもミンマが何か工面しているようだし、何も心配することはない、昼寝しながら待てばいい。

刈跡放牧

このあたり田圃の中に牛小屋を建てている。草壁、草葺きの小さい小屋に四、五頭の牛がつながれている。取り入れの済んだ田圃に放すのであろう。刈跡放牧という。

川の中の簗

板の抜けた吊り橋

ロキシーの樽

稲はきちんとした正条植えではなく、かなり乱雑に植えられており、刈取りも穂刈ではないが、きちんと根元から刈り取るという事でもないようで、取り入れが済んだ田圃には稲の茎がかなり乱雑に残っている。

昼飯はコードのおやき二枚半

今日の昼食はコード（シコクビエ）のチャパティー。二枚半のチャパティーとコップ一杯の茶で一人一・二五ルピーなり。

ここはチュップラという村である。

ふらりふらりと続ける旅は実に楽しい。西ヤンは私と一緒だとゆっくりしすぎて、いつになったら目的地に着くかわからんという。

二人組のポーターは米を買いたいが金がないというので五ルピー貸した。それから村に米を買いにいき、一二時に帰ってきて飯を炊き出したので、出発はかなり遅れると覚悟しなければならない。

茶店の小僧がタルカリ（おかず）をつくりはじめた。シミ（豆）、チチンナ、ピアジ（タマネギ）が入った乾燥野菜らしいものを油で炒めて、水を加え、カレーを入れる。カレーはクルサニ（唐辛子）とマサラ（香料）を石皿で粉にして混ぜたものである。

午前中は曇りで時々雨がぱらつくような天気だったが、一二時頃から晴れて陽が射すようになった。

田圃の中の牛小屋

コードのチャパティ

茶店の小僧のタルカリ作り

鍛冶屋

チョウタラの菩提樹

一二時半、三人組は食事が終わったので彼らを連れて出る。

昼食後の上りはそれほど長い距離ではないが、嶮しい。さすがのポーターたちも喘ぎ喘ぎ登ってくる。それでも彼らの休みは二五分ごとで変わらない。

このあたりの段々畑は、また見事である。対岸の村からであろうか、マーダルの音がポコポコと聞こえる。のどかである。マーダルは首から下げて両手で叩く細長い形式の太鼓。

まだ刈り取りの済んでいない田圃は見かけないが、刈り取った稲の脱穀は何カ所かで目にした。いずれも田圃の一画をきれいに掃き固めて稲を広げ、牛に踏ませるというやり方である。

二時にシャッパイというシャールー峠の上の村につく。ここは鍛冶屋が多い。鞴《ふいご》で吹いている。野鍛冶の村であろう。

休場は菩提樹二本ボル・ピパル

休み場には二本の木が植えられている。大木になったものも多い。向かって右の葉が太く柔らかいものがボル、左の葉が細く榎に似た木がピパルという。休み場をチョウタラ（チョウリバとも）、水汲み場をパニ・パンダーラといい、石積みの塚に木を植えているものはドイツクダンというのだと聞いた。

今朝あたりからかなり規則的にチョウタラが並んでいる。だいたいポーターの足で一休みくらいの間隔で出てくる。木はいずれも大木になっており、二〇〇年生以上だと思われる。

ダイレクまで二〇分くらいだというチョウタラまでマチコが茶を持って迎えに来てくれる。ヨゴさんが少しばて気味だが、他は皆元気だという。本隊は昨夜はここで泊まった由。

平屋根初見

このあたりで平屋根の家を二軒見かける。午前に見た一軒は平石を屋根に置いていた。一軒は屋根の上で脱穀をしたらしく、藁を積んでいる。平屋根の家を最初に見たのは一一月三〇日、スルケットを出てすぐのところであったが、それは一軒だけで、例外的なものだと思われる。平屋根が一般的になるのはダイレクからであるといって良い。

四時にこのチョウタラに着く。ミンマの組はまだ着かない。結局今日は午後から上りづめに登った。ダイレクまでは上りが続く。

屋根に平石を置いた家

藁を積んだ家

チョウタラに到着

九　ダイレク

ダイレクは古き都かのこる城

町の入口に近いあたりでパサンが迎えに下りてきた。パサンは相変わらず強そうな姿だ。彼にはそのまま遅れているミンマを迎えにやり、登っていくとノリさんに会う。元気そうだ。

町に入ると人々が物珍しそうに門口に立って眺めている。すでにニュースが流れているらしく、ジャパニ、ジャパニ……と話している。趣のある石畳の道を進むと、右手に城跡がある。中世の城を思わせるようなもので、この町の歴史を物語る。

ドクターが足を引きずるようにしてやってきた。何か覚えたてらしいネパール語を怒鳴っているのだが、よく聞き取れない。元気そうだが、足が気になる。ドクターには元気でいて貰わないと困る。クロさんは元気らしい。ヨゴさんはちょっと元気がないようだ。ともあれみんなが顔をそろえるのは何よりも嬉しいことだ。

五時少し前にダイレク・バザールに着く。なかなか落ち着いたバザールのようだ。入口に近いところは古い町で、半ばから先はニュータウンだとか。古い町の方には城跡がある。ここは千年くらいの歴史を持つ王国で、一五〇年くらい前にネパール王国に統一されたのだという。

ダイレク・パンチャヤット管内は人口三、〇〇〇人くらいで、スンタラの産地だそうだ。ニュータウンの方は中央政府直轄になっているという。

我々のテントは町に入って一〇分ほどの、ヘルスセンター前の広場に張られている。ここから水場までは一〇分ほど。少しきつい上り下りがあるが、水の豊富ないい水場である。

ヘルスセンターの前に椅子と机を持ち出して、四、五人がトランプに興じている。当地の偉い人たちだという。ドクターが早速挨拶に連れていってくれる。医者、警察、銀行屋などである。

ダイレク名産スンタラ

広場にテント設営

茶をごちそうになって早々に引き揚げ、水場に体を拭きに行く。気持ちがいい。

夕食七時、ロキシー一杯ずつ。うまい。離れていたのは僅かに三日だけだが、みんながそろってタルカリをたっぷりかけて飯を食う、なんと美味いことか。

一二月三日（日曜日）朝のうち雨。テントを叩く雨の音に目を覚ます。五時すぎたところ。西ヤンが荷物を見回ってくる。

六時、起きて外に出る。雨は止んでいるが雨雲が低くたれ込めていやな天気だ。昨夜の雨は、山では雪だったようで、近くの嶺が白くなっている。これからは一日一日と寒くなる。雪に向かってすすむ旅、いまさらながら辛さを覚悟しなければなるまい。

乾季にも雨の降るなり山の町

七時頃からまた雲が低くなり雨に。雨脚はかなり強い。テントが漏って中に水がたまる。荷物が心配でみんな飛び出し、雨にうたれながら溝を掘る。山にガスがかかって暗い。心も暗い。

朝食はミルクティと一握りの乾パン。本隊と別れてからの朝はミルクティ一杯で出発していた。それに比べると充分すぎる朝食で、テント場の前にあるダルマサール（無料宿泊所）で摂る。このまま雨が続けば、ここを借りて荷物を運び込むことにし、プルバに交渉に行かせ、了承を得る。

石畳の道

雨が上がったので広場に出て焚火をし、濡れた服を乾かす。生の薪は火付きが悪く、なかなか燃えあがらない。クロさんとヨゴさんがパサンを連れて薪採りに行き、持主という婆さんに怒鳴り込まれ、拾った薪を取り上げられた。ダイレクは薪が乏しいのだ。

一〇時、ドクター、ノリさん、西ヤンと共に、プルバをつれてパンチャヤット・オフィサーを訪ね、ポーター集めを依頼する。なかなか思うようには集まりそうもないが、とにかくやってくれるという返事は貰う。スルケットの村長もそうだったが、こういう人はある程度、頼りにしても大丈夫なようだ。しかしジュムラまで通しでの契約は望み薄で、チルコットあたりで替えなければならないかもしれない。

夕方、ジュムラまでいくというポーターが一人来る。ノリさん、西ヤンは梱包のし直し。マチコは買い物。昼食は大根の入った雑炊。

ダイレクの古い町並み石畳

午後、ヨゴさんと二人、ダイレクの町を歩く。日本の古い街道筋の村がこうであったかと思われるような家並みは、とても風情があって面白い。

石畳を敷き詰めた道の両側に商店が並んでいる。二階建ての家が多い。屋根は平屋根で板石を敷いた上に土をおき、叩き締めている。屋上で脱穀などの農作業をしたり、机を持ち出して事務を執ったり、トランプに興じたり、女同士が頭の虱《シラミ》をとったりしている。

一階と二階では住人が違うようだ。二階に上がるには、古い町では丸太の刳りぬき梯子が使われ、ニュータウンの方は土の階段になっている。今日訪ねたオフィサーの家は、街道に面する家で、一階は茶屋兼果物野菜などの商店で、二階がオフィサーの住居だ。昨日泊まった茶店もそういうつくりだった。一階部分が二つに仕切られており、奥の方が煮炊きをする場で、その隅に二階への階段がつけられていた。今まで覗いた何軒かの家はほぼ同様の作りだった。

緑泥片岩のように見えるここの板石は、近くに採石できる場所があるのだろう。家の屋根も、土壁に塗り込めている石も、石垣も、そして石畳の石も全て板石で、それがこの町の景観美をつくっている。

屋上でトランプ

古い町の丸太を刳りぬいた梯子

街道沿いの古い家。家の前の段差にドコが下せるようにしてある

城はいまネパール軍の調練場

城の中に入ってみたいのだが、現在は軍隊が使っているので立入禁止。外から見たところでは、石垣を積み上げた要害堅固のもののようだ。

マンデルの三つあるなり古都のまち

マンデル（寺）が三つある。

① ナランアスタナ・マンデルというのに行ったら、子供がついてきて戸を開けてくれ、入れという。なかなか立派なヒンドゥーの神々がならんでいる。子供がいちいち説明してくれるのだが、基礎知識が全くないのでさっぱり覚えられない。入口の部分は旅人が泊まれるようになっている。カトマンズの街角にある、階下がダルマサールで、上が寺になっているものと同じ形式だと思われる。

② パヤスタン・マンデルというのは、少し変わっている。二重の塔のような建物だが、そのマンデルの前に素焼の面のようなものが幾つか置かれており、また堂内にも同じようなものが祀ってある。なかなかアルカイックで面白いものだが、今の私の語学力では聞き取り、理解することが出来ない。残念至極。

③ 第三のマンデルの名称は早口で、ちゃんと聞き取れなかった。

やはり古い町の方にそういうものが集まっている。

ニュータウンのチョウタラの手前にカンバ（石碑）が四基建っている。子供たちはデオル・カンバだと教えてくれた。デオル

城跡は軍の調練場

ナランアスタナ・マンデル

パヤスタン・マンデル

はデウタと同じで神のことである。この四基のカンバが、どういう神の碑か聞いても分からなかった。紋様は消えかかっていて判然としないが、この道筋にいくつもあるマルラ王朝時代のカンバであることは確かであろう。

マルラ王朝というのは一三、四世紀の頃、西ネパール一帯に覇を唱えた王朝で、我々が辿っているスルケットからジュムラにいたるこの道は、マルラ王朝にとって重要な道の一つであり、一般にラージャマルガ（王の道）とよばれている。そして、後に出てくるサットラ・カンバをはじめ、この道筋にいくつもあるカンバやマンデルは、マルラ王朝の歴史を物語る大事な史資料だという。私にはそれを解読するだけの知識はないし、また、私たちの当面の目的でもない。興味がないわけではないが、いまは、目についたものを写真として記録するだけ。

スンタラ実る山上の古都ダイレク。雪で薄化粧したような山の上に輝く宵の明星。西天の月は、薄くなるまで使い古し、さらに研ぎ澄ました鎌のようだ。

一二月四日（月曜日）　七時起床。いつもより一時間遅い。テントから出てみると、昨日とはうってかわった上天気。晴れ上がっている。山頂にうっすらと積もった雪が、上りはじめた朝日を受けて輝き、くっきりと稜線を浮き上がらせている。わりあい暖かい。昨夜の残り火に枝をくべて、燃やしつけているところにノリさん、西ヤンが起きてくる。西ヤンと二人、町に散歩に出る。谷間は厚い雲に埋め尽くされており、山頂から深い

素焼きの神面

4基のカンバ

朝、テントから出ると良い天気

雲海

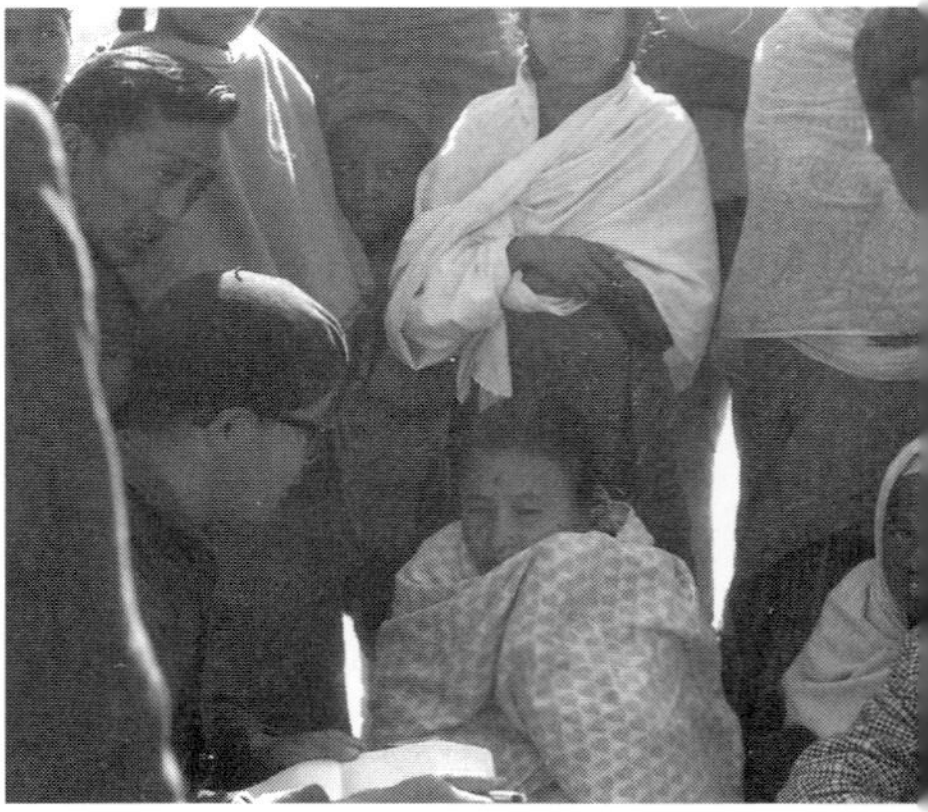
ドクターの診察

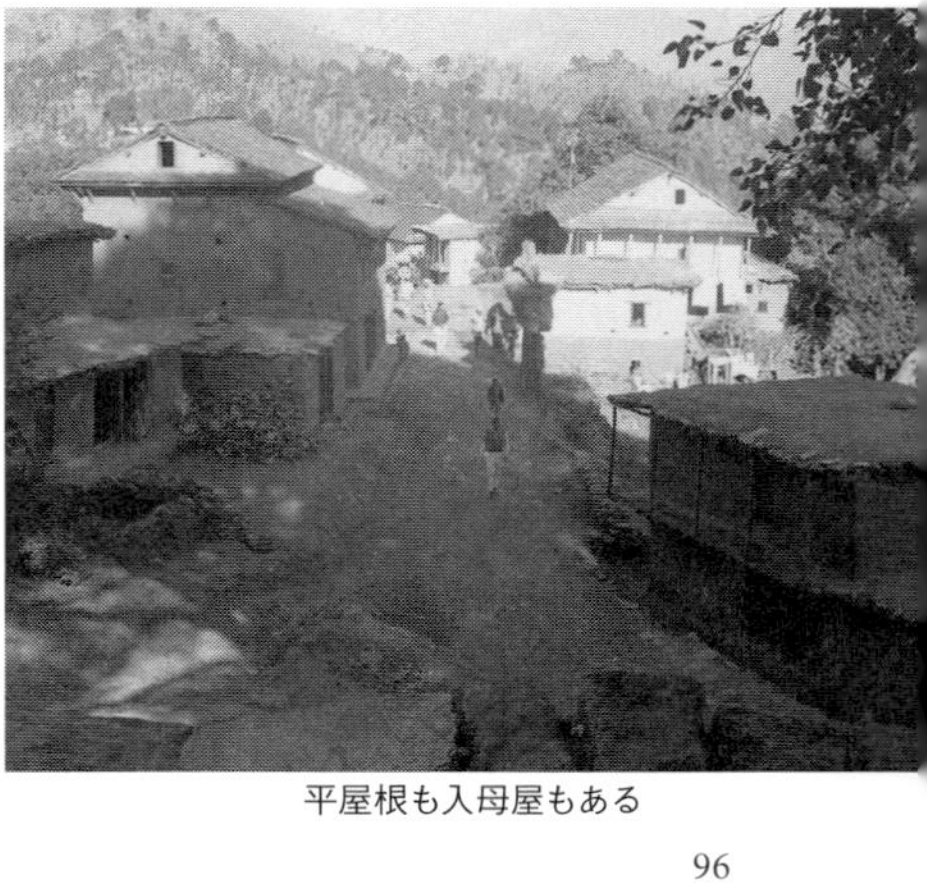
平屋根も入母屋もある

湖を見るようだ。

① こういう景色を見ると、雲海の底に沈んだ谷あいは、やはり人が住むには適していない所であろうと思う。

② 山の中腹から上に村があるのは、こういうことも原因するのであろうか……。

③ 概して山腹から頂上にかけてが傾斜が緩やかである。それは人の住む条件としては適しているといえる。

④ さまざまな害敵から身を守るには川沿いや谷あいより高所の方が条件が良いのだろう。

グラウンドの方にいくと軍隊が調練をしている。西ヤンによると、これは調練と呼べるものではなく稽古だそうな。ともあれ緊迫感のないのんびりしたものではある。平和なことはよいことだ。

パヤスタン・マンデルの素焼きの神面は、いわゆる原始芸術といわれるものと共通する雰囲気を持っている。洗練された美とは違うけれども、心にひびく何かがある。

ドクターはどこに行っても忙しい

ドクターは、昨日から診療を始めた。ここでも患者がつめかけて忙しい。ドクターがいてくれるのは、大変ありがたい。人びとの間に入り込むのにずっとスムーズにいくし、何よりも信用が全然違う。ダイレクについた時、すでにこのあたりの人はドクターの名前を知っていたという。キャラバンの途中でも薬をくれだの、診察してくれだのといってくる人が何人もいた。とにかく口コミでの情報伝達は想像以上に早く正確である。

昨日夕方来たポーターは、朝早くからまた顔を見せている。

昨夜は何処に寝て、何を食べたのであろうか。食糧もなければパイサも全然ないと、ミンマに話していたらしいが、ミンマは我々に話さなかった。話してくれればデポジットマネーとしていくらか渡したのに……。このあたりで金も食料も無いとなると、どういうことになるのだろうか……。

平屋根も入母屋もある古都のまち

ダイレクの家々の屋根は、平屋根と入母屋形式のものが半々ほどである。入母屋の家は比較的大きな家が多く、オフィスなどに使われるのは入母屋が多いようだ。屋根は板石で葺いているのが多いが、茅葺きも何軒かある。茅葺きの方が古いと思われるが、そうとばかりはいえない。マンデルは全て板石屋根だ。

今日もまた、羊のキャラバンが南に下っていく。九時半までに二組通った。冬になれば南に下り、夏になれば北へ帰る人々の暮らしが、いまは何となく羨ましく思える。

ポーター集めはスンナリいかん

昼食はウドンの煮込み。久しぶりのウドンは美味い。一一時頃パンチャヤット・オフィスに行き、ポーターの件を催促するが、ここからはソタまでの人夫しか集まらないという。今は皆、南の方に下る時期で、北に行くのはいないという。仕方がないので西ヤンとプルバにソタまで先行してもらい、人夫を集めることにする。昼食時にポーターが四人来たので、彼らを連れて行くつもりになって用意をはじめると、彼らはジュムラまで行くということで、食料その他を集めにバザールに行き、明日来るという。しかし、これで四人は集まった。どうしても集まらない時は、この四人を本隊が連れてジュムラまで行くことにすればよい。

午後、荷造りの仕直し、その結果、二三人は必要なく、一九人あれば十分だということになる。ポーターの人数は一人でも少ない方がいい。

夕食にはマス（肉）がつく。肉は久しぶりである。

差し入れはドクターサーブにロキシーを

夕食中、昼間ドクターに診察して貰ったというおっさんが、ドクターはロキシー（焼酎）が好きだからと、ロキシー一瓶と油で揚げた卵を三個、持ってきてくれる。このロキシーはマカイ（トウモロコシ）で造ったもので、ベストだという。なかなか味がよい。

食後、ネパール軍の兵隊が一人やって来た。ムグカルナリの奥にある国境警備隊のチェックポストに交代に行くのだという。彼らも二〇人ほどのポーターを探しているという。ここで軍とかちあったのは痛い。彼らはすでに八人確保しているという。我々と一緒にジュムラまで行こうなどと調子のいいことをいうのだが、我々の様子を偵察に来たことは明白である。

明朝、パサンをソタまで連絡に走らせることにする。人員確保を急ぎ、それをダイレクに送れ、アドバンス・マネーを使う必要あり、などなど……。

スルケットで割合簡単に集まったので、少し甘く見ていたが、やはりポーターの確保は大変なことだ。

八パーセントの精神病・四度の火傷

ドクターはダイレクに来てからの二日間で五〇人の患者を診たが、そのうち精神病患者が四人、つまり八%で、これは非常に高い比率だという。また身体の三分の一くらいが黒こげになった子供も来た。これは重症度四度で最も重篤な火傷だ。この状態で二三日間生きているという。生命力の強いこと驚くばかりである。ドクターも手の施しようがなく、とても助からないから連れて帰れというのだが、父親がどうしても納得しないので、何とか応急手当をしたが、どうなることか、不愍だがどうしようもない。

精神病について……ドクター曰く、日本の場合、精神異常になると山に入るものが多いが、ここでもそうかと聞いたところ、ここでは気がおかしくなると山に入らず、スルケットの方に下りていくのだという。

柳田国男の『山の人生』は山男や山女の話を集めて考察した興味深い書物だが、その中に「女人の山に入る者多き事」という項がある。産後などに精神異常をきたす女の人がふらふらと山に入ることが多い、とあったと記憶している。山に入る人もいたに違いないけれど、むしろ人里をうろつく場合の方が多かったのではないかと思う。

私の子供の頃、シゲとかシゲゾウと呼ばれる、少し頭の弱い男の人が、村に時々ふらっと現れていた。夜は厩や藁小屋の隅などに寝ていたが、おとなしいし、悪いことをする人ではなかったので、邪険にする人はなく、見かければ、誰彼となく牛の餌にする藁を切らせたり、掃除などのちょっとした仕事をさせたりして、ご飯を食べさせるので飢えることはなかった。一月もしない内に、身内の者が探しに来て連れ帰るのだが、二、三ヶ月するとまた現れると言うことを繰りかえしていた。シゲはあんなだけど、立派な家の跡とりだったんだと親たちが話していた。また、うっすらとした記憶になってしまっているが、祠を背負って廻ってくる女の人がいた。祠は淡島様で、あの人は淡島様に凝って気がおかしくなったんだという噂であった。この人は崖下に掘られた防空壕あとで暮らしていたが、いつの間にかいなくなっていた。

気がふれて山に入る人もいるけれども、シゲや淡島様のように里をうろつく者も少なくなかった、むしろその方が多かったに違いないと私は思っている。

一〇　ダイレクからマハブー

またもやバラバラの出発

一二月五日（火曜日）　六時起床。マチコがすでに飯を炊いている。朝食後、七時、パサンをソタの西ヤンに連絡に走らせる。八時前、ミンマに昨日ジュムラまで行くといってきた四人を探しに行かせたが、すでに軍にさらわれたらしく、探し当てられなかったと帰ってくる。

昨夜ロキシーを持ってきたおっさんが、今朝もロキシーを持参し、今度はラジオを診てくれという。クロさんが、簡単な故障だがドライバーがないから……などと、あしらっている。

九時半、パンチャヤット・オフィサーの家に行くが、彼は今日はスルケットに行ったとかで留守。頼みの綱が切れた感じだ。道ばたでうろうろしている三人組のポーターをみつけ、ミンマに連れてこさせ、クロさんに先行してもらう。この調子だと、最悪の場合、バラバラになってしまうことも覚悟しなければならない。ドクターに応急薬を各自に配ってもらい、臨戦態勢である。イライラがつのる……。

ヨゴさんにクロさんを追わせる。ことによったら、先行組はこのままジュムラまで先行することになるかも知れない。それもまた良し……だが。

子供たちがコマを廻している。ポカポカした小春日和。うつらうつらと昼寝をしたくなるような良い天気だが、ポーターはさっぱり集まらない。軍隊が数を頼んで街道筋に網を張り、パサンが送って寄越したポーターまで横取りしてしまった。五人来たというので喜んで茶代を渡し、他のを探しに行かせたのだが、すでに軍の連中にさらわれた後であった。

昼食後、ミンマが集めにまわっていたが、思うようにはいかないようだ。そのうち一人連れて帰ってきたので、ドクターに行ってもらうことにして待っていたのだが、縄を取りに行ってくるといって出たまま帰ってこない。集まってきた中から二人選んで、ドクターとアンノックに出てもらうことにして、学校の所まで送っていったところ、向こうから一人やってくる。クロさんが途中の村で見つけて送って寄越したもので、その後からまた一人くる。いずれもジュムラまで行くという。これで四人、クロさん分とあわせて七人。そのうち五人はジュムラまでの通しである。通しで六〇ルピー、かなり安いといえる。

集まった人の中の二人が、ジュムラまで六〇か六五ルピーで一〇人集めて翌朝早くにくるという。アテにはしないが期待はする。

残ったのはマチコ、ノリさん、田村、ミンマの四人。後片付けをして茶店に行くと、茶店の婆さんの甥だという男がいる。彼は三か月前に手に針が刺さり、それが折れて中に残っているのだという。手は腫れ上がって膿がたまっているようだが、三ヶ月も放っておいてこの程度とは強いものだ。昨日、婆さんから、日本の良いドクターが来ているという使いを貰ったので診てもらおうと、今日、遠い村から駆け付けたという。明日ソタまでドクターを追いかけるようにと、言う。

このあたりは一重まぶたの人が多い。ドクターに話すと、マハーバラタを超えてからぐっと一重まぶたが多くなったという。

一二月六日（水曜日）　六時起床。ミンマも一緒に起き出し、火を燃しつけて湯を沸かす。朝食はミルクティーにクラッカー。

朝焼けがして雲行きがあやしい。雨が近いかも。

六時頃から東の空が白みはじめる。六時半頃になると、家々から水壺を持った人々が丘を下りてゆく。用便に行くのだ。丘のあちこちにむっくりしゃがんで、用を足している。それぞれの家に便所はない。キャンプしている広場の端にちょっとした木の茂みがあって、それにドンゴロスの袋を切り開いたものを三枚ばかりかけて覆いにしている。中をのぞくと穴が掘られており、糞が溜まっている。ヘルスセンターの医者が作らせた便所だという。三方をドンゴロスで囲い、一方は木の枝でふさいでいる。これがスルケットからこちらで見た唯一の便所だ。囲いに立ててあった木の枝を、私たちが毎晩一本ずつ抜いてきて焚いたので、なくなってしまった。

七時頃になると荷を担いだ人々が道を行く。旅人が動き出す時間なのだ。

ドンゴロスで囲った便所

ジュムラの方から来た夫婦

クルサニバリという水場

七時には一〇人連れてくると言ってドクターから薬をもらっていった二人連れは、約束の時間が過ぎたが来ない。果たして来るか、多分来ないだろう。

昨日、見物に集まっている者の中で、これはと思う格好の男に目をつけ、ミンマがポーターにならないかと誘いをかける。嫌だという者もいるが、応じる者は、実に気楽に応じてくる。それもソタまでではなく、ジュムラまで行くというのがいるのには驚いた。別に何の準備をするわけでもない。ただ背負い綱一本、普段の格好で行くのである。背負い綱はいつも腰に付けている。炊事道具も持っているようでもない。ジュムラまでだと行き帰り二週間はかかると思えるが、我々にはとても考えられないような気楽さである。彼らの、旅に対する考え方が出ていて面白い。

九時、ソタから来た五人のポーターを連れてマチコと出発する。いずれもジュムラまで行く連中である。六〇ルピー。三人はソタから加わる仲間の分を含めて、四人分の荷物を背負った。三〇分で一本立てる。

ダイレクバザールを出ると平屋根がなくなり、ほとんどが切妻になる。

ツーリケルというところで一休みする。ドバラという村が、広い谷を挟んだ対面に見える。そこから聞こえてくる太鼓の音が、何故か不気味な音に感じられた。

ジュムラの方から来た夫婦と思われる二人連れにあう。

クルサニバリという水場。

パイサコール・デウタ。木に布きれを縛り付け、鈴もかけてある。

一〇時ちょっと前にパサンと西ヤンが、二〇人のポーターを連れて引き返してくるのに出会う。彼らはクロサン、ヨゴさんの組とも、ドクターの組とも出会わなかったという。西ヤンはソタは小さい村なので立ち寄らず、一つ先のガッティまで行き、そこでジュムラまで一人五〇ルピーで二〇人集めて引き返してきたが、途中でクロさん組が拾ったポーターと合流した。そのポーターにクロサンは手紙を託していたが、それによると、彼等は西ヤンに会えないので、ガッティのパンチャヤットに寄っ

パイサコール・デウタ

てから先行する、とあった。そこでドクターを探し、クロさん組を引き留めておくために、私が一人でガッティのポーター三人と先を急ぎ、マチコには残りの五人と同行してもらうことにした。ソタで探してもドクターは見つからない。すでに村を出たというので、ガッティまで急ぐことにする。

ソタから畑の中を急登する。ちょっと登ったところで一二時。ポーターたちがチャパティで昼食というので、私もお相伴にあずかる。チャパティ二枚、大根のアツァール（即席漬け）と唐辛子をすり潰した粉をつけて食べる。二枚では足りないが、彼らが終わったので、それ以上くれとはいえず遠慮する。

一時頃、ガッティへの分岐点と思われるところまで来ると、先を行くポーターが目に入る。てっきりドクターたちだと思って急ごうとするが、私のリュックを背負ったポーターが何やかんや言って、動こうとしない。一〇分ほど言いあったが、互いに相手が何を言っているのか分からない。面倒になってリュックを取り上げ、一人で追いかける。三〇分くらい急いで、連中の姿がよく見えるところまで来て見れば、昨日出発したアーミーに雇われたポーターたち。がっかりして、ガッティの集落の方に下ろうか、どうしようかと、タバコをくわえて思案していると、さっき別れたポーターたちが登ってきて、ジャパニ・サーブが先に行ってる、ガヨウ！ガヨウ！（急げ、急げ）と急き立てる。連中はアーミーだというと、さらにその先なのだという。一人がアーミーに声をかけ、大声で話していたが、やはりジャパニ・サーブが先に行っているという。急げ、急げは良いけれど、私のシュラフはマチコ組のポーターの荷物の中。彼らが追いついてくれないと、寒さが増しているのに、着た切り雀の野宿になりかねない。風邪ひきはマズイ……と、その場から動かないことにした。

ここはちょっとした尾根道の丘になっており、西側の谷は見事に尾根から谷にいたるまで耕されている。小さい段々畑が織りなす景観はみごとだ。スルケット以降では最もすばらしい耕作景観である。ただ、谷から吹き上げてくる風は少々冷たい。やがて三時、マチコの組はまだ姿を現さない。少し下ってみないと会えないかも知れない。

ダイレクから出てすぐの村（ドバラのあたり）は、豊かだと見えて家も大きく、切妻三階建ての堂々としたものが多い。ソタあたりの家はこれに比べるとかなり小さい

ガッティの峠の道ばたの畑でソバを見る。ソバはスルケットを出て初めてである。

遠くの村から太鼓の音が響いてくる。山と谷にこだまして、もの悲しいような、ときに不気味に、そして、丘の上に一人ぽつねんと座っていると、たまらなく眠気を誘う、そんな単調なひびきである。

ダミの打つ太鼓だという。ダミは呪術師であり、村のドク

ターでもある。

三時も過ぎ、マチコのことも気になって、峠をあとがえる。四時を少しまわった頃、ソタからガッティに分かれる道でマチコの組に会う。しばらくして西ヤンの組も追いつく。今夜はここに泊まることになる。ソタのポーター三人は食料を用意するため、今夜は自宅に泊まり、明朝は早く先の組に追いつくように出るというので、残してきたという。手を怪我してドクターに診てもらうためについてきた男は、ドクターに少しでも早く会いたいと、仲間の二人と共に先に進む。

ガッティの村は街道筋から二〇分以上離れたところにある、比較的大きな村だ。ソタはマガールとチェトリの混合村だと聞いたが、ガッティはグルン族の村だという。

比較的大きい家に泊まる。ロキシー（米でつくったモノらしい）、一ボトル二・五ルピー、陶然となる。夕食は米飯とタルカリ、この家のアマ（主婦）が作ったものである。

一二月七日（木曜日）　朝六時目覚める。昨夜は割合暖かかった。昨夜寝たのは二階だが、入口のすぐ上に位置し、穀物などの置場になっているらしく、いろんな物が雑然と置かれていた。

竹と木の皮で編んだ物入れがある。シェクウという、木の皮で編んだ物入があるが、雨の時などにコードなどを運ぶのに使うという。プシパットという白樺に似た木の皮は、一〇六七m

見事な段々畑

大きな家

シェクウ

表面に泥を塗った竹籠

集まったポーターたち

以上の高所に生えているそうだ。奥の方に直径一mほどの大きな竹籠が据えられていた。これにはダン（籾）が入っており、側面も、蓋も底も泥で塗り込められていた。牛糞を混ぜてこねた泥を塗るのは鼠よけだという。聖なる牛の糞は、害獣・鼠をも払う呪力があるということだろうが、壁土に細かく刻んだ藁などをスサとして混ぜるのと同じことだろう。

八時になった。全てのポーターが来ているというが、食料の準備でまだ時間がかかるらしいので、こちらも今のうちに腹ごしらえをする。

昨日、七〇ルピーでなければ嫌だとごねていた男が、今朝はアドバンスマネーをよこせと。それも三〇ルピー。一〇ルピーだと言うと、グズグズごねるので、お前さんは必要ない！、とクビ宣言。それでもついてくると言う。今後、少しでも文句を言うと即座にクビにする、と言い渡した。

自分のドコを持参し、それでなければ担ぎにくくて駄目だ、と言う奴もいる。我々のドコも必要だから、お前のドコの上にかぶせて運べと言うと、イヤだと。では、ジュムラに着いたら、お前のドコを我々に渡すかと聞けば、四ルピーでと。いい加減面倒くさくなり、荷物を我々のドコに入れ替えて、他のポーターに担がせようとすると、やはり自分が……と。

ジュムラまで五五ルピーというのは、この辺りにしては良い稼ぎなのだろう。何だかんだと言ってはみるが、貴重な現金収入の機会は失いたくないのだ。

アドバンスマネーは一〇ルピー。九時になったがまだ出発できない。初日はどうしてもごたごたする。

マカイ（トウモロコシ）のチャパティに、大根のアツァール（即席漬け）とクルサニ（唐辛子）をつけて三枚半食べて出発、九時二〇分。

村の中の急坂をのぼる。途中グルンの旅芸人であろうか？、水場で休んでいる。カメラをむけるとダマイを叩いてポーズを作る。昨日、あちこちの村から、あるときは不気味に、ある時は陽気に、またある時はもの悲しく聞こえてきたダマイの音は、彼らのような旅芸人が叩いていたものであろうか。陽気な連中である。今は結婚式のシーズンなので稼ぎどきなのであろう。

水場に水神であろうか、板石が建てられている。何か模様が彫られているがうすくなっていて読み取れない。

今日は、ポーターは九人、いずれもガッティの村人、西ヤン・マチコ・田村・ミンマ・パサン。総勢一四人。ノリさんは先に行くポーター五人（ソタ村の人）を追い、クロサンらに追いつくために先を急ぐ。

落葉を大きなドコに入れて担いでくる村人一〇人ばかりに会う。このあたりのドコは大きく、底がしまっていて使いやすそうだ。

昨日、ソタへの途中で一本だけ立っている木の、目の高さ（一・五m）ほどの所にアシュー（鎌）の刃だけを上に向けて刺し、それに赤い布きれを巻き付けているのを見た。布きれを引っ張ると中から五パイサ三枚とコードなどの穀物がころげおちた。何のためのものなのか、まわりに誰もいなくて、知り得なかった。

一時間ちょっとでジュムラへの街道に出る。昨日クロさん組を追っかけて登ったところに着いたのが一〇時三五分。この峠では菜の花が咲き誇っており、ソバは熟れている。羊を追って下るチベット人に会う。

ここまでポーターの家族がドゥドゥ（ミルク）を持って送ってきている。近くの家の者であろう。ドコの男はここでまた荷造

街道沿いのダーラ（水場）で憩うダマイ（楽師カースト）の家族

使いやすそうなドコ

木に刺した鎌の刃

りの仕直しをする。

ここまでも登りであったが、登りはさらに続く。ダイレクからはずっと北に見えていた雪山が、ここからは真正面に見える。だいぶ回ってきたことになる。

今日は、北から下ってくる人が少ないようだ。村の上の峠で出会ったチベット人だけで、他にはまだ出会わない。

かなり高度が高くなって、シャクナゲ科の灌木が多くなる。丈の高いものが多く、四、五mほどもあり、赤い花をつけている。

ポーターの内、靴を履いているのは一人、それも自家製らしき物である。あと一人はズック靴を持っているが、脱いで裸足になっている。

峠からここまでは比較的なだらかで、芝原になっているところが何ヵ所かある。そのあたりは羊のキャラバンが野営する所だとみえて、倒木を燃した残りがブスブスくすぶっている。

岩は雲母の多い柔らかいもので、板状に剥がれる。

シャクナゲの灌木に寄生した薄紫の花をつけた蘭(?)が、上りに疲れた目を和ませてくれる。この蘭は少し低くなった湿り気の多い場所の灌木についており、花は日陰の方に咲いている。けばけばしさはなく、どこかはかなげで、かすかな風に頼りなげに揺れている。

一二時四五分迄のぼったところで、少し開けた畑らしきところに出る。ここまで、石油缶を背負ったポーターの息子が二人、食料を届けに来ていた。ポーターたちはここで豆やチャパティを食べる。昼食らしい。我々にはこんなところで食べるための非常食の用意はない。

日本のこれだけの高所の山ならすでに雪が積もっていて、こんな軽装で歩くことは無理であろうに、風こそ少しひんやりするが、日向《ひなた》はポカポカの小春日和、良い気持ちである。

ミンマがガッティでマカイのポップコーンをつくらせたようで、ザックのポケットから取り出してくれる。さすがにシェルパは旅慣れている。マカイで昼食をすまして出発。水場に着く

登りが続く

板状に剥がれる岩

のは七時頃になるらしい。明日の夕方まで村はないという。

ノリさんの組はその先の方で休んでいたと、下ってきたチベット人らしい男が伝えてくれる。

昼食をすませて一〇分ほど進むと、下の避難小屋のような場所に、アンノックが五人のポーターと共に残っていた。クロさん達は昨夜はここに泊まり、アンノックだけを残して出発。ドクターはヨゴさんが下痢気味なので同行すると書置きにある。おそらく今夜は彼らに会えるのではないかと思う。

ノリさんの石手紙No.４「道を間違え左手の谷底まで下ってしまい、ここにたどり着く。今一二時三〇分なり。二時間のロス。腹がへった」と、路傍の石に書いてある（一二時二〇分）。

竹を伐って担いでくる人に出会ったところ、休んでいたポーターの一人が立ち上がり、担いでいた竹を下ろさせて鎌を取り上げた。聞くと、このあたりの山は彼の管理するところであり、この人は無断で竹を伐ったのだという。盗伐の罰として鎌を取り上げたのだということであった（一二時五〇分）。人に竹を盗まれるほどの山持ち（？）がポーターをする……。

子供の頃、父と山に行った。そのとき無断で山に入ってスギを伐っていた人をみつけた父が、鉈をとりあげたことを思い出した。

一つ峠を越えたと思うとまた上が出てくる。峠の上から、いま来た方を振り返えると、道とも見えぬ尾根の道が延々と続いている。霞の彼方にダイレクが見えるというのだが……。

木の根元に石がおかれていて、それに布きれが下げられてい

小春日和でひとやすみ

石に書いた便り

竹を担いできた人

る。布には鈴がつけられている。聞けばデウタと答える。何のデウタか聞いても通じないのか、デウタだという。

ノリさんの石手紙№6「12／17　3:00pm　先発パーティにいつおいつけることやら　クーリーの姿も見えない　ハラがへった　松沢　神よめしを与えたまえ（四時）」

四時半、ヴァーマシンの水場に着く。今日はもっと進むつもりであったが、ここ以外に水場がないというので、ここで泊まることになる。北から下ってきた羊のキャラバンが三組ここに泊まっている。かなり大きな組である。我々がテントを張りだした頃から羊を連れて帰ってくる。あちらで二日、こちらで三日と羊に草を食わせながら南へ下っていくのであろう。羊の背中につける袋の口が少し開いていたので覗いてみたら、粉であった。留守をしている女子供はのんびり毛糸を紡ぐなどしている。犬を何頭もつれている。チベット犬だという。

下ってきた男にノリさんのことを聞くと、すぐ近くにいるという。西ヤンとパサンに応急食をもって走って貰う。五時半頃帰ってくる。まずは一安心。ここはヒマラヤ山中だということをつい忘れてしまうが、忘れてはいけない。一人歩きは一つ間違うと死と直面しているのである。

先発組は軍の連中より少し先にキャンプしているという。寒いことであろう。ヨゴさんは体調が悪いということだが、どうであろうか……。彼には多分に気を遣わせすぎた。反省すべきこと多し。これからは、なるべく皆が一緒に行動するようにしなければならない。

夜、少しおかしな雲がでてきた。雨が来なければよいが……。相当冷える。八時二〇分、寒暖計は六度を指している。これからはますます寒くなるだろう。みんな病気をしないようにしてほしい。

一二月八日（金曜日）

朝五時半起床。満天に星、今日も絶好のキャラバン日和。温度二℃。外に出していたザックが霜で真っ白に。六時半朝食。おかずは缶詰のビーフスープを薄めて飲む。七時二〇分出発。昨夜、足を痛めていたポーターに朝少しマッサージをしてやる。相当痛そうだが、それでもかなりの早さで歩く。強い。

昨日から変な咳をするポーターがいると思って気になっていた。今日聞くと、やはり病気だとのこと。昨日ミンマが帰れと言ったのだが、辛いのは今日だけだからと、どうしても帰らないという。それで他の連中に少しずつ金をやって荷を分けて持たせているらしいのだがどうも気になる。早くドクターに追いつかなければいけない。ポーターを雇う時には、身体の状態も見る必要がある。

八時五〇分、坂をひと上りしたところで雪の消え残っているのを見る。この坂はほとんど岩場の直登で、朝すこし食べすぎた身にはかなりこたえる。

　いよいよ本格的な冬に入った。

　昨日あたりから南に下る旅人の数がずっと減ってきたようだ。羊のキャラバンに昨日は二組、泊まり場に三組、ちょっと上った狭間に二組いたが、他には会わない。今日は一日上りであろう。さすがヒマラヤ、上り下りも規模が大きい。

　ポーターたちに、病気の者や足を痛めている者にはドクターに追いついて診て貰い、薬をやりたいから、今日はどうしても先の組に追いつくのだと、ミンマを通じて伝えさせる。

　早く隊を一つにしなければならない。今日はなんとしてでも急がせる。

　西ヤンとパサンを先行させる。この岩場ばかりの登りを急がせるのは西ヤンには何とも申し訳ないが、パサン一人を走らせるわけにはいかない。一人歩きはたとえシェルパでも避けるべきだろう（九時五〇分）。

デウタ

チベット犬をつれた羊のキャラバン

荷物を積み上げ、大きな糸巻きを持ち炊事する女性たち

一一　マハブー峠

今日の登りはかなり嶮しい。ほとんど直登ばかり。上っても上っても上に上にと山が出てくる。垂直に上ったと思った道も上から見ると、尾根道で至極なだらかに見えてがっかりする。消え残った雪を吹きわたってくる風は冷たい。

頂上の一つ下のコルがちょっとした日だまりになっている。そこに荷を下ろしたポーターたちは思い思いにチャパティを食べている。

見はるかす山・山・山。遙か彼方の後方に見えるのがマハバラータらしい。どちらを向いても山。空は濃いブルー、吸い込まれそうに澄みきっている。

一一時三〇分出発。これからすばらしい岩場が頂上まで続いている。マチコに合わせてゆっくり上ってきたから、あまり疲れないが時間はかかる。ヒマラヤの前山とはいえこの道はすごい。よくもまぁ、ポーターたちは荷物を担いでこの道を登るものである。とても道などと呼べる代物ではない。岩山そのものである。

一時二五分、峠の頂上についた。石柱が一本、澄み切った青空に向かって突っ立っている。いつ降ったものか、消え残った雪がかなり深い。

この峠はマハブーという。マハー・バブー（偉大なる親爺）という意味である。偉大なる親爺は神を意味する言葉でもあるようで、ここは神々の依りますデウタコターン、つまり霊場となっているのである。ここの一番大きなデウタはシバジイ（マラーター王？）のデウタだという。

頂上からすこし下って低くなったところに、板屋根をかけた石室のような小屋がある。壊れかかったように見えるが、壊れているわけではない、八月に北面のディリコット方面からダミが上ってきてお籠もりをするための石室小屋だという。この小屋は、写真で見たことがあるシベリヤのシャーマンの小屋に、形も雰囲気も似ている。マハブーは聖地なのである。この聖地は、北から登る方がはるかに傾斜は緩やかで楽であろう。

〈以下、マハブーについてのマチコのノートから〉

恐ろしい岩山を越えた。半日かかって登り、半日かかって下った。マハブーという岩山で、頂上から北側は雪に覆われ、デウタコターンという神様を祀った祠がポツンと雪に埋もれている。南面は切りたった岩の壁で、その下にたどり着いた時、何と恐ろしげな山だろうかと仰ぎ見た。道は山の麓をまわっていく。当然そちらをいくものと思っていたら、ポーターたちはサッサと岸壁にとりついていくではないか、下の道は遠回りだし、あれは羊が通る道だという、岩山を越えるならあの肩の辺りかと思うと、最も高いところを目指していく。下も上もよく見えず、自分がしがみついている岩を一歩ずつよじ登っていく以外に方法はない。ポーターの足は速いし、バランスの取り方も見事である。ヒョイヒョイと普通の山道を行くがごとくに身軽に登っていく。途中で一休みして果物の缶詰でもあけようかと思ったものの、缶詰はもうずいぶん上を行っている。岩の間にヤギの糞があるので家畜もこの岩山を越えるらしい。そう思っていたら、上から子供連れでヤギをおんぶして下ってくる男がいる。小さい男の子も怖がりもせず元気に下っていった。

一時半、やっと頂上に着いた。石柱が一本、碧空につきたっている。反対側にまわると広い雪原があり、雪道には先を行っている仲間の足跡がまだ真新しく残っている。下の方に家が一軒、畑もある。向かい側の山は森林限界をこえているらしく、頂上近くはハゲ山で岩肌がむき出しになっている。雪に埋もれたデウタコターンは雑なさしかけ小屋であるが、永年雨風に晒されて木目が浮き出し、神々の住み家にふさわしい雰囲気をあたりに漂わせている。小屋の近くには布きれや鈴を供えた石塚や石柱が立っている。

マハブー峠の嶮しい登り

マハブー頂上

デウタコターン（石室小屋）

今日はじめて雪を踏んだ。小屋の前あたりの雪の下から小川が流れ出している。マハブーの頂上からはずっと雪の道であった。深い森林の中の小径はある場所は凍りつき、重い荷物を持ったポーターは何度も足を滑らせる。あるところでは膝までもぐる深い雪が積もっている。このマハブーの雪峯は一つの霊場であった。夏になるとダミやプジャリが集まってお籠もりをして、山の神々と交わるのである。ダミというのは呪医あるいはシャーマンともいえる祈禱師で、癲癇の発作などがきっかけとなってダミになる。直接神をみることもできるし、神がのりうつったときは神として語る。プジャリは村の祠の司祭者で、直接神をみることはないが、村の祭りを執り行う。

　ヒマラヤ山地では山岳信仰が行われている。道々ポーター達は、高い峯を指さしながら、あの山には何という神様が住んでおられるのだと話していた。頂の霊場を見たのはマハブーだけであったが、ダミやプジャリが言葉を交わす霊場はそこここにあるのだろう。道々、小さな祠や木の枝に吊された鈴、峠の石塚などは数え切れないほどあった。住む人びとによって少しずつ形は変わっていても、厳しい自然の中で生きていく人びとの神々への願いは異教の私たちの心を打つものであり、生きるための真剣さを感じさせるものであった。

（マチコのノート了）

峠からは一気の下りになる。堅く凍った道ははかどるが歩きにくい。マチコ二度転ぶ。

　三時頃、一休みのところで石油缶がまた破れて漏りはじめている。修理するためにノリさんが遅れる。六人ほど先行しているのでそれを追って急ぐ。

　このあたりは夏のカルカ（放牧地）になっているらしい。草焼きのあとがみえる。

　四時半、雪がなくなり広々としたカルカの上に出る。このあたり羊の糞でボコボコしている。良い草の生える所であろう。

　五時、ディリコットの村に着く。久しぶりでみんなに会う。皆元気そうでなにより。ヨゴさんの下痢もたいしたことはないようだ。パサンは一時頃追いついたという。全く健脚である。結局、西ヤンを置き去りにして一人で走ったようだ。ともあれ西ヤンも迷子にならず着いたのは、メデタイ。

　上から見るディリコットは扇状地に立地しており、比較的豊かに見える。ここはチェトリの村で、ロキシーもマス（肉）もないのだそうだ。バフン、チェトリはヒンドゥーの戒律を守って酒も肉も摂らないという。だが、それはあくまで建前上のことで、クロさんによると、スルケットでは水牛が屠殺された日には触れがまわり、皆が買いに行っていたという。

　チェトリはブラーマン以前にインドから入ってきた。ブラーマンにつぐハイカーストで、人口はかなり多い。

一二月九日（土曜日）　六時起床。かなり寒い。寒暖計は〇℃。七時半出発。ノリさん・プルバ先発。西ヤン・パサン・ミンマ後発。

傷んだ石油缶からケロシンが漏るので、修繕のため少し遅れる。ガッタコーラを越えたところで追いつく。

ガッタは水車のことで、穀物を脱穀することもガッタという。ここにはガッタが二台続けて仕掛けられている。原理は日本のものと同じだが、穀物を入れた竹籠を上から吊りさげて、穀物が石臼に入るように細工している。

家の庭場には踏臼ではなく立杵で搗く臼がある。二人向き合って搗いているのを見かけた。

ディリコットの家は切妻妻入りで揃って大きい。一階は横にも入口がついており、そこは牛小屋になっている。妻側正面が人の出入り口で、入ったところが土間で、その土間に梯子が掛けられていて二階に上がるようになっている。

松葉は堆肥にするように庭先に積まれている。

一〇時すぎシミコットに着く。スルティ（煙草の葉を刻んだものとナシの搾り汁をまぜて煮たもので甘い、水煙草としてのむ）を作っているところからシミコットに入った。

このあたりは、いま、牛耕がさかんである。田圃も乾いてガチガチに固くなっているので、一度水をあててから犁をいれている。二頭立て。水牛も見かけるが、牛が多い。牛はインドこぶ牛系。いま耕しているのは裏作の麦をまく田圃である。

シミコットの家はディリコットに比べて少し小さくなる。

ガッタを廻す水のしぶきが上がる

ディリコットあたりの切妻屋根と大きな藁積み

1階は牛小屋

2頭立ての牛耕。
一度水を入れているので、土が柔らかい

道が水路と兼用になっている。水田の稲を収穫した後には麦を蒔く。畑もコード（シコクビエ）の後に麦を作るが、まだ麦は蒔かれてはいない。畑の形は全く自然地形に従っている。

ソタからのポーターは昨日から少し遅れ気味だ。一〇時半、先頭に追いつく。ここで三〇分休んでいるという。

病気のポーターは、ドクターの診察の結果、あまり悪くないということなので今日も続けさせる。ミンマには、何か変わったことがあったらすぐ知らせるように伝える。

対岸に見える、山肌にへばりつくように密集している村はダハラというらしい。

橋の畔にジャクナートというデウタあり。水神であろうか?、それとも橋の神か?。日本でも橋のたもとに橋供養塔などが立てられているところがある。橋は彼岸と此岸との境であり、また両者をつなぐものでもあり、特別の場なのである。

パトナコーラという川に架けられた橋は丸太を削って組み合わせている。

この橋で長沢隊はこのラージャ・マルガ（王の道）に合流したのだという。パサンの話。パサンは長沢隊のシェルパであった。

〔注〕長沢隊＝長澤和俊氏を隊長とする東海大学西部ネパール学術調査隊、一九六三年四月から一一月まで西ネパールの歴史学的調査を行う。『ネパール探究紀行』（長澤和俊、角川新書、昭和三九年）あり。

橋を渡って登りにかかるが、その手前の河原で昼食。今日のキャラバンは至極のんびりしている。西ヤンはえらく気にし

人が通り水も通る。この時期は水優先の路

ジャクナート

丸太を削って組み合わせた橋

ているが、良くも悪くもポーターに出発する時間を聞くほど、ポーターペースのキャラバンなのである。

一二時ちょっと前、河原着。昼食にみそ汁を作るらしい。

一二時五五分出発。一時二五分、途中の水場に着く。こんな上に水場があるのは珍しい。

デウタコターンのところで、ブラーマンの七〇歳になるという老人が骨折している。ドクターが治療する。彼は、デウタを作り替えている時に怪我をしたようだ。

南に下る旅人の群れが、今までは羊連れが多かったのに、今日は人間だけが多い。三~四人で組になっている。

田圃には羊の糞が驚くほど落ちている。取り入れの済んだ後、北からのキャラバンが田圃の中の刈り残した稲わらや稲株、僅かな草などを拾い食いさせながら行くことによるものだが、糞もこれくらい沢山落ちていると充分肥料になる。

ラージャ・マルガのカンバ（石碑）かと思われるものが二基ずつ二ヵ所ある。

長沢隊が渡ったという橋を越えてから道は上りであったが、これまでの道に比べてずっと整備されており、道らしい道になっている。

四時、チルカの峠着。馬が五、六頭草を食《は》んでいる。馬を見るのは珍しい。峠から見るチルカは、見事な千枚田の景観。いかにも肥沃な土地といった観あり。ディリコットによく似た切

ドクター、骨折の治療

旅人の群れに出会う

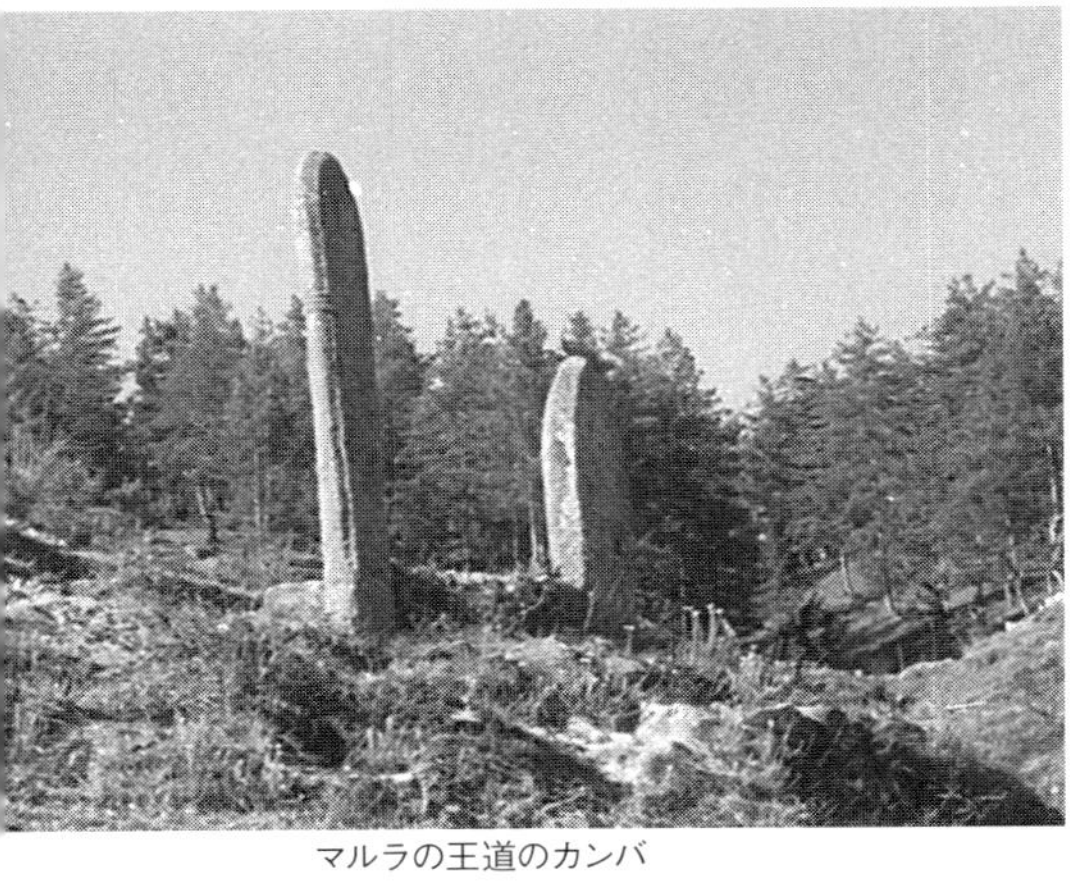
マルラの王道のカンバ

妻の家が同じくらいの大きさで並んでいる。中がやや低くなって南と北に扇状地が発達しており、集落は山つきに二つに分かれている。南面の方がやや大きい。バザールになっているのかもしれない。

ガッティ村でロキシーを飲んだ時、一瓶が二・五ルピーで、支払ったら主人が五〇パイサ取って、二ルピーは第二夫人に渡した。チルカの村で野菜を買ったら、大根を二人の女（第一婦人と第二婦人）が、それぞれ別の場所から出してきた。作った人、個人の所有に帰するもので、亭主といえども勝手に処分できないようだ。

ここには日本人が立ち寄ったことがあるらしく、クロさんとヨゴさんが少し早く着いて、村に入ったとたんに「バカ」といわれたという。クロさんたちは、ロキシーが大きな素焼き壺一本、三～五ルピーで買えるという情報を得てくる。

ドクターはここの水田の開けようは、スイスのチロル地方によく似ているという。

森林限界まで雪のきた山が夕日を受けて澄みきった青空にくっきりと浮き上がっている。焚き火に当たりながらよく拓かれた千枚田と、揃った切妻の家並みを眺めるいまは至福の時である。一日のキャラバンの疲れを忘れてしまう。

この時期、ほとんどの水田に水が張られている。これは湿田ではなく、裏作の麦を蒔きつけるための耕耘を容易にするためで、シミコットあたりからずっとそうしている。すでに犁起こしたところも沢山見かけたし、牛二頭立てで犁起こしている所

ここでは珍しい馬

千枚田の景観とドクター

斜面に並んだ家

もあった。

　堆肥は比較的多く使うようだ。田圃に等間隔に堆肥を小積みにしているのを見かける。また堆肥小屋とおぼしきものが田圃の中にあり、落葉や松葉などが積まれている。


一二月一〇日（日曜日）　六時起床。〇℃。風強くなくヤグランシ（カゲロウ？）とぶ。

　七時二〇分出発。羊キャラバン三組。ジュムラからインド国境近くのラージプールあたりまで行くという三〇人ほどのキャラバンに会う。（八時四〇分）。

　道はかなり良い。

　九時、ついにカルナリ本流（ガルジャコーラ）に出る。カルナリの渓谷は深く切れ込んだ嶮しい谷だ。道は川に添ってうねりうねり続く。

　九時四〇分、羊の大群に会う。ちょうど橋（ガルジャサグー）の場所でこちらのポーターと鉢合わせになり、混乱する。

　今日はこれで五組くらいの羊のキャラバンに出会った。これまでに出会った中で、最も群れの大きいものばかりである。

　橋を渡ると、また山道の上りである。道が良くなったとはいえやはりきびしい。

　ドクターはスルケットを出てすぐの頃から風邪気味であったが、今日はどうも調子が良くないようだ。これ以上悪くなると一大事である。かけがえのない先生に病気になられたのでは申し訳ないでは済まない。どうか医者の不養生にならないように祈るだけである。

　今日のポーターは比較的よく歩く。一〇時一五分までに三本

南に下る人たちのキャラバン
スルケット辺りの人と顔立ちが違う

カルナリ本流

羊の大群で大混乱

立てただけで来ている。

ガルジャサグーを渡って道が南面に変わってからは日当たりが良くなりようやく暖かくなる。

橋のたもとにあった人形はクデというデウタで、旅をする時これに祈りながら行くと谷底に落ちることがないという。

カンナという村の茶店、一一時二〇分、少し早いがここで昼食。マトンの水団《すいとん》を作るという。出来るまでに時間がかかる。

一二時半昼食終了。

昨日、骨折を治療した所の村人が四人、ここまで追いかけてきた。一人は盲人であった。ノリさんが薬をやる。どこから聞いたのか、子供を治してくれとドクターに頼みに来る。

マトン一ダルニ（約二・四kg）一〇ルピー。スンタラ一ルピー九個。茶二五パイサ。カンナはタクリ（トクリ）の村だという。


チルカ村はチェトリが多いと聞いた。

茶店の上コーラガリ（Khalla Ghari）というデウタがある。

カンナは正式にはカンナガートという。ガートは渡し場のことだから、かつては渡し場があったのだろう。

人形《ひとがた》をしたデウタ、クデは、ガルジャサグーのところから見かけるようになる。手は前で合掌している。

昼食後の道はよくなる。山腹の道が坦々と続いている。ドクターによると、人間が生命の危険を感ずることなく通ることができるのが道というものだそうな。そういう意味からすると、我々ははじめて道らしい道を通っていることになるようだ。この山中にこの道をつけたマルラ王朝は実に大きな力を持っていたことがわかる。

松がまばらに生えた林の中をはしる道らしい道。

橋のたもとにあったクデ

ドクターの診療

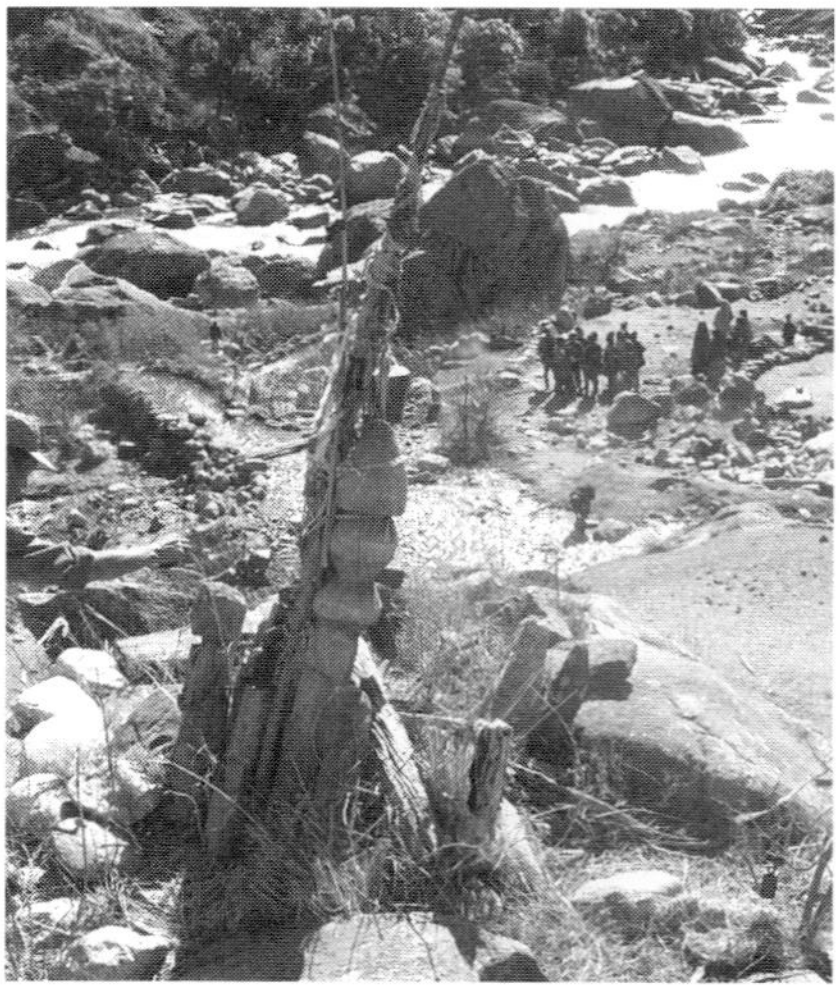
コーラガリのデウタ

合掌しているクデ

二時半、ようやく先に出たポーターたちに追いつく。

このあたりは蝿が多すぎるので、怪我をするとすぐに化膿するし、一年半も治らないという患者が少なくないそうだ。あちこちで呼び止められて診察、治療にあたるドクターの話である。

四時、キャンプ地到着。四時半、テント張り終わる。今日は皆が協力して早かった。

ここの村はビンマという。パサンが野菜・米を買いに行き、村人に担がせて帰る。

一二月一一日（月曜日）　六時起床。マトンで朝食、美味。

七時一〇分先発組出発。七時半本隊出発。上流でカワウソが三匹泳いでいるのを見る。昨日キャンプ地のすぐ下の川の中ほどにある岩の上で昼寝をしているカワウソを一匹見たから、ここまでで四匹見た。どれも太って艶の良いやつばかりであった。餌になる魚が多いのであろう。

三時二〇分、ナグモの橋を渡り茶店に着く。これまでに一〇人の南に下る人に会う。内三人はまだキャンプ中であった。橋のたもとで一七人が岩陰にキャンプしている。馬を連れた一群である。

茶店で煙草の値段を聞くと、ガルーダが一・七五ルピー、ライオンが四〇パイサ。煙草は奥地になるほど高くなる。

ナグモの橋のところで川は二筋に分かれている。左からはナグモコーラ、右からはキョウバンコーラ。ジュムラには右手を行く。ここで渡って道を左にとると、マルラ王国の遺跡が多いというシンジャのバザールに行く。

パットラコーラガオンという村が左手の山の中腹に見える。振り返ると北面する山は雪を頂いている。

昨夜のキャンプは川端の岩陰。ここは山中なのに薪がない。ヨゴさんとプルバがどこからか大きな針葉樹の丸太を担いでくる。根元部分に穴が開けられ、上をはつっている。橋材の余り木だという。プルバは他の人が何と言うだろうといいながら担いできた由。割る斧がないのでククリ（山刀）で削っていたらククリが壊れた。パサンが暗くなってから野菜を買いに行き、ブンチョロ（斧）を借りてくる。シェルパたちが張り切って割ってしまう。焚くとなかなか良い香りのする木である。ビャクシン

比較的平坦な道

リヒの人形橋

ボグアン

欄干の人形（コンメイ）

かそれに類する木であろう。

茶店はチャ・ドカンまたはチャ・パッサンという。茶店のおやじがビスケットを五枚ほど皿にのせてドクターにと持ってくる。診てくれということらしい。

ドクター曰く、今日の我々の旅は、まさに芭蕉の旅である。ポーターがドコを担いで前屈みにトコトコと冬枯れの野道を歩くのを後ろから見ると、

たび人と　我が名よばれん　はつしぐれ　《笈の小文》

などの句が浮かんでくるという。道が平坦で、天気も良く、ポーターに悩まされることもなく、ゆったりした気分で歩いていたからそういう感懐も沸いて来るのであろう。いつもこうだといいのだが。

王の道　ポクリポクリと　小春かな

昨夜はダルマサールがないので、旅人はみんな岩陰や田圃の脇の、風が当たらないような所を選んでごろ寝をしていた。ポーターたちは草や藁を敷いてたき火をし、その傍にごろ寝をする。薄い毛布を一枚掛けているだけで丸くなって寝ている。

ポーターは、朝出発の時は靴を履いて出るが、足が温まると裸足になる。靴はまだ足になじんでいないようだ。

昨日、西ヤンは旅人が薪を担いでいるのを見て、薪がないから拾ってゆくという。泊まり場での薪には苦労をする。ヒマラヤ山中で薪がないとは、予想もできなかった。

茶には香料が入るようになった。気がついたのは昨日の茶店からだ。

キャンプ地を出てすぐの、北側斜面にある村の家々は平屋根。出発してジュムラコーラに入ってから九時五〇分までに旅人二組、五人に会う（二人組と三人組の二組）。今日のポーターは早い。先頭ははるか先を行っている。パタラコーラに架かるパタラサグーにつく。

一〇時、旅人二人に会う。ここでまた石油缶の修理。漏れがひどい。

パタラサグーには水車が仕掛けられている。村の女が水くみに来て水瓶の上に氷を乗せて帰って行く。

　家で待つ　子への土産か　厚氷

　水瓶に　氷をのせて　村のアマ

今日はトップノリさん、しんがり西ヤン。

　馬を曳く　旅人二人　王の道

リヒという村、一一時半。

一一時五〇分、リヒコサグーに着く。ここで昼食。この橋の欄干や橋脇の木柱などに施された彫刻は、実に興味深い。コンメイ（木彫の人形）という。柱の上には騎馬の人物像、これはボグアンという。素朴な鉈彫り円空を思わせるような彫物である。いままで見た人形デウタは行路の安全を願う人の心を表したものである。その点では同じだが、それに加えて道を作り、橋を架けたラジャ（王）威勢を示そうとする心の顕れがあるようだ。鉄砲を持ったり、ククリを持ったりして、女連れである。王の行列を模したものであろう。〔巻頭口絵参照〕

風景は全く枯れ果てて、乾いている。ここも雨期にはいちめん緑に覆われるのであろうか。

南に下る旅人一組五人。しばらくして一八人＋七人＝二組二五人。

橋の畔で休んで歌をうたっているのはリヒの村人で、山に行く途中らしい。手に手に斧を持ち、腰には縄をつけている。斧を石で研いでいる人もいる。

一時一〇分。旅人一組一〇人。

サンプリという村、チリパニというデウタコターンあり。対

リヒの村人の歌を録音

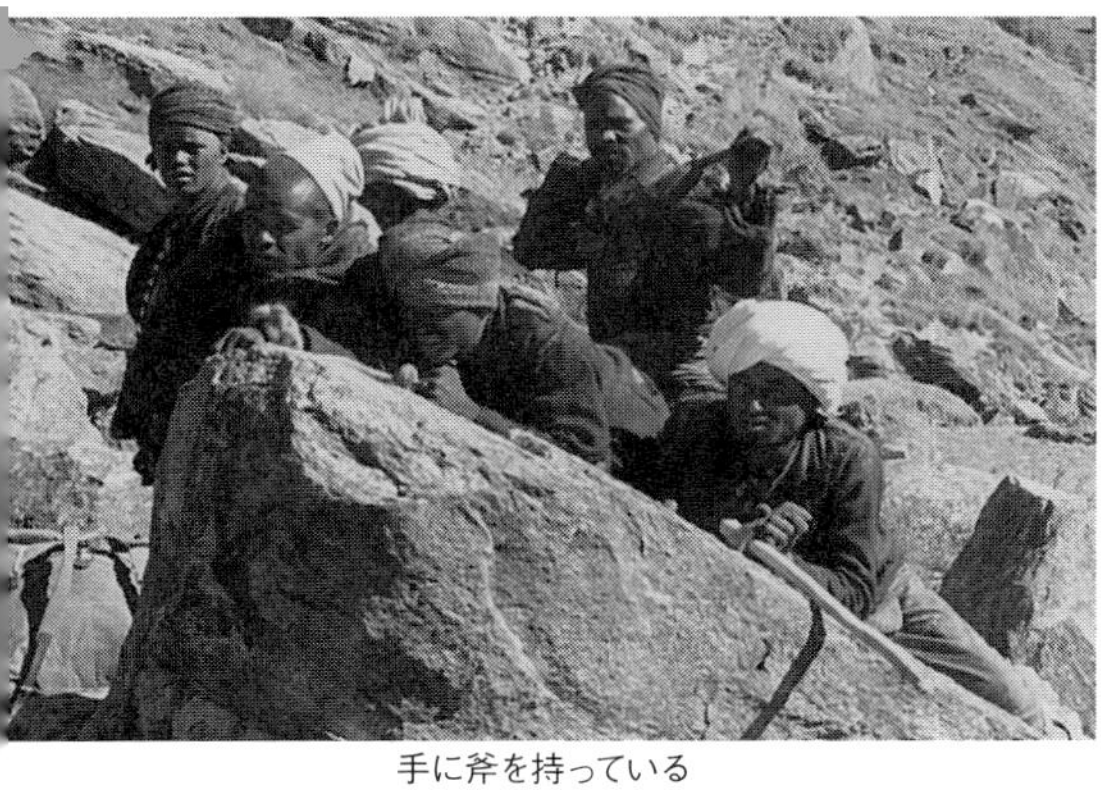

手に斧を持っている

岸の丘にあるものと一対になっているという。

旅人一人。二人（一組）

道をまたぐようにして、木の枝などをアーチ状にして作られた門のようなものをロカ（シュガ）というらしいが、その前にスラリーという村の茶店がある。

二時半、カンパ（石碑）あり。騎馬と従者、三人の旅人あり。徒歩の旅人二人。

ラムシェラという村。ジャガナートとカリガのデウタがある。デワルという糸杉系の木の下にジャガナート、リンローの木の下にピッタというデウタあり。サルパナンギリというダミが来て祀るという。

三時までに旅人五人（二組）。そのうちの三人組は近くの人らしい。他にクラという村からジュムラまで通学しているという学生である。

ランカという村。家を新築している。村中が総出で手伝っている。パンチャヤットの米倉だそうだ。ここはチェトリの村らしい。旅人三人。

ラムシェラの村のドガルのあたりからデウタが非常に目につくようになる。目立って大きいデワルの木の下などには、たいていデウタがあって、やはりダミが来て祀るとのことだ。

スラリー村のチャイハナ（茶店）と
道を跨いで作られたアーチ門（ロカ）

根元にジャガナートのデウタを祀るデワルの巨木

ランカ村の新築の米倉の屋根ふき

このあたりの家は密集していて何処までが一軒の家なのか区別がつかないほどだ。一家族の人数は多いようだ。ランカの新築現場にいたのが村中総出だと思っていたが、村の中に入るとそれ以上の人数がいて、思い思いの仕事をしている。斜面にへばりつくように平屋根の家が何層も立ち並んでいる。どの家も二階か三階建てであり、一階は家畜小屋になっているのはディリコットあたりと同じであるが、ここの家は全て平屋根である。

屋根の隅に人形のデウタが立てられていたり、細い松の木が立てられているのが目につく。依代なのであろう。

ナグマからジュムラコーラに沿って遡ると、谷が開けて南斜面は村の近くを除いて、全て放牧地と思われる草地である。北面には針葉樹、モミなどが生えているが南面にはほとんど木がなくなる。今は乾期、冬であるから草は枯れてしまっているが、荒涼という感じではない、小春日のような穏やかな日和のせいだけではなく、人と家畜が作り出した景観だからであろう。

ナグマ以前の村とは村の景観が全く変わってくる。平屋根の家々が斜面にへばりつくように軒と屋根を接して密集しており、川沿いには水田がひらかれている。

川の中に水路をつくり水を集めて水車をかけている。川っぷちに水車小屋だと思われる小屋がいくつもある。

斜面の家並

平屋根が並ぶ

屋根に依代と思われる細い松の木

北面はかなり急な斜面を削って畑に開かれているが、さすがに一枚一枚の面積は小さい。

この辺りのデウタには、どこにも人形《ひとがた》が置かれている。どのあたりから人形を見かけるようになったのだろう。昨日今日はたくさん見かける。

ラムシェラの村あたりまでは道沿いにほとんどデウタを見かけなかった。ただ村に入るとデウタらしきものや、デウタに捧げた旗などを下の道からのぞむことができる程度。今日一日でかなり大きな変化が見られた。今日はやたらとデウタや人形が目についた。

タトパニ

四時半、タトパニに着き田圃にテントを張る。

タトパニ（温かい水）は温泉だと聞いていたので、何としても入ってみたいと、カトマンズを出る時から期待していた。先に着いてタトパニを見てきたクロさんの情報だと、チョロチョロと生ぬるいお湯が湯口から落ちている程度で、とても温泉と呼べるようなものではないという。がっかりするが、一応は行ってみる。確かに湯量は少なく、湯口から落ちた湯が浅い溜まりになっているだけで、湯壺とか湯船などはない。だが、湯口はちゃんとあり、その上には石造の祠がある。さしずめ湯神社と

川を渡る木造水路

川中の水路と水車小屋

まだ幼木のデワルの元にあるデウタ

か、温泉神社にあたるものだろう。何の病気に効くのか聞いてもよく通じなかったが、病気に効くということで入りに来る人がいるのは確かで、今日も何人かいるようだ。そういう人が泊まるダルマサールもある。温泉には違いないのであって、私たちが日本風の風景を勝手に想像して、勝手に失望しただけのことである。

タトパニに来て湯につからないのでは、話にならない。夕食後、入りに行く。湯は少なく、横になっても臍が出るくらいの深さしかない。石を集めて土手を作ってみたが効果はない。暗がりをすかして見ると二、三人横になっている。「ナマステ」と声を掛け足元をまたいで奥に行こうとしたら怒鳴られた。いかに足元とはいえ、寝ている人の上をまたぎ越えてたのだから失礼千万なことだった。横になってしばらく浸っていたが、いかんせん湯が少なく、とても温泉気分とはいかず、身体も冷えてくる。早々に退散した。

昨日からいよいよ薪が手に入らなくなった。今日はパサンが何を持って来るやら。パサンはなかなかの役者だから、何処からかなにか工面してくるだろう。

タトパニ

入浴する子どもたち

石造のデウタ

一二月一二日（火曜日）六時起床。

七時五分、ポーターの早い組は出発。七時四五分出発。シュリドシカ・カンバ、シュリドシカという村の道ばたに一六基のカンバが立ち並んでいる。サットラ・カンバといって一七基あることで有名だというのだが、数えたところ一六しかなかった。一つは倒れて、埋もれたかして見落としたのであろう。石碑の上部に日月らしきものや、菊花（?）紋などが浮き彫りにされている。文字も彫られているが薄くなっていて、どの程度読めるかわからない。王の道のカンバの中でも貴重なものの一つに違いないが、私には読むことが出来ないし、少しでもいいから、話を聞きたいと思ったが、近間にはポーターも村人らしき人の影もなかった。

以下は少し戻るが、小田ドクターのマハブー越えの記録である。

サットラ・カンバ

付　ダイレク――マハブー――タトパニ

小田　晋

一

山上の古都、ダイレクに雨があがった。私たちは北の空に雪をいただいた姿を見せているヒマラヤの峰々の方に、歩みだしていかなければならないのだった。ポーター集めの準備が捗らないので、出発は三々伍々となった。あとから考えてみると、実はそんなに急いでみても、ヒマラヤの山脈はなくなるわけではなし、人足が全部揃ってから出発すればよかったのである。しかし、その時としてみれば私たちは近づいてくる冬と戦争するような気持になっていた。兵は拙速を尊び、ことは一刻を急ぐ。人足の集まり次第一人ずつの隊員をつけて出発させる。集まらなくても集めるために出発させる。結局、ダイレクを立ったときには隊は五分されていた。これは、一つにはポーターたちの賃金がまちまちなので、集まって高い方に足並みを揃えられても困るという勘定に基づいていた。どういう勘定に基づいていようと、ダイレクを最初に一人で先発した隊員は、エヴェレストのアタック隊のアービンとマロリーみたいに、あるいは真珠湾に特殊潜航艇でなぐりこみをかけるみたいに、「じゃ、ジュムラで逢いましょう」と白手袋の片手を挙げて、悲愴な顔をして出発した。それには多少の理由があった。実はダイレクに着く前にジュムラから、東芝製のトランジスターを片手に下ってきた旅人にさんざ脅かされていたからでもある。「ジュムラに行く道は二つあって、一つはドゥツルから廻って行く路だが、これはやや遠まわりである。もう一つ、マハブー越の道があって、これはおっそろしく危険だからお止しになったがよござんす。私、私はですね、この通りインテリで、教員でございますからね。あんな猿の道（パンダル・バトゥ）は真っ平でございます。ちゃんとドゥツルから廻ってきましたさ」。

この話が耳にあったので、私たち、日本でアルピニストでない隊員たちは戦慄し、逆に日本で山屋だった隊員は勇みたった。ポーターたちはジュムラまでの通し契約で雇ったので、どうも近道を通りたがりそうだという予感があったのだし、第一、インド政府国土地理院の協力で作られた、インドにおいて他のすべてのことがその程度に正確であり、あるいはまた正確でないのと同程度に正確であるところの地図は、点線で、ダイレクからジュムラまでの道を、ちゃんとマハブー越えとして跡づけていた。この類の地図でこの点線の道は曲者である。すなわちそれは、社会通念に従えば全然、あるいはほとんど局部的にしか道ではない。つまり安心して歩行できる路面ではない。しかしまあ、そんなことを言えば自動車の通る東京の道だって同じことである。要するに世は末世で、この地上には安心して通れる道なんていうものは存在しないのである。とにかくこのヒマラヤの点線の道なるものは、私たちには環状七号線の陸橋の下を斜めに突っ切るのと異質ではあっても同程度の緊張を強いる路であった。しかもこの道中はそれが朝から晩まで続くのである。路のほとんどは痩せた、左右が絶壁になっている尾根伝いか、あるいはそれにとりつく斜面の巻き道か、川の断崖に沿ってうねる路であるかした。前方にどんな山があっても、道は概ねその鞍部を廻らずに最高点を越す。川の屈曲点を一つ曲がるのにあきれるばかりの垂直運動を反復しなければならないのだった。三時間も半死半生の思いで絶壁を登り上がりして、下りたところはさっきの登り口とは、二、三〇mはなれた岩角であることがよくあった。部落は概ね山上にあり、道がそれをぬって走るのであることは判ったが、二日も三日も人家なんぞないような所でも、事情はこれと多く異ならない。それでも、スルケットからダイレクまでの道はまだよかった。路そのものは危険でも、ほとんど半日行程に一軒は茶屋（チャドハーン）があり。小さなガラスのコップに砂糖とミルクをたっぷり入れたネパール茶を売っていて、ここには他にビリと呼ばれる安葉巻や、飴なども売っていた。ダイレクに近い河谷に入ってからはスンタラ（ミカン）やケラ（バナナ）も売られていた。その他、道の処々、多くは水場の近くでは、根本を石で固められたピパル（菩提樹）の大樹が風にそよいでいて、旅人はその根もとに憩うことができた。このピパルの木を指して土地の人たちのある者は、あれは神様（デウタ）だといい、ある者は仏陀（ブッダ）だといった。しかし、ダイレクを北に向かってからは、茶屋は姿を消し、人家もなくなり、ヒマラヤの山気が胸にせまった。尾根づたいの恐ろしい道をたどっていくと足もとの深い谷間から太鼓がひびいて来る。これはダミ（呪医）の儀式の太鼓であった。呪医の打つ単調な太鼓の音を、私たちは今度の旅のあいだに、何度も聞き、それはいつも心に沁みた。それはとにかく、こういう所の一人旅はたまらない。結局ダイレクを出た夜、先発した三人（黒田、小田、神崎）はソタの部落で落ちあい、本隊に先立ってマハブーを越えてジュムラに入ろうとした。

思えば、日本でも、ほんの明治の中期までの旅は足でするものであった。記紀・万葉の羈旅の歌から、中世の物語、近世の道中記、日本の文学の一つの系譜は旅の文学であった。その歩く旅の感触を私たちが忘れてから久しい。「こうやってトレッキングしていると、更級日記や道中記の旅の感触が判りますね。高所恐怖症で吊橋が渡れなくって徒渉したでしょう。でもおかげで『猿蓑』の〝股引の朝からぬるる川越えて〟ってあるでしょう。あの感じがつかめたように思います」なんて、はじめは言っていた。しかし、ダイレクを発って、マハブーに近づくにつれて、「旅」の年代はだんだん逆行して、万葉の旅になってしまった。先発隊はテントを携行しなかったので、野宿するほかなかったのである。しかし、そこはよくしたもので、ポーターたちは一日行程の日暮れには、かならず、辻堂のようなダルマサールと呼ばれる石室に着くことを知っていた。これは旅人たちのためのもので、殆ど近くに水場があり、泊ることができた。このダルマサールには道中、ずい分お世話になった。ネパールの山道の旅で地図に道のあるほどの所には、ほとんどこのダルマサールがあった。しかし、ここに泊った最初の夜には、中が羊の糞でいっぱいだったので、さすがに降参して、屋外の崖ふちの狭いところに寝袋を敷いて寝た。しかし、登るにつれて温度が下り、翌晩はとても外で泊るという強情は張れなかった。

二

ダイレクを出て四日目の朝、山火事の煙の消えのこるのを遠く眺めながら、雪に埋もれたダルマサールを出て、マハブー越えにかかった。陽かげの斜面はコチコチに凍り、見上げるマハブーの峰は黒い岩盤の塔であった。それを、一行の先頭に立つベテランらしいネパーリーのポーターは、重い荷をかついだまま直登にかかる。いくらなんでもとにかく地図にある街道筋を通っているんだから、もう少しはましな路がありそうなもんじゃないか。

「バブージー（おっさんよ）、ヨ・バトーチャイナ（これは路じゃないぜ）、バトウジャネ、バトウ（路をいこうよ、路を）」といってみたのだが、ネパール語に迷語訳したのだから、通じるわけはない。おっさんは委細かまわず、スタスタ登ってしまった。もっとも、「旦那、それをよこしなせえ」といって、私の荷物から寝袋をはずして、自分の背負っている大荷物の上にのっけて行ってくれたのである。

結局、マハブーは標高約三〇〇〇ｍのマハバラータの北の端にあたるヒマラヤの山嶺であった。登り切ってみると北斜面はなだらかな、深い雪のきらめくスロープであった。神を祀る石積みと白い旗が雪の中に埋もれており、ポーターたちも、シェルパも、小石を塚に一つずつ手向けて旅の無事を祈った。ネパール人の道がこの山頂を通るわけが氷解した。ここは、ジャンクリズムと呼ばれる山岳宗教の霊場なのである。

夏の間、祈禱師（ジャンクリ）や呪医（ダミ）たちが集まって修行する山小屋もあった。しかし、がっかりしたことには、登ってからみると山頂への道はもう一つあって、そちらは畜群の通れる巻き道であった。なんのことはない、私はポーター諸氏の山岳信仰に殉じて、マハー・デヴィ神かなにかに冷汗を奉納したようなものであった。

三

マハブーの北斜面はなだらかだが雪は深く、山もずっと深い感じであった。その北斜面を下ったところに、切妻屋根のチェトリの村であるディリコットがあった。ここからジュムラまでは五日の行程で、道はずっとよくなる。一つにはネパールの西中部インナー・ランド（中央盆地河谷群）にかかったせいもあるが、ひとつにはイタリアの人類学者、トゥッチイや、わが国の長澤和俊氏の調査によって明らかになった古代（中世?）マルラ王朝のラージャ・マルガ（王の道）に再びかかったのである。要所要所は石で畳まれ、川には牙の王者や神像の木彫を欄干の飾りとした橋梁を架したラージャ・マルガは、所々に、日月と菊の王朝の紋章入りの板碑が古代王朝の栄華を語っていた。カトマンズ盆地を中心に、中国とインドに技術援助競争をやらせて道路整備を急ぐネパール政府の計画も、西部はかなり中央に近いポカラまでの横貫道路の計画があるばかりだ。ネパールガンジ（インド国境）からジュムラまでの道つくりといった途方もない計画が実現するかもしれない日まで、この頭も尻尾もない立派な胴ばかりフラフラしているような古典的道路は、ネパールの西で睡りつづけていることであろう。ディリコットから四日目、ラージャ・マルガに沿ってタトパニという温泉場がある。この温泉があることを知っていたジャパニたちは、随分とあこがれて来たものだが、来てみると、この温泉場は石積みの小さな塔の根もとの樋から下の湯壺に、僅かの湯がチョロチョロ流れ出ているだけのものだった。さっそく入ろうと思ったが靴を脱いでみると、足が土左衛門のそれみたいに白く膨れ上がっていて、それを見ると嫌気がさして悲観的になった。それにとても寒かったので、全身を湯につける気にはなれず、足だけ洗ってそのまま引きあげて寝袋に入って寝てしまった。あとで聞くと若い元気な隊員たちは、寒中をぬるい野天の湯壺に入り、臍を出して月を見たそうな。それでも風邪を引かなかったのはやはり温泉の効験はたいしたものである。冗談ではなく、この温泉はよく効いた。硫黄分は少ないアルカリ泉のようであったが、私の足の糜爛は一晩で癒ってしまった。翌日、タトパニから半日行程のところで、街道で通せん坊で私を出迎えたブラーマンの男は、私を自宅に無理に連れていって、兄貴の火傷を診療させた。古い火傷が化膿して、潰瘍になっていた。一応の手当はしたが、後のことが心許なかったので、後は温泉に行って洗え、と教えたら怪訝な顔をしていた。もし私の忠告を聞いてくれていたら、彼の火傷はまもなく快方に向いただろう。

（小田の記録了）

一二　ジュムラ　〈一二月一二日〜一六日〉

一二月一二日（土曜日）　ジュムラには一二月一二日の一二時に着いた。

プルバとパサンをパンチャヤット、州知事などに挨拶のために先行させる。彼らは九時半頃にジュムラに着いたらしい。タトパニからジュムラまで約三時間で着いている。なだらかな道がジュムラ川沿いに続く。雪山を見ながら平坦な道をポクポク歩くのは良い気持ちである。クロさんと一緒に歩く。ジュムラに近づくにつれてカンバ（石碑）などが多くなり、一つの文化の中心地に近づいたという気がする。

山はなだらかになり、河川の広がりが大きくなる。河川敷にかなりの面積の水田が拓かれている。この辺りの村は、山腹より麓にあるものの方が多い。山腹にある村でも、畑は今まで見てきた村ほどには多くはないようだ。河川敷に水田が多いことと関係あるのだろうか。畑は村の周囲にあるだけで、あとはカルカ（放牧地）になっているようだ。

昨日から松が少なくなり、北面はすべてモミなどの針葉樹になる。林相が変わった。

ジュムラにはちょうど一二時に着く。町に入ってすぐのところがパンチャヤットらしい。小川を渡った丘の上がバザールで中心地らしい。日陰になったところの道はまだ氷が溶けていない。かなり冷え込むのだろう。

なだらかな道を歩く

カンパが多くなる

河川敷の水田

我々のキャンプは、小川を少し上ったグラウンドにテントを張っている。アンノックがミルクティをつくって待っていた。ポーターたちは町の入口のあたりで遅れた者を待っているらしくまだこない。

ドクターは、途中の村で火傷の病人を診てくれと呼び止められ、診察に出かけた。ノリさんがドクターを待っているので二人はまだ着かない。

一時頃、ポーターがみんな着いたので賃金の支払いをする。ガッティから来た九人には五五ルピーのうち一〇ルピーのアドバンスを渡しているので、その連中だけ先に並ばせて支払いをする。嬉しそうに並んで受け取っている。ソタから雇った三人のうち二人は五〇ルピーということであったが、何の文句も言わずに受け取る。ある程度の悶着やストライキなどを予想していたのだが、格別に何のこともなくジュムラに到着し、少しあっけないほどである。他の紀行文などを読むとポーターを歩かせるのに苦労したとかストライキに悩まされたとかいう話が例外なく出てくるが、我々はガッティについた時と出発の朝、少しゴタゴタしただけで、後はおとなしいものであった。いまは農閑期で収入も仕事もない時期だからか、それともジュムラまでいくらという請負制にしたことが良かったのか、わからないが、常にポーターペースで進行し、督励するということもなく、明日の朝は何時に出発するのかと、聞いたりして、ノリさんからそんなだらしのないサーブがいるかと怒られるような状態だったのだが……。

やっと着いたぜ！ ジュムラ。
この時のポーターの働きを後に思い知る

ジュムラの北側、カンデ・ヒウンチュリの頂

丘の上のデウタに向かう。結構な登り

仲間の皆が病気もせず、元気にジュムラまで来たのは何よりであった。ここで調査地に関する情報を集め、少し休養してから出発することにする。出発は一六日、一二日の夜から一三日の昼まで、シェルパ達には休暇と各五ルピーの小遣いを与える。彼らの給料はカトマンズ帰着後に、まとめて支払ってほしいとの希望であり、それを受け入れる。一三日の夜はノリさんの送別会をする。ということなどを夕食後に話しあう。

支払いに並ぶポーター

軍から来たパスポートチェックの係官

昼食後、ドクターと私はプルバをつれてパンチャヤットと警察に挨拶に行く。マチコはカトマンズのコテッジ・インダストリー（家内工業局。以下、コテッジ）から紹介状を貰ってきているので、そこへ挨拶に行く。

着いてすぐ、軍のチェックポストから係官が来てパスポートをチェックしていく。警察にはこちらから出向いたがチェックしなくても良いということであった。

コテッジでの情報だと、ティブリコットから少し奥に入った、バハーラがチベット人の村だという。

今の時期、ネパール人の半分は南に下っているという。ジュムラにもムグから来たというチベット人がかなりうろうろしており、早速、ドコを買わないかと持ち込んできた者もいる。

一二月一三日（日曜日）　六時起床。晴れているが風は冷たい。九時朝食の予定だったが、寒いせいかみんな早く起きて、八時には朝食になる。米とジャガイモの雑炊。暖かくてうまい。

ドクターは早速診療を始める。テントでは寒いし、またテント近くで診療をすると、野次馬が集まってうるさいし、邪魔にもなる。どこか適当な部屋を貸してほしいと頼むと、診療はヘルスセンターで、また我々の宿舎としてその脇の看護婦宿舎を提供してくれることになった。昼食後、引越し。

ジュムラに着いて気がゆるんだのか、何となく身体がだるい。

ジュムラの人と街

三時引っ越し終了。一四、一五日は休養と荷物整理、買物などにあて、一六日出発ということにする。ポーター集めはパンチャヤットに依頼する。

夜、ノリさんの送別会。マトンにロキシー。ロキシーは一ボトル六ルピー、高い。

夕方、ドクターがコテッジに往診し、その謝礼としてもらった鶏一羽も送別会に加わった。コテッジでは職員の半数近くが結核だという。換気の悪い部屋で大勢が機織りや糸紡ぎなど埃の立つ仕事をしているせいであろう。

一二月一四日（月曜日）　パサンが食料の買い出しに行くが、米が買えないという。パンチャヤットなどの世話でいくらかは集まる。一ダルニ（八マナ）八ルピー、値段は高いとはいえないが、米が不足しているのである。カトマンズで西ネパールは凶作だと聞いていたが、ここまではあまりそのことを感じなかったのは、ポーターに頼んで買っていたからだろう。

〈ジュムラでの日記記述はここに記しただけで、他にはない。目的とするチベット人村の情報が集まらず、とにかくベリコーラ沿いを辿りながら探すということにして、ララ湖行きは中止し、全員一緒に行動することにした。ただ、そのことの経緯を何も記していない。何となくホッとして気が緩んでいたのである。〉

結局ジュムラではリミまで通しのポーターは集まらず。タラコットまで直行する組と一日雇いのポーターでガジュンコットまで行き、そこで必要人数をあつめる事にして一二月一七日一〇時半、ジュムラを出発した。

以下のジュムラについての記録はクロさんによるものである。

付　ジュムラ

黒田信一郎

ガオン・ハルカ（帰村運動）

ジュムラは、急転回して広がる河岸段丘のうえにヒンドゥ寺院の黄や赤などの色とりどりの旗がなびいて、びっしりと泥壁の家が群がっていた。ネパール一四州のひとつ、西北に位置するカルナリ・アンチャルの州政庁所在地である。

いわば、小カスパのような家のブロックの西端の一角に、廃寺と並んでジラ・パンチャヤット（地区役所）のある二階建てスレート葺きの長屋があった。その傍を流れる小川をわたるとすぐに十字に路が分れて左側はバレーボールコートのある運動場、右手にバザールの通りがあり、店先に日用雑貨品を並べている。ビスケット、飴玉、石鹸、などの多くはインド産である。

ジュムラ地区は中国との国境を近くにひかえ、しかも州の北半が古くからボテ（チベット人）の土地でもあるところから、自ずと政府はボテの取り扱いに力をいれていた。ジュムラ近在のチェトリの家にはよく北のムグから流入してきたボテの家族が居候していて、パンチャヤットの保護を受けているのに出会った。排他的なチェトリが、アウト・カーストもはずれのボテと仲良くやっている図は、これまで想像できないことだった。たしかに、ここまで来ると住民の容貌がすっかり変わっている。彫りの深い地中海型のものから、我々のようなモンゴロイドの扁平型までバラエティに富んでいる。西部ネパールは住民の八〇％がインド・アーリアン系である。とくに、我々の通ってきたラージャ・マルガの道筋は古来、南から押しよせたインド系民族の移動ルートでもあった。それで、文化も人もインド臭の強いヒンドゥー教とカースト制に塗りつぶされて、わずかに例外としてダイレクの北のソタとグワッティにマガール族とグルン族がいる。しかし、チベット系のこれら部族が東方のアンナプルナ山麓から移入してきたのも、ごく最近のことである。キャラバン路の南の起点スルケットも、北の終点ジュムラも、少なくとも統計的にはカースト構成に違いはない。高位カーストのバウン（＝ブラーマン）、あるいはトクリがだいたい全住民の四分の一、中間カーストのチェトリ（＝クシャトリア）が半数、低位の職能カースト（鍛冶屋、靴屋、機織など）が四分の一の比率を占めるのがふつうである。しかし、住民の顔がかなりのっぺり型に近づいているから不思議である。古くこのあたりはモンゴロイド系の部族が割拠していたと思われるが、そこへ、ガンジス上流域の平原をいったん征服したアーリアンがさらに北へ北へと谷沿いに移動してきた。移動の波は幾重にもかさなりあって、征服と混血が繰りかえされたことだろう。そして、自己中心的なインド・アーリアンは、異民族までもカーストの枠にくみいれた。ダイレクの高校教師は、私の質問に答えて言ったものである「えーと、その次の位のカーストはマガールで、プンとかプラミなどがサブカーストである」。この時、私は奇妙な人種主義者になってしまい、我がモンゴロイド同胞のために反撃した。「とんでもない。マガールは部族でカーストではないし、プンとかプラミは、氏族ではないのか」。それでも彼はすまして「カレラハ・ヒトツノ・カーストデアル」と答えた。

こんなわけで、チェトリの村などでよくわれわれは素性を問われた。「汝らのカーストは何であるか」。「ジャパニはカーストがないのである」と答えてもまっすぐ信じてはくれないので、面倒くさくなって最後には「ジャパニ・コ・バウン（日本人の僧侶階級）」とか「ハムロ・ジャド・チェトリ・ホ（我らの位階はサムライである）」とか適当に相づちを打っては逃げた。国民意識のない（その当時はまだ、ネパール人の国民意識は非常に希薄であった）、ネパールでは、日に二度しか放送しないラジオ・ネパールが国民意識を目覚めさせるために、よくキャンペーンをやる。とどのつまりは、いかなるカースト、いかなる部族に属していてもすべてネパール国民であるということを説明するために、アメリカや日本までひきあいにだされた。

ドクターのおこなった医療サービスのおかげで、幸運にも運動場の奥にあるヘルスセンターの病院の建物をまるまる借りきることができた。病院といっても狭い病室が四つに寝台が二つきりの、窓はあるがガラスのない、医師も看護婦も病人もいない、木と石とで造った粗末なバラックである。それでも警察署長が屋内での火気を厳禁していたので、炊事と食事には隣の馬小屋をあてることにした。

ジュムラに着いて四日目の夕方、皆で馬小屋の炉を囲んでいるところへ、とつぜん州知事のシャルマ氏が助役などの側近を五、六名従えて入ってきた。〈ガオン・ハルカ運動〉の記念祭の行事にわれわれを招待するのが、彼の訪問の目的だった。ガオン・ハルカというのは〈村に帰れ〉という意味で、数年前から国王みずからの提唱によってはじめられた啓蒙運動である。そして、政府の日刊紙「ライディング・ネパール」は、一大キャンペーンを組んでいた。しかし、カトマンズの学生と話しあった折に、たまたまガオン・ハルカ運動が話題になったが、彼は王様を評して言ったものだった。「自分は花の都にいるくせに、いくら笛を吹いても、運動は盛りあがるはずがないヨ」と。たしかに、カトマンズ盆地を一歩外に踏み出せば、化外《けがい》の地のネパール王国にとって、地域格差をなくして国の隅々まで国王の威光をおよぼすことは並大抵のことではない。国王の指名によって選び出された州知事は、さすがに容貌も態度物腰も立派であたりを睥睨《へいげい》する眼光の鋭さは為政者のものである。彼の説明によると、明日は数年前にはじめて国王がガオン・ハルカの運動を宣言した記念すべき日であるという。流暢な英語にききほれて、ついついありがたくなってしまったわれわれは、ブラック・ティにはとっておきのシュガーを使ってしまった。キャラバンの間じゅうサッカリンを使用していたのに。

翌日、貴賓席についたわれわれは、インドアーリアン的な長広舌のせいですっかり厭世気分にさせられた。バザールの街路の奥にある門前にひとつ机がおかれ、国王の写真と小さな紙の旗が飾られていた。その傍で大演説をぶっているのは知事で、

ガオン・ハルカ運動記念祭の観衆

州知事の演説。国王夫妻の写真（椅子の上）には赤いティカの粉が振りかけてある

演芸会場

コテッジ・インダストリーの織物機

彼の背後にはコテッジの所長、警察署長、ヘルスセンターの唯一の医士（有資格の医師ではない一種の助手）、カレッジ教師たちなど、すでに顔見知りになったいわば当地の指導層の面々が所在なさそうに立っている。しかし、知事をはじめ、この記念行事の主催者側の人物はすべて他国者《よそもの》であるという。ドクターの一番の患者で、結核を病んでいるコテッジの所長は、不安げな寒々とした視線をわれわれに向けている。ドクターの言うところでは、彼の病状はかなり進んでいて、当人に本当のことはとても気の毒で言えないが、当人自身もうすうす気づいて、それで悩んでいるらしいという。しかも、カトマンズの本庁に呼び出されていて、一週間後には発たねばならないという。無事に用を果たして帰ってこられるであろうか、自信はない。しかし、彼には養わなければならない家族が大勢いるので、仕事をやめるわけにはいかない。医士のバハドゥールは若くて健康ではあるが、資格を持った正式の医者ではないので、土地の人たちから信用してもらえない。それでも、ちゃんとした医者がくるまでつなぎとして頑張らねばならない。そっと矛盾をかみしめているといった風情である。

その晩、文化プログラムの演芸会がコテッジの中庭で催された。警察と軍隊のオフィスと向かい合って建つコテッジはバラックの二棟が平行にならび、中庭には簡素なベンチが並べられていた。正面にはにわかづくりの舞台がしつらえてある。それぞれ織物機と溶接具が備えてある。建物の隅の事務所では、ここで作られたセーターや襟巻《えりまき》も売っている。幕の張られた舞台の近くに知事と側近たちの特別席が設けられて、ドラム缶を二つ切りにしたストーブに薪がくべられて、あかあかと燃えている。あたりが暗くなった会場には開場一時間前からもう付近の村人がおしかけ、バラックの屋根まで鈴なりになっている。ムグから下りてきたボテたちは、昼間の儀式の時は警察署の塀の上にとまって見物していたが、今度も見晴らしの一番いい場所に陣取っている。七時にやっと開演。両端に吊り下げた石油ランプの照らし出す舞台に、コテッジの所長があらわれて、今夜の文化プログラムの催しについて一席ぶって、次々に歌と踊りが披露される。踊っているのは所長やパンチャヤットの役人の娘さんたちである。踊りと歌のモチーフは、国王と王妃を讃えるものであるが、王妃様役はきまってサングラスを着用におよんでいる。それもそのはずで、茶店や役所の壁にはかならずマヘンドラ国王夫妻の写真が掲げてあって、その写真の王妃はまごうことなくサングラスをかけているのであるから。

月が中天にかかると、塀ひとつこえた古寺院の塔と旗が影絵のように凍てついた冬空に映しだされた。すっかりさびれた堂塔は、いまは刑務所がわりに使われていて、毎朝そこから男女の囚人がはき出されて運動場の横を流れる小川に水汲みにやってくる。ボロをまとった囚人の列に二名の監視兵が銃をさげてつきそっていたが、くすんだ家並みを背景にすると、それほど悲惨という感じはしない。

われわれもリクエストに応じて「サクラサクラ」などを歌った。寒いのと眠いので、とうとう席を立ったわれわれの後をヒンドゥ音楽の単調な太鼓の音が、石だたみの道をぬけて追いかけてきた。

（黒田の記録了）

ジュムラに五日滞在した。隊員の休養と食料の補給、それに、情報収集が最も大きな目的であった。カトマンズでは情報集めに努力したが、結局、知りたいことは何も判らないことだけがハッキリした。この上は、自分たちが歩きながら情報を集めていくしかないと、スルケット出立後の道中でも随分と気をつけてきた。が、これといったニュースは入ってこない。そのうち、ジュムラに着けば調査地に関する情報が得られるだろう。何せジュムラは西部ネパールの中心地だから、必ずや望ましい情報があるはず……という希望が、私たちの間に確信のように定着していた。

ジュムラでは、ドクターには積極的に医療サービスを行ってもらい。私たちもパンチャヤットの役人をはじめ、可能な限り多くの人と接触して情報集めに精を出した。

私たちは、西ネパールのヒマラヤ山中にあるチベット人の村に、出来るだけ長期間住み込み、村の人たちと日常を共にしながら、彼等の暮らしを観察・調査したいと考えていた。だが、一九六〇年代後半のネパールは、外国人が入域できる地域には制限があり、とりわけ国境地帯は厳しい規制があった。カトマンズでの交渉の結果、私たちに許されたのは、ジュムラから北では、国立公園で景勝地として知られるララ湖まで。当初から望んでいた、その先のムグやシミコット方面は不許可だった。したがって、調査地候補はジュムラから東、リミ、ドゥネイ、タラコット方面で探すことにしていたが、私たちの思い込みに反してジュムラでは、満足できる情報はほとんど得られなかった。

ある人は、三日ほど東に行くと純粋なチベット人の村があると言い、またある人は、タラコットまで行かなければないと言う。別の人は、かなり混住が進んでいるので、純粋なチベット人の村は、相当奥地に入らないとない、と。どれを信じてよいのか判らない、結局、自分たちでの目で確かめるしかない、という、元に戻っただけのことだった。

後から考えると、どうしてあんなに判らなかったのだろう、と思う。役人など上層階級とだけ接していたとか、言葉が十分に使えなかったからとか、理由はいろいろあるが、入ってくる情報を選別できなかったことにあるだろう。基本的には日本における情報収集能力が欠けていた点にあったのだが、それは別にして、現地まで来てなぜ判らなかったのか……。

ただ、役人などのインテリからの情報には眉唾的なものが多いことは判った。彼らの意識は、例外なくカトマンズに向き、現在居住、もしくは管轄している地方や村の実情については、無関心に近かったようだ。

結局自分たちの行き先は、自分たちで探す以外にはないと、半ばやけっぱち気分で出発することにした。一二月一七日であった。

ジュムラから進路は東、ティブリコットからタラコットを目指す。

例のごとく、ポーターはすんなり集まらず、隊はまた二つに分かれて進むことになった。ムグ地方からジュムラに来ていたボテをつれて出発するクロさん・ヨゴさん組と、パンチャヤットの世話で集めたネパール人ポーターと歩く組とである。ボテポーターはタラコットまで通しで行くが、ネパール人ポーターは一日だけという約束だ。ゴテチョール峠にかかる手前の村、ガジュンコットでまた集めなければならない。面倒だがやむを得ない。ダイレクやジュムラなどの町場では質のよいポーターを集めるのは無理なようだ。

出発直前、カトマンズに新設される大使館に勤務することが決まり、一月早々から働くことになっているノリさんとは、ここで別れることになる。さぁこれからだという時に、計画当初から苦労した仲間との別れは、辛く、寂しい。

「元気でな……。またカトマンズで会おう」。

町はずれまで送ってくれ、いつまでも手を振っていた。

一三　ジュムラからリミ

一二月一七日（日曜日）　ジュムラ一〇時三〇分出発。

一一時半、ダンサグーのあたりで先行していたヨゴ（神崎）・クロ（黒田）組に合う。今日我々はガジュンコットで泊まることになる。一日六ルピーの日雇いポーター一四人をつれて出発。ヨゴさんとクロさんは九人のボテを連れてタラコットまで直行する。

ニュー・ティブリコット一二時二〇分着。対岸にはカラルバーラの村が見える。

カラルバーラは山麓の河岸段丘が山にかかるあたりに位置し、平屋根の家々がいかにも寒村といった感じ。畑は家の回りと背後の山の緩斜面に拓かれ、段々畑ではなく緩い傾斜畑になっている。山が総体に緩やかなせいか、ろくに整地もされていないような畑は、より荒れたように見える。北面には松の木が多くなる。

ジュムラから川に添って上る。谷はかなり広くニュー・ティブリコットのあたりから谷が低くなり、川幅が狭まる。冬枯れの野面。馬や牛が取り入れの済んだ田の面でのんびりと枯れ草を食んでいる。このあたりは比較的馬が多い。谷を詰めて段丘上への坂道で、馬に乗って下りてくる人に会う。馬の鈴がジャランジャランと、まことにのどかである。

小春日の陽はウラウラと、ポーターどもはビスタリビスタリ（ゆっくり、ゆっくり）、五分か一〇分に一本立てながら歩く。何とも気の抜ける日だ……。

　年暮れぬ　笠きて草鞋　はきながら　芭蕉（『野ざらし紀行』）

ガジュンコットは段丘上の村である。二時半には着く。ここを越えると今日中に着ける村はないという。ジュムラからのポーターはここまで。ここでまた人夫を再募集だ。それにしても今日は正味二時間とちょっとしか歩いていない。二時間で、最初の約束通り六ルピーを支払えとは、何ともあきれた話。

ガジュンコットは家数二七軒、全てチェットリだという。家の南隅の屋上にグラという三叉の鉾を立てているのが目につく。また、珍しい事に、この村には各家ごとに薪（割木）で囲った便所がある。

村は、東と西、北を小さな丘に囲まれており、中央の少し低くなったところがトウモロコシの畑で、我々のテント場にする。東南の丘と西北の丘に家は別れていて、それぞれ戸数は同じほどだろう。東の丘にブルーというデウタを中心にピット、ダーマスローなどのデウタが並び、丘の上はこれらのデウタを中心にしてやや平らになっていて、祭場になっているようだ。北、西、南（やや西より）にもそれぞれデウタがある。北の丘のデウタはタルプといい、西のデウタの上方にラウルタンという古いマンデルがある。かなり古い寺のようだ。

　この村はダッキンコーラを上り詰めた段丘上にあり、ティブリコット、タラコットへの街道に沿っているとはいうが、何となく行き止まりの村といった感じがあり、豊かさをも感じる。チベット人でないということをのぞけば調査地として手頃で面白そうな村だ。

　鋳掛屋が鍋の修理をしている。鞴《ふいご》はカナットという。鞴から出ている送風筒はナロといい、泥製（マタッコ・ナロ）である。

　夕暮れになって田んぼや草地に出していた馬や牛が帰ってくる。首につけた鈴をカランカラン鳴らし列になって帰ってくる。

緩い斜面上に家が散在するガジュンコット

手前左が薪で囲った便所

雪山に夕日があたってキラキラと輝き、手前の丘は赤く染まって何とも美しい。

西の丘をダラダラと下ったところに水場がある。ナウロカレという。水場の塔はクンマという。水神様を祀っている。

西ヤンが珍しくハーモニカを吹いている。「夕方らしい夕方だなあー」とドクターのつぶやき。テントの焚き火の廻りは相変わらず学友諸君のお出ましで賑やかだ。今日はパンチャヤットの役人も来ており、明日のポーターの件について、プルバと盛んに議論をしている。

ジュムラでのポーター一件

　昨日（一二月一六日）、出発する予定でポーターの手配を役人に頼んでいたのだが、ムグから来たというボテが六人とゾー（ヤクと牛の交雑種・牡。牛よりも大きく、力強い。ゾウパ、ゾプキョともと呼ばれ、雌のゾーはゾーモ、ドゥムと呼ばれる）で運ぶというチベット人が来ただけである。ゾーは六頭で八マウント（八人分）運ぶといい、一五日の夜から泊まり込みだったが、一六日の朝荷物を付けてみるとなかなかうまくいかず、運べないと言い出した。我々も着脱が難しいことが判り、荷物をボタボタ落として壊される恐れがあるので、ポーターの方がよいのだが、何せ人が集まらない。

一六日はナショナルデーだとかで午前中に警察の前の広場での演説。私たちも招待されて一応顔を出したが、私はすぐに逃げ出してそこらをぶらつく。他の仲間たちはおとなしく州知事などの長広舌を拝聴したようだ。

午後ヨゴさんとクロさんがミンマを連れて近くの村にポーター集めに出かける。役人が村々に触れを出してくれたというが、これまでの経験では、お触れだけで集まる可能性は低い。夕方、比較的早く帰ってきて、七、八人は今夜来るという。夕食時、九人来た。タラコットまで行くなら通しで五五ルピー払うと提案したが、荷物を持ってみて重いだの何だのと帰ってしまった。これでまた振り出しに。先に約束したボテたちも、もし明日出発しなければスルケットの方に行くという。夕方、またゾーの男がやはり行きたいと申し出たが、結局これは断った。

一二月一七日の朝、ボテ八人とネパーリー一人の九人が来た。タラコットまで行くというので、ヨゴさん、クロさん、ミンマの三人で編成したヨゴ・クロ組が、先発隊として出発することにした。クロさんが途中で食料を調達したいという二人をつれて一足先に出る。何とか集まった残りは一日行程のガジュンコットまでしか行かない。最初は、一日行程で六ルピーと約束したが、歩きだすと五分から一〇分ごとに休むという体たらくでさっぱり進まず、それでいて二時半にはもう到着。これで六ルピーはとても払えない。プルバに三ルピーで交渉させる。双方とも、粘りに粘ったが、明日のポーター集めという弱点を持つ我々。結局五ルピーということで妥結。足元を見られた感じで、不快である。

スルケットからダイレク、ジュムラまで同行したポーターたちに比べて、この地のポーターは、かなり様子が違う。今までのポーターは出発まではゴタゴタしても、道中ではあまり苦労はかけなかった。ところが、ジュムラからのポーターは、とに

ジュムラまでのポーターへの支払いは文句が出なかった

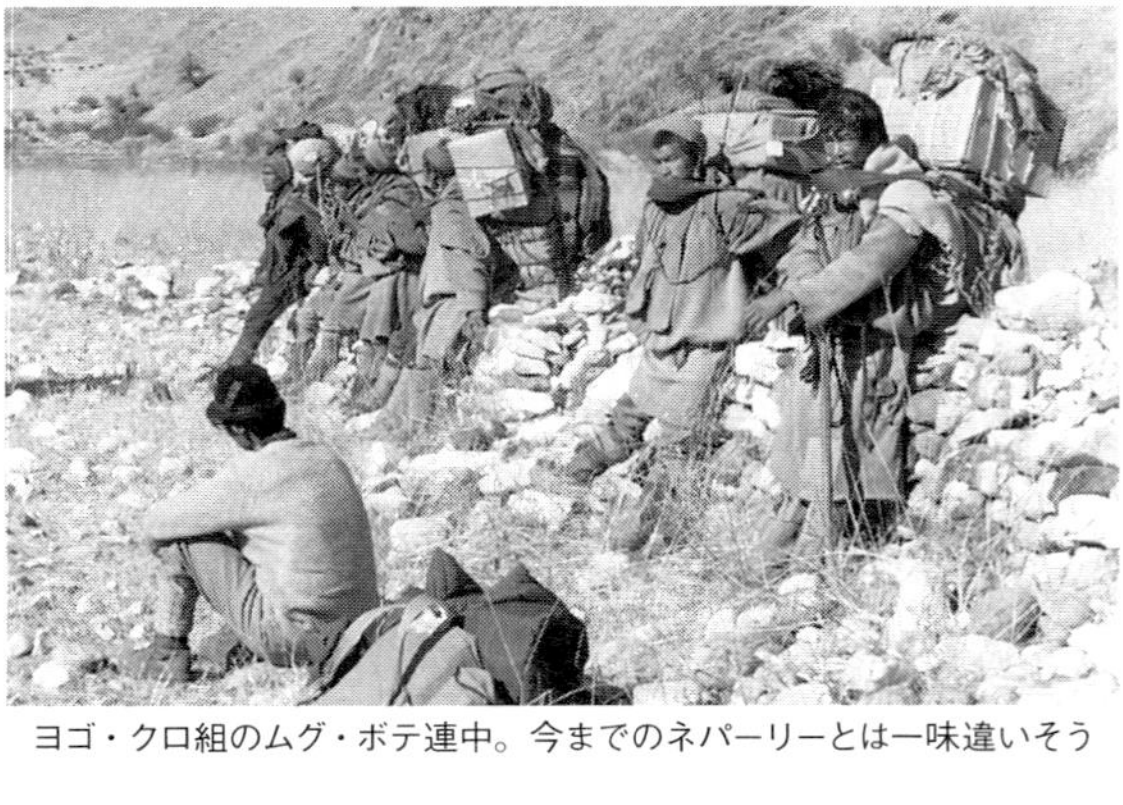

ヨゴ・クロ組のムグ・ボテ連中。今までのネパーリーとは一味違いそう

かく力が弱い。その一方で駆け引きには長けているようだ。この調子だと、これからの道中はポーターに苦しめられそうな予感がする。ムグから来たというボテのポーターたちは、割合におとなしいように感じられた。

ノリさんは、ポーターを一人連れて、スルケットに戻るつもりだったが、そのポーターも金のことでごねて帰ってしまった。そこで、直接カトマンズに向かう軍の飛行機に便乗させてもらうために、しばらくジュムラで待機することになった。

一二月一八日（月曜日）　朝六時起床。よく晴れているが冷たい。テントの中には霜が降りている。昨夜は満月。実に良い月でテントのまわりを明るく照らし印象的であった。

八時半、ポーターは七人しか集まらない。うち四人はタラコットまで直行、二人は六日間ということで、いずれも日当八ルピー。交渉中に二人来て、あと二人ということになるが、その二人がなかなか集まらない。昨夜ニュー・ティブリコットのポリスが連れてくるという約束になっていたのだが来ない。このあたりの約束は全て「メイビー」で、散々「メイビー」で苦しめられたインドに舞い戻ったような気持ちになる。

ポーターについての感想

旅から帰って時日を経ても、ジュムラ以降のポーターに苦労させられたことを思い出す。その時の恨みつらみも含めて、西部ネパールで経験したポーターについて、一言弁じたく。

もともと我々は、自分たちの荷物を他人に担がせて旅をするなど、日本にいたならば経験しないどころか、考えもしないことなのだ。しかし、ネパールでの長丁場の旅となれば、否が応でもポーターの世話にならざるを得ない。長旅の出発地・スルケットで、我々は初めてポーターを使うことを体験したのだから、スルケットの彼らが我々のポーター観の基準になることは避けられない。

スルケットでも、ダイレクでも、ポーターを集めて出立するまでの間は、ゴタつくこともあって、ポーター扱い初心者のサーブ連中（旦那衆＝我々）が苛立たせた。原因の多くは、サーブ側が規定重量とされている一マウント（約三五kg）を超過する荷を拵えることもあったからだ。ポーターたちは担当する荷物に加えて、行程中の食料も担がねばならない。長丁場だとかなりの量の食料である。だから、誰もが四〇kg超の荷を背負っていただろう。

それで、マハバーラタを越え、マハブーを越えた。チョータラに荷物を預けて一息入れる間隔が二五～三〇分、平地になると一時間ほども歩いてしまうこともあった。要するに強いのである。サーブ連がヒーヒー言ったマハブー越えでも、彼等の足取りは実に軽快・着実だった。

賃金交渉については、当然のことながら彼等も高い額を主張する。だが、交渉の結果決まった額については、道中でも到着して支払う時にも、文句が出ることはなかった。

それに比べれば、ジュムラ以降の連中ときたら……である。一〇分以上継続して歩くことが殆どない。歩きだしたかと思えば、すぐに休憩。荷物が重いという苦情は、出立時だけでなく、納得して歩きだしてからでもしばしば出てくる。賃金交渉に駆け引きが多く、とにかく利にさとい。この違いは何処にあるのだろうか。

①村の貧しさなのか……各自持参の食料の量が少ない。冬場には出稼ぎに出ねばならない。出稼ぎ収入が家計に大きい比重を占めているのではないか。スルケットやダイレクでも、ポーター収入が大きな意味を持っているのは同じだが、あくまで臨時的なもので、それが不可欠というほどのものではなく、他の仕事もある。だから、賃金も日当でなく請負でよい、ということになる。ここでは、一日一日の稼ぎが重要な意味を持っているので、日当に固執する。

②力が弱い……これは二五〇〇～三〇〇〇mという高所であること考慮しなければならない。我々もちょっとした上りになると息切れがするし、動きも緩慢になることがあるのだから、単に筋力や持久力の強弱を比べるわけにはいかないだろう。

③文化の側面に違いが……①のようなことから、採算ということに大きな意味を持たせていることになりはしないか。それには、交易・遊牧を生業とするチベット文化との接触が影響しているのではないか。ジュムラ文化圏（一応、マハブーを越えてから。狭くはジュムラコーラ流域に入ってから）では、それまでとはかなり大きな変化を感じられるのだ。

④社会的枠組みの強弱……利にさといことで有名なインド文化圏にあるスルケットでも、はじめは相当に吹っかけてきた。だが、当方も粘ると、意外なほど容易に妥協してきた。どうも、カースト制の枠に縛られ、特に下位カーストの人々は忍従に慣れていて、敵わないとなると思うとギブアップしたのではないか。カースト制の縛りが強い社会と、カースト制の埒外にいるチベット文化の影響がある社会、その差異があるのではないか。

⑤喘息が多い……屋外の空気は良いが、暗い小さな部屋で生木を燻すので気管支を痛める。高地なので呼吸が強くなり気管支の末端が膨れている。そこに吸い込んだ煤がついて炎症を起こし、喘息になりやすい。

などなど、挙げてはみたが、まさに牽強付会。

さらに、私たちの態度にも問題があったことも触れておかねばならない。先にも述べたが、私たち全員が人を使った経験が全くない者の集まりであった。それが急に成り上がりのサーブになった。それも賃金を支払って十数人もの人を使うサーブにである。資金難で貧乏パーティーとはいうが、サーブはサーブなのだ。支払うべき賃金の、その地域での世間相場をきっちり調べ、支払い対象となる荷物の重量を均一に整えるという努力に欠けることはなかったか、成り上がりサーブとしてポーターへの上から目線の態度はなかっただろうか、などなどの反省がいくつも挙げられよう。

一〇時になってようやく最後の二人が見つかり、出発出来るようになる。こんな調子では、帰途にこのルートをとることは避けねばならない。

このころ、ようやく牛をカルカに連れ出している。草場はソウル、牛はガイという。

各家から一〇～二〇頭の牛を連れ出してソウルに追っていく。ほとんど子供と女である。女はドコを担ぎ、ドコにブンチョロ（斧）を入れている人もいる。これは薪を採る為の用意であろう。ふところがふくらんでいるのは、昼食のマカイとか豆を煎ったものが入っているからである。細い竹か小枝を鞭にして、牛を追いながらソウルに向かう。各家の牛を出す場所はだいたい決まっているようである。

東の大きなデウタのある丘の裏側の谷は、扇状地で棚田になっている。それから小さな谷を越えるとなだらかな丘になっていて、我々がこれから越えていく峠にかけての一帯がソウルになっている。ソウルの中に石を積んで区切りをつけているところがある。石囲いの中は畑になっているのであろう。そういうところをパウロという。何ヵ所かパウロ・石囲いを見かける。

牛を追う子ども

ドコを担ぐ女性

パウロ・石囲い

このあたりの畑は段々畑ではなく傾斜畑が多い。日本の東北地方のアラキ畑のような景観である。

ソウルの中の一筋道は両側を石垣で区切られて続いている。日中道の石垣の陰には消え残った僅かな雪が凍てついている。日中はまことにのどかな小春日だが、山の北面には雪がかなり残っている。

ハルコーラからドゥジュンダールという谷を渡り、ジュンダラというところから山にかかる。ドゥジュンダールにはサグー（橋）がある。このあたりから、川には橋が架けられている。

今日雇った一一人のうち二人だけが六日間、後の九人はタラコットまでという約束である。一日八ルピー。これからは歩かせることに苦労するのではあるまいか。今日の連中は昨日のポーターよりは少しはマシなようだが……。

最後に雇った二人は食料の調達などで遅れてくる。パサンは西ヤンと一緒に残っている。

ドゥジュンダール着が一一時二五分。ここから山にかかるので荷物の作り直しをする。ここまでに一時間以上。相変わらずのビスタリビスタリ行進だ。

パサンがポーターを待っている間に村の娘からオカル（Okal・クルミ）の実を貰ったといって分けてくれる。

ドゥジュンダールの橋はムルサグーという。ここから川沿いの上り道。五〇分くらい歩いたところで一二時二〇分昼食。アル（ジャガイモ）の雑炊。

昼食後、一時半出発。プルバは一足早くポーターを追う。昼食までの道は梅モドキに似た黄色の実をつけた灌木がまばらに生えており、ちょうど冬の梅林を歩くような感じであった。

サグー

「ムジナ峠」のケルンのようなデウタ

ピロールア村のチョルテン

午後からの上りは夏の放牧地になっている処とみえて、かなりなだらかな稜線を見せていて芝生が枯れている。阿蘇の草原を歩いているような錯覚に陥る。一昨年、阿蘇の小国町の調査で涌蓋山《わいたさん》（一五〇〇m）のあたりをうろついたことを思い出す。あれよりはかなり傾斜はきついが、草原の感じは良く似ている。

北斜面と稜線がつくる谷間の湿気のあるあたりにヒマラヤ杉などの針葉樹がまばらに生えている。それもある程度以上は大きくならずに枯れており、森林限界に近いことを思わせる。このあたりはすでに三〇〇〇mは超えているだろう。上りにかかって少し急ぐと息切れがする。自分の荷物はかなり軽くしているのだが急げない。

座って辺りを見まわすと一面のなだらかな枯野に冬の陽がふり注ぎ、まことに麗らかである。ドクターはザックにもたれてウトウトとまどろんでいる。ジュムラに留まっていた四日間は何かと考えなければならないことが多く、重苦しい時間だったが、キャラバンがはじまると何となくのんびりした気分になる。

二時一五分、先に出たポーターに追いつく。また石油が漏っている。目的地に着く前に無くなってしまうのではないか。

二時五〇分頃、峠を越える。峠の頂上のあたりにデウタあり。今までのものとはかなり異なる。石積みの上に板石を立てただけのものである。素朴なケルンという感じである。雪山が目の前に見える。雪山との間はなだらかなスロープでカルカになっている。全く女性的なスロープである。

ドクターは、ここを「ムジナ峠」と呼んだ。のっぺらぼうの何もない峠だからという。この一帯は人の手が加わっているようで加わっていない荒涼な感じである。なんとない違和感にとらわれる。今までに見たこともないという感じの処である。水源になっている。別の谷がここからはじまる。

水源になっているところの高原―夏は湿地帯になるのであろうか―を抜けると、谷が急に狭まり南面的な風景になる。三時半を過ぎている。これから今夜泊まると言っていたムニサーグのダルマサールまではかなりあり、着くのは六時か七時ごろらしい。それまでポーターが歩くかどうか。谷を下りきったところでもう五時。このあたりでストップかと思っていると、案の定、少し平らになり、羊飼いが泊まったと思われる痕跡がある場所に荷を下ろした。

一二月一九日（火曜日）　ピロールア、チョウタ

ムニサーグのダルマサールを出発したのが九時半、それから小さな谷に沿って南面を登る。岩にオム・マニ・ペ・メ・フムの真言を刻んであるのが目につく。その少し先には菊花紋のついたカンバがある。この谷にはいるとチベット臭が強くなってきた。

一二時一〇分、ピロールアの村に着く。家は六、七軒だが、

住民はボテのようだ。チョルテンなども見える。

一時、ピロールアの村の対岸で昼食を終えて、先に行った八人のポーターを追う。

一時二五分、遅れた二人に会う。荷物を直してここでロティを食べ出す。全く彼らのやることはどうなっているのかわからん。行き会った旅人二人の情報によれば、西ヤンたちはポーターは集まっていたが、まだ出発していなかったという。四人がゴタゴタ昨日のことで揉めているのであろう。西ヤンには全く苦労ばかりかけてすまんことだ。

西ヤン、プルバ、パサンの三人が残っている。ドクター、マチコ、アンノックの三人は昼食の処に残してきた。この三組が今日中に会えるかどうかわからん。全くおかしなことになったものだ。俺は今日は何処で寝ることやら。ポーターさま任せの旅になってしまった。

ピロールアの村はボテの村らしくチョルテンがあり、家にはタルチョが立てられている。

二人のポーターどもは通りがかりの女の子にロティを分けてやってからかっている。

火打石で火を付け、タバコを吸いはじめた。左手にホクチと石、右手に持った火打鉄で石をすり打ち、火花でホクチに火を付ける。食後の一服、いつ出発することやら……。

一時五〇分頃、チョウタの村の下を通る。ここもまたボテ村かチョルテンとタルチョが下の道から望まれる。

二時一〇分、先行する六人に追いつく。日だまりでのんびり

白いタルチョが立ち並ぶピロールア村

ブンチョロ（斧）一本で荒削りした橋材が使われている

雪の凍った雑木林を行く

タバコを吸っている。

昨日の峠のあたりからデウタの石積みが素朴なケルンに変わり、ジュムラの文化圏とはかなり様相を異にしてくる。谷が狭く、山が嶮しくなってくる。それに相応してマニ石、チョルテン、タルチョなどが出てくる。チベット文化の匂いが強くなる。これが何処まで続くことか。タラコットあたりでかなりピュアーなチベット人の村があればよいのだが。

昼食時にアンノックに託したヨゴさんの手紙によると、彼らと同行している八人のボテたちも、三日分の賃金先払いを要求している、とあった。何とも剣呑なことになってきた。

西ヤンは残りの四人を集めて、今日中に出発できるだろうか……。俺は何処まで行くのだろうか。ドクターたちは俺に追いつくのか、西ヤンに合流するのか……。ポーターたちの動きを見ていると、余計な心配の種が次々と芽を出してくる。しかしそれも、歩きだしさえすれば忘れてしまうのだが。

〝旅は憂いもの辛いもの〟とはよく言うたものだが、その実は〝楽しいもの〟でも、〝気楽なもの〟でもあるのだから。

三時、谷川に架けられた小さい橋に着く。この橋は欄干はないが、丸太をちゃんと杣削りにして端は一本だけあげて高くしている。ブンチョロで削ったものであろう、荒い削りであるが、先端には角に穴をあけてある。山中で削り、穴に縄を通して引っ張り出したのであろう。馬か牛に曳かせたのであろうか。

昨日から先頭にたって歩いているオッさんが、今日は五時には泊まることにしよう、という。完全に解ったわけではないが、何となく理解できた。このオッさんはなかなか誠実な男である。

このあたりは少し標高が下がったようで雑木（広葉樹）が多い。雪の凍った上をビスタリビスタリいくのもまた楽しからずや。グッスとかコロスーなどという名前の木が多い。

雑木の林を抜けて涸れ谷のような処に出る。道には石垣が積んであるところを見ると夏は畑になるのであろうか。西と南の端にふっかけ小屋の壊れたのがある。羊飼いたちの野宿した跡であろう。ちょうど四時、この荒れ場を抜けて坂にかかる。オッさんが木の名前を教えてくれる。一人旅もまた楽し。

今日からの新参者三人はどうも足が遅いようだ。まだ初日で慣れないせいかもしれないが、遅れる。

今日、我々のパーテイは三人帰って、新しく四人加わる。一人はヨゴ・クロ組のネパール人で、朝どこかに行って戻ってこないような、どうしようもない奴である。今日帰った連中は、いずれも日当六ルピー。

一二月二〇日（水曜日）

バルコーラのダルマサールに八時二五分に着く。ヨゴ・クロ組は、昨夜ここに泊まったらしい。エルマキン（薬）の箱が落ちている。我々が泊った場所から僅か二〇分位しか離れていない処である。

昨夜は四時四〇分頃、夏のソバを作った荒れ畑があるちょっとした広場で、比較的風が当たらない位置にテントを張った。四時頃、パサンが追いついてきた。西ヤン組は昨日は出発できなかったらしい。後からドクターたち三人も追いついた。三時に昼食した場所を出たとか。五時頃に着く。かなり早い、それともこちらのポーターたちの足が遅いのか。

この時点で、幾組かに分かれてしまった我々の状況は、①ヨゴさん・クロさん・ミンマ、②田村・ドクター・マチコ・アンノック・パサン、③西ヤン・プルバ、の三グループ。それぞれが少し急げば追いつける距離にいたのだが、それが出来ないまま分散し、同じ夜空を眺めていたのだ。

昨夜のキャンプ地は枯木が多く、全く壮快なドカ火を焚くことが出来、愉快であった。一尺まわり以上、二間くらいの倒木を三本並べてどんどん燃やした。三mくらい離れていても汗が出るくらい。温度は八時でマイナス七℃になっているというのに、焚き火の廻りの何と暖かいこと。夕食はカボチャの雑炊、美味し。テント一張り、マチコ、ドクターと三人で寝る。アンノックとパサンは焚火の傍にソバ殻を敷き、グランシーを敷いてごろ寝。さぞ寒かったであろう。

八人のポーターは愉快な連中だ。食事が済んだ後、焚き火を囲んで唄を歌いだした。なかなか上手い。沖縄の神歌に似た節のようでもあり、お経の節に似ているようにも聞こえる。ドクターはこれはとても古いものではないか、これが伝わってお経の節になっているのではないか、などという。山深い人里離れた渓谷の傍らで、焚き火を囲んで唄を歌うポーターたち。それをテントの中でシュラフから頭だけ出して聞くサーブたち。ヒマラヤの旅ならではの醍醐味というものであろう。好奇心旺盛なマチコは起き出して、のこのこ出かけていって焚き火にあたりながら聞いている。聞き手が現れた事で、また勢いを盛り返して歌い出した。一〇時近くまで歌っていた。二組に分かれて掛け合いで歌う。一人が歌い、あとを即興みたいな形で別の人がつける。節は古くからのもので、詞は即興であろうか。全く上手いもので、延々と続く。

二〇日、六時起床。空には月が皎々と明るく輝いている。アンノックが食事を作っている。昨夜の大木はまだ燻《くすぶ》っている。ポーターが〝サーブ、ボスヌス、カノスカノス〟(旦那、まぁ座って座って、チャパティでも食いなよ)というので、二枚貰って食べる。コード(シコクビエ)のロティである。風味があって美味い。小人数の旅はこれだから楽しい。

九時一五分、雪の残った橋を渡ってマウレの峠にかかる。北面なので雪が多く残り、凍てついている。ノートを書いていて二〇分ほど遅れて上りだしたが、ポーターに追いつくのはかなりきつい。

ジュムラからのポーターは、上り坂やきついところになると、

マウレ・ラへの登りにかかる橋。
雪氷が固く滑りやすく歩きにくい

ポーターの間に入り、そのペースに合わせ、
その足元を見ながら登るマチコ

頂上は近い。マウレ・ラ（3906m）の直下

「ピューウ・パピューウ」と息を吐きながら進む。海女が海面に浮き上がった時に「ピューウ」と、息を吐き出す磯笛《いそぶえ》に似ている。海女の磯笛に因んでポーターの山笛と呼ぶことにした。特徴的な呼気音だ。いよいよ苦しいと山笛も吐くが、「ハレーラム」とか「ハレー・クリシュナ」などという詞を口にする。日本のお山参詣の折の、「六根清浄」とか「さーんげさんげ（散華散華）」などと同じだろう。

ポーターがサティ（友達）を呼ぶ時の合図は口笛が多い。

ビリ（刻み煙草を木の葉で巻いた安煙草）を配る時、押し頂くようにして受け取る場合と、自分の手をサーブの足の甲にあて、さらにその手を自分の額に当て、受け取る場合とある。

一昨日から紙巻きがきれたので、ノリさんが残してくれたタマッグ（刻み煙草）を吸い始めた。茎の多い粗い刻みなので舌が荒れるが、まぁ喫めないことはない。この機会に禁煙すればとは、思わないのだ。

重い荷を担いだポーターの足取りはひたすら、「ビスタリ・ビスタリ」。それで着実に進んでいく。

ガジュンコットまでは靴を履くのは朝の出発時だけだったが、ここまで来ると皆一日中履いている。さすがに裸足では無理なのだ。

一〇時二〇分、日の当たる雪原に出る。頂上はすぐだ。このあたりはカンバとシャクナゲが多いが、まばらで密生してはいない。

ジュムラ以前のポーターには、我々サーブとの間にきっちり

マウレ・ラの頂上のマリガデヴィ。
正面の雪山はバルコリヤック

ガルナン・デウタの遥拝所として石が積み上げられたマリガデヴィ。山歩きが初めてに近いドクターが3900mに立った

七、八頭ほどの荷を付けたゾーを追いながら峠に向かう若い夫婦

とした一線があり、我々の行動に入り込んでくることはなかった。ところが、現在行動を共にしている連中には、そういう感覚が比較的薄いようだ。テントの設営や撤去、水汲みなど、よく手伝ってくれて、やや馴れ馴れしいところもある。カースト制のありようが違うのだろうか。

ジュムラ以前のポーターにはプロという感じすらあったが、以後の連中には臨時の日当稼ぎ的なものが多いようだ。休みの間隔が短かったり、泊りが早かったりするのは、狭いからだけではなく、重い荷を長時間担ぐのに慣れていないことが大きいように思えてきた。

しかし、さすがに岩場を歩く技術はすばらしい。ドクターはポーターの後について歩かないと危険だという。とくに年寄りの方が優れているという。さもありなん。

一一時、マウレ・ラ（マウレ峠　三八九四m）の頂上。四方を雪山に囲まれた眺望はすばらしい。頂上にはマリガデヴィという石積みの塚がある。ガルナン・デウタの遥拝所で、ジュンラ（ジャンラとも）という旗が立てられている。

正面に見えるバルコリヤックという雪山はガルナン・デウタと呼ばれて信仰されている。

一二時すぎ、ヨゴ・クロ組の食事場に着く。彼らは一〇時半に着き、それから食事にかかり、一二時半まで休んでいる。我々は一時に出発。今晩はおそらく合流するだろう。南面は全くすばらしい日だまりで暖かい。昼食はドライカレー。

ヨゴ・クロ組に会う少し前に、ゾーで荷物を運ぶ若い夫婦に会う。首に付けた鈴がガランガランと澄みきった空に響く。のどかなり。

岩のマンデルがあり、アンノックは土地の人がマンデルと呼んでいるだけだという。全くの自然岩だが、その頂上に白い旗がたてられて、信仰対象として祀られていることが判る。岩の姿が何となく寺の形に似ていることから、マンデルとして信仰されるようになったものだろう。

二時一〇分、かなり下ったところにソバをつくったらしい畑があり、傍にダルマサールらしき建物がある。そこでネパーリーがサイコロ博打をしている。丁半勝負だ。置いているマカイ粒は駒札の代わりだろう。博打のことをパラとか、パラケンレという。我々もここで一服する。

膝を痛めたポーターが一人いる。昨日から遅れがちになり、足を引きずって歩いていた男だ。

二時四五分、かなり下って広葉樹の中のゆるやかな上り下りの続く道をキャラバンは進む。チョウタラもなくデウタもカンバもない。かといって嶮しい上り下りがあるわけでもない。村もなければ人にも会わない。そういう道を歩くのは退屈である。変化に乏しく、ただ惰性で歩くだけの道。

三時半、サッチュンの村に着く。この村は崖の下にあって、

自然岩のマンデル

案の定、ボテ隊が昼食準備中。苦笑いしているクロさん

賭場の開帳。伏せた壺の中の賽が勝負

チョウリコットへの急傾斜の上り道。
石が敷かれてはいるが……

チョウリコット。チベット仏教とヒンドゥー教、
双方に捧げるというタルチョが立つ

チッチムというマニ塚と壊れかけたカンニ。四代前というから、100年ほど以前に来たカンバ族を祖とするという

道からは見えない。雪山の南壁が眼前に聳えたっている。壮大な景観。

四時、サッチュン村をはずれた日だまりで一休みする。このあたりの村は山肌にこびりついたように見える。サッチュン村で道ばたにある家は平屋根の上に屋根をのせている。住民はチベット人らしい。谷はサッチュンコーラという。

チョウリコット着が四時半。少し遅れてヨゴ・クロ組も到着し、久しぶりに仲間たちの数が増えた。今日はここに泊まる。

チョウリコットは、四代ほど前に来たチベットのカンバ族とネパーリーの混血により生まれた村だという。従って、チベット仏教とヒンドゥ教の混交がみられ、服装も男はボテ風、女はネパーリー風である。また、言葉はチベット語を使うというが、正確なところは私には判らない。

家は二五、六戸、畑仕事が主で、人口は二〇〇人ほどだろう。南側にクチャカットの谷があり、その谷をいったん下って、また急坂を登り返すのだが、かなりの登りだ。道には石が敷かれ、階段状に整備されているが、凍っていて歩きにくい。

村の入口にはチョルテン、マニ塚（チッチムという）がある。また、谷への下り口には、真言が刻まれた大岩もあった。

私たちに宿を貸してくれた家の主人は、岩塩を持ってジュムラに行き、米（籾）を持って帰ってくるそうだ。

一二月二一日（木曜日）　昨夜は、宿を貸してくれた主人から、ヨーチンとの交換でチャンを手に入れて飲んだ。美味し。屋内は暖かく、気持ちよく眠る。六時起床、八時出発。ヨゴさんの組と昨夜から一緒。彼らは早く六時四〇分頃出る。ヨゴさんは椎間軟骨板ヘルニヤが再発したらしく背中が痛いという。背負う荷物は出来るだけ少なくする、できればシュラフだけにするように言う。

西ヤンはまだ追いつかないが、他の全員が揃ったところで、今後のことを相談する。その結果、とりあえずティブリコットまで出来るだけ情報を集めながら行く、そのうえで定着地を決める。

定着地としての条件は、

①戸数二〇戸前後、人口二〇〇人程度のあまり大きくない村であること

②出入りの激しくないところであること。街道筋は避けて、なるべく谷に入った村が望ましい

③これまでの情報を総合すると、許可された範囲の中で純粋なチベット人の村は望み薄で、複合した村になることも覚悟しなければならないが、複合村の場合にはできるだけチベット色の強いところを選ぶ

④なるべくパンチャヤットなどの勢力がおよんでないところ

以上のようなことを念頭において情報を集める。

九時四五分、チョウリコットの村が最後に見える曲がり角の道端にマニ塚がある。その角を曲がると目の前に深い谷が現れる。チャチュコーラが深く切れ込んで山を刳《えぐ》って流れている。チャチュコーラの南斜面は中腹が段丘になっており、その段丘上に三つ、四つの集落がみえる。その向こうには雪山が大きな壁になってそびえたっている。ここで昨日までの村や山は全く見えなくなった。

道端の木に西ヤン宛の手紙を吊るす。彼が気が付いてくれることを、マニ塚とヒマラヤのデウタに祈りつつ。九時四五分から一〇時までここで休む。

情報伝達について——昨日のこと、ヨゴ・クロ組が昼食の場所で、少年から、私たちからの伝言だといって、「待っているように」といわれたという。それで彼らは何のことか解らず、若干不平を持っていたらしい。全く心当たりがないので、よく問い質してみると、ポーターがダルマサールで出会った郵便屋に、「すぐ追いつくから待っているように」との伝言を頼み、その郵便屋が峠の頂上で交代した郵便少年に伝言を再依頼し、少年がヨゴ・クロ組のポーターにか、アンノックにか伝えたものだということが判明した。ポーターがどういうつもりでそんな伝言をしたのかは聞きただせなかったが、今後はよほど気をつけないと要らぬ混乱を招きかねない。私たちの連絡はこれまでのように、岩に書くにしろ手紙にしろ文書で連絡することを確認する。

このあたりの休み場はチョウタラとは言わず、パテ（パチとも）という。パテは板石を積み上げただけのもので、ダイレクまでにあったような立派なものではなく、また設置位置もダイレク

までは規則的な間隔だったが、そうではないように思われた。
山を越え、谷を渡り、尾根を巻いていく毎日は楽しいが、いささか飽きてきた。

ゴートンという村の上を越え、谷に下って小川を渡る。切妻の家四軒ほど平屋根に混じって見える。

村の入口にはデオル（デウタ）がある。石積み、布を木の枝につけてある。細い生の枝もさしてある。

一一時、ヨゴ・クロ組が食事をしているところに着き、ポーターのロティを分けてもらう。一一時半出発。

ジャンコット村。村の入口には門らしきものがある。ピッチリムという。切妻の家あり。

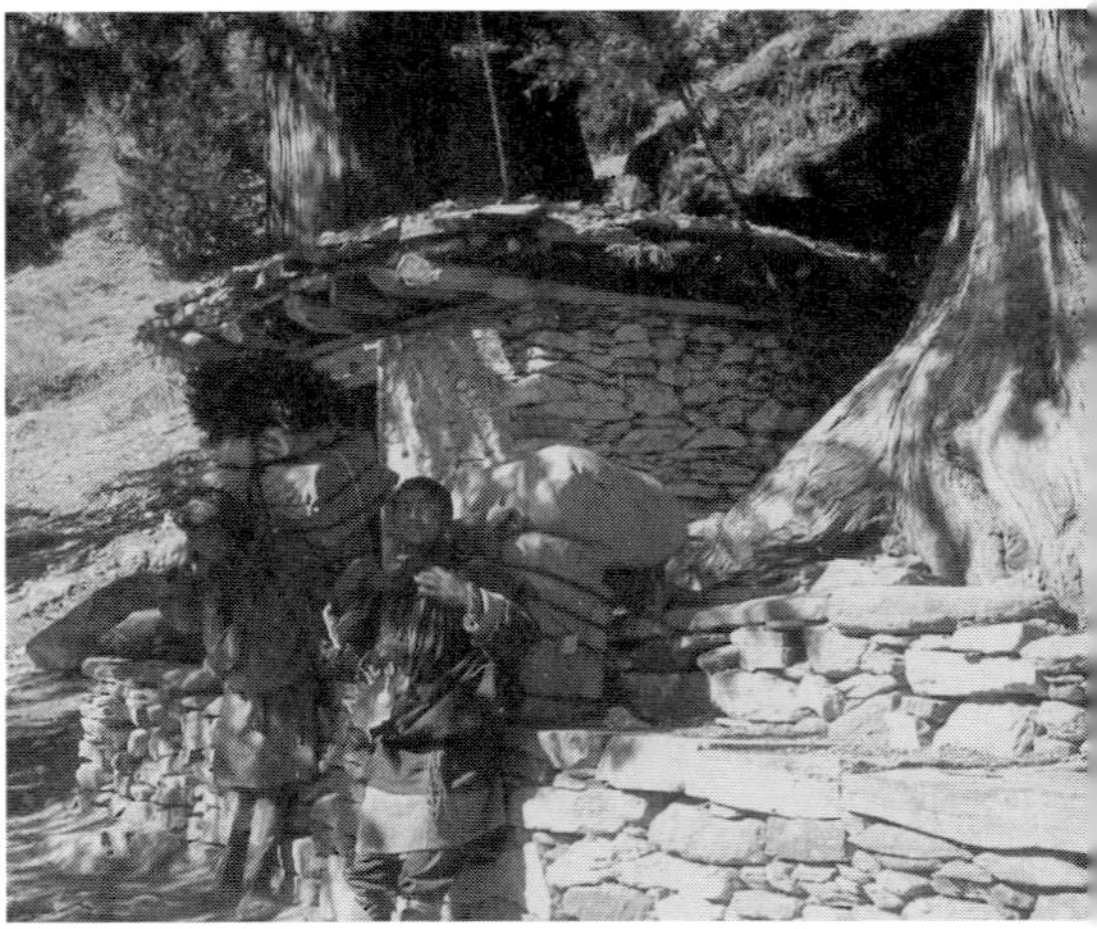

リミへの道。針葉樹の巨木の根元のデウタ。
板石を積み上げたここのパテは立派なものだ

平屋根の家と切妻の家

パテにはドビオという糸杉に似た木が植えられている。デオルにもドビオの枝をつけているし、家の屋根にもこれを立てている。ドビオは依代《よりしろ》になるような性格の木なのであろう。

リミの村は面白そうな村だ。家の門口には木彫りの人形が立ててある。

ジャンコットの村のはずれに石神のようなデウタがあった。木の枝にトウモロコシの茎などを架けているのは牛や羊に食われないためである。

リミ村の畑の中に大きなクルミ（オカル）の木が立っている。かなり数は多い。ポーターたちは、オカルの木のあるパテで荷を下ろして、歌をうたいだした。のんびりした話である。

ジャンコットの入口にあるピッチリムという門

クルミの木が多いのは何か大きな意味があるのではないかと思う。このあたりの景観は上伊那のあたりを歩いた時のことを思い出させる。

リミ村にはドルポのボテがかなりたくさん来ており、冬をここで過ごし、モンスーン期にドルポに帰るのだという。

学校の入口にはロカ（門）がある。中々立派な学校である。チョウリコット、ジャンコット、リミ、タパの四ヵ村の学校だという。

家の入口には木彫りの人形あり。素朴でアルカイックで面白いものである。出来れば何とか持って帰りたいものだが。入口に牛かと思われる頭蓋骨をかけている家もある。魔よけであろう。水牛の大きな角を門口に飾っている家もあった。カンバ（石碑）に刻まれた文字が実にはっきりとしている。

ドクターが歯と目の治療をして乾し桃（アルー）を貰ってくる。桃は小さくて生のままではとても食べられないと思うが、乾したものはとても美味い。

リミ村のはずれで昼食。二時半にカイガオンに向かう。カイガオンまで一時間足らず。三時頃カイガオン着。今日はここに泊まることにする。

［カイガオンでツオ・ポンモの情報を得て、おおよその目的地をそこに定め、ドルポ地方のチベット人がたくさん来て滞在しているリミ村で一週間程度滞在して調査をすることにして、翌日（二二日）リミに引き返すのだが、日記にはカイガオンでの行く立てを記した部分が抜けている。］

最後まで付き合ったネパーリーポーター６人衆

学校入口のロカ

屋根にも人形が

一四　リミ村滞在　一二月二二日〜二八日

カイガオンからリミへ

一二月二二日（金曜日）　カイガオンからリミ村に引き返す。リミ一二時着。

ポーターへの支払いをする。基本的には、ネパーリーもボテも同じく一日八ルピーなのだが、実働日数が異なったり、半日分が含まれていたりするので、計算がなかなか厄介だ。会計担当のヨゴさんの代役として、四・五日分の運搬費＝三四二ルピーを支払う。少なければ必ず文句が出るはずだが、出ないところをみると、間違っていなかったのだろう。

一二月二三日（土曜日）

〔その場ノートに一二月二三日とある調査メモがあるが、これは日記と照合すると二四日の聞書である。そうすると二一日のカイガオン到着から、二二日、二三日は日記をつけていないことになる。別にメモがあるのではないかと思うが、見あたらない。その場ノートの調査メモは、二四日の日記に挿入整理する。〕

一二月二四日（日曜日）　二三日の午後から降り始めた雪が、一晩中降り続き、全山真っ白。ようやくヒマラヤの越冬という気分になってくる。

七時半起床。マイナス一℃。朝食はクラッカーと紅茶。九時半、ドクター、クロさんと村をまわる。西ヤンは一足先に出ていった。

七時半頃から下の家々では雪かきをしている。パンチャヤットの家では、滞在している男がやっているし、すぐ下の家では女二人と少女の三人がかりでやっている。三人ともチベット人だ。家賃などはとらないが、こういう雑用はみんなチベット人にやらせるらしい。雪ベラは日本の木鋤《こすき》と同じように木で作ったスコップ状のもの。各家に備え付けられているのをみると、雪かきは毎冬の仕事の一つになっているようだ。

村を上へと登っていく。二〇分くらい登ると集落の上にでる。そのあたりから中腹を巻いて上の村に行く道がほぼ等高線状につけられている。峠のあたりは激しい雪で見えなくなる。さらに激しくなり、集落のあたりもすっぽり見えなくなる。ここの雪の降り方は、山から降りてくるかと思えば、あっという間に谷から這い上がってくる、千変万化の降り方だ。キャラバンシューズが浸みてくる。家々をすぎて等高線状の道にかかるあたりに一〇〇〜二〇〇mくらいの間隔をおいて小屋が建てられている。この小屋は、ガイゴルといい、サウン（七月中旬〜八月中旬）、バドウ（八月中旬から九月中旬）の二ヵ月間、仔牛や仔羊を飼育するためのものだという。後に聞いたところによると、シコ

雪に覆われたリミ村

リミ村に到着

スコップ状の雪ベラ

ガイゴル（穀物が稔る時期に家畜を収容する小屋）

家の入り口の人形たち

クビエ（コード）・トウモロコシ（マカイ）・ダッタンソバ（パーパル）などの作物が荒らされないように、仔牛や仔羊を耕地から離れた高いところに移して飼育するための小屋だという。

ガイゴルの側から上の村の方に下るところに、かなり大きな三棟のデウタ（神祠）がある。覗くと祭壇には、木彫りの人形が祀られている。かなり新しいもののようで、帽子をかぶせているのがご愛敬。また祭壇には祭りの時に捧げたのであろう、一面に振りかけられた血の跡が残っている。羊やニワトリの首を切り落として、その血を捧げるのである。

リミの村にはあちこちに木彫りの人形が祀られている。これまでの道中でも、デウタやマンデルに祀られている人形をあちこちで見かけたが、リミにはそれが何処よりも多いようだ。

すぐ下のイルラ・エリ家の軒下には、親子らしい人形が祀られている。

エリ家のダランと呼ばれる入口のポーチ部分に、独特の縞模様の袋が積み上げられていた。この家にもチベット人が寄宿しているようだ。上がり込んで話を聞くことにした。

彼らはドルポのシェーゴンパの者で、二人で来ている。ダランに積んでいる袋には穀物が入っている。ドルポから運んできた岩塩（ヌン）とここで交換したものだ。自分たちはその奥で寝起きをし、火を焚いて炊事もする。

私が入った時には、この家の主人（イルラ・エリ）も来ていて火に当たっていたが、立ち上がって奥に引っ込んだので、ついていくと食事中だった。各人の前におかれた食器（金属の皿）に

降り積む雪の中に微かに三棟のデウタが見える

軒先の親子らしき人形

帽子をかぶった人形

デウタの内部には犠牲の血の跡が残る。
波形のをした桁の彫刻はナーガ（蛇）のようだ

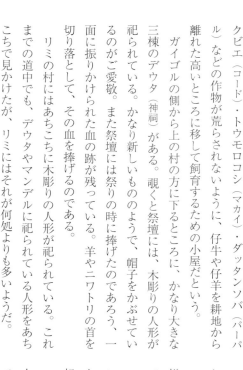

イルラ・エリの兄がテープレコーダーのマイクを手に演説を
（イルラ・エリの写真は残念ながら見あたらない）

は、マカイのお練りにカレーをかけたものが沢山入っていた。

八人家族だという。第一夫人、第二夫人、息子（母は第二夫人）、息子の嫁と子供たちである。第一夫人に子供が出来ないので、第二夫人を貰ったという。この家は金持ちだとプルバはいう。第一夫人と第二夫人が同居しているのは、これまでも何カ所かで見かけている。

主人がアオサディ（薬）をくれないかとプルバに聞いている。目が悪く、胃も悪いらしい。クロさんがチャンかツァンパと交換しようと持ちかけると、主人は自分はプジャリだから酒は飲まないし造らないのだという。エリがプジャリだと聞いてドクターは大喜びだ。午後からまた来ることにして昼食に帰る。

プジャリというのは、プジャ（神祭）の司祭者。日本風にいうと神主にあたるのだろうが、プジャリ専業というわけではない。

昼食はツァンパとカレースープ。

二時頃、ドクター・クロさん・西ヤン・プルバと私の五人で、またプジャリの家に行く。ドクターが目の診察をし、ロールシャッハテストをする。その間、我々はイロリ端にある道具類の調査をする。第二夫人が囲炉裏端にいたが、我々が五徳を計ったりなどするので、不安になったのであろう、息子らしい青年を呼んでくる。クロさんがテープレコーダーを出していじりだすと、青年はラジオラジオと言って眼を輝かせてのぞき込む。歌でも吹き込ませようと、こちらで吹き込んだのを再生して聞かせてみせてから、「やってみろ」と言うと、恐る恐るマイクを口の近くに持っていき、何かつぶやくが声は出さない。そこに主人の兄だと言う男が来たのでマイクを渡すと、堂々と演説を始めた。何を言っているのかは判らないが、その演技力はなかなかのものである。

主人の簡単なライフヒストリーとチベット人との関係などを聞く。リミの村人とチベット人は相互に行き来して交易をする。そのシステムがきちんと出来ていることがわかる。

二時間も座り込んで聞いていると、向こうも疲れ、こちらも疲れる。四時すぎ辞して帰る。

リミ村イルラ・エリ家のイロリ周りには次のようなものがあった。

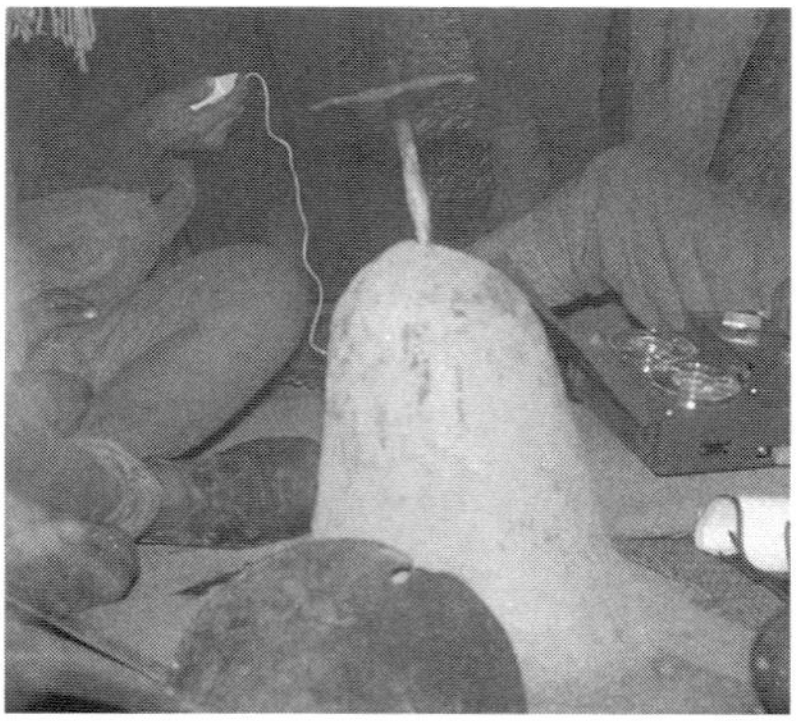
燭台

イロリ周りの金属製の椀、こね鉢、
手前にはククリも見える

シャルダンから来たカルマ・オングリ。
この名もイルラ・エリから聞いたもので、
本人は何も話してくれなかった。イルラ・
エリのローバ。ボテ靴の底を縫っている

・五徳：鉄製、直径四〇cm、歯一五cm、高さ二〇cm。五徳は日本のものとほとんど同じ形式であり、親父の親父の代（ずっと昔から）から使っている。
・イロリ：縦七五cm、横五〇cm。
・燭台：高さ四〇cm、皿の直径一〇cm。

イルラ・エリ（Irura・Eri）四四歳　聞書

私はこの家で、父が四八歳の時に生まれました。主な仕事は農業です。

年齢は四四歳です。兄が五四歳、姉が一人います。私と兄とは母が違います。父には妻が二人。父もこの村の生まれですが、父が生まれたのは、この家ではなく、少し離れたところにあった家です。後でこの家と交換して移ったのです。

カーストは、チェトリ・エリです。エリはチェトリの中のサブカーストの一つです。

私にも二人の妻がいます。第二の妻には一人の娘と一人の息子がいます。四人の娘と二人の息子が生まれたのですが、四人が死んで、二人しか残っていません。

私は四年前からプジャリ（司祭・神主）になりました。父がプジャリで、父の亡くなったあと一二年間は他の人がプジャリをしていましたが、四年前に村の人がみんなで推薦してくれたので私に替ったのです。

私は、プジャリですから、バター（ギー）とロティしか食べられません。鶏（ククラ）は食べませんが、水牛（バッファロー）、仔羊（ベアラ）などは食べます。どんな本を読むかとおっしゃるんですか。本は一切読みません。

いま、ダランにいるシャルダン、ナムドから来たチベット人、カルマ・オングリ（四〇歳）とは、彼の父と自分の父がローバ（ネーザンともいう。お互いの宿主・寄留先とでも。実質的には、世代を超えて家と家との間に成立した兄弟分関係）でありましたし、私と彼もネーザンであります。彼とは四代前（ずっと昔）からの付き合いであります。彼は、三ヵ月ほどここにいて、春になったら帰ります。彼が来ても部屋代などはとりませんし、夏には私がシャルダンに行って彼の家に泊りますが、彼も金は要求しません。

シャルダンにはゾー（ヤクと牛の一代雑種）、羊などを連れて行って、羊毛（ウン）や岩塩（ヌン）を持って来ます。彼はヤクで運んで来ます。ヤクは、この上の森林（ジャンガル）に放しています

リミからシャルダンに行くには、三つの峠（レーク）を越えていきます。一〇日かかります。三つの峠というのは、

①カクマ（Kha kmal）レーク

②バヒュッダ（Bahuda）レーク

③ダングシレ（Dang Shire）レークです。

これらの峠を越え、尾根道をいきます。行く時には大麦（ウワ）、トウモロコシ（普通はマカイというが、ここではコーガと言った）などを持っていき、向こうでウン（羊毛）、ヌン（岩塩）と交換して、持って帰ります。ヌンはウワ、マカイなどとの交換用ですが、ウンはたまに交換することもありますが、主として自家用です。

私の家も父の生きていた時には多くのゾーを持っていましたが、いまは羊が二〇～三〇頭いるだけです。シャルダンとの往復には、二〇日から四〇日ほどかかります。大体、サウン（七月中旬～八月中旬）にリミを出て行き、バドウ（八月中～九月中旬）に戻ってきます。一頭のゾーにウワ・マカイを二〇パテ、羊なら八パテを付けることが出来ます。

シャルダンではウワ一パテ（約四kg）でヌン二パテか四パテと交換します。いま家にいるカルマはネーザンなので、村のレートより一パテほど多くしてくれます。リミで交換する時は、一パテのヌンと二パテか三パテのウワ、マカイを渡します。

カルマは、モンシェル（一一月中～一二月中旬）にシャルダンを出て、プース（一二月中～一月中旬）にリミに着き、近隣での交換などで四ヵ月ほどこちらにいてから帰ります。

私や私の家族は、チベット人のつくった食事は食べませんが、彼らはこちらのつくったものは食べます。また彼らは牛を食べますが、我々チェトリは決して牛を食べません。（聞書　了）

夕食はマカイのロティとカレースープ。

誰が言い出したか、今夜はクリスマスイブなので祝おうと、ドクターが特製のウィスキーを作り、紅茶に垂らしてくれる。

食料担当のマチコがアメとガムを出す。美味なり。

一二月二五日（月曜日）　朝七時半起床。マイナス三℃。

午前中、昨日のプジャリ、イルラ・エリから聞いた話を整理する。

一〇時頃、ドルポ地域管轄パンチャヤットのオフィサーという人が、村のパンチャヤットの人と共にやってくる。ヨゴさんとミンマが途中で彼に会って話をしたらしい。それで彼はこちらに来る途中に立ち寄ってくれたようだ。

彼の話によると、ツオ・ポンモに行くことに問題はないという。私たちのパスポートにある許可域はドルポ管内になっているので、パスポートに具体的な地名の記載がなくても構わないのだという。パンチャヤットでも、出来るだけの協力はしてくれるという。パンチャヤットがどの程度力になるものか判らないが、いまの私たちにとっては心強く、ありがたい話。ヨゴさんが帰っての報告を聞かないと一〇〇%安心ということにはならないが、一安心ではある。ヨゴさんにドゥネイまで行って貰っただけのことはあった。彼とミンマにはご苦労様と言いたい。

そうなると、リミでの調査をなるべく早く切り上げて、ツオ・ポンモに向かった方が良さそうだ。行ってみないと判らないが、ここにきてようやく目的地がはっきり見えてきたという感じである。

リミ村での我々の宿舎。ダルマサールを借りた

リミ村の人びとと住居

妻は屋上で機織り

ケリ・キャル

リミの村は戸数が一四〇戸ほどで、大きく三つに分かれている。チョウリコットの方から来て入口にあたるところが一つ（上の村）。それから我々が宿舎として借りていたダルマサールがある集落が、村の中心になるようで約五〇戸。ここから下がったところにもう一つ。上と下はそれぞれ四〇戸ほどだという。現在、リミにはシャルダンから羊毛や岩塩などを持ってきている人々が、四〇所帯、一〇〇人ほど滞在している。

私はリミに滞在中に、村人のネパール人と、ドルポから来たチベット人との交易を通じての関係を、探ってみようとした。

午後から、ドクターたちと再度イルラ・エリ家を訪ねたが、何処かに出かけたとて留守。イルラ・エリの家に寄宿しているチベット人に話を聞きたいと思って、話しかけてみたが、極めて無愛想だ。プルバ曰く、「何で俺の仕事の話なんか聞くのだ」といって、あとは「アイ・ドント・ノー」だという。なかなか手強い。仕事にならないので帰り、パンチャヤットの家にいる男に、経本を読んで貰って録音したいと思ったが、この男、ロキシーを飲んでいて話にならず、これもおじゃん。

午後四時頃、我々の宿の入口の日だまりで、隣に寄宿している、ケリ・キャル（三〇歳）がボテ靴を編みながら、なにか鼻歌のように歌っている。面白そうなのでクロさんと示し合わせてテープを回す。二〇分くらい気付かれずにすむ。パサンに聞くとマニ（真言）だという。あとでよく聞きただすと、二一の仏の名を二一回唱えるものであった。いつということもなく唱えるものであるという。仏教に南無阿弥陀仏の名号を一〇回唱える十念称名というのがあるが、それと似たようなものか。後で再生して聞かせると不思議そうな顔をしていたが、そのうちニコニコ笑い出した。この男なかなか憎めない顔をしている。夫婦と妹と娘の四人で来ている。妻と妹は下の家の屋上で機織りをしている。彼は終日ボテ靴を編んだり、糸を紡いだりしている。

ドクターはプジャリのテストから食人鬼が河童であるということがわかったとご機嫌である。

私の方は全く収穫なく、やや焦り気味。

一二月二六日（火曜日）　二六日・二七日は日記ではなく聞書ノートに書いている。この二日は主として交易について聞いている。

①テシ・ツング（Tesi Tungdi）　三八歳

シャルダンから来た。毎年来ている。二五日前にシャルダンを出て、一六日かかってリミに着いた。ヌン一頭に二〇パテつけたゾー四頭連れてきた。帰るのは来年の四月になる。家族は父（六〇歳・彼は毎日酒ばかり飲んでいて、我々のところにもたかりに来る男）、自分、妻、息子（二歳）、弟、妹の六人で来ている。父はずっと以前から来ていたが、私は八年前に父に連れられて来たのが最初である。私たちのローバはムキヤ（村長）で、彼の家に滞在している。

②ドルチ（Dorci）二六歳。（村人や他のボテも同席。西ヤンと聞く）

一一月二六日、プルバが「サーブ、ヤクが通る」というのでカメラを持って出る。五頭のヤクに荷物を積んで親子らしき二人が帰ってくる。パンチャヤット裏の家に泊まっている者たちで、四日前、リミを出てティブリコットに行き、岩塩（ヌン）をウワ（大麦）、マカイ（トウモロコシ）と替えて帰ってきたのだというので、そのまま摑まえて話を聞かせてもらう。

ヤク五頭を連れてティブリコットに行ってきた。ティブリコットまでは二日。塩はシャルダンから運んできたもので、交換した大麦やトウモロコシは、ここでの食料とするほかはシャルダンに持ち帰って使うし、チベットまで運んで岩塩や羊毛と交換することもある。大麦はツァンパにする。リミに持ってくる岩塩や羊毛は売ることもあるが、穀物と交換することが多い。特に羊毛はほとんど交換する。

ここでの大麦・トウモロコシとの交換比率は、一ダルニ（約二・四kg）の羊毛と一五パテ（約六〇kg）の穀物で替えることが多いが、一六パテのこともあるし、二〇パテ貰うこともある。岩塩だと、一パテ（約四kg）で二パテか二・五パテの穀物になる。岩塩はチベット産である。

リミで品物全部を交換するのではなく、ティブリコットやジュムラまで行くこともある。リミで交換する時にはローバが差配するが、ティブリコットやジュムラで商売する時は、自分でやる。ジュムラには、ツォタ、ムニサーグ経由で行く。

シャルダンは三、〇〇〇mを超える高地なので、ジャガイモ、大根、トウモロコシなどは出来ない。わずかにソバ（ダッタンソバ）が出来る程度で、農業はほとんどしていないと言って良い

ティブリコットでの交易から帰った父子

穀物が入った袋をヤクの鞍から外す

ほどだ。村にいるときは、ボテ靴を作ったり、羊毛を紡いで糸にして機織りをしたりする。

シャルダンから大麦やトウモロコシを持って、六、七月にチベットに行って岩塩や羊毛と交換し、一一月から四月まではリミに滞在し、四月末にはシャルダンに帰る。

リミからシャルダンまでの行程は、リミ↓ユリコット↓ツゥムグニヤ・オラル（オラルは石窟）↓ガーリ（Ghari）↓ダーザ（Daza）↓ムドゥワ・リンマ（Muduwa Lingma）↓ツァムツァ（Camtsa）↓ダニガーラ（Dhanighara）↓ナウリア（Nauria）↓シントゥップ・ラ（Shingtup la）↓ラムトッツ（Ramtotu）↓シャルダン。一〇泊一一日の行程。夏冬とも同じルートだが、冬には別ルートをとる人が僅かだがいる。

各村にはローバがいて、行き帰りにそこに泊まるし、その時々によるが、商売することもある。往復の途中で、その時に運んでいる荷物の穀物類とチーズ・岩塩・羊毛とを交換して、ローバの家に預けておくこともある。途中の村では、一日二日だけのことだから、ローバが差配するのではなく、自力で商売する。ローバに品物を委託されることもある。

シャルダンからチベットへの行程は、シャルダン↓ネーザ（Neza）↓ヒンザ＝スンダワ（Sundawa）↓ツオ・パル（ツオ・パルは湖と湖の中間という意）↓キャトック・ツオングラ（Kyatak・キャトックはチベット領のマーケットの町の名、ツオングラは市場という意）。シャルダンからキャトック市場まで四泊五日の行程である。

シャルダンからリミに来るようになったのはずいぶん昔からのことだが、以前は今のように長期滞在はせず、四、五日、長くても一〇日ほどで、持ってきたヌンなどを交換する間だけだった。それが今のように長くなったのは、チベットが中国領になってからのことだ。

中国人が入ってくる前は、シャルダンの人たちは冬の間はチベットに行って放牧し、リミには商売をするためにだけ来ていた。中国領になってからチベットでの放牧ができなくなったので、ここに放牧するようになった。一二、三年ほど前からのことだ。

リミには山の上の方に森林（ジャンガル）があって、ヤクの放牧に適しているからで、この谷の他の村には良いジャンガルがない。以前からリミがシャルダンから来る我々の終点になっていた。それはここが放牧に適したジャンガルがあったからである。

③ムキヤ（村長）聞書1　一二月二七日（水曜日）

ムキヤとパンチャヤットの責任者がバター（ギー）を売りに来る。ムキヤから交易のことを聞く。

一二月二二日にカイガオンからリミに引き返す途中、ムキヤが羊一〇頭をつれて交易にでかけるのに出会った。そのことから話をはじめる。

羊をつれて行ったのはローンガオンで、ヌン（岩塩）とマカイ（トウモロコシ）の交換に行ったのだ。こちらからヌンを持って行き、マカイ、ウワ（大麦）、ジャウ（裸麦）などと交換してきた。持っていったヌンは自分がシャルダンまで行って交換してきたもの。シャルダンにも羊を連れて行った。

ローンガオンでの交換レートは、一マナの岩塩＝二マナの大麦かトウモロコシ　もしくは三マナの裸麦。

ローンガオンはカイガオンからバラングラ峠の右側を越えて、イラガオンを過ぎたところにある。リミからだと二日の行程で、ティブリコットからでも二日かかる。

リミでもウワ、マカイは出来るが、自分たちの食料にする程度で、交換したり売ったりする余裕はない。ドルポとの交易のための穀物類はもっぱら他の村、ローンガオンなどで交換してくる。

毎年シャルダンに行くが、持っていくのはトウモロコシ、大麦、裸麦などで、多い年だとトウモロコシで二三〇パテほど、少ない年だと一〇〇パテくらい。

シャルダンでの交換レートは、トウモロコシ・大麦が一〇パテ＝岩塩一五パテ、裸麦一五パテ＝岩塩一〇パテ。

シャルダンではローバ（リミでは毎日酔っぱらっている親父）の家に泊まる。

④ **ムキヤ聞書2**　一二月二七日（マチコと聞く）

私が、シャルダンの連中の品物を差配する場合、この家に村の人たちを集めて、交換レートと量を決めて取引する。品物は、この家（彼らが寝起きする入口の部屋）にデポしてある。取引後に相手の品物を引き取りに行くのは彼ら自身。（交渉時に村人が穀物などを持参しているかどうかは未確認）

リミでの交換レートは、羊毛一ダルニ＝トウモロコシ六〇マナで、大麦も同じ。（聞書　了）

家の屋上や日だまりでドルポの女性がブランケットを織っているのを見かけることが多い。これはほとんどリミの村人が糸を与えて織らせているものだ。糸は彼らが持ってきたものを穀物と交換したり、自分でシャルダンまで行って交換してきたもの。織り賃は一枚二〇ルピーだというから、良い賃仕事である。

リミの村人が直接ネパールガンジまで交易に出かけることもある。出かけるのはマーグ月（一月中旬～二月中旬）で、あと一〇～一五日したら何人かが行くことになっている。

持っていくのは現金の場合もあるが、主として毛織物で、自分らが織ったものもあるが、ボテに賃機で織らせたものが多い。

ネパールガンジから持ってくるものは、布（木綿）、ポット・皿などの家庭用品、ケロシンなどである。

また、毎年とは決まっていないが、南のサマコーラの人がリミに木綿布を持って来ることがある。来るのはきまってカーチィク月（一〇月中旬～一一月中旬）で、それ以外の月に来ることはない。彼らは持ってきた布を毛糸や羊毛と交換する。良い布だと三mで羊毛一ダルニだが、質が悪ければ一ダルニで、四mとか五mになる。サマコーラの人が持ってくる布は、彼らがネパールガンジで仕入れてきたものである。持ってくるのは生地で、仕立てたものではない。

ムキヤが交易に出かけるのは、ローンガオンのほかは、ずっと南で、テライの低地に近いジャジャルコット州に属するサマコーラで、リミから九日ほどかかるが、毎年出かけている。サマコーラには二人のローバがいるが、彼らの家は小さくて羊を収容できないので、テントで寝泊まりする。

そこでの交易にはローバを介さず、自分でする。それでも世話になることもあるので、行くときにはジャガイモや豆（シミ）を土産に持っていく。ローバの方からは、米や野菜などを一、二回、あるいは一、二日分くれる。

サマコーラには水田があって米が穫れるから、村の人は米を主食にしている。また、交易も岩塩と籾米（ダン）が中心だが、ある程度は大麦とも交換する。

サマコーラでの交換レートは、岩塩一マナ＝籾米三マナ、または大麦三マナ。岩塩一マナ＝裸麦四マナ、というところ。

トウモロコシは近くの村で充分に交換できるので、わざわざサマコーラに行ってまでは交換しない。それでも行く途中の村では、籾米は手に入らないのでトウモロコシや裸麦などと交換する。

屋上でブランケットを織る

一二月二八日（木曜日）　朝七時起床。今日は晴天の様子。〇・五℃。

火を燃しつけたところに太鼓と鉦の音が聞こえてくる。昨夜から隣家に寄宿するドルポ人宅に泊まっている、シャルダンから来たというラマの鉦、太鼓（振り太鼓）である。もう托鉢に回っている。西ヤンとカメラを持って後を追う。門口で読むお経は非常に簡単で、一軒に要する時間は一分一五秒、そのうち鉦太鼓が五五秒入るから、経だけを読む時間は二〇秒程度である。各家ではマカイの粉、蕪などを喜捨するが、全ての家でするわけではなく、我々がついて回った七軒のうち三軒は喜捨しなかった。ラマが托鉢に回ったのはドルポの人の寄宿している家だけであった。

朝食九時半、大根のスープとクラッカー一握り。

ドルポの托鉢僧旅姿。杖を持ち、太鼓と独鈷の仏具、懐には鉦もあり、椀もあり、火打石袋をぶら下げて

ドルポ人が寄宿している家を廻る。
喜捨をするのもドルポ人だけ。軒のマリーゴールドは、
宿主ネパーリーのヒンドゥー神への捧げもの

一五　リミからティブリコット

一二月二九日（金曜日）　リンモに向けて出発。最初の組は九時に出発。ポーターの最後の一人がなかなか見つからず、最後は一〇時発になる。カイガオンの橋で追いつく。ポーター二一人。うちネパーリー四人以外は全てリミに来ているシャルダンの男一七人。中に子供を一人、食料持ちとして連れてきたのがいる。休む時には子供の虱をとっている。彼らは〝オム・マニ・ペ・メ・フム〟とマントラ（真言）を唱えながら歩いている。

　カイガオンを出てすぐ、一一時から上りにかかる。途中、チョウリコットでジャガイモを買った家の親父が袋を返せと言ってくる。金で払うというと一二ルピーだと吹っかける。

　ポーターは一〇分くらいの間隔で休む。荷物は前よりもかなり軽くしているのだが……。上りにかかって二〇分くらいしたところで、ゾー四頭をつれた夫婦に会う。夫人は赤ん坊を背負っている。我々と同じくティブリコットの方に行くらしい。ポーターたちとは顔見知りらしく、そのうち何人かが荷物をゾーの背に付けはじめた。あれあれと見ていたら、ほとんどの人が付けてしまった。幾らか金を払うのだろうか……。要領が良いというべきか、旅慣れているというべきか。

　ゾーの歩みは確実だが、ビスタリ、ビスタリ。追わなければ雪の中に立ち止まって、いつまでもじっとしている。ポーターの足取りと変わらないスピードだが、追われて休まない分だけ

カイガオンの橋

子供の虱をとる

ゾーの背に荷を付けた

早くなる。

私も一週間の停滞後の初日のせいか、さして急でもない上りがかなりこたえる。道には二三、四日に降った雪がまだ残っており、それが溶けかかっているだけに滑りやすく、歩きにくい。

二七日にドゥネイから帰ってきたヨゴさんの報告では、リンモに行くのに何も問題はないということで、それは二五日に立ち寄ってくれたオフィサーの話と符合する。そこで、リンモに向けての出発を二九日とし、本隊はポーターの数を極力減らして先行する。再び隊が分かれてしまうが、ポーターが集まりにくいのでそれもやむを得ないとした。ところが予想に反して、それほど苦労せずに集まった。それは、特に仕事もなくブラブラしていたシャルダンから来ている連中にとって、ポーターは良い稼ぎだったからだ。

カイガオンでもちろん休み、
まだカイガオンが見えるところでまた休み……

二時、やや開けた鞍部に到着。初日はポーターの足も捗らないのだが、それにしても遅い。この調子だと、今日中にバラングラ峠手前のダルマサールまで行けないのではないか、いささか心配になる。クロさんがゾーを連れて峠越えをするというオッサンに聞いたところでは、現在地から一時間ほどで水場があり、そこは暖かい。彼はそこに泊まるという。ポーターたちの足なら、到着するのは三時半か四時になるだろう、という。

三時少し前にその水場に到着。オッサンが言うほど良い場所とも思えない。野天で寒いだろうし、天気も悪くなってくる気配。それに泊まるには時間が早い。何とかダルマサールまで行きたい。ところが連中はさっさと荷を下ろしてしまう。ダルマサールまでだと言っても、腹が減っているから、と動かない。明日は早く出るから、今日は少し早いがここに泊まる。押し問答していても埒があかない。

プルバとパサンに残ってもらい、我々は食料が入ったドコを担いでいた二人を説得して、ダルマサールまで行くことにする。到着したのは五時。たっぷり一時間の行程だった。疲れが出たのか、ドクターの調子があまり良くない。夜は盛大に火を焚いて暖まる。

一二月三〇日（土曜日）　六時起床。案の定、雪が来ている。今日は厳しくなりそうだ。プルバたちはさぞ寒かったろう。

備蓄米の援助依頼のため、
ヨゴさんとミンマがドゥネイへ先行

朝食時の面々。右からドクター・私・西ヤン・
クロさん・プルバ・アンノック・後姿のパサン

七時朝食、アルファ米の雑炊。昨夜一緒に来た二人のポーターに、昼食用のロティを焼かせる。彼らはなかなか器用に焼く。パサンの焼くものよりはるかに薄くて、焼き上がりも美しい。粉をこねて丸め、手に水をつけて廻しながら薄くのばしていく。手際が良い。

昨夜はドクター、クロさん、西ヤンなどと、今までの道筋で見てきた、ヒンドゥー社会とボテ社会、その移り変わり、ジャンクリ・ダミ・プジャなどなど、いささか文化論的な話を楽しんだ。

八時、ヨゴさんとミンマの二人はドゥネイに向けて発つ。ドゥネイにある地区パンチャヤットの役所に、村滞在中の米を都合して貰うためである。深い雪の峠道を何回もすべりながら登っていく姿が目に残る。この雪の中を行かせなくても良かったのではないかと後悔する。

九時半、ポーター本隊がようやく到着。ここで朝食にするらしい。時間がかかることだろう。一丁場早く泊まる、それを二回続けると、一日多く日数を稼げる。それが日当で歩くポーター連中の手だと判ってはいるのだが。

彼らの朝食は、まず、鍋にシーカル（羊の脂を腸詰めにしたもの）を入れてスープをつくり、それにマカイの粉を入れてかき回しながら煮る。これはトッパという。マカイの雑炊とでもいいたいものだが、汁気がなくなるまで焦げ付かせないようにこねまわすのは、かなりの時間と腕力がいる。隣のオッサンとその子のラマ、老人、女のような男、若くて感じの良い兄ちゃん、子供の六人が一つの鍋を囲んで食べている。

ドクターはドルポ連中の無遠慮な行為に大きな声を出して怒っている。彼らには個人我というものがないというのがクロさんの意見である。〝さようなら〟と〝おやすみ〟のないのが遊牧社会の特徴だという。厚かましく割り込んできて火を焚き、他人を押しのけて自分らの食事を作る。彼らとつきあうには、彼らはそういうものであると理解し、認めた上でないと上手くいかないだろう。

ドクターが怒鳴ったのは、彼らの一人がドクターに向かって、薬が欲しいとて、横柄な態度で「おい！」と呼びかけたことにあるらしい。「私は〝おい〟という名ではない。おいと呼ばれても薬はやれない」というのである。まことにドクターらしい反応というべきであろう。ドクターはあくまでも紳士であり、彼らはあくまでも傍若無人なのである。

一〇時、晴れあがる。朝は吹雪いていたし、ヨゴさんたちが出かけた時も、まだ降っていた。晴れあがったとたん、日向の雪は無くなってしまった。溶けるのではなく、無くなってしまうとしか言いようのない変化だ。雪が無くなった地面は、嘘のように乾いて、少しの湿り気もない。

一一時、トッパを食べて一時間、出発するのかと思うと、まだ食べる。今度はトウモロコシを三分の二、ダッタンソバ（パーパル）を三分の一の割合で互いに出し合い、それにシーカルを少し入れて煮る。

この六人組は、もやいを作っているように、寄合で食事を作っているが、互いにどんな関係にある六人なのだろうか。他の組はロティを焼いている。ロティパン（ロティを焼く鉄板）は持っておらず、我々のものを、アンノックを恫喝して出させて使っている。もう一一時半になる。

一二時、ようやく出発。半日は無駄にしてしまった。

ダルマサールからの上りは、最初はかなりきついが。それを過ぎると緩やかなアップダウンの繰り返し。

二時、バラングラ峠の頂上を越える。クロさん、マチコ、アンノック、それに例の六人組の一人の若いポーターがついてきた。素直で良い青年である。昨日から何となく気が合いそうな気がして、トッパを飲んだり茶をやったりしていたら、午後からは良くついてくるようになった。

飯時に、西ヤンが一服しようとタマッグ（粗悪な刻みタバコ）の袋を出していたら、顔を膨らませた若い奴がそれを取って隣の男に渡そうとした。返せ！と怒ってみせたがニヤニヤしている。それならと、彼の粉袋を取り上げてザックにしまった。後でチャパティを作るから袋をくれ、と言っても知らん顔をする。ついにそいつは西ヤンの顔を見なくなった。少しは骨のある対応を見せる必要があるようだ。

同じように飯時、六人組がトッパをくれたので、その礼に茶をやろうと私のコップから注ごうとしたら、それは駄目だと言い、湯沸かしから直接注いでくれと言う。タバコの廻し喫みはするが、茶の廻し飲みはしない。いったん私のコップに注いだ茶は、私がまだ飲んでないにしても、口を付けたと同じことだ。それを自分のコップに注いで貰っても飲むわけにはいかない、というのであろう。確かに、彼らは同じ鍋のトッパは食べているが、椀（皿）は個人専用のものを使い、他人の食器は使っていない。〔カトマンズに着いた夜、プルバの妹の家でトゥンバ（チベット人の地酒）の廻し飲みをした。発酵した黍を入れた容器に湯を注ぎ、それを竹のストローで吸い上げて飲み、その容器を次の人に廻していくものだった。あの時のストローは個人専用だったろうか？ ストローが個人専用なら、容器は共用でも良いのだろうか？ カトマンズに着いた晩の私たちが個人用ストローを持っているはずはないのだが……？〕

峠で待つこと一時間近く、二時五〇分になって、ようやく連中の到着。

峠から一時間と少しでダルマサール着。ポーター達はここで泊まると、さっさと荷を下ろしだした。いくら何でもここで泊まられたのでは示しがつかない。西ヤンが、峠は越えたから、お前たちはもういらない！ 文句のある奴はさっさと帰れ！と怒鳴ると、さすがのボテ・ポーターもシュンとして、荷を取り上げて歩き出した。

五時、峠下の村に着く。ネパール領内に移住してきたカンバ（カンバは主に東チベットの民族集団。中国共産党政権の武力侵攻を逃れてネパール領内に移住した。一部は激しい武装抵抗運動を展開したことで知られる。）による新しい村である。ここでヨゴさんとミンマは昼食にしたらしく、ムキヤに手紙を託していた。ダルマサールからここまでポーターたちの足は早かった。当然だけれども、その気になれば歩けるのである。どうやってその気にさせるか、それが問題だ。

バラングラ峠（3760m）マウレ・ラとは異なりデウタもなく、ポーターが石を積む塚もない。タルチョーを支える小さな塚のみ。特別な山の遥拝所になっていないため

タルチョーの支柱に括りつけられた祈り旗。版木でプリントされたものだがチベット文字で書かれたものが大半

カンバの村

一二月三一日（日曜日）　石積みの家の屋根裏が昨夜の寝所。六時前起床。

昨夜は連中が、明日は何時に出るのかとか、朝食はこの村で摂った方が良いのか、などと聞きに来た。何を殊勝なことをと思ったが、八時に出発すると伝えた。しかし、八時になっても食事が終わらない。八時半、二人が隣村で粉を買うと言って出る。クロさん、ドクター、マチコにアンノックを付けて先に出す。残った連中が、今日のうちに二日分の金を先払いしてくれと言いだした。何とも食えない連中だと思ったが、もしかしたら、食料の粉を買う金が無くなったのかもしれない。

カンバの村は新しいだけに、家も小さく、屋根もまだ仮葺きの状態で、平屋根になっているのは一軒だけ。石積みも、積んだままの状態で上塗りはされていない。

現金収入の為か、この村では盛んに機織りをしている。ここの機は、いわゆる原始機（単織機）でも、イザリ機でもなく、いちおう腰掛けて織るようになったもので、素人が作ったような荒く粗末なものだが、高機と言って良いのだろう。これまでに

石積み板屋根の家、タルチョが立ちならぶカンバの村

チベットでもその武勇と剽悍さで聞こえたカンバ族。中国軍に敗れ、故郷を追われてこの地に。家の屋根も壁も充分に出来上がってはいない

高機を使うカンバの娘。服装はネパーリー風。彼女たちは本当に故郷を忘れ、この土地に馴染もうとしているのだろうか

見てきたものは単織機ばかりで、枠のある織機は見かけなかったように思う。カンバの人たちはこの形式の機をチベットで使っていたのだろうか。いずれにしろこの山中で高機は珍しい。

この村の人たちは、かなり積極的にネパールに同化しようと心がけているようだ。男も女もチベット服ではなく、ネパール風の服装をしている。チベット仏教の経文を印刷したタルチョは一〇本ほど立てられているが、マニ塚やマニ石は目につかなかった。

ポーター連中は相変わらず。昨夜、出発は何時か？　と聞きにきたのは何のためだろう。九時を過ぎても出る気配全くなし。食事にたっぷりの時間をかけ、一〇時になってようやく出発。

ダイエン村をすぎて対岸にウムガオン、モウガオンが見える。川はモウコーラという。ここからまた景観が変わる。

バラングラ峠を越えてから、マニ石を見かけなくなった。村が集村になった。これに気が付いたのはジュムラ近辺からだが、私たちが歩く道は村を外れた尾根道が大半で、村の中を縫って歩いたわけではないので、正確ではない。

峠を越えるたびに山が嶮しく、谷が深くなる。この谷は、北面にもかなり緩傾斜地があり、集落がある。しかし谷は深い。本隊に先行して、三人の若いポーターと共に、村の名前などを聞きながら歩く。彼らは良く歩いてくれる。

一一時半、コーラガオンという村。パハラの村を上に見てすぎる。本日は快晴なり。行く手にはカグマラ・ヒマールの峰々が白く輝き、何とものどかで雄大な気分にしてくれる。これで連中が皆しっかり歩いてさえくれれば、文句のつけようのない山旅なのだが……。対岸の谷の底に近いところにリクという村。このリクガオンには水田があるという。

二時、峠に着く。南面にチュラガオンという村が見え、ケリカオラという村も向かい側に。

ラ・プリジンというのは大きな村で、ティブリコットに入る谷の最後になる村で、北面、谷に水田がある。リクガオンに続く村である。

ティブリコットにはヒンドゥー教のトゥリプラ・スンダリ・デヴィという大きなマンデルがある。

快晴。白く輝く雪山

一六　ティブリコットからポンモ

一二月三一日四時、ティブリコットに着く。ムキヤの家の門口を借りる。ここが今夜の宿になる。

丘の上から眺めるティブリコットはすばらしい。東のタラコット方面から流れてくるトゥリベリコーラと、西側からのチョウテラコーラとの合流点（標高二、〇〇〇mを少し超えるほどか）にできた、狭い扇状地にある。そこは低地は水田、斜面は畑に拓かれており、扇状地の先端部分は東西からの流れに洗い残されたような、小さな丘になっている。その丘の上に、中世ヨーロッパの城のような、おとぎの国の寺のようなマンデル（トゥリプラスンダリ・デヴィ）が建っている。ティブリコットの村は、マンデルにのぼる斜面と、マンデルの丘に向き合う山の斜面にそれぞれ群居している。

しばらくの間、チョウテラコーラの崖上にたって見惚れていたが、この後に控えているポーターたちとの交渉を思い出して我に返り、道ともいえぬ急崖を下る。ティブリコットの村に入るには、川を渡ってからまた急な坂を上ることになる。岩の上に子供たちが乗って首だけ出して、我々を眺めている、家の入り口にあるデウタの彫りは丁寧で、手がついている。カラスをぶら下げたものもある。

ムキヤの家はマンデルを真正面に見る山つきにある。寺は夕陽の沈む方にあって何とも幻想的である。

四時半過ぎ、ポーター連着。いままでの三日分の中、二日分一六ルピーを支払うというと、全員がこれから先は行かないと言いだした。例の如く、荷物が重すぎる、だ。が、実は彼らはシャルダンとリミを往復しているので、これから先の道をよく知っている。道が悪い上に寒くなってきている。持参の食料も無くなりかけているが、途中で買うにも村が少なく、従って値段も高いということらしい。その上、下手をすると金を支払ってくれないかもしれない恐れもある……。いつも後ろから歩け歩けと追い立てる、あの西ヤンという奴、歩かないと五ルピーしか払わない！と脅かしている。（何しろ西ヤンには、歩かずにご

東から流れてきたトゥリベリ川がドンと当たって流路を南に。その河谷を南から這い上ったヒンドゥー教が砦跡に、今も巡礼が訪れる大寺院を

ねるポーターを、金も払わず追い返したという前科があることを、彼らは知っている。）

そんなことが重なって、束縛されるのが嫌いな連中が言い出したのだろうと想像する。

困ったことになったものだ。ティブリコットでまた二一人を集めるのは難しそうで、ここで何日か滞在することになるやもしれん。何とかして彼らに続けてもらうのが良いのだが、だからといって必要以上の譲歩は、この先でさらに難しいことになる。

とにかく、ムキヤを通して集められるだけの人数を集めて貰おう、そして、どうしても帰るという者は帰そう、ということにした。

連中は、ティブリコットからリンモまでは六、七日と言うが、ティブリコットの人の話だと荷物があっても四、五日だそうだ。具体的な金額を出しての、何だかんだ……。挙句は、六人だけが行くことになった。そのうちの三人は、昨日今日と私と一緒

対岸の丘からティブリコットを望む

カラスをぶら下げたデウタ

岩の上の子どもたち

幻想的な寺

に歩いた連中である。

それから、今日までの賃金の支払い。初日に大幅に遅れて集まった連中へのペナルティーで、お互いにすったもんだと……と一時間半ほど。実に疲れる。

必要な残り一五人は、ムキヤが集めてくれると約束してくれた、が、すんなり集まるかどうか……。

ドクターとマチコは、集まってきた野次馬連中（彼らを〝学友諸君〟と呼んでいた）と、何やら賑やかに話をしている。どこに行っても学友諸君は来るのだが、ポーターにはなってくれない。泣き言や愚痴もこぼしたくなるような、気が重い大晦日になったものだ。

学友諸君からの情報だと、ここからタラコット、ドルパタン、ベニを経てポカラに出る道があり、荷物を持っても一六日ほどで行けるという。雪もなく、比較的良い道だという。帰路はその道を通れそうだ。標高もあり、かなり厳しい道のようだが、同じ道を帰るよりはましだろう。

夜はロティ、アルとカボチャの雑炊。その後インスタントラーメンでささやかに年越ソバを祝う。

三ルピーを　めぐるこうぼう　としのくれ
かえりゆく　ボテうらめしき　おおみそか
ヒマラヤの　かぜとそいねの　おおみそか（西山）

ボテポーター

ポーターと話す

学校帰りの「学友諸君」とクロさん

年頃も似ており、髪も揃ってなでつけられ、
彼女たちも「学友」なのかもしれない

一九六八年一月一日（月曜日）

ヒンドゥーの　寺あかあかと　初日の出

六時起床。満天に星またたき、今日もまたこの山中は上天気。西の空を人工衛星が流れていく。ポーターの集まりが気にかかるが、それも含めて、印象的な元日。

元旦の祝いの膳は粟（チニ）飯と芋（アル）のカレースープ。屠蘇も御神酒も夢のまた夢。

九時になってもポーターの影も見えず。プルバとパサンがムキヤと共に走り回っている。丘の上の寺に行ってみる。なかなか立派なマンデルだ。カトマンズのヒンドゥー寺院に比べれば小ぶりだが、風格のある良い寺だ。古い寺をいつの時代にか建て替えたもののようで、土台になっている石に古い模様を刻んだものがある。

ポーターが集まりだした様子なので降りていく。かなりの人数がいるが、まだ二人足りない。

集まった連中は、早速、四日分三二ルピーを先払いしてくれ、という。昨日帰ることにした連中が、昨夜どこかに泊まって、やれ荷物が重いの、金払いが悪いの、煩く歩かせるの……などと、宣伝してくれたらしい。いったんは行くことを約束したが、今朝になって止めたものも、何人かいるらしい。集まったのは良いが、今日一日だけというのが二人いる。この員数合わせは困るのだが……。我々にも弱みがある。結局、四日分三二ルピーを渡す。

一一時になってようやく出発。

月名	西暦での時期
① バイサグ	4月中旬～5月中旬
② ジェトゥ	5月中旬～6月中旬
③ アサール	6月中旬～7月中旬
④ サーウン	7月中旬～8月中旬
⑤ バダウ	8月中旬～9月中旬
⑥ アソージュ	9月中旬～10月中旬
⑦ カーティク	10月中旬～11月中旬
⑧ マンシール	11月中旬～12月中旬
⑨ プース	12月中旬～1月中旬
⑩ マーグ	1月中旬～2月中旬
⑪ ファーグン	2月中旬～3月中旬
⑫ チャイトゥ	3月中旬～4月中旬

ネパール暦の月名リスト

丘の上の風格のある寺

ヒンドゥー教の財神・ガネッシュ像

一時、マットガオンの手前で昼食。ふかし芋。

ルマガオンまでは山の中腹を曲がって一度谷まで下りて、また上る。珍しくマットガオンでは、家々の間の小路を縫うようにして道が続く。このあたりは、石灰岩の多い、白っぽくかさかさに乾いた土質で、草も良く生えていない。畑は傾斜畑で、石を傾斜に沿って並べているが、よく見るとスイッチバック式になっている。並べた石は畦である。いままでのところとすっかり景観がかわって、なにか文化が変わったという感じがする。カンバあり、チョルテンもかなり多い。

ティブリコットは水田があり、水牛もいた。この谷もいくらか水田がある。灌漑水路がかなり高所から導かれている。

麦田に水を入れるのであろうか、一すじ二すじ畝《うね》がきられている田んぼを見かける。かなり乾燥がきつい。洗ったタオルが一五分くらいですっかり乾いてしまう。

ルマガオンに着いたのが二時、ここから先、今晩の泊まりまで村がないということなので、ここで一人ポーターを帰さなければならない。サタシ(助役)がいるという少し先の学校まで行き、ポーター一人の手配を頼みこんだうえで、一人を帰す。その際、一一時から二時まで、実働三時間なので三ルピーだというと、盛んにごねる。またもや一ルピーを巡ってのやり取り。結局、四ルピーで帰っていった。プルバと西ヤンがサタシの家に行き、一人調達することになる。私は残りのポーターを連れて出発。今日これからは、ドゥネイから来て谷を上るようになる地点の河原まで行かないと、水もなければ家もないという。そこまで行くには三時間もかかると、ティブリコットのポー

マットガオン通過。物珍しげに見ている

水田と水牛

石をきっちり組んで造られた灌漑水路

路から見上げる位置にルマガオン

ターたちがごねるが、まだ二時なのに、ここで泊まりというのでは話にならん。歩かせることにする。六人のドルポ衆を連れて急ぐ。今日の彼らは良く歩く。峠に着いたのが三時半頃、これから山腹を延々と下る。上りもきついが、下りも楽ではない。

五時半、河原に着く。見渡しても薪になるようなものは何もない。久しぶりにテントを張る。河原に落ちているカラカラに乾燥したヤクの糞、牛の糞を拾い集めて燃料にする。これは想像以上に良く燃えて火力も強い。夕食はまたもや粟の飯と芋スープ。ティブリコットでは予期に反して米が手に入らず、粟しか買えなかったのだ。元日にアワを食うとはこれ如何に……などと冗談をいいながら夕食。ボテたちは、明朝は食事をしないで早く出るという。それについていくことにして、粟の残りで弁当をつくってくれるよう、マチコに頼んで寝る。

〈西山の元旦のメモ〉

一月一日（月曜日）　今年の正月はベリ・コーラの谷底にあるティブリコットで迎えた。僕らはまだ歩かなければならない。目的地のリンモまであと何日かかるのか、しかとは判らない。ただポーター達の後を追い続けるだけだ。

ティブリコットはヒンドゥー教の古い寺がある村だ。谷底に僅かばかり広がる耕地の上に、こんもりと削り残されたような丘があり、その上にヨーロッパ中世の城を思わせるような寺がある。方錐状の屋根を頂く塔には数流の幟がはためいている。ヒンドゥー教は、インドの平原地帯から、深く入り組んだ谷を縫い、峠を越えて往来してきた人々に背負われて、ここまで這い登ってきたのだろう。

奇怪なマスクを刻み込んだ梁に支えられた石積みの建物の中は薄暗く、ガランとしていた。境内には一m四方ほどの広さ、深さも一mほどの穴があり、その一辺には、刃物を叩きつけたようなささくれのある丸太が横たわっている。穴についている階段と、その丸太にはドス黒いシミが一面についていた。犠牲のヤギの首を伐る処だ。一角に置かれた、トラともヒョウとも見える獣の像の眼は、カッと中天を睨みつけていた。

奇怪なマスクと犠牲を伐った刃物の傷跡が残る丸太

川沿いの狭い道が激しいアップダウンを繰り返す

突っかけてきたヤク

石積み小屋

岩場の蔭の石積み 高機も見える

朝飯までの間、そこでブラブラしていた。年が変わった、新年だ、という感慨は何一つ湧いてこない。ポーターが集まるかどうか、その心配だけがあった。かなり急な寺からの下り道をたどり、村の中をゆっくり歩く。そろそろ朝の支度で村が動き出していた。屋根と壁の間から煙が漏れ、水瓶を背負った女が川原に下りていく姿もあった。

朝食は芋入りのカレー雑炊。案の定、ポーターの出足は極めて悪かった。一五人目がなかなか来ない。例の如く、金を先に渡せという。一日八ルピーとして四日分を支払う。冬というのに陽光は明るく強い。歩きだして数分で汗がにじむ。右手に谷を見ながら、単調な上り下りの連続。左手の山腹は乾ききった荒々しさを見せる。（西山メモ　了）

一月二日（火曜日）　元日の夜は、東からくるベリコーラと、北から流れ下るリンモ・チュの合流点から僅か上流の河原にテントを張った。前日は午後からかなり飛ばしたせいかぐっすり寝てしまい、目覚めたのは七時、ポーターはもう出発準備をしている。あわててシュラフをリュックに着けて彼らの後を追う。昨夜頼んでおいた弁当は出来ていない。

道は川に沿って左岸の山腹を上り下りしながら、延々と続く。かなり厳しい。ドルポ衆は〝カラル・バトゥ〟（辛い道）という。

半分ウトウトするように歩いていた。九時頃、岩の上に一頭のヤクが立っていた。どこからはぐれて来たのか、と思いつつ通り過ぎたのだが、気がつくとそいつが後について来ており、急に突っかけてきた。たまたま足元がしっかりした岩場だったので突き落とされないで済んだが、驚いて眠気はとんでしまった。ヤクは何事もなかったかのように先に行ってしまった。邪魔だから道をあけろということだったのだろう。本気で突っかけたのであれば大怪我をしていたに違いない。と、気づいたのはだいぶ経ってからである。

九時半頃、河原のちょっとした広場の岩場の陰に石積みの小屋が作られており、南に下る人たちであろう、何世帯かが竈をかけている。河原に沿ってタルチョが立てられており、風にはためいている。チベット人だろうと思ったが、出てきた人はみんなネパール服を着ている。ドルポ衆に聞くと、カンバだという。後から来たクロさんはグルンだという。プルバかアンノックに聞いたのであろう。

小屋のあたりには馬、ヤクが山に放されている。さっきのヤクもこの連中のものだろう。ここにも先のカンバの村でみた不細工な高機があった。ここの住人はやはりカンバであろう。南に下る旅の人というには腰が据わった住み方をしている。新たな定住地を探し当てるまでの、逗留地としているのではなかろうか。

そこを過ぎて少し行った河原に、火を焚いた跡がある。ポーター達はここで食事にするようだ。時計は一〇時。

荷を下ろすと、てんでに散って薪集め。一人は残って火を焚きつけ、二枚の鍋に水を汲み、火にかける。湯が沸いたら羊の脂と塩少々。煮立ったところにマカイの粉を三、四つかみ入れて一〇分くらい煮る。そのスープをそれぞれの食器に注ぎわけて一杯ずつ飲み、残ったスープにダル（豆）を煎って入れ、ダルスープにしてそれを飲む。それが一〇時から一〇時半くらいまでの間。そのあと二〜三〇分はおもいおもいに羊毛の毛を揃えたり、それを紡いだりしている。一一時になると二人が河原から平たい石を拾ってきて、唐辛子（クルサニ）と岩塩を磨りつぶしにかかる。他の一人はシコクビエ（コード）の粉をこねている。その間に、前に誰かが使ったと思える平らな石を火にかけて焼いている。クルサニと岩塩の一つは乾いたままで磨りつぶし、今ひとつは水を少し混ぜて擂っている。平石が充分に焼けると、その上でロティを焼く。六人で鍋二つを使い、四人と二人の二組になってスープ、ダルスープを食べ

クルサニと岩塩を磨りつぶす

ロティを焼く

る。食事を作るのは誰が何をするとは決まっていないようだし、誰かが命令するようでもないのだが、極めて手際よく、スムーズに進行する。手の空いたものは、靴の繕いをしたり、羊毛を紡いだりしている。時間をかけてつくり、ゆっくり食べる。

カメラを向けるとわざと前をまくってマラを見せたりする。陽気で愉快なボテたちである。付き合ってみると、時に慇懃無礼で卑屈な感じのするネパーリーよりはるかに面白い。ドクターは彼らの傍若無人な態度が我慢できないというのだが……。

一〇時半、アンノックが来るが、弁当は持っていない。昼飯はもう少し先で、という。連中が食い物を分けてくれたが、我にもなく遠慮してしまい、十分には腹をつくれない。

一二時半、クロさんの姿が見える。ここには橋が架かっていないので、川を渡渉しなければならない。ボテたちは食事の合間にズボンを脱いで用意をしている。後から来たネパーリーは道を知らないのか、もっと楽に渡れる場所を知っているのか、そのまま上流に向かう。先刻アンノックはパンツまで濡らして渡っていった。冬の雪山から流れくだるヒマラヤの水は言いようもなく冷たい。身を切るようにというが、まさにそんな感じで、痺れて感覚がなくなってしまうが、何とか渡る。水から上がると暖かいが、水の中で倒れたりしたら一巻の終わりだろう。

谷の東側斜面にある村、ラハガオンに上る道との分岐点に水車小屋があった。一休みしていたら、ドゥネイからの帰りだと

陽気なボテ

飯の合間に糸紡ぎ

ボテのキャンプ。手が空けば常に何か仕事をしている

川を渡る。身を切るような冷たさ！

いう男に会う。ラハガオンのサタシだという。ドゥネイのパンチャヤットで貰ってきたという紹介状を渡してくれる。彼は字が読めないらしいが、恐らく食料その他の援助をするようにと書いてあるのだろうから、ラハガオンに来てくれという。行ってみたい気持ちは動いたが、アンノックは先に行っており、皆が揃っているわけでもないので、川沿いの道をこのまま進むことにする。ここでティブリコットから来たポーターの一人が帰るといいだす。とんでもない。なんとかなだめて今日一日は歩かせることにする。

二時近くなって、道は急坂になる。アンノックはどこで炊事をしているのやら煙も見えぬ。ここで非常食のツァンパでも食べようと、水を汲みに行ったところに、アンノックが声を聞きつけたのか上から飯と茶を下げて下りてくる。崖の上に立ったままで食べたドライカレーは美味かった。

三時半頃、また谷に下る。ここには橋がある。橋の向こうにもチベット人が小屋がけをしている。ドルポのものだという。ここでツァンパを買う。今日どうしても帰るというポーター三人を、ドルポの住民と入れ替える。

四時頃、渡渉地点になっている河原に着きテントを張る。昨日とは違って薪は豊富、ドカ火を焚いて暖まる。

一月三日（水曜日）　ここも橋がないので渡渉しなければならない。昨日渡ったところに較べるとけっこう深そうだ。ネパーリーが渡るのをみると、みんなかなり苦労して渡っている。どこか楽に渡れそうなところはないかと上ってみるが、なさそうなので諦めて引き返す。みんなは渡り終えて向こうで火を焚いて身体を暖めている。覚悟を決めて渡りかけたところ、パサンが、ドルポ衆は上手に橋があると言って上流に向かった、という情報を持ってくる。これ幸いとその情報にすがり、昨日あたりから胃の調子が良くないというマチコと上っていく。一時間くらい上ったところに橋があった。いま架けたばかりのような橋である。渡った対岸にチベット人がキャンプしている。彼らが架けたもののようである。冷たい川を渡渉した連中には申し

橋があり、対岸にチベット人たちがいる

訳ないが、濡れず冷えずに橋を渡る。

一〇時半頃、渡渉した連中はここに着く。今日はボテポーターも、朝の食事を済ませて出た。道は相も変わらぬ上り下りの険しい道である。

二時半少し前、川に近い畑の傍で昼食。ツァンパをお茶で練って食べる。

ヨゴさんとミンマは、昨日の午後二時頃ここを通ったと石に記録を残している。ここから日本式庭園のような感じの道になる。その道をしばらく歩いたところで、ボテたちは泊まるという。これから先は水がないし、キャンプするに良い場所がないのだという。明日は早く出て村まで歩くという。何処まで信用して良いのかわからないが、ここに泊まることにする。太い丸太を集めて豪快にドカ火を焚く。

一月四日（木曜日）六時起床、昨夜は一晩中ドカ火が赤々と燃えていたせいか、暖かくてよく眠れた。
七時、ボテポーター出発。

〈日記はここで終わっている。この日と翌五日はごたごたして日記を書く余裕がなかったのだろう。四日から五日、ポンモに入るまでのことは、「ネパール調査記」の該当部分を援用することにしたい。「ネパール調査記」はポンモ滞在中に書いたものであるから記憶精度は高い筈である。〉

家畜に草を食わせるために滞留している
ドルポ人が架けた臨時の橋が大助かり

ドカ火を焚くことには異様な熱意を見せるサーブ連

石の書き置き

「ネパール調査記」

狭い谷を、何回も渡渉をくりかえしながら、リンモの谷に入る峠にかかったのは一月四日のことであった。高度はすでに三〇〇〇mを越えているらしい。チベット語でシュクパというビャクシンが、このあたりから出てくる。

夕方近くから雪が降り出した。雪の積もった山の道は、すべって歩きにくい。今日中に村に着かなければ食料がなくなってしまうという状態であった。ポーターたちの大半も食料がないという。谷間から吹き上げる雪に、ともすれば視界をとられそうになりながらも道を急いだ。

途中（一二月三〇日）から本隊と離れて、食料調達のためにドゥネイに行っていたヨゴさんが、リンモの情報を持って途中まで迎えに出てくれた。彼の話では、リンモは高度が高いので冬の間は雪が深く、ヤクなどの家畜の放牧ができないので、村人のすべてが本村を離れて下の方にある冬村に移ってしまっているという。そして、その冬村に出た人たちも、大部分が家畜をつれて南のネパール人の村に商売に出ており、残っている人が少ないので調査地としては不適当だという。

最後の望みを託していたリンモも、またここにきて幻の村と化してしまったのか。冬季にまとまったチベット人の村を求めるのは無理なことなのだろうか、と暗い沈んだ気持ちになってしまう。ともあれリンモの冬村を一目確かめてみないと納まらない。本隊はとうてい今日中には冬村まで着けないということで、岩室にキャンプするように手配して、心を残しながらも暮れかけた谷間の道を急いだ。

リンモの冬村は、リンモ河がつくるわずかな段丘上にあったが、チベット人の村では、何処でも見かけられるタルチョも立っていないし、ましてやカンニ、チョルテンもない。棘の多い潅木がまだらに生えた中に、陰うつで寒々とした佇まいを見せていた。村人もほとんど見えない。女が二、三人、家の陰から疑い深そうにのぞいているばかりであった。一見して長期間住み込むことなどできないということが判る。一夜の宿すら求めることが難しい状態であった。

リンモの冬村から半日行程ほどのところにあるポンモ村が、どういう村であるかも判らない。隣村でかなりの往来があるはずなのに、リンモの村人は知らぬ存ぜぬというばかり。とりつくしまもないとはこのことである。

リンモがこんな状態であるかぎり、ポンモにそんなに簡単に入れるとは考えられないが、なにしろ、リンモには人がいない。そのうえ、あと数日のうちには、残っている何世帯かも家畜を連れて南へ出ることになっているという。

ポンモはどうなのか。口の重い村人からようやく聞きだ

閑散としたリンモの冬村

たしかに家は貧相でとても長期滞在は難しい。
住民が居なくなることが決定的だ

リンモ冬村

したのは、ポンモは村に残っている人が多いということ。どこまで正しいかは判らないが、とにかくリンモが不適当である以上、ポンモに行ってみるしかないだろう。

天井の低い、半分こわれかかった空き家で寝苦しい夜をすごした。

最後にきてまた目的地を変えざるを得ないとは、何とも気が重いことだ。ポンモがダメなときは、残された方法はもうない。ともかくもそこに村があり、何人かでも人がいる以上、そこで出来ることをする。それ以外にはないと覚悟を決める。

翌一月五日は昨日にかわる上天気だった。降ったばかりの雪が山を覆い、道には人の足跡らしきものは全く付いていない。わずか二時間ほどの山道だったが何とも遠く、恐ろしくさえ感じられた。はるか向こうの谷に仏塔らしきものが見え、寺のような建物もかすかに望まれる。村は近いらしい。山腹を廻っていた道が谷に降り、川原に小さな畑が拓けている。この岩かどを廻れば村が見えるという谷あいの狭間まできて、足は何となく止まってしまった。一服つけて気を落ち着け、岩かどを廻る。

村が見えた。門のついた大きなカンニがまず目に入る。その上にもいくつかのチョルテンが、冬の陽射しに輝いて見える。そしてはるか上の台地になったあたりに

リンモ冬村からポンモに向かうクロさん・ドクター・アンノック

は、チベット風の石積み平屋根の家々が、何本も何本もタルチョをはためかせている。今までに見てきたどの村よりもチベット人の村らしい村だ。

村はシーンと静まりかえっていて人影すら見えない。ここもまた、もぬけの殻ではあるまいか。カンニをくぐり、仏塔をまわって一歩、また一歩、坂道を上っていった。

ポンモは良い村であった。四〇日あまりのキャラバンの果てに辿り着いた私たちの落ち着き場所としては、これ以上は望みようがないほどに、うってつけの村であった。

（「ネパール調査記」了）

〈西山の一月五日のメモ〉

一月五日（金曜日）　雪は降り止んでいるらしい。テントがゴワゴワと鳴る。狭いテント。ドクターとマチコと三人が頭をそれぞれ逆にしてシュラフに潜っていた。隊長たちはどうしただろう。うまくリンモに入れただろうか。歩くのも今日が最後になるだろうな、テントから這い出しながら、そんなことを考えていた。寒さにぐっと身を縮ませ、靴をつっかけて、まず荷物の点検。昨夜、プルバ、パサンと三人で僅かばかりの岩陰に寄せて、シートを被せておいた。都合よく荒削りの大きな板があったので、それを敷いておいたから下からの濡れはないだろう。シートの上には二、三センチの雪が積もっていたが、荷物には何の影響も無かった。全くこいつ等には苦労させられる。

上の岩陰で煙がたっている。アンノックが例の如く朝食の支度中なのだろう。滑りやすくなっている岩を注意しながら登っていくと、湯を沸かしていた。

〝グッド・モーニング〟

〝グッド・モーニング・サー〟

〝デーライ・チソ！（とても寒い）〟

〝イエス！〟

アンノックは昨夜テントに入らず、ここに寝たらしい。隅の方にシュラフが丸めておいてある。

〝ユー・スリープ・ヒア?〟

〝オウ・イエス〟

〝チソ・チャー!〟

〝ノー・サーブ、ファイア・ベリ・ホット!〟

火を燃やし続けていたらしい。昨夜担いできた四、五本の三間丸太が細くなっていた。

〝ティー・サーブ〟

まずは茶を一杯。ホーロー引きの柄付きカップに日本茶を注いでくれる。

〝トゥデイ・リンモ・OK?〟

〝メイビー・サー〟

メイビーは、アンノックの得意とするところ。全てのことは、メイビーでカタがつく。焚火より外側は雪がついているので、岩陰の乾いたところに腰を下ろし、まず一服、ゆっくり吸い込む。

ドクターとマチコが上ってくる。寒そうだ。マチコが朝飯の心配をしだした。村里が無くなってから五日目。買い込む機会がないままに、食いつないできた当座の食料も底をついたらしい。入れ違いに下に降りて、パサンと共にテントをたたむ。雪を払って巻き込む。指先が痛いほどに冷たい。

ドルポの連中もそろそろ起きだした。雪をかぶって。体を丸めて寝ていたのだ。今日の昼までにリンモに到着できるか、プルバに聞きに行かせる。到着しないことには「コト」である。連中の食料も底をついているはずだ。

マチコが当座の食料を入れたドコの中をかき回してから、情けなさそうに顔を上げて言った。

「西ヤン、梱包を開けてくれない? 食料が無いの」

ほとんど効き目がないのは承知だが、せめてもの防水にと、段ボール箱は全て麻袋に包み、針金で締めている。それぞれの荷には、箱の番号を書いた木札がつけてある。アルファ米を入れた箱が入っている梱包を開けることにした。


(西山メモ　了)


〈この後、第二部はマチコの「西ネパール紀行」。

序盤に戻って、一九六七年一一月スルケットから。

紅一点の女性目線で旅を語る〉

第二部

西ネパール紀行

―マルラの道をたどる

木村真知子

一　スルケットにて

個人装備は自分で担ぎます。と、見栄を張ったものの、内心では明日越えて行かねばならない山なみを仰ぎ見るたびに、ヤレヤレ、頂上まで無事つけるかしらと不安であった。

私たちはスルケットの飛行場から三〇分くらい離れた水場にテントを張っていた。スルケットはヒマラヤの前衛山脈、マハバラータ山脈とシワリーク丘陵の中間地、インナータライの盆地である。マハバラータ山脈とシワリーク丘陵の間にはいくつかの盆地があり、それらはつい最近までジャンガル（森林）に覆われ、大半はマラリヤなどの悪疫の巣窟であった。

私たちのテント場は水場から流れてくる小川の岸にあり、少し下ったところは村人の便所になっているようで、汚物が溜まっていた。川は畑より一段低くなっており、ちょっとした崖を上るとずっと向こうのシワリーク丘陵までの平坦な畑が続いているのが見渡せる。朝早く畑にでて見渡すと、畑にはモヤがたなびき、丘陵の低い山々がボンヤリとかすんで幻想的であった。畑にはアブラナが植えられており、菜の花が満開であった。一二月初めは、乾期の真っ最中である。

すぐ背後に迫っているマハバラータ山脈の南端は東西に土の壁を築いたように延びて、東と西のはずれの方はシワリーク丘陵と一つになっている。

夜明けとともに村人が水場にやってくる。亜熱帯であるとはいえ、乾期の冬の乾いた空気はひやりとして肌寒い。人びとはその清冽な空気の中で水を浴び、口をすすぎ、朝の炊事の水を水壺に汲んでいく。七時頃、テントから這い出すと、もう朝日がまぶしく、水場では女連が賑やかに洗濯をしており、畑の道には子どもたちが牛を追っていく姿がある。

スルケットの中心は水場から一〇分ほど離れた、パンチャヤットの役場や警察署（といっても巡査が数人いるだけだが）、茶屋などが数軒かたまっている地区だ。スルケットは、ようやくマラリヤが退治され、人が住めるようになった全くの新開地で、役場や警察署も掘っ立て小屋同然、道も満足には出来ていない。商店も茶屋が数軒あるだけで、飛行機が来る時だけ飛行場に市が立つ。住民はインド系で、ほとんどが最近盆地の周縁部の山地から下ってきた人びとらしい。店もないので、キャラバン中の食料、とくに三日行程くらい先のダイレクに着くまでの米は、農家を一軒一軒訪ねて買い集めなければならなかった。家のまわりの畑にはサグというカラシナの一種が植えられている。土が肥えているのか生育がよく、葉が大きい。大根（ムラ）の畑もある。ムラは根より葉の方が伸びがよい。カボチャ、冬瓜、キュウリなども多い。小田ドクターがテント脇で開いた青空診療所に押しかけてくる患者が、診療代として持ってくるサグやムラで野菜類には事欠かなかったが、米は買わねばならなかった。家々をまわっても買えるのは、一軒で一パテか二パテ。あちらに一軒、こちらに一軒と点在している農家をまわるのは時間のかかる仕事だが、庭先を覗いて歩くのも楽しい。土壁、草葺きで入口の狭い家の中は真暗。庭で仕事をしている。屋根の上には大きなパルシー（南瓜）が三つ四つ並んでいる。

ネパールの度量衡は地域によってかなりの差違がある。カトマンズなどでは一パテが八マナ。一マナは約一合半くらい。奥地にいくと一パテ四マナくらいで、枡も小さくなる。さらにチベット人地帯に入ると三マナで一パテになる。これはチベットの単位ドウをパテに言い換えたもののようだ。量るときマナ枡に山盛りにする。日本のようにすり切りではない。枡も四角ではなく、金属の壺、碗である。殻つきのピーナツなどもマナ枡一杯いくらで売っている。重さの方はダルニが単位で、一ダルニは二kgくらいであろうか、カトマンズなどでは天秤を使っているが、奥地では一種の竿秤を使っている。米や塩は容量でパテやマナ、砂糖や油はダルニと、重さで取引する。慣れるまで時間がかかり、厄介だった。

野っ原だけの空港。飛行機の到着に合わせて人が集まる

本隊到着時のスルケットのテント場

スルケット。見物衆に見守られてお茶を飲む

二　ダイレクまで

一九六七年一一月二九日、山旅がはじまった。さしあたっての目標はジュムラである。ジュムラはかつて西ネパール一帯を治めていたマルラ王朝の中心地であり、東西南北を結ぶ交易の中継点で、大きなバザールがあるという。ジュムラまで行けば、私たちが目的とするチベット人の村についても正確な情報が得られるはずだ。

七時頃、荷運びに雇った村人たちが集まりはじめる。各人が負い縄と僅かな食料を持参している。昨日、村長を通じて出発は八時だから七時半までにキャンプに集まるようにと伝えていだが、時計など持っているはずもない村人が時間通りに集まり、出発出来ると期待してはいなかった。それでも五時には起きてテントをたたみ、朝食を済まして待っていた。朝食はアルファ米と南瓜の雑炊。

荷物はカトマンズで一個三〇kgを目安に段ボール箱に詰めておいた。バザールで買った麻縄で一つ一つ丁寧に梱包したつもりだが、すでにもう縄がゆるんでいる。麻縄の質が悪いのと、シェルパたちの縄の結び方の下手なことが相俟ってのことである。結び方を教えてもなかなか覚えない。縄のかけ方を何とかマスターしたのはミンマだけであった。彼らの伝統的な荷造りは、袋に詰めてヤクやロバの鞍に付けるというもの。私たちは、四角にきっちり詰めて、縦横に縄をかけて結ぶというやり方で、文化の違いはこんな所にも現れるようだった。

スルケット滞在中に、もう一度縄を締め直し、一人分の荷が均等になるように組み合わせるのにかなりの時間を費やした。ポーター一人分の荷の重さは一マウントといい、慣習的には約三七kg前後とされている。キャラバン中に使わないものは箱に入れ、テントや薬品類は出し入れが簡単な麻袋やキャンバスの袋に、道中の食料はドコに入れる。ドコは竹を円錐形に編んだ背負い籠で、ネパール山地の伝統的な運搬具だ。ドコやその他の荷物は一本の背負い紐を下部から斜めにかけて額で支えて担ぐ。この方法を隊長は「額部運搬」と呼んだ。背負い紐の額にあたる部分は、革や五cmほどの幅に平らに編まれた布ベルトがつけられている。荷物が重い場合には補助縄をまわして肩にかけることもある。一マウントもの荷物を額部で支えて山坂を上り下りするのだから、彼らの首の骨（筋肉）は並の強さではない。

村人たちは各自の使い慣れた負い縄を持っていて、決して他人のものを借りることはしない。他人のものを借りて済ませるような者は最低なヤツとされているらしい。ネパールでは特別な条件の時以外、道中の食料は自分持ちである。ポーターとして雇われる時は、数日から一〇日ほどの行程になるから、その間の食料だけでもかなりの量になる。それぞれが鍋と食器、米

ダイレクのテント場での朝食準備。手前の籠がドコ

プルバと若いポーター

旅の初日。左より、プルバ、アンノック、バサン、マチコ

や粉、調味料など必要な分を入れた袋を持っている。粉は一マナ、米だと一マナ弱というのが一日の食い扶持とされている。それが一マウントにプラスされるので彼らが運ぶ荷物の総重量は四〇kgを超えることになる。

スルケットでは三日行程というダイレクまでの通しで雇うことにした。賃金はパンチャヤット・レートという公定価格のようなものがあり、それは一日五ルピーだという。だが、その価格はネパール人の間のもので、外国人には通用しないレートであった。村長が間に入ってくれて効果があったかどうか判らないが、結局、三日間通しで一六ルピーで決着した。

ポーターの集まりが悪いので、私は食料ドコをかついだ少年一人を連れて、プルバ、アンノックと一足先に出発する。畑の中や人家の裏庭をぬけて一〇分くらい、道はすぐ登りにかかる。三〇分も歩くと汗びっしょりになってしまう。木陰に飛び込んでシャツを脱ぎ、ブラウス一枚になる。結局、ポンモに着くまで日中はこの恰好で通した。キャンプ地に着くと大急ぎでシャツと、セーター、アノラックを着る。朝の出発直前にまたブラウス姿でということを繰り返していた。

後続部隊はなかなか上ってこない。待っている間、プルバがいろいろ聞いてくる。サーブたちの年や、妻帯の有無など……。私が二五歳と知って驚いている。せいぜい二〇歳くらいだと思っていたらしい。またクロさん以外は独身だというのも意外だったようで、ドクターと隊長が三五歳にもなるのに、まだ嫁さんの来てがないと知って呆れ顔。

プルバはナムチェバザールから二日南に下った村の出身で、アンノックとは同郷だという。村ではプルバもアンノックもサタシ（助役）だという。プルバの家族は村に残っていて、最近また子どもが一人できた。「子どもが多いのは大変だ、こうして外国隊に雇われて稼がにゃならん」とぼやく。その晩のキャンプ地で、パサンとアンノックが「プルバのかみさんはとても強くて、稼ぎが悪いとプルバを外に放り出すくらいで、プルバはかみさんに頭があがらない」と冷やかしていた。

炊事係のアンノックは小柄で無口な男。パサンと共に自分の役目に忠実であった。炊事道具を詰め込んだ大きなザックの上に煤で真っ黒になったヤカンを乗せて山道を行く姿は忘れられない。四人の中で外国の調査隊や登山隊に雇われた経験は一番多い。しかし英語などの外国語は少しも覚えていない。ただカンは良い。料理などは一度やってみせると覚えてしまう。用のない限り決して私たちに話しかけてはこないが、時々鋭い皮肉をいう。彼は村に美人の奥さんがいるそうだが、旦那のできがあまり良くないので、いつも尻に敷かれているそうだ。

山には大木があるが、それほど密生しているわけではないので、陽の光は林床の隅々にまで届いて明るい。

食料ドコを担いだ少年は一八歳だという。まだおさな顔を残していて、荷を担がせるのが可哀相な気がするほどだが、さすがに足取りはしっかりしている。

後続はいくら待っても来そうにないので、昼食の作れる所まで進むことにして、急坂を登る。一二時頃、峠につく。家は一軒ぽつんと建っているが、空き家になっている。峠に立って振り返るとスルケットが眼下に見える。峠から山腹に道がのびて村が見える。ここはラウラ・ガイラというそうだ。ここで昼食を作ることにする。アンノックが村まで水を汲みに行く。

古い材木に縄をつけて引いてスルケット方面に下っていく人が何人も通り過ぎた。聞くと、今までは山の上に住んでいたが、スルケットに引っ越すことにして、山の家の柱や梁をはずして運んでいるのだという。柱や梁に使っている木はとても堅い丈夫な木だから、古材でも充分使用に耐えるし、新しい木を求めて伐り出すより、はるかに楽で安上りだという。

一九五〇年頃からのＤＤＴなどの薬剤使用によってマラリヤが撲滅され、猖獗《しょうけつ》する風土病が人を寄せ付けなかったタライやインナータライのジャンガル地帯の開発が急速に進んでいる。特に飛行場があるスルケットは、この地域の中心としての開発・開拓が他のどこよりも活発に行われ、山中の村を捨てて移住する人が多いのである。

下から登ってきた旅人が数人、道の向かいに座り込んで物珍しそうに私たちを見物している。彼らはシュルパでタマッグ（極めて粗悪な刻みタバコ）を吸っている。シュルパはネパール式パイプである。炊事の準備を始めて三〇分たったころクロさん、ヨゴさん、ドクター、ノリさん、パサンが登ってきた。隊長、西ヤン、ミンマはポーターが三人集まらず、まだスルケットに残っているという。

昼食は、ご飯とパルシー・ムラのカレースープ。ポーターたちはマカイ（トウモロコシ）やコード（シコクビエ）のロティを食べている。

ネパール兵、三〇人ほどの一隊が登ってきた。ネパールガンジから西北辺境地帯のムグ・カルナリの国境警備に赴く部隊だという。馬に荷をつけ、背嚢を背負い、足元は運動靴もあり、革靴もいる。杖をついた兵もいる。みんな精気のない疲れた顔をしている。任務とはいえ辺境の地に行くことになった不運を嘆いているようだ。英語が判るものはいないようだが、ドクターがネパール・マハラジャ・コ・アーミー（ネパール国王の軍隊）かと聞くと、そうだと答えた。

四時半、最初のキャンプ地に着く。ここはかなり広い盆地で、畑が拓かれ、家は点在している。家々はひっそりと静まりかえって人影はまったく見えない。畑はトウモロコシの切株が雑草に埋もれたままになっている。ここはコッカ村というのだが、村人は皆スルケットに移って、つい最近、廃村になったそうだ。水場は盆地の一番低くなったところにあり、大木の根元に立派

シュルパでタマッグを吸う北からの旅人

シュルパ。太い部分にタマッグを詰めて火をつけ、
細い方を両手で覆うようにして煙を吸い上げる

シュルパ製造職人と観客（右からマチコ・
ノリさん・ミンマ）ダイレクにて

な石小屋が建てられていて、石で水槽が造られている。荷物を一ヵ所にまとめ、シートをかけてから、プルバがポーター達にタバコを一本ずつ配る。タバコはガルーダであるぞ、心して頂けと、さも有難そうに一人一人配っていく様子は、なかなかの演技力だ。ガルーダは二〇本入り一ルピー、ネパール産のタバコでは上級品である。

盆地の北側にはかなり高い山がかぶさるようにそびえ、明日登らなければならない道が尾根に向かっているのが見える。月はないが無数の星が輝いている。焚き火を囲んで雑談をたのしむ。サーブ連にせがまれたプルバが、「バラジュ・バライセ」(カトマンズのあちこちで流れていた流行歌)を歌う。面映ゆげだが、いい声である。

いよいよキャラバンが始まった。こうしてキャラバンに入ってしまうと、何の不足も感じない。例えキツイ登りでも、とにかく一歩一歩、歩いていくことが一番大きな目的のように思われる。ヒマラヤの山道を、自分の足で踏みしめること、そのために、隊の編成や資料・資金集めなどに一年半も苦労したのだ。ポーターたちは水場の付近にたむろしているようで、焚き火が赤い炎をあげている。

隊長、西ヤン、ミンマは今日は出発出来なくて、スルケットに留まる。彼らは結局、一日遅れでスルケットを出発し、半日遅れでダイレクに着いた。

コッカについてすぐにパサンをメールランナーとしてスルケットに帰す。翌朝八時半にパサンは隊長の手紙を持って帰ってくる。朝五時にスルケットを出たのだという。

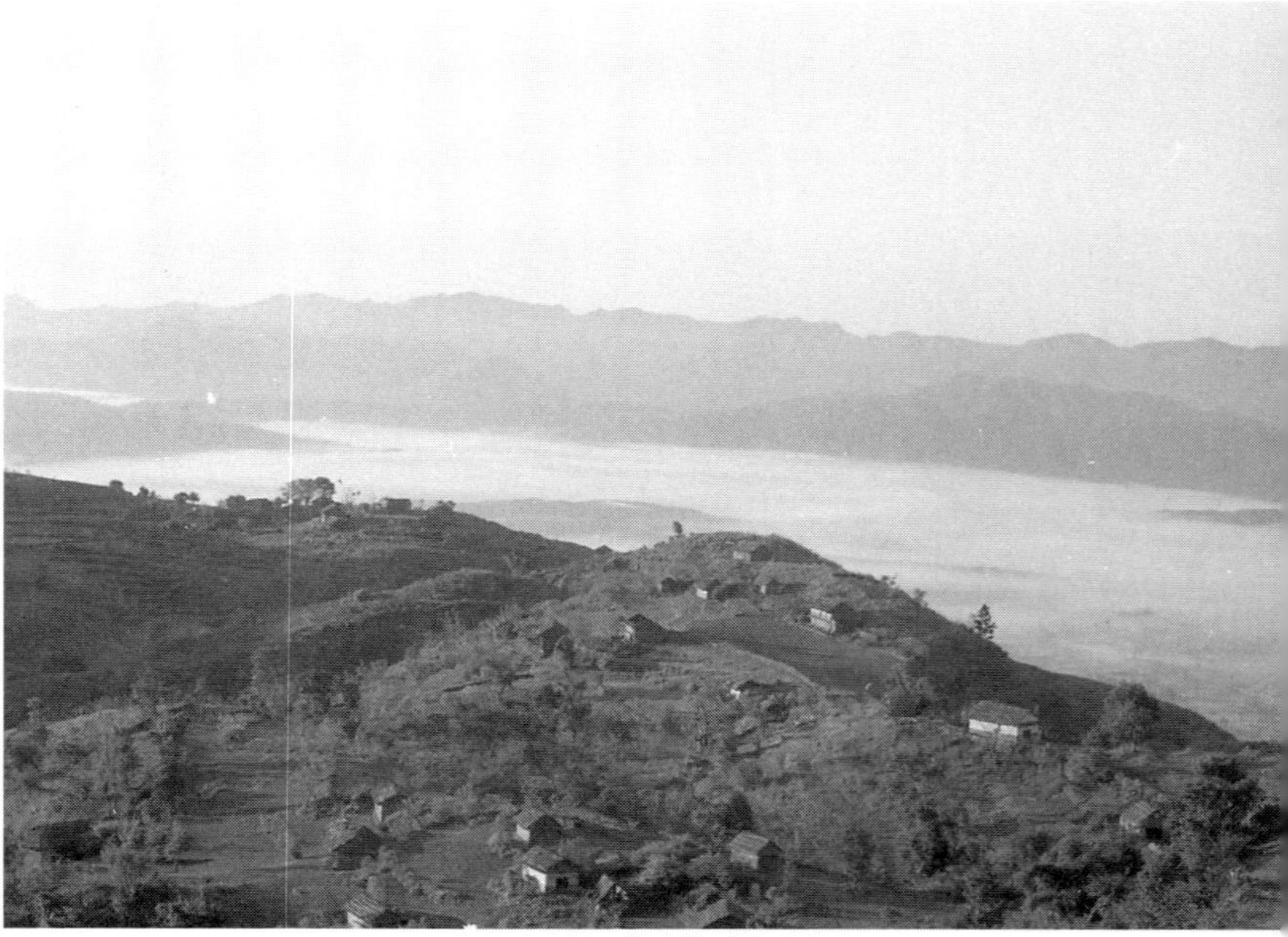

ダイレクの朝。谷が厚い雲に埋まる

三　ダイレク

スルケットを出て三日目の夜、やっとダイレクの入口に着いた。暗がりの中で道端にテントを張り、ポーターへの支払いをすませる。彼らは三日目昼頃のダイレク着を予定していたが、案に相違して夜も遅くなっての到着で、バザールが閉まっていて粉が買えず、その夜は焚き火の周りで歌などうたって空腹を紛らわしたようだ。翌朝、私たちが起きだした時には、もう姿はなかった。

ダイレクの初日の朝は曇り空でひと雨来そうな気配。背後の山は赤土の禿げ山で薪にする枯木もない。アンノックはすぐ下の家から薪を買ってきた。

ダイレクは典型的な街道村である。狭い尾根を通る街道の両側に軒が並び、家の裏手はもう急斜面で谷底まで一気に落ち込んでいる。街道に面する表側に出入り口があるが、裏側から見れば、そこは二階部分にあたる。

ダイレク前後の村々は草葺き切妻屋根の家が多かったが、ダイレクでは、街道に面して平屋根の家も見える。

ダイレクにはこの地域一帯を治めていたラジャ（王）の館跡が残っている。いまは軍隊が使用していて中に入ることは出来ないが、城趾をめぐる石塀が昔を偲ぶよすがである。

街の中央付近にあるチョウタラを境に、オールド・ダイレクとニュー・ダイレクに分かれている。古い街の方に敷かれた石畳みのすり減り具合が、この街の歴史を物語る。

今は街の中心部に当たるチョウタラが、かつての街はずれで、街道を往来する旅人たちはここで一息入れて、町に入っていった。

街道のチョウタラ

チョウタラは街道筋に設けられた休み場で、ほぼ例外なく菩提樹が植えられているが、その太い幹回りや枝ぶりから、歴史の古さがわかる。菩提樹の周囲を石積みで囲い、石積みの高さがドコを背負ったまま休むのに丁度良い高さになっている。まれに新しく造られたと思われるものもあるが、ほとんどのチョウタラの菩提樹は大木になっており、その歴史の古さがわかる。

ニューダイレクの方はパンチャヤットの役所や病院などがあり、家々も新しく、平屋根の家が多い。

ドクターは、スルケットでアカギレの治療をしたムキヤ（村長）から、ダイレクのムキヤを紹介されていた。スルケット・ムキヤの弟にあたるダイレク・ムキヤの細君が、ここ二年ほど頭の具合が変になっているので、是非診療してやってほしいとの依頼で、ポーター集めの便宜・協力も手紙に書いておくから、ということであった。

ドクターはニューダイレクの中程、茶屋の二階にあるムキヤの住まいに赴き、驚くほどの若さと美貌の持ち主だという奥方の診察をした。診たては強度のノイローゼだそうだ。ポーターの手配を頼まれたムキヤは快諾したそうだが、実際にはあまり効果はなかった。

ドクターに同行して、診察中は下の茶屋で一休みする。外側の壁によせて泥竈が築かれている。竈《へっつい》にはヤカンとミルク鍋がかけられている。店の中には雑貨や大根、スンタラ（みかん）、落花生が並べられ、埃をかぶっている。部屋の片隅にベット兼ベンチのような木製の台が置かれている。茶屋のオカミさんは、そこに座れと手まねで示す。奥にもう一部屋あり、生ピーナツの入ったドラム缶、菜種の入った盥《たらい》状の容器、マカイギャラ（粒トウモロコシ）などが雑然と置かれている。裏口から覗くと、床下は家畜小屋。表側から見れば茶屋部分は街道に面する一階だが、裏側からすれば二階となる。裏口からは、テント場にもってこいの、かなり広い草原が見渡せる。

ベットに腰掛けて茶をのみ、スンタラを食べ、マンパリ（ピーナツ）をかじる。作物の種に興味を持っている隊長のために菜種、マカイなどを少しずつもらう。オカミさんは菜種をトリと

ダイレクの食品価格

ムラ（大根）	1ダルニ	1ルピー25パイサ
スンタラ（みかん）	30個	1ルピー
アル（じゃがいも）	1ダルニ	1ルピー
マカイギャラ（粒とうもろこし）	1マナ	50パイサ
マカイピト（とうもろこし粉）	1マナ	50パイサ
里芋	1ダルニ	1ルピー50パイサ
シミ（エンドウに似た豆）	1マナ	1ルピー25パイサ
ヌン（塩）	1マナ	1ルピー25パイサ
ダヒ（ヨーグルト）	1杯	35パイサ
茶	1杯	20パイサ
ビリ（葉巻タバコ）	1束	35パイサ

※1ダルニ≒2kg　1マナ≒1.5合

いうのだと教えてくれ、手のひらで揉んで外皮をとり、食べてみろと差し出す。口に入れて噛むと、少し苦みがあるがたいへん香ばしい。店に並んでいる品物の値段を聞く。(表参照)

銭函には古いインドコインやネパールコインが混じっている。一九一五年のインドの一パイサ。一八〇〇年代の東インド会社のコイン。あるいはカトマンズでは見かけなかった古いネパールコイン。これは銅貨で形もいびつ、大きさもまちまちで、手製かと思われる。これらの貨幣はカトマンズなどではとっくに通用しなったものだが、ここではまだ現役のようだ。珍しいのでいくつか取り替えて貰った。ドクターは診察を終え、草原にテントを張る許可を貰い、ポーターの斡旋も頼んでくれた。草原では痩せ馬が数頭、枯れ草を食んでいた。

私たちがキャンプする許可を貰った草原のすぐ傍らには診療所があり、診療所のドクターは庭先に机を出して、銀行の頭取、警察所長、軍の高官などと終日カードを楽しんでいた。ドクターはインドの大学で学んだ医者だが、あと二年、ダイレクで勤めればイギリスに留学させて貰える、もうしばらくの辛抱だと話していた。

今にもひと雨来そうだった空は、午後は晴れてきた。キャンプは草原に移した。引っ越しの間、私は前の場所に残って、隊長たちの到着を待っていた。すぐ下に、屋上にモミを収穫した後の藁を積んだ平屋根の家が一軒、ぽつんとたっている。斜面は谷底までまっすぐ落ちていて、その急斜面に段々畑が拓かれている。対岸も同じような急斜面の畑。その向こうに幾重にも重なる山々。畑には冬作の麦でも蒔いているのか、ほんのりと緑色に見えるところがある。点々と黄色く色づいているのは菜種畑であろうか。

子供たちが数人やってきた。みんな利口そうな顔だ。カーストを聞くと、チェトリ、グルン、カサイ、ネワールだと答えた。

藁を積んだ平屋根の家

利口そうな子どもたち

グルン、ネワールは最近の移住であろう。グルンはネパール土着の一部族で、中央ネパールの海抜二五〇〇から三〇〇〇mほどの山地を故郷としているし、ネワールはネパール盆地（カトマンズ盆地）にネパール文化の華を咲かせた土着の民族で、近年、ネパール各地のマーケットタウンに進出している。

午前中、北から来た旅人がスルケット方面に向けて下っていった。頭にターバンのように布をまき、白と黒の格子模様の厚手のブランケットをまとい、手にはツム（紡錘車）を持って、くるくると糸を紡ぎながら歩いてくる。身体全体から煙で燻されたような臭いを発散させている。ジュムラ方面からスルケットへ出稼ぎにいくのだという。今まで写真でしか見たことのなかった紡錘車が目前でくるくる回っている。すっかり嬉しくなってしまった。紡いでいるのは羊の毛で、丸く輪にして手首にからめている。紡いだ糸でセーターを編んでいる男もいる。編み棒は針金のような金属製の棒だが、編みはメリヤス編みを主にゴム編みも使っていた。

四時半ころになってやっと西ヤンが姿を現した。三人のホッとした表情が印象的であった。彼らは二九日にはポーターが集まらず、三〇日の朝、ダイレクを発って、いま（一二月二日四時半）着いたのである。

ダイレクは薪の少ないところ。一ルピー買ってもいくらもない。草地には所々にミカンの類らしい木が茂っているので、その枝を折って薪にしたりした。

一二月三日、早朝テントを叩く雨の音に目を覚ます。かなり強く降っている。大急ぎで飛び出し、荷物のシートをかけ直して周囲に排水溝を掘る。テントも雨漏りしているが、荷物はダンボール箱に詰めたものが主だから濡らすわけにはいかない。雨漏りするテントに腹を立ててみたが、私たちのテントは高所仕様であって、雨よりも雪への備えを主にしてあるのだった。幸いにも、雪にはこの後何度も降られたが、雨に遭ったのは帰路に一度だけで済んだ。

この雨は、周囲の山では雪となっており、雨上がり後の峰々は陽光を受けて白く輝いていた。私たちは雪に道が閉ざされる前に目的地を探しあて、辿り着くことが出来るのだろうか。旅はまだ始まったばかりだというのに、不安が湧いてくる。

四　ドクターサーブの青空診療所

ドクターが青空診療所を開くと、病人がわっとつめかける。ダイレクには診療所があり、医者もいるというのに。外国人ドクターという物珍しさではなさそうだ。二日もかかる村から輿《みこし》で担がれてくる病人など、日を重ねるにつれて重病人もやって来るようになる。口コミによる情報伝達の速さは、私たちの想像を超えたものである。

小田ドクターは、精神病理学、犯罪心理学が専門のお医者さんで、内科や外科は専門外なのだが、そんなことはお構いなく、あらゆる分野の患者が来る。それらの患者にも責任を持った処置をとられていたのは当然だが、専門分野に関わる患者も相当数はいたようである。

こんなことを書くとドクターに叱られるに違いないが、先生のアオサディ・ボックス（薬箱）の中は、常人では考えられないほどの混乱ぶりである。あらゆる薬類、器具類が一見すると無秩序に詰め込まれ、その上、スルケット出立の際、早く荷物の整理をと急き立てられたためか、赤チンキの蓋をきっちり締めずにしまい込んだ。トランクの中が真っ赤に染まっている。これで、よく必要な薬を取り出せるものだ。

「神崎さん！早く来てください！写真撮ってください！」というドクターの甲高い声。すっ飛んでいったヨゴさんが、ポカンとした顔で戻ってきた。聞くと、「この患者の顔は典型的な精神病者の顔です。御覧なさい、眉と眉の間にタテジワが三本あるでしょ」ということだったそうだ。

予想以上に精神病患者が多いという。そのことがドクターの張り切る原因の一つになっていたようだ。これは私の勝手な推測である。

ドクターの診察を待つ人々。プルバとミンマが整理している。左下端に座っているのがドクター

五　ポーター騒動

ポーター集めが上手く進まないと思ったら、ムグ・カルナリに向かう軍隊と競合していたのだ。軍の方では早手回しにムキヤ（村長）に釘を刺していたようだし、要所での一本釣りもしていた。私たちと約束していた何人かも釣り上げられた。軍との競合では勝ち目がないと、三日目（一二月四日）の午前中、西ヤンとプルバが次のソタ村に人集めに出た。

六日の朝、西ヤンは二〇人の大部隊を率いて戻ってきた。西ヤンはソタ村の規模が小さく、まとまった人数を集められないと判断し、さらに次のグアッティまで直行して、ダイレクからジュムラまでの通しで四〇ルピーということで話をつけてきたのだ。

ところが、気が急いていた私たちは、西ヤンがソタに向かった翌日、集まった人数だけでも先に進もうと、クロさんとヨゴさんがジュムラまで五〇ルピーの約束で七人を連れて発ち、二時間遅れでドクターとアンノックが後を追った。同じ道を通っているはずなのに、西ヤンはクロさんたちの動きをキャッチしていない。どこかですれ違ったのだろう。いずれにせよ、私たちの大失敗であった。

西ヤンが戻ったその時、私は四人のポーター（ソタからもう一人加わるので、一人は二人分の荷を背負っていた）と共にダイレクを出るところだった。すでに歩きだしている彼らを放置するわけにはいかず、とにかく私はそのまま出発した。言葉が通じない男共とでは不安でもあったのだが……。私たちにはもう一人、茶屋のカミさんの甥で、手に刺さった針の先が折れ込んだという男の道連れがいた。彼は、口コミでドクターのニュースを得て、離れた村から大急ぎで来たのだが、すでにドクターは出立してしまった。私と同行すれば、追いついた時にドクターの診療を受けられるだろう、と目論んでいたことは後に判った。

尾根に沿った緩い上り下りが続き、見晴らしも良い。曇り空なので周囲の山々も心なしかかすんでいる。そんなに暑くもなく、山歩きには良い日和。針が刺さったという男はどんどん先へ行ってしまったが、道の脇からひょっこりと顔を出して「メン・サーブ（女の旦那）、ドゥドゥ！」としきりに呼ぶ。何のことか判らないままついて行くと、道から少し上った一軒家に案内された。妻入り二階建てで、平らに泥を叩き固めた前庭は低い石垣で囲われている。家の脇に牝牛が一頭繋いであり、高いヤグラにマカイが干してある。石垣には毛布が敷いてあり、男が手まねで座れと示すので、腰掛けていると、家の中から牛乳（ドゥドゥ）を注いだ大きな真鍮カップを持ってきた。搾りたてなのか生ぬるく、濃い牛乳の味はすばらしい。二合ほどはあっただろう。繋いでいる牛を指さし、この牛の乳だといっている。

傍らに老人が来て、何かしきりに話しかけるが、よく判らない。それでも男の片言英語と私の片言ネパール語で、〝ここは彼の親戚の家で、タクリ族である。彼がいろいろ世話になるほんの小さなお礼である〟と言っているのだと了解した。彼の村はと聞くと、ずっと向こうだとダイレクの方を指さした。この家の見晴らしは天下一品で、はるか遠くまで連なる山々が見渡せる。

老人に別れを告げて畑の中の近道を一〇分ほど行くと水場で休んでいるポーターに追いついた。この水場はオリガーレという。歩いて三〇分ほどの間隔で設けられているチョウタラにも水場にも一つ一つ名前が付いている。周囲の山は木がほとんどなく、畑や牧草地が広がり、荒れ地になったところも多い。道から少し下ったところに小学校が見えたが、授業中なのかひっそりしている。

灌木の茂った道がしばらく続き、上の方から人声と太鼓の音が聞こえてきた。プジャ（祭り）だ。先ほど私たちを追い越していった子供連れの老人は、今日はパイサ（金銭・貨幣）の神様のプジャだから神様に供物を持っていくのだといっていた。木の葉に米と赤い布きれを入れた供物を持っていたが、このバウワン・デオタにお詣りに行ったのであろう。プジャをしている人たちが上から「寄って行け」と声をかけてきたが、残念ながら今はその暇もない。午後、ここを通ったノリさんたちは、やはり人びとから供物に殺した仔山羊を「一頭二五ルピーで買わないか」と声をかけられたそうである。

ダイロという灌木に赤や白の布きれと鈴が沢山ぶら下げてある。しばしば人里離れた谷間や峠の上で見かけた。旅の安全を守るものであろうか。

一時を過ぎたころにソタ村に着いたが、ずいぶん広い村とみえて、さらに三〇分歩いてもやっぱりソタだという。やっと一軒の家に案内される。急斜面にほんの僅かな平地を作って家と納屋が建てられている。五人は納屋に荷を入れると何処かへ消えてしまった。この家はポーターの一人の家で、彼の母親らしい女がロティを焼いてきてくれた。いくら焦ってもどうにもならない。ポーターの若者もアバタ面だが人の良さそうな男なの

急斜面に建つ草葺き切妻の家

紐編のジュッタ（靴）

ムシロを編んでいる

で、成り行きに任せることにして、ロティをほおばる。焼きたてのマカイのロティは香ばしくて、美味しい。この家は草葺き妻入りで、入口は南側半分が吹き抜けの土間で、斜面に面した方には窓が開けられ、窓の下には腰掛用の低い台が造ってある。あとの半分は入口が一つだけの真っ暗な部屋で、そこが台所らしい。奥の方は、やはり暗くて良く判らない。

入口の土間に入ろうとすると、母親が咎めるような口調で私の靴を指さした。

〝おまえさんの、でかいジュッタ(靴)で上がりこまれたら、せっかくの床がボロボロになるよ！〟ということらしい。なるほど、土間は手入れが行き届き、きめ細かな泥で丁寧に塗られている。抜き足差し足、そっと歩いて彼女に安心してもらった。

庭先で若い女がムシロを編んでいる。地面に棒をたてて経糸になる縄を張り、緯糸になるワラを一本一本経糸にくぐらせている。庭から一段下がった畑にはタバコが植えられている。ソタ村の畑は何処も手入れがよく、落ちついた雰囲気を持っている。

アバタの若者が、自分ともう一人は今日グアッティまで行くが、あとの四人は食料が間に合わないので明朝早く発つ。荷物がなくなるようなことは決してないから安心してくれとしきりに説明し、自分は母親に手伝って貰って旅仕度をしている。着替えをし、荷物が背負いにくいからと自分のドコに詰め替える。母親が粉や調味料の袋や毛布、鍋、皿などを揃え、いろいろ細かい注意を与えている。あれも持って行け、これも持っていけといい、息子は重いとかを暑いとかぶつぶついう。何処でも見られる光景。私もふと日本の母を思い出した。

三時半、やっと出発。あとに残す荷物四個が心配でならないが、今更どうしようもない。一五分ほど上るとアバタの若者がちょっと待ってくれと荷物を下ろして、家に向かって大声で叫んでいる。しばらくすると女の子が荷物に付けてある番号札を持って上ってきた。この木札は各梱包に一つ宛つけてあり、ジュムラに着いてから木札と引き替えに賃金を渡すと、あらかじめ伝えておいたものである。彼はドコに詰め替える時に外したまま忘れてきたのを想い出したのだ。このことで彼は信用できると感じて、残した荷物のことも心配しなくなった。

しばらく登った林の中で、隊長が一人ぽつんとタバコを吹かしている。数人のポーターを連れて一二時半頃に着いたが、一緒に来た連中は食事を済ませるとサッサと先に出かけてしまった。昼寝をして目が覚めたら三時半、どうしたものかと思案していたのだという。そこへノリさん、西ヤン、パサン、ミンマがポーターを引き連れて登ってきた。グアッティの二〇人は多すぎる、半分は文句を言わずに帰り、ソタの二人はがっかりして座り込んでいるので、ノリさん、西ヤンのザックを担がせてきたとのこと。私と一緒に来たソタの二人は明朝あとから来る村人と落ち合うところまで行き、私たちはグアッティの村人と一緒に村へ向かう。ドクターやクロさん達の一隊は、この近くでプルバを拾って先に行っている。あの、針を手に刺した男はドクターに追いついて治療してもらっていれば良いが……。

グアッティの村はソタより大きく、家々の構えもどっしりしている。木が多く、畑も良くできていて豊かな村らしい。その夜は一軒の農家の軒先を借りることにして、ひとまず村人を帰す。グアッティは最近東から移住してきたグルン族の村だそうで、ソタはそれより古いマガールの村だとか。ソタの人びとと比べてグアッティの男たちは気も荒いようだ。

夕食は宿の炉を借りることにして、中に上がりこむと、入口

荷物に付けた木札

タバコを吹かす隊長

ダイレクよりグアッティへの道。緩やかな稜線を行く

飾り彫が施された刳り梯子

の部屋は物置になっており、その奥がイロリのある居間。煙の出口がなく、凄まじい煙が渦巻いている。炉の明かりでみると、壁も天井も、ゴタゴタ置いてある壺や籠なども、みんな分厚い埃と煤にまみれている。床は土間に塗る例の泥を塗ったもので、炉のまわりだけムシロが敷いてある。西ヤンらの情報では、ここではロキシーが飲め、朝のうちに試飲したがなかなかの味であったとのこと。朝から飲んでいながら、グアッティ・ダイレク間を往復しているのだから、タフなものだ。朝からのごたごたで疲れていた私たちも、さっそく主人に注文した。一瓶二ルピー五〇パイサ。主人はもうかなりの年だが、妻を二人持っている。若い方の奥さんが大きな壺からロキシーをビンに移して持ってきた。疲れた身体にロキシーは良薬。主人は酒代の中から二ルピーくらい若い妻に渡している。別会計になっているのだろうか。ムラとクルサニ（唐辛子）のアツァール（漬け物）を出してくれる。

九時過ぎ二階の軒下で寝る。太い丸太を二つ割りにした刳り梯子を昇ると、吹きさらしの屋根裏があり、奥が貯蔵室になっている。梯子の上部にはなかなか見事な飾り彫りが施されている。貯蔵室には大きな竹籠に泥を塗った壺（籠）が並び、口の部分は泥で固めてある。おそらく穀物が入っているのだろう
満月に近い月が谷を明るく照らしている。明日はどうなることだろう。やっと始まったばかりの旅なのに、前途は多難のようだ。

〔この後、マチコの記録はマハブー越えに入るが、すでに第一部一一〇頁に引用しているので、ここでは割愛し、彼女がマハブーを越えた後に記した一文のみを掲載しておく。（田村）〕

雪をかぶったグレートヒマラヤの連山がはるか彼方に姿をあらわしたのも、このマハブーを越えたところであった。我々はあの雪の山の麓まで、あるいはその山襞深く分け入っていかなければならない。まだまだ遠い道のりであるが、きっとたどり着けるだろう。ここまで来たのだもの。

六　南に下る旅人たち

ダイレクを過ぎた頃から南に下る旅人と出会うことが多くなった。くる日もくる日も一日に一〇組から二〇組の旅人が、ドコに荷をいっぱい入れ、スルケットやネパールガンジを目指して下ってくる。同じ村の村人が一〇人か一五人組になっているのや、一家そろって、亭主もカミさんも、小さな子供たちも、それぞれの体に見合ったドコを担いでいる。ナベ・カマはじめ、食料や機織り道具一式などが詰め込まれたドコの上に鶏までくくり付けているのも。荷を負っているのは人間だけでなく、羊・山羊の背中にも振り分け荷が括りつけられている。荷物の中身は村で取れたトウモロコシやムギ、あるいはずっと北のチベット産の羊毛などで、道々で売ったり、インド境まで持っていって売る。

彼らはジュムラ付近の農民で、取り入れが終わる一一月に村を出て、ネパールガンジなどのバザールで日雇い仕事をし、翌年三月には稼いだ金でインド産の品物などを仕入れて帰るという、出稼ぎと商売を兼ねた旅だ。特に先を急ぐでもなく、のんびりと歩いているように見える。それだけ彼らは旅慣れしている。旅が自宅にいると同じような生活の一部となっているからであろう。

さらに、家畜を連れるのは荷運びだけでなく、自宅に残しておけない家畜に道々草を食わせながら歩く。放牧も兼ねているようなもので、草地があればゆっくり草を食わせ、時には木の枝を落として葉を食わせる。丸坊主にされた木の根方に、夥しい枯れ枝が散乱しているのを何ヵ所かで見かけたし、木に登った男が鎌などで枝を落とし、下のヤギが落ちてくる枝葉を食っているのにも行き会った。荒っぽいというか、何というか。

夜は岩陰でも畑の真ん中にでも家畜を集め、人びとは焚火を囲んで暖をとり、寝るのも手織りのブランケット一枚にくるま

木に登り枝葉を切り落として羊に与える

川と旅人とヒツジたち

る。また一日行程くらいの所にダルマサールという無人小屋があって、誰が泊まってもかまわない。チョウタラと同じように近在の村人が、死者の弔いや罪障消滅のために建てたものである。村で管理しているのもあり、たいていの村はずれにはダルマサールやチョウタラがある。だから三ヵ月や四ヵ月の旅でも、今の日本で一週間の旅をするよりずっと簡単であるし、煩わしさもない。旅が生活の一部になりきっているのだ。彼らは「南へ太陽を食べに行く」のだといっている。

　数人で百頭近い家畜を追っていくのも珍しいことではない。たいてい番犬が二、三頭ついている。道草を食ったり、横道にそれたヤギを呼ぶ鋭い口笛。シーシーと追う声。ヒツジのなき声と足音が風の音や川の瀬音にまざりあって特異なシンフォニーを奏でているようだった。ヒツジたちの足は思いの外早く、百頭もの大群が数分で通り過ぎ、岩角に姿を消したあと、幻を見ていたようにハッと我に返ったことがあった。

　三月、私たちがポンモ村を離れて一直線に南へ下る間は反対に、ネパールガンジ付近で冬を越した人びとが村へ帰る時期であった。みんな背丈ほどもある荷を背負っている。布や糸、雑貨、真鍮の鍋や食器類、素焼きの大きな甕まで担いでいる者もいる。これらの荷物は、村内の誰それからの頼まれものもあるかもしれないが、大半は旅の途中やさらに奥の村への行商の商品でもある。

　当然、ジュムラ付近の村人ばかりではないのだが、冬の間は住民の半分近くがこうして村を離れると、ジュムラの役人が話していた。

　こんな言葉も聞いている。〝ヒジョ・アジョ・カハン・ボスタ〟直訳すれば「昨日・今日・何処・住む」だろうか。つまり「ここんとこ、どこに尻を落ち着けているんだ」とでも。一所不住の旅人のあいさつとしては、実に良い言葉だ。

七　ジュムラにて

一二月一二日、今日の昼にはジュムラに着くはずだ。昨夜は月を見ながら温泉に入った。褶曲山脈であるヒマラヤ山地に温泉が湧くのも不思議なのだが、ヒマラヤの南麓にはいくつか温泉がある。温泉のある村をタトパニというが、タト（暖かい）・パニ（水）である。ネパール全図を見ると、タトパニという地名がいくつか見つかる。ちなみに温泉はタト・パニだが、沸かしたお湯もまたタト・パニである。

　ジュムラはなだらかな丘に囲まれた盆地の奥まった所に位置している。カルナリの本流に注ぐジュムラ・コーラの河岸段丘上にできたバザールである。ジュムラ盆地は水田が多い。取り入れが終わった水田には小積みされた堆肥が規則的に並んでいる。一枚の田圃に入れる堆肥の量はかなり多いようだ。この堆肥は水田に撒かれ鋤きこまれて、裏作として作られるムギの元肥になる。堆肥が撒かれた田圃に水を充て、犂起こしているのがあちこちで見かけられる。犂起こしには二頭立ての黒牛を用いていた。犂は柄も犂先も木製で、アローという。

　ジュムラ盆地は、かつてはカトマンズへ米を供給するほどだったと聞く。眼前に広がる水田を見ると、それもなるほどとうなずける。ところが昨年から今年にかけて、西ネパールは凶作に見舞われたそうで、私たちもジュムラで食料を手に入れることが困難であった。大バザールであるはずのジュムラで私た

緩やかな傾斜に拓かれたジュムラ河谷

二頭立ての牛犂

木製の犂・アロー

ちの食料は最も欠乏した。一二日の日記には「食料なくなる、米なし。マカイ粉のスイトンで急場をしのぐ」とある。

緩斜面の山地の多くは牧草地になっていて、山腹には放牧中の牛がゴマ粒のように散らばっている。ゆったりと一列に並んで斜めに登っていく一群もいる。牧草地以外は畑になっているらしいが、いまは何も植わってはいない。冬の間は畑も放牧地にしているらしい。山腹には集落が散在する。

冬とはいえ真昼の強い日差しの下で、田も山も村も鈍く灰色に光って、緑のかげは全くない。わずかに北側の日陰になった斜面にだけ黒ずんだ森がある。なだらかな山の間から大ヒマラヤの雪山が、ちょっぴり頭をのぞかせていた。マハバラータ山脈を越える間は、マハブーに代表される様に荒々しく天に突きたつ山と深い峡谷が続いたが、ジュムラの二日くらい前から山容が一変した。低く丸みのある山がゆったりと続き、谷も川幅も広くなる。ネパールのミッドランドに入ったのであり、ジュムラはミッドランドの北端にあたる。これから先はまた、嶮しい山中に入って行かねばならなかった。

ジュムラの町は盆地の奥の一画にあり、川をへだてて山が迫っている。人口は周辺地域を併せて約五千、町だけで約二千ほどだという。泥の平屋根の家がひしめき合っているが、町全体に活気がなく、もの寂しい雰囲気が漂う。街区のどん詰まりは石畳の広場を囲んで、軍のオフィス、銀行、茶店、コテッジ・インダストリー（家内工業局、以下コテッジ）の支所などが並んだ中心街だが、街路にはトウモロコシやムギが乾してあったりニワトリが遊んでいたり、まことに閑散としたものである。ここもかつてはチベットからの岩塩や羊毛と、地元の米やムギ、南からの品々との交換の市が立つ、活気に満ちた広場であった。

一二月一六日はガオンハルカ運動の記念日で、ジュムラの町も賑わいを見せた。お祭り気分を最も満喫していたのは、パンチャヤットやコテッジのお役人衆だったようである。国王の提唱で始められたガオンハルカ運動というのは、都市と地方の格差解消のため、都市に集中している知識人（役人・教師・医者）らを、任期中に一度は地方勤務をさせ、地方の実情を認識させようとするものである。ラジオネパールでも毎日このキャンペーンをしているが、効果はそれほど上がっているとは思えない。地方へ遣られた知識人たちは、任期の終わるのをただ一日千秋の思いで待ちこがれ、ノイローゼになるものも多い。ドクターの患者には、そういうノイローゼの教師や役人が何人もいた。

一六日の朝、州知事が十数人の兵士を従え、私たちの宿舎に訪れ、「本日は我がマヘンドラ国王陛下がガオンハルカ運動を提唱された記念すべき日であります。一時から祈念式典を挙行し、夕刻からは文化的な催しが行われるので、是非ご出席を賜りたい」とのご招待があった。

一時頃に広場に行くとコテッジの所長や役人たちが、机や椅子を並べていた。中央の椅子には木の葉と赤や黄のティカで飾られた国王ご夫妻の御真影が置かれ、その後に州知事はじめ主だった役人の席が設けられている。私たちも貴賓席に案内された。一般の人びとは石畳の上に腰を下ろし、胸にはザラ紙にスタンプをおした記念バッヂが虫ピンで留められている。私の胸にも今朝、知事自らの手で留めてくれた。

式典は国歌斉唱で始まり、州知事を筆頭に役人が次々に立って大演説をぶつ。この種の演説はどこでも長い。肌寒い日に鉄の椅子に座らせられたお尻が冷たくてしようがない。聴衆はそれでも真面目に聞いているが、一番熱心なのは最前列に座っている子供たちだ。しかしお偉方の演説と、見すぼらしい身なりの、煙くさいジュムラの住民とは明らかにチグハグである。広場を取り巻く家々の屋根や石垣の上には、北の方から出稼ぎに来たチベット人たちが数人、シラミ取りなどしながら見物している。演説のあとは国王を讃える詩の朗読や、音楽隊の演奏などが披露された。二時間にわたる式典が終わった時は身体が冷え切っていた。夜の文化的な催しでは私たちにも何かを、というお達しがあった。

夜の文化祭はコテッジの中庭で催された。中庭を囲む長屋の屋上は開演一時間前から観客が詰めかけ、屋根も抜けんばかり。巡査が声をからして整理をしている。中庭のベンチにもぎっしりの人で、立見席も満員。ジュムラにもこれほど多くの人がいたのかと驚いてしまうほどの人数だ。正面の舞台にはケロシンランプが明るく灯され、両脇には篝火が焚かれている。かぶりつきの来賓席の真ん中に州知事夫妻。知事はスイスの登山隊から買ったという羽毛の服とズボンを着込んで、見るからに暖

コテッジインダストリーの工場

椅子に御真影が安置されている。胸にバッヂ

聴衆というか観客

かそうである。私はキルティングのアノラックを着ていたのだが、それでも歯の根が合わないほどの寒さ。それなのに、よくもまぁ吹きさらしの屋上で見物できるものだ。多くの人々がブランケットや薄い布団を身体に巻きつけ、ダルマさんのように座っている。

演し物のほとんどが役人の令嬢たちの踊りで、他には飛び入りの寸劇がときどき。舞台裏にまわってみると、幕のかげで手風琴と太鼓の楽士が数人。令嬢たち五人が入れ替わり立ち代わり。大急ぎでかき集めたらしいサリーやブラウスなどを演し物の度に着替えては舞台へ出ていく。世話をしているのは皆一杯機嫌の男たちばかり、私たちの目から見れば全てが貧弱なものだが、広場全体に沸き立つような熱気が溢れている。踊りや音楽にはジュムラ地方に古くから伝わるものや、国王の徳を讃えるドラマ風のものもあり、言葉や由来が判れば面白いだろうが、残念ながら私にはどれも同じように聞こえる。ただ一つ気がついたのは、黒眼鏡姿で登場する二人は、必ず国王・王妃役を演じているということだった。それは、どんな写真でも国王ご夫妻はサングラスをかけておられるからだ。

寒さに耐えかねて途中で会場を抜け出したが、美しい月光にいつまでも太鼓の音が響いていた。

明朝、私たちはジュムラを発ち、東のタラコット方面に向かう。

ジュムラからのルート

八　奥地の情報

ジュムラに行けば、チベット人の村に関する詳しい情報が得られるだろうという私たちの期待は、見事な空振りだった。

ジュムラにも数十人のボテ（チベット人）がいる。彼らは私たちの当初の目的地ムグ・カルナリ川流域の住人だが、冬は仕事を求めてジュムラまで来ている。私たちのポーター集めにも彼らが真っ先に話に乗ってきた。冬のムグ・カルナリは雪が深く、住民の多くが暖かい地域へ移動してしまうらしい。ジュムラで彼らは間借り生活をしている。ジュムラもチェトリなどのインド系住民が多い所だが、ここまで来るとカースト意識もかなり薄くなっているのか、最下層にランクされるボテと上級カーストであるチェトリ（クシャトリア）が一軒の家に住んでいる。ボテの間借り生活は、これから先の方々の村で見られた。

結局、チベット人の村は、ジュムラから東、タラップ、タラコット地域まで行けば……、というのが大方の意見であった。ジュムラからタラコットまでの日数は、一週間とも二週間とも、聞く人によってまちまちであった。要するに正確なことは行ってみなければ判らないということである。

食料とポーターに関してはパンチャヤットから村々に触れを出して貰った。ジュムラでは米も粉もほとんど手に入らない。不自由なく買えるのはマンパリ（ピーナッツ）ばかり。ポーターもムグのボテ以外はなり手がなく、近くの村から集めねばならない。

一七日、朝早くクロさん、ヨゴさん、ミンマがボテのポーターを連れて先発隊として出発していった。残りの荷物は一一時頃になってやっと近くの村人を集めて出発した。ただし彼らは一日だけの契約で、ガジュンコットまでしか行かない。

日本大使館開設準備のためにカトマンズに引き返すノリさんが、町はずれまで見送ってくれた。これから先は、仲間の中で唯一の山男である彼が一番望んでいた旅になるはずなのに……。

一時間ほど歩いて橋のたもとで休んでいると、ドクターのシャツを手にした巡査が追いかけてきた。彼自身は腹痛の薬が欲しいとのことだが、手にしているシャツは、ドクターがジュムラで診察した仕立て屋に、診察代の代わりにボタンのとれたシャツの修理を頼んだもので、そのまま受け取らずに出立してしまったものである。

ティラ・コーラの谷は、このあたりではまだかなり広い。河原には水田がある。松林の中を縫って行く道は気持ちがよい。松はサラと言うのだとプルバが教えてくれた。日陰には雪が残っている。昼すぎ、パンチャヤットの建物だけがポツンと建っているニュー・ティブリコットに着いた。近くに村はなく、次の村とジュムラの間が離れすぎているのでここに出張所を

ポーターたち

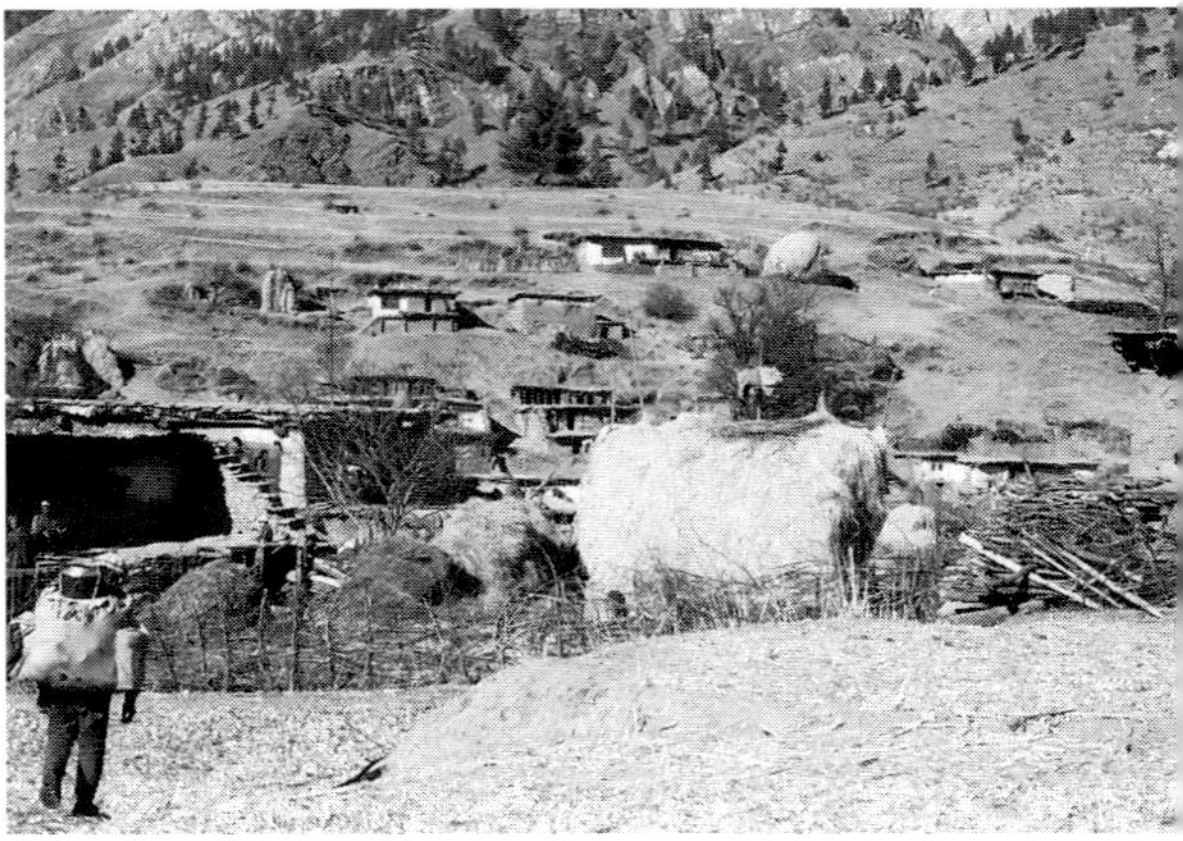

ガジュンコットに着いた

作ったのだという。ここで四時間も先に出発したボテ隊に追いついた。彼らもずいぶんのんびりしている。ミンマが恥ずかしそうな顔をしながらドクターに「風邪をひいたから腹の薬を下さい」と言ってくる。「どうした」と聞くと「マンパリを食べ過ぎたので」と。シェルパの中では最も若くスマートなミンマにしては、である。ジュムラでどっさり買い込んだらしい。

ガジュンコットには二時半に着いた。こんなに近いとは知らなかった。ボテ隊は峠を一つ越えたところにあるダルマサールまで行く。やはりボテはボテ、ネパーリーはネパーリーと別行動の方がうまくいくようだ。

ガジュンコットには各家に便所があった。旅の往復を通じて家々に便所があるのはこの村だけであった。理由は判らない。細い竹を簡単に編んだものや、割り板などで囲った小さな囲いの中に、穴が掘ってある。便所は家の裏側ではなく表側だと思える位置に設けられているのだが、その理由も判らない。

半日も歩いていないのに一日分六ルピーよこせというポーターを相手の口論の末、一人五ルピーの支払いが終わったのはもう夕方。明日からのポーターは村長によろしくお願いしておく。ジュムラの役人が村長宛に、日本の客人に不自由をかけたら厳罰に処すという手紙を書いてくれたが、どれだけ効果があるのだろう。

村の中央にあるトウモロコシ畑にテントを張り、その夜は大きな焚き火をしてこれから先の不安を紛らわす。いつもサーブ方は見境もなくあるだけの薪を燃してしまうので、アンノックは朝食を作るのに薪集めから始めなければならないとこぼしていたが、このごろは焚き火がはじまる前に炊事用の薪を一山隠しておくようになった。

珍しく娘っ子が二人、焚き火に誘われて遊びに来た。パサンがさっそく相手になっている。翌日、彼がクルミのむき実を両手にいっぱいくれた。どうしたのかと聞いても、ニヤニヤするだけで答えないが、彼女たちから貰ったものらしい。彼はよくポップコーンや炒り豆、茹でたジャガイモなどをポケットからヒョイと出してくれる。たいてい通りすがりの村で、デディ（娘）から貰ったもののようだった。

翌朝、八時頃からポツリポツリとポーター志願者が集まってきた。皆、粉と毛布を持っている。中にはおカミさんがついてきて、「これから先は雪も氷もある道だから、ジュッタ（靴）を持って行け」「いや、要らない」などと押し問答をしている者もいる。一人一人にタラコットまで行くという誓約書を書かせ、出発したのは一〇時半。一筆書かせたとて通用するはずもなく、私たちの単なる気休めでしかないのだが、それほどまでにポーター確保に神経をとがらせていたのだ。案の定、その日のキャンプ地に着く前から荷物が重いの何のと文句が出始めて、結局七人帰ってしまった。一人は大論争の末、ポーター代も受け取らずに消えてしまった。

ティラ・コーラはまだ広い河床を流れているが、道は次第に険しくなりティラ・コーラの支流に入っていく。昼すぎ、峠を一つ越えた水場で、ずっと先を行っているはずのボテ隊に追いついた。彼らは食事を終わったところでのんびりと食後の休憩中。クロさん、私たちを見ると「いやはや、彼らにはアタマにくる。ここでもう二時間も座っているんです」といいながら立ってきた。ダルマサールを六時頃出て、一〇時過ぎこの水場に着くと、「腹が減ったし、水もある。メシにする」と荷物をおろした。クロさんたちも、六時から歩かされて疲れているし腹も減った。双方とも食事の用意を始めたが、仕事の速いミンマは、あっという間に料理をすませ、一時間もしないうちにクロさんたちは食べ終えてしまった。ボテ達は、先ずお茶をたて、次にトパという粉のスープを作ってのみ、それが終わるとロティを焼いて食べ、さらに飯を炊いて大きな握り飯にしてほおばるというフルコースを、急がず焦らずのんびり楽しんで、そのあとは、ひとしきりシラミとりやら靴の修理やらで、たっぷり二時間はかける。一時間で食事を終えているクロさんたちは、やきもきしながら彼らの大食いを見物するしかなかったのだ。彼らは「ダンナ方は一日三食だが俺たちは二食だ。時間がかかるのは当たり前だよ」という。さらにクロさんがアタマに来るのは、ボテとの交渉ではミンマがさっぱり役に立たない、ということだった。ジュムラまでは、ポーターに対してシェルパは四人ともかなり高姿勢で臨んでいた。とくにミンマがそうだったのだが、ここにきてボテのポーターが相手になると、連中の顔色を窺うようになり、少しもニラミが効かなくなっている、というのだ。

ネパール人口の多くはインドから渡来した人々で、彼らはヒンドゥー教・カースト制社会をネパールにもたらし、定着させた。ネパール土着の民族であるグルン族やマガール族、その他の民族も、それぞれに固有の信仰を持ちながらも、表面的にはヒンドゥー教・カースト制を受容してきた。こうして本来はカースト制と無縁であった民族も、それぞれが否応なしにカースト・システムに組み込まれ、位置づけられていくことになり、チベット人は最下層カーストにランクされてしまったのだ。

日本人もヒンドゥー教地帯にいる間、あるいはヒンドゥー教徒とつきあっている間は、カースト・システムのどこかに位置づけられている。たまたま私たちは外国人であり、ネパール人を雇用する立場にあったため、システムの上位にランクされた。それにつれて、私たちと行動を共にしているシェルパの立場も上昇し、被雇用者のネパール人ポーターも、彼らの多くが低位カーストに属していることもあって、それを受け入れざるを得なかったのだ。だから、シェルパによるポーター・コントロールが比較的楽だったのだろう。しかし同じチベット人同士だと前提となるランクの上下意識が成り立たず、ただ個人の力量だけが問われることになる。しかも私たちが西ネパールで付き合ったチベット人は、日本人や欧米人との接触・交流の機会がなかったため、素のままのチベット人気質〝俺たちは俺たち損するも得するも己の才覚〟が顕れ、飯の食い方にまで口出しされたくはない、のである。そんな彼らが相手では、シェルパたちも分が悪い。サーブ連中との間に立って、宥めすかしながらなんとか……というのが精一杯だったのかもしれない。

この日の夕方、はじめてチベット文化圏に近づいた徴《しるし》を見た。私たちが当面の目的地としているタラコットはジュムラの東方わずかに南に下がった位置にあり、私たちは東西に走る大ヒマラヤ山脈の裾の部分を西から縦断するように進むことになる。そして今夜の泊まりはティラの谷も源流に近いムニであった。ムニでティラ・コーラは二つの谷にわかれる。右の谷はポカラへ行くルート、左はティブリコットからタラコットへのルートだという。ジュムラへ出る二つのルートが合わさる地点でもあるためか、立派な橋が架けられ、ダルマサールが四つもある。ムニはこの合流点の地名で、橋をムニ・サーグといい、村はすこし上がったところにあってダイレク（！）という。ここのダイレクはチベット人の村であった。但し、三〇戸程のうち約半数がチベット人で、三代前に移住してきたそうだ。新しいとはいえこんな処にボテ・コ・ガオン（チベット人の村）があるとは、予想もしないことであった。

橋のたもとのダルマサールに着いた時はもう暗くなっていて気づかなかったが、翌朝ダルマサールのすぐ前に石塚があった。見ると板状の石にチベット文字が刻まれている。あの有名なオムマニペメフムというラマ教の真言が大小さまざまな石面に浮き彫りにされている。誰が刻み、誰が積んだものであろうか。感激した西ヤンは密かにマニ石を一つ頂き、シェルパ達にも見つからないようにザックに入れ、ご苦労なことにそのまま旅を続け、最後は日本に持ち帰った。いまマニ石は、他の民俗資料とともに武蔵野美術大学の民俗資料室に納められ、保管されている。

ムニでもやはり恒例の〝ポーターの反乱〟が起きた。ジュムラまでのポーターは請負制なので歩き方も早く、私などはそれに追いつくのがシンドイほどだったが、ジュムラ以降、日当制になったことと、体力が劣っているために、歩き方も極めて遅く、絶えず荷物の重さに不満を漏らしていた。ムニでの〝反乱〟は、ガジュンコットの村人七人が、一日歩いただけで音を上げ、もう帰ると言いだしたことによる。タラコットまで行くと約束したはずだ、誓約書もあるぞ。約束も守らない奴らに八ルピー払うわけにはいかない、六ルピーしか払えない！というと、七人が怒り出した。それに負けずに腹を立てた西ヤンが、手にしていた棒切れをいきなり振り上げる。驚いたパサンが慌てて棒切れをもぎとり、懸命に西ヤンをなだめつつ、一方で村人たちを怒鳴っている。以後は、いつも通りのすったもんだの二、三時間。七ルピーを支払うことになったが、双方共に腹の虫が収まったわけではない。

立派な橋とダルマサール

文字の刻まれた板石

私たちは食後ダルマサールのなかで鬱憤晴らしにドカ火を焚いた。あまりに威勢よく燃やしたので、床に分厚く積もっていた山羊や羊の糞に火が回りだした。アンノックが慌てて水をかけて消したが、ダルマサールの床は水浸し。改めて、テントを張りなおすという、因果応報とはいえ余りにもバカバカしい出来事であった。

アタマに来ていたのはガジュンコットの七人も同様だったらしく、帰る際に村の人々に「あのジャパニの連中は、重い荷物担がせるくせに金払いが悪い！あんな奴らに雇われると、ヒドイ目にあうぞ！」と触れ回ったらしい。ムニに残った西ヤンとプルバがポーター集めに走り回ったが、さっぱり集まらない。やっと七人口説き落とし、いざ出発という時に、とっくに村に帰ったはずの七人がヒョイと顔出して、止めろ！止めろ！との演説。

荷を下ろすポーターたち

左から、隊長・西ヤン・ドクター

せっかく集まった連中が気を変えて帰ってしまい、西ヤンたちは、再び駆け回ることになった……。これもまさに、自業自得というか因果応報というか、である。

　こうして再度、隊は三分することになった。ボテを連れたクロさん・ヨゴさん・ミンマ。後に残った西ヤンとプルバ。それに私たち隊長、ドクター、パサン、アンノック、ガジュンコットの残りのポーター六人。その夜、私たちは深い谷底の森の中にキャンプを張った。この六人は朝の〝反乱〟に加わらなかった者で、足は遅いが真面目に歩いてくれる人たちである。それだけに一緒にキャンプをしても楽しい。彼らも私たちに劣らず大きな焚き火を焚いて、夕食後には歌をうたいだした。即興のかけ合いの歌である。一人が一区切り歌うと残りがそれをうけて合唱する。薪にする枯木はいくらでもある。勢いよく燃える火を囲んで、彼らは夜中まで歌い続けていた。

　翌朝、パサンはムニに残された二人のために僅かな食物を持って引き返していく。ポーターが集まり次第プルバが追いついてくれるはずだ。米はもう底をつきかけ、非常食のアルファ米を食べる。でもポーターたちが焼きたてのコードのロティを分けてくれたので、腹ごしらえは充分に出来た。塩とクルサニをすりつぶした薬味をつけて食べる。とても美味しかった。題名も著者も覚えていないが、コードだけはどう料理しても日本人の口には合わないと書いているのを読んだ記憶がある。個人の嗜好を云々しても始まらないが、日本人と普遍化されると、それは間違いだといわざるを得ない。コードでもマカイでもパーパルでも決して不味くはない。

　谷は寒い。流れのしぶきが岸辺の草に凍りつき、道には雪も残っている。その雪も固く凍って滑りやすく、油断すると足をとられる。昨日もやはり、道に厚い氷が張りつめたところがあり、そこを通りかかった旅人の連れていた犬が足をすべらせて川に転落したのを見た。

　昼頃から、川岸の道から雪がついた北斜面の急な登りにかかる。ポーターたちはハレー・クリシュナ！、ハレー・クリシュナ！と唱え、一息つくごとにピューッ、ピューッと鋭く息を吐きながら、あえぎあえぎ登っていく。峠にはまぶしい陽光が溢れていた。ティラ川とベリ川流域の分水嶺となっているこの峠はマウレ・ラ（マウレ峠）といい、後に地図を見ると標高三八九四ｍとあった。三七七六ｍの富士山より高いのだ。山歩きを初めて経験しているドクターにとっては、さぞや厳しい登りだったろう。それでも、自力で登り切ったのだから、凄い！

頂上近くの道の両側には、幾つもの石塚が積まれ、経文が書かれた白い布が、旗が、強風に激しくはためく。ポーターは、塚に向かって手を挙げ、シュエー！シュエー！と声を挙げて、祈りを捧げる。

南面は北斜面とはうってかわり、緩やかな道が山腹を縫うように東南東に伸びている。しばらく下ると水場に着いた。案の定、ボテ隊が昼食の最中であり、私たちも休憩をとり、クロさんやヨゴさんとの情報交換。

ムニのマニ石など、昨日からチベット文化の気配が強くなっていたが、この日もあちこちでチベット文化の表象を見かけた。昼食時の河原から見えた対岸の村（ピロラワ・ガオン）には、タルチョが何本も立っていた。午後にはチベット文字の真言が刻まれた大岩に出会い、ツォタ・ガオンでは崩れかけてはいるが、

マウレ・ラへの最後の上り

マウレ・ラ頂上で。隊長・ドクター・アンノック（手前）とポーターたち

石塚に石を積むポーター

カンニ（仏塔門）・チョルテン（仏塔）・マンダン（マニ石塚）の三点セットもあった。初めて見る、チベット人の村らしい村だったのだが、人はほとんど出払っていて、一〇人も残っていなかった。

水場で食事の用意をしていると、ボテが一人、ふらりと近づいてきた。大きな犬を一匹従え、皮のボテ服を片肌脱ぎに、靴は手製の赤や青の模様入りで、手には紡錘車を持っている。見るからに精悍な感じの男である。ムグのボテも同じチベット人なのだが、見た目や雰囲気が全く違うように感じるのだ。どうしてなのだろう。彼は休んでいるムグのポーターの間に割り込んで世間話をはじめた。ミンマが横からしきりに何か問いかけている。この近くにボテガオンは無いか、と聞いているのだ。

ジュムラを出て以来、一応タラコットを目指してはいるが、行き逢う人びとから、ボテ村についての情報を集めることにしていた。私は、タラコットまでも、タラップまでも、本当はもっともっと奥まで行ってみたい。しかしタラコットですら、道はまだまだ遠い。そして、もっと近くで調査に適した村を見つけることも大切なのだ。

ミンマの声が少し高調子になり、緊張感が伝わる。何か良いニュースに当たったようだ。

「サーブ、ティブリコットの二日ほど先に、リンモ・ポンモ

ツォタ村。マンダン（左）、カンニ（中）、チョルテン（右）。
崩れかけているとはいえ、紛うことなくチベット文化圏のシンボル

黒田隊のムグのボテたちとミンマ

ボテ服を片肌脱ぎに、犬を連れ、編み物をしながら
寄ってきた男。この旅の重要な情報を教えてくれた

というボテの村があるそうです。村の側に湖があるらしいです」という。これ以上詳しいことはわからないが、もう少し先に行けばもっと確実な情報が得られるだろう。

午後は松や杉の森、疎林の間を縫って、ずっと急な下りの道が続く。ベリ・コーラの支流を下っているのである。四時近くなってベリの谷に出る。ベリ川は深い谷の底を流れており、流れの音は聞こえるが谷底は見えない。ずっと東に高い雪の山々が夕陽を浴びて輝いている。ベリ川はカグマ・ラの北側から西に向かって流れ、このあたりで東南に向きを転じ、タラコットのずっと奥から流れ出るティラ・ベリに合流する。

雄大な景色に見とれていると、先に行っていたポーターが一人戻ってきて、私のザックを黙って背負い、そのまま歩いて行った。あわてて追いかけると、三〇分くらい先に行ったところで皆が休んでいた。アンノックが気を利かせて「メーンサーブがバテているらしいから行って荷物を持ってやれ」と命じたらしい。ジュムラまでは一日歩いてキャンプ地に着くのはたいてい私がビリだった。疲れ果ててノロノロ歩いていると、一時間も前にキャンプ地に着いたパサンかプルバが迎えに来てくれる。誰に言われるでもなく、自発的に迎えに来てくれていたのだ。疲れた身には、その心遣いが何よりも嬉しかった。

この日の泊まりはチョウリコット。戸数はおよそ五、六〇。斜面に行儀良く二階建ての家が並んでいる。先に着いたボテ隊が手まわしよく民家の一室を借りている。これはミンマの発案だという。彼はテントを張ったり畳んだりする手間をはぶく魂胆らしい。私たちにしても、テントより屋内の方が暖かく寝られる。どの家も一階が家畜小屋、二階が住まいになっているが、斜面に合わせて二階が後にずれている。一階の屋上が前庭のような役割で、仕事場になっているようだ。その屋上に面した狭い入口を入ると、細長い入口の部屋があり、物置になっている。その奥に二部屋くらいあり、家族がイロリを囲んでいる。床はやはり土間である。私たちが借りたのは入口の部屋。小さな窓はあるが煙出しの機能は不十分で、火を焚くと煙が充満して目を空けていられない。

斜面に家が並ぶチョウリコットの村

アンノックが、もう食べ物が何もないと言ってきた。彼はコック長なのに食料が無くなっても、料理に取りかかる時まで黙っている。限られた量を上手く配分して計画的に使うことも下手である。〝ある時の米の飯〟式に、明日の分をとっておくこともしないから、いつも計算が狂ってしまう。もっとも食べ方だって、大喰い揃いだから、量を少し加減するとすぐ文句が出る。宿のおカミさんに米か粉を買いたいというと、米はないが、パーパルとマカイの粉ならある。アルもよければ売ってやるという。アルは全く貧弱なもので、直径二、三センチくらいのクズ芋だった。ミンマが米を売ってもよいという男を連れてきた。一マナ二ルピーで五マナ買った。

パルシー（カボチャ）を入れた雑炊で食事を済ませてから、奥のイロリの間に上がりこんだ。家族は母親と老婆、娘二人の女ばかりである。主人はジュムラに商売に出ていて留守。ミンマが、雑炊では足りなかったとみえて、パーパル・ロティを焼きましょうと言い出した。誰からも異存は出ない。

部屋の隅に大きな壺が並んでいる。おカミさんに、あれはチャンではないかと聞くと、よく判ったね、とニッコリ。さっそくロティをつまみに、チャンを飲むことに決まったが、ドクターが一芝居打ってみるから、ちょっと待ってください、と。

この家の老婆もおカミさんも喉を大きく腫らしている。チベット産の岩塩にはヨード分が含まれていない。この岩塩を使っている地帯には、ヨードの摂取不足による甲状腺腫になる人が非常に多い。ドクターは、先ほどおカミさんから〝ルガ・コ・アウサディ（喉の薬）〟はないかと問われていたのである。そこで、彼は彼女に向かって、「あんた方の喉によく効く薬があるよ。でもこの薬は少し高いので、ただで上げるわけにはいかない。このチャンを私たちに飲ませてくれたら一瓶あげよう。この薬を一滴ずつ汁にでも入れて飲めば、瓶がカラになる頃には喉も治っている」と、ヨードチンキの小瓶を取り出した。

カトマンズで随分お世話になった島田輝夫さんは、何年もの間テライで実験農場を指導されているが、甲状腺腫の男に昆布の小片を毎日一切れずつ食べさせたら一ヶ月ほどで治った、と言われていたのがヒントになり、昆布が効くならヨードチンキはもっと……というのである。しばらく考えていたおカミさんは、娘にチャンの壺を持ってこさせた。

チャンも美味しかった、ミンマが焼いたロティも美味しかった。蜂蜜を付けて食べるとホットケーキの味がした。

チョウリコットの人たちはチベット語を使っている。ここは四代くらい前に出来た村で、最初に村をつくったのはボテの女を妻にした男たちだったらしい。だから服装はネパール風でも、言葉はボテの言葉を使っているのだという。その後も言葉はチベット語だという村が幾つかあった。チョウリコットの家々がかなりきちんと並んでいるのも、何か村の歴史や社会組織と関連したもののように思われ、興味をそそられる。クロさんは斜面の上の方に、墓のような石がやはり整然と並んでいるのを観察している。

一二月二一日、ベリ川の南面を東に向かって進む。地図上ではベリ・コーラとなっていても、現地では場所によって呼び方が違う。チョウリコット付近ではチャチュ・コーラと呼んでいる。チョウリコットの対岸のすこし低いところにチャチュ・ガオンという村があるから、その名前をとったものであろう。ティラ川もムニから上流はチェチュ・コーラと呼んでいた。この川は何というかと聞きながら歩いたが、たいていは近くの村の名前で呼んでいたようだった。〔日本でも川の呼称は場所によって違うものが多く、そういう名称を「トコロカワ」というのだそうだ。もちろんそんな知識は帰国後かなり経てから知ったものだが。〕

チョウリコットの道。山地に生きる人々にとって、道こそが生命線。よく整備・補修されていることに気がつく

昼近くリミという村を過ぎた。屋上からあのマウレ・ラを下りたところで出会った男のように、精悍で見るからに野性的な顔つきのボテが、何人も私たちを見下ろしている。リミの住民ではなさそうだ。屋上で青空を背に腕組みをして突っ立っている彼らには、惚れ惚れするような野生が感じられた。いわゆるネパーリにはないバイタリティを感じる。クロさんが聞いたところでは、彼らはドルポ地方の奥（いわゆる、アッパー・ドルポ）から来た者で、冬の間だけリミで間借り生活をしている。「チベット・ジロー」として名高い川喜田二郎先生たちが、一九五三年に三ヵ月もの住み込み調査をしたツァルカ村から来た者もいるという。リンモ・ポンモはここからそんなに遠くなく、確かにボテの村である。そこの村人もよくリミまで下りてくるという。

九　カイガオンにて

その日は次の村、カイガオンまで進んだ。プルバが追いついてきた。西ヤンとパサンは、私たちが一昨日通過したツォタ・ガオンでゾーを雇って出発したところだ、という。カイガオンにもドルポ地方のボテが泊まっているし、村人の中にもかなりボテの血が混じっている人がいるようだ。リンモ・ポンモの確実な情報を得るため、三組に分かれて村の各家をまわることにした。私はドクターと組み、プルバをつれてムキヤ（村長）の家に行った。ムキヤは老人で、頭も白くなっているが、リンモ・ポンモについて詳しく教えてくれた。

リンモ・ポンモとまとめて呼んでいるが、リンモとポンモはそれぞれに独立した村で、リンモは湖の畔にある。リンモは約三〇戸、ポンモは二〇戸くらいの規模だという。ポンモには大きな寺があって、偉いラマがいる。どちらもボテの村で、村人はみんなボテ服を着ているし、ボテの言葉を使っているが、ネパール語も通じる。カイガオンから六日かかるが、一日目はトウダハラというダルマサールで泊まる。翌日はバラング・ラという高く嶮しい峠を越えてパーラにとまり、三日目はルマ、四日目がラワ、ここからサンドーワ・コーラの谷に入って、五日目がサンドーワ、そして六日目にリンモあるいはポンモに着く。

カイガオン。羊毛から糸を紡ぐ準備。背後の窓枠はかなり手の込んだ彫刻が施されている。意匠はネパール風のようだ

リンモとポンモは半日ほど離れている。リンモは村が二つあって、湖の畔にあるのが本村のリンモで、下の方にマドワという冬村があり、村人はいまの時期はマドワに住んでいるだろう。両村とも、パーパル、ガウン（麦）、アルをたくさん作っているし、チヌ（粟）はマドワでなら作れる。

情報をくれたムキヤ自身も、リンモ、ポンモに一度行ったことがあるということなので、かなり精度の高い情報だと思われる。

集会所に帰ってこれからのことを相談する。みんな緊張したなかにも、目指すべき村が具体的に浮かび上がったという安心と喜びが隠せない表情である。それぞれが集めてきた情報を総合すると、リンモ・ポンモの両村は私たちの調査対象としてふさわしい村だといえる。但し、私たちのトレッキング許可証にリンモ・ポンモの地名が入っていない。ティブリコット・タラコットのルートからはほんの僅かだが北に入っている。ヨゴさんの得た情報によればティブリコットから一日先にドゥネイという新村があり、そこにドルポ地方全体を治めるパンチャヤット・オフィスがある。面倒だが、誰かドゥネイまで行ってリンモ・ポンモの滞在許可を確認した方がよいのではないか。それにドゥネイに行けば、もっと確実な情報が入るだろう。

最後は隊長が決定を下す。目的の村をリンモとし、ポンモへは必要に応じて出張する。両村への滞在許可を取るために、ヨゴさんとミンマに、ご苦労だがドゥネイまで行ってもらう。二人は明朝出発してほしい。ドゥネイまでの往復には五日を見込もう。その間、本隊はリミに引き返し、ドルポから来ているボテと、リミの村人との関係を調査する。リミ滞在は一週間程度にしたい。

さっそくプルバとミンマがポーターに予定変更を伝えに行く。帰ってきた二人は、「連中は、もう重たい荷を担ぐのはこりごりだって喜んでいましたよ」と笑って報告した。

追い込み場の石垣がわりに、拾い集めた薪が積み上げられている

カイガオンの暮らし

一〇　リミ村滞在

リミの谷は暖かい。谷がほぼ東西に走り、しかも村のあるあたりから谷幅がぐっと広くなるので、対岸の尾根の日陰になることもなく、一日中よく陽があたる。尾根筋から谷底までの標高差は一〇〇〇mほどもありそうで、村はその中腹の僅かに傾斜が緩やかになった所にある。下の集落から少し下ったあたりから、斜面は急に嶮しくなり、一直線に谷底まで落ち込む。集落からは川の流れも見えないし、水音も聞こえない。日当たりのよいリミやチョウリコットに比べて、北岸のしかも谷底にあるカイガオンは寒い。冬期、カイガオンに陽が射すのは午前中だけ。リミに比べると標高はかなり低いが、陽の当たらない谷間だけに気温はかなり低い。カイガオンにもドルポから来たチベット人たちがかなり滞在していたのに、リミまで引き返したのは、リミにはドルポの住民が最も多く、ドルポ地方との交易の中心であるように感じたからだが、同時に村を包んでいる明るい陽光が魅力的だったのだ。

リミは一五〇戸ほどが等高線に沿って上・中・下の三集落に分かれ、それぞれが五〇戸ほどの集まりである。私たちはその中の集落にあるダルマサールを宿として借りた。すぐ隣にはムキヤの家があった。

私たちはリミでは、主にドルポとリミの間の「交易の仕組み」に関する聞き取りをすることにしていた。チベット人にとって交易は不可欠な生業の一つであり、これから行こうとするリンモ・ポンモも含めてドルポ地方のチベット人の交易活動の一端でも知ることは、重要なことだと考えたからである。リミに滞在しているのはチベット国境に近いシャルダンの住民が大部分で、リンモはリミとシャルダンを結ぶ交易路のほぼ中間に位置している。

リミを中心とする「交易の仕組み」は大略次のようになる。

第一　貨幣による売買ではなく物々交換が主となっている。

第二　交換する物資は、穀物・塩（岩塩）・羊毛が中心である。

第三　中継点における仲介交易である。

中継点のうち重要な一つがリミであった。物資の運送距離は想像以上に長距離である。例えば岩塩。つい最近までは、チベットからインド国境近くまで運ばれていたし、インド産綿布は現在ではシャルダンまで運ばれている。

リミの人たちが次の中継点として品物を運んでいくのは、この近辺ではジュムラ、ティブリコットなど、南ではジャジャルコットに近いサマコーラあたりまでで、ドルポ地方ではシャルダンまで行くこともある。一方シャルダンの人たちの交易範囲はチベット国境を越えてキャトック・ツォングラ（ツォングラ＝市場）からリミ、ティブリコットまでの間で、時にはジュムラまで行くこともある。商品の流れとしては、シャルダンの人がキャトックから塩、羊毛を仕入れてリミまで運び、トウモロコシ、麦などと交換する。キャトックでの交換にはリミ周辺で仕入れた穀物を使う。リミの人はシャルダン人と交換した塩、羊毛をジュムラやサマコーラまで運んでトウモロコシ、麦、米を仕入れる。リミでとれる穀物は村内の消費をまかなうのがやっとであるし、シャルダンは高冷地で農作物はほとんど出来ないから、食料は交易で得た利潤に頼らなければならない。

六月になると、シャルダンの人はヤクを連れてチベット国境を越える。チベットに行くのは六月と七月で、シャルダンからキャトック・ツォングラまでは、シャルダン——ネザー——スンドワ——ツオ＝パル——キャトック・ツォングラで、四泊五日の行程だと聞いたのだが、これらの地名を地図上で確認できなかったのは残念である。

シャルダンからヤクを連れて下りてくるのは一一月で、それから四月まで三ヵ月から四ヵ月リミに滞在する。シャルダンからリミまでは約一〇日ばかりの行程で、途中カグマラ・レク、バハドゥ・レク、ドゥングシム・レクと三つの峠を越さなければならない。シャルダンを出てラムツォツゥ——シントゥップ・ラ——プウリア——ダニガーラ——ツァムツァ——リンモ——ダーザ——ガーリ——ツゥムニャ・オラル（オラルは石窟）——ウリコット——リミで、これが途中の宿泊地だが、夏期は別のルートもあるという。一一月、リミに下ってきて翌年四月までは雪が深く、同じルートは通れない。

シャルダンの人びとがリミで越冬するようになったのは、古いことではなく、今から一二、三年前からである。それまでもリミはシャルダンの人たちが南へ足を伸ばす終点だったが、せいぜい五日か一〇日程度の滞在で、商売だけが目的の旅であった。それが越冬するようになったのは、一九五〇年の中国人民解放軍によるチベット侵攻と、その後に起こったチベット側の反撃、それに対する中国側の警戒などの繰り返しで、国境の出入りが不自由かつ危険となり、安心して家畜の放牧が出来なくなったからだ。

シャルダンの冬は厳しく、家畜の草が全く無くなるので、昔から冬の間は、家畜は全てチベット高原に連れて行って放牧していた。一九五六年春、タラップからリンモ・ポンモ、シャルダン・ナムドとドルポ地方一帯を歩いているイギリスの仏教学者、ダヴィッド・スネルグローヴの記録（邦題『ヒマラヤ巡礼』白水社、一九七五年刊）には、シャルダンのことがかなり詳しく記録されている。彼がシャルダンを訪れたのは五月だが、峠はまだ雪が積もり、住民の大部分が家畜を連れてチベット高原へ出払っており、村は空の状態に近い。住民は南の峠（ドゥンブシレ・レク）を越えて行くより、チベット高原へ行く方がずっと簡単だし、実際のつながりも深いと考えている。一年の内、八ヵ月近くをチベット高原ですごす。彼が行った時は、やっと大麦の蒔きつけ準備がはじめられようかという時期で、まだ畑には草一本も生えていない。ジャガイモも作れると思うが、全く植えていない。農業よりむしろ牧畜と交易に力を入れている、とある。

越冬地としてリミを選んだのは、交易の中継点であると同時に、村の上の方にある森林が、ヤクの南下限界の高度範囲内にあって、その放牧に適しているからだ。森の中にヤクを放しておいて、五日に一度くらい様子を見に行くだけで、とくに見張りも置いていない。ヤクは低いところでは生活できず、ジュムラまで交易に行く時も、ヤクはずっと上の放牧地に置いたままにしておく。

シャルダンから来た人びとは、リミ滞在中、交易や家畜の放牧の他に、機織りや畑への肥料だしなどの賃仕事をして現金収入を得ている。機織りはブランケット一枚で二〇ルピー、畑仕事は日当で二ルピーほどだ。

彼らが間借りするのは、お互いにローバと呼び合う親しい関係にある家に決まっている。ローバというのは日本風にいえば〝兄弟分〟であろうか。村の一番高いところにあるイルラ・エリの家には、シャルダンのケリキャルが妻と子供二人を連れて間借りしている。借りているのは入口の軒下のような部屋の一隅で、仕切り代わりに穀物か塩を入れた袋を積み上げ、その奥に炉をしつらえている。

イルラ・エリとケリキャルのローバ関係は彼らを含めて四代になるということだった。これは正確に四代前というのではなく、非常に古くからの関係だという意味に受け取れた。

ケリキャルがリミに来た時は必ずイルラ・エリの家に泊まるし、エリがシャルダンに行けばケリキャルが泊めてくれる。互いに家賃はとらず、滞在中何かと面倒をみるが、最も大きな役目は、商売のマネージメントだ。リミでイルラ・エリがケリキャルの商品を売りさばく際には、自宅に買い手を集め、少しでも良い値で交換・販売できるように仲介する。イルラ・エリがシャルダンに行った時には、ケリキャルが同様にしてくれる。こうしたローバ関係は代々受け継がれているらしいが、どちらかが親身な対応をしなかった場合には〝絶交〟もあるようだ。

ローバはリミ、シャルダンだけではなく、道中で宿泊する村には必ずある。シャルダンから来る際も、商品の全てをリミまで運ぶのではなく、交換しながらの道中である。交換した品物はローバ宅に預けておき、帰途に受け取る。途中の村では短期間の逗留で、交換量も多くないので、ローバの手を借りず自分で商売をする。

ローバという関係はチベット人とネパール人の間だけでなく、チベット人同士、ネパール人同士でもある。リミの村長の話によると、リミから南に九日行程のサマコーラにも二人のローバがおり、こちらから行く時はジャガイモや豆を手土産として持参し、ローバは米や野菜などを一日分か二日分ほどくれるのが慣例になっている。サマコーラへは、たいてい羊を連れて行くが、ローバの家は両方とも小さくて、羊を入れられないのでテントを使う。そしてサマコーラでの商売はローバを中に立てずに自分で行う。ネパール人同士のローバ関係については、この村長の事例しか得られなかったので、はっきりしたことはいえないが、村長がサマコーラでは自分で商売をするといっている点からすれば、ローバ関係はチベット人とネパール人の間で特に重要な意味を持っているように思われる。同じ民族間でのローバ関係は旅の便宜をはかる程度のものだが、チベット人・ネパール人の間では、それも特に大きい商売をする場合は、商売の仲立ちをして、なるべく大きな利益が出るよう手助けをする。異民族同士間の、一種の相互扶助なのかもしれない。

親密なローバ関係を結んでいる間でも、やはりネパール人側からはカースト的差別意識が強く感じられる。イルラ・エリは「ボテは牛・ヤク・ゾーを平気で食べるが、我々は羊・山羊・ニワトリしか食べない。ボテは炉端をきれいにしないし、食べ終わっても食器を手でぬぐってそのまま懐に入れてしまう。全く不潔で、我々はボテのつくった食べ物は汚くて食べられない」と言う。イルラ・エリの家族が作った食事をケリキャルの家族は食べるが、ケリキャルの家で作った食事をエリの家族は決して食べない。その理由をエリは不潔だからと言っているが、本当はチベット人を低いカーストと見ているかららしい。両者の間に正式な通婚関係はないようだ。家畜小屋の掃除はボテがしているのを見ることが多かったが、これは差別というより、泊めてくれる家主へのサービス労働なのだろう。

ヒマラヤ山地を舞台とする交易は、北と南で不足するものを補い合う必要不可欠な営為である。シャルダンでは食料が足りず、リミやサマコーラでは塩や羊毛が足りない。塩は南へ行くほど、米やトウモロコシは北へ行くほど高価になる。それぞれの交換レートを拾ってみよう。

イルラ・エリはほとんど毎年、羊を二、三〇頭連れてシャルダンに行き、大麦やトウモロコシを岩塩や羊毛と交換してくる。父親の代には一二、三頭のゾーを持っていたが、今は羊しかいない。大きなゾーだと一頭で岩塩なら三〇パテ、大麦、トウモロコシなら四〇パテ積める。小さなゾーならその半分。羊でもゾーの五分の一、つまり穀物なら八パテ程度は付けられる。一パテは約三マナ、一マナは約一・五合の換算だから、羊一頭で約三升六合の穀物を運ぶ計算になる。従って、三〇頭の羊を連れて行けば、全部に荷を付けるわけではないが、二四〇パテほど運べる。シャルダンでの交換レートは、その年のの出来具合によっても異なるが、良質のものなら一パテの大麦、トウモロコシで岩塩が四パテ、出来の悪いものだと一パテで二パテの岩塩になる。交換してきた岩塩は自家用以外は全て交換用になる。羊毛は自家用である。村長の話だと、彼がシャルダンで換えるレートは一パテのトウモロコシか大麦で一・五パテの塩だという。持ち帰った塩一パテがリミでは二パテから三パテの大麦と交換される。またリミからティブリコットまで出かけていったボテによると、ティブリコットでは塩一パテで二パテから二・五パテの大麦と交換できた。リミでの交換レートとほとんど変わらないといえる。サマコーラまで持っていくと一パテの塩で三パテの籾か大麦と換えることができる。大麦とトウモロコシは何処でも同額である。

　リミにいるチベット人たちの全てがヤクやゾーを持っているわけではないだろうが、少なくて三、四頭、多いと一〇数頭は連れてきている。仮に全体で一〇〇頭、その八割に岩塩をつけてきたとすると、一頭に約三〇パテだから、ひと冬に二四〇〇パテもの岩塩がリミに集まることになり、大麦に換算すれば四八〇〇パテになる。更にリミの人がシャルダンへ行って持ち帰る岩塩の分まで加えれば、リミを中心として動く穀物の量は年間で相当な量になる。

　この交易は、ネパール内では採れない岩塩と、ヒマラヤ山地で不足する穀物との交易とで成り立っている。それに関連して、村長によるサマコーラでの商売の話が興味深い。彼がサマコーラに行く目的の一つは米（籾）を得ることだが、サマコーラより近く、米も多く採れるジャジャルコットには全く行かない。ジャジャルコットにはインド産の塩が入っているので商売にならないからだ、と。

　私たちも道中で塩を買ってきたが、ダイレクではインド産の塩だった。どこまでインド産の塩が入っているかは把握していないが、ジュムラやリミにもインド産の塩が到達するのは、それほど遠いことではないだろう。リミの村人も年に一度くらいはインド国境近くのネパールガンジまで出かけ、綿布や鍋、織機、石油などを仕入れてくるが、こちらから持っていくのは、寄留するボテに織らせたり、自分たちが織った毛織物が大半で、他に現金を持っていく。してみると、家畜の背による塩と穀物の交易の前途は明るくないだろう。

　一二月二四日、目が覚めると一面の銀世界。どの家でも早くから雪かきをしている。木製のシャベルは、日本の雪ベラと同じ形だ。家畜小屋の掃除をしていた女の子も、汚れたワラを掻き出すのに使っていたから、雪かき専用というわけではないようだ。この日は一日中、雪が降ったり止んだり。雪は谷底から吹き上がってくるかと思えば、一転して尾根から激しく下りてくる。降るというより、〝雪が来る〟という表現が似合うようだ。この雪の中、ヨゴさんとミンマはどこを歩いているだろう。

　交易について述べたので、私たちの買い物についても触れておこう。二〇日にリミを通過した時、今夜の食べ物を用意しておこうと、道上の家に上がっていった。今思い返すと、たまたまそれが村長の家だったのだ。カボチャがあるので値段を聞くと、一個二ルピーだという。今までは一個一ルピーでも高いと思っていたのに、二ルピーと聞いて驚く。トウモロコシ粉も一マナ二ルピーだという。村外れまで来ると、カボチャの入ったドコを背負った女に会った。声をかけると、いまカイガオンで五個一ルピーで買ってきたところで、自分の家で使うものだから売れないと断られた。リミでは一個二ルピーがカイガオンだと五個で一ルピー！。いくら何でも差があり過ぎる。その夜、リミまで後退することに決まったので、カボチャの買いだめをしようと、プルバを連れて出かけた。何軒か廻って、二ルピーで三個、翌朝出発前に三ルピーで七個。ただ、カボチャの実は売れるが、種は売れないとのこと。その場で二つ割りにして種は返した。カボチャの種から油を搾るというのだ。リミでも乾した種を割ってすりつぶして油を採っていた。

一マナ二ルピーといっていたトウモロコシ粉も、私たちがリミに滞在することになって、二マナ一ルピーにまで値下がりした。（表参照）。

雪の朝。山から降り下り、谷から舞い上がる。
谷間も対岸もすぐにみえなくなった

リミの食品価格

粒とうもろこし	1マナ	1ルピー
とうもろこし粉	1マナ	0.5ルピー
大麦	4マナ	2.5ルピー
米	1マナ	1.4ルピー
ツァンパ（煎麦粉）	7マナ	4ルピー
〃	2マナ	1ルピー
鶏卵	1個	0.25ルピー
鶏	1羽	10ルピー
ギー（食用油）	1ダルニ	20ルピー
干し蕪	1パテ	1ルピー
チャン	1カメ	20ルピー
岩塩	1マナ	1.5ルピー
タマッグ（粗製煙草）	1マナ	1ルピー
（以上リミでの購入　以下カイガオンで購入）		
ゾウの肉	半頭分	28ルピー
ジャガイモ	20ダルニ	35ルピー

土地の人が買うより少し割高になっているとは思うが、買い物には行く時にはプルバかパサンに同行してもらい、値切れるだけ値切ったから、それほどは吹っかけられてはいないはずだ。シェルパの中での買い物上手は、ミンマとパサン。ミンマはお世辞で相手を丸め込むのが上手で、特に女性相手だと、こちらが気の毒になるほどの安値を押し付ける。パサンはもっぱら押しの一手。アンノックは炊事担当なのに買い物下手で、相手の言い値で買ってくる。プルバは如才なく両方の顔が立つところで手を打つ。四人それぞれの性格が買い物にも出てくるものだ。

リミに荷を解いた日、プルバと鶏を買いに出た。予算は一〇ルピー以内、少し上手の家の屋上で五、六羽遊んでいたので、プルバがかけあうと雌鶏一五ルピー、雄鶏一〇ルピーだという。八ルピーに負けろと交渉するが駄目。隣に行って屋上で羊毛の手入れをしている主人に声をかけたが、家の鶏は女房のものだから、女房にきいてくれと断られてしまった。鶏の代わりに隅に転がしてあった木彫のデウタ（魔よけの人形）をもらって、その上の家でやっと雌鶏を一〇ルピーで手に入れた。放し飼いされているニワトリは飛ぶ力が強力で、屋上から地面まで身軽に逃げ回るので、数人がかりでやっと捕らえ、ククリ（ネパール伝統の山刀）で首を刎ねた。刎ねた首から爪先までカレースープに入れたが、八人で食べるにしては、匂いを嗅いだ程度にしかならなかった。

ことのついでに、リミの食生活についても少し触れておきたい。私たちも主食は村人と同じものを食べていたが、村人の主食は、トウモロコシ、大麦（ガウン）、シコクビエが主で、ツァモル（米）は特別な時にしか食べない。米以外は粉にしてロティにするのが普通である。ロティは粉を練って丸く薄く手でのばし、鉄板で焼いたいわゆるお焼きである。それにジャガイモ、カボチャ、クイラ（蕪）などのタルカリ（カリー）をつけたり、塩やクルサニ（野菜の即席漬け）の薬味で食べる。だいたい一マナの粉を、直径一五〜二〇センチのロティ二枚に焼く。これが一食の基準量になる。重い荷を担ぐポーターも、朝出発前にロティを三枚くらい焼いて、一枚を朝食として食べ、二枚を昼食にする。夜はこれにタルカリを作れば上等の方である。たったこれだけの食物で、よくあれだけの荷が担げるものだと感心する。トウモロコシやシコクビエ、アタ（大麦）は米より滋養もあり、腹持ちもよいので、充分足りているのだという。

トウモロコシの粉はロティの他にディロにする。ディロは粉粥というか、お練りというか、トウモロコシのソバガキといえば一番判りやすいだろう。ディロは脂身で出汁をとり、岩塩をすりつぶしてクルサニで味付けしたタレをつけて食べる。粒のマカイはポップコーンにしてお菓子がわりにする。ポップコーンは粗い砂と混ぜて深鍋で煎って作る。破裂したポップコーンは砂の上に飛び出るから砂と混じることはない。私も真似をし

村のあちこちにクルミ（オカル）の木が見える

クルミの実を砕き揉みながら油を搾るボテの女性

絞ったクルミの油を木製の瓶に移す

て油を入れて煎ってみたがあまり膨らまなかった。脇で見ていたミンマが、村長の家から鍋と砂を借りてきてくれた。マカイは粒のまま煮て食べることもあると聞いたので、コーンスープを作ってみた。しかしカラカラに乾してあるので二日くらい煮ないと柔らかくならない。柔らかくなったものを潰してスープにするとまずまずの味にはなるが、皮だけはどうしようもなかった。

リミではかなりのマカイが植えられているらしく、屋上に細い竹で高い囲いをつくって貯蔵している。必要に応じて粒を落として粉にする。ソバや麦もそのまま袋に入れて蓄えている。

このほか、貯蔵できる野菜にカブ、ジャガイモ、カボチャなどがある。カブの葉は軒下に吊して乾しているし、カブは千切りにして干しカブにしたり、土に埋けておいたりしている。

調味料、脂肪源として重要なものにクルミがある。リミの谷はクルミの木が多く、村の中にも大きなクルミの木が何本もある。油を採るには、まず殻のまま一度茹でて割りやすくし、石で叩いて殻を割り、中の実を針でほじり出す。実が一定量たまったら、石の上でどろどろになるまでよく磨りつぶし、深鍋に入れて手でよく捏ねる。充分練れたら水を少しずつ垂らしてさらに捏ねまわすと油がしみ出してくる。ずいぶん手間のかかる作業だが、冬の間はクルミ割りが女たちの重要な仕事になっていて、朝から晩までコツンコツンと割っている。むき実をお菓子代わりに食べながら割るので、一日かけてもどれほども溜まらないが、蓄えてあるクルミの量は相当なもので、どの家にもクルミを入れた大きなドコが三つや四つはあった。

一二月二七日、ヨゴさんとミンマが、私たちのリンモ・ポンモへの入域に問題はない、という嬉しい確認を得て、無事に帰ってきた。一刻も早く出立したいところだが、二人の休息も必要である。出発は、二九日に決まった。

出発前夜、新年は旅の空で迎えることになり、全員が揃っているかどうかも判らない。目的地に向けての最後の旅となってほしい。そんな不安や期待や願いも込めて、チャンを飲んで威勢をつけることにした。「メン・サーブ！ 買ってきました！」と、パサンが大きな甕をドコに入れて担ぎこんできた。甕ごと買ってきたのだ。但し、甕と絞り粕は返すという約束で、一甕二〇ルピー。発酵した麦の甘酸っぱい香りが漂う。早速、ミンマとパサンが搾り始める。発酵した麦を笊にすくい込み、水をかけつつ手で揉みながら絞ると、白濁した液が出てくる。一甕でヤカン三杯分。温めて飲むと、やや弱いが燗酒に似た味もする。カイガオンで買ったゾーの肉は、細く切り分けて宿舎の針金にかけて燻し、保存食・行動食とするつもりだった。その肉を裂きながら飲むチャンの味は格別。仲間一〇人全員の顔が、ほのぼの幸せそうであった。

二九日、いよいよリンモに向けて出発。ポーターにはシャルダンのボテが一七人、リミの村人が四人、日当は八ルピー。

カイガオンには二四日に降った雪がまだ一面に残っていた。リミでは跡形もなく消えてしまったのに。これからの山道が思いやられる。カイガオンからの登りはそれほどきつくはないが、ビショビショに溶けかかった雪に足をとられがちになる。二一人のポーターはやはり足が遅く、よく休む。歩くより休んでいる時間の方が長いくらいだ。

深い雪が残っている急な登りにかかった時、ゾーを四頭連れたチベット人の夫婦が上ってきた。夫人は乳飲み子をおんぶしている。ボテのポーター連中の顔見知りらしく、どういう取り決めをしたのか、ほとんどの者が荷をゾーに付け、自分たちの食料だけ担いでいる。雪が深くて危ないから、道がよくなるまでゾーを貸してくれと交渉したらしい。ゾーは後から追い立てると一〇ｍくらいは駆け上がるが、そこで立ち止まってしまい、また追われるまでじっと雪の中に立っている。歩くスピードはポーターたちと変わらないが、休まないだけ速くなる。先に、ムニでの〝反乱〟で足止めをくった西ヤンが、最後の手段としてツォタでゾーを雇ってマウレ・ラを越えた時、ゾーは足は遅くても峠の手前から上まで休まずに登っていく。休めば置いてきぼりをくうので、休むこともならず追いかけて登ったが、これほどきつかったことはないとぼやき、もうゾーだけはこりごりだと言っていた。

ずっと森林が続いている。今夜はバラングラ峠の下にあるダルマサールで泊まる予定だが、ポーター達はそこまで行くかどうか。ゾーの男もダルマサールの一時間ほど手前に暖かいキャンプ地があるといっていたから、多分そこでストップするだろう。午前中は晴れていた空が、厚い雲に覆われ、雪になりそうな気配になった。三時半、キャンプ地に着くと、案の定ポーターたちは腹が減った、明日の朝は早く出るから、今日はここで泊まると言い出し、サッサと荷を下ろし、水汲みに行ってしまった。暖かいキャンプ地だというが、あまり暖かそうな場所でもない。第一雪になったら閉口だ。

食料ドコを担いでいるボテ二人を何とか説得して、我々だけダルマサールに向かう。石ころだらけの斜面に建っているダルマサールはなかなか立派なものであった。森に囲まれた窪地にあるので風も当たらない。久しぶりに盛大なドカ火が焚けると、隊長、西ヤンは薪集めをはじめる。枯枝がいくらも転がっているのに、彼らは生木の方が油があって豪勢に燃えるとか言いながら、生の枝をボキボキ折っている。アンノックが、そんなことをすると地獄へ堕ちると言い出した。生木を切ることはたいへん罪深いことで、立木はたとえ枯れていても折るものではないそうだ。

夕食後、明日の昼のためにロティを焼いた。ボテとネパー

カイガオンの野面には雪が消え残っている。リミの明るさとは対照的だ

ゾーを４頭連れたチベット人夫婦

私たちはパラングラ峠下の立派なダルマサール泊。

ボテはロティを焼くのも手慣れたもので、両手でパタパタ叩いて薄く延ばして焼く。焦げ目がきれいについて旨そうだ

リーとジャパニの混成部隊は食事の時間を調整するのが難しい。ボテは朝は早立ちをして、一〇時頃になると朝食兼昼食を始める。どっかりと腰を落ちつけ、たっぷり二時間くらいは動こうとしない。ネパーリーは出発前に、朝昼二食分のロティを焼く。昼食は空腹になり、適当な水場があればそこで食べるが、時間は二〇分もあれば充分という簡単さである。私たちはボテに付き合うほど時間はかけないが、かといって二〇分では料理を作れないから、ネパーリーを見習って弁当を持って出ることにした。アンノックはドコを担いできた若いボテに手伝ってもらっている。アンノックは、この二、三日でやっとロティの作り方を覚えたばかりで、手つきもできあがりもまだボテにはかなわない。固く練ったトウモロコシやアタを拳ほどの大きさに丸め、両手でパタパタ叩きながら少しずつ伸ばして直径二〇センチくらいの円形にする。それを火にかけた円形の鉄板で両面をこんがりと焼き、さらにそれを焚き火の廻りに立て並べてよく炙る。鉄板を持っていなければ手頃な平べったい石を使う。よく使われるキャンプ地や水場には焼けた平石が転がっているのを何度も見かけた。外国隊に雇われた経験が一番多いアンノックがロティの焼き方を知らなかったのはちょっとした驚きだった。キャラバン中でロティを初めて焼いたのはジュムラであったが、そのときアンノックは、私はロティの作り方を知らないのでミンマに頼むといって、ミンマに任せてしまった。リミでも昼、夜ロティのことが多かったが、そこではパサンがやらされていた。パサンの作るロティは、彼の人柄そのまま、分厚く豪快なものであった。アンノックがロティを作れるようになったのは、この二、三日のことである。

案の定、夜半から雪になった。雪は朝になってもまだ降り続いていた。その雪の中をヨゴさんとミンマが、パンチャヤットの備蓄米を私たちに分けてもらいたいと依頼するために、再びドゥネイに向かった。

（木村真知子「西ネパール紀行」了）

第三部

ポンモ村記

（ドルポ西南端のチベット人村落）

はじめに

ネパールは東北六県に新潟県と北海道を合わせたくらいの国土面積（一四、七万平方km）で、人口は二〇二三年現在で三、〇九〇万人余となっているが、私たちが訪れた頃（一九六七・八年）は一、〇〇〇万人余であった。チベット高原とインドの大平原にはさまれた小さい国だが、東西に七、〇〇〇m以上の高山をいくつももつヒマラヤ山脈が走り、世界の山国として、登山愛好家たちのメッカとして知られている。また一方、釈迦誕生の地であることや、カトマンズを中心に古い文化や宗教建造物が多く残されていることから、登山や観光、研究を目的に、この国を訪れる人は少なくない。

私たちの目的は、ネパールの中でも比較的外国人が入ることの少なかった西部ネパールの奥地にあるチベット人の村を調査することであった。そこには古い宗教や生活習俗がまだ生きているのではないか、と考えていたからである。

インドでの荷物輸送や諸々の手続きなどに予想以上の時間がかかり、私たちが西ネパールの調査値をめざしてカトマンズを発ったのは、予定から一ヶ月以上も遅れた一一月の末、峠の道は降り積む雪に閉ざされるかもしれない、という頃であった。

一　ポンモ到着

――うやむやな、村入りのこと

1

ヒマラヤの山は深く、谷は険しい。

道は、この深く険しい山を越え、北はチベット高原から南はタライの森林帯を抜けて、インドの平原まで、細く絶え絶えと続く。ヒマラヤの住民たちは、この道を通って、北から南へ、南から北へと移動を続けてきた。

南のタライ地方で稲の取り入れが始まり、畑に菜の花が美しく咲き乱れる頃、北の山地では、冬が近づく。そして、峠の道は雪で閉ざされてしまう。山の住民たちは峠が雪で閉ざされる前に、わずかの家財道具をまとめ、ニワトリやヒナもいっしょに、ドコ（竹で編んだ大きな背負い籠）に入れ、羊や山羊の背に穀物やチベットから運んできた岩塩、羊毛などを付けて南への旅に出る。

寒い冬を暖かい南の地方で過ごし、春になったらまた山の住居に帰ってくるというのが、彼らの生活サイクルであり、大事な生活手段となっている。

暖かい地方で家畜に十分草を与え、一方、北から運んできた岩塩や羊毛を、インド産の綿布や穀物などと交換して持ち帰り、

山羊と旅人

夏になると、それを北の国に運んで岩塩や羊毛と交換してくるのである。

冬が近づいたヒマラヤの道は、北からの旅人たちで賑わう。羊たちは首に付けた鈴を鳴らし、道草を食いながら進む。草が十分あるところでは、何日も泊まって腹いっぱい食べさせ、草のない所では道沿いの木の枝を切り落として山羊や羊に与え、食わせながら、ゆっくり進んでいく。一日に何程も進まないのんびりした旅であるが、彼らにとっては旅そのものが生活であり、別に急ぐ必要はない。峠の雪が消えて夏が近づく頃までに、村に帰りつけばよいのである。

私たちがキャラバンを始めたのは、一二月の初め、山の人々が南に下ってくる時期であった。少ない日で数組、多い日には十数組、何百頭という羊の群と行き会いながら、北をめざす私たちの旅は続けられた。南から北へ、山を越え岩をよじ、川を渡って、くる日もくる日も旅は続いた。

できるだけ純粋なチベット人の村を見つけて住み込み、村人と同じものを食べ、生活を共にしながら、その生活を観察しようという目的で、地域を定め、計画を立ててきた私たちにとって、インドと中国との対立によって、チベット国境への立ち入り禁止区域が、大幅に広げられたことは打撃であった。

当初、目的地としていたムグカルナリ流域は、奥まで入る許可が得られず、やむなくジュムラから道を東にとって、第二の候補地としていたドルポ西南端地域に入ることにしたが、この地方の情報を充分に入手・整理してくるだけの余裕がなかった。

奥地に行けば何とかなるだろうと出発したものの、大げさな言い方をすれば、私たちの行くところはどこでしょうと、毎日聞きながら歩くという旅になってしまった。

日本を出発する時には、かなりはっきりしているように思っていたチベット人村落の所在も、カトマンズに着いていろいろ情報を集める段になると、さっぱりわからなくなってしまった。

カトマンズの人たちには、私たちが行こうとするような地域は、まさに夷狄の住む場所。西部ネパールの中心地・ジュムラですら大変な場所とされており、役人などでジュムラに転勤させられるとなると、まるで島流しにされるように嘆き悲しむという。

私たちがポンモ村に落ち着くまでに、予想以上の日数と苦労を重ねなければならなかったのは、村に着いてみるまで、その村についての情報の不足、そして私たちの情報収集能力の不足にあった。

2

仲間たち全員に焦りが見え出した頃、リンモ・ポンモという二つの隣り合ったチベット人村落の情報が入ってきた。

リンモは、フォクスンド・タールという湖（ツォ）の畔にあり、とても景色が良く、外国のパーティも何組か入ったことがあるという。ここはジュムラやリミ地方とドルボ地方とを結ぶ交易路にあたっており、通行する人も比較的多いことから、いくつかの情報を得ることができた。リンモと隣り合った谷で、わずか半日行程しか離れていないポンモについては、大ラマ（ラマ教の僧）がいるということ以外に、ほとんど情報を得られなかった。大雑把な情報では、リンモ、ポンモともに純粋なチベット人の村で、戸数は二〇戸程度で、冬も大部分の村人が残っているだろうという。

その時点での私たちの状態は、三〇日余のキャラバンが続いたこともあり、これ以上新しい村を探してうろつくだけの余力が残っていなかった。従って、ワラにすがるような気持ちでリンモを目指すことにしたのだった。

新しい年、一九六八年はキャラバン中に迎えた。

元日の夜は、薪も十分得られない、吹きさらしの寒々とした川原にテントを張った。前の村、ティブリコットでやっと買えた粟を炊いた飯と、ジャガイモがわずかに入ったカレースープが元日のオセチであった。まことに貧しい食事、わびしい塒《ねぐら》ではあったが、目的地に近づいているという気持ちが皆を元気づけていた。

狭い谷の身を切るように冷たい流れを、何回か渡渉をくりかえしながら、リンモの谷に入る峠にかかったのは、一月四日。高度はすでに三、〇〇〇mを越えているらしい。チベット語でシュクパというビャクシン（柏槇）の木が、このあたりから見えてくる。

夕方近くから雪が降り出した。雪の積もった山の道は滑って歩きにくい。今日中に村に着かなければ食料が無くなってしまう、という状態であった。ポーターたちの大半も食料が無くなった、という。谷から吹き上げる雪に、ともすれば視界を奪われそうになりながら道を急いだ。

食料調達のため、先行してドゥネイ経由でリンモに達していたヨゴさんと出会う。彼の情報によれば、リンモ本村は雪が深く、住民の全てがすでに離村して冬期の村に移っている。また、その冬村も近いうちに全て引き払って南に移る、というのだ。

　望みを託したリンモもダメか……。しかし、この目で確かめておきたい。本隊が今日中にリンモまで行くのは無理だ。わがままだが、ヨゴさんたちには岩陰で今夜は過ごしてもらって、リンモ行きを急いだ。

　ヨゴさんの言うリンモの冬村は、小さな段丘上に貧相な姿を見せた。そしてどうやら一夜の宿すら求めることが難しく、長期間の調査地には値しないと判った。
　二、三時間ほどのところにある隣村・ポンモはどうなのか……。見慣れぬ異邦人を警戒して口の重いリンモの村人からようやく聞き出したところ、ポンモには残っている人は多いという。もう他に選択肢はない。ポンモに賭ける以外にないのだ。迷いながらも腹をくくった。
　翌日は昨日にかわる上天気であった。

　降ったばかりの雪が山を覆い、道には足跡らしきものは全くない。わずか二時間ほどの山道が何とも遠く、恐ろしくさえ感じられた。遥か向こうの谷に仏塔らしきものが見え、お寺がかすかに望まれる。村は近いらしい。山腹をまわっていた道が谷に降りる。川沿いに小さな畑が拓けている。この岩かどをまわれば村が見えるという谷あいの狭間まできて、足はなんとなくとまってしまった。一服つけて気を落ち着け、岩かどをまわる。見えた、村だ……。門のついた大きなカンニがまず目に入る。その上にもいくつかのチョルテンが冬の陽射しに輝いて見える。そして遥か上の台地になったあたりには、チベット風の石積み平屋根の家々が何本も何本もタルチョをはためかせている。今までに見たどの村よりもチベット人の村らしい外観である。

　しかし、村はしんと静まりかえって、人影すら見えない。ここもまた、もぬけのからになっているのではないか不安が身を包むように広がってくる。カンニをまわって一歩一歩坂道をのぼっていく。

ポンモが見えた

3

ポンモは良い村であった。四〇日あまりのキャラバンの果てに辿り着いた私たちに、天が与えてくれたような場所であった。谷の奥に美しいツインピークがそびえ、そこから流れ出る川が作る険しい谷の中程に、ここだけえぐり残したかのようにわずかの段丘があり、この段丘もまた岩山から流れ落ちる谷水で、切れ切れになってはいるが、いくらかの平地がある。そのわずかの平地に人々は家を作り、畑を拓いて住みついた。

前は雪山、後に険しくそそり立った岩山、その山と山とに囲まれたわずかな陽溜まり、そこがポンモ村、二一世帯、一〇〇余人の人々が居住する天地である。私たちは一九六八年の一月五日、チベット暦（太陰太陽暦）の一二月五日に、そのポンモ村にたどり着いた。

4

ポンモの人たちにとっても、一二月は年間の総決算の月であり、新しい年を迎える準備に忙しい月である。

私たちが村に到着したその日、村の若い人たちの何人かは、ヤクを連れて、リミやジュムラなどのネパール人の村に交易の旅に出ており、村では残った人たちにより、山中のゴンパ（寺）からラマを招いての厄払い・悪魔祓いの儀式の真っ最中だった。

厄払いは、病気や火災、その他の災難に見舞われた家で行われるもので、必ずしも暮れだけのものではないが、やはり歳末ともなると多いようだ。その日は、前村長の父親が病に伏している、村長宅で厄払いが行われており、私たちは着いた途端、厄払いの一コマである仮面ダンスに巻きこまれてしまった。その時の様子をマチコは次のように書いている。

堂々たるカンニの脇、仮面ダンス「タック・ドゥック」をしていた広場（畑）

5　村入り

木村真知子

けたたましいシンバルやラッパの音と読経の声に合わせて、奇っ怪な面をかぶった男たちが手を振り、足を上げて踊っている。ゴチャゴチャと集まっている一〇何軒かのかたまった家々のすぐ下、カンニの脇にあたる広場で悪魔払いの仮面ダンスが始まったのだ。今にも雪のちらつきそうな曇った寒い午後。広場（そこが畑であることは後に知った）の真ん中で踊る仮面の男たちを、村人と私たちの連れてきたポーターが、畑の囲いとして積まれた石垣の上で見物している。私たちもいつの間にか、何が何だか判らないままテープレコーダーやカメラをかかえて、村人や踊り手たちの間を右往左往している。

僧と忿怒神の仮面をつけた男の他に、沖縄の弥勒面とそっくりなニヤリと笑った表情の黄色い面をつけ、薄汚れた羊の毛皮の服を着て、面白おかしく道化た身振りで踊っている男がいる。この道化が、いきなり私を踊りの輪に引っ張りこんだ。手を振り足を上げ、いつまでも放してくれない。見物人も私のおかしな踊りに大笑いしているし、仲間たちはただ呆気にとられて見ている。

私たちは、ほんの少し前にこの村に着いたばかり。というより、着いた途端、仮面踊りの連中が村の中から飛び出して来て、私はそれに引きずり込まれたのだ。

村に入る直前、岩角を曲がればポンモの全容が見える、という地点まで来た時、隊長やドクターたちは立ち止まってしまった。角を曲がる勇気が出ない。そこで小一時間も、夢に出てくるシュークリームやショートケーキの話をしながら、最後のポーターの後ろから来る西ヤンを待っていた、という。

レンガ色と白色に塗られた三階建ての堂々たるカンニの向こうに、背景の岩陰に紛れてしまいそうな石積みの四角い積み木のような家々が、緩やかな斜面の上に建っていた。壁を赤く塗った建物もある。人影はなく、屋上のタルチョだけが僅かな

道化（ツェワン）に誘われて踊り出すマチコ

風にゆれている。

　カンニを廻り、村に入って、前に石囲いの庭を持つ家の脇を通り、つきあたりに、壁を白く塗った三階建ての家があった。二階の格子窓から、先に着いたアンノックが顔をのぞかせて「メーンサーブ、ここはいい村だ」と、日頃無表情な彼も、うれしさを隠せない様子。外に出てきたプルバが、村長は快く、私たちがしばらく村に住むことを許してくれ、村の集会所を宿舎として使うことも認めてくれた、と告げる。この白壁の家が村の集会所で、私たちは以後の二カ月間、ここに住むことになったのだ。

　村長の家では昨日から続いている悪魔払い（タック・ドゥック）の最中で、三階の仏間で大ラマが経を読んでいるから、お目通りに行こうと、くりぬき梯子を登って村長宅の屋上に出た。板張りの薄暗く寒い仏間に数人の僧があぐらをかいて座り、種々の飾り物、経典、供物、チャンなどが並んだ祭壇が、チロチロ燃える燈明にてらし出されていた。一番奥で、大きなつり太鼓を叩いている恰幅の良いラマが、大ラマのリンブルツェであった。彼の存在は二週間前、カイガオンで聞いていた。彼の前に跪まずき、合掌して、私たちは日本から来ました。仲間が五人もうすぐ着きます。と初対面の挨拶をする。ラマはうなずきながら私の頭に手を触れて祝福し、傍の者に供え物のチャンをすすめるように言いつけた。

　大ラマの前を拝辞した後、ポーターの最後の一人が荷を下ろした時、すさまじい叫び声と、シンバルと太鼓の音が起こり、幟を先頭に仮面ダンスの行列がくり出した。私たちもポーターも荷物を放っぽり出してダンス見物に夢中になった。村に着いたとたんに始まった仮面ダンスは、私たちにとって何とも素晴らしい歓迎パーティのように思えた。

　やっとタック・ドゥックも一段落し、ポーターへの支払い。ネパール人のポーターは温和しく金を受けとったが、チベット人のポーターはもっと寄こせと騒ぎ立てる。一時間近くもかかった賃金の支払い騒ぎを、村人たちは面白そうに見物している。彼らの表情はドルポのチベット人ポーターに比べ、角《かど》がないというか、もの柔らかだ。年輩の男たちは頭髪も短く刈っている者が多い。ドルポのチベット人とは、どこか違うようだ。ポンモのひとつ手前は、もうネパール人の村。ポンモ・リンモはドルポ地方でも最南端のチベット人の村なのだ。

　ポンモの人たちが温和に見えるのは、何か地理的、文化的、種族的な要因によるものだろうか。

　昨年（一九六七年）中に建てられたという集会場は三階建てで、私たちはその一階と二階を借りることになった。三階は昨年の七月に開校した小学校のただ一つの教室というが、現在は休み中で、村長宅の藁置き場になっていた。

　数日後、ドクターは村長にかけ合って、三階の部屋を診療所として使うことにしたが、何せ三方を囲っただけの風通しの良すぎるところ。寒いことといったらない。

一階は、幅一mほどの出入り口と、申し訳程度の小窓が一つだけの真っ暗な土間で、家畜入れ場として使うらしく、藁が敷いてある。かなり広いので、半分に仕切って、一方には炉を作って針金で棚を吊るし、食堂兼居間とした。しばらくすると、ここが村人の炉端会議の場ともなった。もう一方はシェルパたちの寝室だ。暖をとるために、一日中ヤニの多い松を燃やすので、煙いことといったらなく、たまりかねたパサンとアンノックが壁をぶち抜いて窓を作った。村の人たちは、香りの良いビャクシンの枯れ枝を燃料にしているから、煙も煤もあまり出ないが、私たちの薪は、川向こうの松林に転がっている一抱えほどもある松丸太を割り木にしたもので、それを四六時中焚くのだから、煙も出れば煤も溜まる。私たちが住みついて一ヶ月以上過ぎたころ、天井についた煤に火がついて燃えだし、大慌てで消したことがあった。

二階は廊下と集会室だが、どちらも土間。グランドシートを敷いて寝袋を並べ、私たちの寝室兼書斎にした。この部屋には大きな窓があって明るいのだが、風がよく入る。窓ガラス代用にビニールを張ったが、寒さには変わりがない。結局、火が恋しくて炉端に居着くので、二階が書斎として使われることは殆どなかった。ただ、ドクターが寝袋に潜り込んだまま、懐中電

白壁の集会場。右に隣接するのは建物番号No7村長（パルダン）の家

灯で文献を照らしながら読んだり、ノートをとるのに懐中電灯を口に咥えていた姿を、稀に見かけることがあった。

廊下の一方の端が四角に切り抜かれて、そこに刳りぬき梯子がかけられ、昼間はともかく、夜はこの梯子が悩みの種だった。寒いので、みんな夜中に必ず一回は小用に起きる。我慢出来るだけ我慢して、シュラフをはい出すのだから、気はせく。梯子に手すりがあるわけでなし、懐中電灯片手に危なっかしく、途中で転落する者もいた。誰が始めたかは不明だが、やがて窓のビニールを外して、窓ションをする不逞な行動が常態となり、私たちが村を離れる時には、白壁に薄い黄色模様が付くようになっていた。

この集会場は村長の家にくっつけて建てられている。村長宅と共用の奥の壁には小窓があるが、集会場が建てられる以前は外に開いていた窓だ。この小窓に時々人の顔が見えることもあったが、特に監視されていたわけでもない。この小窓は村人にとって格好ののぞき窓で、この窓からのぞき見える私たちの行動は、彼らのいい話の種になっていたようだ。

私たちが村に着いた時、村から二時間も離れたゴンパ（寺）から、村人に対して最も強い影響力を持っているラマ、リンブルツェが村に来ていて、私たちを快く迎え入れてくれたことは、何といっても幸運だった。

私たちの村入りは、たまたま厄払いの祈禱のために降りてきていた、リンブルツェに到着のご挨拶を申し上げ、彼から祝福をうけたことで、何となく済んだようであった。

私たちが村の人たちに、正式に村入りの挨拶をするのは、それからしばらく後の、チベット正月の三日、村集会の日のことになる。

村に着いた。明日はもう歩かなくていいのだ。ザックを背負わなくてもいいのだ。安堵感と充足感に包まれるような体をシュラフに入れる。ポンモの第一夜は物音ひとつせずに更けていった。

（マチコ「村入り」了）

〈次の「タック・ドゥック」についての記録は西ヤンによるものである〉

付　突然出会ってしまったタック・ドゥック

西山昭宣

パサンと共にポーターの最後尾を歩いていた。カンニが見えるところで待っていた隊長の姿を見て、何の理由も無いのだが、キャラバンはようやく終わるのだなと思った。

カンニの近くに来ると、突然、ジャラーン！ボワーン！という音が響いてきた。と同時に、奇妙な仮面姿の人や黒い帽子の男の姿が目に入った。一瞬、何が起こったのか判らず、思わず身構えてしまった。石壁の家々を背景に、一群の男たちが旗を立て、音を立てながら並び、その前で仮面姿の人が動き回っている。

気がついてみると、隊長は荷物を放り出してカメラを持って動き出していた。男たちの群れの中に、一足先行していたマチコが混じっている。……というのが、僕にとっての、ポンモとの出会いだった。

この騒ぎが「タック・ドゥック」というのだと聞いたのは、後になってのことで、悪魔祓い・災厄払いの踊りだと知ったのも同じころで、この日がチベット暦の年末が近いということや、村長の家に病人がいたことなどを知ったのは、更に後のことだ。

タック・ドゥックが、現在もチベット文化圏のあちこちで行われている仮面舞踊＝チャムの一種だろうということなどは、完全な後知恵で、そんなことなら、もっとしっかり見ておくべきだった……、のである。チャムの一種だろうとはいうものの、その後に見る機会があったラダックのラマユル寺院でのチャムとは余りに懸隔が大きすぎる。ここでは、当時の写真を見ながら、この広場での動きを時系列的に追いかけてみたい。（次頁写真および巻頭口絵参照）

ポンモのタック・ドゥックに登場するのは、口を大きく開けて牙を剝きだし、額に第三の目を持ち、頭上に五つの髑髏を乗せた、恐ろし気な面（マハーカーラ＝大黒天を表したもので、仏法護持のための憤怒の形相をしているのだという。後で写真をよく見ると〝オバQ〟のようで、あまり怖くはない）を付けたのが一人、黄色い、いかにも道化らしい面と毛皮の衣を付けたのが一人、黒い尖がり帽を被った僧侶（ラマ僧）らしいのが一人。後は、読経をしたり、太鼓、鉦、笛などの楽器を鳴らしたり、旗を持ったりする連中が並んでいる。彼らの前には、畳んだブランケットの上に乗せられた、経文らしき紙を貼りつけた竹矢来のミニチュアのような目の粗い籠があり、中には大小幾つかのトルマや小石などが入っている。その隣には、四角錐のひときわ大きなトルマが一つだけ、石の上の金属製の皿に乗せられている。

舞台は村の入口のカンニに向かって左側の広場（実は畑）、一段高い背後には黒々とした石積み壁の家々が並び、その前に村人らしい、ひどく貧し気な衣装の人々や、荷物を運んできたポーター連中も見物している。

広場に入ってきた道化が、連中と共に村から出てきたマチコの方に寄って行き、いきなり踊りに誘う。苦笑しながらも、度胸満点なマチコは誘いに乗り、手を取り合い、肩を組んで踊り出し、場の雰囲気が盛り上がる。

広場の先端近くには藁束が積まれており、弓矢を持ったラマ僧が近づいて藁束の外側に向けて矢を放つ。短剣のようなものを持った憤怒神がそれを阻もうとする。弓矢のラマ僧と短剣の憤怒神とが、互いに争うような姿勢を見せながら藁束に向かっていき、ラマ僧が再び矢を放つ。互いに対立・抗争するように見えるようでいて、共に協力して災厄を祓おうとしているかのようにも見えるのだ。

次いで、籠の中から小石やトルマを取り出し、今度は道化も加わって、カンニの外側、広場の先、川の向こうなどの方向に、それぞれの投擲フォームで投げ飛ばしていく。投石紐を持った僧侶が、ビシッ！という鋭い音と共に石を飛ばす。普段から使い慣れているような（放牧地でヤクの動きを牽制するのに使っていた）投げ方だ。また、籠の中に入っていたトルマや小石は、後に見たグ・トゥックでの行事と重ねれば、それぞれの家庭に溜まっていた災厄を祓い、穢れを移したもののようだ。それらを、神（仏）が憑依した僧侶・憤怒伸・道化らが、人々に代わって村の

男たちが旗を立てて並んでいた

憤怒神（マハーカーラ）

道化

僧侶

外に放擲するということらしい。

再び太鼓・鉦と共に読経が始まる。舞台場面が転換したようだ。この時点では全く気がつかなかったが、写真を点検した際に、タワが吹いている笛は骨笛だった。川喜田二郎先生の著作『鳥葬の国』（光文社カッパブックス、一九六〇年）の表紙の写真にある骨笛（ミルカン）を自分が実際に見るなどとは、考えも及ばなかったのだ。

ともかく、トルマなどを入れた籠を持った僧侶が、再び憤怒神や道化と絡みながら、藁束の方に運んでいく。その後に続いたタワの一人が、籠と藁束の山に火を放った。穢れたトルマなどの容器にも穢れが移ったとして、焼き捨ててしまう、というのだろうか。この間も読経や鉦・太鼓の音は続いている。更に、その籠を乗せていた板に付いているツァンパや泥などを削り落とす。また、僧侶は大きなトルマを乗せた金属製の皿を持ち上げ、周辺を歩き回る。あたかも、行事を見守っている村人たちに、これをよく見ろ！とのデモンストレーションでもあるかのようだ。その動きに、憤怒神も道化も同調して動いている。やがて僧侶は特大トルマを握りしめ、あちこちの方向を見定めるような動きをしたのち、川向こうの方向に、大きな動作と共にトルマを投げた。と同時に、数人のタワと村人がその方向に急いだ。指さすような仕草は見えなかったが、彼らには投げられたトルマを確認できたのだろうか。この大きなトルマは、村全体の災厄や穢れを背負って飛んで行ったのだろう。それまでの緊張が解れるように、タワたちの表情が緩み、壺からチャンを飲むものもいる。憤怒神も道化も仮面を上におしあげて、チャンを飲む。容器に直接口を付けずに飲むのがマナーである。

チャンを飲んでの一休みの後、再び読経が始まった。行われたのは、一連の災厄払いに使われた道具に残る〝災厄の残りカス〟を処分する、といったものらしい。村に持ち帰る道具に〝カス〟が付いていたのでは困るのであろう。大トルマを乗せた皿にはツァンパや泥の跡らしいものが付いている。籠を乗せたブランケットには白い粉で三角形を二つ組み合わせた紋様（最初に見た時は〝ダビデの星〟？と思った）が描かれている。皿の方は、僧侶の独鈷や憤怒神の小剣、旗竿の尻手などで擦り落とす所作をし、ブランケットは粉を払って紋様を消し去る、という具合。理屈から言えば、この皿もブランケットも燃やすか遠くに投げ捨てるべきものなのだろうが。

その後、僧侶と憤怒神が一〇歩ほど前に進み、腰をかがめて何かしていたが、彼らが立ち上がり振り向いた後には石が三段に積まれていた。穢れが村内に戻らないようにという、結界であろう。そのまま彼らは二度と振り返ることなく、タワたちと共に村の方に歩き去った。ただ道化がふらふらと結界の石に近づき、更にその上に二個の石を積んだので、結界は五段になってしまった。その行為に何かの意味があるかどうかは判らない。

ともあれ、広場で行われた一連のタック・ドゥックは終了したようである。

村内に戻ったタワたちはパルダン家の前に集まり、僧侶や憤怒神を交えて輪になって踊りだす。パルダン家の前で経文を読み、それを白い粉を盛った皿やチャンが入った壺などと共にパルダンが迎える。当時、パルダン家では病人を抱えていたことから、ここで行われた一連のタワたちによる読経や踊りなどは、パルダン一家の厄払いとして行われたものと考えてよいだろう。

一文惜しみの挙句に殴り合いの喧嘩寸前までいったり、雨や雪での漏水を心配し、味がしなくなるまで噛んだガムをため込んで、ケロシンが漏れる石油缶に貼りつけたり、扱いが乱暴な連中の後ろに廻るようにペース配分したり……、散々苦労しながら運んできた荷物は、宿舎への搬入も解体・整理もされないまま、白い粉を浴びて放置されていた。この村にいる間は、荷物のことも忘れて暮らせるのだ。

カメラを抱えてウロウロしている私たちと、パルダン家の人々以外、村人の見物人はほとんどいなかったし、近くの家畜囲いでは通常通りの機織りが行われていた。タック・ドゥックは、災厄があった家が、その厄払いのために施主となって行われるもので、村の行事ではないのだということを知ったのも、後のことである。

その後、パルダン家の追い込み場で行われた踊りは、円を作ったタワたちが鉦と太鼓を鳴らしながら、単調なリズムでゆったりと、開いたり閉じたりしながら、延々と続けられた。

声を揃えて経文を誦すタワたち

奥で隊長もドクターもやや呆然と……

ふらふらと歩きまわる

タワたちの単調な踊りが続いた

一―二　カンニに守られた村　ポンモ

木村真知子

　ポンモは、なぜこんな所に人が住まねばならないのかと疑いたくなるような、狭い谷あいの村である。私たちがそこで冬の間の二か月間、集会場を借りて暮らした一九六八年当時、人口一三〇人、世帯数二〇足らずの、ほんとうに小さな村であった。ポンモ・チュ（ポンモ川）の東岸の崖下がすこし平地になっていて、家が一〇軒ばかり肩をよせ合っている。西岸は針葉樹が茂る急斜面で、陽もあたらず、一度降った雪が根雪になってしまう。谷の奥には、村人たちがカンソンニュと呼んでいる独立峰（地図にカグマラとある山らしい）が青い空にそびえ、雪煙が舞い上がっているのが村からもよく見ることができた。

　谷の南に見える雪の連山には九人の魔女が住んでいて、いつもポンモを狙っている。魔女たちの侵入を防ぐために、村の入口にはカンニやチョルテンが建っている。南の入口には道にそって三つ、北の入口には二つある。両方とも村にいちばん近いカンニが最も大きく立派で、てっぺんについている鈴がときおり吹く風にチリンチリンと鳴っていた。

　この南北二つのカンニが最も狭い範囲の村を示すもので、カンニの外はもう村の外なのである。そういうとずいぶん離れているように思えるが、カンニからカンニまで、直線にすれば二〇〇mもあるだろうか。南のカンニはいちばん端の家のすぐ前にある。二月中旬に出発したヤクのキャラバン隊は、旅の第一夜をカンニを出てすぐの畑で迎えたのである。

　長い旅に出る時には村の大ラマが良い日を占って決めるので、その日には何が何でも出発しなければならない。当日は村中で用意をし、旅と商売の幸運を祈って経をあげ香を焚き、連れていくヤクやゾーの一頭一頭の角に厄除けの赤い染料を塗り、角先にはバターを付け、大ラマに丁寧にお祓いをしてもらう。だから朝早くから準備にかかっても、すべてが終わるのは夕方近くになってしまう。その日も経文を刷り込んだ小さな幟旗を背中にくくりつけた白毛のヤクを先頭に、残る人々と別れの酒を酌み交わした一隊が動き出したのは三時をまわっていた。

　朝から付き合っていいかげんくたびれた私たちも、一時間位は一緒についていて行こうと、勇んで歩き出したものである。それなのに、カンニを出るとすぐ道上の広い畑に入ってしまい、ついさっきあんなにしっかりとヤクの背にくくりつけた荷を解きはじめたではないか。

「とにかく、今日は村を出たからこれでよい。今夜は村に帰って飲み直しだ」。出発の祝い酒で上機嫌の村人たちはそう言った。

　そういう重要な意味を持っているカンニは村でいちばん高い建物で、下が通路になっている。通路の天井と四方の壁は、極彩色の仏画で飾られている。スネルグローヴは「この絵について説明できる村人はひとりもいなかった」（『ヒマラヤ巡礼』白水社　ヒマラヤ人と辺境・五　一九七五年）と書いているが、このカンニやリンモのカンニの絵を描いたのは、ポンモの住人で絵師のユンドゥン・イセである。スネルグローヴの謎を解く鍵はすぐ近くにあったのに、残念なことである。もし彼が絵師ユンドゥン・イセに会って、ユンドゥンからいろいろ聞いていたら、私たちもずいぶんいろいろと教えられただろう。私たちの中に宗教学を学んでいる者がおらず、ラマ教やボン教について専門的なことは何も聞けなかったのである。

カンニ

しかし、仲間のひとりヨゴさんは武蔵野美大の出身で、絵師ユンドゥン・イセに弟子入りし、仏画の描き方の基本をみっちりと学び、たいへん筋がよいとほめられた。ユンドゥン師匠は六八年当時、五〇歳くらいであった〔実際は四一歳〕。以下はヨゴさんが師匠から聞いたことである。

「私がタラップに住む師匠について修業したのは三〇年くらい前のことで、弟子は師匠の食糧も負担するので、家から穀物を担いで行った。習ったのは仏画だけでなく、彫刻、建築、祭儀用の仮面作りの技術も教えられた。私が独り立ちしてから、タラップ付近からジュムラまでの間で、私のような技術を持つ者は一人もいなかったので、仏画だけでなく、ちょっとした建物はたいてい私が棟梁として手がけている。最近はあまり出かけることもないが、数年前までは仕事でほとんど村にいなかった」。

従って、スネルグローヴが村を訪ねたときも、ユンドゥンは留守だったのかもしれない。ユンドゥン師匠は、一般に陽気な村人に比べて無口で気難しそうな人で、職人気質とでも言えそうなところもあったが、遠い日本から来た新弟子には熱心に教えてくれ、ヨゴさんは仏画の方では一応免許皆伝の資格を得た、ということだ。もっとも正式に終了が認められるのは、二年たって作品を提出し、その腕前を師匠にみてもらってからである。ヨゴさんは、作品は出来ているというが、それを見てもらう機会を持ち得ていないのは、まことに残念なことである。

スネルグローヴのもう一つの目的、ポンモのゴンパと、そこに住む大ラマ一家について少し書いておこう。

村人は大ラマのことをリンブルツェと呼び、たいへん尊敬し、頼りにしている。リンブルツェはリンポチェの訛りであろう。現リンブルツェの父親も、リンブルツェ・ラマとして村人から敬われていた。

数十年前、チベットの若い修行僧が一人、ポンモへ辿り着いた。当時、ポンモには村はえぬきのボン教の偉いラマがいたので、彼に教えを乞う意図もあったのだろうか。その修行僧はポンモが気に入ったのか、ゴンパへ登る山道の途中にある洞窟に寝起きするようになった。とても真面目に修業しているし、経の読み方も上手なので、村人も感心して、彼のためにゴンパを建ててやった。

そうこうするうちに、村のラマと修行僧と、どちらが偉いかが問題となり、両者の法力競べで決着をつけることになった。空中飛行術、岩をちぎっては投げる術、岩へ足跡をつける術、あるいは経典の読み方などを競いあった結果、チベットからの若い僧が勝った。こうして、一介の修行僧はリンブルツェ・ラマとしてポンモのゴンパの大ラマとなり、付近一帯の人々からも敬われるようになった。これが先代のリンブルツェで、彼は法力ばかりでなく、政治的手腕にも長けていたらしく、先述のユンドゥン師匠の母の姉に当たる人を嫁にして六人の子をつくり、村の要所要所と婚姻関係を結んでいる。また、ゴンパに入る供物の量も極めて多く、ゴンパは村いちばんの金持ち、物持ちでもある。

長男であり、当代のリンブルツェも名実ともに立派な僧である。彼は独身で、寺の俗的なことはすべて弟に任せている。

村長の父親が正月すぎに脳軟化症で亡くなったとき、小田ドクターと私は三日三晩、リンブルツェと共につきっきりで看病し、彼の言動を間近に見て、その威厳と、もの柔らかな人柄にうたれたものだ。病人を前にしてリンブルツェは私たちにこう言った。

「あなた方は日本の医学に通じ、ドクターサーブは立派なアムジー（医者）であり、私はチベットの医術を行うアムジーである。ひとつお互いに全力をつくして、この病人を治そうではないか」。

そう言って、ドクターの行う処置に対し全く批判をせず、むしろ病人の家族や周囲の人々に、日本のアムジーを信用しろ、と諭すのであった。そして、彼は彼のやり方に従って、確信をもって静かに経を読み、お祓いをし、投薬をするのである。人払いをして行う儀礼にも、ドクターと私には残って見ていろと言ってくれた。リンブルツェが静かにあるいは強く吹き鳴らす骨笛（ミルカン＝人の大腿骨で作った笛）の音は、全身にふるえが走り、私にとって一生忘れられない経験となった。静かな午後の陽ざしが天井の明かりとりの小穴からさしこむ薄暗い部屋で、瀕死の病人を介護するリンブルツェと過ごした時のことを今でもはっきりと思い出す。

　あらゆる事が経典とリンブルツェの託宣とによって決められるポンモでは、ゴンパが果たす影響力は実に大きなものだ。が、現リンブルツェの次の代はどうなるだろうか。

　私たちが見るかぎり、リンブルツェ一家のなかに、現リンブルツェの後継者に相応しい人材は見当たらないようだ。甥の一人が次代リンブルツェを自称しているが、彼は村いちばんの遊び好きで、修行などまっぴらという陽気な若者である。私たちの滞在中、年上の女房に子供が産まれたと、大喜びで知らせに来てくれた。

（木村真知子「カンニに守られた村　ポンモ」了）

初出　『ヒマラヤ人と辺境』月報第四号　昭和五〇年一〇月　白水社
〈原題「ポンモ村記　カンニに守られた村プンモ」田村真知子〉

ヤクキャラバンで祝福するリンブルツェ

リンブルツェへの跪拝

中央がリンブルツェ

二　正月とその前後〈ポンモ滞在記改訂〉

1　厄払い

たいていの家は平屋根二階建ての屋上に小さな部屋があり、そこが仏間になっている。村長の家の仏間は、一間半に二間ぐらい、小さな窓が一つあるだけのうす暗い部屋で、正面にはタンカ（仏画や曼荼羅図を描いた掛物）が何本も掛けられており、横に並んで五、六人の助僧（タワ）が座って読経していた。助僧たちの前にそれぞれ経本が広げられ、真鍮製のお椀が置かれている。いずれもなみなみとチャンが盛られている。一番奥に坐って黄色の法衣をつけた人物が、噂に聞いた大ラマらしい。しきりにチャンを口に運びながら吊り太鼓を鳴らし、経を読んでいる。

着く早々、大ラマがきて厄払いを行っているという話に、荷物の整理などはそっちのけにしてテープレコーダーを持って駆けつけた。はじめて見るテープレコーダーに、大ラマは大変興味を持ち、経の録音から、はてはダムニャンという三味線に似た楽器まで持ち出して歌え踊れという始末で、とんだ厄払いになってしまった。

おかげで私たちの村入りは、スムーズというか、うやむやのうちにすんだようだ。それからも一週間ほどは、あちら、こちらの家で厄払いが行われたが、そのたびに大ラマが、テープレコーダーやラジオをご所望だという使いをうけては駆けつけ、陽気な厄払いが続いた。

厄払いは本式にやると二日かかり、とても金のかかるものだというが、村長の家でさえ、年間に使う現金が三〇〇ルピー（一九六八年当時、一ルピーは約四〇円）ほどでしかないという貧しい村のこと、簡単にお経だけですますのが普通である。

厄払いがすみ、村からラマの姿が消えた日、交易に出ていた一六頭のヤクが帰ってきた。ヤクの背には二袋ずつヤクの毛で編んだ袋が振り分けに付けられている。袋には岩塩と交換してきた穀物が入っている。すべて正月用の食料だという。籾が多いらしい。

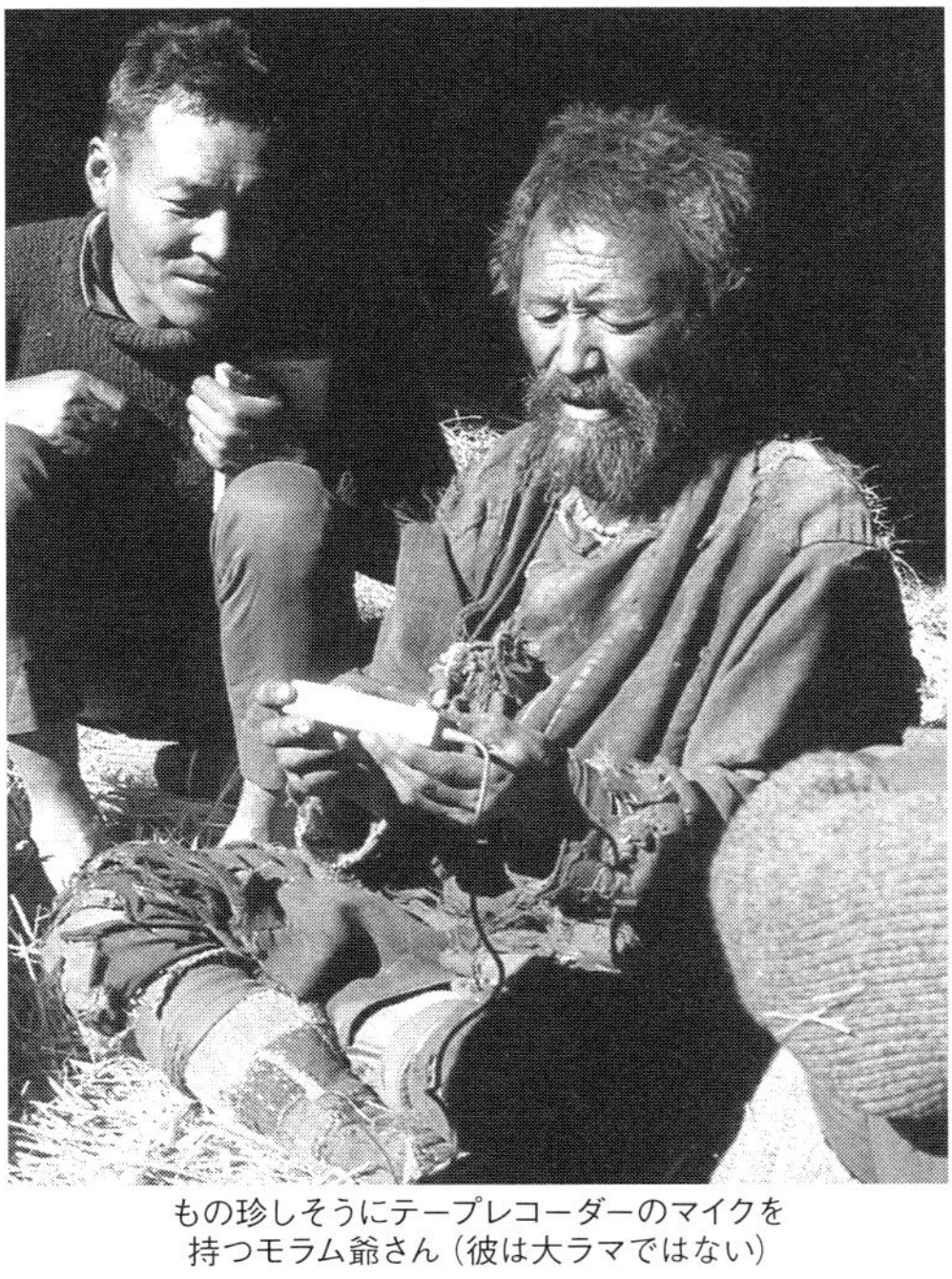

もの珍しそうにテープレコーダーのマイクを持つモラム爺さん（彼は大ラマではない）

男たちは、呑気そうにひねもす紡錘車をまわして糸を紡ぎ、女たちは、陽溜まりに集まって坐機を仕立て、機を織りながらおしゃべりをしている。毎日が同じようなくりかえしで、何の変化もないような村であるが、わずかずつ新しい年を迎える準備はすすんでいるようであった。

2　グ・ドゥック（巻頭口絵参照）

チベット暦では月が満ちてゆく時が良い日で、とくに満月の時が最高に良い日とされている。ゴンパではその日に、村人が金持ちになるように、病気をしないようにという祈りをこめて祭りを行う。月が欠けていくのは悪いことで、新月の日は最悪の日で、特に一二月の二九日は一年の総決算ともいえる悪日である。この日には一年のうちに積もり積もった、もろもろの悪いことを追い出す行事が、村の家々で行われる。この行事をグ・ドゥックと呼んでいる。

一九六八年は、一月二八日がチベット暦の一二月二九日になるという。従って本当は一月二九日がグ・ドゥックの日にあたるのだが、ラマが暦で占うと、二九日は大変な悪日にあたるので、一日切り捨て、二八日にグ・ドゥックを行うことにしたのだという。何度聞き直しても納得のいく話ではないが、ともかく一月二八日にグ・ドゥックは行われたのである。

一日切り捨てることが決まったのは、つい一、二日前のことだから、ドゥネイに出稼ぎに出ている若い連中は、このことを知らない。三日行程もあるのだから、帰りが間に合わないのではないか。当然、正月も一日早くなるので、それにも間に合うかどうかと、心配だという。

前日から降り出した雪で、村は白く埋まってしまった。谷底の村の日暮れは早い。五時ともなればすでに暗闇。暗い中を腰まで雪に埋まって、ドゥネイに出た人のうち若い者だけが帰ってきた。村長や助役などの主だった人たちは、会議があるとかで、今日は帰って来られないらしい。朝から、何度も何度も村の入口のカンニのところまで出ていた村長夫人がションボリと家に入っていく。

様々な事情を抱えながらも、各家では新しい年を迎えるための準備が進められている。病人がいる家や、火事を出したパルデン・ラマ家なども、大ラマによる入念な厄払いを済ませた。正月用のチャンの仕込みは、どの家でも終わっているようだ。あとは、煤払いをし、グ・ドゥックを行えば、暮れの行事は完了ということになる。

朝から雪。二〇センチほども積もって、なお降り続いている。九時半、ヒャクパの家を覗くと、ちょうど食事時で婆さんが茶でツァンパをこねている。外から帰った爺さんが炉端に座り、シャン（香気が強いビャクシンの生葉）を一握り炉にくべる。良い香りが部屋中に漂う。ヒャクパが水汲みから帰ってくると、爺さんがチャンを入れた木椀をすすめる。ヒャクパは半分ほど飲み、後に茶を足して数杯飲んでから、その椀でツァンパをこねて食べる。相変わらず簡素な食事だ。チャンの相伴にあずかりながら話しかける私たちには見向きもせず、バタバタと掃除を始める。煤払いは午前中に済ませ、午後からはグ・ドゥックの用意にかかるのだという。

早々に腰を上げて外に出る。雪はさらにひどくなっている。カンニの側ではヨゴさんが8ミリを構えて、煤やゴミを捨てに出てくる人を待っている。一〇時頃から、ポツポツと女たちがゴミ捨てに出てくる。軒下から雪空を眺め、カメラの方を見やってから首をふり、裏手のカンニの方に向かう娘もいるが、大半は雪を踏んで南のカンニにドコを担いでやって来る。一年のうちにこれほども溜まるのかと思えるほどの煤の量である。不要となった物も捨てるらしいが、煤とゴミ以外にはほとんど何もない。他の人が捨てたものの中から使えるものはないかと探す女もいるが、何も得るものはなく、手ぶらで帰っていく。

午後になって間もなく、モラム爺さんの家に行く。爺さんの家でも、出稼ぎと交易に出ている三人の息子がまだ帰っていない。爺さん、婆さんが炉端で、ツァンパを水でこねてトルマ（様々な祭具や人形、動物などを模したもの）を作っている。角錐型、円錐型、動物の姿などを作り、それに赤い色をつけ、ギー（バター）をつける。かなり多くのトルマを作るが、今日の分だけで

一年間に溜まったゴミをドコに入れ、カンニの外へ捨てる

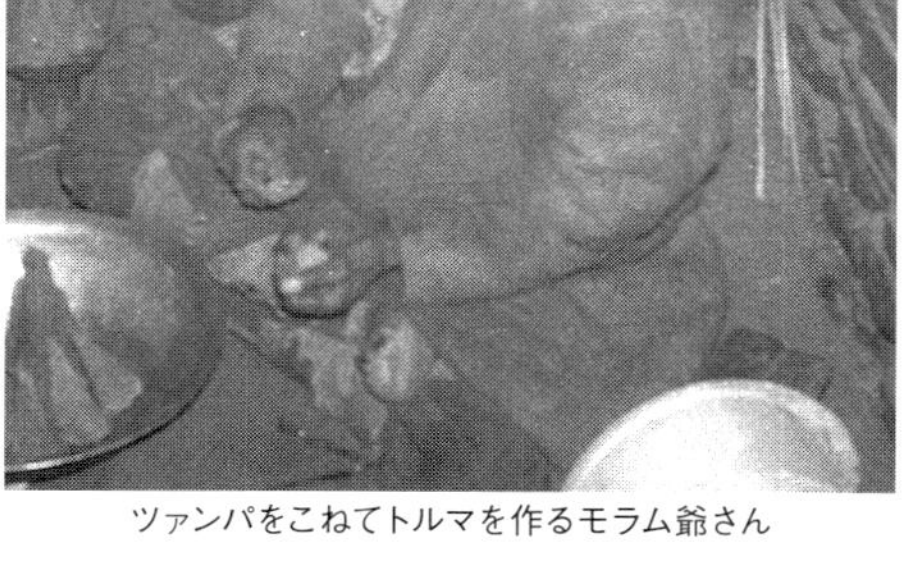

ツァンパをこねてトルマを作るモラム爺さん

祭壇。トルマの白い飾りはギー

なく、正月に使うものもあるそうだ。角錐型をした九つのトルマは、今夜の行事のためのものだという。作り終えると、モラム爺さんは孫に手伝わせて屋上のゴンパ（仏間）に供えて、お勤めを始める。トルマを飾った祭壇の周りを、孫がシャンを焚いた平鍋を回して清め、爺さんは読経を始める。三時半頃から七時過ぎまで読経が続くというので、私たちはいったん帰って早めに夕食を済ませ、五時過ぎにまた、夜の行事を拝見（観察）するために、モラム宅に押しかけた。

　モラム爺さんは、押しかけて来た三人（隊長・西ヤン・プルバ）を、帰ってきていない息子たちの代わりだと、温かく迎えてくれた。村長の兄に嫁いでいる長女も、孫娘二人を連れてきた。私たちの間では因業だと評判が悪い婆さんも、今日ばかりは孫たちに囲まれて、ニコニコ顔。長女が来たのは、暮れの里帰りか、それとも夫が出稼ぎから帰ってこないので、実家でグ・ドゥックを祝おうとしてのことなのか。彼女は粥が入った小鍋を下げてきたが、実家への手土産か、自分たちの食い扶持を持参したのか……。

　囲炉裏には大鍋がかけられ、肉・米・豆・エンドウ・小麦粉・大麦粉・ジャガイモ・大根・カブの九種類の具を入れた粥がグツグツ煮立っている。グ・ツックというこの粥は、グ・ドゥックの晩に食べるご馳走なのだ。チベット語の数詞で九をグというが、それが九種類の具を入れる料理の名前と関係があるのだろう。普段の食事はツァンパやロティにせいぜい塩味がついたジャガイモやカブの汁という、単純なものしか食べない彼らにとって、グ・ツックは大変なご馳走なのである。

　七時過ぎ、松明に火をつけて娘と婆さんが屋上に上がっていく。私たちも腰を上げかけたところにモラム爺さんが、アルミの平盆に九個のトルマを乗せて降りてきて、松明を持った娘を従えて外に出る。後に続いて出ると、爺さんは下の畑の方に降りてゆく。降り続く雪の闇に松明の火が揺れる。

　爺さんは経文を唱えながら、トルマを東の方角に投げ、ついで西に、残り七個はおおむね東に向かって投げる。七番目と九番目のトルマには投げる前にふっと息を吹きかけた。全て投げ終わると、盆に入れていた大麦を畑に撒き、手を叩いて礼拝する。娘が松明をかざして最初のトルマを探し、その方角を見て、西の方角を向いていることを、身振りで爺さんに示す。その方角で禍福を占うのだが、西向きになっていると良く、東向きは悪いのだという。この間、モラムの家からは絶えず太鼓の音が聞こえる。振り返ると、屋上に婆さんが松明を掲げて佇んでいる。太鼓は孫が叩いているのだろう。

家に戻った爺さんは、そのまま屋上に上がり、また読経を始めたようだが、今度は一〇分ほどで太鼓の音が止み、孫と一緒に降りてきた。動物の形をしたトルマを割ったものを盆に入れ、皆に一切れずつ配り、私たちにもくれた。

婆さんが粥の具合をみて、頃合いとみたのだろう、シャモジで九回すくい、炉の正面側にかける真似をし、一〇回目には呪文を唱えながら、炉の火にかけた。

娘がツァンパをこねて人形《ひとがた》を作りはじめた。ルウと呼ぶもので、男・女・子供の三体作るものだというが、男女二体だけで、子供らしいものは作らなかった。他に椀のような形を作り、ルウのそばに置く。人形作りの後、残ったツァンパを各人がとりわけて平たく伸ばし、それで身体中を撫でまわすような仕草をした後に、包むようにして丸めて握りつぶして、ルウを入れた

祭壇を清める孫

経を唱える

さまざまな形のトルマ

トルマを持つモラム爺さん

木の盆の中に入れる。身体中の穢れを拭い、包み込んでルウに持って行ってもらうためで、楽しそうにやっている。身体を浄めたら、いよいよご馳走である。

皆の椀に粥が注がれたのを見計らって、爺さんが音頭をとって、三声ばかりの唱えごとをいう。「さぁご馳走ができた、お腹いっぱい食べよう」という意味の言葉だという。孫たちは椀を抱えて爺さんのそばに行ったり、婆さんの膝に乗ったり、楽しそうに食べている。その光景を見ていたプルバの表情には、故郷の村でもやはりグ・ツックを食べているであろう妻子の姿が重なったのか、しんみりしたものがあった。プルバならずとも、ヒマラヤ山中の小さく貧しい村の家族に、一家団欒の楽しさを思い出させる雰囲気が満ちているのだった。

充分に食べた家族の者たちは、椀や鍋に残った粥をルウに注ぎかけ、ツァンパで作った椀にも入れる。モラム爺さんは炉端で数珠をくりながら経を読みはじめ、嫁が自分の首にカタ（敬意の徴として捧げる白い絹布。ポンモではライカと呼んでいた）をかけ、ルウを入れた木箱を持って外に出る。下の娘が鎌と松明を、孫娘と孫が機織りに使う金具がついたオサを持って後に続く。これから、一年間の穢れをその身に移したルウを村外れまで送って捨ててくるのだ。これは、一般には男の役割だが、息子が帰宅していない爺さんの家では、嫁が代行するらしい。鎌やオサなどは日常使用する鉄製品の代表で、金属類を持って、歓声を上げて走ると、その威力に悪霊が恐れて逃げ出すという。嫁たちは門口を出たら小走りになってカンニの方に向かう。婆さんが石皿に火をいれて門口まで送り、彼女らが走り去ったあと、その火を隣の庭に向かって大声とともに投げ捨てた。これは家に残った悪霊たちが火に潜んでおり、空腹になると人にとびかかって悪さをするので、それを追い出すための呪いだという。爺さんが炉端で数珠をくりながら読んでいる経は、身体についている諸々の悪いもの、病気や悪い夢、いっさいの災いなすものを持ち去ってくれ、そして新しい年は清らかな身体で迎えられるように、という祈願の経だという。

家を出た娘たちは、雪の積もった道を大声をあげながら一気にカンニまで走っていく。松明の灯りが雪に照り映え、とび散る火の粉はまるで悪霊の乱舞であった。

村のカンニは古びており、最上階に描かれた眼は消えてしまっているが、村人の心象では常に見えており、外界からのあらゆる災悪をその大きな眼《まなこ》で睨みすえ、立ち入るのを防いでくれている。村人にとっての村の内と外は、ときによって随分と異なる。生産の場である畑や放牧地はカンニの外にあり、正月の後に移動する春村も、カンニのはるか遠くにある。それらの場所も村領域として認識しているが、グ・ドゥックや葬式などの時には、カンニが村の内外の指標となる。最初にグ・ドゥックの話を聞いた時、村の外れまでトルマを送ると聞かされ、後を追うのが大変だと思ったのだが、村の中ほどにあるモラムの家からカンニまでは三〇mも離れていない。一分とかからない。

一気にカンニを駆け抜けた彼女らは、家内中の悪霊、悪夢、諸々の災悪を背負わせ、たっぷりグ・ツックを持たせたルウを、大声と共に道端に放り投げると同時に、振り向いて後足で雪をかけ、素早く石を三重に積んだ。この石は天上界、地上界、地下界を司る神のシンボルとして積まれるもので、村の外に放り出された悪霊が再び舞い戻って災いをなすことのないよう、封じ込めるのだという。

人形を送り出した後、家に残った人たちは門口に出て、麦わらと古くなったドコを積んで燃やし、水とツァンパを持って待っている。娘たちは後を振り返らずに、無言で帰り、火の上を飛びこえ、待ちかまえた婆さんたちに水とツァンパを頭から振りかけられる。清めであろう。そのあと、悪霊たちが家の中に入らぬよう、門口にも石を三重に積んで家に入る。一同揃って炉端に座り、バターを三点つけた椀でチャンをのみ、グ・ドゥックの行事は終わった。

モラム爺さんの家から外に出ると雪はまだ降りしきり、家々の門口で燃やすドコの篝が、大声をあげて村の中を駆け抜ける人の列を浮きあがらせていた。

明日は大晦日。大晦日にはたいした仕事はない。煤掃きは二九日の午前中に終わっているし、後は正月中に食べるパルクルという油であげたロティを用意し、夜になって部屋の壁や天井に小麦粉で白く模様をつければ新年の準備は終わったことになる。一年中に溜まった悪いものは、人形が背負って村の外に出ていってしまった。村の中も、家の中も、人の心も清らかになって、新たな年を迎えるのだ。

初出「ネパール調査記一・二・三」『武蔵野美術』六六〜六八号　一九六八（昭和四三）年七月・一〇月・一九六九年二月　武蔵野美術大学、『ネパール周遊紀行』（武蔵野美術大学出版会、二〇〇四年四月）に「ポンモ滞在記」と改題収録。「グ・ドック観察記」『あるみるきく』一四四号、日本観光文化研究所、一九七九（昭和五四）年二月。『ネパール周遊紀行』に採録。これらを今回再掲するにあたって、大幅に再構成した。

3　元日　―金銀の水を汲む

元日の朝は、若水汲みから始まる。ポンモでは「黄金の水、白銀の水を汲む」という。金、銀の水を汲むのだから、人より先に汲む方が良い。

村人たちは競争で、村の上手にある水場まで桶を担いで走る。早い家では朝三時頃には起き、ツァンパにギー（バター）をまぜて練っただけのものを食べて、水汲みに出かけるという。私たちも早起きするつもりだったが、前夜のチャンが効きすぎた。目覚めたのは四時。村はすでに起き出している気配で、何となしにざわめいている。

若水汲み。ビニール袋は私たちから入手したもの

桶一杯に若水を汲んで雪深い急勾配を戻る

屋上からもシャンの香りが漂う

眠い目をこすりながら、水場への道を、深い雪に何度となく足をとられながら急ぐ。途中、一組が水を汲んで帰ってくるのに会う。

水場に着いたが誰もいない。昨日確かめたところでは、水場にある龍神の岩の前で大きな焚火をし、その中にツァンパ、ギー、シャンを入れ、その香煙で身体を清め、顔と頭を洗った後に金銀の水（以下、若水とする）を汲む。そのときに焚く篝火で水場のあたりは昼のように明るい……、はずなのだが、真暗で何も見えはしない。

ポンモの人たちの行動は、建前と実際の行為の開きが大きく、話を聞いただけでは判らない。

若水汲みの場合もその一つで、今年は雪が深くて大変なので、焚火はせずに、龍神の前でギー・ツァンパを混ぜたシャンを焚いて済ませたのだという。誰もいない水場で顔を洗っていると、松明の灯りが射して、村長の弟、ギャムゾウが若水汲みにきた。

彼に付いて帰り、村長の家に上りこむ。時計は五時を少しまわっていた。村長はドゥネイからまだ帰っていないので、弟、老母、嫁が忙しそうに立ち働いている。汲んできた若水は、正面の棚に供えられる。ここにはすでに灯明が上げられており、壁や天井には小麦粉で白い模様が描かれている。模様といっても点々と丸く付けているだけで、宗教的な意味を表すものでもないようだが、何とはなしに明るい感じを与えるから妙である。ただ白い点を付けただけで目立つほど、ここは色彩がないのである。

4　元日　―パルクル・チャングル・麦モヤシ

老母が、奥の部屋から昨夜のうちに用意していたツァンパをこねて作ったパルクルを持ってくる。これにはヤクや羊などの家畜を象ったものがある。そのパルクルと若水を入れた椀、シャンを焚いた皿を乗せた盆を持って屋上に上る。屋上のタルチョの根元に供えるのだ。

シャンを焚いて清められた囲炉裏には、鍋がかけられ、ギーが溶かされる。ギーが溶けた頃、チャンが入れられる。これはチャングルといって、日本のオトソにあたるものだろう。元日の朝、家族だけでこれを祝う。

チャングルが沸き立った頃、老主人が起きだしてきて、箱を囲炉裏端に並べて膳ごしらえをする。膳にする箱は、卍や巴などのチベット風の模様が描かれた手製の粗末なものだが、普段は使わない、ハレの日のものである。

膳の一つは正面の棚の中段に供えられている。これは神に供えたものではなく、旅先からまだ帰ってこない息子のパルダンのためのものである。日本の陰膳と同じものであろう。

弟は奥からガーゼの荒いような白い布を出してきて、肘《ひじ》から指先までの長さに揃えて切っている。これはライカとして使うものだ。ライカはチベットではカタといい、白い絹布が使われることが多いが、聖なるものを表し、儀式のときは全てこれが使用される。チャンと共に欠かせないものである。

老母や嫁は料理の仕度で忙しい。料理といってもチャングルの味を見、チベット茶を作り、昨夜から用意していたパルクルを出して並べるだけだが、結構忙しそうに動きまわっている。

ひととおり用意ができたところで、老主人がそれぞれにライカを渡す。陰膳にもライカがかけられる。

そのあと主人から青々とした小麦モヤシを一〇本ほど、男は耳の後ろ、女は後髪に挿してもらう。

このときに、新年の挨拶が正式に交わされ、チャングルを飲み、パルクルを食べる元日の食事が始まる。

七時頃、隣家の息子、ヒャクパが年始にやってきた。チャンが入ったテキ（木製の壺）と、小麦のモヤシとギーを樺の皮に包んだものを持っている。

主人の前に進んで、額を床につけて挨拶をする。挨拶の仕方には二通りあるようで、額を床、もしくは相手の足の甲に付ける場合と、自分の右手で相手の足の甲にさわり、それを自分の額にもってくる方法とである。前者の方が丁寧で、後者は略式である。このときにわずかだが舌を出すこともある。相手に対して嘘をつきませんということの表現だという。それを知った時、私は中学生になって最初の国語の時間、教師が黒板一杯に書いた「我が輩は猫である」を読むようにと指され、立ち上がった時にペロッと舌を出したら、見とがめられてこっぴどく叱られ、半日廊下に立たされた。国語の教師のくせに、照れ隠しということも解らん、つまらんヤツだなぁと思いながら立っていたという、埒もないことを思い出した。

5　お年始はチャンとバターと小麦のモヤシ

挨拶のあと、ギーを主人から額に付けてもらう。家族の人たちにもギーを付け、小麦のモヤシを付けて挨拶をするのである。客は持参したチャンをまず主人にすすめ、自分もまた貰って飲み、パルクルを食べる。

主人側では客が帰る時には、客の持ってきたテキにチャンを満たして帰すのが礼儀であり、客はそのチャンを下げて、隣りに行くということになる。そうして村中を廻る。

村長の家は村の旧家で、代々村長を務めてきた名望家でもあるので、村人はまず初めにここに挨拶にくる。

年始まわりは、村中の家を廻るのが当然であり、また村中の人に来て貰うのがあたりまえのことらしい。私たちもかなりいい気になって、大部分の家を廻り歩いたが、最後にはどこへいってもチャン、パルクル、ツァンパというお定まりのコースに飽きてしまい、何軒かを省略してしまった。一〇日以上たった頃、何人かから、お前は正月に来なかったが、今日はアラック（蒸留酒）があるから飲みに来いという使いを受けて、恐れ入りながら出かけてご馳走になったことであった。明日は何を見せるからとか、何々をやるからという約束は、あまりあてにならないことが多いが、こういうことは実に律儀だ。

ギャムゾウの太鼓でヒャクパが踊り始めた

元日の午後、ポンモで最もおとなしい青年である村長の弟ギャムゾウが太鼓を抱えて打ち鳴らし、隣家のヒャクパが女装して踊りだした。私たちがカメラを向けたり、ヨゴさんが三脚を立てて8ミリを構えたりするので、すっかり調子に乗って降りしきる雪をものともせず、いつまでも踊り続ける。そのうちに村中の娘たちが集まって見物に加わったので、同じ踊りをくり返しくり返し、ついに暗くなるまで続けた。

娘たちが集まって見物

踊りはちょっと日本の盆踊りに似た単調なものだが、なかなか上手だ。娘たちも上手なのだそうだが、この日はどう勧めても踊らなかった。

娘たちは正月のために、暮れのうちに念を入れて織った肩かけをかけ、頭は菜種油できれいに掻きつけ、後髪には小麦のモヤシを飾っている。顔はどうも洗った様子は見えず、煤けているが、なんとなく見映えのするこざっぱりした格好になっている。

踊りの連中が、私たちからのご祝儀である二升ばかりのチャンを受け、気分良く帰っていった時には、もう日はとっぷりと暮れていた。雪に埋もれた村に、また静寂がもどった。

髪に麦モヤシを飾っている

チャンの容器を持つ

6　正月二日は寺年始

雪がやんだ後の空は美しい。どこまでも澄みきって、まるで吸いこまれそうな深い青である。ポンモの正月二日はそんなよく晴れた日であった。村人たちは頭に緑の麦モヤシをつけ、チャンの入った容器を下げて家から家へと年始まわりに忙しい。私たちのところにも何人も顔を見せる。正月だからというので村中の家と子供たちに日本の千代紙を配る。子供たちは物珍しそうに、そして大事に大事に懐にしまって、走って帰る。まわってみると、千代紙が囲炉裏の側の壁に張られている。光もロクに入らない、くすんだ部屋に、千代紙の赤や黄が僅かながら色彩を添えている。

ここはまったく色のない世界である。といって彼らが色に対する感覚や感受性がないわけではない。いつでも自由に手に入らない環境にいるために、そういうものを使わないだけであろう。初めの頃、ドクターが病人に渡した薬の包装紙の金紙や銀紙の部分をていねいにはがして、壁に張りつけたり、星型に切り抜いて帽子に付けているのを見て感心させられたが、千代紙もまたそうして家の彩りに使われている。子供たちを集めて折紙を教えてみたが、さっぱり興味を示さなかった。それよりも壁に張って眺めるほうが、美しく実用的だということであろうか。

　昼近くなった頃から、思い思いにゴンパに出かけて行った。今年は雪が深いせいか出かける人は少ない、それでも後で調べてみたら一軒から一人あたりは行っていたから、ちゃんと守るべきことは守っているのである。

　ゴンパは村から二時間ほどのところにある。それほど高くはないが険しい峠を越えた小さな谷の奥である。そこには大ラマ・リンブルツェとその一家が住んでいる。一家といっても、ラマは妻帯していない。しかし幼少時から寺で育てられている村長の姉が、身のまわりの世話をしているので、必ずしも女気がないわけではない。チベットから流れてきた先代のリンブルツェは、前代のラマとの法力競べに勝って、大ラマの地位を得たというが、当代のリンブルツェはその長男である。すぐ下の弟がやはり寺に住み、農業、牧畜、商業その他、俗事一切を取り仕切っている。ラマ一家は、村一番の財産家であり、また村の有力者とされる家々と、何らかの形で深い関係を持っている。例えば、村内で最も古い家系とされ、代々村長を務めている家の嫁は先代ラマの娘であり、村長の母はリンブルツェの姉、助役の家には弟が養子に、といった具合である。チベットから来た先代ラマが、僅かの間に大ラマとして村人の尊崇を得るようになった背景には、村の勢力ある家と姻戚関係を結ぶという、多分に俗っぽい政治力が発揮されたことにもよるのだろう。が、単にそればかりではなく、村人がラマ教やラマ僧に対して、信仰と尊崇の念があるからだろう。

　ポンモの生活を律しているのはラマ教である。病気や災禍の際にはラマを呼び、施療を受け、厄払いをしてもらうのはいうに及ばず、旅立ちの日の決定も、農作物の虫退治も、全てラマ教の教えに則って行われる。何しろ全てのことが経文に書かれているというのだ。村人にさまざまな話を聞いてノートを取った後に、それは何というお経に書いてある、と付け加えられて、がっくりすることもしばしばあった。お経はありがたい仏の教え、教義を記したものだと思い込んでいたが、実は日用百科全書的なものでもあることを、村人との話の中で、改めて気付か

険しい雪道を上る

ゴンパ

された。

チベット社会は有字文化の社会であり、いわゆる未開社会ではなく高文化社会である。読み書きのできる人は尊敬され、その最上位がラマであり、村人の生活のあらゆる面に影響を及ぼしている。

話が横道にそれたが、正月二日、村人たちは三々五々、深い雪道を踏んでゴンパに年始に出かけていった。ゴンパではラマとその一家が、陽当たりのよい庭先にチャンと食事を用意して待っていた。村人たちは持参したチャンとパルクルを差し出し、賀詞を述べてラマの祝福を受ける。そのあとはそれぞれに座を占め、チャンを飲み、愉快に踊りを楽しむ。夜は夜で広間で踊り明かすということになる。正月の一日を寺で十分楽しんだ村人たちは翌朝早く村に帰ってくる。

ゴンパの正月風景は後述するマチコの「七　正月のゴンパ」を参照されたい。

7　タルチョの立て替え三日の日の出

三日は建前からいくと、日の出とともにタルチョを立て替え、村長の家の屋上にチャンを持って集まり、盛大に飲んで踊って過ごす、というのが聞いていたスケジュール。しかし、すでに寺への年始が一日遅れているし、日の出前には帰るといっても、当てにはならない。タルチョも、日の出と共に立てるというが、陽のあるうちに立て替えが終われば上出来かもしれない。

案の定、村人がゴンパから帰ってきたのは昼すぎ。飲み過ぎか寝不足か、とろんとした顔が揃っており、タルチョの立て替えが始まったのは二時過ぎ。暮れるに早い谷間の村は、すでに翳り始めていた。

大きなフライパンのような鍋にシュクパ（ビャクシン）の生枝とシャンを焚き、主人が経を唱えてお祈りをする。老人も子供も家中総出だ。人手が少ない家では親しい人が手伝いに来ている。年の初めの大事な行事なので、酔っぱらっていたサタシ（6サタ。村には二人のサタシ＝助役がいる。私たちが便宜上つけていた各世帯の家番号、6番と9番がサタシ家。詳細は後述）もさすがに厳粛な顔をしている。きちんとしたお婆さんのいるユンドゥン師匠（ユンドゥン・イセ：ヨゴさんが弟子入りしたので師匠と呼ぶことにした）の家では、家族皆がこざっぱりした服装をしている。やはりこの村でも年寄りのいる家の方が行事の作法も崩れていないようだ。

タルチョを立てる竿は、例年だと新しいシュクパの木に替えるというが、今年は雪のせいか古いものを使っている。ただ頂上にだけは香りも豊かな新しいシュクパの枝が結びつけられる。家によっては枝でなく、シュクパの木で彫った鎗や三叉矛を付けているのもある。この行事の間、シャンは絶えることなく焚かれている。煙と芳香に導かれて、家を守る神々が迷うことなく降臨するようにとの祈りが込められた煙が、家の数ほど晴れた空にたちのぼってゆく。

正月に立てるタルチョは、経文を押していない無地のものを使う。ただ昨年火事を出したテンジン・バハドゥールの家と病人のいるパルダン家のものには厄よけの経文が記されている。

家々では、この日のために早くから布を蓄えている。普通は白無地の布が使われるが、用意がよい家だと赤、青、緑などの色布をつけている。親たちが出稼ぎに出て帰ってこなかったニマ・ポンツォの家では、去年のタルチョの端に申しわけ程度に新しい布を結びつけただけ。それぞれの家の事情と性格を表すように、さまざまのタルチヨが立てられた。そのころになるとシャンの香りに誘われたのか、それとも供物の匂いをかぎつけたのか、何十羽という烏が集まってきた。タルチョが屋上に立てられると一同打ち揃って経を読み、チャンや穀物、それにパルクルを空高く撒いて神々に奉げる。そのあとは例によってチャンでお清めをして終わる。

どうやらタルチョの立て替えは陽のあるうちに済んだ。神々もホッとなさったことであろう。

タルチョの立て替え

8　村の初寄合い

日がとっぷりと暮れ、烏たちも去ってしまった。村の寄合いは明日になるだろうと思っていたが、やはりスケジュールは消化するらしい。五時頃になるとぽつぽつ村人たちがチャンを手に集まってきた。私たちも村人並みにチャンを持って参加する。パルダン家の屋上の、狭い、ふだんは麦藁が積まれている部屋がきれいに片づけられ、板を並べて席が作られている。皆が持ってきたチャンは真中に置かれ、若者連中がこまめに酌をしている。私たちは結局、何となく村に入り、何となく家を借り、遠慮なく村中を徘徊し、勝手にどこの家でも上がり込んで、御馳走になってはあそこは待遇が良いの悪いのと勝手なことを言っているが、正式に村入り（といってもここではそんな形式的なことはないのだが）の挨拶をしていなかった。そこで、この機会に挨拶をしようと、何冊かのノートと鉛筆を、村のために使って頂きたいと、村長氏に恭々しく呈上した。神妙な顔をして受け取った村長は、経本を一冊お返ししてくれた。ユンドゥン師匠が村人の代表としてライカを私たちにかけてくれる。

村に住み込んでひと月近く経ってからの村入りの挨拶もないものだが、一応正式に村の主だった連中の集まりで挨拶らしきものを済ますことができた。その間にもチャンは盛んに注がれて、早くもラマ家の息子などは酔いつぶれ、村長の膝を枕に高いびき。そのうちに若手のなかでも優秀な一人のパルデンが歌いだした。すると間もなくサタシ（9サタ）が怒鳴りだしてパルデンと喧嘩になる。成り行きやいかにと見ていると、さすがに年は若くても村長、暴力沙汰になる前に一喝して治めてしまった。後で原因を聞いてみると、何のことはない。サタシが日本の旦那方がいるのにみっともないから止めろ！、パルデンが正月だから日本の旦那方にポンモの歌を聞いてもらうのに何が悪い！、サタシだからと威張るな！、というのだそうだ。いやはや、この柄の悪い日本の旦那共には過ぎたる心配り、である。

一通りチャンがまわり、喧嘩騒ぎも治まったところで主人たちは引き揚げ、後は若者たちの天下。例によって手製のダムニャンを持ち出して歌と踊り。今夜ばかりは娘たちも加わって賑やかに踊り歌う。テープレコーダーを持ち出すといっそう張り切って続ける。踊りは夜中過ぎまで続いた。

ポンモの正月行事は三日までで終わることになっているが、四日目（二月二日）もまだチャンが残っているとかで、男たちは家々を飲み歩いている。

正月用につくられた村中のチャンが飲み尽くされ、チャンの壺を洗って屋上に干し、それを納めたときに正月が終わるのだという。

それでも五日目、二月三日には正月の間は畜舎につないでいた家畜を草場に出すようになり、男たちはまた日向でのんびりと無駄話をしながら糸を紡ぎ、娘たちは素足で雪道を歩くという日常生活が帰ってきた。

9　ジャパニだといっているが

村人たちにとって楽しい正月が終わり、一見何の変化も見られない退屈な生活が戻ってきたとき、私たちと村人との間には顕著な変化が現れていた。

若者たちが今まで以上に私たちの炉端に屯《たむろ》することが多くなり、老人たちも、そして正月前まではどうしても馴染めなかった女や娘たちまで顔を出すようになった。

正月中、よい機会だとばかりに私たちが精を出して村中を飲み歩き、裃《かみしも》ぬいで村人と接したことも親近感を持たせることになったのだと思うが、それと同時に、暮れのうちにドゥネイに出稼ぎに出ていた村長以下の人々が、ドゥネイの役人から私たちの素性を聞いて安心感を持ったことが大きな理由になったようだ。

　村に住み込んで半月ほどは、ずいぶん敬遠されたものだ。とくに女性がひどかった。話を聞きに行っても家に入れてもらえず、カメラを向けると逃げ出したり。気の強い村長の兄嫁などは石を投げつけたりした。

　彼らが馴染まなかったのは、私たちを中国人ではないかと疑っていたことによるようだ。

　ヒマラヤのチベット人たちは、中国人に対してかなり強い反感を抱いている。それには中印（中国・インド）紛争などの国際情勢も大きいが、より直接的には彼らの日常生活が絡んでいる。ヒマラヤ山地に住むチベット人たちにとっては農耕や牧畜と共に交易が主要な生業となっている。山羊、羊、ヤクなどの背に、麦、トウモロコシ、米などの穀物をつけてヒマラヤを越えてチベットに行く。そこでチベット産の岩塩や羊毛などと交換し、それを持って今度は南のネパール人の村や遠くインド平原まで出かけ、また食料や日用品と交換するというものだから、それほど規模の大きなものではないにしても、彼らにとっては生活を支える生業なのだ。そしてチベット高原は彼らにとって同じ言葉、同じ宗教を持つ同胞の地であって、国境で隔てられる異国ではなかった。ところが中国がチベットを侵略し、チベット高原がその支配下に置かれるようになると、様相が一変した。自由に往来できていたチベットへの出入が制限され、商業活動や放牧に大きな制約が加えられることになった。

娘たちが雪球を投げつけてくる（これは彼女らの悪ふざけ）

　それと同時に、中国「人民解放軍」の侵略による同胞の地での悲惨なできごとの諸々が、山を越え谷を渡って伝わってくる。ある村は侵略軍の兵隊に皆殺しにされたそうな、ある村の金持ちは財産を皆とりあげられたそうな、等々である。そしてマーチン（中国人）は犬の肉を食うというよ、嫌だネェ。そういう感情のなかに私たちは巻き込まれたのだ。

　村に来ている連中は日本人だと言っているが、顔つきはマーチンそっくりだ。あいつらの中に、腰に犬の皮をぶら下げている奴がいる。犬を食う奴らに違いない。日本人のふりをしているが、マーチンに違いない。チベットでも兵隊が来る前に、奴らのような連中が来て、調べたり写真を撮ったりしたそうだ。迂闊なことは喋るな……、ということだったらしい。

そんな時、ドゥネイへの出稼ぎの連中が、この地方の長官・コイララ氏に会った。彼は若手の優れた役人で、現在、タライ地方のラプティで実習農場を経営している東京農大の島田輝夫氏の友人である親日家だ。私たちも、ポンモに入る前に、ヨゴさんがドゥネイに赴いて挨拶し、食糧などの支援を依頼していた。コイララ氏が村の連中にどんな話をしたのか、直接聞いたわけではないが、村に調査に行っているのは、間違いなく日本人だ。ネパールと日本は友人の国だ。村での調査も、いずれはネパールに役立つことだろうから、出来るだけ協力するように……、という内容だったようだ。

正月中に飲み歩く先々で、今までは中国人だと思っていたので、いい加減な話をしていたが、ネパールと日本は友だちだそうなので、これからは本当のことを話すから、などと改まって言われ面喰らってしまった。

村に住みついてひと月近く、様々なことが解りかけてはいたが、何か今一歩という感じがしていた私たちにとって、どんな理由にせよ、村人との間に築かれていた壁が取り払われたことは、有難いことだった。

親しみは日ごとに増し、若者たちはケロシンランプが灯る明るい炉辺に夜ごと集まり、夜半過ぎまであけすけな話をするようになった。私たちの調査も後半にさしかかって急速に進んだ。

10　問われて名乗るほど甘くない

キャラバンの途中、チベット人に会うようになってから気づいていたことだが、一般に彼らは自分の名を教えるのを嫌っているようだった。ポンモでもその傾向は強く、てこずらされた。まず村人の顔を覚え、次に彼らが所属する家と名前を知ることから始まるのだが、その段階で面喰らうことが多かった。仲間たちが聞いてくる名前が、同一人物であるはずなのに皆違うし、一回目と二回目ではまた違う名前の場合もあるなど、どれが本名なのかさっぱり判らない。しばらくして、彼らは幾つかの名前を持っていることが判った。生まれた時に親がつけた名前、ゴンパのラマがつけてくれた名前、その他に村人が呼んでいる通称、学校に行くようになってからのネパール式の名前、それ以外にも聞かれたときに適当に答えたりもする。私たちが混乱するのも当然だった。確かめた中で最も多いのでは、七つ！というのがあった。彼の生まれはチベットの首都ラサから六ヵ月もかかる遠い地方の商家。子供の頃からラマが好きで、ラマの本が読めるようになりたいというのが念願だった。郷里の村にいては望みが叶えられそうもなく、他国に行けば偉いラマと巡り合える機会もあろうと、一六歳の時に六人の友と村を出た。あちこち放浪しているうちに、コンダルケという所で偉いラマに出会い、そこで修行することにした。その時すでに六人は別れ別れになっており、残った友と二人で弟子入りし、三年ほどコンダルケで勉強した。だが、共に弟子入りした友が亡くなったので、寺を出て一人で放浪を続けているうちにネパールに入り、ポンモに辿り着いた。ここに来てからは先代の大ラマに師事していたが、村の娘といい仲になって子供もでき、住みつくようになった、という。今では、生まれた村への路も判らなってしまったし、判ったにしても中国領になっているので自由に行くこともできないだろう。淋しいことだが仕方ない、と話してくれた。

　現在生きている人で、チベットやその他の地方から来て住みついたのは、七つ名のジャンピ爺さんだけだが、二～三代遡れば、他所の地から来たという家は、リンブルツェ家をはじめ何軒もあり、住民の移動は比較的頻繁にあったようだ。入って来て現在も住んでいる家については知ることができる。だが、ポンモから出て行った家も、入ってきたと同じ程度にはいたと思われるが、それを確かめることはできなかった。村から出て行った者の記憶は、人びとの中から急速に薄れていくようだ。

　七つ名の爺さんの名前のうち、四つまではラマに付けてもらったもので、その他に生まれた時に親が付けたもの、一七歳の時からの通称などがある。何故そうなったのかまでは、突き止められなかったが、とにかく、本人の名前を確かめることには大変苦労させられた。

　それでも何度も聞いているうちに、確からしい名前が分かってきたが、最後までどれが本当の名前なんだ？という人が二、三人残っている。途中から出稼ぎに出たりして、接触が少なかった連中である。自分の名前を言わないくらいだから、他人の名前はなおさらだ。特に親の名前は教えない。親が亡くなっている場合などは、よほど親しくならないと明かしてくれない。死んだ親の名を他人に教えることは「ディクパ・ヨギレ」

ジャンピ爺さんはチャンタン生まれの本場のチベット人。日常的にマニ車を廻し、帽子のスタイルも垢ぬけている

だという。直訳すれば「地獄行き」だが、「地獄行きの罪」という意味合いで使われる。

悪いことをすると、全て「ディクパ・ヨギレ」であり、何と地獄行きが多いことかと思うほどだが、「ディクパ」行為で最も重いのは、生物を殺すこと。特に殺人が最も重罪で、次が家畜を殺す、山の樹木を伐ること。人によっては畑の雑草を掘り起こすことすら「ディクパ」だという。生物を殺すこと以外には、泥棒、姦通、離婚、畑荒しなどが「ディクパ」の主なもの。細かいものだと、眠り過ぎ、辛すぎる食物を食べる、娘の嫌がる男と結婚させることなどもそうだ。これほど多いと、日常生活は「ディクパ」行為に満たされてしまうが、本人が悪い行為だと自覚した場合には「オム・マ・ニ・ム・エ・サ・レ・ドゥ（ポンモで信仰されているボン教の真言）」を唱えると、犯した罪は消えるのだという。本来は重い罪である場合でも、他人に見られたり、知られたりすれば「シャザイ（罰金）」を払わなければならないが、人に知られなければ「オム・マ・ニ・ム・エ・サ・レ・ドゥ」で済んでしまうらしい。

明治三〇年代、ネパールからチベットに入った河口慧海の『チベット旅行記』には、慧海がチーセという霊山に参詣した折、カム地方の人が自分の罪を懺悔しているのに出会った話が出ている。それによると、見るからに凶悪な顔をした男が懺悔するのを聞いて慧海は驚いた、とある。

「諸々の仏さまよ、私はいままで何人もの人を殺し、物を盗り、他人の女房を盗み、人と喧嘩をしました。私が今までおかした大罪悪をここに懺悔します。それで私の罪は消えたものと思います。これから先、私が人を殺し、盗みや喧嘩をし、人の女房を盗る罪もついでに懺悔しておきます」

これまで犯してきた罪の懺悔だけでなく、これから先に犯すであろう罪の懺悔までしてしまう、何ともあっぱれな事よ、という他はない。

ポンモの住人はこれほど大胆ではないが、他人に見つからねば、大抵のことは真言を唱えることで消え去ると考えているようだ。罪の意識は主観的なもので、仏に懺悔すればそれで消える。運悪く（？）第三者に見つかっても、ラマか村長にシャザイを納めればそれで済む、くよくよ思い悩むことはない、ということである。

村に一軒の空き家がある。さほど古いものではないが、天井は抜け落ちている。人為的に天井を壊したような形跡があるので、何か問題がある家だろうと考えていた。たまたま、ドクターが罪と罰の意識などを遠回しに聞いているうちに、ふと村人の口が滑ったらしく、この家の主が泥棒だったことが判った。村で生活している間に、私たちの物が無くなったことは殆どなかった。まれに、子供が体温計や缶切りなどをオモチャに持っていくことはあったが、それ以外には全くない。どこに放り出しておいても、盗まれることはなかった。ましてや村人同士の間の盗みなどは例のないことだといわれていたが、一〇年程前、ときどき物が無くなったという。それでも村内に手癖の悪い者がいるなどとは夢にも思わず、深く詮索することもなかった。ところが、ネパール人の村に交易だか出稼ぎだかに行った男が、そこで羊を盗んだことが発覚し、村に連行されたことから、村内でも盗みを働いていたことも発覚し、寄合いの結果、一家を追放した。村八分になった唯一の事例である。後に、この家は悪い家であるからとて、天井を抜いて住めなくしたのだという。

11　寺子屋から学校に

チベット社会は有字文化の社会で、読み書きできる人が尊敬されるということを先に書いたが、彼らはどのようにして教育を受けるのであろうか。

ポンモでは男の子は一〇歳位になるとゴンパに預けられ、リンブルツェのもとで修行する。全ての男の子というわけではないが、普通の子なら大体ゴンパに入るようだ。そこで三年三月三日の間、経を読み、写経をするという訓練を受ける。三年三月三日というのは建前で、普通の場合は一通り読み書きができるようになると村に帰る。僧侶になるための試験を受けて助僧（タワ）になるものもいる。タワになるのは、なかなか難しいというが、中には優秀な子もいて、四年でその試験に合格したという。タワになると、ラマの助手として厄払いの時の仮面ダンス、鳥葬の際の死体処理、その他全ての宗教儀式に関与するだけでなく、村の重役として、指導的な役割を果たすことになっていく。

タワは一二人いる。これは別に定員として決まった人数ではなく、一〇人の時もあったという。タワになると、毎月順番で、ラマの食料及び燈明料としての供物を持っていく。その内容は一〇テ（容量の単位・詳しい換算は不明）の麦かトウモロコシ、六テの米とツァンパ、一・五ダルニ（一ダルニ＝二・二五kg）のバター、チベット茶（茶葉を圧縮して成型した茶）一個などであり、タワにとってはかなりの負担になっている。それだけに、ラマに次ぐ知識人として尊敬されており、誇りも持っている。向学心に燃える若者の中にはタワになり、なおその上のラマになることを望んで修業にいそしむ者もいる。

村では、男兄弟が三人いる場合、長男はヤクと共に交易に、次男は修業してタワに、三男は家にいて農業・牧畜を、というのが理想的なことだとされている。現実にこうなることは少ないが、タワになっているのは次男が多いことは確かである。

近年、ネパール政府は教育に力を入れるようになり、奥地でも学校教育を始め、一九六六年からポンモもその対象になった。その年は、隣村・リンモに学校が作られ、ポンモの子どもたちもそこに通ったが、翌六七年七月からポンモだけの学校もでき、ドゥネイでネパール語の教育を受けたゴンパの次男坊が先生となり、ネパール語による学習を始めた。学校といっても、それらしい建物があるわけではなく、村の集会所兼物置倉庫の建物（現在、私たちが宿舎として借りている）の屋上を教室にしているようだ。ようだというのは、私たちの滞在中、屋上は物置として使われ、そこでの授業はついに一度も行われなかったからだ。いつ授業をするのか、いつも涎を垂らしている次男坊に聞いてみたが、はっきりしない。休みが多いというより、ときどきしか開かれていないようだ。正月前後の二カ月程は休みで、二月半ば過ぎから授業が始まると聞いたので、授業参観を大いに期待したが、そのうち村人がそれぞれの春村に引っ越してしまい、村が空っぽになった。私たちの滞在期間も終わる頃の二月末、次男坊がゴンパから降りてきて、学校を始めるという。

最も多くの村人が引っ越した春村・ゲルーで、村長家の家畜小屋を教室にし、自分はその間村長の家に泊まるのだという。様子を見に出かけたが、村長宅の入口の土間に麦藁が敷かれ、そこが彼の部屋に充てられているらしく、自慢のトランジスタラジオが大事そうに置かれていた。翌日も、その翌日も、先生は私たちの周りで騒いでいるだけで、学校を開く気配がない。

先生が遊んでいてはダメだろう早く行け、というと、サーブたちが写真撮りに来ないので、今日は休みだ、と気楽なもの。三日目にまた降りてきたので、写真撮りに行くから早く学校に帰れというと、昼頃に渋々帰っていった。荷造りで少し時間がかかって二時頃にゲルーに上っていくと、麦藁の上で昼寝をしていた彼は、授業はもう終わったという。結局、私たちはポンモでの学校教育の現場を視察することができなかったのである。

生徒は、子供がいる家では、一軒から一人ずつ出なければならないという。子供が何人もいる家でも、学校に通えるのは一人だけである。モラム爺さん宅では、タクラが生徒だ。タクラは爺さんの長男で、三〇歳を超えているようだが少し頭が弱いので、嫁の来手がない、気の良い暴れん坊だ。ユンドゥン師匠宅でも、二番目の弟が生徒だ。彼は既に妻子がいるが向学心に富み、私たちが話を聞きに行っても彼がいると、逆に英語を教えてくれと粘られて弱ることが多かった。シェルパをつかまえては英単語を習い、それをノートしては仕事をしながら暗記している姿をよく見かけた。

若者たちの中では、彼のほかにパルデンやテンジンなどが、私たちの知識を吸収することに熱心で、特にパルデンは頭の回転が良く、二カ月足らずの間に日本語の単語を五〇ほども覚え、私たちが体を掻いたりすると、すかさず「サーブ、シラミ、カイカイ、カ」などとからかうようになっていた。

向学心・向上心が豊かな若者たちが次代の指導者になるとき、この深い谷間の貧しい村も大きく変貌していくことだろう。

二―二　病気と葬送

1　老人の死

木村真知子

部屋の中は、異様な雰囲気に包まれていた。パルダンとその妻は、入口に近いところに臥せっている父親にとりすがって、「アジョー・アジョー」と悲痛な声をあげており、弟たちはションボリと部屋の隅にうずくまっている。モラムやタンキャルなどのタワたちは、病人の足もとで一心に経を続け、悪魔除けのトルマを作って、経が一区切りしたところで、掛け声とともに麦を部屋中に撒く。病人につく悪魔（ネルパ）を追い出すのだ。どの顔も真剣で、そして悲痛な色をたたえている。ひとしきり経が終わったところで、フライパンのような容器にトルマを入れ、松明を先頭に大声とともに戸外に駆け出してゆく。ネルパを追い出し、村の外に追放したのである。

二月二日、村の長老として尊敬されていたパルダンの父（ユンドゥン）の容態が急変した、という知らせでかけつけた時のことである。彼は脳軟化症（高血圧）だとかで、私たちが村に着いた時はすでに病床にあって、大ラマの治療を受け、厄払いも盛大に行ったが、一向にはかばかしくなかった。ドクターが毎日診療に通うようになってからは、かなり持ち直して、私たちの宿舎にまで遊びに来るようになっていた。しかし、正月の間にチャンを飲み過ぎてぶり返してしまった。ドクターが診た時には、すでに瞳孔反応もなくなりかけ、時間の問題という状態だった。その時点では、リンブルツェはまだ到着しておらず、病人の老妻はゴンパに嫁入りしている娘が出産するとかで、昨日から留守だった。

ドクターの大活躍が始まった。ともかく、リンブルツェが来て、婆さんが帰宅するまで、この病人をもたせなければならない。ラマの医術がどんなものだか知らないが、村人にとってラマの存在は大きい。村にはラマがいるから悪い病気が入ってこず、悪い病気で死ぬ者もいないのだ。これは村人の誇りであり信念でもあるから、いざという時には、ラマに診てもらい、死に水をとってもらうことが、何にも増して有難いことなのだ。客観的には、日本のドクター・サーブの方が病気を治すのは上手だし、薬も良く効く。凍傷にやられて腐ってしまい、お前の足は悪い足だからもう治らないとまでラマに言われたショナムの足でさえ、ドクター・サーブは治してしまった。それに、ド

元気だった頃のパルダンの父ユンドゥンと妻ザンム

クター・サーブはパイサ（銭）も取らない。ラマはチャンばかり飲んで威張っているなどと、いろいろ陰口は叩くが、いざ死に臨んだ場合の村人や身内の心情は別だ。ドクターを呼びに来る前にタワを呼び、役にも立たない経を読み、お祓いをしている。

誰が診てもこの病人は長くないが、出来るだけのことをするのが医者だ。医学を学んだ者の務めだと、ドクター、病人の容態を慎重に見続けていた。

「どうせ助からないなら、早く成仏させた方が良いかも。鳥葬が観られるかもしれないし……」などと無責任に放言し、囲炉裏端で大あぐらをかいている隊長や西ヤン。連中こそ地獄にでも行けばよい！と考えていたかどうかはともかく、強心剤を注射し、脈をとり、瞳孔をのぞくドクターの顔には冒しがたい威厳があった。家人もタワもなすすべもなく、ドクターの一挙一動を見守るばかり。夜がしらじらと明けそめるころ、病人は苦しそうな声を出した。微かだが瞳孔反応も。奇跡的に持ち直したのだ。

「マチコさん、生きている。大丈夫だ」。一睡もせずに見守っていたドクターの声。

ゴンパからラマと婆さんが駆け付けたのは三日の午後。病人はドクターの努力によって蘇生し、生へのあがきを続けていた。

ラマは、まず病人の脈をとり、胸に手を当てて心音を確かめていたが、おもむろに薬袋から薬を取り出した。赤い粉末と経文らしきものが書かれた紙切れが入っていた。粉末を木椀に入れて水で溶かし、別の包みから白い丸薬を出してそれも一緒に溶かす。その後、経文を書いた紙を丸めて、たっぷりと薬を溶かした液に浸し、病人の頭に数滴たらした後、その紙切れをこめかみに貼り付けた。

こめかみには、その前にツァンパを練ったものが貼り付けられていた。日本でも頭痛の時に梅干しの実を貼りつけるのを見たことがあるが、それと同じような状態だ。その後、病人の頭を持ち上げ、上を向かせて口を開き、少しずつ薬を飲ませていった。それは自信に満ちた態度だった。投薬が終わると、息子のパルダン、病人の妻、ドクター、私以外の人々は外に出されてしまった。

気配を察したドクターと私も座を立とうとしたが、ラマは残っていろと引きとめる。ドクターの献身的な努力と医学が、ラマの信用を得たのだろう。チベット医学の秘儀ともいえる悪魔祓いの儀式に同席させた、というわけである。

手振り太鼓、鈴、それにミルカン（骨笛）がラマの膝の上に揃えられ、経本が広げられた。小さな煙出し窓からさし込む弱い陽射しが、ほこりっぽい室内をぼんやりと見せている。骸骨のように痩せた病人は、薄汚れたブランケットにくるまって横たわっている。「秘儀」を行うにしては貧相で、寒々しい舞台だと思えた。ラマは背筋を伸ばして威厳ある態度で静かに読経を続け、鈴を振る。そしてミルカンを三、四回高く低く吹き鳴らす。不気味な音色だ。地の底、人の心の奥深くに棲む悪霊を呼び出すような笛の音。部屋から小窓を抜けて村の空に消えていく。

次は、右手に太鼓、左手に鈴を持ち、調子をとりながら経を読む。早く高い調子とゆっくり低い口調が交差するように流れ、あたかもネルパ（悪霊）を叱りつけるように、また説得するように聞こえる。それから、再度ミルカンが吹き鳴らされ、経が読まれ、またミルカンの不気味な音色が響く。それが終わると投石紐を取り出し、それで病人の胴のあたりをビシリ！ビシリ！と七回、打ち叩く。瀕死の病人に対して残酷な、と思ってはいけない。病人の体に巣食うネルパを叩き出そうとしているのだ。ラマも懸命だ。さすがに息が荒くなっていたが、気を静めるように深呼吸をし、瞑想するように目を閉じていたが、機が熟したと見たか、カッと眼を見開き、一声「ペーッ！」と鋭く高い声をあげた。これで終わり。ネルパは病人の体から離れていったことだろう。

ほっと一息ついたラマには、早速チャンが注がれる。くつろいだラマがドクターに話しかけた。

「ドクター・サーブが親身に看病してくれ、貴重な薬を惜しげもなく使ってくれたので、病人は今日まで持つことができた。本当に感謝している。私の看るところ、とても助かる見込みはないが、チベット医学と新しい日本の医学と協力して、出来るだけのことをしましょう」

ラマは僧であり、医者であるばかりでなく、村の最高知識人として、最初から私たちには友好的な態度をとってくれてはいたが、どこかにまだ警戒するような気配もあった。しかし、ここに至ってドクターには全くの信頼感を持ったようで、その後の治療の過程では、すべてドクターに相談するという態度を最後まで崩さなかった。

「秘儀」が終わると、村人が何人か上がってきた。ラマは婆さんにチャンを温めるように命じ、パルダンに手伝わせて病人を抱き起して水を飲ませる。病人は首をがくがくさせ、口をあんぐり開けたままの姿勢。その口に木椀に入れた水を少しずつ注いでいく。喉をゴホゴホ鳴らしながらも、半分くらいは飲んでしまった。次いで、温めたチャンを同じ方法で飲ませる。瀕死の病人に何と乱暴なやり方かと、ドクターは思わず腰を浮かせかけたが、飲ませ終わって横になった病人の呼吸がすっかり楽になっているのを見て、安心と同時に感心した、という。喉に詰まっていた痰が水やチャンと共に落ちたのだが、瀕死の病人に水を飲ませる技術はたいしたものだそうだ。

婆さんはブランケットで病人の足を丁寧にくるんでいる。足が冷たくなるのは悪いことなので、冷えないようにするのだ。そして、ときどきバターを溶かしてツァンパを練り、布に広げてこめかみや後頭部、胸などに押し付けている。身体には悪い風の出入り口があるのでそれを防ぐためであり、またそれを身体に付けることで、食事をするのと同じ効果があるのだ、という。このように、病気に対する態度や治療法には呪術的な要素が強くみられる。

病気はネルパが身体に付くことによるのだから、それを追い払うために経を読み、ネルパをツァンパで造ったトルマ（人形）に移して村の外に捨てる。だが、それだけで病気が治るとは村人も考えてはいない。ラマはお祓いをする前に、草根木皮や動物の骨や内臓で作った薬を飲ませるし、ドクターの知識を積極的に利用しようとする姿勢を持っている。

ラマは山中に入って薬草を採り、薬を調合する。薬草や製薬の知識がラマとしての重要な資格になっている。呪術的な方法と漢方薬的な薬の使用が混然一体となっているところに、ポンモのラマの医術は成り立っているのだ。

二月四日、午後も遅くなっていったん宿舎に帰った。昨夜はほとんど眠れず、疲れ切っているのだが、頭は妙に冴えていた。病人の様子は相変わらず。ただ、午後になって、それまでは人目に近い場所に東向きに寝かせていた病人を、囲炉裏端の、いつも主人が座る場所の奥に移して北枕で寝かせ、麦の入った袋を枕の代わりにあてがい、枕元に経本を置いた。

ひと休みした後の七時頃、またドクターを呼びに来た。村人が大勢集まっているが、部屋の中が真暗で何も見えない。ただ、ラマとタワが二、三人で読経している。例のお祓いのようだ。それが一時間ほど続いた。

その夜、宿舎に遊びに来ていた若者の口から、村の親族組織や財産分割などの新しい事実が出てきていた。隊長もクロさんも興奮気味に質問を続けていて、通訳ができるプルバとミンマをなかなか離さない。病人が気になるドクターは、イライラしている様子だったが、彼らはそれに気づかないほど熱中していた。

一一時半、ドクターが病人のところに戻った時には、もう息絶えていた。強心剤を打っても瞳孔反応なし。ドクターの様子からそれと気づいた家人が、ラマを起こしてくる。ラマは黙って顔を見たり、手をとってみたりしていたが、首を振っていつもの奥の座につく。

婆さんが慟哭しながら、自分の頭を主人の頭にすりつける。長男がライカでそっと顔を包み、ブランケットをかぶせた。知らせを聞いた村人が集まってくる。ラマは枕元に置いた経を読みだす。タワたちが低く誦唱する。その間に二回、ミルカンが吹き鳴らされる。長く強く、死者を送る音色だ。読経は一時間ばかり続き、最後に瞑目したラマが、激しく「ペーッ！」と一声叫んで、終わる。

村人から慕われていたユンドゥンは、ラマとドクターの、日本とチベット医学の協力による手当を十分に受け、大往生を遂げたのであった。

2 葬送

田村善次郎

読経の途中から何人かの村人が入口の狭い部屋で松明や割り竹を作るなど、葬式の用意を始める。隣りの長男の住まいでは、女たちが集まって何か料理を作り出した気配。

ラマは暦を見ながら葬式の方法を判断する。死去した時間や生まれ年などを基準に、死体を運び出す時や処理の方法などを決めるらしい。なかなか決まらず、ラマの姪と結婚することになっている若いタワのタンキャルと相談しながら、ようやく決心した。明日は日が悪いので、今日中に運び出して、村外れの川原で火葬にする、という。本来なら鳥葬が相当なのだが、村の長老であり、日柄も良くないので、ここでは最高級の葬法である火葬にすることに決まった。

葬式に従う人たちの役割も決められる。死体の処理をする役、死体を担ぐ人などが主な役だが、これは故人との関係で決まっている。若い衆は火葬にするための薪作りをする。部屋の中では赤い僧服と帽子というタワの正装をした、二人のバタック（死体を処理する役名）がライカで覆面をし、死者の上に屈みこんで何やら始めた。そっと覗くと、腰に差していたナイフを抜き、死者の右手の薬指を切り取ろうとしている。この指は大変重要な指とされ、ゴシゴシやっていたが、なかなか切り落とせない。最後にはポキリと折ってから切り離した。切り取られた薬指はライカに包まれ、家の神が祀られ、貴重品なども納められている奥の間（ジュブ）に置かれている箱（ヤンギャン）に入れられる。ヤンギャンは各家にとって最も大切なものだといわれ、故人の薬指もヤンギャンに納められて、家の守り神になるという。

その後、死者の首を紐で縛る。結び目に棒を差し込んでギリギリ締め上げるので、首の骨が折れる不気味な音がする。同様に、腰骨の上も縛る。この時は、足首を持って死体を逆さに吊し上げ、何度も振る。まだ身体の中にいるネルパを振り払い、追い出すような仕草だ。それから立膝にして座らせ、首を膝に着くように曲げ、ちょうど屈葬の姿勢のようにして縛り、ふだん着ていた着物でくるむ。

横ではさきほどから一人が幅三〇cm、長さ四mほどの新しい白布に一mくらいの間隔で割り竹を挟んで持ち手にしたものを作っている。この白布は死者の首に結ばれる。ラマがときどき小さな声で指図をする以外は誰も一言も口をきかない。やがて準備が終わると、亡骸は背負われ、ラマ以外の者が全て白布につけた割竹を捧げ持って家を出る。松明を持った人が先頭を行く。二番目はホラ貝を待ったタワ、それに続いて白布を捧げた人々、亡骸、松明と続く、隣りの部屋からは死者を送る女たちの「アジョーアジョー」という泣声が聞こえるが、誰も出てこない。ラマは一人残って静かに読経を始めた。

葬列はカチカチに凍った雪を踏んで畑の中を一直線に川原に降りてゆく。ホラ貝の音が静まり返った村の中に響き、カンニの頂きに下げられた鈴が、山風を受けて、時おり澄んだ音を響かせる。あたかも死者を迎える天界からの招きの鈴のように。長く高く捧げ持たれた白布は、魂が天界に昇っていくための道だという。

川原に着いた亡骸は紐を解かれて手足を伸ばされ、井桁に積み上げられた薪の上に横たえられ、火がつけられる。亡骸を背負ってきたユンドゥン師匠が若者たちに指図し、次々と薪を積み重ねてゆく。タワたちは少し離れたところで、一列に並んで読経している。火葬の途中、家からシャンと油で揚げたロティが届けられる。焼き終わると、人々は川で顔を洗い、シャンを焚いて身を浄め、ロティを一枚ずつもらう。そのロティは二つに割って一片を川に流し、一片を食べる。それから引きあげていく。死者宅では彼らにチャンと食事を用意している。食事が済むと、簡単に経を唱えて、葬礼は終わる。

全てが終ったのは、五日の朝もかなり遅くなってから、朝日が雪山の頂きに顔をのぞかせる頃であった。

午後、川原に降りてみた。灰に混じって大小無数の骨が散乱したままになっていた。彼らは私たちのように、骨を拾い、墓をつくって祀るということはしない。死者の魂は火葬の煙と共に遥かなる天上界に昇り、神となって人々を守っているのである。

さらに詳しくは後述のマチコの「**八　老人の死と葬送**」も参照されたい。

ダイレクの街中で見た白布の葬列

火葬

二―三　正月が明けて

1　村が空っぽになる?!

正月、それに続く葬式。私たちには、またとない視察のチャンスだったが、それだけに疲れてしまった。村人の全てと顔見知りになり、親しくなってきたとはいうものの、人の死という異常な出来事に対して、私たちはどう行動すべきか。出来るだけ詳しく見たい。こういう出来事の中に、村人の人間関係や世界観などが集約的に表れるのだから。それだけにまた、彼らの感情を損なうようなことは絶対にしてはならない。行動は慎重のうえにも慎重に、だ。病家に泊まり込んで看護を続けているドクターやマチコが得た信頼を壊さぬよう、宿舎では残った者が打ち合わせを重ねて、どんな事態にも対応できるよう、手はずをきめて待機していた。幸い、心配したようなことも起こらず、無事に終わった時には、ぐったりし、五日間各自が休養をとることにした。村人の動きも少ないようだ。

しかし、そうは悠長にしてはいられない。正月を過ぎると村の全ての家が引っ越してしまう?!というのだ。それが何日なのかが判らない。村長が決めるとか、寄合いで決めるとか、確たる情報がない。村長に聞いても、はっきりした回答はない。まだ決まっていないらしいが、引っ越しが近いことは事実だ。人手が少ないシンドゥル爺さんや、6番サタシの女房などは、すでに用意にかかっているようだ。

村の重要な行事、例えば草刈り、麦刈り、麦掻きなどは村中で一斉に行うことになっており、その日取りは寄合いで決めることになっているという。だが、その寄合いがいつ、どこで行われるのか、私たちには判らなかった。後で聞けば、引っ越しの日取りを決めた寄合いがあったという日も、全く気がつかなかった。そういえば、男たちが三～四人、いつものように日溜りで無駄話をしていたようだが、あれが寄合いだったのか、という程度だ。小さな村だから、そんなことで済んでしまうのかもしれない。ともかく村の人びとは移ってしまう。一軒残らず移ってしまう。それも間近い。当然私たちも、対応策をとらねばならない。

ポンモは隣村のリンモとは異なり、いくらか高度が低く、南面した段丘上にあるので、陽当たりが良くて雪解けが早い。寝雪になって村が埋もれてしまうことがないので、冬の間も移動せずに住むことはできる。だが、狭い谷間のことだから、村の周囲の畑はほんのわずかだ。それで、ポンモ川の少し上流のゲルー、谷を二つほど超えたプニカ、ゴンパのある谷など、少し奥まったところにも畑を拓いている。

これらの場所は本村に比べると、冬の間は雪が深くて住むことが困難だが、正月過ぎると雪も消えだし、三月には畑の犁起こしが始められ、その前に畑に堆肥を入れねばならない。本村から堆肥を運ぶことは無理だ。それよりは畑近くに引っ越して堆肥を作り、犁起こしをし、種まきを済ませてから本村に帰り、村周りの畑仕事をする方が合理的である。それに、家畜が冬の間に村の近くの放牧地の枯草を食い尽くしているので、奥の放

ゲルー

牧地に出さねばならない時期でもある。というのが、引っ越しの理由である。

私たちは、引っ越し先を〝ポンモの春村〟と呼ぶことにした。春村は三カ所あるが、各家が三カ所共に畑を持っているわけではなく、ゲルーとプニカに畑がある家は決まっていて、そこに畑がある家に引っ越すことになる。

さて、村に人がいなくなると、私たちはどうするのだ。引っ越し先の三カ所に分散するのは無理がある。主だった一〇世帯の引っ越し先がゲルーだから、そこに移るにしても宿舎にするような建物はない。分散しての居候するにも、春村の狭い家にはスペースがない。結局、歩いて一時間ほどのことだし、不便だが通勤することにし、必要なら交代でどこかに潜り込んで泊まろう、と決めた。

2　法事のこととケマンのこと

引っ越しは九日、と判ったのは七日のことだが、八日になっても大部分の家は普段と何も変わらない。変わったことといえば、村長家で法事が行われたことだ。村長家では、午前中から女たちが、ソバ粉を練って、直径一五センチほどの大きなロティと、小麦粉のロティを作りだした。ソバ粉のロティは焼くのではなく、沸き立った大鍋に放り込んで茹でたものである。

ラマがゴンパから下ってくる。タワも集まる。読経が始まる。

正面の祭壇にはタンカ（仏画・曼荼羅）が五、六本掛けられている。一通りの読経が終わると、各戸から一人ずつ進み出て、祭壇にしつらえた炉にチャンとツァンパとを入れて礼拝する。さしずめお焼香といったところだ。それから席に着くと、ロティとチャンが配られ、簡単な宴となる。

これが第一回の法事だが、この日まで死者の家族の男は帽子、女は首飾りや腕飾りを着けてはならず、髪を切ることもできないという。各家からはこの日までに、お悔やみとしてツァンパとお茶を死者の家に届ける。なお法事は、第一回の法事後の一週間目、四週間目などにも行われるが、最も盛大なものは九ヵ月後に行われる。この時まで死者の家族は歌舞音曲の類は禁ぜられ、また頭にギー（バター）を付けたり、家畜に鈴を付けることもできない。九ヵ月後の法要で初めてそれらの喪が解かれる。

ギーは重要な食料であると同時に、宗教儀式などには不可欠の神聖なもので、旅立ちの時などには、ラマや目上の人から頭にギーをつけてもらう。災いを防ぐ力を持つと考えられているのだが、喪中にはそれもできない。

引っ越しのことから外れてしまったが、ともかく、とても明日中に村がもぬけの殻になるとは考えられない様子なので、例によっていつの明日やら……と、半ばタカをくくり、集まってくる若者相手に夜遅くまで猥談などをしていた。彼らは実におおらかで、あけっぴろげだったから、雑談の中から社会組織や親族組織に関するヒントを得ることがしばしばあった。初めの頃は、シェルパを介しての話だからそれほどでもなかったのだが、慣れてくると、お互いに片言ながら、ネパール語、チベット語、万国共通語の身振り、手振りが加わって、簡単な事なら何となく判ってしまうようになった。そうなると賑やかさが増す。彼らも若く、私たちも若い。話の行方は決まっている。

「サーブは嫁さんがいるか」「いない」「恋人いるか」「いる。何人も。お前はいるか」「いるよ」という調子。

北はドルポ地方から、南はジュムラ付近のネパール人の村まで、毎年交易に出かける村は決まっている。彼らは例外なく、一二、三歳になると、父や兄に連れられて交易の旅に出るようになる。そこで彼らは様々なことを学ぶ。旅や商売のことはもちろん、女性に関する知識もそうだ。交易とはいえ、行ってすぐ帰るというものではなく、何日も、長ければ何カ月も泊まりこんでヤクやゾーの放牧をしながらの旅だから、滞在する村の娘と仲良くなるのが自然で、毎年出かけるのだから、深い馴染みが出来るのも当然である。

ポンモでは妻のことをケマンというが、これは正式に結婚した女性だけではなく、そういう馴染みの女性もケマンである。炉端に集まる連中は、出先の村にケマンを持っている者が多かった。ハッタイは一八歳だが、ドルポのシャルダン村にケマンがいる。彼が一三歳、彼女が一〇歳の時からだそうだ。テンジンは隣村リンモにいる。この二人のケマンがいるのは、共にチベット人の村だが、テシ（二三歳）のケマンはカイガオンの娘でネパール人であり、現在妊娠六ヶ月。あと四ヶ月で子供が生まれると無邪気に喜んでいる。サーブたちが帰るときにはポーターとして荷物を運ぶから、その時にはケマンに会える。彼女のお袋が作るロキシーは美味いから、サーブたちにご馳走する、と張り切っている。

そういう具合にケマンはいるが、その娘と結婚することはない。ポンモの結婚の範囲は殆どが村内婚で、リンモから来ている嫁が三、四人、嫁に出るのもリンモだけで、それ以外の村との婚姻関係はない。子供まで生まれようとするテシに、正式に結婚するのかと聞くと、当然のように、それは出来ないと言う。婚姻問題はかなり複雑な説明を要するので、ここでは省略せざるを得ないが、ともかく、もしテシが彼女と正式に結婚しようとすれば、彼は村を出ていかねばならぬほどの規制が存在し、それはポンモ村を成り立たせている親族原理に関わっているのだ。

3　そして村には私たちだけが残った

若者たちと遅くまで話し込んでしまった翌日、二月九日、村の雪はほとんど消えてしまっていた。

真向かいにそそり立つ岩峯の頂上の雪が、風を受けて煙のようになびき、青く澄みきった空に消えてゆく。

村の中が何となく騒がしい。９番サタシの家の近くに行ってみると、家畜を庭先に出し、ドコに家財道具をつめて荷造りをしている。やはり引っ越しは今日らしい。モラム爺さんのところでも忙し気にしている。彼らは最も遠いプニカまで行くので、出発も早いらしい。それにしても簡単なものだ。ドコに鍋釜、食器から機織り道具まで付けているが、それでも家族が一つずつドコを背負っていけば済む。何も前日から慌てて準備する必要はないわけだ。出てゆく人が次々に挨拶に来る。皆、頭やこ

本村から飼料の乾草を背負って

めかみにあたりにギーを付けている。災いよけだ。家畜の角や頭にも付けている。プニカへの道はずいぶん険しいという。人はもちろん、大切な家畜が一頭でも足を滑らせて落ちでもしたら大損害だ。他の村人共々に見送る。ラムロ・ジャネ・ホ！（気をつけて行きなされ）

モラムの娘とパルダンの妻ザンムは涙ながらの別れを

村長の兄嫁はモラム爺さんの娘である。早く出発するモラム一家を送りに出た娘と婆さんは、互いに頭をすりつけ、手を取り合い、涙を流しながら、いつまでも別れを惜しんでいた。わずかな荷物を担ぎ、気軽に移ってゆくように思えた人々も、しばらくの間会えなくなるという心情は何も変わらない。カンニのところまで出て、女たちは何度も何度も挨拶を交わしていた。一軒、また一軒と村を出て行った。

ドコに家財道具をつめ、家畜も連れての引越し

昼すぎゲルーに上ってみた。まだ四、五人しか来ていない。ここは近いので皆ゆっくりしているのだろう。シンドゥル爺さんの孫のヒャクパが6蕃サタシの家に掃除に行くらしいので、ついて行った。ガランとした部屋の隅に炉が切ってある。炉の周りだけに板を敷き、あとは土間なのは本村の家と変わらない。炉の中やその周りは煙出し穴から落ちた水が凍って、ガチンガチンだ。ヒャクパが鍬を持ってきて掘りかけたが、とても鍬の刃がたつような代物ではない。ヒャクパも諦めて帰ってしまった。しょうがない、6番サタシのカミさんには何度もご馳走に

なっているから、ちょっくら手伝うべと、西ヤンと二人、斧を借りてきて氷をぶち割って掃除をした。ついでに転がっていた丸太も割って薪を作ってやるか、6蕃サタシ家の亭主は出稼ぎで男手がないのだから。薪を作り炉に火をおこしかけたところにカミさんがやってきた。えらく感謝してお茶をご馳走しそうな様子だったが、時間がかかるのでひと廻りしようと外に出る。

シンソワ親子が松丸太の二つ割りを担いで山から降りてきた。驚いたことに、これから屋根を葺くつもりらしい。ゲルーの入口近くに、屋根が落ちて石積みだけを残した廃墟のような家があり、家畜の追い込み場にでも使うかと思っていたが、そこが彼らの家だった。ポンモではシンソワとは物を作る人（大工）という意味で、彼もそのシンソワの一人なのだが、無類の怠け者らしく、本村の彼の家も壊れ放題にしているので、皮肉を込めてシンソワという仇名にしていたのだが、これほどだとは思わなかった。しかし、屋根を葺くといっても実に簡単なもので、二つ割りした松丸太を石積みの壁の上に並べ、その上に土がこぼれ落ちない程度に麦わらを敷き、土をかけて少し叩いて固めるという程度だから、夕方までには何となしに屋根ができ、人が住めるような格好になっていた。

驚かされることが多い引っ越し風景だったが、彼らにしてみれば、毎年繰り返していることで、ごく当たり前のことなのだ。何となしに、夕方までには納まるべきところに納まったようで、私たちも薪割りのお礼にお茶とツァンパをご馳走になって、暮れかけた道を村に帰った。

しかし、何とも妙なことになったものだ。本来の住人が全ていなくなった村に、全くの他所者の私たちだけが残っている。人気のない村には、薄気味悪い静けさがある。ネルパが村の中を飛び回り、人に災いをもたらすそうだが、取り残されてみると、どうも笑えなくなりそうな気分だ。特に仲間の何人かがゲルーに泊まり込んだ夜は、寂しさもひとしおで、炉端での話題も滞りがちになるのだった。

丸太で屋根を葺く

三　ポンモの村と暮らし

1　はじめに

私たちは一九六八年一月五日から三月一日までポンモに滞在した。この村はドルポ地域の西南端に位置しており、住民はボン教を信仰するチベット人である。ここはチベット文化と、西ネパール中間山地帯の土着文化との接点にあたるが、この地域に関する研究報告は多くはない。管見によると一九五六年春に西ネパールのチベット文化圏を踏査したダビッド・スネルグローヴ、一九五八年の西北ネパール学術調査隊（川喜田二郎隊長）、そして一九六六年五月にユリコットから峠越えでポンモとリンモを踏査したネパールの地理学者ハルカ・グルンの報告などが目につく程度である。

一九八一年に、この周辺一帯はシェイ・フォクスンド国立公園に指定されているが、現在（一九九二年）は外国人の入域禁止区域になっており、再訪を果たせないでいる。〔二〇二三年現在は外国人は三〇〇〇ルピーの入園料で入域可能だと聞いた。〕

ポンモは、半日行程の湖畔の村、ツォ（リンモ）と並べてツォ・ポンモと呼ばれている。ツォはチベット語で湖のことであるが、この辺りではリンモの別称でもあり、リンモ（Ringmo）とポンモ（Pongmo）は周辺の人びとから兄弟村として認識されている。

私たちはツォ・ポンモに、トゥリ・ベリ川の支流スリガードを遡る道を辿って入った。ベリ川との合流点から支流に沿って三日、谷は二つに分かれる。東北から流れてくる本流の谷（村人はリンモチュ＝リンモ川と呼んでいた）を遡ればやがて高い滝にあたるが、これはツォ（ネパール名でフォクスンド・タール）から流れ落ちる滝で、この湖の畔にリンモの村とゴンパがある。リンモもまたボン教徒の村である。景色のよいところで、この村を訪れたスネルグローヴは、湖畔に立って「無量光（阿弥陀如来）のおられるという極楽浄土とは、まさにこのようなところであろうか」（『ヒマラヤ巡礼』スネルグローヴ、吉永定雄訳、白水社、一九七五年）と賛嘆している。ツォから先にはドルポのシェ・ゴンパからシャルダン、ナムド方面に向かう道が細々と続いている。

ポンモへは、西北から流れ下る谷（ポンモチュ＝ポンモ川）を二時間ほど遡る。これより奥に村はない。ポンモの谷の奥には村の人々がカンソンニェと呼ぶ独立峰が雪煙をあげている。その麓をまわってユリコット、リミ方面への道が通じており、ハルカ・グルンはこの道を通ってポンモに入っている。この道はポンモ、ユリコット間の近道だが、途中に五一一四ｍの峠があって冬季は雪に閉ざされるため、夏から秋の数ヵ月しか通れないという。

2　周辺の村々

ポンモの様子を述べる前に、ポンモと関係の深い、周辺地域の村々について簡単に見ておこう。

［シャルダン、ナムド］　ドルポ地域の村のなかで、ポンモの人々が交易のために最も頻繁に往来するのがシャルダンとナムドである。

ツォから北へ五、三〇〇m近い峠を越えると、チベット高原の乾燥地帯に入る。純粋なチベット文化圏である。スネルグローヴは「この峠を越えるとドルポである」と記しているが、ポンモの人々は、時には自らの地までをドルポに含めたり、場合によってはシャルダン、ナムドをドルポといったりもする。また一方、ポンモの若者たちは、ポンモは一夫一婦制であり、一妻多夫は、「地獄行き」のいけないことだと考えているが、ドルポ（シャルダン、ナムド）では一妻多夫を悪いこととは思っていない、などと違いを強調することもあった。しかしポンモに一妻多夫的なものが全くないわけではない。そのことについては、また後で触れるはずである。

ともあれ、峠を越えて、いわゆるドルポに入ると、戸数一〇戸から二〇戸程度の小さな集落が点在している。一九六八年には、この地域は入域禁止区域となっており、私たちは足を踏み入れていないのだが、スネルグローヴの記述によれば、必ずし

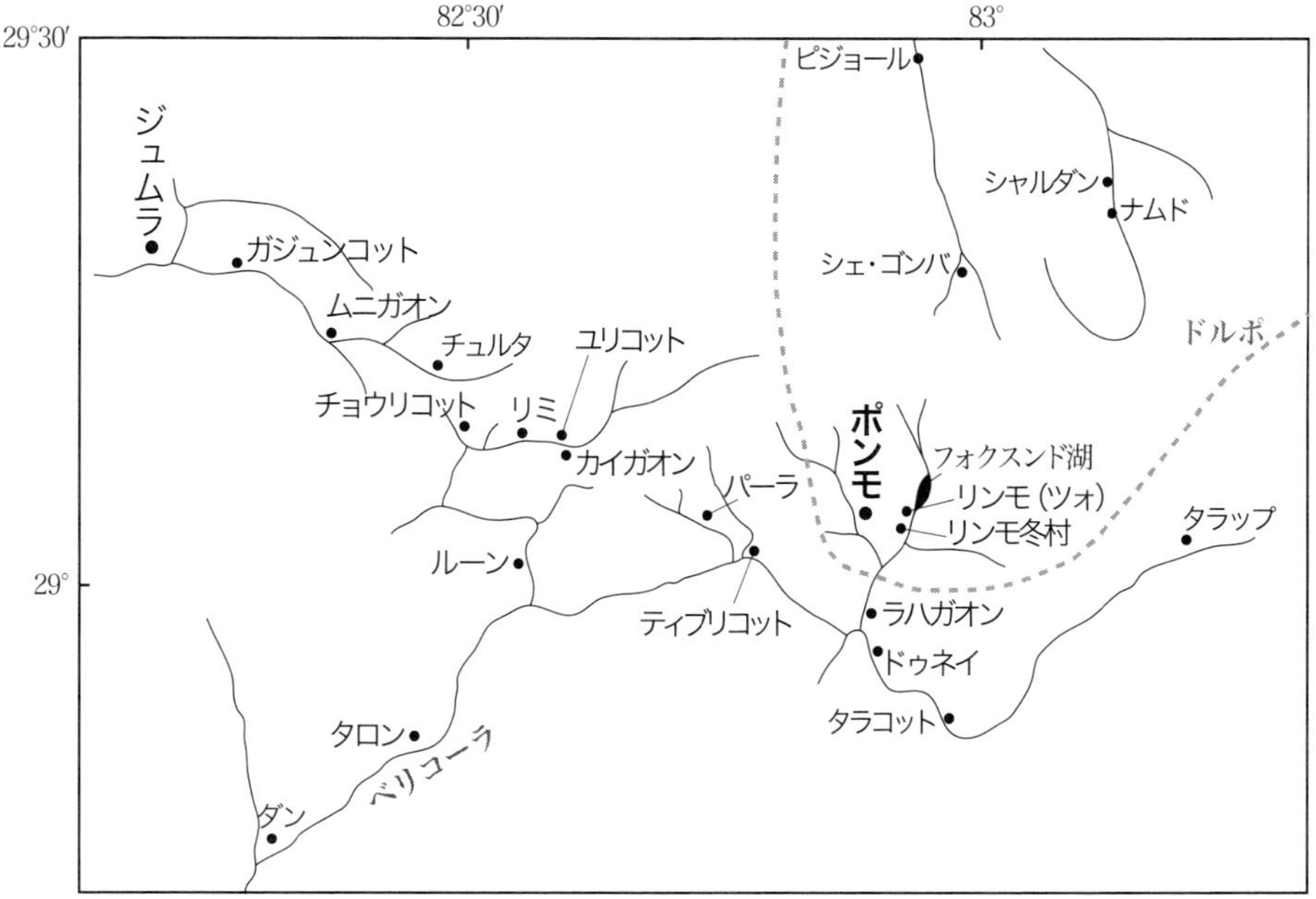

ポンモ周辺の村

も密集村落を形成しているのではないようだ。この地域には古いボン教の寺院が多く、寺を中核として集落が形成されたところもあるように推測される。ナムグンなどは寺と寺番の家があるだけのように記されている。

シャルダンもナムドも、畑作農業は行われているが、ごく小規模なもので、生業の中心は牧畜と交易である。彼らは、夏は家畜の背に穀物などを付けて国境を越え、チベット領のキャトック・ツォングラまで行く。そして冬はチベットから穀物との交換で持ち帰った岩塩や羊毛などを、ヤクや羊の背でリミやティブリコット、ときにジュムラあたりまで運んで穀物などと交換する。

私たちは一九六七年一二月末、リミやティブリコットで、ドルポから来たという何人ものチベット人に出会った。ティブリコットではドルポのツァルカ村の人が薪割りや堆肥出しの日雇い仕事をしていた。彼等は交易と放牧を主な目的として来ているのだが、峠が雪で閉ざされる冬の間は、村の家に宿を借りて住まう。その間、連れてきたヤクは近くの山のジャンガル（森林）に放し、近隣の村での交易に従うのだが、仕事があれば日雇い仕事や機織りなどの賃稼ぎをし、春になったらドルポに帰るのだという。日雇い賃は一日三マナの麦、トウモロコシ、あるいは同量の粉などの現物給付だという。

夏も冬も交易と家畜の放牧を兼ねての移動であり、目的地の村ではかなり長期間滞在する。かつて、つまり一九五九年のチベット動乱が起きるまでは、冬季の放牧もチベット領内で行っていたという。スネルグローブや川喜田二郎などの大先輩が歩いた頃と、私たちが歩いた時とは、ほんの一〇年間の差しかないのだが、「チベット動乱」という大きな政治的・社会的変動が間に挟まれ、この山中の暮らしは激しく変わっていたのだった。

物々交換を中心にした交易は、この地域に限らず、ネパール北部国境一帯に広く行われている。チベット高原とネパール中間山地帯をむすぶ地域は、穀物と塩・羊毛などとの物々交換を基本とする中継貿易地である。塩がないネパール中間山地帯と、穀物の絶対量が不足するダレート・ヒマラヤの北面からチベット高原にかけての地方とは、生活の存亡をかけて、持ちつ持たれつの関係を続けてきたのである。それは、現在も同様である。

【ラハガオン】　ツオ・ポンモから南に下って最も近いネパール語を話す村がラハガオンである。戸数二五戸、人口一五〇人ほど。チェットリ、バルキ、ロカというカーストの混住村だが、スネルグローヴは、この他にサルキ、ウケロ、ブダテキなどのカースト名を挙げている。チェットリ以外は低カーストであるという。ハルカ・グルンはマトワリ・チェットリの村だと記している。高い尾根上に村があるらしく、グルンの記述では、このラハガオンと少し南のパロラガオンはどちらも夏村（夏の期間だけ行く場所）を持っているとしているが、私たちはパロラガオンの名前は全く聞いていないし、夏村の存在にも気付かなかった。ラハガオンとリンモ、ポンモの三村は同じ行政単位となっているが、ポンモを巡る交易の舞台にラハガオンの村民はほとんど顔を出さない。ごくたまに小間物類を持って行商に来る程度だという。日常生活の上ではそれほど密接な交流はないようであった。

［ドゥネイ］　ドルポ・ジラの郡役所の所在地で、チェックポストもある。私たちが訪れた頃はオフィスなどの建築が行われて、ポンモからも何人もが出稼ぎに出ていた。現在は近くに飛行場も建設され、乾季の間は定期便が運行されている。

［ティブリコット］　ベリコーラに合流する谷に作られた扇状地に立地した村である。扇状地の東端に取り残されたような丘があり、その頂上に、この周辺では格段に立派なヒンドゥー寺院が建てられている。マハデヴァ神を祀るトリプレシュワリ・マンデルである。赤煉瓦の建物の中央部にそびえる四角錐の尖塔がひときわ目立つ。この丘にはかつてコート（コット・砦）が構えられていたといい、その遺構を利用してマンデル（寺）は建てられている。丘の麓にサルキ、カミなどの集落があり、少し離れた南向き斜面にチェットリやバウンの集落がある。カーストによる見事な住み分けのありようが印象的な村であった。スネルグローヴはサルキ、カミなどの住んでいる部分がより古く、彼らのほうが先住民であろうといっている。ティブリコットの標高は二四〇〇mほどであろうか。水牛を飼う家もあり、川沿いの低地には水田が拓かれ、柳の枝が風に揺れ、オアシスの村といった景観であった。昔から東西南北の交易の中継地点として重要な位置にあったと思われる。ドルポのツァルカ村から来たというチベット人が何人か村の家に宿を借り、薪割りや堆肥出しの日雇い仕事をしていた。日当二ルピーと聞いた。

集落は四つとも平屋根石積みの家屋が密集しているが、大きな家の窓枠や入口の木枠に彫られた彫刻が印象的であった。村長などに聞くと、自分たちはヒンドゥー教だと答えるが、村のなかにはシャーマニズム的な土着の信仰と考えられているマスタの祠も祀られている。また、家の入口や屋根などにダウリヤと呼ばれる、素朴な木像を立てている家もたくさんあった。ダウリヤは一種の魔除けで、悪い病気や事故で亡くなった人の悪霊が災いをもたらすので、その侵入を防ぐためのものだという。ヒンドゥー教と土着の信仰との混淆が著しく、宗教上からも大変興味深い所だと思われる。

［パロラガオン］　カスの村で、緩い斜面に密集村を形成している。この村もポンモの村民が交易の基地としている村だが、

私たちは村の少し下を通る街道から見上げて通り過ぎた。ツァルカの住民が交易、越冬に出てくる終点がパロラガオンだと聞いた。

〔リミ〕 ベリ川支流の深い谷をはるかに見下ろす陽当たりのよい南斜面の山腹に、約一五〇戸が三つに分かれて密集村を作っている。トウモロコシや小麦の収量はかなりあるようだった。私たちはここで一二月下旬の一週間を過ごし、主に交易関係の聞取り調査を行った。カスの村だが、冬季にはドルポ（シャルダン、ナムド付近）の住民が多数来住して越冬するが、それぞれ馴染みの家で間借り生活を送る。間借りといっても、入口の狭い一区画を借りて自炊しており、屋内のちゃんとした部屋が使用できるのではない。こういう馴染みの関係をローバとかネーザンといい、何代にも渡って続いているものもあるという。

リミの人たちはリンモ・ポンモやドルポから運ばれた岩塩や羊毛などを、ジュムラやさらに南のシャマコーラまで運んで穀物と交換することが多いのだが、ときにはドルポまで交易にでかけることもあるという。

〔ユリコット、カイガオン〕 ツォ・ポンモの人々にとってティブリコット、パーラ、リミなどは交易の中継基地として関わりの深い村だが、カースト社会に組み込まれたカスの村なので、一定の距離をおいた付き合いをしているようだ。しかし、ユリコット、カイガオンの人々とは親しい、ある点では同列の付き合いをしているように見受けられた。ユリコット、カイガオンの村人の出自は確かめ得ていないが、チベット人との混血がかなり進んでおり、チベット色の濃い生活様式をもった人たちであった。ポンモの男たちのなかには、ユリコットやカイガオンに馴染みの女性を持っているという人が何人もいた。これらの馴染みをもケマン（妻）と言っていた。ポンモの男がこれらの村の女と結婚した場合には、ポンモから出なければならない。そのようにして村を出てユリコット、カイガオンで世帯をもっている人が何人かいるし、ユリコットからポンモに移住した家も一軒だけだがあった。

ジュムラからカイガオンまでの間には、ムニガオンやチョウリコットのように屋根の上にタルチョを立て、外から見ただけではカスともチベット人とも区別のつけがたい村が点々とあった。またチベット動乱以後に住みついたというカンバ族の開拓村もいくつか見受けられた。残念ながらいまこれらの村々について語るべき知見を持ちあわせていないが、この周辺がチベット文化がヒンドゥー文化と直接接触・混淆する地帯であることは確かで、興味深い地域である。

3　兄弟村リンモ

ツォ・ポンモは行政上はカルナリアンチャル・ドルポジラに属しており、スリガードを南へ下ったところにあるカスの村、ラハガオンを含めた三村が一単位となって、パルダン（村長）を選出していた。一九六八年当時のパルダンはポンモのツェワン・ギャルボ（№7b・二六歳）であった。

トゥリ・ベリ川に北から注ぐスリガードの谷は、トゥリ・ベリの谷に比べると一段と険しく、また、別世界のように樹木の繁茂する谷であった。ポンモチュと合流するまでの間に三ヵ所、リンモから来たというチベット人が数家族ずつ小屋掛けをしていた。岩陰などに石垣で簡単な囲いをし、屋根も木の枝や草で葺いた、まったくの仮住まいのようであったが、どの場所も風が当たらない陽溜まりの、狭い平地が選ばれていた。小屋の前には簡単な木枠を組んで棚をつけ、その上に塩の袋を積み上げているところもあった。湖畔の本村は冬は雪が深く、家畜の草にも事欠くので、毎年秋の取り入れが終ると交易と放牧を兼ねて南のリミやジュムラ辺りまで下るのだが、その途中、このようなキャンプ地で休みながら行くのだという。キャンプ地となっていたスリガードの谷で二七〇〇mほどの標高である。こういうキャンプ地のありように、彼らの放牧を兼ねた交易活動の一端をうかがうことができる。

ツォの本村は湖面標高三六一六mの高地にある。ハルカ・グルンによると戸数一三戸、一七世帯、人口八七人となっている。ほかにゴンパを中心に一〇軒ほどの集落が少し離れてある。ゴンパはボン教の寺、村人はポンモと同じボン教徒である。

ツォ・ポンモと呼ばれているように、両村の間では嫁のやりとりがあり、姻戚関係がある家も多いのだが、私たちはリンモの詳しい調査はしていない。生業の形態はポンモと同じだが、四〇〇mほどの高度差のためか、ポンモでは作れないチベット大麦がリンモでは栽培されているという。また一年のうち本村に住むのは数ヵ月で、冬期は一家をあげて交易の旅に出るし、下流のいくつかある冬用のキャンプ地で過ごすことも多い。キャンプ地付近に畑はなく、放牧を主たる目的とするもののように見受けられた。恒久的な家屋をもつ出村（春村や夏村）にはポンモチュとの合流点から少し上流にマルワ（標高三三〇〇m）とパラムの二つがあり、ここにはわずかだが畑も拓かれていた。スネルグローヴやハルカ・グルンの報告では、ツォの人たちは、春は本村で過ごし、五月の種播きを終えるとマルワに移って、そこの植え付けをし、冬はポラムで過ごすとなっている。私たちが訪れた一二月末、ポラムには数家族が居たが、彼らは南に下る途中で、二、三日ここに滞在するだけだと聞いたが（実際には二月中旬には人が住んでいた）、マルワは無人であった。

4　ポンモ　―その外観

ポンモに行くにはマルワの少し下流にある合流点から道を左手にとって、ポンモチュに沿って上る。傾斜の険しい谷の中腹につけられた踏み立て道を約二時間、道は下りにかかる。いったん川原近くまで下り、岩鼻をまわると突然、道を塞ぐように立つ大きなカンニが目に入る。

このカンニがポンモの村の入口である。カンニはかなり古び、荒れている。外側の模様は剥落し、修理された様子もない。そこからまた道は上りにかかる。見上げるとかなり上の方に集落が見える。ポンモ本村の集落だ。道の両側には粗末な石垣が築かれ、その内側は畑に拓かれている。石垣に沿っていくつかチョルテン（仏塔）が立ち、マニ塚が築かれている。チョルテンには枯れ草が風にそよいでいた。今は剥落してしまっているが、以前はカンニの上部には眼《まなこ》が描かれていたはずである。この眼は村に入り込もうとする「モノ」を監視し、悪霊や悪魔の侵入を防ぐ役目をもつ大事なものである。ポンモの人たちにとって、カンニの眼は剥げ落ちて見えなくなっていても、当然、あるもの（存在するもの）として認識されている。

ここから二〇分ほどの急坂の上に第二のカンニがある。こちらは通路部分の内部に描かれた壁画も外壁も、よく残されていた。眼は消えていたが、屋根の頂上に下げられた鈴が、澄んだ音を響かせていた。そのカンニを廻るともう村の中である。

上から見たポンモ村

家々は狭い範囲にまとまって建てられている。カンニの基部は門になっており、通り抜けることができるのだが、村の人たちは決してこの門を潜って出入りはしない。外側を廻るのだが、その廻り方には決まりがあって、必ず左まわりに廻る。またマニ塚に積まれているマニ石は、真言が彫られたものが大半だが、それもラマ教の「オム・マニ・パドメ・フム」ではなく、ボン教の「オム・マティ・ムエ・サレ・ドゥ」である。それらのことから、この村の人たちが、ボン教徒であることが判る。ラマ教徒はカンニは必ず右まわりに廻って入るし、マニ車も右廻しにする。

本村にある建物は一五棟。そのうち空き家一軒、村ゴンパ一棟、集会所一棟だから、住まいとして使用されているのは、一二棟。しかし、リンブルツェの持家となっている一棟は、ゴンパで暮らすリンブルツェ、あるいはその家族が本村に下って来た時に使用する程度で、日常は空いているから、本村では一一棟に一八世帯が暮らしていることになる。ゴンパに住まいを持っているリンブルツェ家と、出村であるプニカに年間を通して住んでいるリンブルツェの弟一家もポンモの成員と考えられているので、それらを含めるとポンモの全世帯数は二〇世帯になる。（後述：ポンモの世帯と構成者数・キュパ名の一覧参照）。人口は一二七人、うち男五八人、女六九人で、一世帯平均六・四人。女性が多い。かなり注意して出稼ぎや交易などで外に出ている成員についても聞いたつもりなので、家族員数には大きな違いはないと思うが、若干の洩れはあるに違いない。他人に名前を教えるのは悪いこと、特に親の名前を教えるのは「地獄行き」の罪の一つだとされている村なので、完全に知り得たとはいえない。小さな村だが思いのほか出入りが頻繁で、特に冬季は長期間村を離れている人が多い。

5　村の生業

ポンモ本村の標高はほぼ三二〇〇mで、三六〇〇mを越えるツォに比べてかなり低い。私たちが到着した日も、日の当たらない場所にはわずかに雪が残っていたが、陽当たりが良い村内の空き地や畑などは、カラカラに乾ききっていた。ツォは冬の間は雪が深いので村人は完全に外に出てしまうが、ポンモでは冬の間も村で暮らしている人が多い。とはいうものの、交易などでの出入りは多く、全員が揃って村にいるということは、私たちの滞在中にはなかったし、おそらく一年を通じて村人全員の顔が揃う日はない、と言ってもよいだろう。

私たちが入り込んだのは、ポンモの中心になる集落で、私たちはここを本村と呼んだ。この集落のほか三ヵ所に出村（春村）があり、春になるとそれぞれの春村に移ってしまう。

春村のほかに夏の期間だけ行く場所（夏村）もあると聞いている。そこは家畜の放牧が主だが、ジャガイモを作れる程度の小さな畑もあるらしい。場所は確認していない。

生業は、ドルポの村々と同じく、畑作農業と牧畜、物々交換を主体とする交易である。農業といっても、その規模は極めて小さく、食料の三分の一が自給できるかどうかという程度のものでしかない。作物は、春播き小麦とダッタンソバが主である。村の畑を大きく二つに分けて、小麦とソバを一年おきに輪作する。小麦とソバ以外には、ごく僅か、家の近くの畑にジャガイモ、アブラナ（菜種）、カブ・大根、豆類を栽培する程度である。かつては山を焼いてソバを作る焼畑もかなり行われており、その痕跡が残っている。しかし、ラマに「ジャングルを焼くことは、そこに棲む鳥や獣を殺すことになるから、良くないことだ」と止められたことから、焼畑はずっと少なくなっていたが、さらに数年前からネパール政府の禁令で、罰金が科せられるようになり、全く行われなくなった。焼畑を止めてから出稼ぎに出ることが増えたという。私たちが滞在中、村の男たち七、八人がドゥネイの建築工事に働きに出ていた。

飼育されている家畜は、ヤク（去勢牡）八〇頭、ディム（牝ヤク）一一五頭、パ（種ヤク）二頭、ゾー（ヤクと牛の交配種牡）六頭、ゾーモ（同牝）八頭、牛六頭、馬四頭、山羊五一頭、ほかに仔ヤク数頭、ニワトリである。これらの家畜のうち、ディム、ゾーモ、山羊（牝）は搾乳をして、バター（ギー）、チーズ（チュルビ）などの乳製品を作るのだが、冬期間は飼料となる草が枯れ果てて家畜は栄養不良の状態で、全くといってよいほど搾乳はできない状態であった。ヤク、ゾーは畑の耕耘、荷物の運搬に使用される。またヤクや山羊の毛は織物の原料にもなる。ポンモの暮らしのなかで牧畜の占める位置はかなり高いものがあるに違いないのだが、私たちが滞在した時期が最も乳製品が作れない冬であったせいで、ヤクやゾー、山羊などを駄獣（貨物運搬に利用される使役動物）とする中継ぎ交易が大きな比重を持っているような印象が強かった。

この村の人たちが交易活動で往来する領域は、一九六八年の時点では、北はドルポのシャルダン、ナムド、西はゴテチョウル、ジュムラ付近まで、南はルーンまでの地域であった。

6　本村と春村

本村の集落はポンモチュ（ポンモ川）東岸の比較的平らな段丘面にあり、畑は集落の上下に続く狭い段丘斜面に拓かれている。集落の東はすぐに険しい、崖と呼んでもよいほどの急斜面。ここには山羊が常時放されているためか、低い灌木がまばらに生えた叢林になっている。川を隔てた西岸はヒマラヤ大王松、シュクパ（ビャクシン）などの針葉樹の林で、陽が射さないので、私たちが訪れた時期にはかなり深い根雪に覆われていた。

家々の間をぬって裏に抜けるとマニ塚があり、その先が段丘を横切る小さな沢になっている。この沢の水が村の生活用水で、上手に水場が設けられている。飲料水は木桶で沢の水を汲んでくる。水場の傍の大きな岩に水神であるルー（龍神）が宿っているといわれ、正月元旦の朝早く汲む金の水・銀の水（若水）は、この岩にシャン（香）を焚き、祈りを捧げてから汲むのである。

沢を渡って段丘面に上がった所に第三のカンニがある。村の裏口にあたる。道はさらにポンモチュに沿って遡り、道の両側には切れぎれだが畑が続く。一時間ほどで春村の一つ、ゲルーに着く。ゲルーの段丘は本村よりも広く、平らで陽当たりはよいが、本村に比べて風が強く、高度もあって寒さが厳しいようで、雪も消えずに残っている。一九六八年は一月二八日がチベット暦の正月で、村人たちは本村で正月を祝い、二月九日に春村に引っ越したのだが、このときゲルーの畑には、まだかなりの雪が残っていた。本村では雪が降っても、晴れて陽が射すとあっという間に消えてしまって跡も残らない。僅かな高度差や気象条件の違いが大きな影響を及ぼす地域なのだろう。春村はゲルーのほかに、ゴンパとプニカにもある。

ゴンパは寺のことだが、村人は寺のある谷もゴンパと呼んでいる。第一のカンニから少し下ってポンモチュを渡り、西の山を二時間ほど上った中腹の緩斜面に、この辺り一帯に高僧として知られているリンブルツェのゴンパと、その一家の住居、村に一一人いるタワ（助僧）のゴンパなど、一〇棟ほどの建物がある。チョルテンなども多く、タルチョが何本もはためいている。ツォとは違うがここもまた一種の聖地となっている所。ゴンパとはいうが建物の外観は他の住居とほとんど違わないし、周囲には畑も拓かれている。ラマとその一家はここに年間を通して住んでいる。そのゴンパの地に本村から三軒が、二月一〇日に引っ越していった。

リンブルツェのゴンパは、一九七二年春、ここを訪れた氏家昭夫氏によると、本堂正面に三基の小塔を飾り、その左右に大きな座像の釈迦仏と蓮華生が祀られている。蓮華生はグルリンポチェ、釈迦仏はボン教の創始者であるトンバシェンラップに比定されるもので、読誦される経典のうち最も重要なものは、トンバシェンラップがアシャサンワの問いに答えてボン教の教えを説く「幸いをあつめる光明の宝経」だという。氏家氏はポンモのボン教は図像的にも教義的にもラマ教の影響を強く受けたものになっていると、「ボン教調査報告」（氏家昭夫、『密教文化第一一六号』、高野山大学、一九七六年）に記している。

もう一つの春村、プニカは、ゴンパと谷をへだてた尾根筋の南面、やや傾斜の緩やかになった所で、ここにもリンブルツェの弟一家が通年暮らしている。本村から二軒が同じ二月一〇日に引っ越したのだが、まだ一面の深い雪に覆われていた。

季節的な放牧地まで含めるとポンモの範囲は三つの谷にわたる広大な面積となる。中間山地帯の村々に比べると、羨ましいほどの広さなのだが、それほどの広さが必要なほど、生きるには厳しい自然環境なのである。

領域は広大だが、村人が最も身近な日常生活の場として意識している範囲は、狭い範囲に限定される。東が第二のカンニ、北が第三のカンニ、南がポンモチュに沿った崖縁に建てられた村のゴンパ、そして西が水場となる沢に区切られた段丘の端。端から端まで歩いても約一〇分という広さである。

狭い意味での村の中にある施設は、畜舎を兼ねた住居と作業場、寺、集会所、穀物調整用の共同臼場三ヵ所、それに水場である。集会所はパンチャヤットの施設として最近建てられたものだが、ほとんど使われることがなく、私たちが宿舎として借り受けた。この集会所だけは外壁を白く上塗りしてあった。正月三日目に行われた村の宴会場が集会所の三階だったから、全く使われていないわけでもない。学校としても使われると聞いたが、滞在中には一度も授業は行われなかった。

畑の多くが低い石垣で囲まれ、家畜が入って作物を荒さないようにしてある。特に第一のカンニと第二のカンニの間にある畑は、道の両側に石垣がずっと続き、畑を守っている。

本村は全体が川に沿って縦に長く、南々東を向いており、一定のプランのもとに建物が配置されたのではなく、次々に造り足していったようだ。傾斜が緩やかな段丘上にあるので、たいていの家が、正面からみると三階建てのように見えるが、裏から見ると一階の半分か一階部分がなく、敷地の傾斜そのままに家を建てている。空屋になっている一棟は、村内での窃盗が発覚して村を追放された家で、無人のまま放置されて半壊になり、天井も抜け落ちていた。他にも、火事を出して三階部分を焼き、焦げた材木を家の横や裏に放り出したままの家や、主人がシンソワだというのに半分壊れかかって、手入れをしていない家などがある。家と家の間の小路には大きな石ころや丸太ン棒が転がっている。材木が壁に立て掛けられていたり、家畜に与えた麦藁の食べ残しが散らばってもいる。人が住んでいる家も、どこかしら目下修繕中といった感じで、村全体が雑然としているのだが、それだけに生活の臭いが濃く漂っており、何とはなしにほっとする感じになるのだった。

第一のカンニから少し下の川原には水車小屋があった。これはユンドゥン家(No.13)のもので、仏画師で器用なユンドゥン師匠がネパール人の水車作りを見て、それを真似て作ったのだという。大量の粉を挽く時には村の人たちも借りて使うが、使用頻度は高くない。日常はその日に食べる分だけを挽臼で挽く。挽臼はどの家も居室がある二階の踊り場の隅に据えてあり、朝暗いうちに粉を挽く。水汲みと粉挽きが起きぬけの仕事である。このほかに穀物調整用の搗臼が村の中に三ヵ所あり、共同で使用している。搗臼といっても厚みのある平石に直径一〇センチくらいの丸い穴を空けただけのもので、搗く時には穀物が飛び出さないように厚手の布で周りを囲む。立杵はそれぞれの家で用意しており、一人または二人で搗いていた。主に米・粟の調整と精白に使っていた。

屋内にも屋外にも便所としての施設はない。モラム爺さんの一家が移ったプニカの家で、二階の踊り場の隅を仕切って、便所を設けていたのが唯一の例外であった。床に丸い穴を空けただけのもので、便が落ちる一階の地面には麦藁が少し敷かれていた。小便は屋上の端から飛ばしたり、女たちは家の裏や物陰で済ます。大便は人のあまり行かないゴンパの裏手あたりと空屋の近辺が恰好の場所になっていたが、その辺の物陰で済ますことも多い。朝暗いうちに済ませてしまうらしく、現場に行き会ったことはない。狭い場所での一〇〇人からの排泄物は少ない量ではないが、村の中で排泄されたものは、大抵は豚と犬とニワトリが処分してしまうので、誤って踏んでしまうこともなかった。

7　住まいと暮らし

家は石積み、平屋根で三階建て。三階建てといっても総三階ではなく、三階の前面三分の二くらいはテラス（平屋根）で、奥の三分一くらいが仏間と乾草置き場である。乾草置き場は、さしかけの板屋根を掛けただけで、麦藁が積まれている。麦藁は雪の時季に山から降ろしてきたヤクなどの飼料にするもの。仏間を持たない家もあるが、大半の家には仏間が設けられていた。仏間と乾草置き場、そして薪の山で作業場となる屋上部分を二方または三方から囲んで風を防いでいる。風は谷の奥から吹き降ろしてくることが多く、ときおり狭い谷を風の渦が吹き抜けていく。

屋上には、どの家もタルチョが立てられている。

南に向いた家の場合は、入口の前を石垣で囲って家畜の追い込み場にしている。石垣には馬栓棒がついた入口がある。この囲いは常に家畜を入れておくためではなく、交易の出発準備や帰着の時、また降雪時には放牧地から降ろしてきたヤクを留め置くのに使われる程度だ。追い込み場は陽溜まりになる所だから、普段は機織りなどの作業をする場所として、屋上と同じ使われ方をしている。

先に述べたように、本村で住まいとして使用されている建物は一二棟で、世帯数は一九世帯だから、当然、複数世帯が入っている棟がある。複数世帯が入っている棟の多くは兄弟、叔父・甥などの同じ親族に属する世帯が、囲炉裏を別にして生活しているが、なかには親族関係の異なった家族が一棟に住んでいる場合もある。シンドゥル爺さん（No.7a）とパルダン（No.7b）、テンジン・タルキャ（No.7c）の三家族が入っている棟がその例になる。テンジン・タルキャとパルダンは兄弟だが、シンドゥル爺さんとの間には親族関係はない。テンジン・タルキャはパルダンの長兄で四年前に分家した。その時に住まいを二分し、畑、家畜なども二等分したという。ポンモでは概して長男―兄が結婚して子供ができると分家し、弟が親と一緒に住む場合が多い末子相続が一般的だが、畑、家畜などの財産は平等に分け、親と暮らす方が多く取るということはない。パルダンとその兄の家は、部屋部分はきっちり二分しているが、入口は一つで、一階の家畜小屋と二階の踊り場は共有している。シンドゥル爺さんの家とは後に述べるようにキュパ（家筋）が異なっている。建物の堺の壁を共有しているので、外観だけでは一棟としか見えないが、入口は別になっている。注意してみるとシンドゥル家とパルダン家とは外壁の石積みが微妙に違っていて、大きな一棟を分割したものではないことが判る。どちらかが後から継ぎ足したものだろう。他にはアンドゥイ家（No.12a）とチェトン・ジャンピ家（No.19）、ツェリン家（No.12c）の三世帯が住んでいる建物が、これと同じ形式であった。

どの家も一階が家畜部屋、二階が居間になっている。狭い入口を入ってすぐの所に二階に上る刳り梯子が架けられ、登ったところが踊り場状の空間で、隅のほうに屋上に上る梯子が架かり、水桶と粉挽臼が置かれている。踊り場の奥が居間。踊り場と居間の境は壁で仕切っている家もあるが、多くは穀物箱などで仕切りにしている。居間の奥寄りに囲炉裏があり、鉄の五徳が据えられている。二階の床は荒く割った松を敷き詰め、その上に土を敷いて叩き締めた土間仕立てだが、囲炉裏の周りだけは板が敷かれている。

囲炉裏の正面奥の壁には棚が設けられ、食器類が置かれている。正面の席には人は座らず、旅に出ている人の陰膳などが据えられている。炉端の席順は決まっており、入り口から向かって右がアワデサと呼ぶ男の座、左がアマデサという女の座で、奥から年の順に座ることになっている。

人の頭がやっと出るくらいの小さな窓が一つか、せいぜい二つしか開けられていない部屋の中は、日中でも暗く、寒いので、陽のあるうちは屋外で暮らす。冬季は畑仕事はないので、薪とりや山羊の放牧に行く娘や子供たち以外は、屋上や家畜の追い込み場などの陽溜まりで、糸紡ぎ、機織り、裁縫、油絞りなどをする。といっても冬の間は、一〇時ごろようやく射し始めた陽は、二時半にはもう山の端にかかるという、狭い谷あいの村なので、外で働ける時間は短い。陽溜りでは裸でシラミ獲りをするほどの暖かさでも、陽が落ちれば急激に冷えて、米搗きのような力仕事以外はやっておれず、家に入ってしまう。だから囲炉裏の周りで過ごす時間は長いことになる。

囲炉裏の周りでする仕事は糸紡ぎが主であった。炉に燃やす薪は放牧に行く娘たちが毎日一背負い、ビャクシンの枯れ枝などを探してくるし、屋上には採り溜めた薪を積み上げてある。どれもよく枯れた枝で、とくにビャクシンは、その葉を毎日の儀礼に香として焚くほどで、香りがよく、煤の少ない良い薪である。枯れ枝を燃やしても、かすかな芳香がある。それでもまともな煙の出口が無い構造なので、煙いことには変りなく、目を病んでいる人が非常に多い。

寝る時は炉の周りに、着ているものを脱いで敷いたり掛けたりしてのごろ寝。家族の多い家では、三階の仏間に寝る者もあるようだが、大抵の家では家族全員が囲炉裏のある部屋に寝ていた。私たちは春村に移ってから何軒かの家に泊めてもらったが、パルダン家では炉の左側にパルダン夫婦が身をよせあって横になり、右側が老母と弟の寝場所。私たちは入口に近いところに寝場所を与えられた。だが、シェルパの寝場所は三階の乾草置き場であった。私たちは日本から来た客だから同格に扱うが、シェルパは同じチベット人だがキュパ（その意味は後述）が違うので、同じ部屋で寝ることはできないというのだ。また最も家族の人数が多いユンドゥン家でも、一四人全員が囲炉裏の周りに折り重なるように寝ていた。寝る時も囲炉裏の正面側には寝ない。最後にお婆さんが炉のオキを灰に埋め、もえさしの火を消す。すると真っ暗闇となり、消え残った薪の火が赤い点となってかすかに見え、それが消える頃はみな寝しずまっていた。

糸紡ぎの夜なべ仕事を片づけ、大人たちが寝支度を始めるのが一〇時半か一一時頃。室内の明かりは、炉の火と細く割った肥松《こえまつ》（松脂が多く出る松）一、二本を石皿で燃やすだけ。私たちにはノートもとれない、その程度の灯火の下で、遅くまで起きて仕事をしているのは、全く予想外のことであった。当然のことだが、どの家でも夫婦は寄り添って寝ていた。

居間の奥にジュブと呼ばれる小部屋がある。ジュブは食料や衣類・装身具、そのほか家に伝わる貴重品などをしまう。日本の納戸に当たる部屋で、ここには家の神が祀られていて、外来者の私たちがこの部屋を覗くことは許されなかった。家の神はジュブに置かれているヤンギャン（ヤンギュウ）という箱に納められている。

8　キュパと婚姻関係

家の神・ヤンギュウを祖先神だと考えており、キュパごとに異なった名称のヤンギュウが祀られているという。たとえばタグラ・ラマはトンチエ、キュンポ・ラマはナムギャル、テトラ・ラマはマクペンというヤンギュウをそれぞれが祀っているという。そしてこれらの家の神は、毎年一回村の寺に持ち寄られて、三日間にわたる盛大な祭りが行われる。

キュパとは、父系出自をたどる家筋のことだ。ポンモの全二〇世帯は、大きくラマ・キュパとバイジー・キュパの二つの家筋に分かれ、それぞれが外婚単位として機能している。さらに、ラマ筋はタグラ・ラマ、テトル・ラマ、キュンボ・ラマの三筋、バイジー筋もパルワ・コーラ、ナグマ・コーラ、ロカの三筋に分かれ、全体では出自を異にする六系統のキュパがある、という。このうち古くからの家筋とされるのは、テトル・ラマ、パルワ・コーラ、ナグマ・コーラの三筋で、タグラ・ラマ、キュンポ・ラマ、ロカの三筋は近年に移住してきた人を先祖とする新しいキュパである。

ロカはニマ・ツェリン（No.3）家だけだ。この家は二代前の人がユリコットから移ってきて住みついたという。本来、ロカというキュパはバイジーの中には無いのだが、バイジーと同じ扱いをすることにしているのだという。改まってキュパの上下関係を聞けば、ラマとバイジーは同格で、ロカは低いキュパだというが、それは建前で、実質的には上下意識はなく同格に扱われている。婚姻関係を見ても、当主のニマ・ツェリンの妻はナグマ・コーラ筋からの嫁入りであり、その息子の嫁はテトル・ラマ筋（アンドゥイ家・No.12a）からの婚入、娘はタグラ・ラマ筋のツェガ家（No.4）に嫁いでいるという具合で、全く同格に扱われていることが判る。

キュンボ・ラマ筋は、リンブルツェ（No.5、世帯主は末弟のシェラップ・ラマ）の一族で、ウェンゼン・ギャルツェン家（No.6）、ユンドゥン・ギャルツェン家（No.14）の三家族。この一族は先代のラマがチベットから流入し、テトル・ラマ筋の大ラマに代わって大ラマとなったものである。

先代ラマはテトル・ラマ筋の女と結婚して一男を、後に再婚したパルワ・コーラ筋の女との間に三男二女を得ている。その男子四人のうち、長子がリンブルツェで、ウェンゼン（No.6）とユンドゥン（No.14）が分家し、末子のシェラップ（No.5）が家を継いでいる。

息子三人の妻は、リンモ二人、タラップ一人で、いずれも村内ではない。一方、三人の娘たちは、パルダン家（ツェワン・ギャルボ No.7b）、テシ家（No.9c）、ショナム・ギャルツェン家（No.9b）の、いずれも村内で有力なパルワ・コーラ筋に嫁いだ。先に触れたように、パルワ・コーラは村内で最も古く、有力なキュパで、パルダン家は代々村の重主《おもだち》（有力者）の家だが、この家との関係が特に深い。パルダンの母はリンブルツェの姉、妻はリンブルツェの姪、更に、リンブルツェの甥にはパルダンの姉が嫁いでいる。リンブルツェ一族は二代の間に宗教と婚姻関係の両面を通じて、村内に確固たる地位を占めるに至ったのだ。

タグラ・ラマ筋はツェガ家（No.4）、モラム家（No.10）、ニマ・ラマ家（No.13）の三軒で、モラム爺さん（No.10）が本家である。この一族も先々代がチベットから来たものだという。No.4のツェガは分家だが、No.13の当主、ニマ・ラマは入り婿である。No.13のキュパはもともとパルワ・コーラだが、男子がいなかったので、ニマ・ラマを娘婿に迎えた。そのため、パルワ・コーラからタグラ・ラマへとキュパが変わったのだという。これに似た例としてはNo.12aのアンドゥイ家がある。ここにはテトル・ラマの家筋で、モラムの弟のアンドゥイが婿入りした。従って、ニマ・ラマ家と同様にキュパがタグラ・ラマに変わるはずだが、なぜか変わらずにテトル・ラマとして村内で認知されている。理由は明確には判らないが、アンドゥイが再婚であること、№12a家は娘一人っ子で、婿取りが必至だということなどが重なっているためなのか。全てが原則通り……ではない、というところが面白い。タグラ・ラマもまた、姻戚関係を通じて村内で一定の地位を築いていったようだ。

ポンモでは、父系血縁集団であるキュパが村の結合原理として重要な意味を持っているが、同時に婚姻関係が日常生活では極めて大きな意味を持っていることが、これらの例を通じて判る。

ポンモの通婚圏は、隣村リンモを除けば、村外との通婚例は極めて少ない。因みに私たちが調べ得た婚姻事例五五例のうち、村内婚が四三例、村外婚は一二例で、その内訳はリンモへの婚出四、リンモから婚入七例。リンモ以外ではリンブルツェの弟、シェラップ・ラマの妻がタラコットから嫁入りした一例のみである。因みにタラップはリンブルツェがラマとしての修業を積んだ地である。リンモ以外との婚姻が少ないのは、他の地方だとキュパが正確に判らないから、または自分たちより格の低いキュパだから、という。先の婚姻事例五五のうち、双方のキュパが明確なものは三三例で、そのうちラマとバイジー間の通婚が二四例、ラマ同士が八例、バイジー同士が一例となっており、原則としてラマとバイジー間の交換婚が優先していることが判る。しかし、ラマ、バイジーそれぞれのキュパ内での結婚が少数でもみられるのは、同じラマ系でも、新しく村に入ってきた家は、元からの家筋と直接の繋がりがないから、可能になるのである。

最も望ましい結婚の相手は、父の姉妹の娘の娘（父方の従姉妹の娘）であり、その次は父の姉妹の娘（父方の従姉妹）との結婚だとされる。つまり父方交叉イトコ婚が望ましい形態だと考えられている。現実にも、そのタイプが比較的多いが、それに準ずるものとして母方交叉イトコ婚も否定されてはいない。先にあげたパルダン家とリンブルツェ家との二代にわたるやりとりは、父方交叉イトコ婚と母方交叉イトコ婚が同世代で行われている例になる。

ともあれ狭く限定された範囲のなかでのやりとりなので、かなり錯綜した婚姻関係になることは否めないし、比較的性関係がおおらかであるせいか、ニャルと呼ばれる私生児も小さい村のわりには多く見かけられ、また、耳や目の不自由な、レンバが何人も見られた。しかしそのようなニャルもレンバも村成員の一人としてそれなりの役割を持ち、おもてだっては差別されることもなく日々を送っているのである。

ポンモの世帯と構成者数・キュパ名の一覧

ポンモの世帯数・人口・キュパ

No.	世帯主	男	女	計	キュパ（家筋）
2a	ツェワン・タンパ	1	2	3	パルワ・コーラ
2b	ツェワン・アンドゥイ	2	2	4	パルワ・コーラ
3	ニマ・ツェリン	4	4	8	ロカ
4	ツェガ	1	5	6	タグラ・ラマ
5	シェラップ・ラマ	7	6	13	キュンボ・ラマ
6	ウェンゼン・ギャルツェン	5	4	9	キュンボ・ラマ
7a	シンドゥル・ギャルボ	2	1	3	ナグマ・コーラ
7b	ツェワン・ギャルボ	1	2	3	パルワ・コーラ
7c	テンジン・タルキャ	3	1	4	パルワ・コーラ
8	ショナム・ツェリン	2	2	4	ナグマ・コーラ
9a	チェルディン・ギャルツェン	4	4	8	パルワ・コーラ
9b	ショナム・ギャルツェン	2	3	5	パルワ・コーラ
9c	テシ・タルキャ	1	1	2	パルワ・コーラ
10	ツェワン・モラム	4	4	8	タグラ・ラマ
11	ショナム・ギャルボ	3	5	8	テトル・ラマ
12a	アンドゥイ	3	3	6	テトル・ラマ
12b	チェトン・ジャンピ	5	5	10	テトル・ラマ
12c	ツェリン	0	2	2	テトル・ラマ
13	ニマ・ラマ	5	9	14	タグラ・ラマ
14	ユンドゥン・ギャルツェン	3	4	7	キュンボ・ラマ
	合計 20	58	69	127	

参考文献

田村善次郎「チベットの住居」『ネパールの人と文化』川喜田二郎編、古今書院、一九七〇年

小田晋「ネパールの心の世界」『ネパールの人と文化』（同右）

田村善次郎・田村真知子「ヒマラヤ山地の塩の道―ポンモ住民の交易活動を中心に―」『シンポジウム―ネパール…第二回ネパール研究学会』一九七三年

黒田信一郎「チベット親族組織覚書」『北方文化研究　第一〇号』（北海道大学文学部付属　北方文化研究施設）、一九七六年

氏家昭夫「ボン教調査報告―ポクスンド湖周辺における」『密教文化　第一一六号』高野山大学、一九七六年

スネルグローヴ『ヒマラマ巡礼』吉永定雄訳、白水社、一九八一年（David Snellgrove "Himalayan pilgrimage" Bruno Cassire, 1961）

Harka Gurung "Vignettes of Nepal" Kathmandu 1980

三―二　ポンモの村と住まい

1　ポンモという村

ポンモは定着チベット人の村である。春播小麦とダッタンソバを主作物とする畑作農業と、ヤク・ゾー・ディム・山羊などの放牧による牧畜、それらを駄獣として使う交易が生業の軸であり、農業・牧畜・交易、この三者が緊密にからみあって生活を支えている村である。

2　村の範囲

谷筋をさかのぼってきた道が、岩山を廻り、村が見えるところまで来ると、目の前に大きな門の付いたカンニ（仏塔）が建てられ、その前の道の両側にはマニ塚がある。

ここから村までは二〇分ほど、急な坂道を上る。途中に小さなチョルテンとマニ塚が三ヵ所ある。厳しいヒマラヤの自然の中で生活する人びとは、常に自然の脅威にさらされているため、信心深い。旅の安全を祈願し、病気などの災厄を除くためにマニ石を刻み、チョルテンを築く。これらは村人の精神生活を大きく支配しているラマの託宣によるものだ。

坂道を上って村の入口近くに第二のカンニ、村の中の道を通り抜け、裏の川原を渡って段丘を上ったところに、第三のカンニがある。この第二と第三のカンニは特に重要な意味を持っている。彼らが生産の場として利用する範囲は、現在見ている村とそれに続く畑、放牧地以外に、春になるとそこに移って放牧し、また播種を済ませて本村に帰ってくるという短期間の居住のために設けられた三カ所の春村、また夏の間だけ利用する放牧地までを含めると、三つの谷にまたがる広大な領域である。

本村への最後の登り坂

二番目のカンニ。本村の入口

しかし、日常生活の場として村人が認識している村の範囲は、この第二と第三のカンニの間で、さらに厳密に言えば、東と北はカンニ、南は村の外れ、川寄りにある村のゴンパ、西は裏の川原とポンモ川が合流する地点の段丘の端、である。要するに、住居群とゴンパと水場を含む狭い空間が村人の意識する村であり、隅から隅まで歩いても一〇分ほどで一回りできるほどの広さである。

暮れから正月にかけては、ポンモでも様々な行事が行われるが、なかでも、暮れの二九日に行われる厄払いは大事なものの一つだ。日中に煤払いをし、夕食後にツァンパで作ったトルマ（人形）に、一年のうちに溜まった悪い夢や、災いの種になる悪霊などを移して村から追放する行事だ。各家から松明を先頭にトルマを抱えて走り出た人々は、喊声を上げて村を駆け抜け、カンニの外に放り投げる。と同時に、石を三段に積み、後足で蹴るように仕草をして帰るが、その時は、決して後ろを振り返ってはいけない。三段の石はそれぞれ天上・地上・地下の神を表し、カンニの外（＝村外）に放り出された悪霊が再び村に入るのを防ぎ止める力の象徴である。

カンニは村の入口にあって、大きな眼《まなこ》をいからせ、外界からの災厄や悪霊を防ぐ塞の神のような役割も果たしているが、その内と外は村人にとって全く違った世界として認識されているもののようである。

ポンモ村俯瞰（第2のカンニから水場の沢まで）

3　村の中

カンニを廻った道の両側には低い石垣が積まれ、三〇mも行くと家々につきあたる。道は家と家との間を縫って、すぐ裏の川原に出る。家はほとんど同じ様式で、石積み、平屋根の三階建て。家屋の前庭にあたる部分が一m位の石垣で囲いこまれているが、これは家畜の追い込み場で、交易に出る前に山から降ろしてきたヤクを入れ、荷物を付ける時などに使う。他には時々、仔畜に餌をやっているのを見かけた程度だが、夏には毛を刈ったり、搾乳場としても使う。追い込み場は家に接続した場所でなくても、どの家も持っている。だから、村の中の空き地はほとんどこのための石垣が張り巡らされているようだ。

石積み平屋根の家

馬栓棒のある追い込み場

追い込み場で仔ゾーに餌を与える

追い込み場は、直接風が当たらず、陽溜りになる場所が多いので、日中は村人の仕事場に利用されることが多い。家族単位で集まることが多いが、娘たちは気の合った同志で集まることが多く、そこにはまた若者たちも寄ってくる。手を動かしながらお喋りをする。村内外の出来事は、そういう場を通じて伝達され、ちょっとした相談事なら、改まった寄合いをすることもなく、〝陽溜りでのお喋り〟のうちに決められるようだ。男たちが五、六人も集まれば、ほぼ主だった人が揃ったことになる程度の村である。

この狭い本村にある家屋敷の数はかなり複雑で、最初は一五戸だと思っていたが、そのうち、同じ建物だと思っていたものが、実は別になっていることに気がつくなど、最終的には一八戸であった。このうち、廃絶戸が二、集会場・寺が各一を除いた一四戸に、一二〇世帯（同一家族で同じ建物に住んでいても、囲炉裏・財産を別にするものは別世帯として数えた）、約一三〇人が生活している。

4　住居の外観

住居の入口は東側につけるのが最も良いとされているが、地形の関係で全ての家が東にとることが出来ないので、半分くらいの家は南についている。入口は大体高さ二m弱。幅一m強ほどで、人がやっと入ることができる程度の狭いものが多い。中には中央部に柱を建てて一階部分の全面が開いている家もあるが、この場合は、その部分が物置などに使われ、中に小さな入口がついているのが普通である。入口の上には経文を刻んだマニ石や木のお札、もしくはヤクの角などが掛けられている家もある。外壁に積まれた石は堆積岩の長方形のもので、周囲の山で簡単に集められるせいか、比較的揃ったものが使われており、凸凹がなく、見栄えよく積まれている。ほぼ一m間隔に丸太をはつった角材が横木として入れられているのも、石積みの高さをそろえ、真直ぐに積むための工夫である。壁を積むのは石を並べて、その上に泥を置き、石を並べる。煉瓦を積むのと同じ方法だが、間につめる土の量は少なく、石壁に上塗りをすることもない。旅の途中で見てきたネパール人の村々、ティブリコットやルマ、ルーンなどの家も外見的にはほとんど同じ形式の石積み、平屋根だったが、外壁に泥を上塗りしたり、白い塗料を塗って見栄えを良くしているものがあった。ポンモではそれらの外装がなく、裸のままである。ただ四、五年前に建てられたという集会場は外壁に白い塗料が施されていた。この建物は一般の家屋と違って入口も広く、二階には縦格子の入った広い窓がつけられており、近隣の新築された村パンチャートなどの建て方を真似ているようだ。白い塗料は、村の奥の山にある少し緑がかった石を拾い集め、火の中に入れて焼き、冷水で急激に冷すことをくりかえすと、やがて溶けて白色の泥水になり、それ

入口、窓、壁の石積み、草が乾された屋上テラス

小さな窓

日当たりの良いテラスで作業

を塗料として使う。これはカンニやチョルテンの壁を塗るのに使われてきた技法で、新しく伝わったものではない。どれも同じように見える建物でも、新しいと思われる家は、入口を広くしたり、柱のつけ方、装飾のつけ方などに、近隣のネパール人の家に似ている点が見られ、その影響を受けていることが判る。

窓は非常に小さく、数も少ない、居住部の二階と三階の仏間にそれぞれ一つか二つほど、ようやく首を出せる程度のものがあるだけ。窓は風が当たらない場所でなければならず、日当たりが良い東南面にあるのが普通で、裏側にあたる西や北にはほとんどない。もちろん、ガラスなどはどこにもない

全ての家が三階建てで、三階部は、大きな家だと三分の二、普通の家で半分位が屋根付きの部屋になっていて、残り部分が屋上テラスである。屋根が付いた部分は大抵が東もしくは南向きで、その屋根は平屋根のままか、松を大きく割った板材で片流れの屋根をかけたものだ。屋根付き部分の一部は仏間、また一部は物置で、大量の麦藁や乾草が貯蔵されている。テラスは日当たりの良い、絶好の作業場で、穀物の乾燥や油搾りなどの仕事場として最も良く使われる。寄合いなども行われるようだ。

家の中心部辺りの屋上には、タルチョの竿が立てられ、先端にはビャクシンの枝や、ビャクシンで作った槍の穂先状の棒がつけられ、その下にタルチョが結びつけてある。神々の世界は天空にあり、神は天に届く大きな木を伝わって下界に降りてく

る。つまり、タルチョは神の依代《よりしろ》と考えられる。竿の根元の部分には、お守りや糸くず、布切れ、あるいは穀物の穂などが結びつけられている。毎朝早く、家の主人はこの前でシャンを焚き、経を読んでお祈りをする。正月三日には日の出と共に家内中でタルチョを新しく立て替える。また病人が出たり、不幸があったりすると、ラマの託宣で厄除けの経文を刷ったタルチョを立てることもある。

5　家の建て方など

新しく住居を作る際に重要なことは宅地を選ぶことだ。特に難しいことではなく、村内の適当な空地に建てるのだが、できればルー（竜）の棲み処となる、尖った岩が頭を出している処が良いとされる。ルーは地中や湖底などにいる神で、ポンモの地中にも棲んでおり、村の守り神になっている。それとは別に各家にも家のルーが守り神として祀られている。家のルーは三角に尖った岩を好んで棲み処とするので、そういう岩がある場所に家を建てると良いが、適当な岩が無ければ、石を積んでラマに祈禱してもらうと、ルーが棲むようになる。ルーの石は、どの家でも一階の畜舎の隅に置かれている。良いルーが棲みつけば良いことが、悪いルーだと悪いことが起こるので、各家で毎月一回、ルーの祭りをする。例えばユンドゥン家では、毎月一五日の朝早くに、ルーの石の前でシャンを焚き、トルマを供え、ミルクを注いで読経するといった具合である。

場所が確保できたら、材料の石や木を集める。石は先述したように、堆積岩を山から集めてくる。木はブックやテンシンと呼ばれる松・杉の類で、川向こうの山から伐りだしてくる。ブンチョロ（斧）で切り倒し、適当な長さに玉切りし、角材にするものははつり、板にするものは割るのだが、これを全てブンチョロ一本でやってしまう。随分と手間のかかる仕事だが、大変荒っぽく、そして器用にやってのける。細工用の小さな鋸はあるが、丸太を挽いたり、板にしたりする大きな鋸は村に入っていない。私たちの滞在中に、ドゥネイに出稼ぎに出ていた青年が大きな二人挽き鋸を背負って帰ってきたので、これからは使われるようになるだろう。

家を建てるのはシンソワが中心となる。シンソワとは物を作る人のことで、穀物箱や水桶、竹籠などを作る人もシンソワという。チベット人社会では、カースト社会のように職業分化がはっきりしていない。殊にポンモのような小さな村では、家を建てる、物を作るなどに特別な職人がいるわけでなく、器用な人がそれをやり、シンソワと呼ばれる。村内には家を建てることができるシンソワは六、七人いるという。技術の伝承は、弟子入りして修業、といったことはなく、父や伯父の仕事を見たり、村人の手伝いをしたりして覚えるというものだ。

家族中にシンソワがいれば彼が中心となり、あとは材料運びなどの手伝い人を頼む程度で済むが、そうでなければシンソワを雇う。手間賃は一日四ルピー程度だ。手伝い人には粉などの現物払いで、一日一テ、これを現金換算すると三ルピー程だから、シンソワの手間賃は相当良いもので、何よりも現金払いという点に重みがあるようだ。

宅地が決まり、材料が集まったら、良き日を占って地鎮祭にあたるナムジャという祭りをする。地下にいるシャプタック（ヒトデのような格好の、四つの頭を持つ怪物で、村の地下をぐるぐる回っている。何か気に入らないことがあると怒って災いをもたらす）が暴れて災いをなさぬよう、また怪我などをせずに無事に建てられるようにという鎮めの祭りである。ナムジャが終わると、先述したような方法で長方形の石を積み上げていく。

建築時に使われる長さの単位は、両手を広げた時の長さ（日本の尋《ひろ》）、ダンバという。家の大きさは大体決まっており、普通の家で間口六ダンバ×奥行八ダンバ大きい家だと八×一〇ダンバ、小さい家で四×五ダンパという割合になっている。なお四ダンパを単位とした縄を一タクパというが、これを使って間口や奥行きを測る。それぞれの階の天井までの高さは、一ダンパに肘から指先までの長さを加えたもので、約二m強。肘から指先までの長さは〝ツ〟という単位で、主に布などを測るのに使われる。壁石を積み上げてゆく途中で、押さえとして角材をいれるが、その間隔は決まっていない。天井までの高さに壁石を積むと、太い梁を一本通す。その際、真ん中あたりに支え柱を一本立てることが多い。一階は畜舎だが、幼獣を入れる部分と成獣を入れる部分が分けられ、隅に二階に上る刳り梯子が掛けられる。また、入口に近い部分が壁で仕切られているので、梁をその壁にもたせて柱を立てない家もある。梁には一ダンパに二本ほどの間隔で丸太を掛け、その上に二つ割りの材を隙間なく敷き詰め、ダケカンバの皮などを敷いて、その上に薄いスレート状の板石を並べて土を乗せ、叩き締めて床とする。二階の天井も同様に作るが、屋上テラスにあたる部分は、作業場として使われることが多いから、梁の上に架ける丸太の間隔をさらに密にするという。

ビャクシンの枝のついたタルチョ

ブンチョロで板を造るシンソワ

6　屋内

狭い入口を入ったところに丸太の刳り梯子が掛けられている。その奥がラーという畜舎で、幼畜と成畜の部屋に分けられ、畜舎の隅には守り神ルーの石がある。

梯子を上った二階が居住部で、カンバという。一般に、カンバは家屋全体をいうときに使うが、二階の居住部だけを指すのが本来のようだ。

カンバは大きく三つに区分される。一つは、梯子を上ったすぐの踊り場で、ここには三階への梯子があり、それに続いて石臼を据えた臼場がある。ここを前室とすると、第二は居間というべき、囲炉裏があるスペース、さらに第三は居間と仕切られた奥の間である。

臼場が踊り場と仕切られた部屋になっている家もあるが、たいていは一続きで、女たちは毎朝ここでその日の粉を挽く。籾や粟などの精白は、前日に屋外の四カ所にある共同の臼場で、竪杵で搗いたものである。

臼場（＝前室）から小さな入口をくぐって居間に入ると、入口近いところに穀物箱が仕切りのように並べられている。その奥が炊事から食事、寝起きなど、屋内での暮らしの大部分が行われる場所で、真ん中あたりに囲炉裏がきられ、その奥、突き当りの壁には木製の棚がつけられている。この棚と棚の前、囲炉裏との間には日常使用する食器・鍋・桶・壺その他の生活用具類が雑然と置かれている。

囲炉裏には鉄の五徳が据えられ、この上で煮炊きがされる。側には鉄製の燈台か、燈台代用の板石が二、三枚重ね置かれ、その上で肥松が焚かれる。居間にある小さな窓が一つ、天井の明り取りと煙出し兼用の穴、それだけだから、昼でも薄暗い。囲炉裏に使う薪は煙が少ないビャクシンの枯れ枝を使っているが、通風が悪いので、居間での仕事が多い女たちは、眼を患うことが多い。

囲炉裏端の席順はどこの家でも決まっており、入口から向かって右奥がアワデサで、最年長の男が座る。左奥がアマデサで女の年長者の席。正面には生活用具が置かれており、人は座らない。アワデサ側に男、アマデサ側に女が、奥から年齢順に座る。ただし、嫁の場合は小姑がいると、年長であってもその下になる。食事の時に、杓子で料理を注ぎ分けるのは上席に座る主婦の役で、年取って隠居しても嫁に主婦の座を譲ることはないようで、老母がいるところでは、老母が注ぎ分けていた。

アマデサに近い方に奥の間に通ずる入口がある。ジュブという奥の間は最も大切な部屋で、食料・衣類・装身具などの貴重品を格納すると共に、家の神のいるところだという。外来者が入ることは許されず、ついに見せてもらえなかった。

初出　「チベット人の住居—西ネパール　ポンモ村」（『ネパールの人

と文化―学術調査隊の記録』川喜田二郎他著、古今書院、一九七〇年九月一六日）。収録にあたって「チベット人の住居」を「ポンモの村と住まい」と改題し、本文にも若干手を加えた。

臼場・石臼

入ったところに刳り梯子

屋外の臼場。竪杵を使うシンドゥル

五徳と真鍮製の鍋

棚と生活用具

三―三　ポンモの家と人

木村真知子

家番号のつけ方

調査の第一段階として村の入口のカンニに近い方から家ごとに番号をつけた。一五棟の家があるが、その中で一番入口に近いNo.1の空き家、南の外れにある村のゴンパ、それと我々が宿舎として借りた集会場を除いて現在人が住んでいる家屋は一二棟である。この他に、常時人が住んでいるのは尾根を隔てて、リンブルツェが住んでいるゴンパとプリガンに各一棟。家番号はNo.1からNo.13までとプリガンの一棟をNo.14としたが、一棟に二世帯ないし三世帯住んでいる家があり、世帯数は二〇世帯となる。一世帯と見なす基準は囲炉裏のある部屋を持ち、食事を別にしていること、独立の財産（畑や家畜）を持っていることとした。同じような名前が多い上によく似た顔の人ばかりなので、なかなか顔と名前が一致しない。だから私たちは何番の誰と家番を頭につけて呼んでいた、それにできるだけアダナをつけた。これがとても便利な方法であった。

なお、日本にも屋号があるようにポンモにも一軒一軒屋号があった。しかし、屋号の存在を知ったのは調査後半で、家番が私たちに定着していたので、屋号の使用には至らなかった。また屋号の由来そのものもあいまいだったせいでもある。

以下、私たちと関わりが多かった人物を中心に、簡単に各家の紹介をしておこう。

[No.1　空き家　ドルチ家]

村を追われた泥棒一家　ドルチ家の人には誰も会っていない。村の一番下手にあるこの家は、かなり大きな構えで、入口も前面をあけた玄関の間がある。しかし、家は一階だけを残して二階は完全に破壊されて空き家になっている。最初のころは、単にあの家にはドルチの家族が住んでいたが、一〇年ほど前にティブリコットの方が住みよいといって出て行ってしまった、としか話してくれなかった。後にドクターがパルダンに村の犯罪や罰則について聞いている時、ドルチ一家が村を出ていった顛末が判明した。一〇年ほど前のことだ。村内で頻々と物がなくなった。人の物を盗むことは重罪で、地獄行きだから、村人がそんなことをするはずがない。誰もがそう信じ、疑うことはなかったが、ジュムラでドルチが山羊を盗んだのが見つかり、村まで連行されてきた。村の盗難も彼の仕業だと判り、怒った村人が協議の末、ドルチ一家の財産の没収、家族は追放、家は二階は壊して一階だけをダルマサールとして残すことにした、というのだ。

No.2a　ツェワン・タンパ家

[No.2a　ツェワン・タンパ家　レンバ一家]

親子三人共レンバである。レンバとは聾唖者のことで、知能の働きが鈍いという意味も含まれる。女のレンバをレンムということもある。レンバの多くはいつの間にか名前を忘れられ、レンバとだけ呼ばれるようになる。ポンモにレンバは多い。

タンパ（七〇才）とタクパ（七三才）の二人は年をとってから耳が聞こえなくなったのだが、娘は生まれながらのレンムで、しかも結核を患っている。三人ともほとんど働けないので、タクパの親戚であるNo.13のユンドゥン家に畑や家畜を全部譲り、必要な食料を受けている。もともとNo.13は、No.2の分家である。家の前や屋上で三人並んでいつも日向ぼっこをしていた。

[No.2b　ツェワン・アンドゥイ家]

村のペニスカッター（去勢師）　ツェワン・アンドゥイも妻のチェティンもレンバ気味である。ポンモの婚姻制度には、兄が亡くなると弟が兄嫁を妻にするという、逆縁婚（レビレート婚）の慣習がある。ツェワンがその例である。ツェワン一家は畑も家も持っていない。No.2の屋上の小さな部屋に間借りして、

No.2b 初めて言葉を交わした村人は
道化に扮するツェワン・アンドゥイだった

No.3 自宅の屋上で風撰をするニマ・
ポンツォ。家のすぐ裏が崖だ

畑仕事や縄ない、薪採りなどを手伝って食料や金を貰って暮らしている。さらにツェワンはヤクなど家畜の去勢を一手に引き受けていて、これが収入の大きな割合を占めているようだ。生き物を殺したり傷つけたりするのは地獄行きの罪。家畜とはいえ、牡のもっとも大事なペニスを切りおとすことは立派なディクパ・ヨギレであるから誰もやりたくない。そこでツェワンに押しつけたのだ。なぜツェワンなのだと聞くと「バカに地獄はない」からだと……。私たちが村に着いたとたん、私（マチコ）を仮面ダンスの踊りに引っぱりこんだ道化はツェワンであった。

［No.3 ニマ・ツェリン家］

ニマポンの家 ニマ・ポンツォは可愛い娘だ。私たちの間の人気者で、ニマポンと呼んでいた。彼女に関する逸話は多い。そのニマポンが、私たちが村を去る時に、西ヤンに何かプレゼントをしたいと言い出した。西ヤンが帯が欲しいと答えると、その場でスルスルと帯を解き、黙って差しだした。西ヤンは偏光サングラスを常用し、無精髭をのばし、尻には犬の皮などを下げているので、村の娘たちには最も評判が悪かった。ニマポンは村の中でただ一人の西ヤンの理解者だったのかも知れない。

ニマポンの家は、曾祖父代にユリコットから移ってきた。だからロカという、ポンモでは一軒だけの家筋である。家筋については別に述べるが、ポンモにはラマ、バイジ、ロカの三つがあり、ロカは一番下にランクされている。しかし、村付き合いや結婚で差別されることはないようであった。

私たちが村に着いて一〇日ほど後、ニマポンと弟のパサンを残して家族は皆ティブリコットへ行ってしまった。年とった両親にはポンモの冬は寒すぎるからという理由だが、それにしてもニマポンは健気な娘である。幼い弟二人と家を守り、正月の行事も一人で何とか一通り済ませていた。

［No.4 ツェガ家］

No.10のモラム家から一〇年前に分家した。ツェガは病気が元で耳が遠く、家の切り盛りは女房のタルジュンがしている。タルジュンは気の強い女性で、最後まで私たちを拒絶していた。

正月後のある日、私はミンマと一緒にツェガ一家を訪ねた。一つ二つ質問するとおカミさんは「あんた達は失礼だよ。人の家に勝手に上がり込んで、親戚のことやら家の中のことやら根掘り葉掘り聞くが、一体、何の権利があってそんなことをするんだい。アタシは何も教えてやらないからさっさとお帰り」と怒鳴りたてた。普段耳の遠い夫を相手にしているから声が大きい。

ツェガ一家は新しい家で子供もまだ小さく、働き手が少ないのであまり豊かではない。娘のナムドックは暮れからずっとツェガの姪が嫁入りしているNo.7cのテンジン・タルキャ家で住み込み手伝いをしていた。家畜を追って山に入ったり、糸紡ぎなどをして三月まで働き、古着などをもらうという。ツェガは村のシンソワ（大工）でもある。

［No.5　シェラップ・ラマ家］

ポンモに君臨するリンブルツェ一家　リンブルツェの名は近在に知られ、遠くからも巡礼が訪れ、家畜や粉、高価な玉などの寄進も多く、ゴンパは村一番の金持ちだ。そのうえ、弟のシェラップは商売上手の抜け目のない男で、村の黒幕的な存在である。父である先代も偉いラマだったそうで、彼が村へ来た時はトキャル・ラマというラマがいたが、やがてそれに替わって大ラマとなった。ラマは生涯不犯であるはずだが、彼は妻帯して、リンブルツェはじめ男四人、女三人の子を得た。リンブルツェ一族がここまでのし上がったのは、先代の手腕によるところが大きい。リンブルツェは結婚していないが、朝の勤行を寝床の中ですませる彼のことだから、禁欲的な生活を送っているとは思えない。末弟シェラップの長男のニマ・ラマは一応リンブルツェの後継ぎと考えられているようだが、勉強嫌いの躁うつ病的なところのある男で、とても偉いラマにはなれそうもない。彼は正月二日に父親になった。次男のアンギャルはポンモ小学校の洟垂らし先生。次女のアンムはなかなかの美人で、ヨゴさんがすっかり参ってしまった。チラリと彼を見る眼はうるみをおびて魅力的であるという。

ゴンパに住んでいるショナム・カーゾンの両親は、No.7bのユ

No.5 リンブルツェ、シェラップ、ウェンゼン3兄弟。後はシェラップの息子たち

ンドゥンとサンデム、すなわちパルダン（村長）の両親である。つまり、カーゾンとパルダンは実の兄弟なのだ。ただ、カーゾンが生まれた時、二人はちゃんと結婚していなかったので、サンデムの実家のゴンパで育った。カーゾンのように、認められた結婚以外で生まれた子供はニャルと呼ばれる。No.5の家屋は、もともとパルダン家の持ち家だったが、カーゾンを育ててくれたお礼として、リンブルツェに譲ったのだという。リンブルツェはいつもはゴンパに住んでおり、葬式やお祓いなど、用のある時だけ村に降りてきて、No.5に寝泊まりする。

[No.6　ウェンゼン・ギャルツェン家]

夫の帰りを待ちわびるヌル・サンム

No.6は私たちが滞在中は、嫁のヌル・サンムと幼い子供二人、それに五才になる姪のドマの四人暮らしだった。舅のウェンゼン・ギャルツェン夫妻は老齢なので避寒のため南の方に下っており、夫のシェラップ・テンジンは正月前には帰る予定だったが雪が深いからという理由で帰って来なかった。ドゥネイに出稼ぎに行っていた人びとは大晦日には帰ってきたのだから、何か他に理由があったのだろう。私たちはシェラップ・テンジンには遂に会えなかったし、ウェンゼン夫妻にも会っていない。シェラップは村長の補佐役のサタシである。サタシは二人いて、私たちは6サタ（No.6のシェラップ・テンジン）、9サタ（No.9のチュルディン）と呼んでいた。

ヌル・サンムは愛嬌のある村では美人の一人。No.6は私たちの宿とは真向かいになり、二階の小窓からいつも顔を出して私たちを見物していた。

シェルパ四人の中で、一番男前のミンマはすぐ彼女と仲良くなり、姿が見えない時は必ずNo.6に入りこんでいた。

舅のウェンゼンはリンブルツェの弟で、婿養子である。

姪のヤンジン・ドマはニャルで、母は彼女を残してどこかへ嫁いでいる。ドマの出生には母親の虚しく終わった恋のドラマが秘められている。

No.6　6サタの妻ヌル・サンム、ジャンピ爺さん、ヌルと9サタの母親マラム・サンム

No.7a　子供のそばで穀物袋を縫うシンドゥル爺さん

［No.7a　シンドゥル・ギャルボ］

シンドゥル爺さんは子供好き

ヒャクパは、おとなしいよく家の手伝いをする若者だ。ヒャクパの母はシンドゥルの妻ツェリン・ドルマ（ヒャクパの祖母）と前夫（現在の夫シンドゥルの兄）との間に生まれた娘で、リンモに嫁いだが四年ほど前、他の男と駆落ちして行方不明になっている。そういうこともあってか、ヒャクパは何となく寂しそうな影を持っているが、私たちの良い友だちであり、良いインフォーマントだった。

シンドゥル爺さんは私たちに粉やトゥル（蕪）を売ってくれた最初の人だ。蕪は何回も差し入れてくれた。養女のような状態で暮らしているショナム・サンムはNo.12b生まれのニャルで、幼いころ誰からも面倒を見てもらえず、ほったらかされていたのをシンドゥルが不憫に思って引きとって育てた娘である。今はNo.11のショナム・ギャルボの妻で、二児の母となっているが、夫のショナム・ギャルボが交易に出てることが多いので、留守中は子供を連れてシンドゥル家に泊まりに来ている。爺さんもヒャクパやサンムの子供のハウギャルたちが可愛くてならないようで、その様子は好々爺そのものである。ヒャクパにしてもハウギャルにしても、直接の血筋ではないが、爺さんは、財産はすべて彼らに譲るつもりのようである。

妻のドルマは病気がちで寝たり起きたりの状態が続いており、朝は爺さんが真っ先に起きて火をおこしている。年寄り爺さんが真っ先に起きて火おこしするのは村内でこの家だけ。シンドゥル爺さんは無口だが心の温かい人である。

［No.7b　ツェワン・ギャルボ家
No.7c　テンジン・タルキャ家］

ツェワン・ギャルボ（二六歳）は、ポンモの若い村長（パルダン）である。一四歳の時、村長だった父親ユンドゥン（五七歳）が病気がちになって、村長職が難しくなったので、彼がその職を継ぐことになった。村人に推されてのことだという。同年配の男たちと比べると、ずっと貫禄がある。でも伯父に当たるリンブルツェや岳父のシェラップに操られることもあるようだ。妻のザンムはシェラップの娘、母のシャンデムはシェラップの姉だからパルダンとザンムはイトコ同志だ。二人はまだ正式な結婚はしていない。子供ができるか、実家から嫁入り道具、鍋や食器類を与えられるかして、初めて夫婦と認められるのである。

ユンドゥンは脳軟化症で、私たちが村に着いた時、村で行われていたタック・ドゥックは彼の病魔退散を祈願してのものだった。ユンドゥンは正月四日にチャンを飲みすぎて病状が悪化し、リンブルツェの二日間にわたる祈禱や、ドクターの熱心な治療の甲斐もなく、ついに亡くなり、河原で火葬にされた。

旅人が村に入って最初にワラジを脱いだ家をネーザンといい、永く友人関係を結ぶ。だから私たちとパルダン家はネーザンで、再びポンモを訪れることがあれば、彼が面倒を見てくれることになる。

No.7cは、パルダンの兄、テンジン・タルキャ一家で、つい最近部屋を別にした。タルキャは子供の頃からゴンパで修行を続けており、村長になるより、経を読んでいた方が良いという男だ。しかし長男なので、タワにはして貰えなかった。その代わり、彼の息子・七才のアンキャルが、いまはまだ名目上だが、タワの一員として名を連ねている。タルキャ家には、その後三人目の子供が産まれているはずである。

No.7b ギャルポ家・7c タルキャ家（＋クロさん）

No.7b まだ元気だったころのパルダンの父親ユンドゥン（右）とNo.11ショナム・チュルディン

［No.8 ショナム・ツェリン家］

家の壊れも直さない怠け者の大工

ショナム・ツェリンはシンソワである。なのに彼の家は村一番のボロ家である。村でも古いと言われている大きな家なのだが、壊れるにまかせた状態で、修理した様子はない。何とか暮らせるのは小さな部屋一つだけ。入口の戸も蝶番が壊れたままで、丸太で支えている。ツェリンのシンソワとしての腕は決して悪くはないが、自分の家のことは放りっぱなしで、無精を決め込んでいる。

母親のクンザンはテンカン持ちで何かというとすぐに泣きだすし、父親は半分もうろくしている。親子四人、子供はまだいない。

No.8 手斧で小さな板を削りだすショナム・ツェリン

［No.9a　チュルディン・ギャルツェン家
No.9c　テシ・タルキャ］

サタシ（9サタ）　最初はNo.9aのチュルディン・ギャルツェン家と三階の小部屋にいるNo.9bのショナム・ギャルツェン家の二世帯だと思っていたが、その後、チュルディンの末弟No.9cのテシ・タルキャが義祖母のプテン・プティと二人、別火、別会計だということで、三世帯が住み分けていることが判った。

チュルディン・ギャルツェンはNo.6のシェラップ・テンジンと共にサタシなので、私たちは彼を9サタと呼んだ。彼には大変申し訳ないのだが、もう一つ、バカサタというアダナもある。その理由は、えらく締まりのない顔をしている上に、やることも締まりがない。酔っぱらって山鳩を一羽一〇ルピーで私たちに売りつけようとしたり、馬の尻を蹴とばしそこねて自分が転びそうになったりなど、笑える失敗がいくつも重なってのことである。山鳩は干してある蕎麦をついばんでいたので追い払おうと石を投げたら命中したのだという。

私（マチコ）がポンモで最初に友だちになったのは、彼の妹や従姉妹たちで、彼女たちはいつも家の前の陽だまりでお喋りをしており、私が通りかかると、必ず寄っていけと声をかけてくれる。

テシとはリミで出会った。私たちがリミに留まっている時、彼もリミにいて、No.5のシェラップと私たちを見物に来ていた。可愛い顔の人なつっこい少年なので覚えていたのだが、年を聞

No.9a　仲睦まじい9サタ夫婦

No.9c　マチコの後ろにテシ・タルキャがいる（リミにて）

No.9c　投石紐を使うテシ

くと二三歳で、カイガオンにはケマン（恋人）がいて、間もなく子供が産まれるというので驚いてしまった。テシも私たちの良い仲間の一人である。

［No.9b　ショナム・ギャルツェン家］

ギネスクラスの耳垢親父　ショナム・ギャルツェンと9サタの母とが姉弟である。ギャルツェンは耳が聞こえない病気だというのでドクターが診たら、耳垢がいっぱい詰まっていて、それで聞こえなくなっているのだった。顔も洗わない、耳掃除をする習慣のない人が多いと言っても、これほどになるのはギネスクラスではないかとドクターも感心（寒心）していた。

ショナムは一二人いるタワ（助僧）の中でも上位の、指導者的な立場のタワであるが、風采はさっぱり、一番貧相である。親父は貧相であるが娘二人は美人である。

［No.10　ツェワン・モラム家］

モラム爺さんは親日家　モラム爺さんは終始私たちの味方になってくれた。村に入った当初は物珍しさもあって、相手をしてくれた村の人たちも、しばらくするといろいろ変な憶測をして警戒しはじめた。そんな時でもモラム爺さんは「ワシはアンタ方がいい人間だということを知っている。村のことは何でも教えてやるからいつでもおいで」といってくれた。それに比べて女房のシタル・サンム婆さんは、私たちが何時間も座りこんで爺さんの仕事の邪魔をするので、いつも目に角たてて、怒鳴られることもしばしばだった。しかし、私たちが二〇〇ルピーもの粉を彼女の家からだけ買ったことや、正月を共に過ご

No.9b　ショナム・ギャルツェン

No.10　トルマを作るニマ・ラマ、モラム兄弟

No.10　モラム爺さんの心配の種タクラ

したことからすっかり態度が変わって、愛想が良くなった。

　モラム爺さんは家の中では婆さんには頭が上がらないようで、粉を買うのにミンマが交渉に行くと「バアさんに相談してからでないと決められん」と答えたそうだ。モラム家の長男、タクラは頭が悪く、三三才にもなるのに嫁の来手がないのが爺さんの悩みの種。タクラはポンモ小学校の最年長者だが、何年経っても卒業できないので、パルダンから罰金を取られたと、爺さんは怒っていた。タクラの弟のダワ・ツェルダンは、不出来な兄とはうってかわり、ドルポ衆のように精悍である。

　モラムは四人兄弟で、末弟は一〇年前に分家した№4のツェガで、後の二人は№12aのアンドゥイ、№13のニマ・ラマで、何れも婿入りしたものである。

　ニマ・ラマもモラムも有力なタワで、村での評判も悪くない。今はまだ表だってはいないが、この二人を中心に、ゴンパ（リンブルツェ）に対抗する勢力が育ちつつある気配も感じられた。

［№11　ショナム・チュルディン］

未来のリンブルツェを目指す男　村の娘たちによれば、兄のショナム・ギャルボは戸主で妻帯しているが、弟のショナム・チュルディンは夫とするに最も理想的な男だそうだ。適当に頭が良くて商売も上手、それに男前だ。といって切れすぎて操縦に困るほどでもない、というのである。

　チュルディンは一二月、リミからの帰り、ユリコット経由で雪の峠道を通ったのだが、ボテ靴が凍みて踵が凍傷に犯された。リンブルツェに祈禱して貰ったが、少しも良くならずに腐りかけてきた。お経をあげ、お祓いをしても治らないので、リンブルツェが立腹して「効き目がないのはお前の足が罪深いからだ」と宣ったという。彼の凍傷はドクターのメスを使っての荒療治と、ペニシリンによって完治した。リンブルツェが見放したチュルディンの傷を治したということで、ポンモにおけるドクターの名声はゆるぎないものとなった。

　精神科医のドクターは、メスを使う外科的な治療は殆ど経験がなかった。旅の途中、誰か盲腸になってくれないか、一度メスを使って手術をしてみたいなどと、冗談めかして言っていた。

No.11　雪の峠越えで凍傷に冒された
ショナム・チュルディン

不器用なドクターの日常を知っている私たちは、間違ってもそんな目に会わないように、お互いに気をつけようと言っていたものである。

ショナム・チュルディンはタワの一人だが、もっと勉強して、リンブルツェなどよりずっと偉いラマになるんだと張り切っている。というのもNo.11は、今は零落しているが、以前はラマを出していた家筋なのである。

妹のチェキ・レミニは太股の付け根をランボー（牡ヤク）の角で突かれ大怪我をしたが、これもドクターの治療で全治した。No.11は兄妹がドクターによって救われたのである。

［No.12a　パルデン・ラマ家］

二代続けて婿養子　パルデン・ラマに初めて会った時にはいささか驚いた。ネパール服にトピというネパール帽をかぶり、革靴を履いて、陽気にはしゃぎまわって、僕の名はビィ・バハドールと自己紹介するので、てっきり他村の者かと思っていたら、翌日は赤いチベット服で現れた。パルデン・ラマは6サタの弟で、つい最近婿入りしたばかりである。妻のミンマ・ラムは一七才、夫パルデン一九才。二人ともまだ童顔をとどめている。頭の回転が早く、私たちが教える日本語、英語をドンドン覚えていくし、こちらの言いたいことを察する洞察力もなかなかのものだ。パルダン（村長）などより新しいものを進んで受け入れる姿勢も持っている。私たちの良いインフォーマントだった。

No.12a　頭の回転の速いパルデン

父親のアンドゥイはモラム（No.10）の弟で、彼も婿養子である。耳が遠くなってしまったので、家の中ではパルデンが主人顔をして威張っている。ツェワンとツェリン・ヤンザンはアンドゥイの先妻の子でNo.10に生まれた。だからツェワンとヤンザンの本籍はNo.10にあり、今は父親のもと（No.12a）で暮らしているが、その財産相続権は持っていない。だが、仕事は一手に引き受けて黙々と働いている。

［No.12b　チェトン・ジャンピ　No.12c　ツェリン・ハツォ］

この一家は悪いことが続いたこともあって、家内に波風が立っている。事のおこりは火事であった。三階の小部屋と藁置き場を焼失し、それまで三階で暮らしていた若夫婦が同居するようになり、気の強い嫁のキャルムと姑のクサン・ハンムが事毎に衝突する。

キャルムは№6のニャル・ドマの母親で、夫テンジン・ツェリンとの間に子供（クンガ・プティ）ができたのに、前の恋人が今も忘れられない。そんなこともあって夫婦仲がわるく、この一年ほどは夜も別々に寝るなどと陰口をたたかれている。

このところテンジン夫婦は二人ともノイローゼ気味だし、姑のクサン・ハンムも不眠症になっているという。ドクターは、キャルムから、もう夫テンジンの子供を産みたくないから避妊薬をくれと泣きつかれて困っていた。私たちは薬はドクターのツテで沢山持参したが、避妊薬は持っていなかった。

No.12b　ジャンピ爺さん夫妻と孫

テンジンは家の中が面白くないものだから、暇さえあれば私たちの所に遊びに来ていた。おかげで私たちは彼からたくさん情報をもらうことができた。

波風の立つ家の中で、一人超然としてマニ車をまわしているのがジャンピ爺さん。チャンタン（チベット北部の高原地帯）に生まれ、若い頃、偉いラマになろうと、在所を出て放浪の旅を続け、ポンモに流れついた。その当時のポンモは、トキャル・ラマの全盛期で、ジャンピはトキャル・ラマに弟子入りして修行していたが、ラマの娘、クサン・ハンムと恋に落ち、高僧になる夢を捨ててしまった。

ジャンピをはじめ、この家には宗教的な思考の人間が多いようだ。テンジンもかなり浮世離れしているし、クサン・ハンムの兄は神々が多く坐すというカトマンズに憧れて村を出奔し、トキャル・ラマの弟もゴンパで一生を終えている。

№12cのツェリン・ハツォと娘のソルテトールは二階の入口の小部屋を小さく仕切って住んでいる。ハツォはドルポの男と結婚してドルポへ行ったが、男が低い身分だったことや、別に女をつくったこともあって、ポンモへ帰ってきた。帰ってはきたが、身分の低い男と結婚したことで彼女の身は穢れてしまったとされ、村人とも、家族とさえも同じ部屋に住むことも、共に食事をすることもできなくなり、親から貰った僅かな畑をつくって何とか暮らしをたてている。

［No.13　ユンドゥン・イセ家］

仏画師の家　同居家族一三人　ユンドゥン家はゴンパに次ぐ金持ちである。No.2の畑や家畜をそっくり受け継いだので、にわか成金的な所もあるが、一家そろって働き者だし、家族の人数も多い。家族数の多少は家の盛衰を決定する重要な要素であることは、ポンモも日本の村も同様だ。

金持ちはケチである。これも日本と同じで、私たちが話を聞きに行くと、たいていの家がアル（ジャガイモ）を焼いてくれたり、トパの時間になると家族と一緒にトパをご馳走してくれるのだが、ここだけは何も出ないばかりか、トパを作っても私たちが帰るまで食べないで待っている。正月のパルクル（油で揚げたロティ）も他の家は麦粉だったが、ユンドゥン家のはソバ粉だった。麦粉の方がはるかに美味しいのである。

ユンドゥン・イセは仏画師で、ゴンパの壁画もカンニの壁や天井に描かれているマンダラもユンドゥンが描いたものだし、タック・ドゥックの時の仮面も彼が作ったものだ。カイガオンやユリコットなど周辺の広い範囲の村からも注文が来るほどに、その名は知られているが、職人気質とでもいうのか、いささか気難しい無口な男だ。ヨゴさんはユンドゥンに弟子入りして仏画を習い、面の作り方も習得して、免許の域に達したと言われた。終了制作品を届けて合格すれば免許がもらえることになっているが、再訪する機会がなく、従ってまだ免許状は取得できていない。

母親のポンチョク・プティは家付きで、夫のニマ・ラマはNo.10のモラム家からの婿入りである。それだけに、プティ婆さんは七二才になった今も、ユンドゥン家に君臨し、なかなかの貫禄。息子三人（次男シンドゥル・ギャルツェンは調査隊滞在時は不在だった）は何れも働き者で、商売上手が揃っており、ポンモの模範的な一家である。末息子のチン・テンジンは頭の切れる美男子で、村の娘たちの憧れの的である。三男のツェワン・デンドゥも落ちついた思慮深い好男子で、私たちのシェルパの一人、パサンとトプー（義兄弟）の縁を結んでいた。長女のダワ・プティは人なつっこい美女で、私たちが村を去る日が近づくと、ヨゴさんに日本に連れてってと真剣に訴えていた。五〇年過ぎた今、生きていれば、いいお婆さんになっていることであろう。

［No.14　プリガンの一軒家］

ユンドゥン・ギャルツェン家　ユンドゥン・ギャルツェン一家は、ポンモ本村から半日行程ほど離れたプリガンに住んでいる。プリガンには春になると、モラム一家が移ってくるが、常時いるのはギャルツェン一家だけである。ギャルツェンはニャルだが、リンブルツェの腹違いの弟にあたり、前リンブルツェの子供としてNo.5のシェラップやNo.6のウェンゼン・ギャルツェンと共にリンブルツェに次ぐ扱いを受けている。三人ともよく似た顔で、共通する何か独特の雰囲気を持っている。昂然と胸を張って、一段上から村人を見下ろすような感じである。三人はリンブルツェ不在時に行われるタック・ドゥックなどで、リンブルツェの代理を務めることが出来るし、旅の途中などで村人が彼らに会うと、リンブルツェに対するような丁寧な挨拶をし、祝福してもらう。

村が春村へ分散してから、隊長と西ヤンが泊まりがけでプリガンを訪ねたが、ギャルツェン家には泊まらず、モラム家に泊まった。後で本村まで降りてきたギャルツェンに、何で俺の家に泊まらなかったのだと叱られた。ユンドゥン・ギャルツェンもまた、気のいいポンモ人《びと》の一人であった。

No.13 ユンドゥン・イセ一家（1人多い？）

No.14 留守中に変な奴らが村に入っているな、
という表情のユンドゥン・ギャルツェン

家	世帯	NO.	世帯主	人数（男／女）	キュパ（●＝バイジー ▲＝ラマ）	コメント
1						空家
2	①	2a	ツェワン・タンパ	3（1/2）	●パルワ	レンバの一家 （ユンドゥン家の本家）
	②	2b	ツェワン・アンドゥイ	4（2/2）	●パルワ	村の去勢師
3	③	3	ニマ・ツェリン	8（4/4）	●ロカ	ニマ・ポンの家 曾祖父代にユリコットから移住
4	④		ツェガ	6（1/5）	▲タグラ	モラム家の分家　シンソワ
5	⑤		シェラップ・ラマ	13（7/6）	▲キュンボ	リンブルツェの末弟 長男＝ニマ・ラマ（13と同名）
6	⑥		ウェンゼン・ギャルツェン	9（5/4）	▲キュンボ	リンブルツェの次弟 息子シェラップ・テンジン＝6サタ
7	⑦	7a	シンドゥル・ギャルボ	3（1/3）	●ナグマ	ヒャクパは義理の孫
	⑧	7b	ツェワン・ギャルボ	3（1/2）	●パルワ	パルダン　母はリンブルツェの妹 妻は5の娘
	⑨	7c	テンジン・タルキャ	4（3/1）	●パルワ	パルダンの兄 息子7歳　タワ見習
8	⑩	8	ショナム・ツェリン	4（2/2）	●ナグマ	怠け者シンソワ
9	⑪	9a	チュルディン・ギャルツェン	8（4/4）	●パルワ	9サタ
	⑫	9b	ショナム・ギャルツェン	5（2/3）	●パルワ	9サタの叔父（母の弟）高位のタワ
	⑬	9c	テシ・タルキャ	2（1/1）	●パルワ	9サタの末弟
10	⑭	10	ツェワン・モラム	8（4/4）	▲タグラ	有力タワの一人 4ツェガ、12aアンドュイ　13ニマ・ラマと4兄弟
11	⑮	11	ショナム・ギャルボ	8（3/5）	▲テトル	息子が凍傷男のショナム・チュルディン　前大ラマ家
12	⑯	12a	アンドゥイ	6（3/3）	▲テトル	モラムの弟 婿養子がパルディン・ラマ
	⑰	12b	チェトン・ジャンピ	10（5/5）	▲テトル	チャンタンから来た男 嫁姑の対立
	⑱	12c	ツェリン・ハツォ	2（0/2）	▲テトル	ドルポからの出戻り　被差別者
13	⑲	13	ニマ・ラマ	14（5/9）	▲タグラ	今を時めくユンドゥン家 三男のツェワンはパサンとトブー
14	⑳	14	ユンドゥン・ギャルツェン	7（3/4）	▲キュンボ	唯一プリガンに常住 リンブルツェの腹違いの次弟

三―四　血よりも濃い義理人情

黒田信一郎

二〇世帯、一三〇人余の村人たちは、ほとんど全てが血筋の網で結ばれている。人類学者とか民族学者が「未開社会」と呼びならわして研究対象としてきた社会は、たがいに親族結合のうえになりたつ。たしかに、ポンモも親族の結びつきが強い。他所から移入してきた「ロカ」の家をひとつ例外として、村人の全てが、二つのカテゴリーに属している。一つはラマといい、もう一つはバイジという。いわば血筋をたどる系譜である。村人にとって(チベット人全てに共通の特徴でもあるが)、血縁をあらわすのに三つの言葉があるので、まず、これについて説明しておこう。第一の言葉は「キュパ」という言葉である。この言葉は、そもそもの原初の先祖からずっと流れてきた血筋の観念をあらわしている。もっとも、あくまで男の系列、つまり祖父↓父↓息子といった、父系だけにしか使わない。第二の言葉は「ルイバ」といって、現に今生きている、同じキュパの成員を指す言葉である。第三の「シャ」という言葉は、母方の血族、つまり、そこから母が嫁入りしてきた元の「ルイバ」集団を意味している。だから、「シャ」という言葉にしてからが、父系の原理をそのまま、母の婚出元にあてはめたにすぎないことがわかる。こうして、三筋の「キュパ」、つまり、ラマ・バイジ・ロカがポンモの村人の所属をきめている。そして、ラマ筋にあたる者どうし、バイジ筋どうしの通婚は絶対不可侵のタブーである。ロカは娘がひとりだけなので問題はなく、この娘はラマともバイジとも結婚できる。以上のことを一言にしていえば、ポンモの村は、氏族的紐帯を基本単位として成立しているわけである。しかし、こんなことを村人自身が意識しているわけではなくて、我々が観察をとおして探りあてた原理である。

さて、バイジのキュパ筋にあたる家は六戸ある。パルダン(No.7b)・パルダンの兄(No.7c)・サタシ(No.9a)・サタシの伯父(No.9b)・シンドゥル爺さん(No.7a)・シンソワのあんちゃん(No.8)のところである。血筋原理といっても決してたんなる抽象的なことではなくて、ここには生活の物質的裏付けである家屋・家財道具・耕地(畑)・家畜などの相続と家名を継承するということが前提になっている。こういうわけで、六戸のうち五戸はちゃんとした後継ぎがいて、皆それぞれ頼もしい青年たちである。ところが困ったことに、シンドゥル爺さんの家には正しい意味での後継者がいない。昔、養女にした女が、他所の男と駆落ちをし、後にひとり残された天涯孤独の赤子を老妻とともに育て上げたのが七つになる坊やである。もちろん血のつながりはない。種痘接種をおこなうドクターをじっと見ていて、「ぼくも大きくなったらお医者さんになりたい」と言って、ドクターをえらく感激させた、いかにも聡明な瞳の澄んだ子だった。シンドゥル爺さんとしては、手塩にかけて育てあげた子に、とうぜん自分の後を引き継いでもらいたいというし、そのことを遺言として明言するつもりであり、アイツには絶対にビタ一文渡さないと、えらく憤慨する。アイツというのはシンソワことショナム・ツェリンである。ツェリンは老いた両親と三人暮らしで、村の中でも一番貧しく、老母はしょっちゅうヒステリーをおこしたり、泣いていたりして、とにかく、お世辞にも明るい家庭とは言えない。シンドゥル爺さんに言わせると、同じ身内だし、あれこれずいぶん面倒をみてやったし、三年前にも金を貸してやったりしたが、その金を返すでもなし、遊びまわってちっとも仕事をしない。ろくでなしの脳足りんだ。それでも、ご本人のシンソワはわれわれの炉端に遊びにきては色々のことを教えてくれたばかりか、彼の言うことがいちばん信用できた。その彼が言うには、シンドゥル爺さんと血がつながっているのは自分だけで、爺さんが死ぬとその財産はすべて自分のものになり、爺さんの遺言により残されたシンドゥル爺さんの老妻の面倒は自分が見ることになる。爺さんの老妻には相続権は全くないのだという。訳を聞くと、相続は同じ「キュパ」でなくてはならないからだというのである。こういうわけで、爺さんとアンチャンの言うことはまったく食い違っているのだが、ただひとつ、共通していることは、遺言の効能を認めることであり、血縁原理も個人の意志の前には譲歩せざるを得ない点である。ということになれば、当然シンドゥル爺さんの意思が尊重されることになろうというものだが、はたして七才の坊やの立場はどうなるものか。誰か第三者が調停に入ることになるのだろうが、難しい問題だ。

左よりシンドゥル、パルダン、サタシ、ヒャクパ

四　俺たちはボンポだ
——ボン教徒の村ポンモ

1　俺たちはボンポだ

リンブルツェの弟シェラップの息子ニマ・ラマは躁鬱性気質で少しも落ちつきのない青年だが、ラマ一家の長男だということで、村では怖い物なしのふるまいがあった。じっくりと話を聞くには不向きだが、気が軽く、お喋りなので、ちょっとしたことから大事な問題のヒントを幾つも与えてくれた。

　ポンモがボン教徒の村だということを最初に口にしたのも彼だった。リンブルツェが来て、パルダン家の老父のためのタック・ドゥックをしていた時だから、村に着いて間もない頃だ。村人がカンニやマンダン（マニ塚）を廻るのが全て左回りで、シェルパたちとは逆なことに気がつき、彼らはラマ教徒ではなくボン教徒ではないかと疑問を持ち、それを確かめたいと思っていた時に、ニマ・ラマが気軽に話しかけてきた。僅かなネパール語とチベット語の単語を動員し、身振り手振りを交えて、相手をしていたが、周囲には誰もいないのが良い機会。「ケランギー・ラマ・レー（お前はラマ教徒か）」と聞いたら、いともあっさり「ホイナー・ボンポ・レー」（いいや、ボン教徒だ）と答え、さらに、村の人は全部そうかと聞くと、そうだ、と言った。

仔ヤクを背負うユンドゥン

ポンモの住人は全部がボン教徒らしい。彼らが常に口にする真言も、ラマ教の「オム・マニ・ペ・メ・フム」ではなく、「オム・マ・ティ・ム・エ・サ・レ・ドゥ」である。

　ボン教は、仏教伝来以前からチベット人に広く信仰されていた、シャーマニズム色が濃い宗教で、この宇宙には無数の精霊（ネルパ）が飛び回っており、人間を取り巻くすべてのものに憑りつき、様々な吉凶禍福を起こすものだという。

　正月が近づいたある日、ユンドゥン師匠が死んだ仔ヤクを背負っていた。どうして死んでしまったのかと聞くと、いともあっさり、悪いネルパが憑いたからだ、と。実際は崖から落ちて脚を挫いて動けなくなり、放っておくと死んでしまうので、殺して持ち帰ったのだが、生きたモノを殺すのは〝ディク・パ・

ヨギレ〃なので、ネルパによって死んだことにしたのだ。

また、ショナム・チュルディンが雪の峠で、凍った靴で野宿したので酷い凍傷になった。リンブルツェの治療や祈禱でも一向に快癒しない。何回目かの厄払いの後、リンブルツェは「お前に憑いたネルパは、質の悪いものだから凍傷が良くならない」と言ったそうだ。こんな話は幾つも聞いている。

ボン教徒の村人には、あらゆる現象を引き起こすネルパを祀り、鎮めることが、最も重要なことだ。だが、ネルパを祀るといっても、誰もがネルパを見ることなどはできない。厳しい修業で特別な霊力を身に着けたラマだけが、ネルパの意思を聞き、それを伝える役割を果たすことができる。つまり、森羅万象、無数の神々=ネルパに近づく、神の世界に近づく、それができるラマが大きな影響力を持つことになる。

原始的シャーマニズムに端を発したボン教は、体系的な教義を備えてはいなかったが、チベット人の間に広く信仰されていた。ために、七世紀ころ、ソンツェン・ガンポ王が外来の仏教を取り入れるにあたって、民衆の支持があったボン教との間に軋轢があったことは、想像に難くない。その結果、仏教(ラマ教)側がボン教の様式を多分に取り入れることになる。チベット人世界のシンボルともいえるタルチョはボン教に由来するし、マニ石を刻んでマンダンに納めることも、そうだと言われる。一方、ボン教側も、教理や信仰の形式などを仏教に借りて体系化している。

ポンモのボン教も、そうして経緯のもとに変形したものだと思われる。

ポンモの村民全てがボン教徒だ、という情報を仲間に披露したところ、幾つかの疑問も出された。カンニの廻り方、真言の違い、卍の描き方など、表層的なことではボン教らしいことは判っていたし、自分らがボンポだというなら、ボン教徒の村なのだろう。が、大ラマとの名声があるリンブルツェの服装は、黄帽派のラマ僧そのものだし、ゴンパで聞いたところでは、最も重要な経典はカンギュル・タンギュル(チベット大蔵経)であって、ルー・ブム(龍の本=ボン教の聖典)は、リンブルツェのゴンパには無いという。現状ではまだ不分明なことが多いので、早急な判断はできない、と。

その後、クロさんとマチコが家系や人間関係などを聞き取っていくと、村内で勢力を誇るリンブルツェ一族は、ポンモに来住してまだ二代目でしかないことが判った。

先代はチベットのカム地方の出身で、ポンモに着いたのは二五歳の頃。当時のポンモでは、トキャル・ラマが祭祀を司っていた。トキャル・ラマの父はテチュン・ラマといい、優れた法力があったが、息子のトキャル・ラマは、先代リンブルツェ来住の頃は弱冠二〇歳位で未熟だった。村人は、新参の修行僧のためにゴンパを建てたが、その一年ほど後、トキャルと修行僧との間で法力比べが行われ、修行僧が圧勝し、トキャルはその下位に甘んずることになった。

これを語ってくれたモラム爺さんは、現在、村で二番目の長老タワ（助僧）だが、当時すでにトキャル・ラマのタワを務めていたそうで、六〇年程前のことだという。モラム爺さんは、これまでに五人のラマにタワとして仕えてきた。彼によれば、先代リンブルツェ（修行僧がどの時点でリンブルツェと称するようになったのかは不明。また、修行僧時代の名も不明）はなかなかの発展家で、村の娘との間に子をもうけ、その長男が現リンブルツェである。

こんな山奥の寒村にも歴史はある。僅か半世紀の間にリンブルツェ一族が権勢家としてのし上がってきたのだが、その過程で村の様相は大きく変わってきたに違いない。先代リンブルツェが来住する以前の村の様子を、モラム爺さんなどの話に拠って再構成してみた。

村にはラマとバイジという二つの家筋があり、それぞれが聖俗両面の長を選んでいた。聖界の長はタンキャル・ラマで、ラマ筋から選ばれていた。当時の信仰は、現在のような黄帽派的なものではなく、より土着性が強いボン教だったろう。先代リンブルツェはタンキャルを退けて聖界の長にはなるが、村人には伝統的なボン教信仰があり、彼が修業した黄帽派をそのまま持ち込むと起きる摩擦・混乱を避けた。彼が村に住み、地位を保つには、彼の方からボン教を受け入れるのが平和な方法だった。

一方、俗界を司る長はテボーといい、バイジ筋から選ばれ、現在のパルダン家から選ばれることが多かったようだ。

ポンモは親族関係を基盤とする水平的な聖俗二分の原理によって成り立っていた。そこにチベットから、より強固な体系

クロさん、プルバを通訳にしてモラム爺さんに話を聴く

を持つ黄帽派ラマのリンブルツェが入ってきたことで、リンブルツェを頂点とする上下関係が成立したもののようだ。だが、その支配力がいつまで続くかどうか、それは判らない。村人は彼を受け入れ、その支配下に組み込まれているようだが、肝心な点では妥協していない。ボン教の聖典ルー・ブムはリンブルツェのゴンパではなく、村のゴンパに保管され、リンブルツェであっても勝手に持ち出すことは許されない。また、村の祭事を取り仕切るのは、村人のタワたちであり、リンブルツェは呼ばれて上座に着くだけというように、一皮むくと村を支えてきたものは、今でも変わっていないようだ。やはり、ポンモはボン教の村なのだ。

さて、現リンブルツェは現在五五、六歳。まだ元気だが、その後継者となると問題は多そうである。

タンキャル・ラマの筋を引く家の次男坊がショナム・チュルディンだ。リンブルツェが見放した凍傷を、ドクターの手当てで快癒したことを徳としてか、私たちの問いにはいつも素直に答えてくれるし、娘たちの評判も高い独身男。現実的な若者たちの中では珍しく、夢を持っている青年だ。正月の支度で忙しく立ち回る人のなかで、彼は日溜りで読経や写経に励んでいた。どうしてそんなに勉強しているのかと問うと、物静かに顔を上げて、私が次の大ラマになるのだ、と答えた。

話が宗教のことになると、目を輝かせていつまでも語るモラム爺さんは、リンブルツェを評して、「勉強が足りない」と批判していたが、若い勉強家のショナム・チュルディンには好意を持ち、期待もしていることを隠さなかった。果たして青年の夢や、爺さんの期待は叶えられたであろうか。

2 絵を描いてくれ ―描画テストから見えるもの

私たちは旅の途中で出会った旅人や、荷物運びに雇ったポーターたちとの交渉を通じて、ネパール人とボテ（チベット人）との間にかなり著しい心性の違いがあることに気がついていた。それは一口でいうと、ネパール人が穏やかで礼儀正しいのに対して、チベット人は粗野で図々しく無遠慮だということである。

社会精神医学の研究者の小田ドクターは、日常の行為、態度に表れた彼らの相違をもっと突っ込んで観察するために、道中を通じて集まってくる患者や野次馬、そしてポーターと、誰彼なしにつかまえて、樹木、家屋、男女像を描いて貰っていた。これはＨＴＰテストと呼ばれる投影法による心理テストだが、これを行うには、「マンチェ・レクノス」（人を描いてくれ）、「ガル・レクノス」（家を描いてくれ）、「ルーク・レクノス」（木を描いてくれ）などと、簡単なネパール語を使えば良い。だから人さえ見れば、紙を出し、「レクノス」と言って、何十枚かの描画を集めた。その結果、このテストに現れたネパール人とチベット人の心性の違いが見えてきた。

ネパール人、それも農民の描画は単純、稚拙で、時には形の崩れや、線の震えなどの特徴があり、一口にいえば、それは日本人や欧米人なら幼児や知恵遅れの人たちの描画に似たものである。一方、チベット人の描画はいずれも、一応形をなしており、様式化したものが見られ、その中に内臓や性器があからさまに描かれているという特色がある。これは、日本人などでは精神病者や性格異常者にしか見られないものだという。

チベット人とネパール人の描画テストによるドクターの診断に対し、社会人類学の研究者のクロさんは、ネパール人の描画に児童や精神薄弱者、チベット人の描画に精神病者の特徴を見出して、それを人格の原始性や未熟さで説明しようとするのはどうも納得できない。チベット人の絵に内臓が出てくることが多いのは、彼らが農耕より牧畜に大きく依存しており、動物の屠殺や解体に慣れているためであり、さらに内臓は食物としても重要な意味を持っているからではないか。また性器は家畜の雌雄を識別するのに不可欠だからではないか。農耕の民としてのネパール人と、乾いた荒々しい自然の中で家畜を飼い、交易によって生活しているチベット人の違いがあるのではないか、などという意見が出された。

一方、ポンモ村人の画はどうかというと、基本的にはチベット人ポーターの絵に似ているが、彼らのものより形も整っており、様式化されたものが多い。そして内臓や性器などを描くことも少ない。荒っぽかったチベット人ポーターに比べて温和な村人の性格がよく出ているように思われる。

描画テスト

五　ゴンパと村

木村真知子

1　ボン教徒の村

ポンモはボン教の村である。パルダン家の入口脇の石壁には、卍が白く描かれている。誰かがいたずら書きしたとのことだが、私たちには大きな意味があった。マンジのカギの先端が右を向いているか、左を向いているかはラマ教とボン教を見分ける最も簡単な方法である。

ラマ教は、全て右廻り（時計廻り）。マンジのカギは右を向き、マニ車は右回し、チョルテンは右廻りだ。それに対して、ボン教は全て左廻り。これは教義とは関係なく、チベットで広く信仰されていた土着信仰のボン教が、新来の仏教（ラマ教）の影響を受けた際に、仏教に抵抗し、相違を主張する意味なのか、逆廻りになったものらしい。今一つ、両者を区別する目安に真言がある。ラマ教では《オム・マ・ニ・ペ・メ・フム》の六文字だが、ボン教では「オム・マ・ティ・ム・エ・サ・レ・ドゥ」の八文字だという。実際に私たちが聞いたのは「オムマトレムエサレドゥ」であった。これはポンモでの「訛」なのかもしれない。因みに、ポンモではマニ車のことをマトレ車と呼んでいた。

ドルポ地方一帯のラマ教調査旅行をしたD・スネルグローヴの『ヒマラヤ巡礼』（白水社、一九七五年）によれば、この地方にはかなりの数のボン教寺院があり、彼はポンモのゴンパも訪ねている。

卍の落書き

厄除け？それとも祝福？ 馬に乗る仏陀のシンボル

また、村人は「俺たちはボンポだが、リンブルツェはペンプー（ラマ教徒）だ」と言い、リンブルツェ自身も「私はボンポではなく、ラマ教の黄帽派だ」と言っていた。

村人やリンブルツェから聞いた限り、ゴンパの宗旨がボンからラマに変わったのはいつのことか、はっきりとさせることができなかった。ポンモのトキャル・ラマに替わって、カム地方から来住した若いラマが、大ラマの地位に就いた時かもしれないが、確かではない。というのは、トキャル・ラマのタワも務めていたモラム爺さんは、二人の経典は同じものだった、と言っているからだ。

ボンからラマへの宗旨転変の時期を詰めることはできなかったが、地元のトキャル・ラマから、外来の新参ラマへの政権交代劇と、ゴンパと村の関係を整理しておきたい。

2　法力くらべ

五、六〇年ほど前、チベットのカム地方出身の若い修行僧がポンモの辿りついた。どんな縁があったのか、ショナム・ツェリン家（№8）に宿泊するうちに、ゴンパ近くの谷の岩室に籠って、一年ほど読経・瞑想にふけった。その岩室とは、むしろ岩陰という方が適切な、西風が容赦なく吹き込む場所だ。そこで修行する若い僧に感銘したのか、村人が彼のために建てた建物が現在、パンマ・リンというリンブルツェ専用のゴンパで、谷の最も高い尾根の上にある。そこだけは女人禁制で、内部を見せてもらえなかった。

小さなゴンパに移って四年が過ぎた。従来からポンモでは、№11、№12a・12bのうちで、テトゥン・ラマ、或いはテルテン・ラマという家筋の者がリンブルツェを継いできており、当代の父親までは、リンブルツェと呼ぶに相応しい人物だった。しかし、当時その任にあったトキャル・ラマは未熟でもあり、原因は誰も語らないが、リンブルツェ位を巡る新来の修行僧との争いに敗れてリンブルツェ位を奪われ、彼が二番ラマに甘んずることになった。

トキャル・ラマには息子が二人と、一人の娘がいた。息子の一人はカトマンズに行ったまま帰らず、もう一人もゴンパでの読経三昧で一生を過ごし、跡を継ぐことはなかった。娘は、№12bの現在のクサン・ハンム婆さん。夫のチェトン・ジャンピもまた、高位ラマへの夢を抱いてチベット各地を流浪した挙句、トキャル・ラマと師弟関係を結んだが、その娘に恋慕して婿となり、ラマになる夢を捨てたという、ロマンティックな経歴の男なのだ。

こうして、ポンモのリンブルツェ位を得た男は、その後、聖俗両面で辣腕をふるい、現在のリンブルツェ一族に見られる権勢の基となった。

その実態を、いま一度整理しておく。彼は、村の娘ハンム・テシを妻とし（リンブルツェ就位の前か後かは不明）、三男二女をもうけた。長男が現リンブルツェ、次男が№6に婿入りしたウェンゼン・ギャルツェン、三男がゴンパに住むシェラップ・ラマ。長女が№11に嫁いだギャンマ、二女は№7bの前村長の妻＝現村長の母サンデム。№6はポンモで最も古い家筋のようだし、№11はテトゥン・ラマの家筋、№7bは代々の村長家だ。実はもう一人、ユンドゥン・ギャルツェンがいるが、彼は、結婚を認められていない男女間に生まれた子＝ニャルである。つまり、先代リンブルツェには妾がいて、しかもそれは、彼と競い合ったトキャル・ラマの妹なのだ。ライバルのトキャル・ラマの妹と通じ、長女をトキャル・ラマを出した家筋（＝テトゥン・ラマ筋）に嫁がせ、俗界の村長家とも婚姻関係を結んだのである。

この方法は、現リンブルツェと弟のシェラップ・ラマのコンビにも受け継がれている。

ゴンパの財力もトキャル・ラマ時代に比べて大きくなった。二代にわたって、下ドルポにはこのラマありと喧伝されるほどであれば、寄進の家畜や粉の数量は多くなる。実際に、シャルダン、ナムド、タラコットなどからの参詣者も少なくないのである。

3　ゴンパの役割

ポンモのゴンパは、ラマの宗教生活の場というより、村が村としてまとまっていくのに必要な場なのであろう。つまり、村での生活規範だけでなく、農耕・交易や生活行事の日程などは、様々な経典とリンブルツェの経典解釈、並びに彼の託宣で決められることが多い。

ゴンパはポンモ本村から二時間ほど、西からポンモ・チュに流れ込む谷の奥の、高い山腹にある。その一画だけ斜面がほんの少し緩やかになり、小さな沢水が流れている。ポンモ・チュを渡り、西側の急斜面を登りきった肩の辺りに最初のチョルテンがあり、その肩をまわって深い谷をのぞむ山腹を辿ると、第二、第三のチョルテンや先代リンブルツェが修業した岩室を過ぎ、ゴンパに至る。

最初にラマ一族が住むダザン・リシがあり、そのすぐ下にテンジン・バハドゥール（No.12b）のゴンパ、ラプランがある。ラプランはトキャル・ラマが住んでいたゴンパだ。尾根の上に先代リンブルツェに村人が寄進した、パンマ・リンがある。ダザン・リシの脇から奥へ行くと、六、七基の白いチョルテンが並び、その奥に水場がある。水場の少し下方にタワ専用のゴンパ・ドワンと、No.13家の家持ちゴンパのユンドゥン・リンがある。トキャル・ラマの時代には、建物としてはラプランだけだったとも、ユンドゥン・リンもあったともいうが、明確ではない。当時のラプランは、現在のものより大きかった、ともいう。

このゴンパで、リンブルツェは敬虔な宗教生活を送っているはずだが、実態はやや違う。最初にゴンパを訪ねたドクターとヨゴさんが、帰ってくるなり「リンブルツェは、相当な生臭坊主だ」と。寒いので、朝の勤行は寝床の中で済ませて、八時過ぎに起き、そのまま炉端でチャンを飲む。日中の読経の間も、炉端にいる時も、常にチャンの椀が膝前に置かれている。ドクターは、「あいつはチャンばかり飲んで……」と、妙に口惜しそうに言った。一日にバケツ一杯ほどは飲むらしい……とも。

チャンばかり飲む生臭坊主と言われるリンブルツェだが、彼には地元・遠方を問わず、多くの人から尊崇されるほどの何かがあるようだ。病気になったり、日常での様々な心配事、農事の相談などなど、人びとはリンブルツェのもとに行く。彼は求めに応じて、嫌な顔をせずに経を読み、吉凶を占い、お祓いをし、必要なら薬も出す。どこかに魅力的な人柄が秘められているのだろう。

ドゥネイには診療所があり、医師もいる。半年ほど前、この医師が外国人と共に、付近一帯の医療状況の調査に廻り、本村には立ち寄らずに、ゴンパのリンブルツェを訪ねたことがあり、「草根木皮の薬やらお経などで人々をたぶらかして……」などと横柄に言ったことがあった。これに対してリンブルツェは、「誰でも充分話を聞いてやり、丁寧に対応することが大切だ」と答えたという。そんな話が人びとの間に広まっているところに、彼の魅力の一端が見えるようだ。

4　リンブルツェが村に来る

一月一一日昼すぎ、「リンブルツェがお出でになった！　今、村のすぐ下に居られる！」とアンノックが教えてくれた。急いで下って行くと、六、七人の供を従えたリンブルツェが、坂を上って第三のチョルテンの辺りまで来ていた。黄色の僧服にでっぷりした体を包んだリンブルツェは、息切れ一つせず、行列の先頭を歩いている。一行は第二のチョルテンの所で立ち止まった。一休みかと思えば、そうではなく、村からの出迎えを待つためだった。婆さんが三人、チャンが入った木製の壺を抱えて小走りに下りてきて、腰を下ろしているリンブルツェにチャンを捧げ、彼の足元に三度土下座して礼拝し、祝福を受けた。他の者たちも運ばれたチャンを廻し飲みしている。壺を持ち上げ、上向きに口を開け、壺の縁に口を付けないようにして、チャンを口中に流し込む。西ヤンと共に脇で見ていると、リンブルツェが横に座れと手招きし、チャンをすすめてくれる。随行の仲間に入れてくれるらしい。

正式にカンニを左回りしてリンブルツェが入ってきた

出迎えた村人と記念写真

一通りチャンが廻ると、また行列になって歩きだす。と、村内からドンドン、ジャンジャン賑やかな音が聞こえ、青・赤・白の旗を先頭に、シャン（香）を焚き、太鼓、笛、鉦、ホラ貝の行列がリンブルツェを迎え、カンニを廻って一行と合流し、リンブルツェを先頭に進んでいく。

チャン壺を抱えた村人が次々と駆けだしてくる。隊長とクロさんがカメラを向けると、テンジン・タルキャ（No.7a）が慌てて飛び出し、手まねで撮影を制止する。その間にリンブルツェ一行は右手の畑に上がってしまう。さては無作法なジャパニに道を遮られたので、リンブルツェが機嫌損ねたのか！と、様子を窺っていると、彼は畑の中に人を集めて一列に並ばせており、私たちも彼も横に連れていかれた。叱られるかと思ったら、案に相違して、道中の写真はダメだが、皆を並ばせたからちゃんと撮りなさい、ということだった。

リンブルツェに跪拝して祝福を受ける

記念撮影が終わると、持参したチャンの最初の一献はリンブルツェに捧げてから、次々と周囲の人に注いでいく。皆が椀の用意があるわけではないから、両手で受けて飲む。そして、リンブルツェに土下座して祝福を受ける。シェルパたちも深々と頭を下げて合掌し、祝福を受けた。一通りチャンと祝福が終わると、再び行列は、笛鉦太鼓と共に村に入った。

行列は、パルデン・ラマの家に入った。今日の村入りは、先日やり残したタック・ドゥックの続きを完成させるためだ、という。

（木村真知子「ゴンパと村」了）

祝福を受けるクロさん

六　タワ（助僧）とその役割

木村真知子

1　タワとは

ポンモにはタワと呼ばれる人が一二人いる。タワはラマを助けて宗教行事に携わる助僧である。日常は他の村人と変わらず、耕作や牧畜、交易に従事している。僧であって俗人である。日本で類似の者を探すとすれば、いわゆる毛坊主がこれにあたるのだろうか……。

ポンモでの男の子の身の振り方は、長男は交易に出て良い商売をし、次男は小さい時からゴンパに入ってタワ（助僧）となって家内安全、村の繁栄を祈り、三男は老いた両親と共に家を守り、畑や家畜の世話をするのが良い、とされている。

さて、一二人のタワにも位があり、儀式の時の役割分担が決まっている。また、彼らにはリンブルツェから貰った僧名があるが、日常生活で僧名と俗名のどちらを使うかは、格別な決まりはないようだ。

一二人のタワの役名や分担などを、その位の順に並べると次のようである。

①ナムダ・チュルディン　通称ウェンゼン・ギャルツェン（五三歳　No.6）役名ナムギャル・カルボ　分担は経読み。また彼は家畜の目や耳の病を治す家畜のアムジー（医者）でもある。リンブルツェの弟。

②ユンドゥン・ギャルツェン（年齢不詳　No.14）役名不明　分担は経読み。リンブルツェの腹違いの次弟。

③ショナム・ギャルツェン（五八歳　No.9b）タワのゲゲン（先生）分担は経読み。

④モラム・ラマ（六一歳　No.10）分担は鉦叩き（ツォイカンという）。

⑤ニマ・ラマ（五八歳　No.13）トワ（と記したが、他は聴き洩らしている）。

⑥ユンドゥン・チュルディン　通称ジャンピ（六七歳　No.12b）役名ゲリン・ガンポ　分担は笛吹き。

⑦リンジン・ポンツォ　通称アンドゥイ（五〇歳　No.12a）役名トゥンジン・ガンポ　分担はラッパ吹き。

⑧ツェワン・ギャルボ（二六歳　No.7b）役名ナムカ・リンジン　分担は笛吹きの補欠。

⑨タンキャル（二七歳　No.9a）役名ナムカ・キャルボ　分担は笛吹きの補欠。

⑩ツェリン・タルキャ　通称テンジン・ギャルモ（二八歳　No.12b）役名トルマ・カンボ　分担は供物のトルマ製作。

⑪ショナム・チュルディン　通称ニマ・チュルディン（二四歳　No.11）役名ツォポン・カンポ　分担はトルマの運搬やチャンを撒く。

⑫アンギャル（七歳 No.7c）幼いので、名前だけのタワ。この身分をタジュンといい、タワの下に位置づけられる。父のテンジン・タルキャが代わりに勤める。

これらのうちで、①のウェンゼン・ギャルツェンと②のユンドゥン・ギャルツェンはリンブルツェの兄弟で、また三弟のシェラップ・ラマは彼らを含めた上でも別格である。シェラップはザムヤン・ウキャル・テンジンなる僧名を持っていて、タワより位が上で、リンブルツェの次席である。正確には、シェラップと共に、ウェンゼンもタワではなく、ラマに属しており、リンブルツェが不在の折には代理を務めることができる。またリンブルツェの異母弟・ユンドゥンも同様な地位にあるようで、この三人に対して村人はリンブルツェと同様な態度をとっている。

例えば、ユンドゥン（No.14）が片道半日もかかる春村のプニカから、やはり春村のゲルーに現れた時、何人かの村人が彼の足元に跪拝して祝福を受けていたし、正月に村人がゴンパに年始の挨拶に行った時には、シェラップがリンブルツェの隣に座して、三拝の礼を受けていた。三拝の礼とは、貴人（この場合はリンブルツェ）の前に膝をついて座り、両手をついて額を床（地面）にすりつけて拝んでから立ち上がる礼拝を三度繰り返すもので、その最後にリンブルツェの足先、もしくは手で頭を触ってもらう。村人がゴンパに行った時や、リンブルツェが村に来た時には、必ず一度はチャンを捧げて三拝の礼をする。ウェンゼンやユンドゥン、シェラップなどにも三拝の礼に来た人もいたが、それは数人で、その彼らもチャンは持参していなかった。同様な扱いはするものの、やはりリンブルツェと三兄弟とでは格が違うのだ。

タワになるには、子供の頃からゴンパに入り、何年もの間に経の読み方、写経、儀式の作法などを学ばねばならない。修業に耐えきれずに逃げ帰る者もいるという。現在は修業中の者はいないが、⑫のアンギャル（七歳）が一二歳になったら入ることになっている。九年間修業すれば最上のタワに、六年で良いタワ、三年で普通のタワになれ、一、二年の修業だと悪いタワで、下働きにしかなれない。ただ修業年数だけでなく、試験もあり、それに合格しても、リンブルツェに百ルピー以上の金や粉を上納して、許しを得なければならないそうだ。

試験とは、(1)リンジン・ペジャ（病気への経）(2)タクプイ・ペジャ（災難への経）(3)カンドイ・ペジャ（農作物の病害虫駆除の経）(4)ツェトゥ・ペジャ（商売繁盛祈願の経）の四つの経を、リンブルツェの前で正しく読みこなす、ということである。

シェラップの息子アンギャル

一二人のタワの顔ぶれを見ると、村の主立った者がほぼ揃っており、村の運営に参加する家でタワのいない家はない。一方、タワを出していない家には、それなりの事情があるのだ。№3は二代前からポンモに住みついたロカと呼ばれる低い家筋、№4は№10の分家で主人は耳が遠く、子供はまだ小さい。№7aのシンドゥル家は老人夫婦で子供がいない。№8のシンソワ一家も老人夫婦と子供のみ。№2aと№2bはどちらもレンバ一家、などである。また、タワにならずとも、№7cのテンジン・タルキャのように、長い間ゴンパで暮らした者もいる。

また、ゴンパは寺子屋の役割を果たし、タワになるならないは別にして、男の子はゴンパに住み込んで読み書きを習う。だから、ポンモの男で読み書きができないのは、レンバかレンバ気味だとされるほんの数人だけだ。もちろん習うのはチベット語・チベット文字だが、読み書きのできる者がほんの僅かしかいないネパーリーの村とは格段の違いがある。もっとも、一九五〇年の王政復古以来、学校教育の普及が進められ、国内の隅々にまで学校が建てられて、基礎教育が行われるようになり、その政策の一端がポンモでも見られてはいる。

2　タワの役割

リンブルツェもタワも表面的には宗教的儀式を司るものだが、実際には人々の生活すべてに関わりを持っている。試験に課せられる経をみれば、タワに要求されているのは、教養の理解ではなく、むしろ実生活に必要な除災・招福の経を読んで判断することが出来る知識と力であることが判る。リンブルツェとタワが農事・交易の吉凶などを暦をもとに占い、必要に応じてお祓いもする。例えば、年末の二九日（太陰太陽暦であるチベット暦の一二月二九日）は、凶が重なる大悪日だという占いで、切り捨てられて、元日が一日繰り上げられた。こんな事例は稀ではないらしいが、それもポンモの村内という狭い世界の中だけのことだから、である。

ともあれ、急病人が出ればタワが枕元で病魔退散のペジャ（経）を読んで儀式を行い、それで収まらなければリンブルツェのもとに走る。子供が産まれれば、タワかリンブルツェにペジャを読んで良き名前を選んでもらう。そんな特別のことでなく、日常生活での規範・モラルの類の根底には、全てペジャとペジャに対するリンブルツェの解釈が存在する。村の起こり、家の始まりについてでさえ、昔からの言い伝えではなく、ペジャに書かれている事なのだ。

ポンモでは最近まで、焼畑が盛んに行われており、焼畑で作る蕎麦の量は、食糧全体の年間消費量のかなりの割合を占めていたようだ。ゴンパの谷を挟んだ真向かいにも、広い焼畑の跡があった。急斜面だが、陽当りが良く、土地も肥えていそうな場所で、現在はまだ小さな木の藪になっているのが、最近まで焼畑だったことを示している。その土地はバンゴと呼ばれる、村人たちが蕎麦を作っていた場所だが、ある時、リンブルツェが「山の木や草の一本一本に命がある。その木や草が茂る山には何百何千もの鳥や獣や虫が生きている。その木や草を伐り、獣や虫を焼き殺すのは実に罪深く、ディクパ・ヨギレ（地獄行き）の罪だ。すぐに止めなさい」と言ったそうだ。

焼畑を止めたことで食料が不足し、生活が苦しく、出稼ぎに出なければならなくなった。生計に関わることでさえリンブルツェの言葉によって左右されることもあり、村人もそれを受け入れているという事例である。

3　タワは妻帯できない……のだが

一二人のタワの中で独身者は、七歳のアンギャルは別にして、チュルディンとタンキャルの二人だけ。本来、タワは妻帯できないことになっているから、ほぼ全てのタワが戒律違反なのだ。が、抜け道はある。タワに最初の子が出来ると、早速リンブルツェのもとに行き「タワであるのに好きな女ができ、子供を産ませてしまいました。誠に罪深いことですが、何卒お許しください。以後は決してこのような不始末は致しません」と懺悔し、シャザイ（罰金）八ルピーと粉を納めれば、「ディクパ」に相当する罪なのだが、許される。さらに二人目だと五ルピー、三人目だと二ルピーを持ってリンブルツェの前で懺悔すれば良いのだそうだ。現金付きの懺悔によって、生涯不犯の原則は守られ、家庭は維持され、「ディクパ」も免れるのである。

聞いてみると、独身者のチュルディンは、妻帯などとんでもない！と言っているようだが、実際には村のあるの娘にプロポーズしているようだし、さらにタンキャルに至っては、ハンラムなる娘と、双方の家で嫁・婿と言い合うほどの仲になっている。

実際、人口が僅か一四〇人ほどの村で、一二人ものタワが生涯不犯の戒律を守ったら、娘たちは次々と村外に出てしまってラマとタワだけの村となり、アッという間に消滅してしまうのだ。

4　タワのつとめ

男の子が三人いれば、一人はタワにすると良いとされ、実際に二人以上の兄弟でタワがいないのはユンドゥン・イセ（№13）の四人兄弟だけである。タワを出すのは良いこととされてはいるが、その経済的負担も相当なものになる。タワは、毎日順番に以下のような供物をリンブルツェに持参せねばならない。

①一〇テの穀物（大麦・小麦・トウモロコシ）
②半ダルニの食用バター　③六テの米
④六テのツァンパ（トルマ作成用）　⑤大きなトルマ一つ
⑥ロティ一枚　⑦茶（磚茶）一個

⑧半ダルニの茶用バター　⑨半ダルニの燈明用油

（テに関する換算は不明。現在のダルニは約二・五kg換算）

これだけの供物を一二日おきに用意するのは、村人の日常の消費生活を見ていれば、タワの家族にとって実に大きな負担であることが判る。しかもこれだけでは済まず、一〇月に行われる祭りにも相応のものを出さねばならない。さらに、ドワン・ゴンパ（大ゴンパ＝タワ共有のゴンパ）の維持費、年に三回あるタワ全員による祭りに必要な粉やバターの量も少なくない。それらの負担が年間にどの程度かは聞き得なかったが、タワであるためには想像以上の負担を背負うことになっている。

タワが関係する祭り・行事の主なものは以下の通り。

①二月一五日から一七日までの三日間、タワ全員がドワン・ゴンパでドゥイ・チェンという経を読む。

②八月一五日から二三日までの九日間、タワ全員が集まって三日間ずつ、ユンドゥン・リン（No.13のゴンパ）、ダザン・リン（リンブルツェ家の三階）、ダワン・ゴンパで経を読む。

③九月二六日から一〇月一日までの六日間、タワ全員がドワン・ゴンパでタック・ドゥック（厄払い）を行う。

④一〇月二六日から一一月二日までの七日間、本村にあるゴンパで村の収穫祭。タワ全員が一年交替で責任者を務めるが、祭りに必要な粉・油に不足が出ると責任者が負担する。

⑤タック・ドゥックは不定期だが年の暮れに集中する。一戸のタック・ドゥックに一～二日かかる。在村のタワだけで行う。

⑥葬式・法事は不定期だが、在村のタワだけで行う。

⑦三月と八月にアプシェルという仏の祭り。

⑧七月にシャケトワという仏の祭り。

これ以外にも小さな祭りが何回かあり、ドワン・ゴンパに集まって経を読んだりしなければならない。

二・八・九・一〇月の祭りには、必ず全員のタワが集まらなければならない。例え交易に出ていても、祭りの当日には帰って来なければならない……、のだが。

二月の末、タンキャルはシェラップと共にヤク・キャラバンを率いて交易に出た。この規模の交易だと三ヵ月は村を空けることになる。二月の祭りはどうするのかを聞くと「前もってリンブルツェに欠席の旨を断って、シャザイ（罰金）五ルピーを払った」そうだ。

5　タワになる動機

モラム、ニマ・ラマ、アンドゥイの三兄弟は、幼い時から経を読むのが好きで、自ら志願してタワになったという。モラムとニマ・ラマ、それにチベットから流れ着いたジャンピの三人は、先々代の大ラマのトキャル・ラマ、先代リンブルツェ、現リンブルツェの三人の大ラマに師事したことになる。

ツェワン・ギャルボは現村長（パルダン）だが、男兄弟が四人もいるので、一人はタワにせよとのリンブルツェのお達しに両親も同意したので、タワになった。

彼の兄テンジン・タルキャは、経を読むのが好きで、長い間ゴンパで暮らしていたが、長男は家のことを主に考えるべきだとして、タワになれなかった。その息子・アンギャルは身体が弱く、病気がちなのでリンブルツェに相談したら、タワにすれば丈夫になると言われた。まだ名前だけのタワで修行はこれからだが、タワになってからは病気もしなくなった、という。

ショナム・チュルディン（№12）も体が弱く、経を読むのが好きだった。次男でもあり、八歳で寺に入り一三歳で試験に合格した。若手では一番真面目で優秀だとされるタワである。

経済的負担は大きいが、息子のうちの一人がタワになることは、その家族にとって望ましいことのようだ。「この世」のことばかりではなく、「あの世」の幸せをも祈ることが出来るタワが身内にいれば、心丈夫なことなのだろう。

6 ゴンパと村を繋ぐ

タワはゴンパと村を結ぶ存在だ。村の中堅層の大半はタワで、リンブルツェはそのタワを把握し、その上に君臨している。ゴンパは、もちろん聖なる場として村の中心だが、同時に俗の中心でもある。ゴンパの一族（＝リンブルツェとシェラップの家族）は、ユンドゥン家（№13）と並んで家族員が多く、姻戚関係も多い。僅か二代で網の目のように張り巡らせたリンブルツェ一族との姻戚関係が無い家は、村に何軒もないのである。

現パルダンが父の跡を継いだのは一四歳のことだというから、その有能さは誰しもが認めるところだが、その一方で、母の弟で妻の兄、しかもリンブルツェの弟でもあるシェラップ・ラマの傀儡でしかないのでは、という声もある。

こうしてみてくると、タワたちは村の人びとが抱える様々な不安に即応し、心の安寧をもたらすと共に、リンブルツェ一族がその権威を維持するために、重い経済的負担にも敢えて耐えるほどに熱い彼らの宗教心を利用して、その役割を果たせているようにもみえてくる。

そうした流れの中で、若くして有能な交易商人が揃い、家族成員も多いユンドゥン家の兄弟からは、タワは出ていないのが注目に値する。何故タワを出さないのか、何かの思惑があってのことだと思われるが、その真意は最後まで判らなかった。

私たちが滞在した時から約半世紀後の今、村の聖と俗との勢力関係はどうなっているのであろうか。

七　正月のゴンパ

木村真知子

サタシは出際に、何やら大声を上げた。随分酔っぱらっている。チャンの壺を下げている弟のタンキャルも同様。ヒャクパはプーリー（揚げパン）や毛布を入れたドコを担いでいる。私とプルバを加えた五人が、雪の急坂を登っていく。森を抜けると展望が開け、反射する陽光がサングラスをかけていても眩しい。天気が良い日はいつも、空の美しさと山とのコントラストに見とれるが、雪が積もっている日は特にそうだ。はるか下に、私たちが来た道が一筋、山の中腹を走っている。サタシがしきりに、昨日、あの道を通ってきたのだ、もう、雪で大変だったと説明している。山道を一時間半も歩いてきたのに、まだ、酔いがさめた様子はなかった。やがて、先に村を出たパルダンとその妻と数人の女たちの一行に追いついた。最初のチョルテンを過ぎてなおしばらくの登りの後、やっとゴンパが見えてくる。建物自体は村の家と変わらないが、タルチョの数が圧倒的に多い。

ラマの家の前は急斜面

二時頃、ラマの家の前に到着。家の前の斜面は急で、谷に転がり落ちそうだ。上手にはラマのゴンパ、下手にはタワやテンジン・バハドゥールのゴンパなど三棟ほどが建てられている。家の前には、狭く平らな庭がほんの少しだけあり、そこに酒宴の場が設けられている。板を並べ、一段高いラマの席には赤い絨毯が敷かれ、机も置かれている。

皆それぞれに席に着き、ラマも姿を現した。彼の右には、順にシェラップ、サタシの叔父、パルダン、サタシ、タンキャルと並び、左には机から外れてラマの母が座る。なかなか威厳のある老婆だ。彼女の隣にはパルダンの妻・ザンムで、女性ではこの二人だけが特別扱いのようだ。私はプルバと共に、真ん中の毛布を敷いた座を薦められた。娘や女たちは、一番の末座らしいタルチョの周辺に集まっている。

皆、持参したチャンの壺をラマの机の前に置き、三回の土下座をして、ラマの祝福を受ける。私もポリタンに入れたチャンを恭しく献上した。三人の娘たちが家の中からプーリーを持ってきて、ラマの皿から順に、皆に配っていく。一人五枚宛。次いでチャンも配られ、同時に小麦モヤシの小束とギーが一人一人に着けられる。ギーは念入りに頭の天辺に三回なすりつけられた。男はコメカミ、女は頭頂である。耳に挟むようにつけられたモヤシの鮮やかな黄色が、宴席のあちこちに散っていうようで、僅かでも華やかさを添えている。

プルバが、小声で細かい金はあるかと問うてくる。一〇ルピー札しかないと言うと、やや悔しそうな顔をしながら、自分のポケットから一〇ルピー札を取り出してラマに差し出した。二言、三言の言葉の後、ラマはそれを受け取った。

家の中から歌声が聞こえだし、ラマが私にテープレコーダーのスイッチを入れろ、という。パルデン・ラマ、タンキャル、ツェワン・アンドゥイなど五、六人が、それぞれ新しいプリントキャラコを頭や身体に巻き付けるなどの妙な風体をし、チャンが入った鍋、大きな皿をのせた盆、柄杓などを持って現れた。彼らは先ず、ラマの前で一くさり歌をうたうと、皿に入れたチャンをラマのカップに注ぎ、皿に入ったチャンを全部飲み干すまで、ワイワイ騒ぎ、囃しながらその前を動かない。ラマが飲み干すと、ラマの母、シェラップと、順に飲ませていく。チャンは上等な澄んだものを使っている。

チャンを注いだらその前で歌い、飲み干すまで騒ぎたて、飲めないという者にはカップを口に押し付けて無理矢理に飲ませる。男たちが済むと、次は女たち。皿一杯でカップに充分三杯分はあるので、容易なことでは飲めない。私の所にもまわってきたので、少しでいいから、と言うと「神様からの頂きもののチャン。全部飲まなければならない」と、強引に押し付けられ、残ったチャンは頭からぶっかけられた。

ダムニャンを弾くタンキャル

ひと渡りまわると、仮装の連中が一人ずつ自分の席で、同じように飲まされる。タンキャルが最後に自分の席に座り、上着を脱いで腕まくりして、大目玉を剝いて見事一気に飲み干して、やんやの喝采を浴びた。格別な余興などはないが、薦めたり、薦められたり、逃げたり、押し付けたりする中で、お互いが楽しんでいるのだ。

タンキャルが今度はダムニャン（弦楽器）を持ち出して弾きはじめると、男たちが踊り出し、やがて娘たちも加わって踊りの輪ができる。ラマは家の中に引き上げ、村人たちだけが、飽きずに踊っている。

日がかげり、寒くなってきたので私も家に入る。一階はやはり家畜小屋、二階は部屋が五つある。囲炉裏は全部で三つ。入口の土間は庭に面していて、大きな炉がある。幾つかの部屋を見物がてらに出入りしていると、ニマ・ラマが茶を飲みに来いという。中に入るとラマの横に座らされて茶をご馳走になる。

なかなか美味しい。この部屋はかなり広く、穀物箱で仕切って二つにしてある。しばらくしてから、土間の突き当りの小部屋を覗くと、ツェワン・アンドゥイがマカイ（トウモロコシ）粉を煮ている。大鍋で煮るので、混ぜるのに相当の力が入っているようだ。リンモから来ている婆さんもサタシの叔父も、この部屋に座り込んでいる。時々、いろんな人が入れ代わり立ち代わり入って来て、無駄話をしながらタバコを吸っていく。

先刻の大部屋がラマ一家の居間らしく、ラマの前ではタバコを吸えないので、この小部屋に息抜きに来ているらしい。広間での茶の接待は、パルダンの妻ザンムやシェラップの娘などがしていた。

やがて、広間の脇の細長い部屋に呼びこまれた。男たちが集まってチャンを飲み、マカイ練りを食べている。奥にはビニール布で覆われた祭壇があり、壁にはネパールガンジで買ってきたという絨毯が掛けられている。薄暗いので最初は気がつかなかったが、一番奥にはラマも座っている。女は誰もおらず、給仕はニマ・ラマとアンギャルがしている。私も男並みに扱われたのだろう。プルバはとっくに来て座っている。男連中と同じようにマカイ練りを勧められたが、ゴンパに来てから充分以上にチャンを飲み、プーリーを食べているのだから、入るはずがない。プルバに半分手伝ってもらったが、とうとう残してしまった。

この日ゴンパに来ていたの人々で私が確認できたのは、№3と№4の両家を除いた全ての家から一、二名と、リンモから来たという老人と老婆を加えて二一人であった。

主立った人々が広間に集まって再び酒盛り、外では踊りが始まった。娘たちは寒そうに懐手をしながら踊っていた。

あたりが薄暗くなりだした頃、あたりを歩いてみた。水場はタワのゴンパの上にあり、木を刳った樋が渡してあり、小桶に水が入るくらいの高さから水が流れ落ちている。そこではダワ・プティとヒャクパが水を汲んでおり、さらに二人の娘たちも水汲みに下ってきた。帰ろうとする私を二人の娘たちが引きとめて、彼女たちの間での仲間の男共の評判を笑いながら聞かせてくれた。

ミンマとプルバはラムロ（良い）、ヨゴ・サーブ、クロ・サーブもラムロ、パサンとアンノックはプンツォ（良くない）、西ヤンは皮をぶら下げているのでプンツォ、バラ・サーブは髭があるのでプンツォ、ドクター・サーブは髭はないが歩き方がみっともないのでプンツォ。パサンはヒョットコ顔、アンノックは背が低い……などなど、一人一人の物真似をしての説明で、とても分かりやすかった。

ゴンパに戻ると、酒盛りはまだ続いている。妙なことに、プルバがシェラップやその息子ニマ・ラマの横に、主客然として座っている。

プルバ（左）とニマ・ラマはトブーになった

居間の酒盛りに加わっている女は、ラマの母、シェラップとパルダンの両細君だけで、室内でのチャンの給仕も二人の細君だけがしている。どうも雰囲気が堅苦しそうで、何かがあるのだろうと思っていたら、プルバが小声で、「実はシェラップの息子のニマ・ラマとトブー（義兄弟）になることにしました」と言う。そして、これからその固めの式をする、のだそうだ。

ラマが、ニマ・ラマ、プルバ、シェラップのそれぞれの首にライカ（白布）を掛ける。皆のカップにチャンが注がれる。シェラップの妻が、ニマ・ラマとプルバにライカを掛ける。タワ見習いのアンギャルが、赤い粉と米を入れた皿を運んできて、まずラマに捧げ、次いでシェラップ、ニマ・ラマ、プルバと廻り、それぞれが人差し指で赤い粉を額に着けている。プルバの次に私にもまわってきたので、見習って赤い粉を着けた。

ニマ・ラマが部屋を出たが、すぐにチベット服を一枚持って戻ってきて、それをプルバに着せかけた。プルバは一〇ルピー札を崩してもらってから、五ルピー札をラマに、ニマ・ラマ、パルダン、シェラップにそれぞれ一ルピー札を配った。それから、二人がトブーになったことの祝いの言葉なのであろう、パルダンやサタシ、ニマ・ラマなどが一席語り、最後にプルバも語った。

その後、何がきっかけかは知る由もないが、ラマとニマ・ラマ、すなわちラマ家内部のもめ事が親しい人の一部をも巻き込んでの激しい口論となり、果てはニマ・ラマが飛びかかろうとさえして、周囲の者が慌てて取り押さえたが、彼はついに泣き出してしまった。一時はどうなるかと心配したが、一応はラマに頭を下げることで決着したようで、再び歌や踊りが始められた。だが、甘やかされて育った甥のニマ・ラマの憤懣は完全に治まったわけでもなさそうで、いずれ、どこかで爆発しそうな雰囲気は残った。

しばらくしてプルバが、リンブルツェがテープレコーダーを聞きたがっていると言いに来た。居間ではタンキャルやパルデン・ラマらが音頭取りになって、歌と踊りが始まっていた。先刻までの、血相を変えていた口論はどこに消えてしまったのか？　外でたき火を囲んでいた娘たちも加わって、歌い踊っている。狭い部屋の隅から隅まで、腕を組んで一列に並んで、単調なテンポでの踊りだ。私も加わったが、ステップのリズムがなかなかのみ込めない。プルバも機嫌よく、出身地ナムチェの歌と踊りを披露している。先刻までの険悪な雰囲気は、まさに訳が分からないうちに雲散霧消してしまった。

歌や踊りに、最後まで付き合うつもりだったが、チャンが効いてきたのか眠くてたまらず、一二時半頃には別室でシュラフに潜り込むが、家内に響く太鼓も音が耳について容易には寝付けなかった。踊りはその後二時間ほど続いたようだ。

二月一日、七時過ぎに起きると、部屋の隅にはプルバを含めて若者たちが折り重なるように寝ている。娘たちが湯で皿やカップを洗っているので、その湯を分けてもらって洗面を済ます。ラマの起床に合わせて茶が入れられ、私もご相伴。人びとにはマカイ練りが出されたようだ。それが済むと、また庭で踊りとチャン。それでも一〇時頃には帰り支度を始め、ゴンパからはお土産としてチャンとプーリーを五、六枚ずつ（来るときはチャンにプーリーを一五枚持参）。私たちには昼飯をと言われ、ゴンパの内部も見たかったので残った。一一時にはラマ一家とザンムだけになった。ゴンパ内部を見せて頂きたいと頼むと、別棟のラマのゴンパは女人禁制なので、三階のゴンパならとニマ・ラマが案内してくれた。昨夜の半狂乱ぶりはすっかり消えていた。

ご機嫌のラマと

ゴンパは入口の部屋がラマの寝室で、布団や太鼓が雑然と置かれ、壁にはポスターやカレンダーなどが貼られている。本堂は板の間で、タンカ（仏画＝曼荼羅）が掛けられ、大小さまざまな仏像が置かれている。ニマ・ラマはトブーになった記念だと、タンカを一枚外してクルクル丸めてプルバに渡した。ラマには内緒とのことだ。

タルチョの布にプリントする経文の版木を見せてもらっていると、その側に足が悪いらしい女が立っていた。彼女の父母はパルダンの両親なのだが、二人がまだ正式に結婚する前にできた子なので、ゴンパで引き取って育てられたのだ、という。してみると、パルダンの姉にあたり、かなりの年配なはずだが、ゴンパでもどこか目立たない、ひっそりとした存在であった。

昼食時にも、ラマの機嫌は良く、チャンを飲んでいた。彼とその母の食事は別鍋で仕立てられるようで、他の人とは違う鍋が用意されていた。

食後、昨日来の礼を申し述べて帰りかけると、ラマも外に出て見送ってくれる。また、ニマ・ラマが鹿に似た、ナという動物の死体を担いできて、仲間たちへの土産だと渡してくれた。ユキヒョウに襲われたものを、山で拾ってきたのだそうだ。

有難く頂戴して、雪が溶けだした歩きにくい下り道を辿った。

（木村真知子「正月のゴンパ」了）

八　老人の死と葬送

木村真知子

1　危篤・祈禱・投薬

二月二日、夕食後に宿舎で仲間と雑談していると、外から大きな声がかかる。パルダンの父親・ユンドゥン（五七歳）の具合が悪いので来てくれないか、という。そういえば、今日は正月の四日目。パルダン宅には大晦日から毎日上がり込んでいたので、あまり邪魔するのも悪いかと、昨日から行っていないし、昼間も老人の顔を見かけなかった。だが今夜は、パルダン家が何かしら慌ただしく、常とは違う雰囲気が漂っているような感じはあった。

私（マチコ）は、診療鞄を抱えたドクターの後からパルダン宅に上がった。ただならぬ様相である。病人はまるで骸骨のようで、口を大きくあけ、息をするたびに喉がゴロゴロとなり、危篤というより、すでに死にかけているようだ。パルダンと妻のザンムは泣いており、タンキャルやモラムらのタワたちが経を読み、お祓いをしている。タンキャルはトルマを前に、かけ声と共に麦を部屋の四方に投げ、大声を上げている。また、数人のタワがトルマを入れた柄付きの鉄鍋を持ち、大声を上げながら戸外に駆け出していく。

そんな騒ぎの中で、病人を一目見たドクターの顔つきに、これまで見たことがないような緊張感が走っている。病人は暮のグ・ドゥックの日からチャンを飲み続け、今日の午後に激しく吐き戻し、その後はずっとこの調子なのだという。どうして、もっと早くドクターを呼ばなかったのか！

婆さん連中も何人か集まっているが、思い出したように声を上げて泣き出すだけ。病人のこめかみには、バターで練ったツァンパが、べっとりと塗り付けてある。懐中電灯を瞳孔に当てても、反応がない。素人目に見ても、かなりの危篤状態だ。この家の婆さんはゴンパに年始に行っている。正月に行けなかったので、一段落してから出かけたのだそうだ。また、ゴンパのニマ・ラマに嫁いだ娘がお産をしたので、その祝いも兼ねてのことらしい。

ドクターは強心剤を何本かうち、ずっと側について様子を見ている。パルダンは両手で顔を覆い、堪えかねるように泣き声をあげ、妻も目を真っ赤にし、弟たちもションボリしている。

一〇時頃、ドクターを残して私はいったん宿舎に帰り、お茶にする。三〇分後、コーヒー持参で再度パルダン宅へ。見た目には変化がないようだが、強心剤・ブドウ糖の効果なのか、僅かながら瞳孔反応が出てきているという。喉に引っ掛かってゴロゴロいう痰を取り除こうと、ピンセットで綿を挟んで拭おうとするのだが、不器用なドクターは綿を落としてしまい、行方が判らない。スプーンで口をこじ開けて取り出したが、危うく窒息させるところだった。

パルダンが、病人はずっと何も食べていないので、粥か何かを食べさせたいが、と言う。粥が駄目なら、チャンか水でも、と。だが、自分で飲みこむ力はないし、チャンを飲み過ぎて具合が悪くなった病人に、チャンなどとはもっての他だ。病人には注射で栄養を補っている。ブドウ糖は食べ物と同じだからと説明すると、納得したような表情はするが、しばらくすると、また粥を食べさせてもと、そっと聞いてくる。居たたまれないのだろう。気持ちは分かるが、やはり無理だ。

一二時頃まで側にいたが、病状は相変わらずなので、何かあったら呼ぶように、また、何も食べさせてはいけないと念を押し、しばらくは眠ろうと、診療鞄や石油コンロはすぐ使えるようにパルダン家の棚に置き、宿舎に帰る。

二月三日、朝五時頃、私たちの部屋とパルダン家との境の壁に付けられた小窓から、パルダンが泣き声で呼んだ。何を言っているのか判らないが、ドクターを叩き起こして駆け付ける。明け方に水か何かを与えたら、また吐き戻したとのことだが、病状そのものに変わりはない。私は、最後まで付き合う決心をした。病人の脇で、ドクターと共に朝食のクラッカーを食べる。

決心はしたものの、骸骨のようになり、半ば死にかけているような病人の横に座り込み、眼をのぞき込んだり、ピンセットで口の中を拭ったり、注射の時に腕を抑えたりするのは、あまり気持ちの良いことではない。よくもこんなところに座り込んでいるものだと、我ながら感心してしまう。

婆さんは、まだ帰ってこない。朝早く、ゴンパに使いが走ったというが、一〇時になっても帰らない。ラマ（リンブルツェ）と共に午後には帰るだろうというが、それでは間に合わないかもしれない。ドクターも私も気が気でなかった。ラマと婆さんが村に着くまでは、病人を生かしておきたい。ドクターには、医者としてのラマの働きを見たい、という気持ちもあるのではなかろうか。時計と病人を見比べながら、三〇分おきにビタカンを注射する。せめて婆さんだけでも一刻も早く帰るようにと、パルダンに二人目の使いを出してもらう。部屋にはパルダンだけが残っている。弟たちは居たたまれないのだろう、姿を消していた。

一分一分、緊張した時間が過ぎていく。一二時過ぎ、騒がしい音と共に婆さんが飛び込んできた。そしてそのまま「アジャン！アジャン！」と叫びつつ、病人にすがりついて泣き崩れる。一緒に来た女たちも、一斉に泣き声を上げる。やっと間に合った。病人をかき口説く婆さんの声は悲痛だ。何を言っているのか判らないが、涙を誘うものがある。ラマも来ている。病人は彼に任せよう。

2　骨笛と注射器――チベット医学と日本の医術

使いに荷を背負わせて、ラマが入ってきた。彼はすぐさま病人の脇に座り、手をとって脈を診たり、胸に手を当てたりしていたが、薬入れの袋を取り出して調合しはじめる。まず、平たい缶の中に入っている幾つかの紙包みから一つ。それには赤い粉末と、小さな紙切れが入っていた。紙切れには文字が書かれており、護符の類だと思われる。赤い粉末をブル（椀）に入れ、水を注いで指でかき混ぜる。次に別の紙包みから白い小さな丸薬を取り出し、それを崩して加えてかき混ぜて泡立て、最後に紙切れ（護符）を丸めてその中に浸す。浸した護符で泡を掬い、病人の頭に数滴垂らした後、丸めた護符を開きのばし、ツァンパがつけられているこめかみに貼りつける。それから、病人の頭を抱えて上向かせ、口中に少しずつ、少しずつブルの中の薬を垂らし込み、ついに全部飲ませてしまった。その手つきは自信に満ち、落ち着いた仕草である。周囲の者はじっとその手元を見つめている。

全部飲ませ終えると、人払いをした。残ったのは、パルダンと婆さん、私たちと、ラマと病人。人払いをしたのが判ったので、私たちも座を立とうとしたら、ラマが制して、残っていろと言う。彼は最初からドクターと共に診察する気だったらしい。

一時半頃から悪魔祓いが始まった。天井の煙出しから陽が射しこみ、舞いあがる埃が見える室内はわりに明るい。ラマは荷の中から、振り太鼓、鈴、骨笛を取り出して膝の上に置いた。鈴を振りながら読経が始まる。背を真っすぐに伸ばし、静かに経を唱えていく。しばらく後、骨笛を右手にもち、左手で吹き口をトントンと数回叩いて口の端にあて、三、四回高く低く吹き鳴らす。不気味な音だ。それが済むと右手に太鼓、左手に鈴を持ち、経を唱えながら振り鳴らし始める。経は早口に詠うような調子と、低いゆったりした口調とが交互にあり、それと共に太鼓・鈴の音も、早く、遅くと変化する。その間に、骨笛が前と同じように、一度吹き鳴らされた。読経が終ると、また骨笛の口を叩いてから吹き、太鼓、鈴、笛をしまう。次いで投石紐を取り出し、右手で振り上げ、病人の胴をピシリ、ピシリと七回打ち叩く。その後、深呼吸をして目をつむり、しばらく瞑想していてから、いきなり「ペェーッ！」と鋭く叫ぶ。これで悪魔祓いは終わった。

ラマには早速チャンが注がれる。ラマが私たちに話しかけてくる。「ドクターが貴重な薬を惜しげなく使い、親身に看病してくれて本当に感謝している。ほとんど助かる見込みのない病人だが、私はチベットの医学、ドクターは日本の新しい医学、二人の力を合わせて、やれるだけのことをしてみたい」と。ラマがドクターの処置に反感を抱いていないか心配だったが、それを聞いて安心する。

村人も何人か入ってきた。ラマは婆さんにチャンを温めさせ、病人を抱え起こして水を飲ませる。パルダンに手伝わせて抱え起こした時には驚いた。起こしたといっても支えていなければならず、首はガクガクし、口はあんぐり開いたまま。ブルに入れた水を少しずつ注ぐと、ゴボゴボと喉を鳴らしながら半分ほどは飲んでしまった。次に、温めたチャンを同じようにして飲ませる。ドクターは、何と乱暴なことをという表情をしていた。しかし、飲ませ終わって横たえると、さんざん苦労させられた痰が、水やチャンと共に流れたのか、呼吸が楽になり、ゼイゼイしなくなったのを見て、感心・納得の表情に変わった。

最初の赤い粉末と白い丸薬は風邪や咳の薬で、重篤の人に与えるものだそうだ。温めたチャンは、身体を温めるとともに、ブランデーを嗅がせるのと同様、気付けのためだという。婆さんが毛布で病人の足を丁寧にくるむ。足が冷たくなるのは、大変に悪いことなのだ。また、溶かしたギーでツァンパを練って布にのばし、コメカミ、後頭部、胸などに貼りつける。指圧や灸のツボにあたるものがあるらしい。また、練りツァンパを貼るのは、食べるのと同じ効果があるし、身体に風が出入りするのを防ぐためでもあるという。

その間にも、ラマが村に来るときはいつでもそうだが、チャンを持参した村人が次々に挨拶にくる。

私は、ロクに昼食も食べてなかったので、三時頃にいったん宿舎に帰る。宿舎では西ヤンが、「鳥葬の予定は判らないかなぁ」などと、相変わらず脳天気なことを言っていた。

一休みして病人の所に戻ると、病人の位置が変わっている。ラマの提案だという。西を頭に、枕の代わりに穀物が入った袋をあてがっている。枕元の壁には木を二本突き刺し、経本が置かれている。ラマは不在で、パルダンと婆さんだけが残っていた。病人の死後、枕代わりの穀物袋の扱いはどうなるのだろう、気になったのだが確かめなかった。病状に変化がないので、ドクターも他に診療に出かけている。私も再び宿舎に戻り、タワの何人かに病人の食事や投薬した薬について聞き取りをした。

夕食にかかろうとする七時頃、パルダン家からの使いが、食事後にドクターと私にプルバを連れて来て欲しいという。出かけてみると、部屋の中は真っ暗で何も見えない。ラマと一人のタワが経を唱えているようだ。昼間と違って人が詰めかけていて、私たちは隅の方に入り込むのがやっと。食事中に人の出入りが激しいような気配がしていた。が、何しろ真暗な中に囲炉裏の熾火が赤く見えるだけ。お祓いをしているようですと、プルバは言う。自分で確かめたいが、明かりを消しているので懐中電灯をつけるのも憚られる。我慢できなくなったドクターが、強引に病人のそばまで割り込み、ライトで瞳孔を見ながら「マチコさん、大丈夫。生きてます」と囁いた。

太鼓・鈴の音に合わせて経がうねるように続く。時々、骨笛の響きが交差する。こっそり入ってきたクロさんが、後ろの土間に座ってテープを回している。

二〇分ほど後、囲炉裏の火がおこされ、松明も灯される。一番奥にラマが座り、次にタワがいて、この二人が経を唱えている。病人の横にタンキャルが座り、彼の前にはタクパに乗せた百個ほどの小さなトルマと人形、チャン用の椀を入れた柄付き鍋が置いてある。タンキャルが小さなトルマを手に取って、病人の頭の上で二、三回まわして人形の横に積んでいる。ラマたちは、昼間枕元に置いてあった経本の一部を読みだす。途中、ラマがタンキャルにもっと早くトルマを回して移せと注意した。このトルマ（キュンドール）はツァンパで、人形（ルゥ）はソバ粉で作る、また柄付き鍋はツァンパ用の麦を煎るのに使うものだという。トルマが全部柄付き鍋に移されると、人形はトルマに埋まって見えなくなった。経が終わると、ラマは「トルマを捨てに行くから、足元を照らしてやってくれ」とプルバに言う。三人の男が立ち上がり、鍋を病人の上で二、三回ぐるぐる回すと、部屋中の者が大声で叫び、三人は外に走り出ていった。同行したプルバによると、トルマは最初のカンニの外に捨てられたという。一〇分ほどで彼らが帰ってくると、またしばらく経が続く。

この時部屋にいた者は、ラマ、ニマ・ラマ、タンキャル、パルダンの母、パルダン夫妻、パルダンの弟二人、兄夫婦とその子供二人、ツェワン・アンドゥイ（№3）、テンジン・バハドゥール（№12b）と、私たちであった。

お祓いが終わったのが八時過ぎ。宿舎に戻ってしばらくすると、私とプルバにラマからの呼び出しがあった。何事かと思ったら、ラマは私たちの労をねぎらい、ドクターには十分に休んで欲しいとの伝言。さらに、先日ドクターがゴンパに来てくれた際には、時間が無くてゆっくり話も出来なかった。もう一度、ドクターと私がプルバを連れて来て欲しい、その時には医学の話をしよう、と言う。私は、しめた！と思い、その時には薬も分けて欲しいと頼むと、何のこだわりもなく快諾してくれた。

さらに、ラマは私にもっと近くにと手招きし、手をとって手相を見てくれた。それによると、私は日本だけでなく、ポンモに来たように、他の国々の村を巡り歩くだろうといい、金持ちにもなれるという。手相は掌だけでなく。手首や指も見ていく。指、掌、手首などで身体全体の健康状態が判るのだという。彼の手指は労働をしないからか、いやに柔らかい。

宿舎には、ショナム・ツェリン（№8）が来ており、ラマ・バイジ内のサブ・グループやキュパ間の坐位の移動などの話をしている。今後の調査に関わる所だけに、仲間たちの眼が輝いており、一一時半近くまで聞き取りが続いた。だが、ドクターだけは少しイライラした表情。病人を看るためにプルバを連れていきたいらしいのだ。私もそれに気がついていたが、聞き取りの方に夢中になってしまった。

３　ご臨終

一一時半過ぎ、ドクターとパルダン家へ。病人を見た途端、ドクターの顔色が変わる。病人は息をしておらず、口を開け、眼を剝いている。瞳孔反応なし。強心剤をうつが、すでに手遅れ。「何で早く呼びに来ないんだ。グズグズと質問していて……」と、ドクターが舌打ちしながらつぶやく。パルダンたちはドクターの表情を見てハッとしたらしい。誰かが、バタバタと三階の仏間で寝ているラマを呼びに行く。入ってきたラマは、一瞬棒立ちになって死者を見下ろした後、顔を見たり、手を握ったりして死亡を認め、黙っていつもの席に座る。婆さんが泣きながら自分と死者の頭をこすり合わせる。パルダンの兄が、死者の顔をカタでそっとくるみ、毛布をかぶせる。周囲の脱脂綿や注射器を片づけようとすると、ラマの眼は、そのままにしておけと言う。ドクターは、やはり間に合わなかったことを気にしているようで、ブツブツ呟いている。私も自然に涙が出てくる。

人が集まってくる。ラマは、枕元の経本をとりあげしずかに読みだす。タンキャルらがそれに和す。骨笛が二回吹き鳴らされる。細く長い音色は深く染み入るようだ。

読経は一二時半まで続き、終わるとラマは瞑目した眼を開いて「ペッ！」と鋭い声をあげた。

これで一段落ついたようで、パルダンに暦を持ってこさせ、死亡時刻や年齢などを基準に、死体を運び出す時刻、方向、処理方法などを調べているようだ。暦のあちこちを開き、めくりしながら思案しているが容易には決まらない。タンキャルが側にいて、ラマの問いに答えている。

読経の最中から、普段は物が雑然と置かれている入口付近が片付けられ、灯りを点して松明が沢山作られ、割り竹が何本か用意されている。ドクターは帰ったが、私は弔いの様子を最後まで見たいので、ここに居させてほしいとパルダンに頼み、了解してもらった。プルバも一緒に座り込んだ。

４　葬法は火葬が良いとのご託宣

二時半頃、ようやくラマの思案が決まる。夜が明けてしまう（明日になる）と、日が悪いので今日中（今夜中）に、死体を運び出さねばならない。葬法は火葬だと告げられた。火葬の場所は、村の外、ポンモ川とリンモ川の合流点付近らしいと、プルバは言う。かなり遠くなるので山靴に履き替えなければと、宿舎に帰る。皆も起きており、遠くまで行くのだからと腹ごしらえをしていた。その後、隊長以下の全員がお悔やみに行き、御霊前にと二〇ルピーをパルダンに渡した。また、記録のための写真撮影の許可をラマに頼んでみたが、私自身は構わないが、家族が嫌がっているから遠慮するように、と言われた。

時刻や場所は決まったが、今度は、誰が遺骸の世話をし、それを運ぶのかが問題になっているらしい。死者が旅立つための様々な手助けする係をバタックと言うようだ。基本的には、誰が、誰のバタックであるかは決まっていて、今回の死者・ユンドゥンのバタックは、アンドゥイかテンジン・バハドゥールと、ジャンピなのだが、ラマが、ユンドゥンの息子が担ぐべきだと言いだしたので、揉めているらしい。結局、三〇分程でアンドゥイとジャンピがバタックと決まり、二人はカタで覆面をする。二人とも赤いタワ服を着てラマ帽をかぶり、腰に小刀を差している。一人が遺骸の腰のあたりに折りたたんだカタを置く。

バタックは決まったが、今度は、その手伝いを誰にするかで揉めだした。パルダンの兄か、テンジン・バハドゥールにするか……、なかなか決まらない。

タンキャルは囲炉裏脇に座って、割り竹に一m間隔で長いタンカを挟み、横長の旗指物のようなものを作っている。

三時になって、ようやく遺体の運び出しにかかる。室内にいるのはラマの他に、ニマ・ラマ、アンドゥイ、ジャンピ、タンキャル、テンジン・バハドゥール、ユンドゥン・イセ、モラムで、家人はいついなくなったのか、誰もいない。

5　右手の薬指　――ご先祖様の仲間入り

ラマが囲炉裏の奥の側に座り、全員が立ち上がる。アンドゥイとジャンピが遺骸の顔を覆っていたカタを取りはずす。薄暗い室内で、赤い僧服の二人の動きは、日頃見慣れた老人らしさはまるで無く、精悍なチベット人を思わせる動きだ。ラマが時折、短い指示を出すだけで、他に口をひらく者は誰もいない。ときおり囲炉裏の薪が崩れる音がする。

屈みこんで遺体に向かっていたアンドゥイが、腰の小刀を抜いて何かを切っている。ジャンピの身体がずれたので覗き込むと、指を切っているのだった。プルバは顔をしかめ、身体を縮めている。小刀がなまくらなようで容易に切り落とせず、ついに指の骨を折ってから切り落としたらしく、ポキリと音がした。右手の薬指。血の出ない切り口から骨が白くのぞく。アンドゥイは遺体にかけていたカタで指を包んでタンキャルに渡す。タンキャルはそれをジュブ（納屋のような部屋。家の神が祀られている）に持って行った。後に聞くと、指はジュブにあるヤンギャン（ジュプに置かれている箱）に納めたということだった。

6　旗指物　祖霊の国の　道しるべ

アンドゥイとジャンピは遺体にかけてある毛布をとり、着衣も脱がして裸にし、首を紐で縛り、結び目に棒を差し込んで捩じり、きつく締めあげる。首の骨が折れる音がし、一、二度、息の漏れるような音さえした。生きていたのではないか？と思ったほどだ。腰骨の上の辺りも同様にする。この時、足首を持って逆さに吊り上げ、何回も振る。腹中のものを下に振り落とすような仕草だ。次いで、足の関節や首を深く折り曲げ、立膝をしている姿に紐で縛り上げ、脱がした着衣で包む。先ほどタンキャルが作っていた旗指物ようなカタの端を遺体の包みの頭部にあたる所に結び付け、ユンドゥン・イセが遺体の包みを担ぎ上げる。ユンドゥンは僧服でなく、いつもの服装だ。カタの旗指物はかなり長く、室内にいた者がカタを挟んだ割り竹を一本ずつ持ち、順次部屋を出て行く。長い行列の先頭と最後尾には松明を持った人がつく。タンキャルがほら貝を吹きながら、二番目を行く。先頭が誰であったかは見落としたが、最後尾はテンジン・バハドゥールだった。ラマは立ったまま行列を見送って、部屋に残った。パルダンの兄が住まう隣家から女たちの「アジャン！　アジャン！」との、泣きながらの叫び声。最後の別れをしているようだが、誰も出てこない。遺体を担いだユンドゥンは無言を通し、用がある時は手真似で合図していた。

外は漆黒の闇。道はカチカチに凍っている。身を切るような寒さ。これから合流点まで二時間歩くのか。覚悟して行列の後に付く。ところが、なんと火葬場は村のゴンパのすぐ下の畑の脇。プルバが聞いた合流点とは、ポンモ川とリンモ川ではなく、水汲み場の沢とポンモ川の合流点だったようだ。凍って滑りやすい道を、行列は一直線に進む。ボーゥッ、ボーゥッとホラ貝の音が狭い谷にこだまする。

7　ご遺体は井桁に組んだ薪の上

火葬場となる河原には、すでにヒャクパ、テシ、ツェワンなど六、七人の若い衆が、大きく割った薪を井桁に組んで待っていた。行列が着くとすぐ、ニマ・ラマが経を唱えだし、タンキャルがホラ貝を吹き鳴らす。ユンドゥンは井桁の横に遺骸を下ろし、アンドゥイやジャンピと共に裸にして、薪の上に手足を伸ばした状態にして乗せた。包んできた着衣やカタは脇の枯れ木に架ける。若い衆が川原に転がっている丸太を斧で割って遺骸の上に乗せ、残りは横に立てかける。薪はこの辺りの山に多くある松（大王松）で、よく燃えるし火力も強い。

タンキャル、ニマ・ラマ、アンドゥイ、ジャンピ、モラムは、少し離れて一列に並んで経を唱える。火の粉が高く舞い上がる。炎の切れ目から、遺骸の顔や膝などが時折のぞける。若い衆は、火に丸太を数本加える。

四時半近く、プルバと共にパルダンの家に帰ってみる。部屋の内部はきれいに掃除され、水をうって、シャンが焚かれている。ラマの他に、婆さん、パルダン夫妻、弟たち、テンジン・バハドゥールが、ひっそりと座っていた。しばらくして、ラマは三階の寝所に上がり、他の人も思い思いに横になる。外から呼び声があり、テンジンとパルダンの弟二人が、用意してあったペグー（油で揚げたロティ）をいれた籠を担ぎ、タクパ（白樺の樹皮）に包んだシャンを持って出ていった。ペグーはパルダンの兄の家で女たちが作っていたもので、河原で仕事している人たちが途中で食べるのだ。一枚ずつ取って二つに割り、半分を川に流し、半分を食べるのだという。シャンは、仕事が終わった後に顔を洗い、シャンを焚いて穢れを祓うのだそうだ。

五時頃、隣のパルダンの兄宅に行くと、婆さんが二人来ているが、疲れ果てたようにぐったりしている。しばらくすれば、河原に行った人たちが帰ってくるので、彼らに食事とチャンを出すために控えていて、それで女衆の役目が終わるのだそうだ。

五時半、疲れ果ててシュラフに潜るが、二日からの体験、殊に今晩の葬儀の印象が強烈で寝つけない。ドクターもしきりにうなされていた。

九時、パルダン家からドクター、西ヤン、私を呼びにきた。行くと、火葬場に行った人々がチャンを飲み、食事をしている。私たちも、同行したから、ということなのだろうか。ご馳走になる。飯と黒い豆の献立。食事が済むと皆で経を唱え、葬式は終わった。

翌日、河原に降りてみた。雪の原に火葬の跡が残り、灰に混じって骨が散乱していた。骨を拾って墓に納めるということはしないのだ。もちろん墓もなく、墓参りもしない。火葬された死者の魂は、煙と共に天に昇り、遥かな天上界から、子や孫、所縁の人々を見守っているのである。

8　法事

亡くなった日から数えて三日目をサクスムと言い、最初の法事が行われる。サクスムから七日目がディンジンで二回目の法事、さらにディンジンから二一日目がニシュカチックで三回目、さらに九カ月目に最大の法事であるゲワ・トゥイランまたはゲワ・センブがあって終わりになる、という。

ユンドゥンが亡くなって三日後、といっても行われたのが二月八日だから四日目だが、第一回目の法事（ロンキャイ・コッパ）が行われた。ラマ（リンブルツェ）がゴンパから降りてくる。パルダン家には大勢の村人が手伝いに来ている。若い衆は、屋上の、普段は物置としている場所を片づけて大きな炉をしつらえ、ロティを作る。小麦粉組とそば粉組にわかれ、楽しそうに語り合いながら働いている。そば粉のロティは焼くのではなく、直径二〇センチ程のドーナツ型に作り、大鍋の煮え湯の中に入れて茹でる。これらのロティは、読経後に参列者に配られる。屋上ではタワたちが祭壇に供えるトルマを作っている。手を洗い、うがいしてから、大小様々なトルマを幾つも作る。ギーで飾りをつけたり、赤い色を付けたりしている。

法事の会場は集会場の三階。正面に祭壇が設けられ、タンカ（仏画や曼荼羅を描いた掛物）が五、六本掛けられ、燈明が灯され、トルマが並べられる。また、くす玉も吊るされている。このくす玉は私たちが持参したもので、木製のお盆と交換したものだ。

ドーナツ型のロティを大鍋で茹でる

屋上ではトルマを作っている

飾り付けが終わり、法事の開始は一二時を過ぎた頃だった。

壁に沿って最上席にラマが座し、以下、シェラップ・ラマ、モラム・ラマ、以下他八名のタワが並んで読経し、それは四時頃まで延々と続き、終わると村人が招待された。各戸から最低一人は来ている。一人ずつ出て、火の中にチャン、ツァンパを投じて三拝するが、これをシャンという。お焼香であろう。私たちも招かれた。シャンが終わると席に着き、チャンとロティが配られて簡単な宴となる。ロティは一人宛、蕎麦粉の茹でロティ二枚、小麦粉の焼きロティ五枚だった。

一回目に次いで、九カ月目のゲワ・トゥイランも大きな法事だが、この時まで、遺族は歌舞音曲が禁じられ、頭にギーを付けたり、家畜に鈴をつけることもできない。ゲワ・トゥイランが済んで、喪が明けるのである。ギーは大切な食料だが、宗教儀礼にも不可欠で神聖なもので、災いを防ぐ力があると考えられている。旅立ちの時などには、ラマや目上の人に、こめかみにギーを付けてもらう光景を何度も見ている。喪服中はそれが禁じられるのだ

9　葬法について

弔いには幾つかの方法があるが、普通の場合は鳥葬か水葬。火葬は、鳥葬・水葬より一段上の弔い方である。パルダンの父・ユンドゥンの場合は、普通なら鳥葬にするのだが、暦を繰った結果、その日に行わないと三日後になるということ、それにパルダン家が村の重立ちであり、ユンドゥンも村のために尽くした功績があるので火葬が相応しい、とのラマのご託宣で火葬になったのだという。しかし隊長は、私たちが滞在していることも関係があったのではないか、と推測している。

鳥葬と水葬は同列の葬法で、水量が多い雨季の三ヵ月には水葬、それ以外の月には鳥葬にする。また他村の人がポンモで亡くなった時には、雨季・乾季を問わず水葬にするという。

他に、死体をそのまま放置するという方法（風葬）もあ

るらしい。二カ月前に一〇歳の少女が亡くなったが、その死骸は村の下の方の谷の、岩の間に挟んで置いてきたという。死骸を運んだのはユンドゥン・イセとショナム・ミンマで、他には誰もついて行かなかった。また、亡くなった少女の家には誰も行かず、ラマもタワも行かなかった。彼女はユンドゥン・イセの弟と、ショナム・ミンマ家の嫁との間にできたニャル（私生児）で、そのために彼女の葬儀に参列する者がいなかったのだ、という。彼女は母の生家で育てられていたのだが、ニャルであることは村人の周知するところだった。一般的には、風葬にするには普通の死に方でなかった場合や、悪い病気で亡くなった時だと聞いていた。彼女の場合、死に方が普通ではなかったのか、ただニャルとして生まれたためだったからかは、確認できなかった。が、火葬・水葬・鳥葬以外の葬法もあることは確実である。

10　鳥葬

鳥葬（カラ・タンギュル）の場合、遺体の解体場所には各戸から一人ずつ付いて行くし、リンブルツェも行くのが原則だが、リンブルツェが行けない場合には代理としてシェラップ・ラマ、シェラップも駄目な時はギャルゼン・ラマが代理となる。遺体を解体する役をタク・ダンといい、それはタワの仕事でもある。タワ全員がタク・ダンを務めるわけではないが、タク・ダンは必ずタワでなければならない。そして、どの家のタク・ダンを誰が務めるかは、概ね決まっているらしい。それに応じてタク・ダンの人数も決まるわけだが、以前は五人だったものが、数年前から少し増えているというから、必ずしも固定されているわけではないようだ。

また、タク・ダンの他に遺体を運んだり、押さえたりする役割をバタックという。これについても、タク・ダンという言葉はラサの人が使うもので、ポンモではカトレと言い、運ぶ人をバタックというのだとか、実際にはカトレとバタックを特に区別せず、鳥葬に直接かかわる人をバタックというのだ、ともいう。いずれにせよ、バタック（カトレ、タク・ダン）はタワが務めるべき仕事であり、誰がどの家のバタックを務めるかということも、決まっている。

遺体を処理する場所をタトと言い、村の周囲に何ヵ所かある。どの方向にあるタトを使用すべきかは、リンブルツェが占って決める。その場所まで、バタックが一人で遺体を運び、処理する。死者の衣類はバタックのものになるともいう。

鳥葬に関しては、話者によって異なる部分や、曖昧な話が少なくない。鳥葬にする場所（タト）も、数カ所あるとは言うが、具体的な方向、場所を確認することは出来なかった。やはり、ユンドゥンを鳥葬にするのを避けたのは異邦人である我々がいたからだ、という隊長の推察が的を射ていたと思われる。

九　廃屋の謎

―罪と罰の話

小田　晋

川喜田二郎教授は社会人類学的な調査の方法を「系図買い」と名づけている。人類学者が婚姻規制や親族名称の調査で、一人ひとり、あの男はお前のおっ母さんの親父の三番目の妹の嫁にいった先の男の二番目の兄弟の嫁さんが生んだ最初の男の子だそうだが、それをお前さんは何というのかね、という風にきいていく辛気くさい方法は、たしかに「系図買い」にちがいなく、そんなことを縁も由縁もない外国人に聞かれた方の迷惑は察するにあまりがあった。しかし、社会精神医学の専攻者である私としては、彼らの間の狂気や犯罪や呪術など、碌でもないことばかりを聞いて歩かなければならないのである。人類学者のやることが「系図買い」だとすれば、こちらの仕事は「事件屋」みたいなものであった。なにしろ前にも触れたように、村の人たちは私たちを中国人ではないかと疑っており、中国共産党の手先として村の様子を探りに来たと思い込んでいたのだから、そういう相手に系図買いや事件屋みたいなことを聞きだすのは、実は相当な駆けひきを要する難事業なのである。一度聞いた情報があとになって聞き直して見ると、「ちょっとした間ちがい」(これを私たちのシェルパの一人は、Some wrong wrong と訳した!)で、実は私たちを中共の情報員と見てのカモフラージュ(といってもせいぜいでまかせの嘘というのに過ぎなかったが)であったりした。それでも、だんだん医師⇔患者の関係が出来てくるにつれて、ずいぶんと立ち入った内輪の話も聞かせてくれるようになる。

私たちは、ポンモの家々に一から数えて一四までの番号をつけていた。その№1にあたる、カンニから入って右側の取り付きの家は空き家で、屋根が半分落ちていた。はじめその家のことをたずねた時には、その家の家族たちは仕合せが悪くて、南の方に行ったのだ——ということだった。が後になって、また聞いてみると意外な真相の隠されていることが判った。

数年前、この村で盗難が頻発したことがあった。その犯人は長いこと判らずじまいだったが、この№1の家の主人がジュムラに行った折に、ドルポから来た男の羊を盗んで捕らえられた。彼をポンモに連行したことから、村内での盗難の犯人も彼であることが露見したのだという。

その主人は当時五〇才位であったが、村の衆が評議して彼を村外に追放したのだという。

これで空き家の謎は判った。ついでに判ったこととして、この村では、刑事犯について一種の人民裁判のようなことが行われているらしい。パルダン(村長)によるとこうである。

「人が物を盗ったり、喧嘩したりするのは良くない事だ。そういう場合には、窃盗なら三百ルピー。争闘なら五〜三ルピーを罰金（シャザイ）として取り立てる。それは村の衆と評議して俺が取り立てるさ。もっと大きな事件、例えば強盗や人殺しになると、ドゥネイのお役所に送るね。そういう事件があったかって、さあ、俺は覚えてないね」。

この返事は尤もなことで、日本の山村にでも行って、お前さんの村で人殺しや強盗があったか？などと聞けば、場合によっては袋叩きにもされかねないだろう。だから、犯罪についての質問は、だいたい仮定の問題とし、善悪、罪と罰についての彼らの考えを聞いていくという方法をとるしかないのである。しかし、この方法でも、収穫はかなり多かった。私たちは、彼らの罪と罰の観念には二種類の源泉があることを発見した。つまり、私たちは村の人たちに、「してよいこと」と「わるいこと」を聞いていった。その答えを並べていくうちに、彼らの悪事に対する表現のしかたには二つの系統のあることに気づかされた。つまり、彼らの言い方の第一は、そういうことをすれば地獄行きだ（ディクパ・ヨギ・レ）であり、第二は罰金（シャザイ）を取られる、というのであった。例えばこういう話である。

「地獄にはいろいろある。大ディクパに行くのは大罪である。この罪は、まず第一に人を殺すのは大罪の最たるもので、第二には動物殺しだ。ゾー、ヤク、羊、およそ動物を殺すのは何でも悪い。第三にキラという虫を殺すのは大罪で、第四に樹木を伐るのは悪い。どんな樹木でもだ。

小地獄行きの罪としては、辛い食物を食うのは小デイクパで、雨期に山でニンニクを食べるのも罪。蕪（ムラ）を喰っても罪。これは蕪の葉を食べた上にさらに根まで食べるというのが罪だ。一度結婚して妊娠した女を追い出すのも、他人の妻に手を出して、その寝床に夜忍んでいくのも罪だ。あまり睡りすぎるのも罪なら、先が尖ったもので土を掘り返して、耕地の小さな雑草まですべて抜き捨てるのも罪である」。

こういう細々したことに加えて、モラム爺さんはこんな話をしてくれた。

生前、神に祈らない者は死ぬとシダックが湖底に連れて行く。年老いた両親を十分に扶養せず、食物を充分に与えないのは大地獄行きの罪で、その罪に相当する位の罪は窃盗（クマ）あるいは詐欺、虚言だ。殺人はこれに勝る最大の大罪である。やむを得ない事情で樹木を伐り倒した場合、パルダンが見ていれば罰金だが、誰も見ていなければデイクパではあるが、その場合はお題目の「オン・マトレ・ムエ・サレ・ドゥ」でも唱えて神に祈ればよい。別に特別のタック・ドゥックをして貰うにも及ばない。また、酒に酔っていつも喧嘩する男をチャン・ゼ・ミという。ゴンパでやればラマが、村でやればパルダンが罰金をとる。ひどい喧嘩になって村八分になった例がないかって、そんなものは知らないね。

私はモラム爺さんに追いかけて、「ラマや神様の悪口を言うのはどうだ」とたずねたところ、「そんな馬鹿者はこの村におらんから問題にならんね」と逃げられた。この爺さんの話には、とぼけたところがあり、その上つねに多少の毒を含むのであった。例えば、こういう調子である。

「家畜の去勢をすることもな、ちょっとした地獄行きだわさ、だから、あのウスノロ（レンバ）の奴にやらせるんだな。レンバには地獄はないからな」。

もっと若い男の一人は、もっと世俗的な罰金（シャザイ）の事例を並べたててみせてくれた。

「牛を殺すことはないな。しかし、たまたま石を投げたら当たって死んだ、なんて時はシャザイで済む。それは動物の種類によっても違いがあり、動物の年齢によっても違う。ピユー（一年仔）とドンナ（二年仔）は一回一〇ルピー、シェパ（三年仔）は一二ルピー。〇〇（聴き漏らし）年以上のヤクやゾーだと、二〇ルピーだ」。

「木を切り倒したら地獄行きだが、その上、パルダンに見つかると罰金。伐って罪になる木の種類は、テシン・メタン・ジュラ・シュクパの四種で、罰金は三ルピー。また、村の畑の馬鈴薯をパルダンの許可なく掘ったら罰金」。

ドゥネイの警察に引き渡されるのは、殺人の場合と、言い渡された罰金を払わないときなどである。その他の場合は大方シャザイで済む。失火の場合、燃え広がると八〇ルピーの罰金をとられる。

パルダンに払う罰金の他にラマに払うものもある。

ラマのところに三年の期限で弟子入りして、途中で逃げ帰ったときや、ラマが村に下りている時に酒をくらって喧嘩沙汰になった場合には、ラマが罰金をとる。寺の谷に放牧して、そこで何度も殺生をしたときは罰金。一度僧籍に入ってタワになり、そのタワが子供を作ったときは罰金。

つまり、ポンモの人たちの罪と罰の観念には、宗教的な〝地獄行き（ディクパ・ヨギ・レ）〟の筋と、現世的な罰金の筋が未分化のまま交錯する。宗教的な〝地獄行き〟の観念の中には、ボン教の教典・竜経から来たかと思われる、草木を村の地下に横たわる竜（ルー）の髭や鱗と考えて尊重する思想と、共同体としては当たり前の規制とが混じり合っているように思われた。罰金の方にしてからが、取り立ての窓口が聖（ラマ）、俗（パルダン）の二つの力を代表している。

付け加えれば、殺人や強盗、泥棒や詐欺などの、いわゆる自然犯罪についての観念は、歴史上にも、また民族学的にも人類共通の基準があって、時間、空間を通じて多くは異ならない。その点はポンモの人たちにも共通しているように思われた。罪の観念の中でも詐欺や不払いがかなり大きく取りあげられているのは、チベット人が交易に従事している商人性に由来するのかもしれない。道徳観の中でも、自殺に対する考え方は、文化によってずいぶん違いが大きい方かもしれないので、そのことを聞いてみた。若い男の答えである。

「自殺することは、罪なのか?。首くくりや身投げのことですか?。それは自分ですることだから、地獄行きじゃないね。どういうときに人は自殺するかって?。面倒なことが起きたが、金がない。食べ物がない。それで村の衆も助けてくれない、というような時じゃないかな……。その他には無いかって、そうだなぁー、親が娘に気に入らない婿を押しつけて、娘があんな男は気に入らないって身投げすることもあるだろうな。これはユリコットの村で聞いた話で、この村じゃないがね」。

自殺についての寛大な答え方は、聞いた村人の大方に共通していて、「悪事をして自殺をすれば〝地獄行き〟だが、そうでなければ自殺したからといって地獄に堕ちるわけでもなさそうであった。

自殺とならんで、文化によって許容範囲のずいぶん違うものには、性倫理がある。例えば、ポンモでは強姦の相場は安い。嫌がる娘を脅して手ごめにしたら一ルピーの罰金。その時、暴力を使うと五ルピー取られる、とあっさりしたものであった。その他の性的タブーも厳しくはない。ただ、何年か前、獣姦の現場を見つけられた男は村から永遠に追放された。彼はラタ(精神薄弱)だったが、掟に従って、彼の頭皮はちょうどミカンの皮をむくように切り裂かれ、ペロンと垂れ下がっていた、という。

一〇　希望と夢と広野と

小田　晋

民族学的調査のプロジェクトのなかに精神科医が加わって何かしようというのは、決してそんなに多いことではないが、それでもそういう時に決まった「手」はある。それは〝病気集め〟と〝夢買い〟なのである。それに変な絵をみせて、これが何に見えるかね、と聞くことである。そのために精神医はだいたい評判がわるく、アメリカでは「ヘッド・シュリンカー（頭ちぢめ屋）」と呼ばれる。これはペルーのインディアンが首狩りした首の頭蓋骨を抜きとって煮干しにし、拳大の「首」を製造するところからくるのだが、ただ精神科医の抜きとるのは、脳の中身であって頭蓋骨ではない。これは社会人類学者のよくやる〝系図買い〟と並んでポンモ村の人たちには、いったいこの連中は何を考えているのかいな、という疑いを持たせるに十分であったろう。

その「変な絵」を見せるというのは、ロールシャッハ・テストといって一〇枚のインクの汚点からできた図版をみせ、それが何に見えるか聞いて被験者の反応を知ろうとするテストで、果たしてこんなテストに素直に乗ってくるものか験者の方が不安だったのだけれど、これは〝村入り〟第一発でなんとかうまい具合に納まりがついた。

ポンモ村に入った最初の日、大ラマ、リンブルツェ僧正のところに参上してご挨拶申しあげたら、大ラマはこちらの手を取って、お前さんの手相を見て進ぜると言い、チベット式のハンド・リーディングをしてくれた。チベット式の「丘」を中心とするハンド・リーディングのお返しに、恭々しくその手を拝読して、日本式の「線」を読むハンド・リーディングをしてさしあげた。大ラマ先生の手相をご拝読申しあげたので、その後は日本式の手相を観てほしいという野次馬が次々にやってきた。そこでロールシャッハ図版をみせて、これが何に見えるかねをやり、日本式の観相はこうやるのだとごまかした。肝腎のラマ大僧正のロールシャッハ・プロトコルは、ラマはそのような俗事には拘わらんと一蹴されたのだが、野次馬諸氏のテストは相当に集まった。

「お前さんは大体怒りっぽくて酒癖がわるく、飲むとくどくなって喧嘩して、時に村長から罰金を取られるだろ」と言ってやると、「これは驚いた。ラマみたいだな」とあきれた男〔ギャムゾウ〕がいた。種をあかせば、この男のテスト結果は、精神医学でいう所謂てんかん病気質の性質がはっきり現れていたのだし、この男の母親はてんかん発作をもっていたし、本人もてんかん気質に多いがっちりした体つきであった。こういった欧米や日本の患者から得られた成績をもとにした精神医学的な類型学や、体つきと性格との関係に見合うテストの反応の型は、この辺境に来ても概ね当てはまるようで——その証拠にはというのも変だが、変な絵を見せる日本式観相学はなかなか繁昌した。この図版は薬をもらいに来る病人にも必ず見せた。そうやっている間に、この村の〝家筋〟のあいだには、固有のいくつかの性格の〝型〟があることが判ってきた。その一つは、大ラマとその兄弟たち、大ラマの甥の陽気で肥えた調子のよい若者であるニマ・ラマたちの系統（No.5の家筋）であり、彼らは肥満型か、がっちり形の体つきが多く、現実的で、バイタリティに富んでいて、朗らかだが俗っぽい。それは大ラマ先生ご自身も、僧であらせられるのに、猪首で、赭ら顔で、朝から勤行の傍ら特製の上等酒（チャン・ゴンボ）を召し上ってご機嫌である。彼の身辺には、おそらくその名が由来していると思われる古いチベットの岩窟の聖者、蓮華生グル・リンポチェや、神秘の聖者である跣足のミラレバの俤《おもかげ》などはないようだった。土着宗教のボン教の司祭兼呪師とはいっても、ポンモのそれは白ボンであって、難解で形而上学的なラマイズムの大蔵経（カンギュル・タンギュル）を経典として持っているに違いないのに、彼の関心はむしろ実践的な医療や経済に多く注がれているようだったし、その一族ともなるとなおのことだった。ロールシャッハ・テストではこういう性質はインクの汚点からなる図版のなかに神や人や獣の「動き」よりも、空の青、草地の緑、岩肌の黒、土肌の赤、湖の紺などの色を多く見る傾向の中に示されるのだった。

それと反対に、人や鳥獣や時には神の動作、流れる水、崩れる岩肌などの「動き」をより多く見る傾向が優越する内向的な性格、ちょっと痩せ型の神経質そうな風貌は、先代のラマを出していたNo.12の家筋に多く見られるのだった。その代表者はこのNo.12の跡とり息子であるテンジン青年とその母親で、二人とも私の患者だった。

目下の天下党で、パルダン家やサタシ家とも血縁が濃く、現実派の稼ぎ手が多い現ラマ系の一家とは対称的に、この一家にはロクな運がまわって来ないのだった。私たちが村に入るしばらく前に、火事を出して階上の一部を焼き、貯えた穀物を焼失してしまっていた。テンジンの母親はそれを気にして眠れなくなり、元気がなくなって嫌な夢ばかり見るようになった。これは私たちの概念からいえば、反応性のうつ病であって、私たちが持参した安定剤と抗うつ剤がよく効き、眠れるようになってからも、このお袋さんはどうも家は仕合せがわるい、嫁が来てからはロクな事はないが、その所為じゃないだろうかとブツブツ言いつづけた。たしかにテンジンは、その若い、ちょっと魅力的な妻君と上手くいっていなかった。あとで聞いてみたところでは、彼は妻君が姦通しているのではないかと疑っていたのだった。たしかに妻君が家を空けて生家の方に行っている時間は長すぎた。妻との間が疎遠になり、身体の関係の方も遠のくにつれて、彼氏はときどき胸のドキドキする発作に襲われるようになった。夢も多く、悪くなった。チベット人たちの夢は善悪吉凶がはっきりしている。毎朝、昨夜の夢見はどうだと聞くと、だいたい吉凶のはっきりした解釈がついての返答が戻ってきた。

「白い夢、登っていく夢、人に、とくにラマにものを捧げるのは良い夢だよ。黒い夢、赤い夢、下りる夢、崩れる夢は最悪だ。黒衣の男の夢は、それを見た男が死に、赤衣の男を見れば病気になる。雪崩の夢を見たら誰か村の者が死ぬなあ。山を登っている夢も頂上に登りつければ良いのだが、そうでなければ悪い。昨夜は夢に雪の中を、広野の中を、どんどん歩いていったのだが……雪は深く、道は遠く、なかなか向こうに着かなかったよ」

バハドゥールはそう言って、ちょっとそれが癖の、ひそめ眉をして見せた。それを傍で聞いていた彼の姉妹がぼそりと言った。「昨夜の夢にね、緑の木の下にみんな集まってチャンを醸してね、リンブルツェに捧げたのね、そこに他所のどこか遠くからもっと偉い大ラマがやって来て、リンブルツェ・ラマがこの偉い坊さまを拝んだわね……」

この夢には、先代のラマを出した一家の、今のラマ一族に対する微妙な感情が現れているようだった。ポンモの人たちにとっては夢は空言ではなくて、例えば夢で人と争えば勝てば良くて、相手が病となるか死ぬし、逆に負ければこちらが病となるのである。夢の中で、魂が身体から脱けだして恋しい女のもとに行き、寝床をともにすることもできる。

希望の緑の樹のもとにいつか山を越えてくる大ラマを待ち望む夢は、だからこそ一家の憧れの象徴であったかもしれず、こうした憧憬の気分は、この一家の持ちまえのものかもしれなかった。バハドゥールの父親は、かつて雪を頂く山の彼方、チベットのラサから来た。ボン教徒だった彼は、一六歳のとき、友人三人と共に、ボンの師匠を求めて、長い旅を続けてヒマラヤを越え、この山懐の村に入りこんだという。そして寡婦になっていた今の妻の入り婿になってこの家に来た。妻の兄は、多くの寺を見、多くの仏を見ることに憧れて村を出ていき、何でもカトマンズで死んだのだ、という。

この一家の屈折した「夢」はそれでもかなりはっきりと一つの意味方向を語っていた。バハドゥールの父親のチェトン・ジャンピは、「年とったからな、現《うつつ》ではもう神様の〝お告げ〟はないよ、しかし夢では、シェンラップさま（代表的なボン教の神格）やシャキャトウバさま（仏教の釈迦と同じ）の夢を見るよ。いろいろな神仏が出て来て、どうしたら良いか教えて下さる。ルー（竜）の夢も時には見る。人面蛇身だよ」と言った。

仏はつねにいませども　現ならぬぞあわれなる
人の音せぬあかつきに　ほのかに夢に見え給う（梁塵秘抄）

彼らの夢には、未来、彼岸、上昇、超越といった上っていく主題が優越しているように思われた。それは、ラマ一族のニマ・

ラマによる、「俺は、ゴンパに村人たちが大勢集まって火を焚いてダンスをして、それから盛大に酒を飲んで……という夢を見たな」という猪八戒のような現世快楽的な夢とはよい対称をなしていた。

ポンモ村民の夢の事例を集めて分析してみると、白と黒、上昇と下降、吉と凶といった二元的な、価値象徴的な構造をかなりはっきり捉えることができたように思われる。それと同時に、村民の皆にあてはまることとしての、冬季あけの緑野、白い雪山を崩れおちる雪崩といった自然のもつ深い意味をも現わしてもいた。

先にも述べたようにネパールの奥地でも、人間の居住地である限り心の病気も、また、それになりやすい体質や性格、それに対応する心理テストの所見等の間の関係も、我々のそれと構造的には多く異ならないのだが、夢の収集、ロールシャッハ図版に対する反応、彼らの描画などを比較してみた場合、ポンモ村民の持つ共通の特徴が浮かび上がってきた。彼らはロールシャッハ・テストの図版の上に、荒れ狂う竜や人間を引き裂く虎、血まみれで水に浮かんだ肉片をつつく魚など見る傾向がある。これらの反応は、一見おとなしい彼らの心性の奥の殺伐さ、原始的恐怖感などを表すものであると同時に、その反面、こういった荒々しいもの、恐ろしいものが彼らの現実の人間関係にはそれほど明らかに現れているわけではないのは何故かを考えさせる。それはむしろ、荒々しい、そそり立った岩山のあいだの厳しい冬という自然の風土というものからくるのかもしれないのだった。

そういうものは、ほとんどの住民のあいだに見える深く切れ込んだ谷、雨期には緑に覆われるが、長い冬には白一面に包まれる狭い耕地、ところどころにのぞく黒い岩肌、山の岩の上に立つチョルテンとタルチョ、それらの上を舞うカラス。時にはその間に、たまゆらに出現する神や悪魔。それらは、彼らの心性の内容が、岩山の風土の中で決定されているところが多いことを示している。それは、彼らの「世界」なのであって、そのことが、ある意味では彼らの世界観を知る一つの糸口となった。

私たちは当初、魚も食べない彼らが、魚という反応、水という反応をよく示すのに気づいた。それであるとき、その魚はどこにいるのか聞いた。それは湖にいるというので、「湖…湖の絵を」描いてくれることを求めたら、湖の中に奇っ怪な怪物たちを描き添えた。その怪物の頭領は、名をシダックと呼ばれ、一般にチベット人に〝冥王〟とされている。この黒衣、時には三眼の黒衣の男は、湖底の冥界に死者たちをひきずりこむのである。湖底に冥界がある。として、あとは岩山の上に天上界があり、湖畔の村が現実界であることを尋ね出すことまでには、ほんの一歩だった。

一一　ネパール人の心の世界

小田　晋

はじめに

一九六七年九月から六八年三月にかけて私たちはネパール王国西北部山岳地帯住民の文化人類学的・民俗学的・精神医学的調査を行った。ここでは、その中で精神医学の観点から得られた調査の結果について述べてみたい。

精神医学は、もっとも広義に解された人類学とならんで、人間とは何かということを、その固有の方法で探究することをその目的意識の一面とする。古くからフランス民族学と精神病理学、アメリカの文化人類学と精神分析学派は相互に与えつ、与えられつの関係をもってきた。もっともこの二分野はそれぞれ固有の方法論を持つものであり、最近ではむしろその差異と独自性が強調される傾向にある。ここでは、文化人類学が問題とするような事柄に対し、精神医学はその持ち前の方法で、どの位有効に接近しうるかを試み、その中でもいわば精神医学的民族誌（Psychiatric Ethnography）の可能性を探ってみた。従ってこの小論は精神現象の面からみた民族誌であり、ネパール人の心の世界を探る試みである。

調査地域は、おもにネパール王国西北部の山岳地方であり、私たちは、ネパール西南部のスルケットから北上して西北部の中国々境に近いダウラギリ地方ドルポ地区のチベット人部落ポンモまでトレッキングを行った。トレッキング前半は古いマルラ王朝の遺跡を留める王の道に沿って、ヒンドゥー教系ネパール人の社会を通過しながら、チベット人部落を求めて北上した。すなわち私たちの調査はトレッキング中のカースト社会をなすヒンドゥー教系ネパール人の調査と、定住地における白ボン教徒チベット人の調査の二部に分かれる。前者はネパール前山山脈、中部平原、ヒマラヤ山岳地方の山間に狭い段段畑を作って耕作する農民（チェットリ、トクリ）およびその下位に位する諸カースト（タマン、スナル）および山岳部族（グルン等）を包括する。後者は、ラマ教化したチベットの土俗宗教白ポン教（White Bon）の信者の部落で、住民は農牧と交易で生活し、家族制生産様式の下にある。インドアーリア文化圏と中国チベット文化圏はC・レヴィ＝ストロースなどの社会人類学者によっていろいろの点で対照的であるとされているのであり、とくにボン教徒はチベット仏教（ラマ教）徒に比べてもより純チベット的であることが期待され、この地方はこの二大文化圏の接触点において、相互を比較検討しうるという便宜があるものと考えられた。

1　精液神経症とボキシー精神病

私たちは、ヒマラヤ前山山脈中のスルケットから北上し、ダイレクを通ってネパール西北部の一中心であるジュムラからカンジロバ・ヒマールの方向に入りこみ、ドルポ地方の境へと辿っていった。その間、スルケット、ダイレク、ジュムラ、リミ、ドゥネイの各所でキャンプ中と、目的地のポンモでの滞在中、薬を求めて集まってくる人たちを相手に診療を行った。日本人の医師が来たということは私たちの到着以前から、すでにクチコミで住民たちの間に伝わっていたらしく、診療を求めて集まってくる病者たちの数は多かった。病名はさまざまで医療の需要は非常に多く、それが満たされていない状況であった。身体的な疾患の面で特徴的なのは、結節性甲状腺腫が多いことであった。これは北のチベットから来る岩塩を使っていることからくるヨード欠乏によると思われる地方性甲状腺腫であって、地方名ではガウ（Gaw）と呼ばれて恐れられており、女性に多く、娘たちはおおむね思春期頃になると頸部が塁々と腫れてくるのが常のようであった。

精神医学の領域からみると、ヒンドゥー系ネパール人の社会では、調査対象の母集団はトレッキング中に集まってきた患者たちであり、ポンモの社会では全村民を対象にしているという違いがあるが、調査例のうち精神神経疾患をもつものの統計は下の表に示した通りである。心の病いである精神病には、精神分裂病、躁うつ病および真性てんかんのような内因性精神病・中毒、感染・外傷などによる外因性精神病、および神経症や感応性・祈禱性精神病などの心因性のものの三つの範疇が含まれる。そのなかでも内因性精神病は民族を問わず、ほぼ同頻度に見られるのが知られた事実である。ただその出てくるかたち（病態）が文化や風土によって顕著に左右されること、精神病や、病者が社会のなかで占める価値や役割り自体が文化によって強い影響を受けるのであり、例えば産業社会では適応不可能者として閉め出されるような精神障害者も、より未開の社会では、神の言葉を語る者として体制の中に組みこまれることなどが、最近、比較精神医学と呼ばれる方法によって明らかにされてきている。一般に人間が心の病になるということは一

精神疾患の例数

病名＼調査地	スルケット	ダイレク	ジュムラ	リミ	ドゥナイ	ポンモ	計
癲癇	6		1		1	1	9
精神分裂病		3					3
心因性精神病		1				2	3
神経症群	8	6	6	3	5	3	31
嗜癖・中毒	1						1
精神薄弱		1		3		16	20
計：実数／母集団	15／150	11／81	7／151	6／47	6／174	22／107	67

結節性甲状腺腫

つの限界状況に立ち至るということを意味しており、この際に人間の持っている本来的な性情が露呈されると考えられている。従ってある民族、ある人間集団の精神障害の病態を研究することは、その民族、人間集団に属する人たちの心性をその限界状況において観察するという側面をもつと考えられる。

ヒンドゥー系ネパール人のあいだには、神経症の病態に関してかなり特徴的な事実が認められた。神経症（ノイローゼ）は精神的な苦悩・負荷・葛藤のような心理的な理由によってひきおこされる病いであるが、ヒンドゥー教徒の間で見られた特徴的な病態のひとつは、いわば「精液喪失神経症」ともいうべきもので、夢精、あるいは性交によって身体から精液が失われ、そのために身体が衰弱することを訴えるもので、トレッキングの全行程を通して見られた。これは比較的高カーストの、どちらかというと若いインテリの間に多いようであって、彼らはいわゆる“night fall”（逢う魔が時）というやつで体が弱るという訴え方をするのである。これはヒンドゥー教徒一般にみられる精液を尊重し、生殖を非常に大事にする考え方からきているのではないかと思われた。この考え方は、従ってこの病態はヒンドゥー文化圏全体を通じて見られるのであり、インド本国でのこのような症例についてはカーステャーズ（G. M. Carstairs）がジルヤン・ニューロシス（Jiryan-neurosis）として報告しているところ

心因性疾患の分類

心気神経症	17
精液喪失神経症（“Jiryan Neurosis”）	5
球状物移動神経症（“Boll-Moving” Neurosis）	6
精液喪失神経症＋魔女病	1
その他	5
心身症（PSD）	2
精神神経症	2
神経性不眠	3
抑うつ反応	1
分裂病様のつきもの妄想症	1

てんかんの分類

大発作型	8
前兆（Aura）を伴う	2
性格異状を伴う	4
大発作＋精神運動発作	1
偏頭痛発作	3
神経変性疾患＋発作	1

である。カトマンズ盆地の、かの古い宗教都市であるパタンは、ヒンドゥー教および仏教の堂塔伽藍から成り立っているような都市だが、ヒンドゥー教の寺院の煉瓦造りの五重の塔の軒には、同性愛・加虐愛・嗜虐愛・二重性交・獣姦などほとんど全ての性的倒錯の諸様態を示す精緻な彫刻が見られる。ヒンドゥー教の宗教的象徴は真赤に塗られたハヌマン（猿神）の像にしても、随所にあるリンガおよびヨニ（性器の象徴）にしても、あるいは象面人身の神（ガネシュ）にしても非常に生殖の象徴との関係が深いのであり、このようなインド大陸の大地から生みだされた思想が、ヒンドゥー教徒の心性に精液喪失神経症という病態を通して反映しているように思われた。

神経症の第二の病態は、低カーストの貧しい女性たちの間で訴えられることの多かった、腹の中から胸にかけて球のようなものが動き廻るという愁訴である。これは、彼女らの間に多い回虫症や条虫症の症状に重なって起きてくる心身症であると思われる場合もあったが、欧米人や日本人にもあるヒステリー球という症状に似ており、その発病契機や心因をたどってみると、万国共通の「女の苦労」というものが契機になっているように思われた。標高差一〇〇〇ｍに近いヒマラヤの斜面を跣足で水瓶を背負って昇り降りする女たちの苦労、夫に捨てられた妻の怒りと悲しみ、シッキムからヒマラヤの山地伝いにネパールのタライ（南部平原）まで息子と共に流れて来ながら、先祖の地を捨ててから一日として碌な日はないと嘆く中年の女の懐郷などが、彼女たちの胸と腹のなかに動きまわる苦労の塊りを生みだしたのではなかったか。

さて、宗教病理学的な側面からみると、ネパールにおいては、いわゆるボキシー（魔女）信仰が現代においてもまだ生きており、それはカトマンズ盆地の知識階級の間にもまだ生きている。（もっとも、この点については、ネパールの知識人や学生はこれを随分気にして、隠そうともしているようである。われわれがカトマンズ滞在中、現地の英字紙「ライジング・ネパール」には、「悪魔に憑かれた女が街を走っているのは国辱である」という投書が載せられていた）。

このボキシー・アエゴ（Boxy-aëgo）、悪魔つきについては、ネパール唯一の精神科医、N・K・シャルマ博士（N. K. Sharma）も記述しているが、われわれの所見によると、それは身体疾患や精神病の症状に対する迷信的解釈として、あるいは精神病、とくに分裂病や癲癇の病態としてもあらわれるが、もっとも典型的なのは、人格変換をともなうヒステリー反応としてのボキシー精神病である。典型的な事例は例えば次のようなものである。

若くて美人の金持の館の若妻のところに、みすぼらしい老婆が訪ねてくる。そして「奥さん、粉を一ダルニばかり恵んではくださるまいか」と頼むのを断わると、その時は変な目をして睨むだけでブツブツいいながら帰る。まもなく若妻が妊娠したりすると、突然人格変換を起こし、ボキシーとして喚いたり、

魔女病（Bokishi-aëgo）の事例

事例番号	性	年齢	臨床診断	場所	症状
1	♀	38	神経症	カトマンズ	入眠時幻覚→吸血鬼妄想
2	♀	40	迷信（ヒステリア？）	〃	吸血鬼妄想
3	♂	22	分裂病	〃	分裂性症状の妄想的解釈
4	♂	22	心因性反応	ティブリコット	入眠時幻覚→サックブス（性的夢魔）妄想精液喪失神経症

叫んだり、粉を要求するというもので、わが国の狐つきの症状に類似する。この場合には、持たない者の持てる者に対する嫉妬と、持つ者のそれに対する反動形成的な不安とが根底にあるだろう。さらに一般的な例として、ある高級官吏の夫人は、この頃自分の身体が弱ってきたのは、吸血鬼のようなボキシーが夜、睡っている間に自分の身体にとりついて血を吸うのだ、その証拠にここに青アザが出来ていると真顔で述べていた。

さらにこのボキシー伝説と前述の精液喪失神経症とが結びついた事例も認められる。これは、ジュムラからさらに山奥に入り、ヒンドゥー文化圏の北限に近い峡谷のティブリコットで越年した晩、訪ねて来た小学校教師から、蠟燭の炎の下で聞いた話である。

彼は、ポカラのカレッジを卒業して地の果てのようなティブリコットに派遣させられた。赴任して半年位してから、夜な夜な白衣の女が彼の寝床に訪ねて来るようになった。彼女は毎夜、彼の精液を吸い取っていき、彼は日に日に衰弱する。彼女はボキシーにちがいない。しかし彼は昼間は何ともなく、教員としての勤務に支障はない。

このような症例は、トレッキング中各地で聞いたネパール僻地における官吏や教師たちの状況を浮き彫りにして見せてくれる。これはネパールの現在の政情とも関連するのだが、現在のネパールではマヘンドラ国王が指揮する国の開発・農地改革・近代化の路線がインド・中国・米国・ソ連の四国の勢力均衡の上に綱わたりする形で推し進められており、その開発の一つの軸になっているのが『ガオン―ハルカ（帰村運動）』である。これは知識人がカトマンズ盆地に集中するのを排し、彼らを農村に送りこんで農村の開発と生産力の向上を進めようとする国民運動で、国王のラインによる運動として、医師も、教員も一度は僻地行きの義務があるという建前になっている。しかし、一口に僻地といっても、わが国の日に二度位はバスの便もあろうという〝僻地〟とは訳がちがう。自動車があるわけではなく、めったに馬の通る路もない。ポーターを連れて教師も官吏もただ歩いて行く他はないのであり、途中の峠越えや谷沿いの崖縁の道は、彼らにとっても文字通り命がけであり、この道で旅人が何人死んだということはよく耳にする。国のまほろばであるカトマンズ盆地と地方、とくに山岳地方との格差は非常に大きく、地方まわりの辛さは想像に余りがある。
国王の指導の下に国の統一と開発が叫ばれてはいても、ネパール西北部山岳地帯は今なお、おそろしい孤絶のなかにあるのだった。

2 ダミ・ジャンクリ・プジャリ

孤絶のヒマラヤ山岳地帯（Hill side）に分け入るべく、南部から、マハーバーラタ（大岩壁）山脈を始めとする山なみの幾つかを越えて行くと、峠や、山頂にはデウタと呼ばれる、木に注連縄のような紅白の布を裂いたものを結びつけたものがあり、あるいは石が積んであり、またはデウタコ・ターンという小祠のごときものを認めることができた。トレッキング途中最大の難所であったマハブーの岩壁をよじ登ると、白愷々とした北斜面の深い積雪の中に、山岳宗教の霊場を思わせる積み石と小祠が埋もれていた。これはいわば日本の修験道にも似て、山岳信仰と山頂に神がいるという観念からきているもののようである。山頂のデウタコ・ターンには毎年夏になると現地ではジャンクリ（Jankri）と呼ばれるシャーマン、ダミ（Dhami）と呼ばれる呪医が集まって祭りが行われる。ネパール西北部山岳地方における主要信仰形態は、一種のシャマニズムに基づくジャンクリズム（Jankrism）とよばれる土俗的宗教である。従来の記述によると、ヒンドゥー教とは別の、ヒマラヤ山岳部族の信仰であるとされているが、現在の西ネパールにおけるあり方からすれば、ヒンドゥー教がシャマニズム化した、あるいは土俗信仰がヒンドゥーの教義をとり入れたといった形で、ヒンドゥーイズムのヒマラヤ的存在形態としてのジャンクリズムが存在するといってよい。

ジャンクリズムの担い手（司祭者）はプジャリ（Pujali）、ダミおよびジャンクリの三者である。このうちプジャリは村の小祠の管理者であり、大体世襲か、村の長老の指名によるものである。ネパール西北部では、プジャリの出自カーストは必ずしもブラーマンとは限らず、その部落の支配的カースト（例えばチェットリ等）から出る。その職責は小祠の維持と、村の毎年の祭の司祭で、最も体制内的な信仰の担い手である。私たちの面接したプジャリたちはいずれも比較的現実的な、堅実な人柄のようであった。彼らのところには、神は直接姿をあらわすことはない。ジャンクリは一定の師をもち、一定の過程を修業してなる一種のシャーマンであり、集団を作っている。精神医学的にもっとも興味のあるのはダミ（Dhami・Doctor magician 呪医）であって、多くは一回的な、突発的な回心を機縁にしてなるものであり、一定の師弟関係はなく、カーストを問わない。たいていの場合、特別の機縁によって神がかりの状態になり、幻覚を見、それを機会に呪医となり、呪術による病気治しを試みるのである。

スルケットで観察したある事例（事例1）では癲癇発作を機縁にダミとなっている。

＊事例1　ボリ・シン　四〇歳、男性。一六歳の時、てんかん大発作があり、呪医のところに連れられていったら、「それは神様が憑いたのだからお前もダミになれ」といわれて呪医となる。患者に呼ばれて、神を呼んで祈禱すると神が現れ、神が体の中に入ってくる。神はコマル・ジェーシ神で舞踏の神なので、自分も踊ったり舞ったりする。今でもとくに夜間けいれん発作があるがその時にはかえって神は遠くに去ってしまう。

リミで観察した別の事例（事例2）は、マラリアによる熱性せん妄を機会にダミとなっている。

＊事例2　パラディバ・シャイ、四〇歳、男性（カースト・トクリ、職業・農民）。五年前、マラリアに罹患、発熱時に白衣の神が見え、それ以来ダミとなった。神に祈ると神が来て、依頼人の病気の原因を教えてくれる。神が来ると自分がなくなって神は自分になる。神はマハ・バイー神とジャガノート神であり、自分がはじめ病気になったのはジャガノート神のせいである。

別の事例では、妻に死別した後の孤独な状況における心因反応とみられる例もあった。とにかく、いったんそうして神を見たものには、その後、降霊者としての使命が与えられるのであり、彼らにとって医術とは神を呼び下すことであって、ダミでは個人的体験としてのエクスターゼと憑霊とがその職業の成立条件となる。

帰途、私と同行したパンチャヤット（地方議会）議長が雇ったポーターの一人は、仲間のポーターの足の病気（膿瘍）を機会に呪医に豹変した。夕刻、重く垂れた菩提樹の気根の下に神の座が設けられ、そこは空席になって反対側に病人が寝かされる。呪医は片側に座し、歌うように呪文を唱えだし、次第に体を振わせ、最高潮に達すると神の座に飛び移る。マハー・デヴィ神の降臨である。人格変換を来したダミは、神として語り、予言し、命令し、焚火で赤く焼けた焼き鏝を自分の足に押しあて、これを患者の患部に当てる。彼が神として語っている間、彼の雇主である地方議会議長氏らも彼に拝跪し、いくらかの米や貨幣を捧げて予言を乞う。この地位の逆転は神が去り、彼がもとの人格に帰るともとに戻るのである。

シャーマンや呪医を極地性ヒステリアとしたチャップリカ（Czaplica）の見解には批判が多いが、私たちの観察した事例からいえば、精神障害というものの意義自体が、われわれの社会とネパール山間部のようなところでは異なるのであり、後者では、それが共同社会の文化的体系のなかに有用なものとして、組み入れられていることがわかる。

以上のように、ヒンドゥー系ネパール人の心の病気を通して見た彼らの心性には、二つの特徴、すなわち性の象徴の豊かさにつながる繁殖の重視と、他方では宗教的・神秘的なものへの志向が認められる。礼儀正しく、柔和で、小腰をかがめてちょっと手を合わせて挨拶するヒンドゥー系ネパールの人たちは、ひとくちでいうと、信心深い農民たちなのである。

3　宗教都市・ポンモ

四〇日を越える長いトレッキングを続けて、私たちが行きついたチベット人部落のポンモは、山間の小村である。ここはフォクスンドゥという湖の近くで、リンモとポンモという二つの部落が姉妹のように存在し、ツオ・ポンモと総称される。切り立ったV字型の深い河谷の底のわずかな平地に村が作られ、そこを中心としていくつかの小さな出村があり、季節によって牧草を追って出村に移住していくのである。出村のひとつにゴンパの谷と呼ばれる谷があり、そこには寺院があり、大ラマがいる。彼はこの地方のボン教の大祭司である。チベット人が仏教伝来以前から持ちつづけていた原始宗教が、チベット仏教（Lamaism）の教義や教典を取り入れて体制化した白ボン教（White Bon）を、全村民が信仰しているこの村はこの付近では権威の高い宗教都市ということができ、大ラマのリンブルツェ・ラマは西ネパールのボン教徒のあいだで大僧正として崇拝されている。彼は絶大な権威をもって村に君臨しており、寺（ゴンパ）は村民の教育機関を兼ねている。

教団組織をもたない宗教であるヒンドゥー教徒の場合、誰でも自分免許でダミになることが出来るが、ボン教徒の場合は、ある家筋の者が修業を積み、経を読んで奥義をきわめて大ラマになる。村民たちの間でも、ちょっと気の利いた男の子は小坊主として寺に入り、経文を主とする読み書きを習って、タワ（Tawa　僧侶有資格者）となる。一二名のタワたちは村の中堅指導層を形成する。彼らの経典とするカンギュル・タンギュル（チベット大蔵経）は、宗教・法律・医学・天文・農事のすべてにわたる百科全書で、彼らは事あるごとに、「本と相談して」ことを決める。この点は有文字文化としてのチベット文化圏の特徴を思わせた。ヒンドゥーの場合、ダミ、ジャンクリなどは神を見るのだが、チベット人の場合、神を直接に見ることのできるとするのは大ラマだけで、俗人は神を見ることはない。神を見る権利はラマに委譲してあるわけで、先代の大ラマは空中飛行の術を心得ていたそうであるし、当代のリンブルツェも白く輝くヒマラヤの峰の朝の光の中に神を見ることも、夕闇の迫る村の中を徘徊する死霊（ネルパ　Nerpa）を見ることもできるというのだった。彼は祭司でもあり医師でもあり、さらに未開な魔術師の役割をも持っている。彼は雨乞い、治病、除虫の呪いの他、黒魔術（ブラック・マジック）の注文にも応じる。人を呪殺したい者はラマに百ルピーを献じればよい。大ラマはタク・ラという経文を唱えながらタク・ラの神に祈り、紙の人形を弓で射る。射られた人形の主は間もなく病み、やがて死ぬであろう。

祈禱を頼む資力のない者は自らその不幸を背負わねばならない。隣村のリンモから流れて来て、戸毎に麦粉（ツァンパ）や濁酒（チャン）を乞うて歩いていた乞食（ロンゲン Rongen）がその例だ。数年前、おそらく関節ロイマチスムスによる四肢の疼痛のためラマに相談したところ、「お前は立木を伐り倒しただろう、樹木は竜（ルー）の髪であったぞ、竜が怒っているから呪法が必要じゃ」というのがリンブルツェの託宣だった。呪法を頼む金も麦粉もなかったので、放っておいたところ、彼の夢に毎夜、人面蛇身の竜が現れるようになった。竜は彼の体にとりつき、暴れるので痛くて働けない。そのために自分はますます貧乏になり、はてはロンゲンにまで落ちぶれた——という。

私はこの事例をラマの暗示による心因性精神病であると考えた。住民の精神障害には、この他、癲癇を起こしては死の幻影におびえている老婆、失火から抑うつ反応を起こした女、妻の浮気から不安神経症を起こした男など、集計して癲癇一、心因性精神病二、神経症群三および難聴（ラタ Rata）を伴う精神薄弱（ニョムパ Nyom-pa）など一六例が見られた。ニョムパはこの村民の婚姻規制である非定型交叉イトコ婚と関係していると推定された。心因性精神病、神経症の発病機制は了解しえた限りでは文明人のものと多く異ならない。なおチベット人ボン教徒の、精神障害の概念はこれを、「熱が出たり悪いものを食べたり頭を打ったりして気が変になるもの」（ソクルン・ニョンパ sokurun-Nyompa）、「余り心配して、あるいは腹を立て逆上して元に戻らないもの」（タクルン・ニョンパ Takurum-Nyompa）および「生まれつき馬鹿のもの」（ただのニョンパ Nyompa）に三大別するものであり、この概念は、現代の精神医学における精神病の原因の三つの範疇——外因、心因および内因——にそれぞれほぼ対応するのは興味ある事実である。

4　心理テストの示したもの

ネパールの人たちの気持ちを知り、心の世界に接近する補助手段としてロールシャッハ・テスト、ベンダー・ゲシュタルトテスト、HTPなどを含む臨床心理テストを実施した。これらは民族学・社会人類学的研究と、精神医学・心理学的方法との以前からの境界領域をなしており、ロールシャッハ・テストは人類学的調査においてよく用いられる手段の一つである。

ロールシャッハ・テストは一〇枚のインクの汚点から成る図版を被験者に見せ、それが何に見えるかを答えさせ、その答を分析して被験者の心性を知ろうとするテストで、今回の調査では、シェルパの通訳を介して、英語⇅ネパール語、英語⇅チベット語を通して行われた。験者のさまざまなグループに施行して

ロールシャッハ・テストによる比較（平均）

事例	ヒンドゥー（ネパール人）		ポンモ（チベット人）		
	ダミ（呪医）	プジャリ（祭司）	タワ（僧）	俗人男性	女性
Nr.	6	2	10	12	12
W	7.1	6.5	5.9	6.0	5.6
D	6.6	6.5	10.5	9.1	7.1
S	1.1	0.5	0.1	0.7	0.3
M	3.3	1.5	1.6	1.3	1.3
FM	1.7	2.0	4.1	2.5	1.7
FC	1.5	1.5	5.4	2.3	0.9
CF	0.5	0.5	2.1	1.9	1.1
A	5.0	6.5	5.8	6.2	5.0
(H)	2.5	0.5	0.7	0.3	0.1
Arch	1.8	3.5	0.5	0.6	0.8
Na	0.7	0.5	3.5	2.6	1.7
TOTAL R.	17.0	16.5	19.1	16.8	13.8
Relig.	4.7	2.5	2.0	1.0	0.7

得た結果は表示した通りであって、前述の呪医（ダミ）の平均プロトコルを見ると、反応の数Rがかなり多く、人間の運動M、とくに神様が出てきて動くという宗教的な架空人物反応（H）の多いのが特徴であるが、同じ土俗的ヒンドゥー教の担い手でも、祭司（プジャリ）たちの反応は、同じ宗教的な反応も、寺とか塔のような建築物の形Fとして出てきて、神様としては出てこない。この反応の違いを心理学的に解釈してみるなら、ダミは内向的な心の持主で、自分の幻想のなかで神と出会う人たちであり、プジャリは現実的で、その信仰も世俗的・共同体的な色彩の強いことが反映されているといえる。

一方ポンモ村民の中では、タワたちの反応は、俗人の男女より知能の高い、体験の豊かなことを暗示している。一般にチベット人の反応は、タワのそれを含めて彼らが現実的な心性の持主であることを示す。ロールシャッハ・テストの内容分析では、チベット人男性群はほぼ一様に、図版の中に湖・雪山・赤土・緑の土地・崖などの自然Naが出現頻度の高い反応を見る。湖の中には魚がいる。彼らはまったく魚は食べず、漁業の習慣もないのだが、彼らは空と谷と魚のいる湖のある世界を図版の中に見る。これは何故であろうか。ポンモの風土は急激に落ちこむヒマラヤの谷、そこにそそり立つ岩山、その上の抜けるような青い空、さらに北には雪山がそびえ立っている楔形に切れこんだ世界である。谷底を流れている川は湖に通じる。彼らが図版の中に見たものは彼らの住んでいる風土の投影であるが、それは同時に彼らの世界観の投影でもあった。彼らの神話的世界観によると、空と雪山は天上の極楽（スンジュウ・スクスム Sunju-Suksum）であり、大地と土のある村は中間の地上界で、湖底には冥界が想定されており、ここには魔王（シダック Sidak）が一家眷族を率いている。湖の中心に一本の樹（いわゆる世界樹）があり、それが天上―地上―冥界を貫いており、それを伝わって神が天上―地上―冥界を往来する。私たちの患者である男に湖（ツォ＝フォクスンドゥ・レーク）の絵を描いてみてくれと依頼したところ彼は、湖の中に魔王シダックとその眷族の姿を描き加えた。人は死ぬとシダックが湖底につれて行って皮を剝いでしまうのであり、この人の皮はミ・パと呼ばれ魔王一族の養分となる。湖の眷族としてはさらに竜（ルー Luh）や蛙や魚がいる。湖の中は彼らの地獄の世界、死後の世界なのであって、地獄から地上界を経て天上界にいたる垂直構造が、急峻な楔形の谷間の生活空間と重なり合う形で想定されている。川喜田二郎教授は、チベット人の思考を垂直志向的、かつ現実的の二面がみられると指摘しているが、心理テストの結果は、たしかにこれを

ポンモの村人が描いた生活の領域①

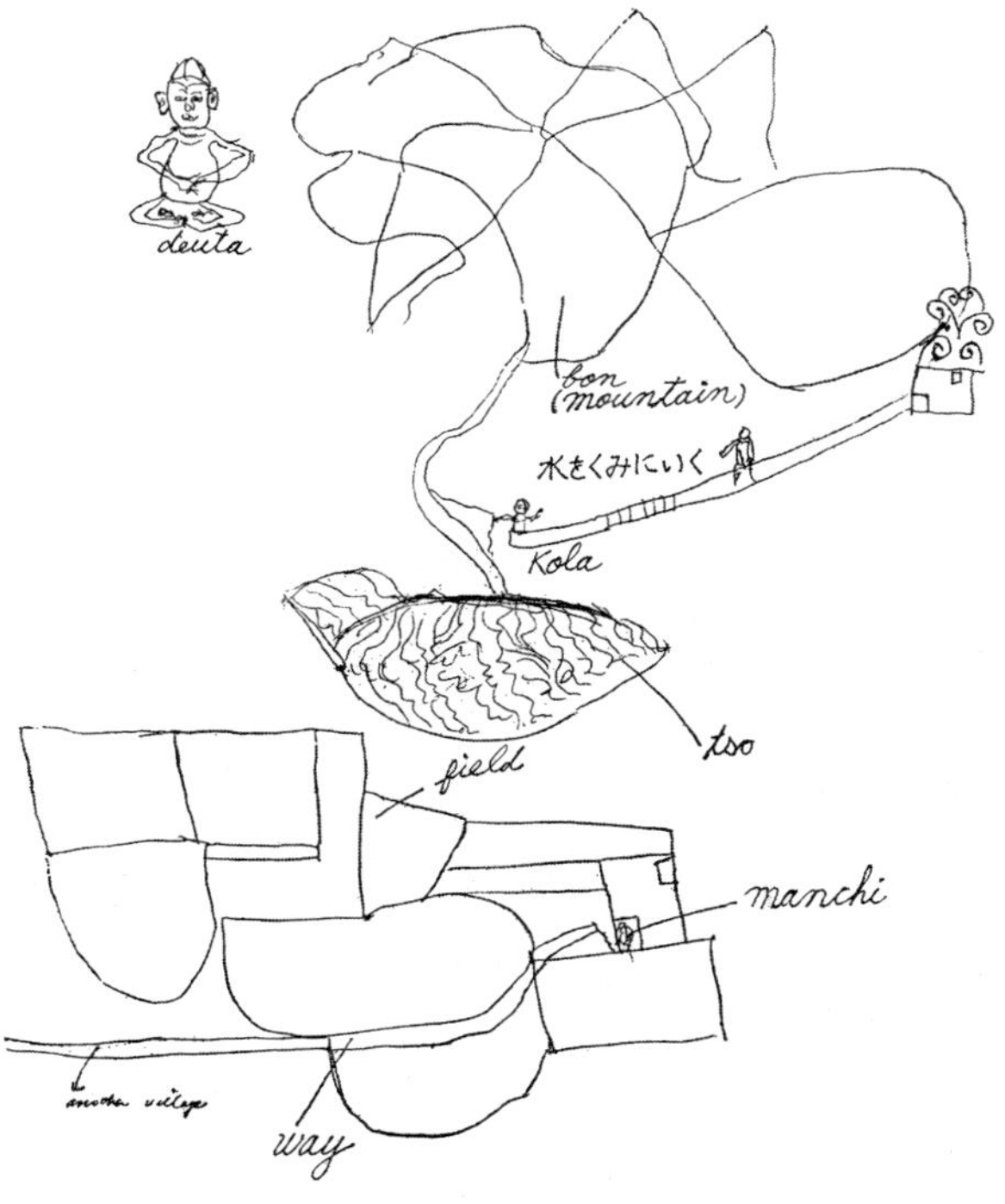

ポンモの村人が描いた生活の領域②

裏づけているようである。

さらに村人は、宗教的戒律と経済的理由とから、建前上、ほとんど肉食はしないが、彼らのロールシャッハ反応の中には、「血まみれの肉」「肉塊をつつく虫」などの彼らの古い遊牧民としての生活の痕跡を示す反応が多く認められた。

しかしその一方、てんかん病質者と思われる反応を示したがっちりした体格の大男は、「俺が怒りっぽくて、くどくって、酒癖がわるいなんてどうして分かるんだ。ラマみたいだな」と、たまげてみせた。彼の母親はてんかんの発作をもっていた。彼らのなかでも、太り型の男たちの多い一家は陽気で現実的で商才にたけた人たちであり、やせ型の神経質な人たちの多い一家は、宗教的で、理想を追ってラサからポンモに、さらにカトマンズへと放浪をつづける青年たちを生み出した一家でもあった。E・クレッチマーのいう「体型と性格」との関連性、それと心理テストとの相関——彼らの内部でのそういう型の分かれ方は概ねわれわれの場合とと大きなちがいはない。これらの事実は、数十代にわたる生活様式の人間心性の構造の内部への浸透力とともに、文化のあまりにも大きな違いを超えて働く生物としてのヒトの法則性を、うかがわせるものではなかろうか。

5 罰金と地獄ゆき ——犯罪と犯罪観——

社会調査における精神医学の領域の一つに犯罪、自殺その他の社会病理がある。ネパール全体の犯罪の傾向は別表の通りである。これはネパール王国警察本部の作成によるものであり、犯罪件数は一般に少なく、柔和で素朴なネパール人には凶悪犯罪は一般に稀であるといえ、最近外人のヒッピーなどが流入するカトマンズ盆地では青少年の非行化が警戒されており、南部タライ地方のインド国境付近のジャングルに強盗団が出没する位が問題であり、一般に治安はよく維持されている。しかしこの犯罪統計には、おそらく僻地のパンチャヤット(自治体)限りで処分された窃盗程度の軽微な財産犯等は含まれないと見てよい。犯罪統計で注目すべきことは、牛を殺すと七年以上二〇年以下の懲役という重罪に問われることであり、これは普通の殺人と同じである。一般に牛殺しは重い量刑を科せられる傾向がある。殺人には被害者の側に問題のある場合も多く、私がカトマンズ盆地パタン刑務所で面接した殺人犯は、酔払いのような村落共同体にとって都合の悪い相手を制裁して死に至らしめた例や、逃げた妻を殺害した例などであり、例外としてインド国境付近で〃悪いインド人に示唆されて〃強盗殺人を犯した元レスラーがあっただけである。これに対し牛殺しは牛が悪いことはありえないというのである。ヒンドゥー教の牛神聖視の思想が現行刑法の中にも生きているわけである

ポンモでは、とくに犯罪に対する観念、罪悪観等の聴き取りを行った。「あなたの考えでは、この世で一番悪いことは何か」

という質問に対する最も頻度の高い答えは「人のものを盗むこと」である。ある家が廃屋になっていた。それはその家の主人が盗みを働いたので、一家は村から追放され、その家が空き家になった。窃盗犯などの軽い刑法犯は、今のところ村落共同体の中で制裁が行われているようだ。

彼らの考え方によると、悪事には二系列があり、ひとつは〝地獄行き（ディクパ・ヨギ・レ Dikpa Yogi re）〟であり、もう一方は、〝罰金（シャザイ Shazay）もの〟だという。この両者は、重なる場合も、そうでない場合もありうる。具体例をあげれば、最も大罪は殺人と動物殺しで、次いで窃盗、金を詐取すること、勝手に木を切り倒すと〝罰金〟と同時に〝地獄行き〟でもある。結婚詐欺や、一方的な離婚は罰金であり、地獄行きの系列に入るのは、やたらに草を刈ること、大根を食べること（大根の葉を食べるのは当然であっても根まで食べるのは残酷）、やたらに鉄器を使って土を掘り返すこともちょっとした罪である。しかし、こういうことをしなければ生活が成り立たないので、罪ではあるがお題目（オム・マトレ・ムエ・サレ・ドゥ）を唱えればよい。樹木を伐り倒すことも見付からなければＯＫとするのである。罰金（シャザイ）の例には、村の相談が整わない前に抜けがけの蒔種をすること（この場合パルダンが罰金を徴集）。寺院（ゴンパ）の谷か、あるいはタワになる修業の年季の終わらない間に帰村した場合、あるいはラマが村に来ている時に酔って騒がし、喧嘩した場合（この際はラマが徴集）などがある。以上のように、自然犯罪と共同体規制、宗教的規則が絡みあっているが、その実際の現れ方はなお複雑である。

村に家畜の去勢師が一人いる。彼は軽い精神薄弱である。去勢しない雄の牛、ヤク、ゾーは乱暴で危険であり、誰かがしなければならない仕事だが、家畜を去勢することも多少罪悪なので、この男が引き受けていることについて、他の村民は〝馬鹿には地獄はない〟と評している。

このように、本当の罪と罰金で済む罪、お題目で済む罪を区別し、あるいは〝馬鹿には地獄はない〟として共同体的なタブーや宗教的規範からの脱け道を作っているチベット人の現実感覚は、彼らの農牧と交易、とくに商業活動から生み出されたものかも知れない。

ネパールにおける犯罪統計（全国）

	1966	1967
持凶器強盗	21	27
殺人	105	116
窃盗	1120	1018
堕胎	31	36
自殺	116	121
牛殺し	17	33
強姦	36	47
強盗	197	176
傷害・殺人未遂	2023	2022
偽造	9	6
賭博	28	18
放火	71	56
詐欺	146	164

なお、性的な規範では近親相姦と獣姦の禁忌は強いが、同性愛の禁忌は強くない。かつてこの部落で、ある精神薄弱者が獣姦の現場をみつかり、村民の決議で頭皮に蜜柑の皮を剝ぐような切れ目を入れられて村から追放されたことがあるという。

6　夢の語るもの　―夢採集の結果―

住民の心性、とくにその幻想と無意識の面を探るために、調査地の村民に昨夜どういう夢を見たか、それは何を意味するのかをできるだけ聞きまわり、計八二の夢の例を採集した。従来人類学の調査の際には、これに似た目的で使われていたのは神話の採集と分析であって、C・レヴィ＝ストロースは、エジプト神話やブラジル原住民の神話の構造分析を行い、それが比較的単純なモデルに還元しうること、親族構造と一定の対応関係をもつことを証明した。私たちの調査では、神話の調査は同行した社会人類学者があたったので、データの混乱を避ける意味で精神科医である私は神話・世界観の採集は最小限に止め、それに代わるものとして夢採集に専念した。住民の夢の類型は別表に掲げた通りであるが、彼らの夢の特徴は、それが記号的な意味をもっており、正・負の価値の体系が非常に明瞭なことである。色彩では白い夢、青い夢はよい夢、黒い夢、赤い夢は悪い夢である。雪の山を登って行き頂上に達すると頂上には青い空が広がっているというのはまず最上の夢であって、木に白い花が咲き、実がなっている。それを木に登って採り、やって来たラマに捧げる、というのもよい夢である。黒い夜に黒衣の、あるいは赤い着物を着た人がやってくる、これは悪夢であって死を意味するという。夢の中でどんどん歩いて目的地に着ければよいが着けなければ凶夢である。雪崩の夢は最悪でこれは村が災難にあう前兆である。雪崩のように上から下に落ちるものは悪く上昇の夢はよい。

夢は概ね幾つかのパターンに属し、善悪、生死の二元的な価

ポンモ村民の夢の類型と構造

比較的頻度の多い夢の主要類型

(イ)	上昇・下降に関する夢	24	(29.2%)
	山登り	5	(6.0%)
	木登り	2	(2.4%)
	山崩れ	2	(2.4%)
	家崩れ	3	(3.6%)
	建　築	2	(2.4%)
	飛　翔	2	(2.4%)
	その他	8	(9.7%)
(ロ)	成功・不成功に関する夢	18	(21.9%)
	旅行（橋・山・広野・川・湖）	13	(15.8%)
	訴　訟	1	(1.2%)
	金　銭	1	(1.2%)
	争　闘	3	(3.6%)
(ハ)	色彩に関する夢	14	(17.0%)
	白	6	(7.3%)
	赤	3	(3.6%)
	黒	3	(3.6%)
	緑	2	(2.4%)
(ニ)	神様に関する夢	6	(7.3%)
(ホ)	ラマに関する夢	6	(7.3%)
(ヘ)	死人に関する夢	6	(7.3%)
(ト)	飲酒に関する夢	5	(6.0%)
(チ)	性交に関する夢	3	(3.6%)
	計……………………………………82 (100%)		

値基準がある。彼らの夢は現実の世界と画然と分離された世界の事柄ではなく、彼らが夢の中で性交をすれば、それは現実の性交とその意味は何ら変わりなく、また夢の中で相手と闘争して勝てば相手が、負ければ自分が病気になるのであり、さらに竜が夢に出てきて苦しめられた男は、だんだん落ちぶれて乞食になってしまう、というように現実と相互浸透関係をもつ。

ここで主題の問題に立ちもどって考えるなら、ポンモ住民の夢の構造は、図示したような二元論的に構成された彼らの価値体系と世界観の表現であるとして分析しうる。

例（a）性交の夢は吉でも凶でもない。知った女とするのは悪く、知らない女とするのが吉。

例（b）新しい着物を着ていく夢は悪い、間もなく死ぬ。

例（c）火の夢は一般に吉、燃え上がればよく、消えれば悪い。

例（d）鳥の夢は良い、野菜の出てくる夢は悪い、なぜだかは知らない。

これを、ある具体的状況に即して、ある特定のインフォーマントの心理状態と関連させて分析してみると、次のようになる。

例（e）クサン・ハムー、六五歳、女性、自宅が失火で半焼し、穀物などの貯えを焼失、それを苦にして元気がなくなり、胸さわぎがして眠れなくなり、反応性うつ状態におちいった。その状態での夢。〔傍線（＋）は夢における正の価値を（－）は負の価値を表現〕

①「羊毛が夢に出た。間もなく病気になった」。

②「雪崩で家の崩れかかる夢を見た」。

例（f）ニマ・ラマ、二一歳、男性、大ラマの甥、太った調子の高い男、この当時少し機嫌が良すぎ、この夢を見てしばらく後に調子に乗って騒いで大ラマに叱られて悄気《しょげ》返っていた。

③「寺に大勢人が集まって火を焚いて踊り、チャンを呑んで大騒ぎする」。

次は、やや複雑な状況にある男の夢。

例（g）ショナム・チュルディン〔彼はドクターにはゾー・ギャ

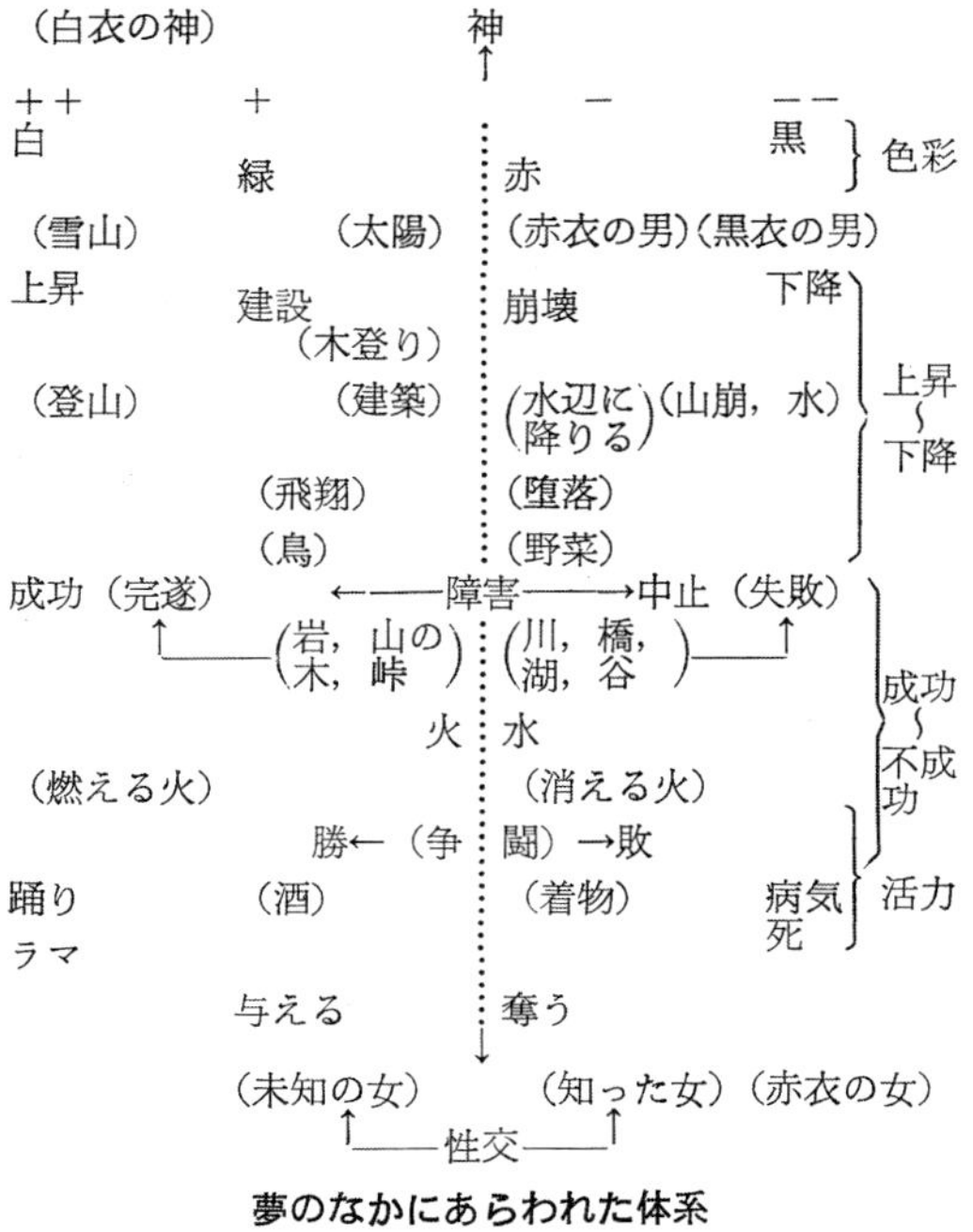

夢のなかにあらわれた体系

ルと名乗っている」、二四歳、男性、雪の山路で凍傷にかかり片足の蹠側四分の一位におよぶ壊死をおこした。たまたま私たちの加療で快方に赴きつつあった。

④「大きな湖があり、そこに降りて顔を洗う。村人が多数集まって踊る。自分も踊る。悪かった足はいつの間にか治っている」。

例（h）テンジン・バハドゥール、二八歳、男性、前の例（e）の息子。この家はもともと宗教的で、先代の当主の弟はカトマンズに行けば立派な寺があり、そこでたくさんの神に逢えるというので旅に出て客死している。彼の父親はチベットから高徳のボン教ラマを求めて放浪して現地におちつき、今の家には婿養子に入ったという。彼自身も神経質で内向的な方。この当時は妻との葛藤で神経症になっていた。

⑤「麦粉を練ってトルマをたくさん作る、リンブルツェが来たのでトルマを献上。そこにさらに高徳のラマが来て、リンブルツェは彼に拝脆する。

上述した夢①〜④はいずれもインフォーマント自身の心象風景、その不安、怖れ、願望などを反映しているように思われた。しかし夢⑤の場合は、夢が持つもう一つの重大な機能、つまり現実から離れて未来を期待し、ビジョンを描くという働きを持っているといえる。彼らの今のラマ体制よりもさらに高徳のラマを待ち望むような心は、ヒマラヤの空にかかる虹となって新しい社会への転化につながっていくのであろう。

おわりに ——人間が文化をつくり、文化が人間をつくる

以上の、いわば雑多な諸調査結果を通じて、それでもネパール山岳地方の人たちの心の世界がある程度透けて見えてきたようである。ヒンドゥー教系ネパール人の世界は、インド平原につながる農業と生殖を中心とした営みに重きを置く世界であり、南方のヒンドゥー教と北のジャンクリズムは手を携えて神秘と幻想と超越を求める志向を彼らの心の中に深く植えつけているようである。それに対し、ポンモのボン教徒たちは、現在はほとんど肉食をしない宗教的な人々でありながら、どこかに遊牧民族の心性を残している。彼らの心性は農牧と交易が教えた現実性によって支配されてもいるが、彼らの世界は横に広がる赤土の世界ではなく、縦に鋭く切れこむ垂直の構造をもった風土に規定されている。この垂直性と現実性の二面がポンモの人びとの心性の特徴であろう。

このように人間の心の世界は、風土・文化・宗教によって、厳しく規定されていながら、一方では、心の病をひきおこす状況は民族の差異を超えた人間的状況としてよく理解できる。それは、心理テストの結果等にもみられるような個人の素質の違いとその重大性とともに、生物としてのヒトのもつ、文化・民族を超えた共通決定性の重大さを示すもののようである。

一一—二　リミのプジャリ聞き書き

小田　晋

イルラ・エリ　男性　四四歳
カースト＝チェトリ・エリ　リミ村住

（1）**生活史**　リミ生まれ。両親もリミ産まれ。生時、父親四八歳。父は農民でプジャリ。
父の代はゾーが多数いた。母、弟三人、妻は二人いて、同居させている。第一妻に子供がいないので、第二妻をもらった。

五年前にプジャリになった。父親の死後一二年間、プジャリは他の人がしていたが、村人が父の後を継げというので、プジャリになった。農業と交易とプジャリをしている。

（2）**本人暦**　病歴：一年くらい前から涙鼻炎、眼に老人環、軽度の甲状線腫、胃病。一文不知。
ロールシャッハテスト→知能はかなり高い。興味の方向は、迷信的・宗教的伝統的。実行力も人情味もあるが、少し年ボケで常同的。

テストの内容→宗教的。デウタコ・ターンを見る。ヒンドゥー＋仏教の混合。

ラチェス（食人鬼）→精神医学的には正常人。エクスターゼ（一）

（3）司祭業務→プジャの前一五日間精進潔斎（塩断ち）する。祭の前二日はデウタコ・ターンで眠る。祭の日には村民がデウタコ・ターンに集まる。
特に信じている神→ティングリ・ボワニ（女神）→穀物の如く人間を作ったり出来る神。

「神様を見たことはない」という。世間が悪くなったので神は姿を現さなくなった。

病気治し→しない。

悪魔払い→しない。

疑問点→同胞数、プジャリ交替の原因、祭の日取りと方式、ボテとの関係（ボテが祭に関与するかどうか）。

二二　神と竜・罪と罰など
―罪悪感と倫理観―に関する聞書・覚書メモ

小田　晋・黒田信一郎
（黒田名表記以外は全て小田の記録）

〈ニマ・ラマ（No.5）による五つの大罪〉

①殺人
②金を借りて返さないこと
③他人の女房に手をだすこと
④ある男の姉妹を妻にし、それから気に入らないといって追い出すこと
⑤泥棒をすること

初めに聞いた時は②③④①の順であったが、問い直すと順序をこのように修正した。

〈ニマ・ラマによる三種の「地獄行き」リスト〉

①人・ヤク・牛・ゾーなどおよそ生けるものを殺すこと
②人の財物を窃取すること
③畑荒らし

「殺人と牛殺しとどちらが悪いか？」と聞くと、「その中では人殺しが最悪である」と答えた。

〈ショナム・ザンム（ショナム・チュルディン No.11）　地獄（ディク・パ）にはいろいろあること〉

地獄にはいろいろあり、大ディク・パに行くのは大罪である。

①大地獄行きの罪
イ　人を殺すのは大罪の最たるものである
ロ　動物殺し（ゾー・ヤク・羊……）なんでも悪い
ハ　キラという虫を殺すのも悪い
ニ　どんな樹木でも、樹木を伐るのは悪い
②小さな地獄行きの罪
A　たくさん辛い食べ物を食うこと
B　雨期に山でニンニクを食うこと
C　ムラ（蕪）の葉を食べた上に根まで食うこと
D　結婚して妊娠した女を追い出すこと
E　他人の妻の寝床に夜忍んでいくこと
F　あまり睡りすぎること
G　鉄器で土を掘り返し、畑の小さな雑草まですべて抜きとること

〈ショナム・ツェリン（シンソワ No.8）の家族による「地獄行き」リスト〉

①第一の罪は殺人
②第二は動物を殺すこと

③第三は緑の木を切り倒すこと
④第四は金を払って貰って粗悪な品（小麦・塩・羊毛・トウモロコシなど）を渡すこと
⑤チャンを飲んで金を払わないこと
⑥娘の嫌がる婿を押しつけること
自殺は罪かと聞いたら、自殺は自分でやることだから罪にはならないと答えた。

〈ショナム・ギャルボ（チュルディンの兄　No.11）によるシャザイの例〉

①村の共有畑の馬鈴薯をパルダンの許可なしに収穫すること
②ドゥネイの警察に引き渡されるのは
A　殺人　B　言い渡された罰金を払わない場合
その他の場合は、だいたいシャザイですむ
③失火の場合は燃え広がれば八〇ルピー、その他は二〇～三〇ルピー
④放火の場合は……今まで聞いたことがないので、判らない

〈ツェワン・ギャルボ（パルダン・No.7b）〉

シャザイはパルダンに払うものだけではなく、ラマに払うものもある
①ラマの所に修業に行き、途中で逃げ帰ったとき
②ラマが村に来た時、飲酒して闘争沙汰およんだとき
③ゴンパの谷に勝手に放牧し、またはここで一切の殺生をしたとき
④タワが子供をつくったとき

〈ツェワン・アンドゥイ（No.2b）本人が語る〉

去勢するのは罪かもしれない。だから俺は〃オム・マトレ・ムエ・サレ・ドゥ〃を唱えたり、マニ石を積んだりするヨ。お経は読まない、字を習っていないから読めない。他には、別にタック・ドゥックも供養もしない。

〈ショナム・ギャルボ（凍傷男　No.11）によるシャザイのリスト〉

①牛・ヤク・羊などを殺すことはない。しかし、たまたま石を投げたらあたって死んだというときのシャザイは、動物の年令によって違う
A　一年仔（ピユー）・二年仔（ドンブ）は一〇ルピー
B　三年仔（シェパー）は一二ルピー
C　四年以上（ヤク・ゾー）は二〇ルピー
②木を切り倒した時にはディクパ・ヨギ・レであるが、その上パルダンに見つかるとシャザイが重なる。シャザイを課されるの木は四種。テシン・ヘタン・ジュラ・シュクパで、シャザ

イは五ルピー

③嫌がる娘を脅して犯した場合のシャザイは一ルピー。その時暴力を用いると五ルピー

④無銭飲食は別に罪ではない。後で払えばよい。

⑤誘拐して身代金をとるということは聞いたことがない。

〈チェトン・ジャンピ（No.12b）による地獄行き〉

①生前神に祈らない者は、死ぬとシダックが湖底に連れて行く。

②やむを得ず木を切り倒した場合、パルダンが見ていればシャザイであり、見ていなければディクパ・ヨギ・レだが、その時は〝オム・マトレ〟でも称えればよい。四種の木を切って罰金を取られるようになったのは一〇～一二年位前からで、それはネパールの王様がパルダンにそうしろと言ったからだと思う。

③酒に酔っていつも喧嘩する男を〝チャン・ゼ・ミ〟という。何度もやれば罰金、ゴンパでやればラマ、村でやればパルダンがとる。それがひどくて村八分になった例はない。

〈ニマ・ラマ（No.13）によるディク・パの話〉

①年老いた肉親を十分に扶養せず、食物も充分に与えないのはとても大きなディク・パだ。

②それと同じほどなのは、盗み、虚言、詐欺などだ。

③これら以上の大罪は殺人だ。

＊〈ボキシーに関するメモ〉

・ボキシーには三種類ある。

①女がボキシーになったもの＝ペム：病気の原因だが、これはそれほど恐れるべきものではない。

②男がボキシーになったもの＝ソンリ・マ：手足胃にきて、体が弱くなり、咳が出て、衰弱し、死んでしまう。あたかも肺結核のような病気の原因となる。ポンモにはこういうボキシーはいない。ドルポの人がこのボキシーに憑りつかれる、という。おそらく結核の原因に関する呪術的説明と思われる。

③ガン・メ：これはたいていネパール人がなる。たいそう強烈なボキシーで、彼が怒って穀物を人に投げつけると、投げつけられた人は病気になる。また、怒って睨むと睨まれた者が病気になる。ニェム・パ（精神病）になると、グマ・パの働きで、身投げしたり、出奔して行方不明になったりする。ポンモでニェム・パの身投げは見たことはないが、トウ・パラ村で見た（と、答えるのを避けたようだ）。グマ・パになるのはたいていネパール人だからネパール人の村には狂人が多い。

〈ネルパ（＝精霊）について〉リンブルツェ聞書

私はネルパも見えるが他の者には見えない。自分だけが見え

る。

①人だったことがない神様のネルパ：神様がお怒りになると、ネルパになって出てこられる。山に居られ、明け方お祈りすると見える。白衣を着ておられる。これが出てこられるのは、例えば肉を火に燻べると、神はお怒りで、当人は病となる。そういうとき祈禱をすると、このネルパが見える。

②人間の死霊のネルパ：村の中に住んでいて、大方、夕闇に暗いところで見える。赤い着物を着ている。これがとり憑くと病気になる。そういう時、私がネルパを祈りだして、出て行くようにしてやると、ネルパは出て行く。

〈ネルパは人の居るところにいる〉モラム聞書

①ネルパは人と一緒にいるもので、人のいないところにはネルパはいない。

ヤクの去勢をする場所は人に見られない、人のいないところだが、そういった所にはネルパはいない。

②「去勢に行く時に、去勢人とヤクの持主とが付いて行くので、ネルパは彼等に付いてくるのではないか」と聞くと、「今日は人が沢山見ているからネルパが付いてくる、と思えば、ネルパは付いてきて病気にしたりする。人が見ていないのでネルパが付かないと思えば付いてこないものである」との答え。病気になるのは人かヤクか、と聞くと、この時はヤクであるように聞こえた。

〈ポンモの神＝ラ（Hla）〉

村の神（Hla）……テンバ・シャキャトバ、アプセル、ポンムラ

テンジン・バハドール（テンジン・ツェリン№12b）の神（Hla）はテンバ・シャキャトバで黄色い体をしている。毎年一回、新年にやってくる。テンバ・シャキャトバという呼び方はポンモのもので、他のボテは単にシャキャトバと呼ぶ。ポンモの全戸にはアプセルが祀ってあり、他の神は祀っていない。またタルチョを立てる。アプセルの祭は年二回で、このときアプセルがやってくる。アプセルは赤い体をしている。ポンムラとポラとは同じことで、白い体をしている。

〈一〇〇ルピーで人を呪い殺す話〉

人を呪詛して殺してしまいたい時には、リンブルツェに供物を捧げて頼む。その相場は最低一〇〇ルピー、金持ちなら三〇〇～四〇〇ルピーである。

ラマは特別なトルマを用意させ、タク・ラという経を読み、タク・ラという最も強い神に祈る。タク・ラ神は、赤面・二眼・双腕・頭上に五つのドクロをかかげ、白・赤・青のダンダラ模様の衣服を着けている。

別にラマは紙に相手の名前と年（干支）を書き、人形を作って、助手のタワに弓で射させる。

呪われた人は半年～一年位で衰弱して死んでしまう。このような祈禱はたいてい夜中に行う。被害者がどうも体が弱ってくる、呪われているらしいと思うと、ラマの所に行って相談する。ラマは彼に指図してタック・ドゥックをやらせる。

もし、自分が呪われていると思って、直接相手のところに出かけて行き、相手の胸ぐらをとったり、殴ったりすれば、一〇〇ルピー位の罰金である。この罰金はラマの所に行く。この祈禱ができるのはラマだけだ。

〈神様には二種類ある。マクペンとリンブルツェ〉

「神様には二種類ある。一つはマクペンであり、もう一つはリンブルツェである。マクペンは先祖代々引きつづいて祀られるものであり、具体的な個人（亡くなった一族の人）とは関係ない。死霊は神様にはならない。リンブルツェの父親（先代ラマ）は毎年祀っている」。以上は№7aの婆さん（ツェリン・ドルマ：シンドゥルの妻）の話だが、パルダンの母親はマクペンなどという神は知らないという。

〈マクペン、トゥワス、ナムギャを祀る家〉

マクペンを祀っているのは　№11、№12b（テトゥン・ラマ）

トゥワスを祀っているのは　№10、№13（ルバータグラ・ラマ）

ナムギャを祀っているのは　他の残りの家筋全て

〈先代と現ラマについてのリンブルツェからの聞書〉

拙僧の先代は父上で、四代続いた大ラマである。当山の開基は〝ギャワ・エンルソ〟大ラマで、ラマは世襲だが私には子供がないので、弟（シェラップ）と同居している。

ボン教（ポン・ブー）のご宗旨やお経を習ったのは父上のラマから習った。チベットや他の寺に修業に出たことはない。私は神を祈っていると、神様がときどき空中に姿を現す。グル・リンブルツェ、シェン・ラップ、チェン・ラエッチなどで、有難いお告げを受ける。

先代ラマは空中飛行術もできたという。

〈シダックについてのジャンピ（№12b）からの聞書〉

シダックというのは聞いたことはあるが見たことはない。リンブルツェなら見るだろうが……。シダックは水の中にいるとも、大きな樹木の中にいるともいう。生前、神に祈らないものは、死ぬとシダックが水の中に引きずっていく。その上で皮を剝いでしまう。

〈ユンドゥン・チョルテンについての
　　　　ユンドゥン・イセ（No.13）からの聞書〉

村の南北にあるチョルテンはユンドゥン・チョルテンという。これは卍（ユンドゥン）が描いてあるからだ。

①北面：中央にある大きな僧形の座像がシェラップ・キャルダン・ラマで、その右上がリール・ツェムー・ラマで、左上内側から、ヤ・トン・ラマ、ツァルカ・ラマ、左中内側からテルテン・ラマ、ツェプシ・ラマ、左下がリンブルツェ・ラマ（但しポンモのリンブルツェだが）。

②南面：中央にある二六手・宝冠・半裸の白い女神の立像が、ギャワ・ギャムツォでその左上からシェンパ、ギャワ・ジュイパ、シャワ・リングム、左下内側から、シャムク・ハムー、ツェタン・ゴイメー・ギュウイワ・デュイパ。右上内側からシュンパー、ガラ・ギャルシオ、クンドウ・シャンポ、シェンバー。右中内から、クチンギャパ、シェンマ。右下内から、シェンパ、ゴシュン・トムー、ゴシュン・トーボー。

③東面：左：シェンラ・オカール、中下（小）：トウオー（烏天狗みたい）、右：シェンラ・イエルシャーン。

④西面：左：ドンパ・シェンラー、中：トウオー、右：シャンボーブンテイー。

〈あるロンゲン（乞食）の話〉（感応性精神病の一例）

一九六八年一月一三日の朝診察を受けに来た男、名前はユンドゥン、五六歳のバイジーでパルダンの父方の叔父にあたるという。表情はしまりなく愚鈍そうだが、一応話の筋は通る。その陳述は「自分の病気は、ルー（竜）にとり憑かれて体中が痛い。体のあちこちに傷ができて、そこからルーが入ってくる。それで働けないのである。こうなったもとは九年前、腰が痛いのでラマに相談したら、それは山の木を伐ったからで、その山の木がルーの化身であったろうといい、ヤクを供えたり、いろいろお祓いしろといわれた。しかし貧乏でどうすることもできない。それ以後、毎夜夢にルーが現れてうなされるようになった。ルーは蛇身人面である。これにとり憑かれたということが気になり、体の痛いのも気になって働けなくなり、もともと貧乏であったのが今ではロンゲンに落ちぶれて、他所の軒を借りたり、食物を分けてもらったり、ちょっとした仕事をさせてもらって過ごすようになった」という。

〈夜のクリム（お祓い）〉（黒田）

一九六八年一月一一日、夕食がすんで一息いれているところに、突然ホラと太鼓の音が飛び込んできた。飛び出してみると、五、六人の村人が松明を手に村を廻っていく。後を追っていくと、アンドゥイ（No.12a）家に入った。二階に上がっていくと、狭い部屋には大勢の人がいて、シャンの強い香りがこもっている。黒々とした人影と沈黙を破ってラマのダミ声がひときわ高く、それと共にざわめきがおこる。妖気漂う雰囲気に気圧される。末席のタワが手招きするので、あぐらをかいて座る。供物、チャンが配られ、御相伴にあずかる。大ラマがさかんに指示を出し、他のラマたちはそのたびに手をあわせ、相づちを打つ。大ラマ先生の天下である。家人たちは戦々恐々。こちらも緊張する。ラマが僕に紙とペンを出せというので、トイレットペーパーと隊長のペンを差しだす。大ラマが僕の名前を聞いたので答えると、重々しい風態で何やら紙に書き込んだ。……略……。No.12aは一八日前に失火を出したが、屋根を焼いただけですんだとのこと。そのことで、クリムを行ったのであろう。

〈シャン（香）を焚く〉（黒田）

シャンはシュクパの葉を乾して粉にしたものである。

シャンは毎朝、囲炉裏で焚く。シャンを焚くと良い香りがするので、神様が喜ぶからである。シャンを炉にくべるのは誰でもよいが、女の人はブルータイムの時にはできない。

パルダン家では、毎朝六時頃、囲炉裏のオキをもって屋上にあがり、タルチョにむかってシュクパ・ロマを焚き、水に浸したシュクパの枝ではらう（水を振りかける）。そのあと、カパ・カム、ザブリン・シサン、センソル、ウサ・トゥパなどの経を読みながら神の名を称え、米、ウワ、小麦などをまく。パルダン家ではこれをシャンといっている。

パルダンは一三歳からシャンをしている。父が経を読めないので、小さい時からするようになった。村を出ている時には、声には出さず口の中だけで唱える。

シャンはどの家でもする。たいていはその家の主人（トンジン）が行う。女はしない。

正月元旦の朝、パルダンはドゥネイから帰っていなかったので弟のギャムゾーが代わりにシャンを行った。

シャンの時、経を読むのはNo.7b・No.9・No.11・No.13の四軒である。

〈シャンの煙を身体につけると体が強くなる〉（黒田）

① 時々、シャンを焚いてその煙を身体中につけるようにする。そうすると身体が強くなる。

② 顔を洗った時には、シャンを一握り焚いて、香りをたて、その煙を顔につけるようにすると、眼が悪くならない。焚く時、神に祈って焚くのである。

③ シャンをつけないでいると、身体が悪くなるが、時々、シャンの香りと煙を身体につけ、顔を洗った時、眼につけると身体が悪くならないし、眼も悪くならない。毎日するとよい。

〈地獄絵〉（黒田）

ドクターがショナム・チュルディン（№11）に地獄の絵を描いてもらった。チュルディンは地獄絵を兄のショナム・ギャルボから習ったという。

〈チベット医学覚書〉

①リンブルツェが患者に与える赤い粉薬の名は、ルンメンまたはルンモンという。この材料は一部をネパールガンジで買い、一部（九、一〇種）は雨期に自分で採取する。

②ヌムチャ（ツァンパとギーを混ぜて布でくるみ、温めて病人の頭などを押す）これは風（ルン）が口以外の場所から出入りするのを防ぐため。こめかみ、頭上、後頭部、背中、頸椎上、胸郭上、胸骨上下縁、両掌、両踵にこの風穴がある。

③リンブルツェは医師を兼ねている。祈禱だけでなく、草根木皮から採取混合した薬物（散薬・錠剤）を投与するし、脈も診る、医業はラマの職業の一つであるらしい。

イ　病人食：トクパ（粥）およびギーを沸かし、それにチャンを入れたもの。米は少ない。肉やドゥドゥ（乳）は良くなってから少しずつ与える。

ロ　ジャンピ（№12b）の所にはマン・ぺという医書があった。今はラマの手元にある。

ハ　病人の枕元にセトという経文をおく。これは「カンギュル」の一部である。

ニ　病人の手をとるのは一つには脈診のため。各指はそれぞれ内臓に一致している。第二指は肝臓、第三指は心臓、第四指は腸に相当する。（第一指は肺か？）

呪術も治病の場合、医薬を併用する。経典の中で治病に関する呪術的方法について詳論してあるのは、フム・ギャンジで、その前半が「治病の部」となっている。

例えば、第一葉「もし誰かが夜中に病気になったら、それは、東西、中の木に原因がある。そのときの薬は豚の骨である。そのときには骨に阿の字を書き、水に投げ入れよ。それから、一日して軽快しなかったら治るまで半月、そうでなければ三月目には死ぬであろう。」というように、第一〇葉あたりまでが治病を論じている。「以下は占星と暦の部分で、大ラマのみが読め、余人が読めば病気になる」という。

〈中国から来た強盗団（チャック・パ）の話〉

中国国境を越えて強盗団が侵入してきたことがある。彼等は、昼間は山林に潜み、夜は民家を襲った。三年前、リンモが襲われたが、被害はヤク二頭だけであった。

強盗団（チャック・パ　Chak-Pa）は銃を持っているので住民は抵抗しなかった。

チャック・パが捕まった時は罰金か？と聞くと、ドゥネイの役所に送られたが、それからのことは知らない、と。

〈ジュブには入れない〉

クロさんとマチコがパルデン・ラマ（No.12a）を訪ねて話を聞き、ジュブを見せて欲しいと頼むと、「ジュブには、よそ者は入ってはいけないのだ」と断られた。ジュブは大事なものをしまっている部屋である。そこにはそれぞれの家の神がいるという。

ツェワン・ギャルボ（パルダン）によると、

①パルダン家のジュブの中の神はナムギャ・プンバといい、ショナム・ギャルボ（No.11）とツェトン・ジャンピ（No.12b）家の神はマック・パ、モラム（No.10）とユンドゥン・イセ（No.13）家のそれはツワ・ゼで、その他は皆ナムギャであるという。

②ナムギャは長寿を与える神。ガオンゴンパの左手にある神様で、この神のことはガバという経の中にある。

③この神が出てきたのは、プニカの向こうにあるバンカルという大岩の中からである。昔、王様の間に闘争があり、その時、宝物などをこの岩の中に封じこめた。岩の中には神も入っていた。テルテン・ラマという神が祈ったら、岩が開き、神が出てきた。今は神も宝物もそこにはない。

④この神がこの村に来るより、村ができた方が早い。テンバ・シャキャトバはもっと古い。

⑤同様の伝説はツァルカにもある。この岩を開いたのはテシ・ギャルジャンという化身である。この方が古いと思う。（ゲワン・ギャルボ談）

ユンドゥン・イセ（No.13）家のジュブにはナク・ラク（ジャンバラ）とナムギャの二柱の神がいる。後者の方が大きい神で、生命を掌り、前者はより小さい神で金を司るという。それらの神はどこから来たか、と問うと、天国（スンジャ・サクスム）から来た、と言い、テルテンやトルポから来たとは言わなかった。

〈医学書……マン・ペ〉

医学のことを書いた経をマン・ペ（Man-pe）という。以前はテンジン・バハドールの父（前ラマ）が持っていたが、今はリンブルツェが持っている。

一三　仏画師と共に

神崎宣武

1

谷の奥まったところに、カングマールの雪峯を背に、聳え立つチョルテン。人間の体をかたどって、白壁に赤い柱が、異様に映える。〃さあいらっしゃい。ここがポンモ村ですよ〃

しかし、歓迎の門にしてはいかにもいかつく巨大だ。集落の出入り口に建てられた、くぐり道がある大きなチョルテンは、カンニともいう。ボン教徒の村では、村への出入りにはその右側を廻り、〃オム・マティ・ムエ・サレドウ〃という、カンニの前に積み上げられたマニ石に刻まれている、ボン教の真言を唱える。そして、怪物が口を開いたようなカンニを廻ることで、身についた穢れが落ちるとされている。

カンニの内壁には、四面に幾組もの仏像が描かれていて、白い体、黄色い体、赤い体、青い体の仏像が壁から浮き出て宇宙を作り、衣を靡かせた小さな像が飛び交う。色はあくまでも鮮やかで、冷たい冬の光にさえ敏感に応じて、その表情は壁の波うちにもまして豊かである。

さらに天井には、三尺ばかりの方眼に仕切られて九マス。それぞれに正確なパターンが丁寧に作られている。見るところ、この天井画は天上の世界、人世輪廻の絵図であるに違いない。それらの何と複雑で、何とオプティカルなことか。

荒涼とした自然の中で、家畜を追い、わずかな穀物を作り、悠長な生活を営んでいる人たちが、無数の仏を信じ祈りをこめて、創造した世界がそこにある。

厳しい自然がそこに住む人々に与えてくれる恵みは少ないのに、人々はあえて自然に挑戦しようとはしない。それゆえに未知の世界は神話に、あるいは曼荼羅にと、願望を持って描かれ、現世を克服することは、とりもなおさず仏の救いを信じて疑わないことでもあるのだ。貧しい生活の中で彼らの精神文明は、たくましい創作を生み出し、あるいは伝承していく。一般に村の人たちは鉛筆を握って自由に絵を描くなどという習慣はない。しかし、これらの造形物を専門に創り出す人は、この村にいた。この地方には唯一の仏画作家は、ポンモ村ユンドゥン・イセ（四一才）。近隣のチベット人社会の間では、かなり名が知られているという。

それもそのはず、ボン教によって生活のパターンが決められ、経文が日常百科事典的な役目を持っている社会で、仏画師は大ラマの次に大切なものであると言って良いからだ。

昼すぎ、屋上の陽だまりで、決まったように仏画師、ユンドゥン・イセは筆を持つ。ある時はキャンバスに向かい、ある時は版木彫刻に、ある時は仮面作りに精を出す。その技術は実に精密で、構成は実に豊かである。

私にとって、調査項目にあらかじめラマ教美術を挙げていたということよりも、実際に目で見ての感激が、その意欲をかりたてた。その方法は、この仏画師に食らいつくことが最も良い。絵を描く人を見て、絵を描かずにはおれない気持になった。

しかし、食らいつくとはいっても、そのとっかかりが実に難しい。すでに調査を開始している仲間の間では、このユンドゥン・イセがインフォーマントとして最も適していない人物だ、という評価が出されていた。こちらからの質問を軽く受けて答え、質問の途中でプイと席を立ってしまう。時には、何事も神様の所為だという。しかし私には、何よりもその俗事に我関せずといった風な、飄々とした人がらが好ましく思われた。

一月一五日夜、ミンマと共にユンドゥン家を訪ねた。

「ところでユンドゥンさん、カンニの内壁に素晴らしい仏画がありますが、あれはあなたの作品ですか」「うん、そうだよ」「私は、ラマ教の美術について勉強したいので、いろいろ教えて頂きたいのですが」「…………」。

うす暗い炉端に一家八人が坐っており、コトコトと糸紡ぎの音がする。

「ユンドゥンさん、あなたに教えていただきたいんです。村の人も仏画や彫刻のことならあなたに聞けといいます」。

「…………一度には話せないね」。

「ええ、勿論です。これから二ヶ月間。あなたの暇な時をみて伺います。よろしくお願いします」「…………」。

「それに私は絵を描くことが好きなんです。仏画を描くことも教えて頂きたいのですが」「…………」。

「道具は持ってます。ご迷惑はかけないようにします。一緒に描けるだけでいいですから」「だめだね、仏画を習うには厳しい修業が要るし、リンブルツェにも伺わなくてはならない」「…………」「まず、余所者はダメだろうね」。

ボソボソと、しかし、別に機嫌悪くもないようにミンマに語りかける。ミンマの通訳を聞きながら、今日のところはラチがあかないが、気長に口説こうと心に決めた。

次の日は、ユンドゥンさんの制作時間を見計らい、スケッチブック持参で出かけた。家の裏の日だまりで、彼は版木を彫刻している。パサンの少々危なっかしい英訳によると、ゴンパのタルチョに印刷するものであるらしい。シェルパに話す時の彼は、和やかな表情であるのに、いったん切り出しノミを持つと、口は結ばれ、眼に光が集まる。彫刻する道具は切り出しノミと釘だけである。その隣で、私は彼の姿をクロッキーにおさめていた。糸を紡いでいる父親のニマ・ラマ、機を織る夫人と娘ダワ・プティ。パサンだけが手もちぶさた。やがてタルチョの影が長くのび、太陽がカングマールに消えて行こうとする午後三時、谷には急に冷たい風が吹き上げてくる。戸外での仕事はう無理だ。

「チソ、チソ（寒い、寒い）」と言いながら肩をすぼめたユンドゥンが、私のクロッキーをめくって、「オー、ラムロ（素晴らしい出来だ）」。怒鳴るようにそう言って、周りで仕事をしていた家族と一緒に家の中に入っていった。

次の日は、やはり同じように陽だまりの仕事場で、版木を彫っているユンドゥンの所に行って、カンニのスケッチに淡い色をつけてみる。

今日の彼は、昨日よりも私の絵に興味を持ってきて、版木からチラチラ目を離す。

仮面制作に使う粘土を調整するユンドゥン師匠

パサンに、どこか悪い所があれば直して欲しいと伝えてもらう。彼はニタリと笑って鉛筆を取りあげ、即座にカンニの上の壁に目玉を入れた。実際に今それは壁土が落ちていて、目にとまらない部分である。彼はさかんにパサンに説明しているが、パサンには解らないらしい。どうやら、この目玉が一番大切なのだ、と言っているようだ。仏画が話題になると、彼の目は輝く。

試しに、次の頁に見よう見まねでカンニの仏画を描いてみると、彼の目は完全に版木から離れる。やがて私の素人描画が気に入らないのだろう。鉛筆を奪って素早く修正し、パサンを通すのももどかしそうに、ジェスチュアで「ここはこうなんだ」。

その夜、通訳として相性が良いミンマと共に、ユンドゥン家を訪ねる。炉端の周りのユンドゥン家族の顔も日ましに愛想が良くなり、婆さんが「シェー、シェー」とボテ茶をすすめてくれたりする。

チョルテンやマニ石の作り方を聞いてみる。チョルテンやマニ石を作ることについては、三種類の理由がある。

人が死んだ時に死者が昇天できるようにと、ラマの指示で作る時と、病気になった時にラマの祈禱と占いによって指示された時、もう一つは自らの将来の幸福を願っての時である。また、旅や商売に出る時にその安全や繁盛を願ってマニ石を作って、チョルテンやカンニの前に置くこともある。

普通、チョルテンを立てるのは、村全体の願い事がある場合や、それを建てる財力がある家に限られるが、マニ石の製作は一般的で、更にごく簡単な願いや祈りには、ゴンパで仏像や経文の版木を押して貰ったタルチョを立てる。この村にはマニ石を彫る人はいなく、ドルポから来る人に頼む。大きな石で五ルピー、小さいものだと二ルピーほどだ。

側からニマ・ラマ爺さんが「マニ石を作った時は、必ず新しいタルチョを一本たてる」と付け加えた。チョルテンの建築は村人の共同作業である。あるものは石を積み、あるものは土を練り、あるものは木を伐る。出来上がった後、パルダンが各家から五ルピーを集めて、代表してユンドゥン・イセに内壁の仏画制作を頼みに来る。

ユンドゥンも爺さんも、ずいぶん熱を入れて話してくれた。ボテ茶はダワ・プティが二筒も漉しただろうか。

「ヨゴ・サャーブ」帰りぎわに、突然ユンドゥンが声をかける。シェルパが私を呼ぶ名が、ポンモ風に訛ったのが「ヨゴサャーブ」である。

「弟子には出来ないが、私のそばで勝手に絵を描くのなら構わないよ。明日から毎日、ワシも製作することにしよう」。ポツリと言って、ニヤリと笑う。「ナマステ、ヨゴサャーブ」。爺さんもダワ・プティも笑って私たちを送り出す。

「ナイス、ゲゲン」。ミンマが楽しそうに呟く。ゲゲンとは、チベット語で先生という意味だ。

「ユンドゥン・ゲゲンか。ユンドゥン師匠だな」。

2

それから毎日、昼さがり、私とユンドゥン師匠は向かい合って絵を描く日が続いた。言葉が通じなくても、私たちの制作は進む。師匠の描く絵を見よう見まねで私が写す。それを師匠がチラチラと横目で見ながら、時おり赤や青の鉛筆で修正してくれる。このくり返し。

二、三日そういう日が続いた、一月二〇日。師匠は私に屋上に上がってこいと、手まねで呼ぶ。屋上には藁を積み上げてある納屋とは別に、角に小さな部屋が独立してつけてあり、その部屋には厳重に錠がかけてある。そこは四畳ばかりの広さで、仏壇が取りつけられ、その周りには仏画が掛けられ、床には絵具皿や筆が置かれているユンドゥン師匠のアトリエだった。

師匠が奥から色褪せて古ぼけた巻物を持って出て、私につき出して見せてくれる。

紐を解いて開いてみると、目の粗い植物繊維の上に白粉を塗ってキャンバスとし、その上に墨線で仏像が描かれている。その一体一体に枡目がつけられ、比例数字らしい文字が記されている。大急ぎで目を通す。正確な計算からなるプロポーションと、狂いもない曲線。これはまさに秘伝書、虎の巻ではないのか！

「トゥチチェ・ゲゲン！（お師匠様、ありがとうございます）」他の言葉を知らない。パサンを呼ぼうとする私を師匠は手で制して、これを模写しなさいと最初の仏像を指さし、「他の人に見せてはいけない」という素振りをした。

その場に坐って、早速描き始めようとすると、師匠はスケッチブックを取って、まず分割線を引いてくれる。物差しである竹グシを当てて、素早く桝を作ってくれるが、私にはその物差しの単位が解らない。

巻物には衣や付属品をつけた仏が描かれているのに、師匠は裸で座っている仏の輪郭を取ってゆく。それは、まず基礎を身に付けることから、と教えてくれていると理解した。

それから一月末のチベット正月までの一〇日間。毎日午後の三時間、師匠と私の授業は、屋上の納屋の隅でひっそりと行われた。巻物の中の一体ずつを、師匠にマス目を引いてもらって描いてゆく。その間は、ぶらついている村人たちも、私にまとわりつくことが多い子供たちも、屋上に上がってくることはなかった。

吹雪が来て陽光が消え、かじかんだ手指で鉛筆の自由が効かなくなることもあった。そんな時でも師匠は、アトリエの中にわずかばかりの炭火を入れて、制作を続ける。

正月も近づいたある日、私は放牧のために山に行く娘たちを、終日カメラで追いかけていて、ユンドゥン家に行けなかったことがある。

夕方帰ってみると、宿舎の炉ばたに師匠が座っている。

「ナマステ、ゲゲン！」「オー、ナマステ」

私には挨拶の言葉を交わしただけで、師匠はミンマに何か熱心に語りかけた後、私の顔をチラリと見て、プイと座を立ち、両手を後ろに組んで、飄々と消えていく。

ミンマが言った。「ヨゴ・サーブ、いい師匠ですね、あの人は。〝ヨゴ・サーブの腕はたいしたものだ、一緒に絵を描くの

経文の写しを作成する師匠

が楽しい。最初、弟子にはできないと言ったが、今では私の弟子の誰よりもヨゴ・サーブが可愛い。それが今日、一日中やってこなかったのが心配で様子を見に来た。私としたら、この頃はヨゴ・サーブが村を離れるまでの間に、できるだけのことは教えようと思って、明日はどこまで、明後日は色をつけてと、段取りを楽しみにしている〟と。そう言っていましたよ」。ミンマもまた、炉端を立っていった。

一月三〇日。数日前からの雪に埋もれて、ひっそりとポンモの正月がやってきた。正月三が日は、村中の人が村中の家をまわって酒を飲む。元旦の昼すぎ、師匠も私たちの宿舎に挨拶に来てくれた。隊長はじめ仲間たち皆が、私の師匠にお礼の言葉と酒をすすめてくれる。朝からチャンを呑み続けているのであろう。師匠は機嫌が良く、大きな声が出る。

「バラ・サーブ（隊長）、ワシは大変嬉しいよ。優秀な日本の弟子と一緒に絵が描ける。ワシは今までヨゴ・サーブに嘘は教えていないし、これからもできるだけ多くのことを教えたいよ」。

その夜は私とミンマはユンドゥン家に招かれた。師匠は昼間の酔いが醒めたのか、やや青い顔をしている。型どおり、縁にギー（バター）が付けられた盃にチャンが注がれる。ユンドゥン家の食糧庁長官は、ケチで有名な婆さん。その彼女も、正月のせいか気前がいい。「腹が減ったら、いつでも遠慮せずお出で」などと言っている。

その間、ブツブツとお経をとなえていた師匠が、

「ところでヨゴ・サーブ、正月前にゴンパに行ってお伺いしたら、お前を弟子にして良いと言われたので、今日から正式に弟子として教えていくつもりだ。しかし弟子になったら、少々厳しいよ。まず、ここに来る前に谷川で顔と手を洗うこと。制作に入る前にはシャン（香）を焚き、お題目（オム・マトレ・ムエ・サレ・ドゥ）を唱えること。シャンの煙で手、体、顔を浄めるのも忘れないこと。制作を始めた仏画を跨いだり、飛び越えたりしてはならん。掟を破ると、弟子だけでなく師匠も地獄堕ちになる。また、修業が終わった後の第一作は、必ず師匠の所に送らなければならない。師匠はそれを点検して、新たに描いた仏画を弟子に送る。それが終わってはじめて一本立ちということになる。これまでに、村の者とドルポの者の二人を弟子にしたが、同じようにしている」。

「日本からここに送ることが出来るかどうか判りませんが、やってみます。ドゥネイの役人宛に送れば、何とかなるかもしれません」。

「日本は遠いのだろうが、そのつもりになれば出来ないことはないだろう」。

チャンも手伝ってか、いつもは口が重い師匠も、私が尋ねるままに自らの来歴を、ボツボツと語ってくれた。

ユンドゥンが仏画制作をするようになったのは、二〇歳頃だった。もともと土を練って仏像や動物を作るのが好きで、ゴンパに住みついて先代のラマに習っていた。ある時、タラップから来た偉いラマがゴンパの壁画を一カ月かけて描いた。それを見た彼は、もっと勉強したいと思い、そのラマに師事してタラップで一年間修業したが、その時にはヤクに食糧を積んで行き、食事は自分で作っていた。ポンモのような貧しい村で、一年間も遊ばせて貰えたのは、働き手が多いユンドゥン家ならではであったし、父母の理解もあったからだろう。

絵師といっても、仏画だけでは生活はできない。ラマから受けていた教えを基にして、ネパーリーの村から祭り用の仮面なども頼まれることも多くなり、仕事の間に家畜の世話をする程度で何とか生活できるが、二二歳のダワ・プティを頭に四人も子供がいるので、決して楽ではない、という。

帰りぎわに彼は「明日からは少しスピードを上げよう。帰るまでに出来るだけたくさん教えたいので、模写を中断して着色にかかろう。私は面作りにかかる」。

正月明けから、今までの輪郭像への着色を教えてもらうことになったが、着色となるとパサンの通訳では心もとない。といって、仲間の皆がそれぞれに重宝するミンマの手があく夜までは待てない。自分で画面と絵具を叩きながら、「ここの色は、これですか?」と、日本語で尋ねる。二、三日後には、「ここはブルーだ」「ここはオレンジ」「違うそこはイエローだ」などと答えてくれるようになった。後にミンマに聞いて初めて知ったのだが、師匠は色の英語名をミンマに問うて覚えたのだった。その覚えの速さと正確さに比べると、私のチベット語ときたら……。記憶力の違いというより、根源的な何かの問題があるのだと思えた。

「ここは、どうしますか?」「それは、マッテ、ホワイトだ」。細部や最後の仕上げになると、師匠が直接筆を持って範を示してくれる。

仏画製作中の師匠

夜はミンマと共に訪ねて、昼の絵の確認をしたり、仏像の身体の色やその意味、目の開き具合や腰の捻り具合などにどんな意味があるのか、などを尋ねる。師匠は、「モノには順序があって、仏教の何たるかも知らないお前さんに、今、語ったとしても解る訳はない。ここに居る間は、描かれている姿そのものを見つめて、覚え込むことだ。目は開いているのか閉じているのか、その手に力が入っているかそうでないか、腰は落ちているのか捻っているのか……、しっかり見て覚え込むことが大切だ。また、お前さんが言うように、仏像を描く時には、額・鼻・あご・首の比例はきちんと決まっているが、まず、その比例を覚え込むことだ。比例の基礎となる単位は、後から教える」。

3

二月九日、村人はそれぞれの春村で耕作準備のために引っ越していき、ポンモ村は三カ所に分かれた。ユンドゥン家は雪峯・カングマールを仰ぎ見るような地・ゲルーに移り、本村には私たち余所者だけが住むという、奇妙な現象が生じた。

それでも師匠の授業に緩みはなく、私がゲルーに上がったり、師匠が本村に下ったりして続けられた。私への授業と並行しながら、師匠が一〇日間かけて作製した仮面も出来上がった。それは、人の顔の倍もあるようなバッという祭式用仮面で、チベット世界では最も代表的なものだ。粘土で型を作り、ボロ布と紙をニカワで重ね貼りした後、土の型を抜いて仕上げたもので、仏画と同じ絵具で着色する。ニカワは動物の皮を煮詰めたもの、紙はネパール製の手漉き紙、絵具は、最近では交易の時にインド産の粉絵具を買うようになったが、以前は自分で作っていたという。白色は石を焼いて冷水に入れ、崩れた沈殿物をつぶす。黄色は木の根を煮詰め、赤は花から、青は藍玉で、黒は木炭を練って作った。また、筆はヤクの尾を手頃な木の枝に結びつけただけのもので、私などの腕ではとても使いこなせない粗末なものだが、師匠の手に持たれると、その筆が寸分の狂いもなく動く。まさに、弘法様の手中にある筆のようであった。

二月半ば、ドクターは勤務先の都合で一足先に帰国しなければならず、本隊より先に村を離れることになっていた。そして、その護衛も兼ねてドクターと同行する役目が、私とミンマに割り振られた。そのため、師匠と共に過ごせる時間は、残りわずか一週間となった

着色に続いて、それぞれの仏像の付属品、二体以上の仏を一画面に構成する方法などを教わるためには、数多くの仏像を知る必要がある。師匠は、昼のうちにカンニの内壁に描かれている仏像を毎日三体写すことを命じ、夜にはその着色と比例分割の説明をしてくれることになった。

また、私が描いた仏画をリンブルツェに見せておく方が良い

マンツーマンでの指導を受けるヨゴさん

とも言った。村から交易キャラバンが出るので、リンブルツェがゴンパから下りてくるのだ。師匠と私が密接に結びついているので、あらぬ妬みや疑いが村内に流れている気配もあり、それを打ち消すためにもリンブルツェに見せておいた方が……という配慮だった。何しろ、師匠は予定していたドゥネイへの出稼ぎを変更してまで、終日、私の面倒を見てくれていたのだ。

一枚の仏画には、様々な色と姿形をもつ仏本体の他に、その仏に応じた蓮台、腕輪、首輪、地と雲など、実に多くの付属品が、姿形と色を違えて描かれている。それらは、描かれる仏の属性や、仏教世界での位置づけによって異なる。

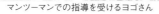

師匠が言うには、描かれる仏像には三段階あって、人間世界と仏の世界を往復する仏、完全に仏の世界に入った仏、それに動物の化身像だ。その中でも最も崇高なのはトンバといって、座って目を伏せた仏様だ。その中でも最も位の高いのは黄色い体を持ち、白いのは少し若い仏だ。この有名なシャキャトバは、トンバ・シェラップといって、何度か人間世界に降りてきて、経を読んで教えて下さる偉い仏様だ。座像に比べて立像は若い仏様で、赤や青の体が普通だ。その下に、鳥や動物の表情をした仏が位する。一番崇高な仏様は静かに座ってなさる。若い仏ほど体に装飾品がつき、動いた表情が出る。だから、描く時はその区別が大切なのだ。

そして、こうした説明は全て「ルー・ブム（龍の本＝ボン教の聖典）」に記してあり、それを学び、それに従って描けるようになるのが肝要なのだ、という。また私が気にしていた比例分割の単位は指幅であった。一は一指、四は四指。だから描きはじめは、まず指に気をつけることだ。色については、色相は定められており、勝手に変更することはできないが、その明暗の度合いは自分で調合することができる、などとも教えてくれた。

4

「最後の夜は私の家で過ごせ」と、ユンドゥン師匠に誘われた。

私の送別会のため、〃締まりや〃とされるユンドゥン家では、年に何度も作らないプーリーを揚げ、ジャガイモを煮て、チャンも仕込んでいた。家族の皆は儀式用の晴着を着ている。縁にギーを付けた盃に満たしたチャンを、唱えごとをしながら右の人差し指で周囲に弾き飛ばす。ニマ・ラマ爺さんの唱えごとの声が大きくなり、小さくなりして続き、それが途切れると師匠の唱えごとがかぶさり、次には婆さんの声がと、家族の声が次々と輪のように広がる。〃ヨゴ・サーブがまた村に帰って来るように、日本でも弟子をとって成功するように……〃と、ミンマが小声で伝えてくれる。私を受け入れてくれたユンドゥン家の人々の気持ちが、しみ込んでくるような夜である。

スケッチブックの一冊に、師匠が暇を見て描いてくれた絵が、いつの間にか全ページを埋めていた。そしてその最後に書いてある文字は、「師ユンドゥン・イセより、弟子ヨゴ・サーブに贈る」と読める、と。

白煙を噴き上げるカングマールをしばらく眺め、屋上の納屋に積まれた藁の中に広げた寝袋に入る。板屋根の割れ目からこぼれる星が見える。隣で横になる師匠の寝息も、まだ不安定。彼が何か話しかけたが、明朝の準備のためにミンマは宿舎に帰っているが、「もう一度帰って来いよ」と言われたのだ、と思った。

タック・ドゥック用の仮面に彩色するユンドゥン師匠

一四　春村への引越し

春村への移動についての西山の聞書

＊話者：ショナム・ギャルボ（No.11、凍傷男）

●ゲルーには家が四軒ある

ユンドゥン・イセ家（No.13）、シンドゥル・ギャルボ家（No.7a）、ツェワン・ギャルボ家（No.7a）、ウェンゼン・ギャルツェン家（No.6）。

●これ以外は家を持っていない

ツェワン・アンドゥイ（No.2b）、ニマ・ツェリン（No.3）、ツェガ（No.4）、テンジン・タルキャ（No.7c）、ショナム・ツェリン（No.8）の五戸がゲルーに移る。彼らは、家持ち四軒に寄留する。

その寄留先は、

ユンドゥン家（No.13）……ツェワン・タンパ（No.2a）とニマ・ツェリン（No.3）家

ウェンゼン・ギャルツェン家（No.6）……ツェガ（No.4）とショナム・ツェリン（No.8）家

ツェワン・ギャルボ家（No.7b）……テンジン・タルキャ（No.7c）。No.7bとNo.7cは弟と兄。シンドゥル・ギャルボ（No.7a）には寄留なし。

寄留する場合は一月に一〇～一五ルピーを払う。

移る理由→ゲルー付近に畑があり、家畜の糞（堆肥）を入れるのに良い。→ゲルーの更に上手にゴジャールという放牧地があって、放牧に適している。

ゲルーには約二ヵ月滞在し、三月には本村に帰るが、その間、畜類はすべてゴジャールに放牧する。

正月過ぎ、一五日から二〇日の間に本村の家は全て春村に移ってしまう。ゲルー以外にも、プリガンとゴンパに春村はある。春村への移動の日を決めるのはパルダンだ。

●プリガンとゴンパに移る家

プリガン……モラム家（No.10）、ショナム・ギャルボ（No.11）、ショナム・ギャルツェン（No.9b）の三軒

ゴンパ……シェラップ・ラマ（No.5）、アンドゥイ（No.12a）、チェトン・ジャンピ（No.12b）の三軒

ジャンピは家畜もゴンパに連れていく。この家畜は、パンチュッグという草地に放牧する。ラマの所有地であるパンチェッグを利用するのは冬季だけ。ジャンピの他にアンドゥイも放牧するが、使用料は払っていない。二人だけでなく他の村人の場合も同様、使用料は払わない。

話者のショナム・ギャルボ（No.11）はプリガンに家を持っている。プリガンに滞在するのは約二ヶ月間。プリガンには人だけが移り、家畜はプリガンには連れて行かず、全てゲルーに送ってゴジャールに放牧する。ゴジャールは村共有の放牧地だ。各家から一人、家畜に付き添ってゲルーに行き、それぞれ決まった家に寄留する。行くのはどの家も必ず娘が行く。乳搾りは女

でなければならないからだ。男が搾るのはディクパ・ヨギレ。月経女が忙しくて絞れない時は、用事が済むまで待てばよい。時の乳搾りにも不都合はない。

＊話者：ユンドゥン・イセ（No.13）（一月二四日）

ゲルーには正月後に移るが、日時はまだ決まっていない。ユンドゥン家はゲルーに自分の家を持っている。ゲルーの家は自分の家族だけで使い、他人には貸さない。（先の聞書では寄留あり）

●ゲルーには六軒の家がある。

ユンドゥン（No.13）、ツェワン・ギャルボ（No.7b）、ツェガ（No.4）、ウェンゼン・ギャルツェン（No.6）、シンドゥル・ギャルボ（No.7a）、アンドゥイ（No.12a）

ゲルー近辺には家畜に二ヵ月間食わせるだけの草地がある。

ニマ・ラマ（No.5）は日常はゴンパに住んでいるので、草場はゲルーを利用するのではなく、カングルーという場所だ。

＊話者：チェトン・ジャンピ（No.12b）

自分の家族は、ヤクを二頭（共に三歳。ヤクは五歳にならないと荷物は付けない）とディムを二頭（二歳と四歳）を所有しているが、家族のうちの誰の所有、ということは決まっていない。家族のものだ。

結婚する時に、女がヤクやディムを持参することもあるが、それらは嫁入り先の所有になる。ポンモは貧乏だから、嫁入りに何かを持ってくるということはなく、身一つで来るだけだ。

例年、正月過ぎにはゴンパに移る。もちろん家族全員で家畜も連れていく。ゴンパの手前のラブロンに私の家があるが、この家は二〇年前に亡くなった先代ラマが建てたもので、四、五〇年前に私が貰ったものだ。家畜はゴンパの近くの草地に放す。その草地はゴエンシュという。ラブロンに移るのは、正月後の二〜三日だが、決まっているわけではない。良いと思った日に出るだけのことだ。ゲルーに移る人は同じ日に出るが、ゴンパに移る人は一緒に出るとは決まっていない。それぞれの都合のよい日に出る。

ゲルーに移る人々のことをキャン・ドジンという。キャンとは帰る、ドジンとは行く、という意味だ。キャン・ドジンは、ゲルーに移る集団名ではない。

ゴンパにはジャンピの他に家を持っている人もいるが、春村としては利用していない。

一五　ポンモの食生活

Ⅰ　食べ物について

木村真知子

娘たちを相手にジャガイモ（ピンダル）を焼きながら、夫婦喧嘩の話などを聞いているうちに、気がついてみると八時を過ぎている。今夜はプルバと共にゲルーに第一回目の泊まり込みに来た。本村から上がってくる途中で№13のテンジンに会った。俺の家は家族は多いけどメーン・サーブとプルバの泊る所くらいはあるから、俺んちへ来いというので、夕食はパルダンの家で、寝るのはテンジンの家にした。

カチカチに凍った雪の上をパルダンの家に行く。パルダン家では、老父が亡くなって以来、何となく寂しげな空気が漂っている。とりたてて亡くなった人の思い出話をするではないが、この家には山の夜の静けさが忍び込んでくるようだ。

家族と一緒に食事をしようと思っていたのだが、皆はもう終わっていた。私たちが入っていくと婆さんはすぐに粉を出してくる。それを三男のギャムゾウが洗面器で練りだした。今夜のメニューは、小麦粉（カニック）のロタ（ロティ）らしい。小麦粉のロタは、まず粉を水でよく練る。粘りが出るまでギュッ、ギュッと力を入れて練る。トウモロコシ（ゴカ）のロタも同じように力を込めて練らねばならないので、パルダン家ではロタを作るのは息子たちの役目になっている。練った粉を作る枚数に分けて団子のように丸め、一つずつ両手を使って円板状に延ばしていく。直径一五センチから二〇センチ。厚さ一センチ位に延ばしたものを、熱した鉄板で焼いてから、しばらく火の傍にたてかけ、コンガリと焦げ目をつける。部屋中にロタの焼ける香ばしい匂いが立ちこめ、口中に唾がたまる。パルダン家で出されるツァンパ（カルベ）やロタはいつも美味しい。それを見込んで夕食を頼んでおいたのだ。おかずはパーというジャガイモとカブ（ツロ）のカレー煮だ。カレー粉と唐辛子（マルチャ）がどっさり入っている。日本ではとても食べられる味ではないが、土地の人と同じものを食べることをモットーとしてきた私たちの舌は、もうすっかり慣れてしまっている。

ロタは囲炉裏の灰に直接立てるので縁周りには灰がついている。それを手でパンパンと叩いて払い落として食べる。焼きたてのロタは本当に香ばしくておかずはいらないくらいだ。家族も今夜は同じメニューだったという。大麦粉のロタもあり、普段は作らないご馳走の一つである。

私の食べっぷりに目を細めていた婆さんは、特別に素敵なデザートを出してくれた。とっておきの牝ヤク（ディム）の乳。ダイレク以来、初めてのミルク。牧畜を生業の一つにしている彼らであっても、生乳をそのまま飲むことはほとんどない。特に冬は一七頭もディムを飼っているパルダン家でさえ、一日に一マナか二マナしか乳がとれない。大切に溜めておいてギーを取るのが主で、時々茶に混ぜて飲むくらい。翌朝出された茶にはほんの少し乳が入っていた。こげ茶色の茶もミルクを入れるとほのかなピンク色になり、いちだんと美味しくなる。

彼らの食事は本当に簡単なものだ。紹介したパルダン家の食事、これが普通のメニューである。使う材料が何十種類もあるわけではない。それでもチベット人は食道楽だともいえる。キャラバン中のポーターたちの食事を思い浮かべる。ネパーリーのポーターや垣間見た村々の食事は、全く粗末で変化に乏しいものだったのに比べて、ジュムラ以降のチベット人たちは僅かな材料を、あの手この手で調理している。また、食べる量も多いから、旅に出る時には荷が重くなる。私たちの帰路に荷を担いでくれたポンモの人たちが、荷が重いと不平をもらすので、私たちは、重いのは荷物ではなく、自分らの食料ではないかと憎まれ口を叩いたものであった。

主食は村でも穫れる小麦（ト）、ソバ（トウ）、ジャガイモ。ドルポから買ってくる大麦（ナイ）、南から持ってくるトウモロコシ、米（ライ）、小麦、アワ（チヌ）、副食物となるのはジャガイモ、ソバやカブの葉、エンドウ豆（シャマ）、少しの肉。調味料はギー、チーズ（チュルビ）、マルコ（菜種油・桃の種油）、山で採れるニンニクに似た味のジンブーとトウモロコシ、家畜の脂身、これっきりだ。モンスーン期に、この他いくつかの野草が加わる程度。飲み物は、チベット茶、チャン、アラック。

これらの中で自給できるのは、ジャガイモとカブ、ジンブーとトウモロコシだけで、あとは多かれ少なかれ他所から持ってこなければならない。主穀の小麦やソバも畑を多く持つ家でさら、年間に使う量の半分も穫れれば良い方だ。米、トウモロコシ、大麦、それに重要な調味料の唐辛子もポンモでは全く作れない。

パルダン家の場合、昨年、畑から穫れたソバ、小麦の量は約三〇〇テで粉にするとほぼ倍になるから。約六〇〇テであった。一日に食べる量は、粉に換算して一人三マナ（ここでは一テ）で、一年間に約三〇〇テ～三五〇テになる。パルダン家は女二人、男四人の六人家族だが、男たちは交易などで外に出ていることが多いから、常時の人数は三人か四人とみてよいだろう。小麦は食べるだけでなく、チャンにする量もかなりあるので、自分の畑から穫れるのは必要量の三分の一から、良くて二分の一ということになる。不足する分はドルポやリミ、ティブリコット方面での交易によって得るのだから、交易の重要性が理解できる。

いくら食道楽とはいえ、少ない材料でそれほど多くの種類の料理が作れるわけではない。でも麦粉にしても、ロタ、ツァンパ、スープと、それぞれ違った味である。ロタには生麦を石臼で挽いた粉を使う。これはネパーリーから習った食べ方らしい。作り方は先ほど紹介した。

ツァンパは有名なチベット食で、日本の「麦こがし」と同じものだ。小麦もツァンパにするともいうが、大麦のツァンパの方が味がよく、俺の家のツァンパは大麦だ、と味の良さを自慢にもする。

ツァンパは、まず麦をフライパンのような鍋で軽く煎る。煎る時に囲炉裏の灰を鍋にひとつまみ入れ、ボロ布を棒の先に巻きつけたまぜ棒で、焦がさないようにゆっくり、香りがたつまでかき混ぜる。香りがたってきたら、それを挽臼で挽いて粉にする。要するに煎った大麦の粉がツァンパである。

ツァンパは、そのままでも食べるが、たいていはお茶で練って、食べる。ある程度固く練って食べることが多いが、塩を入れたチベット茶でゆるく溶いて食べることもある。火を通さなくてもよいので、携帯食として重宝されている。放牧や交易で移動することの多いチベット人ならではの食物である。

ツァンパはスープにもする。ツァンパのスープはトパという。鍋に湯を沸かし、岩塩とチーズや脂身を少量入れ、さらに沸騰させ、その中にツァンパを入れるのだが、先が三叉《みつまた》になった混ぜ棒でかき混ぜながら少しずつ入れて、トロリとしたスープにする。中にカブの薄切りやカブの干し葉、エンドウ豆などを入れることもある。豆や麦の焙ったものを熱いうちに入れると香りがたってより美味しくなる。

ツァンパには、もう一つ重要な用途がある。それは、儀式に使うトルマを作ることである。トルマは供物の一つで、祭りやお祓いの儀式にはチャンやギーと共に不可欠なものだ。ツァンパを、水やチャンなどで練って、人や動物、その他様々な形に作り、祭壇に供え、また、病人に憑いたネルパ（悪霊）を追い払うために使ったりする。トルマで病人の身体、あるいは患部

ポンモ連中の大きな粉袋

マナ升で計量し、必要な分だけ粉に挽く

ツアンパを捏ねる

を撫でることによってネルパをトルマに移し、そのトルマを村の外に放り出したり、時には火の中に投げこんで焼き捨てたりするのである。

ソバには甘いソバと苦いソバの二種類あり、ポンモでは苦いソバしか出来ない。甘味のあるソバはポンモの人たちの嗜好に合わないそうで、交換してくるのも苦い方だという。（田村注：マチコは以上のように記しているが、田村は、「ポンモでも両方作っている。甘いソバは本村の畑で、苦いソバは本村より高所のゲルーの畑で作ると聞いたが、明確には確かめていない。苦いソバはダッタンソバで、一般に普通のソバより高地で栽培される。ポンモ本村は甘いソバの耕作限界になるようだ。」とメモしている。）

ソバは粉にしてパンケーキをつくる。石臼で挽いて篩でふるって皮をとり除き、その粉を木の箱にぬるま湯と一緒に入れ、木の篦《へら》でよく練る。麦粉やトウモロコシの粉のように固く練るのではなく、柔らかく練って、熱した鉄板か平らな板石の上で両面を焼き、さらにロタと同じように火の傍に立て、中まで火がよく通るようにあぶる。ソバのパンケーキをコラという。おいしいコラを作るコツは、粉を溶く湯の温度と、十分に中まで火が通るようにゆっくり焼き上げることである。

急ぐ時や大量に作る時は、固く練って茹でる。ソバの茹で饅頭である。パルダンの父親の法事の時、大きなドーナツ型の茹でロタが大量に作られ、私たちもお相伴にあずかったが、あの時は屋上で火を焚き、大鍋をかけて作っていた。味は焼いたロタの方が遙かに良い。

トウモロコシをポンモではゴカといい、その粉がゴカペである。トウモロコシは十分に熱したものを粉にして食べる。ロタとスープ（トパ）とシャンと三種の料理法がある。シャンというのは、湧かした湯に粉を少しずつ掻きまぜながら入れ、最後は木の篦でよく練り上げる。それをちぎって、バター、唐辛子、塩を入れたスープにつけて食べる。搗き立ての餅のような感じだが、スープはとびきり辛い。なお食事には、箸、スプーン、フォークなどの補助具は使わず、全て手づかみで、原則として右手を使う。

これまでに紹介したものや米飯、茹でたジャガイモが主食になる。

米の飯には干したソバの葉をいれたスープや豆スープをかけて食べる。ソバの葉は若葉の頃に摘んで、干しておく。それを水を入れた鍋に細かく揉みちぎり、少量の塩を入れて煮込むとドロリとしたスープになる。鍋のおろし際に熱して溶かした

熾火でコラをあぶり焼き

ギーを入れる。ロタには煮たカブやジャガイモ、アツァール（生カブを塩と唐辛子で和えた即席漬け）をつけて食べる。

食事の回数は一日に四回だが、四回共に飯やロタを食べるのではない。朝と四時の食事はトパ（スープの類）か茶とツァンパで簡単に済ます。朝食をニマギ・トパといい、八時か九時頃にとる。昼食は一二時で、ニマ・ニョパといい、ロタにパー（野菜のカレー煮）やアツァールがつく。四時頃、トパや昼のロタの残りなどを食べるのがザラで、朝のニマギ・トパと四時のザラは食事というより「お茶」というのがふさわしい。シャマ・ニョパという夜の食事が最も重要で量も多く、八時か九時頃にロティや飯やシャン（練り餅のようなもの）を食べる。

冬は五時過ぎるともう暗く、四時頃のザラで外仕事は打ち切り、以後は囲炉裏端で糸を紡いだりしながら過ごす。夕食のシャマ・ニョパをはさんで一家団欒の時である。

料理をするといっても台所などはなく、煮炊きはすべて囲炉裏の火で、囲炉裏端に座ったままで済ます。必要なものの大部分は手の届くところにある。粉を奥のジュブ（奥の間）に取りに行く程度だが、奥の間とはいえ、それほど面倒な場所に置いてあるわけではない。鍋や食器を洗ったり、野菜を洗ったりする手間もない。

調理用具は全て囲炉裏の傍か、背後の棚に置かれている。鍋が一枚か二枚、ロタを焼く鉄板、ソバ粉を練る木の深鉢、茶を入れるヤカン、アツァールをつくる木製の小さな臼と搗き石、木製の柄杓、飯を炊く時に混ぜたりロタをひっくり返したりするのに使う真鍮製の柄の長いヘラ、棚の下には塩の入った木箱があり、上の方にはチャンや茶を飲む真鍮の椀。部屋の隅にはジャガイモやカブの入ったドコやバターの袋などが、その他のものと一緒に置かれてある。

食器も真鍮の深皿一枚と茶を入れる木製か真鍮製の椀一つで、各自が手近な棚や、箱の上などに置いておく。食べ終わると、綺麗に舐め、使う時に着物の裾や手で埃を払うだけ。食事の度に、後片付けに時間を取られることがないのは、羨ましいともいえる。衛生的に云々は、この際おいておこう。棚の上には埃が、天井からは煤が落ちてきても、一歩外に出れば、澄み切ったヒマラヤの空気が充満している世界の話だ。

食事の仕度は女の仕事と決まっているわけではない。男でも手が空いていれば、カブを洗い、ジャガイモを切り、粉を練る。旅に出れば、例え女が一緒でも、食事は男たちが率先して作る。というより、旅は男だけのことが多いので、自分でするしかないのだが、村にいる時は女が料理をする事が多い、というだけである。

ところで、米は籾、ソバは殻付きのままで貯えている。その方が保存が利くし、味が落ちないことを彼らは知っている。

毎日、その日に使う分だけ、麦やソバは粉に挽き、籾は臼で搗いて殻をとり精白する。粉は挽きたて、米は搗きたてが一番美味いことも、よく知っている。

臼は大きな石の真ん中を、直径一〇センチ、深さ二〇センチほどの穴を空けただけのもので、村の三カ所にあって共同で使用している。おそらく、村ができた時から使い続けられたのだろう、石も穴の縁も見事なほどに丸みを帯び、滑らかになっている。杵は竪杵で、これは各家の自前。粉は石の挽臼で挽くが、どの家の臼も上臼、下臼共に目が粗く、あまり細かな粉にはならない。

粉も毎日、食べる分だけ朝早くに挽く。五時頃にはもう粉を挽く音がどの家からも聞こえる。粉挽きと水汲みからポンモの一日は始まる。

その日暮らしのようにみえるが、当然、保存食も用意されている。野菜が全く穫れない冬に備えて、ソバの若芽やカブの葉などは乾燥して、ジャガイモやカブは土中に埋めて貯蔵している。家畜の肉を食べるのはディクパ・ヨギレなのでほとんど食べないが、崖から落ちるなどの事故で死んだヤクなどの肉を干し肉にしているのは、飢饉などの不時に備えてのことである。

穀物などは袋に詰めて奥の間に貯えるが、囲炉裏のある居間の一隅に置かれている頑丈な木箱もまた穀物入れである。私たちが借りていた集会所の二階には穀物を入れた箱や袋が積まれていた。春村への引越しの日、パルダンがネズミに食われていないかを確認していたが、この穀物がパルダン個人のものか、村共有のものかは、引越しに気をとられて確認していない。

私たちは、出来る限り土地の人と同じような食事にしようとしていたので、村人の料理をほとんど全てとり入れ、乏しい自前の材料に変化を付けることができた。リミに滞在していた時、トウモロコシしか手に入らず、毎日、昼と夜はロティだった。私たちはシェルパ三人を含めて、大人ばかりで九人、いずれ劣らぬ大食漢。大きくて分厚いロタを作る。トウモロコシの場合だと、あまり厚いと不味く、うんざりしたものだ。あのころトパやシャンの作り方を知っていたら、あれほど閉口せずに済んだろうに。帰路のキャラバンでは、ポンモで習得した料理を大いに活用したものである。

話を聞きにいくと、ジャガイモを囲炉裏の熱灰で焼いてくれる。焼いたり茹でたりしたジャガイモは、菓子と同じで子供たちのオヤツになったり、お客に出したりする。私たちが村の家に上がり込む目的の一つは、この焼きジャガにあった。

大切な客がある時や、行事の時などに作る特別食として第一にあげられるのは、パルクルである。揚げパンと思えばよい。小麦粉をロタと同じように練って丸く伸ばすが、大きさはずっと小さく、厚さも薄い。それを菜種油で揚げる。パルクルは儀式の時に、チャンやトルマと共に、欠かせない供物の一つでもある。正月にはパルクルがどっさり作られ、私たちもあちこちでお相伴に預かったが、なかなか美味しいものである。ただ、ユンドゥン師匠宅のパルクルは小麦粉ではなく、ソバ粉だったので村中の不評を買っていた。

ご馳走というも、普段に食べているものとそれほどの違いはないのだが、米のご飯、小麦粉のロタ、肉を入れたパー（野菜のカレー煮）などがご馳走の部類に入る。また、カルベ（ツァンパ）も普段は余り食べないようだ。正月にパルダン家やゴンパでは、あまりチャンを飲めない女たちが年始に来ると、盆に盛ったカルベと茶を出してすすめていた。ナハギ・トパやザラ（四時のおやつ）の時もほとんどがトパ（スープ）であったことからも、カルベを茶で練って食べるのもご馳走のひとつらしい。

菜種油や桃種油も、作るとなるとなかなか面倒だ。菜種をよく干して石臼で挽いて粉にする。それを木の盆（マルシャン）に入れて、もう一度干して（陽に当てて）今度は竪杵で搗いて、また半日か一日干してから、水を少しずつ加えながら、粘りが充分出てくるまで手でよく揉む。よく揉んだら、手頃な大きさの団子を作り、斜めにした盆の上から下の方にその団子を力一杯押しつけていくと、僅かずつ油が滲み出て、盆の下部に溜まる。一マナの油をとるのに、六マナの菜種が必要である。屋上などの陽だまりに女たちがマルシャンを持ち出し、身体全体を前傾し、全体重を乗せるようにして搾っているが、見ているだけで疲れてしまいそうになる、根気と体力が要る力仕事だ。

桃の種油も同じようにして作るが、桃を土中に埋めて果肉を腐らせ、一、二ヶ月保存しておく。桃といっても、梅の実位の小さなもので、とても酸っぱいから、そのまま食べることはない。三マナの核《さね》から一マナの油がとれる。

桃が出たついでに、ポンモで穫れる果物をもうひとつ紹介しておこう。シェンドックという、一、二センチの小さな赤い実で、六、七月に実る野生の果物だそうだ。この辺りで採れる果物は、カンブ（桃の実）とシェンドックだけだという。

菜種を天日に当て干す

水を加えた粉を手でよく揉む

Ⅱ　食生活聞書

田村善次郎

1　穀物の名称・食べ方など

〔(ネ)：ネパール語、(チ)：チベット語、(ポ)：ポンモでの使用語〕

＊トウモロコシ＝マカイ(ネ)　ゴカ(ポ)

トウモロコシの粉＝ゴクペ(ポ)　ゴカのペ(粉)の意

＊蕎麦＝パーパル(ネ)　トウ(チ・ポ)

蕎麦粉＝タベ(チ・ポ)

＊小麦＝ガオン(ネ)　ト(チ・ポ)

　カニク(ポ)　パク・ペ(チ)　生で粉にしたもの

　カルベ(ポ)　煎って粉にしたもの

＊大麦＝ウワ(ネ)　ネ(チ)　ナイ(ポ)

　カルベ(ポ)　煎って粉にしたもの

　アト(ネ)　生で粉にしたもの

　ヨイ(ポ)　煎った大麦

(1)　麦粉を、ドルポではコンパというが、ポンモではカルベという。

カルベには二種類あり、固く手で握るものをパク、水を余分に入れて緩く解いたものをキャムドゥという。

(2)　煎って粉にして使うのは、小麦(ト)と大麦(ナイ)だけで、トウモロコシ(ゴカ)は、煎って粉にすることはない。

(3)　粉にするには、小麦・大麦を洗わずに煎り、石臼で挽く。ミンマが言うには、洗わずに煎るのは商売用で、自家用は煎る前に水でよく洗って一晩塩水に浸け、それをよく干してから煎り、石臼で挽くと香りが良くて美味くなる、という。

(4)　チャパティ、すなわちロティ(ネ)のこと。

ポンモにはロティがコラとロタの二種類ある。

コラは、蕎麦のロティのことで、箱で柔らかく練る。

ロタは、小麦粉(カニク)・トウモロコシの粉(ゴクペ)で作るロティ。

(5)　トクパ、トッパ、トパ(穀物や粉、乾燥野菜などを入れて煮る汁気が多い食い物＝粥、オジヤの類)にする粉は、小麦粉(カニク)、トウモロコシ粉(ゴクペ)、大麦粉(アト)、カルベ(煎った小麦・大麦の粉)で、蕎麦粉(タベ)は家畜に与えるだけで、人は食べない。

＊米＝ライ(ポ)

籾＝ダン(ネ)、ソワ(ポ)

米飯＝ニョ・トン(ポ)

食事＝カナ(ネ)　ニョ・パ(ポ)

　ニョ・パは全ての食物を指すこともある。

食事をする＝サジャイ(ポ)

2　食事の回数

一回目　九時頃　朝食　トクパ（ヌマギ・トクパ）という。
二回目　一二時　昼食　ニム・ニョパという。
三回目　四～五時　仕事の間に食べるので、その時間や食べる量、材料などで、チィア、カルベ・トクパ、ザラなどの呼び方がある。
四回目　九時頃　夕食　サム・ニョパと言い、食べるものは米飯かロティ。

昼食（ニム・ニョパ）の時には蕪・大根などの根菜（クイラ）やジャガイモなどのスープ（プル）を作り、ロティなどをそれにつけて食べる。野菜の即席漬け（アツァール）を作ってつけて食べることもある。アツァールは根菜と唐辛子、岩塩を搗き交ぜたものに、乾燥させたニンニクを粉にして入れて作ることもある。

夕食（サム・ニョパ）時に、揚げたロティ（プル）がつくこともある。米飯は少なく、ロティやサムのことが多い。

3　保存食のこと

（1）トリ・ロマ：蕪（ツロ）の葉を乾燥したもの。蕪を八月に収穫して、茎の付け根部分から切り落とし、長く縄のように綻って竿にかけて乾燥させ、それをさらによく干して保存する。料理法は、湯を沸かしてトリ・ロマを煮る。塩とギーを入れて三〇分くらい煮る。その後でツァンパを入れてトッパ（具入りの汁物）にする。

（2）ロウ・ロマ：大根（ロウ）の葉を乾燥したもの。製法、保存法はトリ・ロマと同じ。これは非常に辛いので人は食べないが、家畜の飼料にする。家畜に与える時にはツァンパを少し加えてトッパにして与える。

（3）トウ・ロマ：蕎麦（トウ）の葉を乾したもの。蕎麦の葉を若葉の時に摘んで、よく乾し、粉にして保存する。蕎麦は四、五月に播き、六月の一五、六日頃に摘む。六月中旬をすぎると蕎麦に花が咲き、茎が傷ついたりして良くない。摘んだ葉は手で揉んで乾かし、使うときには粉にして使う。トッパなどに入れて食べる。

（4）オルドック：蕪を薄く切って乾したものだが、あまり多くは作らない。蕎麦粉と一緒に煮たものをコルバという。冬に食べる。オルドックを入れて煮ると甘いので他の調味料は入れない。

（5）蕪の料理法は三種ある。
①　コルバ　蕎麦の粉と煮たもの。
②　クルドゥック　蕪を大量に煮て潰し、粉を入れてつぶれトッパのようにする。
③　カンゴイ　蕪を煮て、別に沸かした油の中に入れてフライにする。塩、油（マルコ）で味を付けて食べる。蕪を煮た時の汁は甘いので、残しておいて料理に使う。

4　アツァールのこと

一月二九日五時過ぎ、№6近くの石臼でパルダンの兄の娘が唐辛子と塩と蕪を混ぜて搗き、アツァール（即席の漬物）を作っている。アツァールを作るのに、他の家では金属や木を円筒形にくりぬいた壺に入れて搗き砕いているのを見たことがあるが、臼で搗くのは初めて見た。臼で搗くのだからよほど大量に作るのかと思えば、それほどの量ではない。雪の降る中をいかにも寒そうだが、一心に搗いている。初めに唐辛子と岩塩を一握りずつ入れて五分位かけて細かく砕き、その後、蕪を一、二切れ入れて搗き砕く。一五分位かけて一マナ程のアツァールができた。西ヤンはモラム家で焼酎（アラック）を飲んだ時、アツァールをつまみに出されたが、口が曲がるほど辛くて閉口したという。

5　クイラとアルの貯蔵法

冬季なので、ポンモでは蕪・大根の類（根菜：クイラ）とジャガイモ（アル）以外の野菜は見かけない。蕪や大根は夏に穫れるもので、この時期にあるのは貯蔵したものだ。モラム爺さんによれば、蕪は六月に種を蒔き、八月に収穫し、畑に穴を掘って埋め込んで、必要な時に掘り出す。ジャガイモも同様のこと。

6　料理に使う香料、ジンブーのこと

一月一八日、№7aのシンドゥル宅で、囲炉裏に鍋をかけて湯を沸かしていた。煮立った湯に油（菜種油だという）を入れ、更に茶葉のようなものを入れる。一〇分ほど煮た後に、蕪とジャガイモを入れる。蕪は洗わずにそのまま、ジャガイモは切ってから水の入った鍋で簡単に洗って放り込んだ。これが昼食のおかずらしい。私たちは一一時頃に引き上げたが、その間、一度水を足したが塩はまだ入れなかった。多分、私たちが帰った後に塩を入れたと思われる。この料理はパグマという「煮つけ」である。シンドゥルに、パグマに入れた「茶葉のようなもの」は何かと聞くと、この辺りの山にたくさん生えているジンブーというニンニクに似た風味の草で、香辛料として料理に使うのだという。ジンブーは、七月から九月までに刈り取り、細かく刻んでよく乾して保存し、料理に使う。この辺りの山にあるが、ポンモでは採集はしない。使っているのは、リンモの友だちから貰ったものだという。ジンブーを入れる料理は、ツル・ピンダル・パ（蕪とジャガイモの煮付け）などだ。ポンモでは冬の間の野菜は蕪とジャガイモしかないので、ジンブーをカレー粉のようにして主に煮付けに用いる。

畑にジャガイモを埋けこむシンドゥル

7　バターとギーとチーズ

一月一三日朝、パルダンの弟と一緒に、テシがギーを売りに来た。ただ、値段はパルダンが決めるので、今は判らないという。良い機会なので、乳や乳製品（バター、ギー、チーズ）などについて、聞いてみた。

原料乳は、牝ヤク（リム）、ゾーモ（ヤクと牛の一代雑種の牝）、羊（ラ）、山羊（ルック）から搾る。ヤクの乳二〇マナで一五ダルニのギーができる。テシはギーとバターは同じもので固形をギー、バターはそれを溶かしたものだと言った。

最初にチベット茶に使うような円筒に入れて攪拌するとギーが分離してくる。

搾乳する時期は、どの家畜も五月以降、一〇月頃までだという。

牝ヤクは一日に四マナの乳を出すが、半分は仔ヤクが飲み、二マナしか採れない。

ゾーモは一日二マナ、羊は三日で一マナ、山羊は二日で一マナ、牝ヤクは全村で一〇〇頭以上いるが、ゾーモは四、五頭。五月になると、牝ヤクやゾーモを山の上に連れて行く。一戸から二、三人ついて行く。ミルクから作るものはバター（ギー）、チーズ（チュルビ）、ヨーグルト（ダヒ、ソウとも言う）で、ダヒ（ソウ）は、ギーやチュルビを採った後の液を発酵させたもので、栄養豊富な乳酸飲料である。搾りたての原乳にダヒを少し入れて一晩おくと、翌朝にはもうダヒになっている。ギーは村内で自給できるが、チュルビはポンモでは一戸あたり年間四マナほどしかできず、大幅に不足するので、年に四～五パテも作るドルポから運んでくる。

ギーを赤ん坊の頭に塗ることをチョマという。一、三歳になるまでギーを塗るが、これは頭の骨がよくくっ付いていなく、骨を護るのが皮だけなので、頭を護るために塗る。毎日塗るわけではないが、ギーの脂分がなくなると、新たに塗りつける。

8　菜種油の搾り方

No.9のサタシの娘が、木箱の中の、今まで何かの搾り粕だと思っていたものを手で揉んでいる。搾り粕だとみたのは思い違いで、臼で搗いた菜種を陽に当てていたのだ。私（田村）はどうも娘たちに嫌われているようで、話を聞こうとすると逃げられてしまう。後をマチコに頼んでNo.3の前まで移動。爺さんが孫らしき赤ん坊を抱いている。ここではいつも女衆が機を織っており、カメラを向けると嫌がって逃げてしまう。何とかしたいと、抱かれている赤ん坊をあやすと、機嫌良く笑ってくれる。いずこも同じで、孫の機嫌が良ければジジババの対応も変わる。そのうちに婆さんが菜種が入った木箱を持ち出してきた。カメラを向けても嫌な顔をしない。将を射んとすればの兵法で菜種搾りの観察と聞き取りに成功した。

①　収穫した菜種は、まずブランケットに広げて干し、充分

菜種油絞り

に乾燥したら軽く叩いて実を落とす。篩でふるってゴミを取り、石臼で挽いて粉にする。それを刳りぬきの木箱に入れて、日光にあてる。陽に当てたものをピナという。

② ピナを再度竪杵で搗いて、日光にあてる。この段階のものをバルザという。

③ バルザに水を少し加えて木箱に入れ、手で揉むように捏ねる。かなり捏ねたら、手頃の大きさの玉に丸める。

④ 木箱を斜めにし、バルザの玉を強く圧して搾る。油がにじみ出て下に溜まる。

⑤ バルザを捏ねる際に、前に搾った粕を混ぜて捏ねる。

⑥ バルザの絞り粕もバルザという。それは牛、ヤクなどの家畜の餌にする。

⑦ 油はマルコという。

⑧ マルコは髪油や食用にする。プーリ（パルクル、パグリ）やカレーを作るときに使う。

⑨ 菜種搾りに使う箱は、マルシャンという。穀物などを干すのに使うものと同じもので、ポンモではかなり多用されている。

⑩ 一マナの菜種油を採るのに、二テ（ここでは一テ＝三マナ、場所により異なる）のトリ（菜種）が要る。

⑪ 油を入れる木製の刳りぬき壺を、パリまたはマルパリという。ネパーリーの村ではチョゥチと言っていた。

⑫ ニマ・ポンツォ（№３）の家では一年間に油を九ダルニ（三六マナ）ほど搾るという。

⑬ マチコは、リミでもこれと同じ方法で菜種油を搾るのを見ている。

9 桃種の油を絞ること

一月二七日、朝から雪しきりに降る。ポンモに来て二度目の雪。午前中、ミンマ、プルバが薪採りに出かけたので聞取りではなく、雪のポンモを撮りに出る。朝、クロさんと二人、水場に顔を洗いに行く。昼食後、一時頃、西ヤン、ミンマとパルダン家へ。梯子を上がった踊り場で、ヤンズム（パルダンの兄のテンジン・タルキャの細君）が桃種を割って、核を取っている。板石の上に桃種を一四、五粒おき、細長い板石で押しつぶしている。桃種からも油を採ることは聞いていたが、これまで観察の機会がなかったので、観察しながら、具体的に聞きたいと側に寄ったが、この奥方はモラム婆さんの娘だけあって、なかなか手強く、まともに話してくれない。早々に諦めてパルダン家に入ると、老父母とザンム（パルダンの妻）、弟のギャムゾウが囲炉裏端で手仕事をしていた。老父母とザンムはそれぞれの場所

で糸を紡ぎ、ギャムゾウは右手奥の老父の手前に座ってチベット靴（ションバ）の底を繕っている。底皮は水牛の皮だという。繕い方はあまり上手ではない。彼らに桃種の油のことを聞いた。

①　桃の実はカンブ、種はラックチャ、核はアシェという。アシェから油（マルコ）を搾る。核はカボチャの種と同じような味がする。胡桃（オカル）はポンモにはない。

②　桃の木は村や畑の周囲などに沢山ある。老父が覚えてからは植えたという記憶はない。ずっと昔からある。

③　桃の木の持主は決まっている。大体は、家の近くにあるのはその家のもの、畑の周囲のものは畑の持主のもの、というようになっている。

④　桃の木を一番多く持っているのはユンドゥン・イセ（No.13）。あの家は下二軒だったのが一軒になったので多いのだ。俺の家（パルダン家）は八本しかない。

⑤　桃の実は九月、一〇月に落ちる。それを拾いに行く。男も女もだ。女とは限らない。

⑥　籠に二、三杯拾うこともある。人手が多い家は沢山拾うし、人手がない家では拾えなくて、他の人に拾われることもある。

⑦　多く実る年と、そうでない年とがある。多く実れば多く拾って、油（マルコ）を沢山作る。

⑧　籠に入れて持ち帰った桃の実は、そのまま果肉を食べるが、酸っぱいので多くは食べない。拾ってきた実は穴を掘って埋め、土をかけておく。二週間もすると果肉が腐って種がとれる。それをよく洗って乾かして保存し、今頃（一二月・正月前）に種を割って核をとり、油を搾る。

⑨　取り出した核を石臼（トンガ）で搗き砕き、それを刳り箱に入れて二日ほど陽に当てる。そしてもう一度搗いたものを、湯を少し注いで、力いっぱい揉みこむと、油がしみ出す。菜種（トリ）の油を絞るのと同じだ。

⑩　一テのアシェから一マナの油が採れる。

⑪　パルダン家では一ダルニ（五マナ）ほど。多い年には四ダルニも搾ることがあるが、それは自分の家の桃の実だけでなく、他家の実も拾った年だ。

⑫　油は料理に使う他に髪油にもする。リンブルツェが二度目に村に来て、No.12の厄払いをした翌日（一月一二日）、若者たちが踊ったが、その日の午前中、娘たちは髪を梳いて油をつけていた。髪に油をつけるのは晴れの日の正装。その他にも何回か、女性が髪に油をつけているのを見ている。

⑬　油を使った料理の主なものは、(1)パールという、ジャガイモや蕪などのスープのような煮付け。(2)パルクルという、ネパールでのプーリと同じようなもの。

⑭　パルクルは大晦日（ナムガン）の夜に作るが、大晦日に食べるのではなく、元日の朝のご馳走の一つ。また、普通の日にも作ることがあるが、やはりご馳走である。

10　蜂蜜（チベット語でラン、ネパール語でクド）

ヒャクパ（No.7a）に交易について聞こうと行ってみたら、シンドゥルが木の壺を炉にかざして暖めていた。蜂蜜が固まったので溶かしているのだという。蜂蜜はポンモで採れたものではなく、リミ、ティブリコットから買ってきたもので、一ダルニ（四マナ）で三〇ルピーだったという。壺ごと炙っていたが、なかなか溶けないので金属製のシャモジを熱して口から突っこんで溶かしていた。何に使用するのか不明。

11　正月用のチャン作り

一月一四日、パルダンから正月用のチャンについて聞く。

① 正月は大事な神の祭だから、普段とは違い、囲炉裏をきれいに掃除し、鍋も洗って磨き、作る人も顔や手、身体も洗って、身を浄めて（日本風なら精進潔斎）から取り掛かる。作るのは主に女だが、必ず一人で作り、他の人を近づけてはならない。

② 水も、いつもの水場より遠くまで行き、きれいな水を汲んでくる。

③ 神に祈りながら作る。神に手を合わせて祈るのだ。

④ 神に祈ることをシャンという。囲炉裏にシュクパの葉を一握り入れ、次に水をシュクパの葉がついた小枝で囲炉裏に振りかけながら祈る。

⑤ シュクパは村の付近には幾らでもある。

12　チャンの作り方（パルダン家での観察）

村に着いてすぐ、チャンの作り方を観察したいのと、出来合いを買うより、自分たちの依頼で作ってもらった方が安上がりだろうと、パルダンにその旨を依頼していたが、一月一四日の一〇時五〇分頃、パルダンの弟のギャムゾウが、今から作ろうと湯を沸かし始めているから、見たいのなら早く来い！と。西ヤンとパルダン家へ。

パルダンの他、父母と細君、弟、その他二、三人が炉端に集まっている。囲炉裏には大きな鍋に湯が沸かされている。鍋の中にはすでに、大麦（ウワ＝裸麦）と小麦（ト）が入れられている。囲炉裏の端には酒母（パプ）を入れた鍋蓋のような容器が置かれていた。これは酒母を乾燥させるためだという。

（1）大きな鍋はシェブという。この中に大麦と小麦を入れて煮る。この時の割合は大麦九マナと小麦七マナで、九：七になっているが、その割合が特に決まっているわけではない。チャンは小麦、大麦それぞれ単独でも作るが、単独のものより、混合したほうが味が良くなる。

（2）大麦、小麦以外では、米（ダン）、トウモロコシ、蕎麦などでも作る。（ポンモでのダンが米なのか、籾なのかを確かめなかったが、カトマンズや東部ネパールのアイシェルカルカでは玄米だった）。

（3）チャンは、時によって出来不出来がある。出来の良いものはチャンのまま飲み、出来の悪いものは焼酎（ロキシー）にする。

（4）出来の善し悪しを決めるのは、酒母の良し悪しによることが大きい。

（5）酒母はポンモでは作れないので、ジュムラやゾンサンブ（ポカラから七日行程ほどのチベット人の村）から、商人が持ってきたものを買う。

（6）酒母は作ったことがないので、材料や作り方などは知らない。今使っているものはジュムラから持ってきたもので、ジュムラのものは小さなボール状に丸めてある。

（7）チャンは雨季には作らない。作っても出来が良くないので、ロキシーにすることが多い。

（8）チャンを作るのは主に女だ。パルダン家ではアマ（主婦・パルダンの母）が作るが、女が忙しければ男が作ることもある。

（9）女が生理の時は、チャンは作れない。チャンだけではなく、食事も作れない。

シェブという大鍋

トガがかけられた大鍋

（10）大鍋（シェブ）に入れた大麦、小麦は、ほぼ一日中、囲炉裏にかけて水が無くなれば注ぎ足し、注ぎ足しして煮る。

　昼食後、一時四五分に再度訪ねるとすでに煮つまって、大鍋から溢れそうになっている。大鍋には白樺の皮が蓋の代わりにかけられていた。白樺の木をトクパと言い、皮をトガという。トガは物を包んだり、覆いにしたりなど用途が多い。

　一時五五分、大鍋を囲炉裏から下ろし、そのまま部屋の隅に置いて自然に冷やす。その間に母親は、酒母（パプ）を容器に入れたまま揉み潰して粉にする。かなり細かな粉にして、それに囲炉裏の灰の、よく燃えてきれいな所を二すくい掬って容器に入れ、炉端に置いて乾燥させる。そして三時半頃、いくらか冷えてきた大麦・小麦を竹で編んだ莚に鍋から移して広げる。それを、熱くも冷たくもない、人肌程度まで自然に冷ました後、粉にした酒母を混ぜ、白樺の皮で内側を隙間なく巻いた籠に入れて密封するというのだが、この時に他人がいるといけないのだと、我々は追い出された。恐らく、邪視を避けるということだろう。

（11）竹で編んだ莚は、レルティ（チベット語）、マルタ（ネパール語）。籠は、ポクタン（チベット語）、キャンヌ（ネパール語）。

（12）炊きあがった原料をルム、酒母を混ぜて籠に入れたものをルムタといい、籠から壺に移したものもルムタである。チャンはそのルムタを壺から出して、水を加えて搾ったものである。

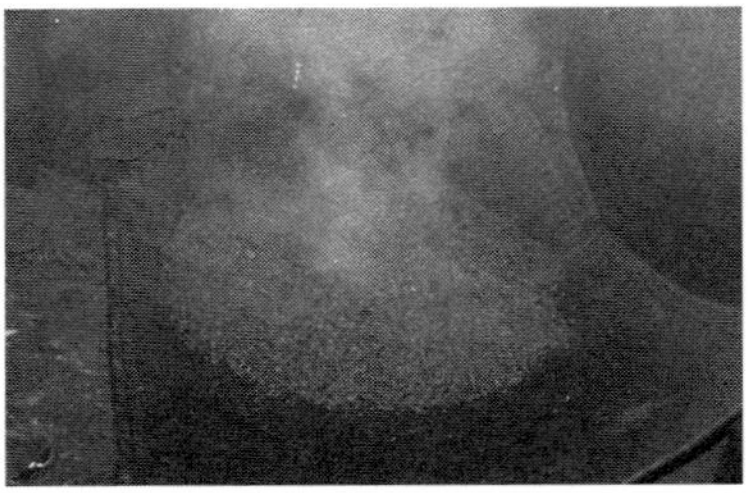

莚に鍋の中身を広げる

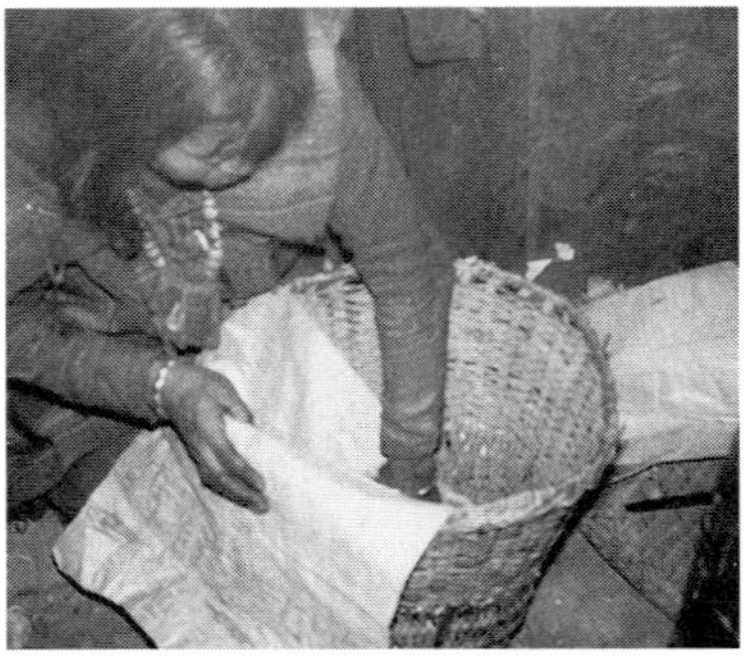

籠の内側にトガを貼る。この後、追い出された

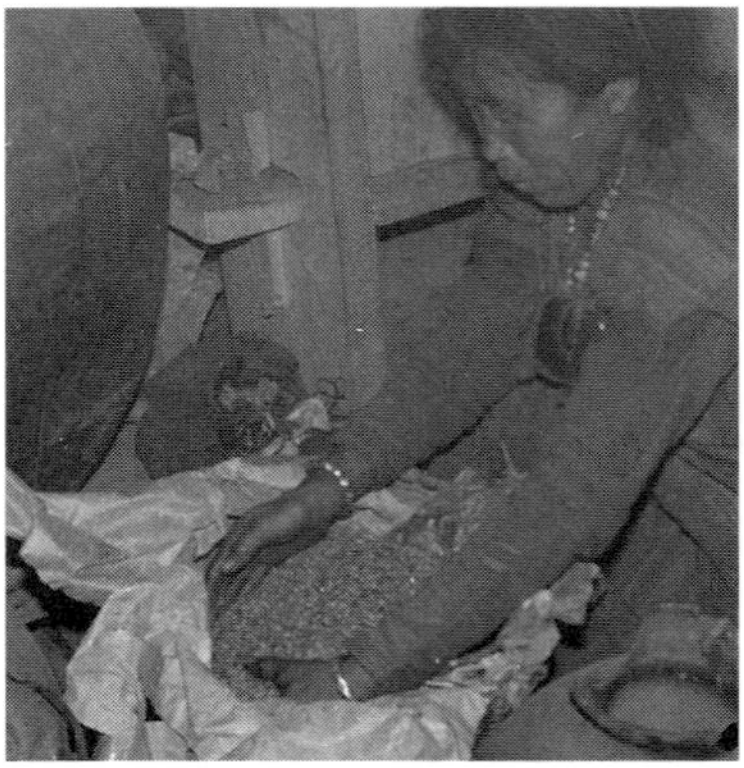

籠に入ったルムタ。甘いチャンの香り

ルムタを籠から壺に移す

(13) 人肌程度までに冷ましたルムに粉にした酒母を混ぜ、籠に入れて密封したルムタを部屋の隅に二晩置き、それを壺（ゾマ、ネパール語でグイロ）に移す。その時に冷たい水を適量加える。三日目になるとすでに醗酵しており、四日目には甘い味だが飲むことができる。

(14) チャンは四日目位から飲むことができるが、長く置くほど味が良くなる。二週間くらい置いておくとよい。

(15) 出来の良いチャンだと、三日目位には甘い香りが漂ってくるが、出来の悪いものは香りがしない。

(16) 香りがしない出来の悪い時は、ボキシーがついたからだと、ボキシーを追い出すために鉄棒を焼いてルムタに突き込むこともある。

(17) 酒母を混ぜる時に他所の女が入ってきたり、ボキシーが入ってきたりするとチャンの味が悪くなるとして、戸を閉めて他の人を入れないようにする家もある。

(18) 家によっては、籠にルムタを入れて密封した後、囲炉裏の火をとって籠の周囲に撒き、それをすぐに拾って外に放り出す、ということをする。こうしてボキシーを追い出すのである。

(19) 籠にルムタを入れて密封した後、パルダン家ではトウ・ペチャという木の棒を籠の上に置く。これもボキシーを追い払うためである。

(20) 焼いた鉄棒をルムタに突き刺すのは、ボキシーを追い払うためでもあるが、ルムタを入れた籠を布でくるんで保温するのだが、温度が保てずに冷えてしまうと良くないので、焼いた鉄棒を刺して温度を保とうとしているのだ。

〔付〕一月二三日、モラム家では、小麦を大きなフライパンで煎っていた。正月用のチャンを作るためのものだという。パルダン家では、私たちが行った時にはすでに麦は鍋の湯の中に入れられていた。その麦が、煎ったものかどうかの確認はしていない。不注意であった。ともあれ、モラム家では小麦を煎っていた。あまり長い時間かけて煎るのではなく、焦がさないようにさっと煎る程度である。囲炉裏の側には水を入れた大鍋が置かれ、すでに煎った小麦が入れられていた。四テの小麦を入れるという。

正月（ロシャール）用のチャンは、金持ちだと三、四〇テ程は作るという。モラム家では、婆さんが四テだと言ったが、彼女はあまり本当のことは言わない。聞くだけ無駄だった。モラム家では頼めばいつでもロキシーを飲ませてくれる。ロキシー用の小ぶりな鋺一杯が二・五ルピーだ。これは年中切らさないようにしているので、原料のチャンは何回も作る。だから、年間でどれほどの量を作るか正確には判らないのだ、というのが爺さんの答だった。

13　ルムタ（水を加えてチャンにする前の状態＝醪《もろみ》、ドブロクに該当する）を籠（ポクタン）から壺（ゾマ）に移すこと

一月一六日朝八時半、パルダン家から一四日に仕込んだルムタを籠から壺に移すから見に来い、という誘いがあった。クロさん、西ヤン、ミンマと共に出かける。私たちが依頼して作ってもらっているルムタを入れた籠は、囲炉裏の入口から向かって右側、いつもは爺さんが座っている奥の方に置いてあった。一四日には、籠は布で厚く巻いてその上に経本を置くと言っていたが、籠の中に白樺の皮（トガ）を敷き、ルムタを入れてトガを蓋にしたままで、籠の下に大きな柄付き鍋を敷いて置いてあるだけで、経本は無かった。アマ（主婦、ここでは婆さん）は壺を布きれで拭いている。ギャムゾウが奥から籠を壺のそばに据える。婆さんが蓋にした樺皮を剝がすと、甘いチャンの香りが漂ってきた。良いチャンが出来上がりそうだ。

婆さんがルムタを籠から壺に移す時に、右手の親指と薬指でルムタを摘まむようにして前方にはじく。これを七回繰り返す。その後、右手だけでルムタを掬って壺に入れる。三回右手で掬って入れ、その後は両手を使って移す。三分の一ほど移したところで、桶に汲んであった水を注ぐ。桶は二升程も入る大きさのもので、それに四分の一位の水が入っていた。

正月前に呑むのならもう少し水を入れるが、正月まではまだ二週間もあるから、水はあまり入れない。どっちにする?と、アマが私たちに問うた。正月用と答えると、それ以上は水を加えなかった。

ルムタを壺に移した後、下に敷いてあった柄付き鍋に水を少し入れ、それで樺皮を洗い、その水を壺に入れる。その後、樺皮できっちり蓋をした壺は、部屋の隅に置かれた。

一六　ポンモの農耕

一　畑仕事1

一九六八年二月六日　№13のニマ・ラマが婆と並んで裏の陽当たりの良い場所で針仕事をしている。その横に腰掛けて畑仕事のことなどを聞く。

(1) 種まきは女がするのが原則だが、男がしてもよい。

(2) 犁起こしは男がする。犁起こしをモエモキュウといい、ヤク、ゾー、牡牛（ロンボ）を使う。モエモキュウは三月一日に始めることになっているが、遅くなることもある。

(3) リム（牝ヤク）は普通は使わない。ヤクやゾーを持っていない人が使う程度。

(4) 犁起こしは二人でする。一人は犁を持ち、一人は牛の口取り役。口取りをつけないと、前に進むだけで、旋回できないから。口取り役はノチゲ、犁持ちはモエムカイという。口取りは女でも構わない。

(5) 犁はトンバ、鋤先はトンサという。牛につける腕木はニャシンといい、犁起こしは二頭で行う。

(6) 小麦の畑を初めに起こし、次にジャガイモの畑、蕎麦（トウ）の畑が最後で、五月になる。

(7) モエモキュウ（耕起）を始める日のことを、ポンモではケウという。暦を見て決めるが、一日が最も良い。他に、一〇日、一五日などが、ケウには良い日。逆に、九・一八・二九日が、ケウには悪い日。月が大きくなりはじめる日や満月の日は良いが、月が小さくなったり、なくなる日は、悪い。

(8) 最初は、小麦を蒔く畑は決まっていないと答えたが、念を押して聞くと、小麦と蕎麦は交互に播くことに決まっているという。輪作をするのである。

輪作形態は、

小麦→蕎麦→小麦

ジャガイモ→蕎麦→小麦

小麦→ジャガイモ→小麦

菜種→菜種以外の菜物→菜種

菜種→蕪→菜種……などの二年三作である。

(9) 大麦はポンモの畑では出来ない。夏の放牧地のゴナでいくらか穫れる程度。ゴナに播く大麦はドルポから持ってきた、チベット大麦でタラップ・ナイという。

(10) ゴナは本村より少し高度があるので大麦が作れる。ゴナは冬は寒くて行けない。行くのは夏だけ。ゴナでは大麦→菜種→大麦というように作る。

(11) 大根（ムラ、ポンモではロウ）も作るが、大根は蕪と混ぜて播く。大根単独では播かない。

(12) ジンブーというニンニクに似た、調味料のように使うものが山に自生している。三月から五月頃まではその葉を採って食べる。一〇月には根を掘って食べる。

(13) 犁起こしをしたら種を蒔く。種はバラ蒔き。種を蒔いた後、再度犁起こしをして平らに均す。種まきのことをシャゴンギャクと言い、女性の仕事である。

(14) 犁起こした後に堆肥を入れ、四月の終わりから五月の初めに種を播く。

(15) 小麦は種を蒔いてから犁起こす。小麦は一回起こすだけである。種を蒔いてからまた犁起こすのは、蕎麦である。

(16) ジャガイモは犁起こした後にすぐ植え、すぐに土をかけていくが、この作業は男も女もする。

(17) 堆肥をルポンという。二月に畑に運び出しておき、犁起こす前に畑に広げる。堆肥はジャガイモも小麦も蕎麦も、全ての畑に入れる。

(18) 種まきの前に各家から一テの大麦や蕎麦などを集めてチャンを作る。三月八日にチョルテンにそのチャンを供えて豊作祈願をする。その時には村中の人が集まる。チャンを作るのは回り持ちですることになっており、今年はアンドゥイ家が当番になっている。チョルテンに供える時には、村人は大麦、蕎麦、米などを一握り宛持ってきて、それをチョルテンに投げつけて祈る。このことをユルサ・ソ・ワインと言い、村人が神に祈る、という意味である。

二　畑仕事2

二月一四日、朝九時頃からゲルーに上がる。一方で、6サタの妻ヌル、ニマ・ポンツォらが早朝から本村に下ってきた。蒸留酒を作るためだという。シンドゥルも、家に用があるらしく下ってきた。水場の所で、パルダンと弟ギャムゾウとラタル、ヒャクパ、パルダン兄のテンジンに出会う。パルダン以外はドゥネイに行くのだという。また村から男たちがいなくなってしまう。

ゲルーでパルダンの母に少し話を聞き、その後№11の凍傷男ショナム・チュルディンを訪ね、四時まで話を聞いて帰る。

昼頃少し陽が射してきたが、昨夜からの雪がまだ降っている。しかし、長時間降った割には積もっていない。正月以来二度目の雪でだ。

五時頃宿舎に着くと、テンジン・バハドールが放牧地のクムにヤクを連れて行くようで、庭に六頭放されている。他にパルデン・ラマ、パルダン、テシ、モラム家の長男タクラ、9サタシが来た。彼らは、今晩は9サタ宅で泊まり、パルダンとパルデン・ラマ以外は、ドゥネイに出稼ぎに行くという。仕事は、暮に引き続いての、パンチャヤット事務所などの建築作業で、手間賃は一日五ルピー。

№7a・7b・7c・6・11・8などがゲルーに移ったのが二月九日、2・3・4・13が移動したのが二月一〇日であった。ゲルーの雪はまだ消え残っていた。ただ南斜面は殆ど消えているので、牝ヤクなどの放牧にはゲルーの牧草地（パングリ）は比較的良いようだ。

正月過ぎて本村からゲルーに移るのは何故か?。囲炉裏を囲みながら仲間内での話題になる。

1　牝ヤクなどの放牧地が本村の近くにはなく、ダジャなど遠くの放牧地になる。

2　ゲルーの畑に厩肥を入れるのに本村から運ぶのは遠すぎて、充分に入れられない。

などが、村人から聞き得た理由の主なものだが、それだけでは充分には納得できない、と皆は考えているようだ。農耕化しているとはいえチベット人の、遊牧民としての移動の習性が、どこかに残っているのではないか、などの意見も出ている。それが絶対的なものだとは思えないが、妥当なところかもしれない。

一一日。ゲルーに行くと、主な連中はみんなゾサの草刈り場に行ったとかで、留守。三時頃、早い人は帰ってくるが、誰もが自分の背より高く草を背負っている。夏草刈りのように、村全体の行事として行われるのではないようだが、ゲルーに移って牝ヤクを放して草場が食い荒らされる前に、冬草を刈って補給するのであろう。

一二日。本村で物々交換をして民具を手に入れる。ゲルーは本村に近いので、ちょいとした物を取りに戻ってくる。当座必要なものしか運ばないからだ。

一三日。クロさん・西ヤンがリンモから帰ってくる。湖はポンモよりかなり高度があるので、雪が深かったという。

この頃には、引っ越しに伴うゴタゴタも一段落したのか、各家の女衆たちが機織りを始めている。№8のシンソワは、毎日本村に戻ってきて板を削り、箱を作っている。

以下は、主にパルダンの母親から聞いたもの。

(1) ゲルーから本村に帰るのは、三月の終わりから四月の初めにかけて。キャングル・シンガというゲルーにある畑と、カルカン・シンガという川向こうの畑の犁起こしを済ませてから、本村に戻ることになっている。

(2) 去年はゲルーの畑には蕎麦を播いた。今年は小麦を播くことになっている。川向こうの畑には、去年は小麦で、今年は蕎麦を播く。小麦と蕎麦は一年おきに播く。連作による忌地《いやち》を防ぐためだ。

(3) 蕎麦を播く畑は二回犁起こしをするので、一回目を済ませてから本村に戻り、後にまた上ってきて二回目をする。小麦を播く時は、種を蒔いて、犁起こしをしてから本村に戻る。

(4) 今年はゲルーの畑に小麦を播くので、三月末に播いてから本村に下る。

（5）ゲルーに上がって行く時の一番上のチョルテン（距離的には本村とゲルーのちょうど中間点）の位置が、ゲルーの畑地（キャングル・シンガ）と本村の畑地の境になる。そこを境に、小麦と蕎麦を一年交替で作ることになっている。

（6）ジャガイモ、蕪、菜種は毎年、同じポンモの畑地で作るが、あまり大きな畑では作らない。

（7）ゲルーの畑地は、雪解けの時期になるとユリコット、リミの方に抜ける道にあたり、村の人の目が届かずに荒らされることが多いから、ジャガイモ、蕪、菜種などは作らず、家の近くの畑で作る。

（8）菜種は蕎麦の畑の周囲に種を播き、小麦の畑の周囲では作らない。

（9）菜種だけの畑がないわけではないが、大きくて良い畑では作らない。良い畑には小麦や蕎麦だけを作る。

（10）川向こうの畑地の周囲（割合傾斜の緩やかなところ）にある木を伐って焼いた所は、焼畑（サ・シンガ）の跡だ。五、六年前に作った場所だ。

（11）焼畑は、三年前にネパール政府からの通達で木を伐ってはいけないことになったが、それでも伐っていて罰金を取られた。それからはしていない。

（12）焼畑は三年間、作物を作る。一年目はよく出来るが、次第に出来なくなり、三年目には余り良く出来ない。三年作った後は牧草地（パングリ）にする。焼畑では蕎麦を作る。

（13）川向こうの畑地は、周囲の木が太って蔭になり、畑がよく出来なくなるので、木を伐って焼畑にしたのだ。

三　作物の栽培法

（一）えんどう豆の作り方

一月一四日朝、私たちの正月用のチャンの仕込みの日取りと、仕込みの様子を見せてもらうことの確認、またパルダンがドゥネイに行く際に、仲間が書いた手紙の投函を依頼するなどのため、クロさん、プルバの三人連れで訪ねた。昨日ゴンパに行ったパルダンはまだ帰宅していなかった（九時半頃に帰宅）が、パルダン家は朝食の最中だった。

チベット茶を作り、それでツァンパを練ったものを食べていた。囲炉裏の奥の方に、ソバ粉で作った大きなロティが二枚置かれ、囲炉裏には鍋がかけられており、粥が煮えていた。部屋の隅ではパルダンの母が箕のような容器に入れた豆を選りわけていた。日本のえんどう豆に似た豆で、シャマという。サンプル用に少し分けてもらい、その豆について話を聞く。

（1）この豆はシャマと言い、ポンモで穫れた。シャマには大小二種類あるが、ポンモは高所で冷えるので、小さいものしか穫れず、大きいのは穫れない。

（2）植え付けるのは四月で、収穫は八月。

（3）植えるのは蕎麦を播く時に一緒に蕎麦の中に播く。蕎麦を刈りとる時にシャマも一緒に収穫する。蕎麦は鎌で刈り取り、シャマは抜き取るのだが、同時にやる。

（4）一マナ播いて、良く穫れる年で一二、三マナ、不作の年には三、四マナ。年による穫れ高の差が大きい。

（5）多い家で二、三マナ植え付けるが、一握りしか植えない家もある。今年、パルダン家では一握りしか植えず、収量は二テ（六マナ）だった。

（6）シャマは囲炉裏で煎り、粥に入れるか、石臼で挽いて粉にしてスープにするか、食べ方は二通りだ。

（二）小麦の作り方

一月一四日、パルダン家でチャン造りを観察している合間にパルダンから聞く。

（1）大麦はポンモでは作れない。全てラハガオン辺りから持ってくる。

（2）小麦はポンモで栽培される作物の中で最も多く、最も重要な作物だ。

（3）小麦の播種は四月、収穫は九月である。

（4）ドゥネイ辺りに持っていって米と交換する際の比率は、小麦一マナに米一マナだ。

（5）五マナの籾が、籾すりをすると二マナの米になる。

（三）蕎麦についての聞書

一月一五日、No.7aの屋上で蕎麦を乾しており、シンドゥル夫妻が糸を紡いでいた。その傍に座って話を聞く。

（1）蕎麦はネパール語ではパーパル。ポンモでトウと言い、蕎麦粉は夕べと言う。

（2）蕎麦はポンモではよく穫れる。大事な作物。

（3）蕎麦には二種類ある。一つは粉にした時、黄色味がかっていて苦みがある蕎麦と、白くて苦みのない甘い蕎麦だ。ポンモでは本村で甘い蕎麦、春村のゲルーで苦い蕎麦が穫れる。ゲルーは標高が高く、寒いからで、リンモの冬村のプロウでは甘い方が穫れ、リンモ本村では苦い方だけだ。

（4）苦い蕎麦をネパール語ではテテア・パーパル、チベット語でトウといい、甘い蕎麦をネパール語ではミテア・パーパル、チベット語ではギャブレという。

（5）リンモやパーラなどで交換することがあるが、ギャブレの方が値が高い。交換比率は、トウ三マナがギャブレ二マナになる。

（6）ポンモの人はギャブレはあまり食べない。好きでないのだという。

（7）蕎麦は四月に播きつけ、八月に鎌で刈りとる。

（四）ジャガイモの作り方

（1）ポンモでは、ジャガイモをピンダルという。チベット語ではアルという。

（2）ピンダルは四月に植え付けて、五月に早いものは掘りはじめ、八月にはすべて掘り採ってしまう。

（3）植え方は日本と同じで、種芋の芽のある部分をつけて二つ三つに切り分け、畝立てをした畑の畝に適当な間隔にばら播いて土をかける。

（4）三月に畑に堆肥（ルン＝ポンモ、モイ＝ネパール語、オアル＝チベット語）を出してばら撒き、その後を犁（モエ）で犁起こす。

（5）堆肥はドコのような背負い籠（コンバ）に入れて背負い出す。広い畑で三、四〇杯、小さい畑だと三、四杯入れる。

（6）犁は二頭曳きである。

（7）種芋は広い畑だと大きな背負い籠に二杯、小さい畑は小さな籠で二杯ほどが必要だ。収穫は、良い年でコンバに八、九杯、悪いと四杯位しか穫れない。

（8）雨が多い年の方が良く穫れる。

（五）除草のこと

（1）除草のことをユルマユルケという。

（2）蕎麦のユルマユルケは、播種後、一週間で芽が出てくるが、それから二〇日の後にする。

（3）除草には、小さな鎌（クツ）を使う。クツより少し大きな草取り鎌（コマ）もあるが、ポンモではあまり使わない。

（4）蕎麦の草取りは一回しかしない人もいるが、二回するのが最も良い。

（5）小麦は三月に種を蒔き、四月に草取りをする。

（6）大根や蕪も一回除草をする。

（7）除草は女の仕事。男の子供が手伝うことはあるが、主に女の仕事だ。

（8）ラマの畑の種まき、草取りに村の人が手伝いに行くということに特に決まりはない。

（9）村のゴンパの畑はない。

（六）虫送りのこと

二月一四日、畑仕事についてパルダンの母に聞きかけたが、すぐに仕事に立ったので、ゴンパから帰ってきていたパルダンの姉サンムに雨乞いのこと、虫送りのことなど少しを聞いたが、要領を得ないのでNo.11のショナム・ギャルボのところに行って聞く。

＊サンムの話

雨乞いはする。村人がラマに頼む。ラマは山の上でやる。雨乞いのことを、シュブルという。

虫送り。蕎麦にブーという虫がつく。この虫は茎を食って倒してしまう（芯食い虫のような虫?）。ブーは小麦、ジャガイモにはつかない。除草（ユルマユルケ）の頃にブーはつく。これがつくと虫送り（クリム）をする。

＊ショナム・ギャルボに聞いた虫送りのこと

（1）蕎麦、ジャガイモが一〇センチ位に伸びた頃、ブーがつく。ブーがつかないように虫送り（クリム）をする。

（2）ブーは、毎年つくわけではないが、クリムは毎年行う。五月の一〇～一二日までの良い日に行う。

（3）クリムをする家は順番で持ち回りになっている。去年はNo.2、今年はNo.3である。

（4）クリムの行事のことを、メンゾールという。

（5）メンゾールの次第は以下のようである。

①シュクパ、タンシン、メトンなど、多くの種類の木を燃す。それをジンガシャックという。

②ジンガシャックの火にギーを沢山入れる。しばらくすると、ギーから青い炎が出てくる。そこにチャンやアラックをコップに半分位入れる。すると炎が大きくなる。チャンやアラックを入れることをシャガールという。

③そのようにして灰をつくる。その灰を各家に配り、畑に撒く。撒くのは女でも良い。灰のことをチラッフという。因みにチラッフというのはラマの薬のことをいうのだが、この灰もラマが作るわけではないが、薬の一種だとされているようだ。

（6）メンゾールをする家は、回り持ちだ。メンゾールをするのに必要なツァンパ、ギー、チャンなどを出す家も回り持ちで、今年はパルデン・ラマが出した。この家をジンタックという。

（7）メンゾールの時にはラマやタワが集まって火を焚き、灰をつくる。

（8）その後で村人が集まってくる。火を焚き、灰を作るのは当番に当たった家の屋上で行う。メンゾールは家の中ではなく、外ですることになっている。

（9）灰が出来ると村人は当番の家に集まってチャンを飲む。

（10）この宴会の差配のような役をドリマと言い、一年交替で、毎年二人ずつがあたる。そのドリマがクリムの三日後にチラッフ（灰）を各家に配る。

ゲルーで雪の畑に灰を播くシンドゥル

（11）メンゾールをしても、なお、ブーが来たらまたクリムをする。
（12）二度目のクリムはギャインシャというが、それでもなお虫がつくようなら、もうお手上げだ。
（13）ギャインシャはゴンパでしたり、山の上でしたりする。
（14）ギャインシャの時にも各家から、ツァンパ、ギー、チャンを出す。
（15）ギャインシャの時にはシュクパの枝を燃やして煙をつくる。シュクパの枝の中にギーとツァンパを混ぜて作ったシュールというものを入れる。これは煙がよく出るようにするためだ。
（16）ギャインシャは灰を作るより、盛大に煙を上げることが大切なのだ。
（17）最近では三年前にギャインシャをした。その時は、ブーのあるものは死に、あるものは逃げて少なくなった。
（18）メンゾールの時に読むのは、ワサ・ペジャ、ナンセ・セワという経だ。ナンセ・セワには、砂糖、バター、ツァンパ、乳、蜂蜜などを混ぜて火に入れると、虫が死ぬと書かれている。
（19）ギャインシャの時に読むのはサンガポル（サナ・プル）という経。
（20）ブーを追い払う神はシギャル（シパ・ギャルム）で、シギャルは虫を駆除するためだけの神である。
（21）農業神にあたるような特別な神はない。

（七）雨乞いのこと

（1）雨が降らないで困る時は「ラマ・コンジョ・スム・ラ・ソワ・ジャガン」と心の中で念ずる。「天の神よどうか我々を助けて下さい」という意味だ。これはラマに頼むのではなく、各人がそれぞれで祈る。
（2）ラマが行う雨乞いもあり、カルベウというが、カル＝雨、ベウ＝降るという意味だ。
（3）村人がライカ、チャンをラマの所に持参して雨乞いを頼む、ラマは山の上に登って祈願する。場所はその時々によって違う。恐らく占いによって場所を決めるのだろう。
（4）ラマは紙に龍（ルー）のスタンプを押したものを作り、×印のように重ねて水の中で水車のようグルグル回して祈るが、その前に水の中に薬を入れてから祈る。
（5）雨乞いは比較的容易である。天の神を怒らせれば良いのだ。ラマは糞やその他の汚い物を火の中に投げ込んで燃す。そうすると天の神は怒って雲を呼び雨を降らせる。
（6）雨を降らせるより、雨を止めることの方が難しい。
（7）雨乞いは、八、九年前にリンブルツェが行った。その前は一五年位前に私の父が行ったことがある。私の父はラマであった。

（8）雨乞いの経は「カルベ・ペチャ」という経だ。

（八）刈りとりのこと

（1）蕎麦は八月。七日か八日頃に刈り始める。

（2）刈り始めの日はパルダンが村に触れ（ダリマ）をまわす。初めの日は少しだけ刈る。刈り始めの日が決まる前に勝手に刈ることはできない。勝手に刈ったことが他の人に判ると、シャザイ（罰金）を払わねばならない。シャザイは現金かチャンで払う。

（3）刈り初めの日が決まった後なら、どの日に刈っても良い。蕎麦の実の付き具合をみて、各戸で刈る。

（4）刈り始めの日を決めるのは、どんな年にも、それをするのに好ましい日というのが、決まっているからだ。

（5）小麦、蕎麦、蕪、菜種……など、全ての作物について取入れ初めの日は決められている。

（6）刈りとったものは、家の近くなら持ち帰って屋上に干して、脱穀する。

（九）ラマに捧げる穀物

（1）全ての作物の収穫が終わったら小麦と蕎麦を各一テずつラマに捧げる。

（2）このことをドゥグレという。一一月（日は決まっていない）に触れ（ダリマ）が廻り、各戸から集めてゴンパに持っていく。

（3）ラマは受けとるだけで、お返しはしない。

（4）収穫が終わったら集まって飲むこともあるが、必ず飲むと決まっているわけではない。

（5）蕎麦の収穫は九月に終わる。

（6）小麦の収穫は一〇月の中旬か下旬には終わる。

（一〇）小麦の病気と種子の交換

二月一五日、ゲルーでパルダンから畑の収量などを聞こうと、屋上に上がって小麦藁の上に腰を下ろす。早くから気がついていたが、ポンモの麦藁には実のついた穂が残っているものが多い。実を潰してみると、黒い粉になっている。黒穂病の一種に罹っているのだ。そのことから聞き始めた。

（1）これはト・ナクパというもので、これがとても多い畑がある。畑の土が悪いとこれになる。

（2）ト・ナクパになると茎も伸びない。

（3）ト・ナクパになったものは種にはしない。種はティブリコットやドゥネイなどで交換してくる。コラタクツンという村でも替えられる。

（4）蕎麦も病気になると種は取り替える。

（5）シャルダンなどドルポから種を入れることはない。ポンモより高地なので、ドルポのものはここでは出来ない。

（一一）畑の収量

パルダンに畑の面積を聞いたが、大きい畑・小さい畑というだけで面積が判らない。せめて収量だけでも知りたいと、畑一枚ごとの仕付け量、収量について聞いてみたが、全部は判らなかった。

（1）ポンモでの畑の広さを示す単位は、以下の三種類のみ。

大きい畑＝シムチェ　中の畑＝シンパルマ（ツイジンとも）

小さい畑＝オモツブ（またはオモトゥ）

（2）ティブリコットから政府の役人が来て、畑の丈量をして一枚ごとの面積を出し、税金を課すようになったのが一五年前からだが、その時ポンモでは丈量をせずに、村の人から、あの畑は大、これは中、あそこは小と聞いて帰り、それで税金を決めてきたのだ。今年（一九六八年）三月に、役人が来て面積を測ることになっている、という。要するに、ポンモでの正確な検地はまだ実施されていない、ということなのだ。

また、焼畑は、二年前から播き料として五ルピーをネパール政府に払うことになり、昨年は、サタ、ユンドゥン・イセ、パルダンの三人で一五ルピー払った。この焼畑には一年前に火を入れたものだ。

パルダン家の畑の名称と仕付量（種の量）と去年（1967年）の収量

畑の名称	穀物種類	種子量	収量	備考
A　大きい畑（シムチェ）				
① シムチェ・シンガ	小麦	8テ	2パジェ（40テ）	
② ガレアン	蕎麦	7テ	1.5パジェ（30テ）	
③ シムチェ・キョクトゥン	小麦	20テ	48テ	
他に④ガルギン、⑤シンゴ、⑥テンナクもあったが兄に分与した				
B　中の畑（シン・パルマ）				
① グドン（家の前の畑）② チュワランコク ③ チュワティル				
④ ニャレ リンモ ⑤ ギャルジン ⑥ ランザン ⑦ トマル				
これらに44テの蕎麦を播き7カル（140テ）の収穫がある				
C　小さい畑（オモツブ）				
① テウザン	ジャガイモ	5テ		（背負い籠大2杯）
② トウキャップ	ジャガイモ			（背負い籠小2杯　大3杯と小4杯）
※他に放牧地の焼畑に菜種を1.5マナ→4テの収穫				
（菜種は多い年には1テ程播くこともある）				

（一二）焼畑のこと

一月二四日、モラム爺さんが水桶を持って出かけるので後を追いかけた。彼は村から少し下ったカトンという放牧地（パングリ）に放しているヤクの様子を見に行くのだという。

ヤクに水を与え終わった爺さんは、パングリの陽あたりの良い斜面に座って、ラマとタワとの関係、ラマに捧げるツァンパの話、ネパール政府から税金をとられて生活が苦しいなどという話から、カトンの対岸にあたるボンゴでの焼畑などの話をしてくれた。他と比べて緩い斜面で、地味も良さそうなボンゴの辺りは、あまり大きくない木が揃っているようなので、焼畑の跡地ではないかと推察していたので、水を向けてみたのだった。

（1）ボンゴは、もとは木を伐って焼き払い、蕎麦を作っていた所だ。

（2）蕎麦は山を焼いて作ると、一年はとても良く出来るもので、ポンモでは皆がやっていたが、六、七〇年前にラマに止められた。

（3）理由は、茂っている木には全て命があり、そこには何百何十という鳥や獣が住んでいる。そこを伐り払って焼けば、全ての命が焼き殺されてしまう。これは「ディクパ・ヨギレ」なのだ……、ということだったらしい。

（4）ラマが言うことには重みがあり、誰も逆らうことが出来なかった。

（5）モラム爺さんが若い頃には、もう焼畑は止っており、小さい木が繁っていた。

（6）焼畑のことをシャといい、普通の畑はシンガという。

（7）焼畑を止めると、そこで作っていた蕎麦が穫れなくなり、生活が苦しくなり、出稼ぎに出るようになった。

（8）出稼ぎ先は、ドゥネイ、パーラ、リミ、カイガオンなど、ネパーリーの村だ。

（9）今年は、ドゥネイのパンチャヤット事務所の建築に行っている。現在は九人行っている。食事自分持ちで日当が五ルピーだ。

（10）出稼ぎに出るのは一一～二月の四ヵ月位。仕事の内容は、ドゥネイだと建築現場が主だが、他は機織り、靴作り、薪割り、堆肥出しなど。

（11）これらの報酬をラといい、一日一テのトウモロコシなどの日給。現金では貰わない。食事は先方持ち。

（12）出稼ぎに行くことをレラ・プスンという。

（13）爺さんは水桶（スンブ）を作って売りに行きたいのだが、木を伐るとディクパ・ヨギレで、シャザイ（罰金）を取られるので、作れないし、売りにも行けない。水桶を作るには二日ほどかかるが、売るなら一個一二ルピーだ。

（一三）家ごとの畑の所有数

各家の畑の所有面積を知りたいと思ったが、畑の広さを示す単位はなく、ただ大きい畑、小さい畑というだけ。畑の一枚一枚に名前があるので面積は必要ないのだということであった。実際には、No.2aのツェワン・タンパの所有畑を同じキュパのNo.13が三年前に貰っているので、No.13の所有数はその分を加えたものになる。

（一四）畑の分割事例

（パルダン家では四年前に兄弟で家を分けた。その時の畑の分配のこ

と）

パルダンの家はNo.7cに住んでいたが、家族数が多くなり一部屋では狭くなったので、家を分けることにした。パルダンが父母と弟二人を連れてNo.7bに移った。

畑は、分ける前には大きい畑（シムチェ）が九枚、小さい（オモツブ）が一二枚あった。

兄がシムチェを三枚、オモツブを六枚、弟のパルダンが同じくシムチェを三枚、オモツブを六枚とった。残りのシムチェ三枚は、小さい頃からゴンパで育てられてきた一番上の姉に分けた。畑を分ける時、大きさは歩数で測る。同じ大きさの畑が二枚あれば一枚宛取るが、大きさが違う場合にはきっちり半分宛にして分ける。どちらの畑を誰が取るかは、第三者に決めて貰う。

パルダンの妻が正式にパルダン家に入る時に、ゴンパからシムチェ三枚を貰えることになっている。

またパルダンはオモツブ一枚をNo.9cのテシにやったという。

家ごとの畑の所有数

	大きい畑（シムチェ）	小さい畑（オモツブ）
No.1		
No.2	6	10
No.3	2	12
No.4	1	3or4
No.5	6	22
No.6	3	7
No.7a	4	6
No.7b	3	6
No.7c	3	6
No.8	2	
No.9ab	1	4
No.9c	1	3
No.10	1	5
No.11	3	6
No.12a	6	12
No.12b	4	16
No.13	12	20
	58	138（139）

（一五）　長さの単位

ツ＝肘から指先まで。女の場合は指の基底関節まで（布を計る時）。

タ＝親指の先から中指の先まで。

ズ＝親指の先から人差し指の先まで。タやズは、服を作る時などに使う。

ドンバ＝両手を広げた長さ（日本での尋）。家を作る時や木の長さを測る時など。

ソンモ・シ＝指一本の幅。布や服を作る時。

コワ＝一歩の長さ（歩幅）。畑の広さを測る時。

トクパ＝縄などの長さを測る時使う。

　長いもの＝一〇二ツ。短いもの＝四〇ツ。

家を建てる時などに使うのは、四ドンバ＝一トクパの縄である。

ウクル＝一休みを必要とする歩行距離。休みはガといい、ガ一＝ウクル一。

ポンモ本村からゲルーまで、一マウントの荷物を背負って二ウクル、空身なら一ウクル。

一七　ポンモの牧畜

一　ポンモ各戸の家畜所有頭数

下の二つの図表は、各戸の家畜所有について聞いたものである。①は一月一三日夜、宿舎に来た連中が語ったもの。②は一月二〇日頃にパルダンの弟ギャムゾウから聞いたものである。②は見ての通り、①ではヤクの頭数がかなり出てきているが、他の家畜については曖昧な部分が多い。また②ではヤクの数がほとんど出てきていない。実際に私たちが見ている数と異なるものが少なくない。例えば②のNo.13の羊は一月二四日に九頭を観察したし、ユンドゥンに聞くと、牡ゾー（ゾーパ）が一頭いるという。またNo.7aの山羊も仔が四頭、親を二〇頭見ている。No.7aのヒャクパは牝ヤクが八、山羊二四、ヤク四頭だといっている。いずれにしても、正確な数字を得ることは至難の業なのである。

一―二　放牧したヤクの数

一月二六日朝九時二〇分頃、パルダンの弟ギャムゾウとハッタルが牝ヤク（ディム・リム）を追ってテンシンチャンに行くのに付いていく。他にはNo.7cのテンジン・タルキャの娘、No.6ウェンゼン・ギャルゼンの娘、No.3ニマ・ツェリンの息子の、女の子二人、男の子一人が同行した。他の家は上手のゴジャールの

家ごとの家畜所有数①

	ヤク	牝ヤク	ゾー	馬	牝牛	牡牛
No.3	2					
No.5	13	15	1	1		
No.6	2	6				
No.7a	4					
No.7b	1					
No.7c	2					
No.8		1				2
No.9	5	50(?)				
No.10	5	2	2			1
No.11		2				
No.12		9				
No.13	20	10			3	6

家ごとの家畜所有数②

	牝ヤク	山羊	ゾー ゾーパ♂ゾーモ♀	若ヤク	ヤク	牡牛	馬
No.3	5	14or15			1		
No.4	1						
No.5			♂1♀5	1			
No.6	6			1			
No.7a	8	24			4		
No.7b	8			1			
No.7c	6						
No.8	1					2	
No.9a	5or6	4	♂1				1
No.9b	8		♀1				
No.10	5		♂3♀2			2	1
No.11	4			1		1	
No.12a	10						1
No.12b	5				3		1
No.13	20	6			13	1	3

方に行ったらしい。この時期の放牧のリズムを知りたいと、聞いてはいるのだが、はっきりしたことは判らない。その日の気分で動いているようにも見えるが、正確なことを知るには長い観察が必要だ。

先頭をニマ・ツェリンの息子、後尾をウェンゼンの娘が行き、先頭と最後尾とはかなり距離が開いている。後の娘はヤクを追いながら、甲高いよく通る声で歌う。カトン方向への分かれ道から少し下って河原に降りたところでヤクに水を飲ませる。一〇時少し前にテンシンチャンに着くと、ヤクを山に追い上げ、彼らも山に入って適当に遊びながら見張りをし、帰るまでに一背負いずつの薪を集めて帰る。

この日、テンシンチャンに出した各家の家畜数は

No.7b　牝ヤク八頭　若ヤク一頭
No.7c　牝ヤク六頭
No.6　牝ヤク六頭　若ヤク一頭
No.3　牝ヤク五頭

〔注：当時の調査ノートである。村の「世帯表」を作成した後に、この日、山に行った五人をチェックしてみると、パルダンの弟二人は顔見知りなので問題はないが、娘と少年の三人については、それぞれの世帯に該当する年齢の人物が見あたらない。子どもたちの顔は、どれもよく似ていて見分けが付きにくく、私たちと会話する機会も少ないので、この日に聞き取った彼らが所属する世帯が誤っているか、作成した「世帯表」そのものに欠陥があるのか、いまだに不分明だ。私たちの聞き取り・調査はこのようにして行われていたという実例の一つである〕

二　牝ヤク放牧地

一月一六日朝、牝ヤクの放牧に出かける村人に同行。昨日までは上流方向に出ていたが、今日は下流に向かう。今日の放牧地は、ヤクの歩調に合わせてゆっくり歩いて約一時間のテンシンチャン。南東に面したかなりの急傾斜だが、陽当たりが良く、枯草も豊かな草地。ゴンパ方面から流れ下る谷と本村方面からの川との合流点付近である。

テンシンチャンより下流には、もう放牧地はない。牝ヤクの

放牧帰りの娘たち。一背負いの薪を集めて帰る

急斜面を登り放牧地へ

放牧地はこの他に、モポセとボウリの二ヵ所がある。また、現在はヤクの放牧地として使われているクムも、時には牝ヤクの放牧に使うこともあるという。

昨日までの地点から、今日のテンシンチャンに放牧地を移したのは、草が充分にないからでだが、移すについては皆が集まって決めたのではなく、先頭に出発した家の牝ヤクに従って、他の家も行動する。先頭も、決まっているわけではなく、朝食が早く終わった家から出発する。

夏期の放牧については、テンシンチャンの上流に岩室があって、そこに村人が寝泊まりして畜群の管理をする。また上流地域の放牧地を利用する場合は、上流の六軒の家（ゲルーのこと）を使う。テントなどは持っていかない。（西山記）

三　牧畜聞書

一月二二日、No.5のアンギャルとNo.7のヒャクパから牧畜について話を聞いた。ヒャクパはルマガオンでの交易の話の後に、すぐ帰宅した。彼は寡黙な男であまり喋らない。一方アンギャルは兄のニマ・ラマに似て、おしゃべりだ。ドクターによると、躁鬱性とか循環性気質とかいうそうで、何でもよく話してくれるのだが、落ちつかない男だ。午後も続けて話を聞くつもりだったが、用事があると帰った。しかし、四時頃にまたやって来て、一時間ほど話してくれた。何でも話してくれるのだが、用心して聞かないと、話が混乱して分からなくなる。

（1）家畜の名称

牡牛：ロンボ　去勢した牡はロンボ・シャシャデ（シャシャデ：去勢するという意味）。ポンモではロンボ・シャシャデというが、チベット語ではサチェプ。去勢牛ではないものはポルという。ロンボのうち仔牛はロンチュクで、三歳以後をロンボという。

牝牛：パ　仔牛はパイピウで、三、四歳はパイポル、それ以後はパ。パに仔を生ませるのは、三、四歳から。

〔注：川喜田二郎先生が採集したツムジェ及びカグベニでの場合は、名称がかなり細かく別れているが、今日聞いた限りでは以上のようで、細かくは判らなかった。アンギャルがよく知らないのかとも思えるが、話しの感じでは、ポンモではツムジェなどのように細かに呼び分けていないように思われる。プルバによるとシェルパでも、かなり細かく呼び分けているという。〕

（2）去勢（シャシャデ）は、牡牛が多くいる時は五、六歳ですが、数が少ないと種牛として使えなくなるので去勢しない。

（3）種付は五、六月。この時期は青草が豊富で、よく食って太っていて、発情期にあたる。

（4）交配は夏の放牧地（パングリ）に出している時。

（5）夏のパングリは、ゴナというゴンパの上の方の場所で、かなりの高地だ。村の周囲には畑が多く小麦や蕎麦が荒らされると困るからだ。

（6）ロンボ（牡牛）を持っていない人は、持っている人から借りる。兄弟なら、借り賃は払わないが、他の人から借りる時はトウモロコシを一、二テ払う。但し、それは交配が上手くいって孕みになってからでないと、払わない。交配の成功率は割合高い、という。

（7）放牧は牡牝共に放しているが、見張り人がいて注意しているから、むやみに交雑することはない。夜は別々にしている。

（8）見張り人はジュワと言い、各家から一日ずつ出ている。

（9）ゴナは本村から半日行程の所で、ゴンパに行く橋より下の橋を行く。半日行程はニム・ペ（ニム＝一日、ペ＝半分）という。

（10）ゴナの放牧地は夏の間だけ使用する。ゴナには六軒の家がある。ジュワはゴナに泊まり込んで仕事をする。

（11）ジュワの仕事は家畜の見張りの他に、幾らか畑があるので、そこに菜種（トリ）、ジャガイモ（ピンダル）、根菜（クイラ）、大麦（ウワ）などを作っている。大麦はポンモでもいくらかは作っている。

（12）ゴナにある家は何人かずつがグループで建てたもので、そのグループが泊まり込む。

（13）グループのことをディクテ・テヨとかミツデ・テヨという。仲良し組という意味だ。この組は同じ日に本村を出て、同じ日に帰ってくる。

（14）ディクテ・テヨの組み合わせ

①　No.6　No.4　No.3

②　No.5　No.7a　No.7b

③　No.7c　No.8　No.9（サタシとサタシの叔父の両方）

④　No.10　No.11　No.12b

⑤　No.12a　No.13

⑥　プディカ：このグループはプリガンとも言い、ユンドゥン・ギャルツェン一家が来る。

（15）ユンドゥン・ギャルツェン一家はプリガンに住んでいて、夏はゴナに移る。他の家は一戸から一人ずつだが、ギャルツェン家は一家を挙げて移ってくる。夏の家を本村に持っていないのは彼だけ。

（16）プリガンには家が三軒ある。いま住んでいるのはギャルツェン家だけだが、正月がすんだ八日か一〇日後にNo.9、No.10が移ってくる。No.11もプリガンに移ると聞いた。

（17）No.9とNo.10は同じ家に住む。ただし部屋は別々。No.9はサタシ家と叔父一家が共に行く。

（18）プリガンに移る日はまだ決めていない。

（19）夏にゴナに行くのは各家一人だが、男も女も行く。各家の都合で、何日かで交替することもあれば、ずっと同じ人が行っていることもある。

（20）ゴナに行くのは八月の六、七日頃からで、帰りは九月の

一、二日頃である。

(21) ゴナに放牧する家畜はヤクと山羊（ラ）以外の全ての家畜、牝ヤク（リム）、牝牛（パ）、牡牛、ゾーなど。ポンモには羊（ルク）はいない。

(22) 山羊を連れて行かないのは、ゴナにはゼンドゥックという、山羊が食べると死ぬ草があるからだ。この草は乳状の液の出る草で、本村の周囲にもあるという。

(23) 山羊は夏の間、リンモに連れて行って放す。

(24) ヤクは村の上方にあたるポンモ・ポという、村から二時間半ほどの放牧地に放す。ゴナに連れて行かないのは、夏の時期に交易に連れて出るので、村の近くに放しておくのだ。

(25) ヤクには見張り人はつけない。三、四日ごとに家から見に行く程度である。

(26) ポンモ・ポにヤクを放すのは、四月から九月まで。

(27) 夏に山羊をリンモにやって、兄弟分（ネイザン）に見て貰うことになっている。連れていく時には人が付いて行くが、後はネイザンに任せる。

(28) リンモには四月から九月まで置いておく。

(29) ネイザンには二〇～三〇頭を頼む人だと、月に二〇ルピー、六、七頭なら五～一〇ルピー程払う。

(30) ネイザンでなく親戚に頼むのなら、金は払わなくても良い。

ヤク

ゾー

(31) No.7aの場合は二一頭をリンモに出したが、ネイザンが良い人なので金でなく、初めにトウモロコシを五、六テ、後で三、四テを渡したので、合わせて八～一〇テで済ますことができたという（ヒャクパ談）。

(32) 山羊（ラ）をリンモで放牧した家は、No.13＝八頭、No.3＝一〇、一一頭、No.7＝二一頭。

(33) いま（一九六八年一月二二日）、山羊を放牧しているのは村の下の方のテンシンチャンで、時々はカイトックに出す。

(34) 山羊は、朝出す時に追っていき、夕方連れに行くだけで、日中は人が付いていない（時々、村の近くを山羊がふらついていることがあり、あまり遠くに放すのではないことが判る）。

(35) どのあたりで山羊が草を食っているかは、飼っている家の人が判っているので、探すのに困ることはない。

(36) 乳のことをオマという。オマはほぼ年間通して絞る。

(37) 牛乳（パ・オマ）、ヤク乳（リム・オマ）、山羊乳（ラ・オマ）、ゾモ乳（ゾモ・オマ）で、搾乳は女の仕事。忙しければ男も搾ることもあるが、昔から乳搾りは女の仕事になっている。

(38) 仔が産まれてから三日間は、仔に飲ませるので搾らない。三日間飲ませると仔は強くなるが、そうしないと仔は死ぬ。

(39) 四日目からは仔が半分、人間が半分というように乳房を半分ずつに分け、仔には一年間飲ませる。

(40) 山羊のうち、牝山羊はラムやラモ、牡山羊はテオ、ラオと、二通りの呼び方があるが、ラム（牝）、ラオ（牡）の方を多く使う。

(41) 山羊は、牡・牝共に毛を刈る。刈る時期は三月。

(42) 山羊は四月と九月以降の、年に二回仔を生む。

(43) 山羊の乳はリムと同じように孕んでいる時は搾らない。産まれたらその日から搾る。子ヤギには半分乳房を分けてやる。

四―二　山羊（ラ）の毛（パル）を刈ること

毛はパル、毛を刈ることをラ・ゴン・タクツという。山羊の毛は二月に刈る。昔から男が刈ることに決まっており、男なら誰が刈っても構わないが、女は刈ってはならない。毛を刈るのは各戸別。大きな山羊なら一ダルニ位刈り取るが、仔山羊の毛は刈らない。刈り取った毛はそのまま籠に入れてすぐに糸に紡ぐが、すぐに紡げない時は保管して、手の空いたときに紡ぐ。

羊毛は売るほどには採れず、全て自家用に使っても足りない。足りない時は、ドルポから買ってくる。

山羊の毛を刈るときには、心臓（ムタ。チベット語ではニン）の辺りだけは刈らないようにするが、間違って刈っても、特に何もしない。

ヤクやリムは五月に毛をむしり取る。この時季のヤクやリムは草を食って太っており、毛が生え替わる時期でもあり、手でむしり取ることができる。毛をむしる（クルビジェという）のは男だけでなく、女でも良い。一頭から半ダルニ程は採れる。

四―三　牝ヤク（リム）の使役と乳搾り

リムの用途の主なものは、

イ：乳を搾る　ロ：厩肥を作る　ハ：毛を採る　ニ：耕作（犁耕）に使う、など。ヤクも農耕に使うが、リムの方が多く使われる。搾乳は一頭から二日に一テ程。パルダン家では、現在二頭のリムから搾っているので、一日一テ程採れている。搾乳は朝の仕事で、夕方は搾らない。搾った乳は三、四日分溜めて、バターを作る。作るのは夜の仕事で、昼間はしない。

五　馬について

一月二三日九時頃、No.9サタシの前では例の如く女衆が集まって手仕事をしている。サタシの女房は七本立ての糸かけをしている。モラム家（№10）を訪ねる。モラム夫婦が囲炉裏に大きな柄付き鍋をかけて小麦を煎っている。婆さんの傍には水を張った大きな鍋が置かれていて、その中に煎った小麦を入れている。チャンを作るためだという。そこで、チャンのことを聞きかけたが、婆さんが口をはさんで話が進まないので、牧畜のことに話を移した。二〇分ほど炉端で話したところで、爺さんが屋上にと誘う。屋上の日だまりで午前中から午後、日が落ちるまで話を聞く。三時半頃まで話を聞いて帰る。昨日№5のアンギャルから聞いた話と食い違うところがあって、幾分か混乱する。

馬はタ（ポンモ語。チベット語はポン）

牡：去勢した牡＝ポジェン　去勢しない牡＝セプ　牝：コマ

仔馬　一歳までの仔馬＝チキ（牡・牝区別なし）

二歳　牡＝コワ　牝＝コマ

三歳　牡＝カラチャク　牝＝？　三歳になると鞍をつけるようにする。

四歳　牡＝チユクチック　チックとは数詞の一を意味し、四歳で一人前、ということだろうか。ポンモには現在、馬は四頭しかいない。昔から余り多くは飼っていない。現在の所有者は№13が三頭、ゴンパが一頭。

馬の去勢は二歳後にすると思うが正確には知らない。ポンモの馬は四頭とも去勢はしていない。去勢はドルポの人が上手である。ポンモには去勢できる人はいないというが、これも正確ではない。

№13の馬はチベット産だ。チベット産の馬はペタと言い、大きくて馬力がある。インド産の馬はロン・タという。中国産の馬のことは、知らない。

六　牡ヤク（ヤ）について

（1）ヤクの去勢について

牡ヤク（ヤ）は普通は去勢する。去勢したものがヤで、去勢しないのはポア。ポアは種牡として一、二頭残すだけ。ヤクは家畜化されてかなり温和しくはなっているが、それでも野性味が強く残り、使役するのが牛などよりも難しいからである。ポンモにはポアは二頭だけ。ユンドゥン家（№13）一頭、ゴンパ・ラマ一頭。ポアとして残すのは、種牡とするのだから、大きくて強く、姿態の良いものを選ぶ。もちろん、荷物の駄送にも使役する。

去勢するのは、牝が近づいたりすると闇雲に突進して危険だから。数が多いので、お互いが角突き合わせて喧嘩して怪我することも多く、人間にも突きかかったりもする。

去勢のことをシャショと言い、三、四歳で行う。時季は大体春、三、四月。その頃はまだ草が生えそろってなく、冬季を過ごしたヤクの体力が充分に回復していなくて、やりやすいから。

　去勢するのは、№2bで暮らしている男（ツェワン・アンドゥイ）で、彼は婚前交渉で生まれたニャルで、知力も少し弱いことから、村人から一段低く見られている。去勢もディクパ・ヨギレだが、他の人には沢山のディクパがあるが、脳が弱い彼はディクパを持っていないのだ。彼以前は、ドルポの人は誰もが出来るから、彼らが来た時にして貰っていた。報酬として、彼には一頭につき、ウワ、マカイを一テか、金なら三ルピーをやるという。去勢をする人の特別の呼称はない。去勢をしても同じカースト（通訳したシェルパの訳語）であって、特に低カーストの人ではない……と、やや微妙な答え。去勢をしている時に他の人が見ると、その人が悪いもの（ネルパ）に憑かれ、病気になったり、良くないことがおこるので、人に見られない山の方でする。場所はほぼ決まっていて、キュルンという放牧地もその一つだ。

　去勢をする場所には、去勢人と持主の二人がヤクを連れていく。持っていくのは、ヤクが暴れないように頭部や脚を強く縛るロープ（タクパ）とナイフだけ。

　始める前に特に儀式めいたことはしないが、去勢者がヤクの睾丸（リクパ）にフッと息を吹きかける。切り取った後は血が一、二滴出る程度だ。出血が多いのはネルパ（悪霊）が憑いた為だから、そのヤクは八、九日後には死んでしまう。切り取った後の傷口はそのままで、薬をつけたり縫合したりすることはない。放っておくと自然に癒着するものだ。切り取った睾丸は去勢者のもので、彼が持ち帰って食べる。キュルンなど、去勢をする場所にはネルパはいない。ネルパは人と一緒にいるものだから、人のいないところにはネルパはいないのだ。

　彼は羊（ルク）や山羊（ラ）は殺すがヤクは殺さない。ヤクを殺すとネパール政府に罰せられるからだ。

（2）ヤクの交配

ポンモには去勢していないヤク（ポア）は二頭だけ。ポアとリムの交配（ポア・ギュクスン）は六、七月に行う。ラマのポアも、ユンドゥン家のポアも、誰のリムとでもギュクスンするが、それで報酬を貰うことはない。リンモなど他村のポアを頼んで交配すると、二、三ルピーの種付料がいる。ポンモではポアもリムも同じ放牧地に放しているから勝手にギュクスンする。ポアとヤ（牡ヤク）は別々に放牧している。

（3）ヤクの名称など　一月二三日午後、モラム爺さんから聞く。

牝ヤク＝リム（単数）　リモ（複数）　牡ヤク＝ヤ（単複なし）
仔リム＝ピウ　仔ヤク＝ヨウ
二歳：ドゥンボ　三歳：サポ　四歳：チュイボ　五歳：ゴワ
六歳：ツクボ　七歳：ディンボ

ヤクの年齢を見分けるには歯を見る。一年後には二枚の歯が生えてくる。歯は一年に二枚ずつ生え、四年で生え揃う。全部で八枚。上歯だけで、下は臼歯だけがある。ヤクは長生きするものでは三〇歳位まで生きるが、働き盛りは九歳から一五歳まで。リムは四歳から仔を生む。四歳で孕んで五歳で生む。孕みの期間は九ヵ月。リムに仔を生ませるのは一二、三歳までだが、良いリムだと一五歳まで生ませる。仔を生まなくなったリムはバンテ（ネパール語ではポ）という。ヤクは一五、六歳まで働かせる。その後は歯が抜けていき、草を食べなくなって死んでいく。リムもそのようにして死ぬ。ヤクの年寄りはヤ・ギャボ（ギャボ＝年寄り）という。仔を生まなくなったリム（バンデ）やヤ・ギャボは、ドルポに売るものもあるが、そのままここで死ぬものもある。ドルポには金で売るより、二、三歳のヤクやリムと交換することが多い。ドルポの人が交易などでポンモに来た時に話をまとめ、帰路にドルポに連れて帰り、次に来るときに二、三歳のものを連れてくるというのが多い。もし売るとすれば、年寄りヤクもいろいろだが、悪いヤクで一〇〇ルピー、普通なら一五〇〜二〇〇ルピー程だろう。

（4）ヤクの放牧

ヤクの交配（ポア・ギュクスン）の話の続きだから、時期は六、七月である。交配の時期に放牧するのはリムもポアも、ポンモ・ポ（ポンモの高いところ）という放牧地。両者の放牧場所は近いので、時々は入り混じってしまい、人が分けることがある。放牧に出すのは五月中頃、帰ってくるのは八月の終わり。その頃には村の畑の取入れが終っており、村の近くに放しておくと、その辺りの山や畑に入って草を食う。

正月がすんだら、ゴナに行く。ゴナとプリガンとは同じ場所だ。ゴナにはリムも連れていく。初めはプリガンに行き、その後でゴナに行く。そこに行くのはモラム（№10）、サタシ（№9）の他に、ゴンパのシェラップの三軒だ。去年はショナム・ギャルボ（№11）もプリガンに行ったが、今年はどうするのか知らない。

ヤクは四、五月にはダジャという放牧地に放す。この時期にはドルポに交易に行くので、近くに置いておく方が都合が良い。ドルポから帰ったらまたダジャに放し、六、七月にはポンモ・ポに移す。これは私（モラム）だけでなく、他の人も大体同じだ。

年によって、ポンモ・ポに放牧する場合とゴナに放す場合とある。去年はゴナに行ったが、ユンドゥン家（№13）と№3の二軒はポンモ・ポに行った。ポンモ・ポには家はない。ユンドゥン家はテントを持っている。他の人は、岩室で寝起きしたり、木の棒を柱にしてブランケットを被せたようなテントで寝起きする人もいる。家畜は全て連れて行く。家畜が多い家は二人、少ない家だと一人が連れていく。ポンモ・ポは放牧地だけで畑は無い。ゴナには僅かだがジャガイモが作れる畑があるし、家も三軒ある。家がない人は簡易テントを使う。

（5）放牧地の名称

①クム：村より一時間くらい下ったところ
②ゴジェット：ゲルーの上
③クルップ：村の下手の枯れ谷
④ポンモ・ポ（プム・プとも）：村の上手、二、三時間かかる
⑤テンシン・チャン：ゴンパからの谷と本村からの谷の合流点
⑥モポチェ：水場から上ったところ
⑦ボウリ：モポチュと隣接するところ
⑧ゴナ：ゴンパの谷の奥で半日行程
⑨ダジャ：本村の上手の方

（6）放牧地の名称と地名など

一月二四日昼頃、炉端に来たモラム爺さん（No.10）が岩から落ちて脚を折ったリムに水を飲ませに行くというので、同行して水を飲ませた後、日だまりで話を聞く。

ここはカットンという草地（パングリ）の一つだ。パングリは特に放牧地だけをいうのではないが、ポンモでは全てのパングリで放牧している。

カットンは、ゴンパ方面から流れるゴナ川がポンモ川と合流する地点から、ゴンパ方面に上っていく地点にあり、冬の間だけここで放牧するという。やや傾斜が緩くなった南面する傾斜地で、棘の多い灌木が疎らに生えているパングリだ。かなりの広さはあるが、特に良い草地とも思えない。カットンという呼称は、このパングリを含めた岩山全体を指しているようだ。

カットンの対岸、ゴナ川の北面の山は、雪をまだらに残す針葉樹の森で、ボンゴと呼ばれている。ボンゴの北面は、ポンモの領域だが、尾根から向こうの南面はリンモの領域である。

ゴナ川に沿って、ポンモ川に架けられているゴナ・ションバという下の橋から来る道は、ゴナ・ロムという道で、ゴンパからプリガンを経てゴナまで通じているが、ゴナで行き止まりである。プリガンにはユンドゥン・ギャルツェンの家がある（ゴンパに住んでいるタワだと聞いていたが、住まいはゴンパそのものではなくプリガンだということが判る）。プリガン、ゴナはポンモの領域である。

カットンから南に見える山には相当広い範囲にパングリがある。上の方には雪が消え残っており、傾斜は厳しいが、西南は一面パングリとみてよい。特に道からすぐ上の辺りには、やや緩やかな所があり、草生えも良いようにみえる。この部分がテンシンチャンというパングリで、放牧されているリムなどが点々と見え、人の姿もある。四時過ぎに帰る頃には、リムを集めているようであった。テンシンチャンにはヤクは放牧はしない。

テンシンチャンの上方の、岩が多く傾斜の厳しいパングリは、

クムという。クムは肩という意味だ。クムも放牧地になっており、一月一〇日に交易から帰ったヤクはここに放牧された。

クムには、冬の間に限って、ヤクだけを放す。パングリとはいうが岩が多く傾斜も厳しい。しかも水がないので、水を雪に頼る冬だけしか使用できないのだという。

クムもポンゴと同じで、尾根から南向こうはリンモの領分、西面がポンモの領域である。

ポンモ川とリンモ川の合流点は、ポンモ・スムドゥという。スムドゥは合流点という意味だ。

クムと村の上の山（リンゴイという）とを隔てるのは、岩の深い切れ込みである。雨期には川になると思われるが、現在は水がなく枯れている。こういう岩と岩の深い切れ込みになった谷をショガと言い、ここのショガはクルップ・ショガと呼ばれる。クルップとは、このショガの詰めにある草地の名で、冬にヤクを放牧するところだという。

リンモ川の対岸の山はパルカンコンと言い、また、村の上手のつきあたりに広いパングリの見える山はカルチャントンと言い、やはりパングリである。四、五月にヤクを放つダジャは、その下方にあたる部分となる。

ゴナ道に架かっている橋（ゴナ・ションバ）は、去年ポンモ村で架けたもので、それに要した費用はネパール政府から出るはずで、パルダンがドゥネイに行っているので、貰ってくるだろう。

（7）リムの耳に下げている布切れについて

一月二四日、モラム爺さんとカットンに行った時に気がついたのだが、リムの耳に布切れが下がっていて、村人が首に下げているものに似ている。それについてモラムから聞いた。

これはチェンドゥというもので、ラマから貰うものだ。ミンマはアオサディ（薬）と訳したが、お守りというべきものだろう。

モラムは二月にラマから貰ったが、その時にはテキ（木製容器）一杯のチャンとカタ（ハレの時に首にかける白い絹布）を持っていった。チェンドゥはリムだけでなく、全ての家畜につけている。毎年付け替えるべきものだが、その時期は決まっていない。昨年は四月に付け替えたそうだ。

リムには生後二週間目ころからチェンドゥを付ける。仔が出来たらゴンパに行ってラマから貰ってくるもので、山や谷から落ちたり、ネルパ（悪霊）が憑いて病気になったりしないようにと祈って付けるものだ。

耳に付けられた布はチェンドゥという

（8）お灸をすえること

モラム家のリムが山から落ちて脚を折った時、ゴンパに行ったかと聞くと、ゴンパに行って祈ることはしなかったが、テンジン・タルキャ（No.7c・娘婿）にお灸をして貰ったという。

お灸はメ・ギェプテという。動物にすえる場合は、鉄を焼いて患部に当てる。止血と消毒のためだという。ポンモでメ・ギャプテが出来るのは、テンジン・タルキャとプリガンにいるユンドゥン・ギャルツェン（No.14）の二人だけ。

お灸は人間にもすえる。人の場合はすえる場所が決まっていて、神経痛などによく効くという。

（9）No.10の家畜頭数など

リム：二頭　牝牛（パ）：二頭　牝仔牛：一頭　牡牛：一頭

リム二頭の内一頭は一月前にゴンパの近くの岩から落ちて骨を折り、動けなくなっているので二日ごとにモラム家の誰かが水を運んで飲ませている。治るのを待つというより死ぬのを待つという感じである。同じ放牧地に放しているが、別に家印などをつけている様子はない。自分の家畜は皆知っているから、間違えるような間抜けはいない、という。

（10）乳製品のこと

ミルクのことをオマという。リムは出産してから二ヵ月は搾乳しない。搾り始めてからは、次の仔を孕むまで一年間搾る。搾乳するのは女で、何人も女がいる場合、誰が搾るかは決まっていなく、手の空いている女が搾る。ミルクが一番よく出るのは、やはり六、七月の草が一番美味しい時季。ミルクは朝一度搾るだけで、よく出るリムで二マナ、少ないのは一マナ位。ミルクは、時々は沸かして飲むこともあるが、大部分はバター（マール）にする。バターを作るのは、男がする時もあるが、主として女の仕事。家で作ることもあるが、放牧地のゴナに放している時にはゴナで、ポンモ・ポにいる時にはそこで作る。

モラム家ではリムが二頭しかいないので一日に二マナ位しか絞れないので、八、九日分を木の壺に溜めておいてから作る。バターを作るのは、新しいミルクでなければならないわけでなく、古いミルクでも変わらない。バターはそんなに沢山は作れないから、全て自家用で、主として茶（ボテ茶）を作るのに使う。夏に多くのバターを作った時には、マルカという山羊（ラ）や羊（ルク）の皮で作った袋に入れ、冬用に貯えておく。マルカに入れたバターはマルカングという。マルカは、山羊や羊の皮を水でよく洗って、ソックスのように縫い、またよく洗って使う。マルカングはバターを冷たい水でよく洗って、ゴミやミルクの残りなどをよく除いてからマルカに入れ、きっちり縛って、箱などに入れて保存するものだ。モラム家では一年にバターを五ダルニ位は作るが、それでは充分でないが、無くなったら、食べないのである。

(11) バター(マール)の作り方

ミルク(オマ)を鍋に入れて煮立て、煮立ってきたら、鍋を下ろして一時間くらい置き、熱が取れたら前に採っておいたヨーグルト(ターラ)を少し注いでそのまま一晩おくと、翌日にはショーが出来ている。そのショーを水を背負って運ぶ木桶(トクソウ)に入れて吊り下げ、一〜一・五時間ほどするとバター(マール)が固まってくるので、それを取りだす。後に残った液体がターラなのだ。ターラを注ぐとバターの分離が早くなる。

(12) チュルビー(チーズ)の作り方

バターを採った残りのターラを煮立てると乳状の塊が浮いてくる。それを取りだして搾って干したものがチュルビーで、チュルビーを採った残りの液体をスルクと言い、スルクはリムや牝牛(パ)などに与える。

(13) ヤクが死んだこと

一月二六日、朝食時、ユンドゥン・イセ(№13)がヤクを担いできたという。朝食もそこそこに飛び出すと、小さいヤクを担いだユンドゥンが通る。この時はほとんど話を聞けなかったのだが、夕方、彼が宿舎の囲炉裏端に来て、いきさつを話してくれた。

昨日、ユンドゥン家にリンモからの男の客があった。彼が、娘婿かその弟かは確認できなかったが、ユンドゥン家の娘が嫁いでいる家の男であることは確かだ。その男がネルパを連れてきたのだろう。しかも非常に強い力を持ったネルパだったらしく、昨日、娘が連れて出た時には元気だったヤクが、夕方には元気がなくなり座り込んでしまったというので、ユンドゥンが行ってみるともう死んでいた。それを今朝、担いで帰ってきたのだ、という話だった。

ネルパが憑いて死んだヤクの肉を食べても、ネルパもヤクと一緒に死んでしまったので、食べた人は大丈夫だという。その後、ギャムゾウらとテンシンチャンに行き、昼頃に帰って来た時には、ヤクの処理(解体)は終わってしまっており、見ることができなかったのは迂闊だった。

一月二六日は、ニマ・ツェリン(№3)家で、ラ(山羊)が死んだ。この山羊はドルポの人がリンブルツェに捧げたもので、母

ネルパに憑かれて死んだ若ヤクを担いできたユンドゥン

山羊は前に死んでおり、その母山羊から生まれたものだという。

その山羊が死んだのはネルパの所為かと問うと、ネルパではなく病気のためだという。正月が近づくと家畜が死ぬことが多いようだが、思い過ごしだろうか。いずれにしろ、私たちも肉のおこぼれに預かることができるので……。

(14)　雪の日、ヤクをクムから連れ帰る

一月二七日は、夜中から降り出した雪が朝になってますますひどくなり、結局昼頃ちょっと止んだだけで、一日中降り続いた。積もった量は一〇センチ位で、それほど多くはなかった。温度は零度からマイナス一度ほどで、暖かかった。朝の内、リムなどを連れ出すのを撮影しようと思っていたが、今日は出さない。村の中をぶらつく。雪のポンモはなかなか趣がある。

一〇時半頃、宿舎の囲炉裏端に見知らぬ男が座っている。初めて見る顔なのでリンモ辺りの人だと思ったら、No.12aの主人（アンドゥイ）だという。二、三日前に出稼ぎから帰ってきたのだそうだ。これから、放しているヤクを連れ帰るために、クムに行くのだという。入口に干してある手袋を見つけて、貸してくれという。まだ乾いていないので、西ヤンのを貸す。ションバ（チベット靴）と交換しようと持ちかけたが、釣り合わないと思ったのであろう、夕方返しに来たが、きちんと洗ってあった。何とも律儀なことだ。雪の日には、餌になる草が雪に埋もれて見つからないし、危険でもあるから連れ帰るのだという。

三時半頃、パルダン家で話を聞いていると、ヤクが帰ってきたという声にギャムゾウもパルダン夫人も出たので共に出る。ヤクが帰ってきたが、所有者の家に振り分けるに大苦労だ。リムは毎日帰ってくるので慣れていて、自分の家に素直に入るが、放しっぱなしのヤクはそうはいかない。村の前の畑を走りまわって、容易に納まらない。

連れ帰ったヤクの所有者と頭数は別表。

ニマ・ツェリンとアンドゥイのヤクは自分の所に入ったが、チュルディン・ギャルツェン家では家畜小屋にはリムが一杯で、

タルチョの柱の根元で経文を上げるアンドゥイ

ヤクの所有者と頭数

ニマ・ツェリン（No.3）	2頭
チュルディン・ギャルツェン（No.9・サタシ）	10頭
ウェンゼン・ギャルツェン（No.6）	1頭
シンドゥル・ギャルボ（No.7a）	4頭
ツェワン・ギャルボ（No.7b・パルダン）	1頭
アンドゥイ（No.12a）	5頭
ユンドゥン・ギャルツェン（No.14）	?頭

ヤクの入る余地がない。そこで、ショナム・ツェリン（No.8）に八頭、ツェガ（No.4）に二頭入れたという。

以前、チュルディン・ギャルツェン（No.9）は五頭と聞いていたが、この家が、No.9a-1・No.9a-2・No.9bの三戸に分かれているのを把握していなかった時点のことで、実際には、No.9a-1（サタシ）五頭、No.9a-2（老人の分）一頭、No.9b四頭、ということだった。

また、No.6・No.7の前庭には七頭が繋がれ、その所有者は、ウェンゼン・ギャルツェン（No.6）の一頭、シンドゥル・ギャルボ（No.7a）の四頭、ユンドゥン・ギャルツェン（No.14）の二頭だという。プリガンに住むユンドゥン・ギャルツェンには、シンドゥル・ギャルボ（No.7a）が庭を貸しているのだという。この七頭には、麦稈と草、それに僅かの根菜の葉が与えられている。ウェンゼン・ギャルツェンの女房が屋上から麦稈を振り落としているが、これもヤクに与えるものだ。

(15) 馬について

モラム家の前で糸を紡いでいた凍傷男ショナム・ギャルボに馬についての話を少し聞いた後、ユンドゥン・イセ宅へ。ユンドゥンは芸術家で、生活に関する質問にはきちんと答えないとの仲間内の評判だったので、彼の父親でタワでもあるニマ・ラマに聞くつもりが、折あしくリンモに出かけて不在。そこで幾つかユンドゥンに聞いた。

① 馬の総称はタ。牡馬はペザ、牝馬はペモ。
② 馬は乗用・駄用に使う。駄用の荷の量はヤクと同じ。しかし、長距離のドルポ、ジュムラ方面への駄用としては用いず、近間のゲルーやリンモに行く時だけ。
③ 以下は、ユンドゥン・イセ聞書（一月二四日）
現在、ユンドゥン家が所有する馬は三頭。牡（四歳）一頭、牝（四、五歳）二頭。

牡は四年前にドルポで買った。牝の二頭はポンモで生まれたもので、その母馬は、ドルポで二頭と交換してきたものだ。

去年の雨期に二頭がチャン・トゥック（チャンの搾り粕）を食って死んだ。死んだ馬はそのまま放置しておいた。馬の屍体はチャルコ、グロックという名の鳥が突っついて食ってしまった。屍体は不浄で触れてはならないので、皮は使わない。

馬は騎乗用として使うだけで、農耕や運搬には使わない。リンモやドルポに行く時の乗用として使う。乗るのは牝だけを交

ユンドゥンと馬

替に使い、牡は乗物として使うと身体が弱って、交配できなくなるので使わない。村の人が急用で他村に出かける時に貸すことがある。貸すのは二、三月頃が多い。使用料は一日一〇ルピー。

馬の乳は搾らない。馬の乳を搾るなんて全く聞いたことがない、という様子だった。馬はいつも草地に出しておく。草地（パングリ）だけでなく、取入れのすんだ耕地（シンガ）や山地（リンガ）にも放す。冬には放しっぱなしではなく、朝夕には餌を与える。朝は主としてバングマ（チャンの搾り粕）、夕方には小麦藁（ト・サングマ）を与える。チャンの搾り粕がないときは、大麦や蕎麦を煮たりせずにそのままを与える。

夏季は草が多いので、時々塩を与える位である。

（16）ゾーについての聞書

馬に次いで、話がゾーに移った頃からユンドゥンの答えは散漫になり、ゾーの年齢については騒々し男のニマ・ラマが答えてくれた。しかし、余りに騒々しいので少し怒ったら、機嫌を損ねてそのニマもあまり答えなくなった。集中して話を聞くのは難しい。といって別の人に聞くと、答えがマチマチになる。いやはや、である。

ユンドゥン家には牡ゾーが一頭だけいる。ポンモには全体的にゾーが少ない。ゾーとゾーモ（牝ゾー）合わせても五、六頭で、モラム家（No.10）に一、二頭、それとサタシ家（No.9）に二、三頭、その程度だ。ユンドゥンのゾーは五、六歳になるだろう。

ゾーは年齢、雌雄によって呼称が異なる。

一歳は牡牝共にピウだが、二歳の牡はドゥンボ、牝はドゥンモ、三歳の牡はシャパ、牝はシャム。

七　草刈り、山の口あけ

（1）一月二五日、チェトン・ジャンピ（No.12b）に話を聞き始めたが、話が途切れがちになる。仔ヤク（ピウ）に与えている草をみて、草刈りの話しに転じてみたが、これも不十分だった。

いま草を与えているピウは、今年の二月に生まれたものだ。ショナム・ギャルボ家のもので、ショナムの家で生まれた。ピウが食っているのはカンチャという草で、高い雪山の近くに生える。カンチャは八、九月に刈ってくる。その時期に刈ったものを貯蔵し、冬季にヤクやリムに与える。草刈りには朝行って夕方帰る、一日一往復。ジャンピ家は二日間行っただけだが、家族が多い家だと二週間くらい行く家もある。カンチャはあまり多くはないので、刈るのが難しく時間がかかる。

草刈りは、一日は村中が一緒に行って、パルダンの号令で各自が自由に刈り始める。草刈りに行く場所は、クナという場所と、村の上手のカルチャントンの草地（パングリ）。最初に刈った草はラマに献じ、二日目から自分用の草を刈る。ラマのために草刈りをラマ・チャンガテという。

（2）草刈りのこと

一月二六日、パルダンの弟から草刈りについて聞いた。ジャンピの話よりは少しは詳しい。

① 草刈りはたいへん大事な仕事だ。正月（ロシャール）と同じくらい重要な日だから、ドゥネイなどに出ている人も帰ってくる。

② 草刈りは毎年七月に行う。

③ 村人が一緒に刈りに行く。

④ 最初はヌブチェというところに行く。ヌブチェは村の上手の雪山の手前に見える所である。

⑤ ヌブチェには三日間行く。この三日間は村人が皆集まって一緒に出かける。四日目からは各自が自由に行く。

⑥ 四日目からはカヤナサに行く。カヤナサは雪山の続きの少し低いピークのあたりである。

⑦ ヌプチェまたはカヤナサに行くのに、一軒の家から何人行くという制限はない。働き手が多い家は三人も四人も行くし、女も行く。パルダン家では今年はパルダン、ギャムゾウ、ニマ・ラマに嫁いだ姉と三人が行った。

⑧ 草刈場は個別に決まってはいない。夫々が好きなところで刈る。

⑨ 家畜の少ない家でも沢山刈って、自分用に余るものは他の人に売ることもある。一背負いのことをプルジュゲと言うが、一背負いの草が今年は三テのウワ、マカイと交換された。また一背負いが一ルピーで取引されたこともある。

⑩ ラマのために草を刈ることもある。ラマのための草刈はパルカンコンという場所のゴンパに近い方の頂上で、デウチェという所だ。そのデウチェがラマの草場で、自分用の草を刈る前にラマの草を刈ることになっている。

⑪ ラマのための草刈りをラマ・チュウンガラと言い、各家から一人、一日、出て刈る。

⑫ デウチェには村から直接行き、一日刈って夕方それを背負ってゴンパに行く。ゴンパでは、沢山のチャンと夕食を用意している。

⑬ 自分用の草を刈る日は、七月のザショウンの日からだ。ザショウンの日は月に二回あるが、初めのザショウンからで、その日をチュウンガンラ・ドという。

一八　ポンモ村民の交易活動

田村善次郎・西山昭宣

一　ポンモ概観

これから触れようとしている話の中心はポンモ村のことだが、調査隊が辿ったルート（下に再掲）も、村人たちの交易活動の舞台に含まれている。私たちのルートはスルケット―ダイレク―チルカ―ナグマ―ジュムラ―ガジュンコット―ムニガオン―マウラ峠―チョウリコット―リミ―カイガオン―バラングラ峠―パーラ―ティブリコット―ルマ―スリ・ガード（川の名）―ポンモ（リンモ）―ティブリコット―パーラ―バラングラ峠―イラ―ルーン―ジャジャルコット―ダンである。ドゥネイとリンモにはメンバーの一部が立ち寄っただけである。スルケットからジュムラ―ティブリコット―ポンモのルートは、日本で最も普及していると思われるUSGS（米国地質調査所）五〇万分の一の地図でも地名を追っていけるし、実際に歩いてもそれほどズレていないようであったが、帰路に辿ったルーンからダン（飛行場）までは、最短距離をとる間道伝いだったようで、このUSGS地図では地名を追うこともできない。

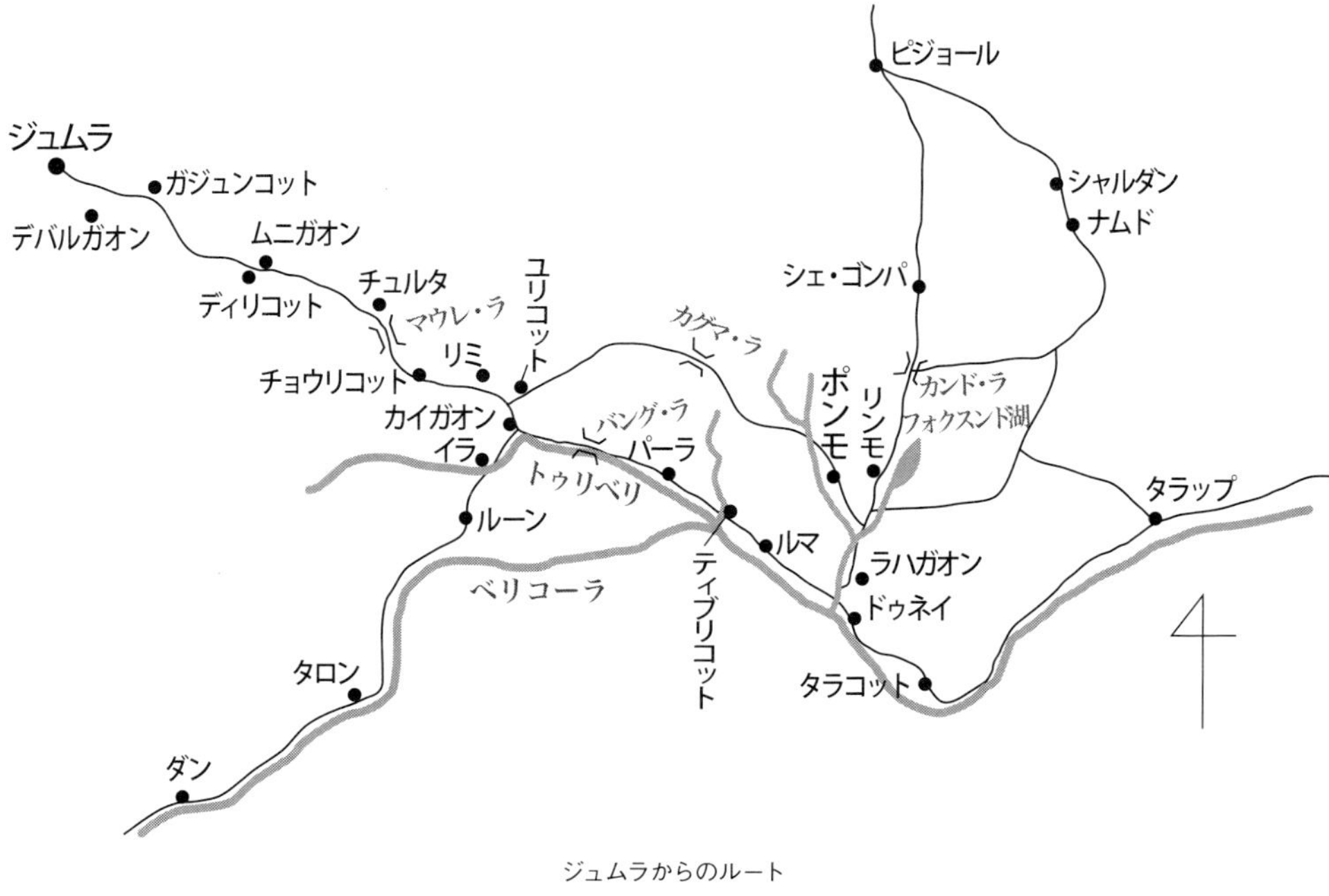

ジュムラからのルート

ポンモはドルポ地方の南西端に位置し、チベット文化圏最南端の村であるともいえよう。ジュムラまでの間には、チョウリコットのようにタルチョがはためく村もいくつかあるが、それらの村はいずれもチベット人とカス族やグルン族などとの混血村であったり、中国軍のチベット侵略を逃れて、数年前に移住したカンバ族の村であった。それらの村は私たちの眼からすると、チベット志向型というよりむしろヒンドゥー化志向の村々のように見えた。

ポンモから最も近いチベット人村はリンモであり、その他はリンモから東へ険しい峠を越えて最低三日はかかるナムド、あるいはベリ川上流のタラコット、タラップなど、ドルポの村々で、チベット文化圏からみれば、ポンモはまさに辺境の村である。それ故、リンモの村人と較べてみてさえも、ドルポの人びとが持つ、一種の荒々しさに欠ける柔和な印象を与えるのがポンモの人々なのだ。また、この村の大きなゴンパと、僧正リンブルツェの名は、かなり遠くの村々まで知られたものであり、村民は敬けんなボン教徒であった。

総世帯数二〇戸、人口一二七人、家畜はヤク、ゾー一二七（牡牝あわせて）頭、山羊五一頭、馬四頭、その他ニワトリ、猫がいる。農作物は春蒔小麦、ソバ、ジャガイモ、カブ、大根、菜種（油菜）などだが、それらの生産量は、年間必要食糧の三分の一を賄う程度でしかなく、三分の二は他から移入せねばならない。

ポンモは、必要な食料の三分の一しか自給できない村である。そんな所になぜ、集落を作って住みつくことができたのだろうか。この貧しく小さな村の人々が、どのようにして暮らしを立てているか、その一端を探ってみたい。

二　ポンモの一年

ポンモは定着チベット人の村である。その生活を支えているのは春蒔き小麦、ソバを中心とする畑作農業と、ヤク、ゾーなどの大型家畜に主力をおく牧畜、そしてそれらの家畜を使った交易である。この三者のうち、どれが欠けても生活の基盤が崩れてしまう。とにかく三分の一しか自給できない食料を補なう手段は、牧畜と交易である。

ここで、ある村人の一年間追ってみる。月はチベット暦で、日本の旧暦と同じ大陰太陽暦だから、我々が日常使用するグレゴリオ暦の約一ヶ月遅れである。

四月　春蒔き小麦の蒔き付け、ジャガイモの植え付け。

五月　ソバ播種。村人五人とヤクを連れてドルポへ行き、岩塩、羊毛を持ち帰る。

六／七月　ジャガイモの収穫が始まる。ヤク一〇頭連れてタラップへ、岩塩、羊毛を入手し、七月初めに帰村。

八月　シェー・ゴンパに巡礼。往復一七日。カイガオンへ単独で行き、トウモロコシを持ち帰る。

九月　ヤク五頭連れてタラップへ。往復一三日。小麦の刈り入れ。
一〇月　ソバの収穫。村人七人とヤク四二頭でジュムラへ。
一一月　帰村。ヤクを連れてリミへ。
一二月　ヤクはリミのジャンガルに放しておいて帰村。
一月　正月後、春村へ引っ越し。その後リミへ。
二月　リミからヤクを連れて帰村。
三月　ジュムラへ単独行。畑に堆肥入れが始まる。春村から本村に戻る。

なお、昨年は一二月から一月中旬にかけて村人六人と共にネパールガンジ（インド国境に位置するタライの町）へ行き、布、鍋などを買ってきた。

こうしてみると、季節によって彼等の行動範囲が異なっていることがわかる。種まきを終えると、ドルポ方面へ出かける季節となり、収穫が終ると西のリミ、ジュムラ方面、ときにはインド国境まで出かける季節である。それは雨季と乾季、夏と冬の違いでもあり、ここにあげた一年間のスケジュールは、特定の人だけのものではなく、ポンモ村全体の基本パターンであり、さらにはこの地域に共通してみられる型でもあった。ドルポへの道は冬は雪で閉ざされ、ベリ川谷以南の夏の暑さはチベット人たちには苦手という自然条件もその背景にはある。

三　交易に行く村々

ポンモの人がドルポという時は、ドルポのシャルダンとナムドのことで、ときにタラップを含めることもある。ポンモの人々が交易に行くドルポの村はこの三村だけで、それより北あるいは東に足をのばすことはない。

ドルポへは五日ないし八日行程で、経由する地名は聞いているが、地図上で追うことは全くできなかった。また、ドルポからチベット領の交易地キャトック・ツォングラという村までは四日行程だという。

ポンモの人が、シャルダン、ナムドより奥の村に、またチベットへも足をのばさないのは、昔からのしきたりで、直接チベットとの交易にあたるのはシャルダン、ナムドをはじめとするドルポ奥地の村々（タラップ・パンチャヤットに属する村）で、これらの村人は誰でも自由にチベットへ出かけることができる。ポンモの人たちは雨期にはタラップへも行くが、やはりそれより先の村へは行かない。タラップ止まりなのだ。

刈り入れ後、乾季に入ると、人々はポンモ・チュ（ポンモ川）を遡ってカンソンニェ（カグマラ）の麓を通ってカグマ峠を越えてベリ川谷のユリコット、カイガオン、リミへ行き、これらの村を基地としてジュムラやティブリコットに行く。カグマ峠の道は一一月過ぎには雪で通れなくなる。そうすると、ポンモ・チュからスリ・ガードを南下し、ティブリコットへの道を行く。

リミもパーラも東西に走る谷の南面中腹にあって、かなり暖かい。私たちは往路リミで一週間滞在したが、同じ谷でも対岸の谷底のカイガオンに比べてリミの気温はかなり高く、一日降り続いた雪も、翌朝、太陽が顔を出すと間もなく消えてしまったのに、数日後に通ったカイガオンでは道端のそこここに雪が残り、畑は白いままだった。パーラでも同じことがいえる。

これらの村々、特にリミには、冬になるとヤクを飼うだけの草を得られないポンモから、ヤクを連れてきて数ヵ月滞在する。リミでは、村の斜面の上の方の標高が四、〇〇〇m前後あり、ヤク放牧に適した森林（ジャンガル）になっていて、家畜はそこに放牧する。ジュムラ付近に行くと、ゴテチョールという、やはり放牧によい森林地帯に放しておく。ヤクの放牧には必ずしも人間が付いている必要はなく、数日ごとに様子を見に行けばよい。人間の方はその間近くの村を廻って、商売に専念できる。これに対して雨季のドルポ行きは短期間である。雨季はポンモでも十分な草が得られるからだ。

四　交易の実際

こういうサイクルで行われる交易は、大部分が物々交換である。貨幣も少しずつ浸透しており、パンチャヤットの工事の賃金、自家用の穀物を急場しのぎに少量買う時、あるいはタバコやロキシー（蒸溜酒）代は現金払いというように、部分的に貨幣が使われている。余談だが、チャンは金で売買するものではないのに、ロキシーは村人同士でもカップ一杯一ルピーだ。チャンは宗教的な意味を持つもので、ロキシーは純粋に娯楽（嗜好品）の対象だからだ。彼らの意識として、同じ物でも五ルピーで買った場合と五マナの粉と交換した場合（粉一マナ＝一ルピー）では、金で買った物の方がずっと価値が高くなる。私たちの民具収集に協力的だった彼らも、金で購入した物はなかなか手離そうとしなかったり、高値をいったりすることが多かった。

この地域で流通しているのはネパール・ルピーで、一ルピー紙幣が最も多く出まわり、一ルピー以下となると、小額貨幣の絶対量が少なくて用をなさない。カトマンズではまだ流通していたパイサ貨幣などは全く目にしなかった。実質的に一ルピー紙幣が基本であり、一〇ルピー以上の高額紙幣はほとんど用をなさない。一ルピーに崩すのが極めて困難なのだ。店といえるものは、近くではドゥネイ、次はジュムラまで行かねばない。ちなみに、ドゥネイでは一〇〇ルピー紙幣を一ルピー一〇〇枚に両替できなかった。

交易物資で最重要、最多量のものは、チベット産の岩塩と羊毛、ペリ川本支流の谷やジュムラ盆地産の穀物である。穀物は麦、ソバ、トウモロコシ、米（籾）だが、なかでも大麦が一番多いようだ。これらの他にドルポからのものでは、チベット産の大麦、木椀、装身具、あるいはカリンポン製の真鍮カップや陶器のカップ、茶などもある。逆にポンモやドルポへ運ばれるものには、インド製の綿布や鍋、食器類などの日用品、トウガラシなどの香辛料やタバコなどがあり、こちらの方が品物の種類が多い。

ポンモ村民の手による交易物資となると、わずかに羊毛の織物とチベット靴だけだ。織物は敷物にも防寒具にもなる用途の広い厚手の布で、五色ほどの色糸を使った美しい、丈夫な毛織物である。男女の腰帯、馬の鞍の下に敷く布も同じ布で、羊毛を紡いで染め、座機（ざばた・すわりばた）で織った布は金でしか売らない。一m×二mくらいの単純な縞模様のものが一枚四〇ルピー程。模様が複雑になると五〇ルピー、六〇ルピーと値も上る。靴は男が作るもので、羊毛の色糸で一針ずつかがる。これも何色か組み合せた美しい靴だ。チベット人は特別な色彩感覚を持っているのかもしれない。少なくとも、彼らの色の選び方や配色には、ヒンドゥー文化圏ではみられない豊かさがある。私たちは、スルケット以来、色欠乏症にかかっていた。それほど中部山地の人々の使う色は貧弱なのだった。

以下、実例をいくつかあげて、交易の実際の様子を当事者に語ってもらう。なお、これから使用する月は、例外を除いて、チベット暦である。一九六八年一月三〇日がチベット暦の一月一日であった。また計量の単位は次の通りだが、これは地域によりかなり異なる。

〔量〕一パテ＝四〜八マナ（一マナの粉：一・五合：約一食分）

一テ＝約三〜六マナ（チベット人が使う量単位）

〔重さ〕一ダルニ＝約二・二五〜二・五kg

マナ枡とダルニを計る竿秤は、一応ネパール政府の認印の入ったものがあるが、手製のマナ枡も多く、官製の升もかなり誤差がある。現実にはマナ枡も竿秤も家によって様々で、手製の枡でも十分通用する。要するに取り引きする者同士が「この枡で」と了解し合えばよいのである。

聞き書き① リミ村のイルラ・エリ（男、四四歳、チェトリ、農民）

一九六七年一二月二四日、リミ村にて。

イルラ・エリは入口の小部屋をシャルダン村の一家（夫婦と子供二人の計四人）に貸している。彼らはモンシュリ（一一月〜一二月）に岩塩をヤクに積んで村を出、ブース（一二月〜一月）にリミに着き、四ヵ月程リミで過ごす。イルラ・エリもゾーや羊に大麦、トウモロコシをつけてシャルダンへ行くことがあるが、その時は、彼の家に泊まる。二人は単に家を提供し合うだけでなく、自分の家に村人を集めて、運んできた品物の売り捌きの交渉をして、普通より一パテくらい多く得られるようにする。二人の関係は個人的なものではなく、四世代も続いた（非常に古くからという意味）家と家との関係で、たがいにローバ（兄弟分）だ、という。もちろん家賃もとらない。

聞き書き② 同じくイルラ・エリ　一九六七年一二月二四日

リミからシャルダンまでは一〇日行程で、リミから行くときはゾーや羊で大麦とトウモロコシを運び、岩塩と羊毛に交換してくる。イルラ・エリはいま、羊二〇〜三〇頭持っている。羊は一頭が八パテの大麦、トウモロコシを運ぶ。大きなゾーで四〇パテ、塩なら三〇パテ、小さいゾーで二〇パテほど付けられる。

交換レートはシャルダンで、豊作年で一パテの大麦が二パテの岩塩。不作年で一パテの大麦が二〜三パテの岩塩になる。リミでは、二〜三パテの大麦が一パテの岩塩となる。

リミから出かけるのはサウン（七〜八月）で、帰りはバドウ（八〜九月）、往復四〇日ほど。羊毛は自家用で塩は商売用である。

聞き書き③ シャルダン村のテシ・トゥンディ（男三八歳）。一九六七年一二月二六日、リミ村。

二五日前に四頭のヤクに二〇パテずつ塩を積んで父親、妻、息子、弟、妹の計六人連れでシャルダンを出、一六日かかってリミに着いた。父はずっと以前からリミに来ていたが、自分が来るようになったのは八年前から。

聞き書き④ シャルダン村のドルチ（男、二六歳）。一九六七年一二月二六日、リミ村（二時頃、ヤク五頭に荷を積んだチベット人二人が帰ってきたので話をきく）。

シャルダンから持ってきた塩をティブリコットに運んで、ツァンパとトウモロコシに換えてきた。交換してきた粉とトウモロコシはリミ滞在中およびシャルダンに帰ってからの食料にする他、六月〜七月にチベットのキャトック・ツォングラまで運んで岩塩と交換する。リミに持ってきた塩や羊毛は金で売ることもあるが、大部分は交換する。

ここでの交換レートは、一五〜二〇パテのトウモロコシあるいは大麦が一ダルニの羊毛。二〜二・五パテのトウモロコシあるいは大麦が一パテの岩塩。

リミで交換するときはローバが商談をまとめてくれるが、ティブリコットやジュムラに運んで商売をすることもあり、そのときは自分でまとめる。ただ、ジュムラまで行くことは稀で、最近になってからのことだ。

リミにはずっと昔から来ているが、長期滞在するようになったのは、チベットで自由に放牧できなくなった一二、三年前から。それまでは、五〜一〇日泊まるくらいで、リミより先へ行くこともなかった。リミに来るのは、ここに放牧に良い森林があるから。

シャルダンはソバが少しできる程度で、その他は何も穫れない。シャルダンからリミまでの途中の村にもローバがいるが、二日くらい泊まるだけで、商売もあまり多くはしない。

聞き書き⑤　リミ村の村長（男）。一九六七年一二月二七日、リミ村にて

二二日に私たちがリミに来る途中、ヤギを連れて出かける彼に会っているので、そのことについて聞く。

二二日はヤギ一〇頭に塩を付けてルーンガオンへ、トウモロコシ、大麦、裸麦と交換に行った。カイガオン、イラを通って片道二日で二六日に帰った。リミでもトウモロコシがよくできるが、自家用程度で、交易に使うものはもっぱらこのようにして得る。

ルーンでの交換レートは、二マナのトウモロコシあるいは大麦が一マナの塩。三マナの裸麦が一マナの塩。持っていった塩は自分でシャルダンから運んできたもの。

ルーンのほか、サマコーラへも行く。サマコーラでは米がよく穫れるので籾と換えてくる。米が穫れるのは、ジャルコットやシャレンなどもっと近場にもあるが、インド産の塩が入っていて商売にならないので、先まで行く。サマコーラでの交換レートは、二マナの籾あるいは大麦が一マナの塩。四マナの裸麦が一マナの塩。

サマコーラの人は自分たちでネパールガンジへ行き、布類を仕入れ、それをカチ（一〇～一一月）にリミへ売りに来る。良い布三mで一ダルニの羊毛と交換する。リミの人が直接ネパールガンジへ行き、布、鍋、皿、石油などを買ってくることもある。

聞き書き⑥　同じくリミ村の村長

シャルダンへ持っていく穀物の量は、多い年で二三〇パテ、少ない年で一〇〇パテくらい。

シャルダンでの交換レートは、一〇パテのトウモロコシあるいは大麦が一五パテの塩。一五パテの裸麦と一〇パテの塩。

シャルダンではローバの家に泊まる。

聞き書き⑦　ポンモ村のツェワン・ギャルボ（二四歳、男）ほかポンモの青年三人　一九六八年一月一〇日、ポンモ村。

昼すぎ二五頭のヤクに荷をつけて四人帰ってきた。夜、「帰り祝い」の酒に酔って、宿舎に遊びに来た。

今日の荷はジュムラ付近のガジュンコット、クムリ、ポイ、デバルガオン、カラワラ、ウカリガオンなどで岩塩と交換した籾だ。自家用で普段の食料、正月用、チャン用にする。

交換レートは、昨年は、籾二パテが塩一パテだったが、今年は、籾三パテが塩二パテ。

商売するのに一二日かかったが、その間ヤクはゴテチョールに放しておいた。

交換に使った塩は六～七月にシャルダンでソバ、トウモロコシ、大麦と交換してきたもので、シャルダンでのレートは、大麦あるいはトウモロコシ一〇パテが岩塩一〇パテ。ソバ一二パテが岩塩一〇パテ。大麦あるいはトウモロコシ一八パテが羊毛

一ダルニ。ソバ二三パテが羊毛一ダルニ。羊毛はリミやカイガオンで交換する方が安い。大麦あるいはトウモロコシ一二～一三パテで羊毛一ダルニ。

ポンモからシャルダンまではリンモを通る道で八日、直接チベットへ行くのはタラップ・パンチャヤットに属する村々の人々だ。シャルダンの人がリミ、カイガオンへ商売にいく途中でポンモを通るが、ポンモではあまり商売はしない。

ポンモでの交換レートは、ソバ一〇パテが塩一〇パテで、シャルダンより二パテほど安くなる。

聞き書き⑧ ポンモ村のショナム・ツェリン（二三歳、男）

一九六八年一月一九日、ポンモ村。

一二月末、雪の積もったユリコット経由の山越え道を強引に通って踵《かかと》が凍傷になり、療養中、ドクターの患者。（ドクターが踵の部分をかなり強引に削りとってペニシリンを毎日塗っていた。我々が帰る頃には、肉が盛り上がっていた。驚異的な回復力だとドクター驚く）

先月、隣家のツェワンと二人でリミへ行った。ショナムはチベット靴を持っていき、トウモロコシと換えた。靴の値は、一二テのトウモロコシあるいは二〇ルピーでチベット靴一足。ツェワンは三テの塩を三テのトウモロコシと換えた。ショナムは二〇テのトウモロコシを持って帰ったが、一二テは持っていった靴代、残りの八テは昨年売った靴の未収分である。

現在、自分の家はヤクを持っていないので、親しくつき合っている家のヤクに運んでもらう。ヤクの使用料はいらない。ドルポへはヤクを連れて六回、人だけで二回行った。昨年六月、ツェワンら三人でシャルダンとナムドへ手製のドコ（竹籠）を七個ずつ持っていった。ドルポの人もドコを作るが、ドルポにはよい竹がない。一個二・五～三ルピーで売れた。ドルポで塩を金で買うと一テが一ルピー。往復七日かかった。

聞き書き⑨ 同じくショナム・ツェリン

二年前、七軒から一人ずつ計七名で三三頭のヤクを連れて、七月中旬ナムドへ行った。往復一〇日かかった。運んだのはトウモロコシと大麦で、塩、羊毛、茶と換えた。ヤク一頭につき一〇テ入りのペジャ（運搬用の袋）を振り分けて二袋つける。

このときの交換レートは、トウモロコシあるいは大麦一〇テが塩八テ。トウモロコシあるいは大麦八テが羊毛一ダルニ。トウモロコシあるいは大麦四テが茶一個。（この茶はあまり良質なものではなかった）

ショナムは塩三〇テをヤクにつけ、茶二個と羊毛一ダルニを担いで帰った。

聞き書き⑩ 同じくショナム・ツェリン

商売にいく先々の村で泊まる友人の家は決まっており、そういう友人をネーザンという。ショナムはナムド、シャルダン、リミ、ティブリコット、パーラ、カイガオンにネーザンを持っている。シャルダン、リミ、ティブリコットのネーザン関係は父が作ったもので、他は自分で作った。なかでもパーラの友人はトブー（義兄弟）の関係にある。ネーザンの家に泊まる時は米やトウモロコシを一～二テ土産に持っていく。泊まっている間の食料は自分持ち。ネーザンは頼まれれば相手の商売を助けてやらねばならない。ネーザンとして当然行うべきことをしないと、喧嘩になり、ネーザンの関係を破棄して、それ以後道で会っても挨拶もしなくなる。

聞き書き⑪　ポンモ村のヒャクパ（二九歳、男）　一九六八年一月七日、ポンモ村。

ゴテチョールにヤクを放牧する時は、一頭につき五〇パイサ、ムニガオンのパンチャヤットに払う。

聞き書き⑫　ポンモ村のヘンドゥプ・ギャルツェン（二九歳、男）・ダワ・ギャルツェン（三五歳、男）、一九六八年一月七日。ポンモ村。

これから二人でヤク二一頭つれてジュムラへ出かける。ヤクには一頭に四〇マナ宛の塩を付けて行く。ポンモに帰ってくるのは三ヵ月後。冬のポンモにはヤクに食わせるだけの牧草がないので、リミに滞在して放牧し、その間にジュムラ付近まで出かけるのだ。ジュムラでは籾、トウモロコシ、大麦と交換する。籾は自家用。

ジュムラでの交換レートは、三マナの大麦あるいはトウモロコシが二マナの塩。一マナの籾が一マナの塩。

ジュムラまでは、ユリコット経由で一二日。ティブリコット経由で二〇日かかるが前者は雨期に通る山越えルート、後者は乾季の川沿いのルートである。

聞き書き⑬　ポンモ村のダワ・ギャルツェン（三五歳、兄）、テンジン・ギャルツェン（二七歳、弟）。一九六八年二月六日、ポンモ村。

村の引っ越しが済んだらリミ方面へ行く。一二月初めティブリコットに出て（⑫のジュムラ行きの事）、暮れの二九日に帰村したが、ヤクは雪が深くて峠を越すのが大変なので、リミにおいてある。ヤクは昨年一〇月連れていったもので、今、兄の一人が世話をしている。全部で二七頭いる。一〇月には村人七人で四二頭のヤクを連れて出た。暮れに帰ってきた一五頭はその一部だ。

正月後、リミ、ユリコット方面に出るのは毎年のことで、そこからジュムラ方面へ出かけて、米、大麦、トウモロコシなどと換える。途中のティブリコットでも二日か三日泊まって仕事をする。

リミからヤクを引き揚げてくるのは五月になるが、そのころ、村では種蒔きはすべて終っており、すぐドルポへ行く準備にとりかかる。男は畑仕事にあまり手を出さない。ドルポへは二月か三月に行くこともあるが、その頃はドルポの人々はほとんどリミ、パーラあたりへ出ていて、村にはいない。以前は彼らはこの時期、チベットに放牧に出ていた。

ヤクを連れてドルポへ行くのは五月から八月でだが、近ごろはあまりよい商いができないので、二回位しか行かない。前はもっと行った。ドルポへ岩塩が入りにくくなったからで、まず十分下見をしてから商売にかかる。シェー・ゴンパにお詣りに行くのもこの時期で、昨年テンジンが行ってきた。往復一七日かかった。

昨年テンジンは六月にヤク一〇頭、九月に五頭連れてタラップへ行った。

聞き書き⑭ ポンモ村のニマ・ラマ（二二歳、男） 一九六八年一月二〇日、ポンモ村。

ネパールガンジには四、五回行った。昨年は村の六人一緒に一二月に出て一月末に帰村した。各人、二〇〇〇ルピー位の現金を持って行き、布、鍋、食器などを買った。ニマはこのほかラジオ二台、時計一個を買った。布は自分の家で使うほか、三〇〇～四〇〇ルピーをポンモの人に、四〇〇～五〇〇ルピーをドルポの人に売ったが、村内では金の回収がスムーズにいかないので困る。ラジオは四〇〇ルピーで買ったナショナル製品をヤク一頭（六〇〇ルピー相当）で、六〇〇ルピーのシャープをヤク一頭と羊毛六～七ダルニと塩三〇テで、一〇〇ルピーの時計は二〇〇ルピーで、ドルポで向こうの人に売った。布は一ヤール（肘から指先までの長さの二倍）が二～五ルピーくらいのを買って、倍値で売った。

ネパールガンジに行くようになったのは七年くらい前から。それまでは向こうの商人が布などを売りに来ていたが、値上りして買えなくなったので、自分たちで行くようになった。出かけるのは一〇～二月の冬季、夏は暑くて病気になる。ポンモからは一九日行程で、帰りはポーターを雇うこともある。食事をこちら持ちなら通しで五〇ルピー、向こう持ちなら一〇〇ルピーだ。持っていく金は自分が商売で儲けた金だが、村人から買い物を頼まれて金を預かることもある。今年行かないのは、ドルポとの交易用にリミでトウモロコシや大麦を余計に買ったので、金がなくなったからだ。

聞き書き⑮ ジュムラ近くのジュピタ村からポンモ村に来た布行商人（三人連れ、男） 一九六八年一月八日、ポンモ村。

毎年三月から四月にかけてネパールガンジへ行き、布地を仕入れ、雨季の前にここらの村へ運んでくる。代金は一〇ヵ月後に回収する習慣になっていて、今、その集金に来たところだ。今度も布を持って来て少し売ったが、代金の支払いはやはり一〇ヵ月先になる。ポンモには一戸あたり一〇ルピー程の貸しがあり、村全体で四〇〇ルピー程度になる。

聞き書き⑯　ポンモ村のツェワン・ギャルボ　一九六八年二月一五日、ポンモの春村。

ツェワン家は五人家族（大人ばかり）で一ヵ月の穀物消費量は、家族全員がそろっている月で六〇テ、少ない時で二〇テ位だ（男は商売で出ていることが多く、とくに冬など誰かが欠けていることの方が多い）。自分の畑で穫れるのはソバ、小麦合わせて二〇〇テ、ジャガイモ三〇〇テ、カブと大根が三～四カゴで、穀物の不足分は四〇〇テくらい。これはすべて交易で稼いで補う。

年間必要な現金は三〇〇ルピー程で、現金収入は年をとったヤクをドルポの人に売ったり、靴や織物を売ったりして得る。また、ドゥネイのパンチャヤートの賃仕事もよい稼ぎになる。

前はヤク一二頭を持っていたが、チベットから塩などが十分に入らなくなり、良い商売もできなくなったので、ヤクの数も減らし、今では二頭しかいない。畑は大きな畑三枚、小さな畑六枚持っている（村平均一戸あたり大三・二五枚、小九・二五枚、平均家族員数六人である）。

聞き書き⑰　パーラ村で会ったドルポのツァルカ村の人（男、三〇歳くらい）　一九六七年一二月三一日。

交易と放牧を兼ねて一ヵ月程前からパーラ村に滞在している。以前は冬のヤクの放牧にはチベットへ行っていたが、それが出来なくなって、こちらへ来るようになった。それまでは商売のためだけに来ていたので、長くは滞在しなかった。

聞き書き⑱　リミおよびティブリコットでの観察

一九六七年一二月二五日、リミ。一二月三一日、一九六八年三月五日、ティブリコット。

リミではシャルダン村から来ている一五～六歳くらいの女の子とその弟が、あるチェトリの家の家畜囲いの中から、糞でどろどろになったワラをかき出し、ドコに入れて畑に運んでいた。その家の主婦らしき女が石垣の上からあれこれと指図をしている。聞くと畑に入れる厩肥出しで、日当稼ぎだとのこと。日当は聞くも答えず。ティブリコットでは帰路、ツァルカ村の男女数人が、堆肥おき場からドコで畑へ堆肥を運んでいた。往路にこの村長宅に泊まった時も、夕方チベット人が数人来て、おかみさんから米、トウガラシと金を二ルピー程を貰っていた。

以上のような事例から、ドルポ－ポンモ－ペリ川谷を結ぶ交易の様子が浮かび上がってくる。

五　交換レートと需給量

ここで各地の交換レートを簡単にまとめてみよう。大麦とトウモロコシは同価値で、籾はそれより高く、ソバはやや安い。そして裸麦はソバよりやや安くなる。聞き書き事例の中で数多く出ている大麦あるいはトウモロコシと岩塩との交換比率は次の表のようになる。合わせて、籾、蕎麦、羊毛なども、あまり多くの事例を集めることができなかったが集計した。

この他にもチーズとか首飾りやブローチと穀物との交換など、いろいろな例があるが、繁雑になるので省く。穀物と塩の交換のうち、最も多いのが大麦とトウモロコシだが、表にあるように、同じ所での交換でも、そのレートは必ずしも一定ではない。麦の方が高かったり、塩の方が高かったりと、かなりのばらつきがある。これは交換の時期、産地、品質、作柄、そして当時者の商売能力によるものではないかと考えられる。ドルポならドルポ、リミならリミでの、ある時期の交換レートは、一応相場として決まってはいるものの、売り手、買い手の掛引きの上手下手が大きく物を言うことは十分予想される。それは、私たちもポンモの村人やドルポの人々を相手にして十分体験させられたことである。ポンモの娘たちが結婚相手としての第一条件に「商売上手なこと」をあげる所以でもある。

ポンモにタクラという気の良い青年がいる。三〇歳にもなってまだ独身である。村の娘たちにいわせると、「タクラは人がよすぎて商売が下手だから、あんなのと一緒になるとこっちが苦労するわ」ということになる。

一地点でのレートに開きがあるとはいっても、ドルポとリミを較べて明らかなことは、穀物と塩の価値が逆転することである。中間地点であるポンモの比率が出ていないのが残念だが、ポンモではあまり交換が行われない、ということも事実のようだ。ただ、聞き書き事例⑦のように、ソバについてはポンモで換えると、ドルポより二パテ程安くなることから、麦なども一対一に近くなると考えられる。

物資交換レート表（丸数字は聞書番号）

A	大麦・トウモロコシ → 岩塩（単位はパテ）	
②	リミ	2〜3：1
②	シャルダン	1：2〜3
④	リミ	2〜2.5：1
⑤	ルーン	2：1
⑥	シャルダン	1：1.5
⑦	シャルダン	1：1
⑨	ナムド	1：0.8
⑫	ジュムラ	1.5：1
B	籾 → 岩塩	
⑤	サマコーラ	2：1
⑦	ジュムラ付近	1.5：1
⑫	ジュムラ	1：1
C	蕎麦 → 岩塩	
⑦	シャルダン	1.2：1
⑦	ポンモ	1：1
D	大麦・トウモロコシ → 羊毛	
④	シャルダン	15〜20（パテ）：1（ダルニ）
⑦	シャルダン	18（パテ）：1（ダルニ）
⑨	ナムド	8（テ）：1（ダルニ）

事例⑯で見たように、ポンモでの年間不足分の穀物が四〇〇テということから、ここで非常に単純な計算をしてみた。ドルポでの大麦・トウモロコシと塩の交換比を一対二、リミでのそれを二対一とした場合、四〇〇テ儲けるには、一〇〇テの大麦・トウモロコシをドルポへ運び、二〇〇テの塩と換え、それをリミへ移すと四〇〇テの麦・トウモロコシになる。翌年の資本分も加えると、最初に一二五テの大麦かトウモロコシをドルポへ運べばよい。ヤク一頭に二〇テ積むとして、ドルポ行きには一三頭、リミ行きには帰り荷が五〇〇テだから、余裕なしで二五頭のヤクが必要ということになる。しかし、実際には、何度かに分けて行われるので、ツェワン・ギャルボ家のように二頭しかいなくともなんとかなるし、事例⑧でショナム・ツェリンが述べているように、互いに融通し合う習慣が確立しているので、不足分のヤク調達はそれほど難しいことではない。ポンモ全体では、八〇頭のヤク（うち若ヤク二、仔ヤク一）がいるが、家ごとの所有頭数にはかなり差がある。

この計算は単純に食べるだけの量を、いささか乱暴な方法で出したものだが、この他食料以外に使う穀物、例えば、祭礼や葬式、ゴンパへの付け届け、衣料の分などを合わせると、不足分は恐らくこの二倍か三倍にはなるだろう。シャルダンやナムドの場合は、ポンモより更に食料事情は悪いはずで、必要量の殆どを他から移入せねばならないと思われる。

塩の需要がどの程度なのかについては、明確な資料を得ることができなかった。第一、塩だけでなく穀物にしても、一年間の消費量がどの程度で、不足分がどの程度か、一年間に扱う穀物や塩の総量がどの程度……など、聞いてはみたものの、当然のことながら具体的な数字は全く得られなかった。彼ら自身でさえ、その辺りの数量をどの程度まで把握しているのかと疑問に思う程だから、先述の年間不足分四〇〇テ云々も、至って曖昧な話なのだ。というわけで、彼らが交易で動かしている塩や穀物の全体量がどの程度なのか、残念ながら不明である、としか言いようがない。

六　交易圏の重なり合いとネーザン・ローバ

①～⑱までの事例によって示された、ドルポ（ここではシャルダンとナムドの両村）、ポンモ、そしてリミの人々が出かける交易の範囲は次のようになる。

ドルポからは直接チベットへ出かけるのに対し、ポンモ、リミからは慣例としてチベットまでは行かない。ドルポ側から交易に出てくるのは、本来パーラ村までであったが、ジュムラまで足を伸ばすようになったのはそう古いことではないようだ。交易の中心はパーラだったが、リミに長期滞在するようになったのは、ヤクの放牧という新しい要素が加わったからである。

ポンモの人々は、リミ、ユリコット、カイガオンとジュムラに近いゴテチョールを基地にして付近の村々を廻る。そして、ゴテチョールとリミ村の斜面の上のジャンガルを冬季のヤクの放牧場としてきた。終着点はジュムラ周辺の村（ジュムラのバザールまでではないらしい）と、カイガオンからベリ川を南に下ったルーンである。

私たちは帰途、ジャジャルコットまでという約束でポンモの人たち一五人をポーターに雇った。当初は元気が良かった彼らは、イラに近づく頃から様子がおかしくなった。カトマンズまで一緒に行くなどと言っていた若い者も、ルーンまで来ると「帰る」と言い出した。おどしてもすかしても、イヤだの一点張りで、とうとう全員が帰ってしまった。

理由はこういうことだった。第一にルーンが彼らが日ごろ交易に来ている最終地点で、これから先が不案内で、ジャジャルコットまで辿り着けるかどうか、自信がなくなった。そして第二の理由は、ルーンで予定していた粉が手に入らなかったことである。荷を担いでいるのだから、食料は道々補給しながら行かねばならないのに、顔見知りのいるルーンでさえ、全員の一食分に足るだけの粉も買えなかった。ましてこの先は不案内な、しかもヒンドゥー圏である。二〇〇〇ルピーを懐にしてネパールガンジへの買い物というなら話は別だが、今回は帰った方が無難だ、ということになったらしい。確かにもっともな理由なのだが、私たちは随分と困ったものである。

さて、リミの人々の行動範囲はこのルーンを越して、もう少し南まで広がっている。サマコーラまで籾の交換に行くことは判っているが、そこが終着点かどうかは確かめていない。しかし、その辺りまでとしてよいように思う。

以上が伝統的に守られてきたドルポ、ポンモ、リミ各村のそれぞれの交易テリトリーである。これに付け加えるなら、リンモもポンモと同様の活動範囲を守っていると考えられることと、事例⑰が示すように、ドルポのツァルカ村からも交易に来ているが、その終着点はパーラで、パーラおよびティブリコット周辺で商売をする。そして、シャルダン、ナムドと同様にチベットでの冬季の放牧場を失っているので、パーラ付近に替りの放牧地を求めねばならなくなった。

このようにしてみると、彼らの交易活動は、それぞれの村の活動範囲が伝統的に決まっており、たがいのテリトリーが重なり合いながらも少しずつ、ズレていることがわかる。この重なりとズレによって、物々交換による中継貿易が成り立ちうるのだ。互いのテリトリーの輪が鎖のようにチベットからドルポ、そしてミッドランドからタライへとつながり、さらに東西にも広がっているのであろう。このことがなければ、ポンモなどは人の住む村として成り立ち得ないはずである。

ポンモには、確かに畑を開くにはよい斜面があるが、畑を開いて農業をするためだけで住みついたのではなく、ドルポとベリ川谷との交易のための前進基地、あるいは中継基地として仮村みたいなものができ、それが定着村へと発展したのではないか、と私たちは考えている。

もう一つ、ここで注目しておきたいのは、この交易がチベット文化圏とカースト制が確立しているヒンドゥー文化圏とにまたがって行われている、ということである。ヒンドゥー的立場からすれば、牛の類を食べるチベット人は不浄の人間であり、戸口より内へ入れるべきものではない。ところが、リミの村民はチェトリであり、そのチェトリが、殆どどの家でもドルポやポンモの人々に部屋を貸している。自分がドルポへ行った時には間借人の家を宿とする。ローバあるいはネーザンという、民族や文化的規制を超えた相互扶助を前提とした関係が、一代限りではなく、代々受け継がれていく家と家との関係として存在していることだ。他の村で商売をする際、間をとりもってくれるローバの存在が、商売の結果を左右することは言うまでもない。

しかし、両者の間にカースト的規則制が全く無視されているかというと、決してそうではない。部屋の貸し借りをするとはいえ、貸すのは家の内部、居間部分ではなく、ダランという入口のポーチ部分で、実際は軒先を貸すといった方が適当だ。そこは、ベッドが縦に置ける程に奥行きが深くなっているのが普通で、旅人などはそこに泊める。リミに滞在しているドルポ衆は一様に、ダランに塩袋などを積み上げ、寝起きも炊事もそこでしていた。リミの人々がドルポへ行った時も、家の人たちと共に炉を囲んで寝るのではなく、屋上のワラ置場のような場所を借りるのであろう。

事例①イルラ・エリも「部屋を貸してはいるが、間借人が勝手に奥の部屋に出入りするのを許しているわけではないし、彼らが料理したものは不浄だから決して食べない。我々が料理したものは、我々の方がカーストが上なのだから、彼らにもふるまってやる」と言っている。

カイガオンはカス系の人々とチベット系との混血村である。文化的にもヒンドゥーとラマ教とが混交している。ポンモの多くの人がカイガオンにネーザンをもっており、なかにはケマンを持っている若者もいる。ケマンとは妻、情婦を意味する言葉だ。カイガオンの女がポンモへ正式に嫁入りすることは今のところ全くないが、カイガオンやユリコットの女と愛しあい、ポンモから出ていった男は何人かいる。また、ポンモに妻がありながら、交易に行く先々の村にケマンがいるという男も少なくない。リミのように、ヒンドゥー系住民のみで構成されている村では、チベット人との間に性的な関係が生じるような付き合いについては聞くことがなかったが、皆無とは言えないだろう。

いずれにしても、ネーザンのような人的関係が、交易圏のズレと共に、この地域の交易を支える大きな要素であることには間違いない。

七　これからのポンモ

集会所の炉の煙にいぶされながら、私たちはこれからポンモはどうなるのだろう、と話しあうことが何度もあった。

結論的にいえば、見通しはかなり暗いだろう、ということだった。その最大のポイントはやはり塩で、チベット産岩塩の減少と、インド産岩塩の増加。私たちが知り得た限りでは、両者の接点は、マハー・バーラタの真ん中あたりのようだ。両者の価格差から、インド産岩塩の北上傾向は、より進行すると思われる。劣勢に立たされるインド産岩塩の代替商品は、私たちには今のところ見当たらない。更に、岩塩と並ぶ有力商品は羊毛とその製品（毛織物）だが、これも、すでに北部にも普及し始めているインド産綿布の勢いを止めるほどの力があるとは思えず、結果的に羊毛需要が減少する傾向に向かうのではないか。

また、貨幣経済の浸透がさらに進み、現行の物々交換という交易の仕組みも変わらざるを得なくなるだろう。

こうした外的要因に対応する方策は、あるのだろうか。

塩と穀物との交換交易によって、圧倒的に不足する食料を補いつつ生活を維持してきた、ドルポやムグでもポンモと同じような、いやそれ以上の困難さに直面せざるを得ない。すでにムグでは故郷を捨てざるを得なくなった人が出はじめ、過疎化現象が現れ始めたと聞いている。その傾向はムグ地方だけのものとは、残念ながら思えない。

当面する必要のために、ポンモ人もドルポ衆も、工事現場や農業の下働きに従事し、冬期も寄留先での賃機などは当然のこととなっている。問題はその先に何が見えるのか、である。

家の中が暗すぎて、煙が充満。目が悪くなるのは当然だ。もっと窓を大きくして、ガラス戸にしたら……などというと、そのガラスをどこからどうやって運んでくるのだ、壁の構造を変えないと、ガラスを入れる窓枠ができないぜ……、という反論はすぐに出てきた。

だが、塩と羊毛に替わる商品は何か、ポンモで何が作れそうなのか……となると、仲間たちの顔が暗くなった。しかし、これらの思いは所詮、余所者の私たちのものでしかない。現実に、厳しい条件の下で幾世代も生き継いできた人々の生活力、適応力は、私たちの思い、想像をはるかに超えるものを秘めているかもしれないのだ。今は思いもよらない、新たな自然の恵みを探し当てるかもしれないし、外界の経済や文明の変化とそれに伴う人々の動きの変化が、それに適応する新たな力をこの世界にもたらす可能性があるかもしれない……。私たちそれぞれが、秘かに幾つかの「かも」を胸に描いていたようだった。

一九　民具蒐集記

―タパイン・ケ・ディノス

田村善次郎

一

カトマンズで最終的な予算調整をした時に、ヨゴさんが申し訳なさそうに言った。「食糧費と輸送費でギリギリ。とても民具蒐集にまで金はまわせない。」

生活の物質的な側面を知るための民具蒐集は、予算ゼロで行わなければならなかった。それでも、ポンモだけで一〇〇点以上の民具を集め得たのは、まさに「タパイン・ケ・ディノス」の根性がしからしめところであった。

「タパイン・ケ・ディノス」というキテレツなネパール語は、リミに滞在していた頃から、私がシャルダンの連中を相手にさかんに使いだした商売用語だ。単語一つひとつは紛れもないネパール語なのだが、文章になっていない。日本語にすると、「アナタ・ナニ・モッテコイ」。もっとも西ヤンに言わせると、「俺たちより相手の方がネパール語に通じているから、少しくらい間違っていたって解るに決まっとる、という隊長の持論そのままの言葉」だそうである。

要するに金はない、あるのは手持ちの品物だけ、金を使わずに民具を集めるとしたら物々交換をする以外に方法はない。

〝俺はこのシャツをやる。お前は俺に何をよこすか〟ということだ。

まず、交換に使う品物のストックから始める。村に入ってからは、空カン、空ビンから、インスタントラーメンの空袋にいたるまで全てを捨てることを禁じた。その他に、ビーズの首飾りやくす玉などのお土産物や端切れ布、それに装備の中から余分な手拭い、軍手、スプーン、ノート、鉛筆などを交換用品として加えることにした。

次いで、交換の窓口を決めた。各自が勝手にやりだすと、交換レートが狂うだけでなく、狙い目がずれてしまう。限りのある品を有効に使い、できるだけ多くの民具を集めるには、私たちの側での統制が重要である。シェルパ英語で〝チェンジング・ビジネス〟という交換業には、西ヤンと私の経済班が当たることになった。

私たちの体制を整えると同時に、相手方の品物も知っておかねばならない。家を訪ねる時には、まず部屋の中を見まわして物色する。めぼしい物があると、計測して写真に収め、名前や使用法を確かめ記録する。何しろ金がないのだから、どの程度まで集められるか判らない。実測図と写真と記録さえあれば、それだけでも資料としての価値はあるのだ。

最初のうちは、品物についてただ聞くだけしておく。ひとわたり村の家をまわってみると、日常使われているものはどの家も似たり寄ったりだということが判る。まずは、第一次目標点数を五〇点、大物は後にして小さい物から集めよう、という作戦。

村の連中が私たちの炉端に遊びに来る。彼らの眼につくところに、何気なくという感じで彼らが欲しがりそうな物を置いておく。撒き餌である。それに最初に食いついたのはパルデン。彼はトピ（ネパール帽）を愛用し、胸に国王のバッジをつけ、時には革靴を履くというハイカラ男。

その彼が、白地に紺で醤油屋の名を染めた日本手拭いに関心を示し、手に取ってしげしげと眺め、首に巻いたりしだした。「よく似合うじゃないか」と声を掛けると、しばらく考え込んでいたが、やがてプルバに向かってボソボソと話しかける。

「サーブ、彼はこれが欲しいが、幾らで売ってくれるか、と聞いています」。

それを待っていた。

「金は要らない。彼の持っている品物の何かとなら交換しても良い」と答えて、直接交渉に入る。

「モ・イオ・ディヌ・タパイン・ケ・ディノス」（俺はこれをやる、お前は何をよこすか）である。

「サーブは何が欲しい?」

最初のレートが難しい。何しろ商売にかけては一騎当千、しかもパルデンが相手だ。今度はこちらが考え込む。

トピを被っているパルデン

「そうだな、靴の帯。お前が履いているションバ（チベット靴）の帯の新しいものと交換しよう」。

パルデンはウーンと思案していたが、手拭いを丁寧に畳んで元の場所に戻すと、ふらりと出て行き、まもなく引き返してくる。

「新しいものはないが、俺がいま使っているものなら交換してもいい」。

これは脈あり。一度出て行ったのが、どうもくせ者だ。

「いや、お前が巻いているのは、端の方が少し切れている。それなら、手拭いは駄目だが、このビニールの風呂敷と交換だ。これは便利だぞ、水を掛けても中は濡れない」と水を掛けてみせる。

彼はよほど手拭いに執心らしく、風呂敷には見向きもせずに、大きさを確かめたり、裏表ひっくり返したりしている。

「この帯も傷は小さいし、色も綺麗だ」としばらく粘っていたが、こちらの気配がないことを悟ったか、仕方がないというようなジェスチャーとともに、懐から新しい靴帯を取りだして、ニヤリと笑った。

商談成立第一号。だが、「チェンジング・ビジネス」は、それで終わるのではない。

この帯を何という？「ハムロだ」。誰が作った？「俺の女房が織った」。いつ？「昨日作ったばかりの新品だ」。何日かかった？「五日かかっている」。こんな小さな物に五日もか？「糸を紡ぐのに三日、織るのに二日だ、一日中かかりきりじゃないから……」。材料は何だ？「山羊の毛だ」。その毛は村で刈ったものか？「いや、村には山羊は少ない。ドルポから買ってきたものだ」。幾らだった？「毛が一ダルニでトウモロコシが一二テ位だったと思う」。商談が成立する度に、こんなことがノートに書き込まれる。

二

商談が何件か成立すると、私たちが物色したように、彼らが私たちの品物を偵察に来るようになる。物々交換でいろんな物が手に入ることが、村に定着したようだ。

貧しいギリギリの生活で使っている物の中から、不要な物を持ってくるのだから、ガラクタが随分多かった。最初は、ガラクタでも数の内だと、とにかく集めることにしていた。縁の欠けたトゥパ（粥）を掬う木杓子。アツァール（大根や蕪の即席漬け）を作るのに使う手垢まみれの石器、歯が折れ曲がり、摩滅している手鋸等など。

ある日、テシがやって来た。

「これで何かと交換してくれ」と言って出したのはマニ車。「タパイン・ケ・ディノス？」、「この手袋を」と軍手を指さす。

これは儲けもの。軍手でマニ車だ。

手にとって回そうとしても、右にも左にも回らない。マニ車は、真言（マントラ）を唱えながら回転させるものだが、よく見れば分銅がない。分銅の遠心力で回る仕掛けになっているのだ。

「回らないじゃないか」、「大丈夫だ、紐に石を結べば回る」。

いかにガラクタでも、さすがにこれはダメ。

テシは、また別口を。材木の線引きである墨壺。自分で作ったものらしく、いかにも稚拙で面白いが、ハンドルと芯棒が抜けている。「これじゃ駄目だ。使えるように直してきたら交換してもいい」彼はそのあたりをウロウロしていたが、「よく回るようになった」、見ると、私たちの荷物に掛けてあった針金の切れ端を、芯棒兼ハンドルにしていた。

テシのものは、いつも何かが欠けていた。ただ、彼には少しも悪気はないから、人の良い笑顔につられて、つい相手になってしまう。

テシの兄、サタシは大型ナイフが気に入ったようだ。キラキラ光るステンレス製で革ケースもついている。見かけは立派だが、ヤワでとても使いものにならないものだが、彼はすっかり御執心。実用性を重んじ、現実に即さないものは嫌うチベット人の中にも、彼のような人間もいる。

西ヤンと二人、彼の家の前を通りかかると、ヤクを繋ぐ縄を綯っていた手を止めて、

「バラサーブ、ちょいと寄っていけ、良いものを見せる」

「何だい?、仕事中じゃないか」

「まぁいいから、たまには俺のところにも来いよ」

外の強い陽射しに慣れた目には、一階の畜舎はまっ暗。滑りやすい刳り梯子を抱え込むように二階に上がる。彼は、正面奥の棚の上段から布に包んだものを降ろして、恭しく開けてみせる。中身は手書きの冊子で、お経のようだ。

「これは俺が、ゴンパで修行中に書写したお経だ。絶対に内緒にしてくれよ。もしリンブルツェに知られたらエライ事になるからな。これをやるから、あのナイフをくれ」。「ナイフとお経一冊か、ナイフは他に欲しいという人もいるし、お経の他に何か付ければ……」

「これはとてもありがたいお経だぜ。他の家にはこれと同じものは無い……」。「なら、お経は要らない、お前がツァンパを食べる時に使っている銀張りのお椀、あれと交換しよう。あれなら一個でいい」

「とんでもない。あれは駄目。あれはドルポで一五〇ルピーも出して買ったものだ。まぁ仕方ない、何か付ける。何がいいか?」。「まぁお前の事だから特別だ、ヤクの鈴に付ける飾りの赤い毛とインク壺をつけろ」。

ナイフと経文・飾りの赤毛・インク壺の交換が成立した。私たちはサタシとの約束を守って、経文の件は誰にもしゃべりはしなかった。

だが、その日の午後にはもうパルデンが知っていた。パルデンは、誰もいないのを確かめてから、懐から写経本を取りだし、

「これとナイフを交換してくれ」。「俺たちはお経はいらない」

「だって、サタシと交換したじゃないか。サタシだけ贔屓するのか」。「お前だってサタシだって同じさ。条件さえ合えば誰とでも交換してるだろ。ところで、サタシのお経の事をなぜ知っているんだ」

「俺にナイフを見せて、教えてくれた」

三

最初の目標の五〇点は、まもなく突破。そろそろ点数稼ぎの雑魚から、大物狙いにしたい。それには餌も変えねば。いつまでも端布《はぎれ》やスプーン、ナイフなどではダメだ。仲間たちの予備の私物、セーター、下着、マフラー、ズボン、折り畳み傘などを半ば強制的に供出させる。予備品のキャラバンシューズ、ポリタンク、スケッチブックにクレヨンなど、カトマンズに帰着するまでに最低必要なもの以外は全て交換用とした。

村は既に分散してしまっている。夕刻、日課のようにゲルーから遊びに降りてくる若者たちと、炉を囲んで商売をすることもあるし、品物を入れたザックをシェルパに担がせて行商人よろしく出かけ、屋上で広げることもある。大物になると、簡単に話はつかない。物によっては四日も五日も折合いがつかないこともある。もちろん、四六時中商売ばかりしているわけではなく、顔を合わせた時に、「ズボンに長袖シャツを付けてくれ」、「シャツを付けるなら、水桶に帽子だな」などと言葉を交わす程度。互いに機が熟すのを待つ。短気を起こしてはいけない。彼らも真剣ながら、私たちとの応酬を楽しんでいるのだ。あくまでものんびりと、高い、高くない、と言っているうちに落ちつくところに落ちつくようだ。

　人間の大腿骨で作った骨笛、ヤクの毛織物の穀物や岩塩を入れる袋、リンモの大工に作らせたヤクの鞍、手作りの弦楽器ダムニャン、チャンタン高原から来た男に彫らせたというタルチョ用の版木など、現金を一文も使わずに、私たちが集めたものだ。

骨笛を持つニマ・ラマ

ヤクの毛織物の袋

笊、ダムニャン、負い紐など

　民具蒐集費三〇万円。私たちが調査計画書に、予算として計上していた金額である。

　この計画書を持って某デパートへ、帰国後の展示会開催を兼ねて、調査隊への後援の依頼に行った。

「蒐集費三〇万円ではねぇ、展示会を開くだけのめぼしい品物は集まらないでしょう」と、あっさりと断られた。

　断られて良かった、のである。もし、どこかの後援を得て、三〇万円の現金を使ってポンモで民具蒐集をしたなら、どんなことになっただろうか。物々交換ではどうにも入手できなかった物を含め、村中の生活用具を根こそぎ持ってくることになったかもしれない。思わぬ金が落ち、彼らの財布は一時的には膨らむだろうし、私たちも手間をかけずに多くの民具を集められただろう。

文明社会の大量生産品を背景にした「タパイン・ケ・ディノス」は、確かに強引で小狡いやり方だったとの反省はある。だが、彼らと私たちが同じ土俵の上での「チェンジング・ビジネス」だったのは確かである。彼らの中には随分損をした者もいるはずだし、私たちも損をした場合もある。互いに高い・安いの応酬と駆け引きの結果であれば仕方のないことだ。実力がモノをいう彼らの世界、有利な取引をすることは高く評価されている。商売が下手な奴には嫁の来手が無い世界だ。粘りに粘った私たちは、怪しからん奴だとは評価されてはいないだろう。むしろ「ビジネス」を通じて、彼らとはより親密な感情の交流があったと思っている。それは、現金を媒介にした場合よりも濃密なものであったようにも思う。決して極めつけの貧乏調査隊の負け惜しみでも、僻みでもない。

私たちは、私たちが身に付けていたモノを、ポンモの誰が身に付けているかを知っている。新品のションバとキャラバンシューズを交換したサタシは、ゴンパへの山道を歩きながら「雪道はやはりションバの方が暖かいぞ」と、後悔しているに違いない。

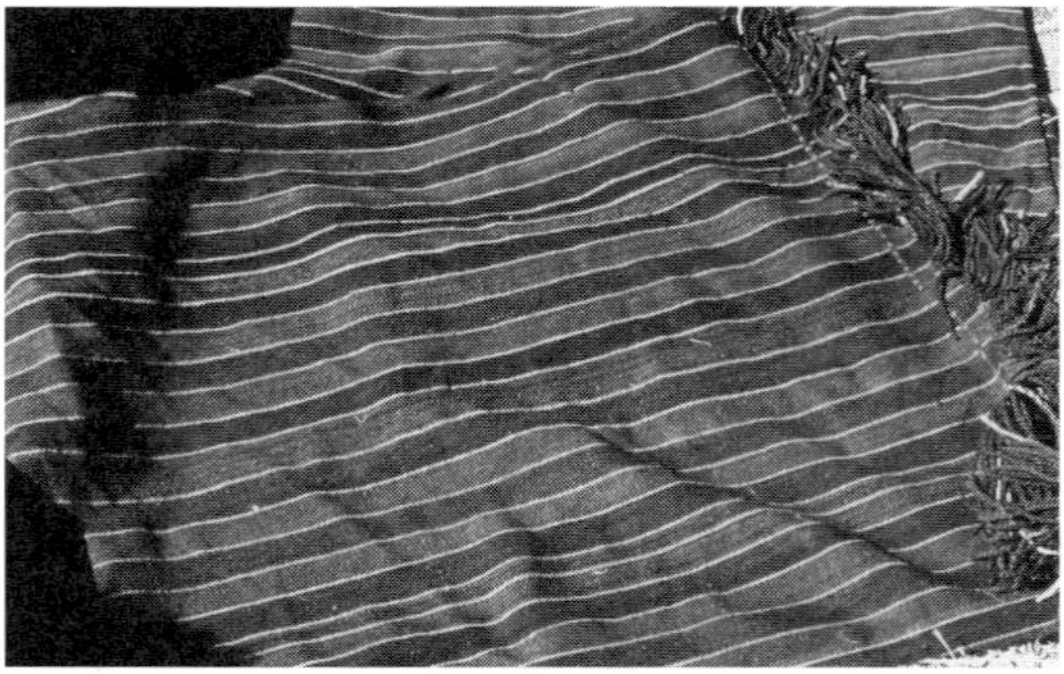

入手したブランケット

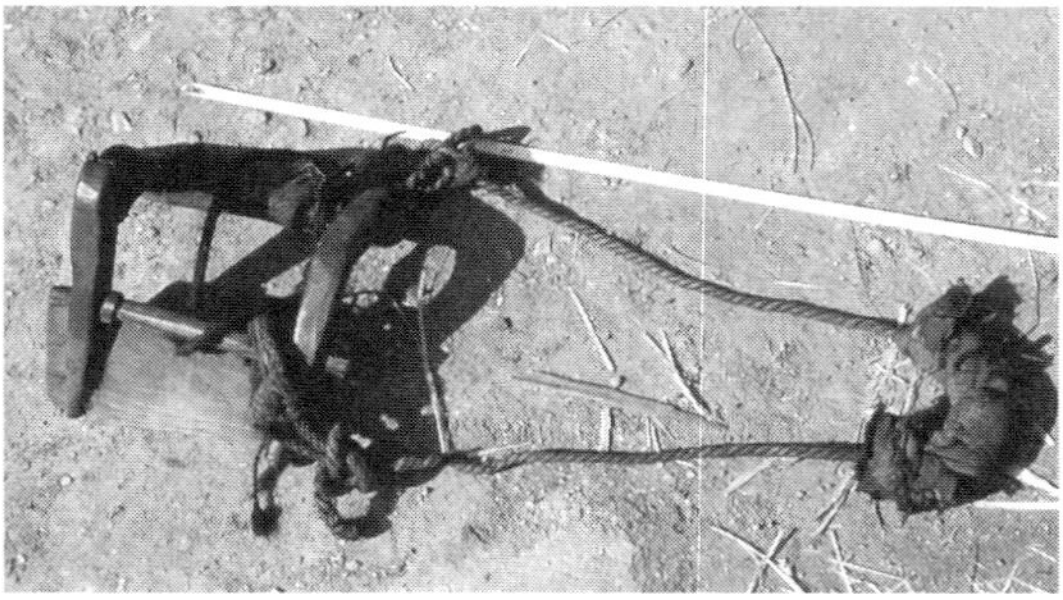

ヤクの鞍

二〇　家賃騒動記

「サーブ、パルダンサーブが家賃を欲しいと言ってます。一日一〇ルピーだそうです」。

夕食後、どこかに姿をくらましていたプルバが、一一時頃、帰ってきた。すこし酔っているようだ。私たちがまだ炉端で話し込んでいるのを見て、バツが悪そうな、幾分かは不貞腐れたような態度でそう告げた。正月過ぎて間もない頃のことだ。

このところプルバは毎日の通訳に飽きたのか、投げやりで、仕事に身が入らなくなっていた。調査も詰めにかかる段階で、通訳にサボられている仲間たちはかなり不機嫌で、プルバには返事もしなかったが、これはちょっと無視できない。

当初の約束では、今のところ集会場は使っていないので、無料でいつまで使っても良いということだった。それが、今さら家賃を寄こせとは、何かあるに違いない。村の会議で決まったというが、いつどこでそんな会議が行われたのだろう。パルダンとそのとりまきの何人かで勝手に決めたことではないだろうか。無論、私たちも全くの無料でいいとは思っておらず、何がしかの謝礼をするのは当然と考えてはいたのだが、まさか一日一〇ルピーとは。二ヵ月の滞在で六〇〇ルピー！　物々交換で集めた民具も相当な量になっていて、帰路の荷物量は、来た時と変わらない量になりそうだ。ということは、ポーター代金も往路と同額。

六〇〇ルピーは高すぎる。しかも、それを私たちに直接言わず、プルバに一杯飲ませて、それとなく吹き込むとは。駆け引きに違いない。帰るまでにはまだ日数もあることだし、慌てて対応することもないが、一日一〇ルピーという額が決められた経緯を知ることは、この小さな村での政治の仕組みを考える機会にもなるだろうと、注意して情報を集めることにした。

たまたま、ドクターがパンチャヤット長官のコイララ氏の招請により、一足先に村を離れることになった。コイララ氏は、私たちもお世話になった農業指導者・島田輝夫さんの友人という縁があって、好意的に接してくれていた。そこで、家賃の件についても、ドクターから耳に入れて貰うことにした。パルデン・ラマを供に、ドクターがドゥネイに向ったのは二月二一日。

ヨゴさんがユンドゥン師匠を通じて、ほぼ確からしい情報を入手してきたのは、その後のこと。それによると、別に正式な集まりでもなく、重立った連中が五、六人寄った時に、「村でも行事などで金も要る、集会場をタダで貸すことはないな」「そうだなぁ、どの程度貰おうか」「月に一八ルピー位、二ヵ月で三六ルピーというところだろう」という程度の話だった、といい、「だから、ヨゴサーブ、パルダンが幾らと言うか知らないが、それ以上はパルダンの懐に入ってしまうのだから……」と、いうことだ。

狭い村の中でのことだから、なかなか表面には出てこないが、家と家との関係には微妙なところがあるようだ。ユンドゥン師匠宅にはヨゴさんが始終出入りしており、私たちと親しすぎるということで、何かにつけてパルダンから嫌味を言われているようだ。また、モラム爺さんもパルダンやシェラップ（リンブルツェの弟）とはうまくいっていないらしい。そんな話から想像すれば、パルダンとシェラップが組んで何やら……ということらしい。本村からゴンパへ通ずる道を作るための政府補助金も、残金があるはずなのにウヤムヤになっているなど、日本のどこかにもあるようなケチな話も聞こえている。とすれば、家賃の件も、パルダンは吹っかけられるだけ吹っかけ、村人には良い顔を見せる一方で私腹も、という了見かもしれない。

私たちが村を離れる日が近づくにつれ、パルダンが用ありげにやって来ることが多くなったが、家賃の件は互いに知らん顔をしていた。

二月二六日、ヨゴさんが、先に帰国するドクターをカトマンズに送り届けるために、ミンマを連れて出発した。その夕方、かなり暗くなってからドクターを案内してドゥネイまで行ったパルデン・ラマが帰ってきた。彼はコイララ氏から私たち宛とパルダン宛の手紙を持ち帰っていた。私たち宛の手紙には、一〇〇ルピー位が適当だろうとあった。その金額が一ヵ月分か二ヵ月分かは不明だが、村内の事情が判った今となっては、口添えしてくれたドクターにも、私たちに心配りをしてくれたであろうコイララ氏にも申し訳ないが、握りつぶすことにした。私たちは、村人の意志である三六ルピー以上は払うつもりはないことにしていた。

パルダン宛の手紙も同じ内容だった。パルダンは、その手紙をたまたま泊まり込んでいたクロさんとマチコに見せてしまった。パルダンにしてみれば、一日一〇ルピーと吹っかけておけば、いくら値切られても一〇〇ルピー以下ということはない、と思っていただろう。そこに知事閣下から一〇〇ルピー位が適当で、というお墨付きまで頂いたから、得意満面で見せたのだろう。だが、結果的にそれが自分の首を絞めることになったのだ。

親切な手紙だが、私たちには一〇〇ルピーでも痛い。何とかならないかという時に、目についたのが、かなり余分に持ってきていた薬だ。帰途で必要な分を除いて、使い方が容易なものだけを、その使い方を記し、村に残すつもりで準備していた。また、整理の悪いドクターが、使いかけて散らばっているモノもある。それらも集めると、段ボール箱にほぼ一杯分。これを家賃交渉に使うことにした。ドクターが知ったら、そんなことに使うのは許しません！と一喝されるところだが。幸か不幸かドクターは……。

さて、私たちの出発日が三月一日と決まった。ゴンパから降りて来ていたリンブルツェが占いを立ててくれた結果、二月二九日も良いが、三月一日の方が更に良いとの御託宣。家賃の結末は二月二九日につけることにした。パルダンもそのつもりらしく、二九日は朝早く弟のアンギャルと共にゲルーから下ってきた。交渉は私とクロさんがあたることにし、宿舎の前の日だまりで、何気ない談笑から始めた。

「ところでパルダン、薬が沢山あるが、どうしようか。村の皆さんに随分世話になったし、こんな立派な集会所も貸してもらったので、家賃代わりのお礼として置いていきたいと思うがなぁ」

「サーブ達の薬はよく効くのは知っているから欲しいのだが。村の中には、家賃は金で貰いたいと言う者もいるのでね」

「そうか、でも一日一〇ルピーと聞いたが、そんなに高くては、とても払えないよ」

「いやぁ、あれは本気で言ったわけではないさ。まぁ、他人が来ない場所で、相談することにして」と、パルダン家の屋上に移って、「サーブの所にもコイララ知事から手紙が来たでしょうが、何と書いてあったね？」

「パルダンが届けてくれたが、金額は正当な価格でと書いてあったが、パルダンの方には何と書いてあった？」

「これだよ」パルダンが笑いながら出した手紙に、ざっと目を通したクロさんが、

「これは、金額を書き替えてありますよ！」と。見ると、なるほどネパール数字の一を二と読めるように細工してある。それも上手にやれば判らないのに、なぞり方が粗いものだから、私にでもすぐに判る。

彼等にしてみれば、私たちがネパール文字を読めないと思ってのことだろうが、クロさんはその道の本職だ。デーヴァナーガリー文字も読めるようになっている。文面は、一〇〇ルピーが一ヵ月分なのか、滞在期間全てなのかが、判りにくい書き方のものだったから、パルダンがアンギャルか誰かと相談して、ちょいと細工をしてしまったのだろう。真っ正直なクロさんは、演技でも何でもなく、真っ赤になって怒りだした。

パルダン

「これは公文書偽造だ。証拠として写真に撮って、ドゥネイに持っていこう」と言うなり、その手紙を持って駆け下りていった。クロさんが何を怒っているのか判らないパルダンは唖然としていたが、プルバの通訳で事の次第を知って、慌てだした。駆け引きの手段として軽い気持でやったことが、思いがけなくサーブ連を怒らせてしまい、下手するとコイララ知事に報告されかねないとは。

一方、クロさんは腹立ちまぎれに駆け下りたものの、すぐに冷静にかえり、再び戻ってきた。だが、その後から何も知らない西ヤンがカメラをぶら下げて、ノッソリ現れた。まるで、写真は撮ったというタイミングで。

黙り込んでいたパルダンが、今度は顔を赤くして怒鳴りだした。何だか早口でまくし立てるのだが、何を言っているかは分らない。この状態になるとプルバも通訳できずに、オロオロするだけ。いつもは言葉が通ぜずにもどかしい思いをしていたが、こんな時は好都合。怒ったパルダンが悪口雑言を放っているようだが、当方は余り困惑しない。その間に、素早く打ち合わせをした。予想外のことで意地悪いが、出来るだけ利用して少し脅かすか。

「数字を書き替えたというが、俺はそんなことはしていない！もし疑うのなら、ドゥネイへ行って、コイララ知事に裁いて貰おうか！」また、言ってはいけないことをパルダンが言う。

「行こうぜ！今からすぐにでも。こっちからは西ヤンが行くから、村からはパルダンが行ったらどうだ」

西ヤンはすぐに宿舎に戻り、支度して弁当まで持って、「パルダン、行くぞ。早く来い！」と、下で怒鳴っている。

パルダンは完全に藪蛇。書き替えた手紙持参でドゥネイに行けるはずはない。私たちも、最後まで追い込むつもりはサラサラない。しばし風向きを変えることにした。

「ところで、パルダン。お宅の仏間に掛かっているタンカ（仏画・曼荼羅）一本と、俺の新しいズボンの交換はどうだ」わざと、のんびりした調子で声をかけた。

救われたという表情のパルダン。「ズボンでは、ちょっと。チベットから来たタンカだから。ラジオとなら交換してもいいが」「ラジオ！ラジオなら、あの四本セットのものを寄こせ」「あれは駄目。あれは俺のじゃなく、村のものだから」

大声が飛び交っていたのが、長閑なチェンジング・ビジネスの場に。パルダンの顔も穏やかになる。二人向き合っての対話でなく、通訳を介していることもあるのか、どこかに冷静さが保たれているようだ。交換の話が一〇分程続いた後、再度、家賃の話に。初めのように険悪にはならないが、やはり尖ってくる。そこでまた交換の話題に、行きつ戻りつ。八時頃に始まって、三往復ほどしたところで、時間は既に一二時を過ぎ、互いに疲れてしまった。これ以上長引かせてもどうにもならない。村人

パルダンの老母

が考えていた金額にチョイと色を付けてパルダンの顔を立て、当方が最初からそのつもりでいた薬箱を、少し勿体ぶってということにしよう。

「四〇ルピーと薬箱、それでOK！」パルダンの背中をポンと叩いてニッコリ。やや膨れっ面のパルダンも、それにつられてかニッコリ。延々四時間にわたる交渉がようやく妥結した。

話がつけば実にあっさりしたもので、その日の夕方、荷造りを済ませた私たちが、人々に別れを告げるべくゲルーに上っていくと、パルダン家ではチャンを用意して待っていてくれた。

パルダンの老母も、集まってきた村の誰彼も涙を浮かべ、今度はいつ来るのか、またきっと来てくれ、あんた方は本当にいい人だった。繰り返し繰り返し、かき口説いてはチャンを注いでくれる。誰の顔にも、家賃を巡っての険しいやりとりなど、露ほども見られない。値切ったり、脅したり、すかしたり、我ながらあざとい駆け引きに、致し方ない事とは思いつつも、いささかならず自己嫌悪に陥っていた私は、何のこだわりのない彼らのもてなしに、救われたような気持になった。

私たちはこの上もなく幸せであった。ゲルーからの帰り道、見上げる夜空には金星がひときわ大きく輝いていた。

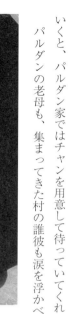

二一　さらばポンモ

一九六八年三月一日　懐かしく、思い出多き村ポンモに別れを告げ、出発する日である。

二月二七日に降った雪が、日陰にはまだ残っているが、村の裏に壁となってそそり立っている岩山の日だまりには、若草が芽吹き、この谷奥の村にも春近きを知らせている。空は抜けるように青く、晴れ上がっていた。

朝、八時頃から村人が集まってくる。若い連中は皆、背負い縄を腰に下げ、粉が入った包みをぶら下げている。私たちの荷物を担いで空港のあるダンまで送ってくれるという。行き先が決まらない不安に加えて、ポーターの反乱に悩まされた往路にくらべて、気心の知れたポンモの若い衆との復路は楽しいに違いない。

今日集まってきた連中の多くは、春村への引っ越し後、ドゥネイに稼ぎに出ていた連中で、私たちの出発が三月一日になったと知って、急遽、雪の中を帰って来たのだ。

プリガンに移ったモラム爺さんやテシ、タクラ

マチコと別れを交わす村の女性たち

いよいよ出発

などは遠いからといって、昨日下ってきて泊まっていたし、シンドゥル爺さんも神経痛で痛む足を引きずりながらゲルーからやってきた。凍傷の兄ちゃんは杖なしで歩けるようになったと喜んでいる。滅多に外に出ないユンドゥン家の老母まで来てくれている。彼女とパルダン家の婆さんは上着の上に袖なしのようなガウンをまとった正装だ。No.6サタシのおかみさんヌルは青々とした麦モヤシを髪に挿してくれる。No.6には毎日のように訪れてお茶をご馳走になった。シンドゥル爺さんはテー・チャン（出発の祝い酒）に来いと呼んでくれる。この人は無愛想だが、何とも心憎い気遣いをする爺さんだ。

あの人も、この顔も、一人ひとり皆、何らかの思い出がある。お別れに何か配りたいが、処分してしまって何もない。包帯を五〇センチ程に切って、ライカ（聖なる白布）として皆の首にかけ、荷物にも結びつける。

人々と何度も挨拶を繰り返し、歩き出したのは、もう昼を過ぎていた。雪が消え残った坂道を一歩一歩、思い出を踏みしめるように下っていく。振りかえると、パルダンが、パルデンが、ニマが、アンギャルがライカを振り、声をかぎりに叫んでいる。

見送りに来てくれたモラム（奥）、息子のタクラは荷担ぎに。正装のパルダンの母サンデムも

先日の家賃騒動もあったが……
神妙な顔のパルダン

手を振るニマ・ラマとパルデン

ナマステ・ナマスカール、ラムロ・ジャネホー（元気で行けよ）、
ナマステ・ポンモ、ラムロ・ボスヌス・ポンモコ・マンチェ
（さようならポンモ、達者で暮らせ村人達よ）

下のカンニの所で立ち止まり、振り返って最後のシャターを押す。着いた時、最初のシャッターを押したのもここだった。カングマールの美しいツインピークをまた見る日があるだろうか。ぜひまた見たい。その日のために、目に焼きつける。

プリガンに帰るモラム爺さんが、分かれ道でシュクパの小枝を帽子につけてくれた。無事で、達者でという祈りのこもった小枝は、カトマンズに着くまで帽子に付いていていた。

さらばポンモ！ ラムロ・ボスヌス！

プリガンへの分岐でモラム爺さんとの別れ

カンニを振り返る

第四部

帰途キャラバン日記

一　帰途キャラバン記

一九六八年三月一日〜一三日

田村善次郎

三月一日　ポンモ出発

八時頃から村人の誰彼が顔を見せる。朝食後、荷造りを始め、二時間ほどで一三個にまとめる。しかし、パルダンには一五人のポーターを依頼していたので、すでにその人数が集まっており、改めて一五個に作り直す。二個増やしたので、かなり軽くなっているが、夫々がやれ重いだの、担ぎにくいだの、うるさいことだ。二カ月余り、毎日のように顔を合わせていた連中との道中は楽しいだろうが、果たして彼らが歩くかどうか、彼らを上手く使えるかどうか、往路での難儀を想うと、幾分かは不安になる。

包帯が充分に残っていたので、肘から指先までの長さに切りそろえて、本来は絹布であるライカ（カタ）の代用品とし、集まった人びとに掛け、また私たちの首にも掛けてもらった。担いでもらう荷物にも掛けた。

ユンドゥン家の老母は今日も見送りに来て、目に涙を浮かべて別れを惜しんでくれる。あの人も、この人も印象深く、忘れがたいものがある。僅かな日々であったが去りがたく、別れがたい村、人たちである。

半日以上はかかるプリガンからも、モラム爺さん、№9サタシ、ユンドゥン・ギャルツェンの息子などが、わざわざ見送りに出てきてくれる。モラム爺さんはプリガンとの別れ道に待っていて、旅の安全を祈りシュクパの小枝を皆の髪に指してくれた。

あれやこれやで、出発は昼過ぎ。何度も何度も挨拶を交わし、何度も何度も振り返りつつカンニを廻る。雪が消え残った道を、仲間たちがそれぞれの思いを噛みしめながら下ってゆく。パルダンが、パルデン・ラマが、ニマ・ラマが、アンギャルが、サタシの細君が、大声で叫んでいるのが聞こえる。ライカを振り回している。

「ラムロ・ジャネ・ホー！」「ラムロ・ボスヌス！」

同行者は、パルダンの兄（№7c）以下、ポーターとして一六人（女性が一人）、他に№9サタシの伯父の子供とショナム・ツェリン（№8）の父親。子供は弁当持ちとして、またショナム・ツェリンの父親は、ルマ村周辺で粉を買うために行くのだという。

二月二七日夜に降った雪が日当たりの良いところではほとんど消えているが、北面にはまだかなり残っている。リンモ川との合流点には新しい丸木橋が架けられている。それを渡って川沿いの道を下る。雪がかなり深い。

三時頃、休憩地から一足先に出ると、後からショナム・ツェリンが雪玉を投げつける。いたずらだとは判っているが、しつこく投げてくるので、余りに馴れすぎてはまずいので、怒った振りをして胸ぐらを摑んで小突いた。途端に、気まずさが走った。それ以前に、西ヤンもいたずらを仕掛けるツェリンの手を棒で叩いたという。

後に何人もから、「何で俺たちの友だちを殴ったんだ」と言われた。今までにも、ふざけて取っ組み合いをすることは何度かあったが、叩いたり、小突いたりするのは、やりすぎだった。大事には至らなかったが、これから何日間か共に旅をするのだ。村にいる時とは違う解放感から、度を過ごしたいたずらや、はしゃぎ過ぎ、無遠慮な振る舞いも出てくるだろう。私たちの方でも、共に楽しむことはあっても、充分に気を付けねばなるまい。

四時頃、No.9・No.12の娘たちがドゥネイから帰ってくるのに出会う。ドクターと合流したヨゴさんの手紙を預かっていた。ドクター元気、調子昂揚。パルデン・ラマのペースに合わせて歩いたので、ドゥネイまで三日だった由。ドゥネイからは何人かの役人と同行して、空港のある南部のダンに向かう、とある。出発時点では、ドゥネイからタラップ経由でポカラに出るつもりであったが、地元の役人たちが往来するルートの方が、安全で確実だと判断したのだろう。

往路に一夜を明かした岩室は、雪ですっかり塞がれていた。

五時、リャージ着。ここはリンモの冬村の一つらしく、畑も全てリンモのものだ。橋のたもとの岩陰にテントを張る。見上げる空は小さく、瀬音高し。ポンモの連中も橋向うの村には入らず、私たちの近くを寝場所にしている。

九時過ぎまで焚き火を囲んでテンジン（No.13）、ハッタイ、テシらと雑談。

雪が付いた丸木橋は要注意。慎重に渡る

ツェリンのおふざけ絶好調

テシはカイガオンにケマンがいる。ケマンはネパーリーで、妊娠六ヵ月でもうすぐ子供が産まれる、と無邪気に喜んでいる。バラング・ラの泊まりにはカイガオンまで会いに行くのだと言い、ケマンの家のロキシーは三マナ一ルピーで安くて旨いから買って来てやるという。

テンジンはリンモにケマンがいて、彼女とはルマ村辺りで出会うことになっている。友だちの娘もいるから、サーブも一緒に行こうよと誘ってくれた。しかし、残念なことにそれは話だけで終わってしまい、テンジンはケマンには会えず、私も彼女の友だちを紹介してもらえなかった。

ハッタイはドルポのシャルダンにケマンがいるという。

ジュムラ（虱）がかなり増えてきたようで、シュラフに入って暖まると動き出し、容易に寝付けない。

三月二日　リャージ八時出発　チュガル五時着

六時起床。さすがに河原は冷える。朝食七時、雑炊。八時出発。

九時少し前から登りにかかる。往路でヨゴさんとミンマが「リンモ近し」と書き残した岩の文字はほとんど消えている。この崖の道はすっかり凍りついて、滑りやすい。仲間たちが交替しながら、ピッケルで氷を削って足場を作る。誰言うともなく、足場の悪いところは踏み固め、枝が道に出ていれば折取り、凍った場所は削り、後の人が危なくないようにしている。すっかり歩き慣れているのだ。雪は一尺以上もあって、登りはかなりシンドイ。往路に比べると、荷物はかなり軽くしているのだが、ポンモの連中は、ドルポの連中よりも弱いようだ。

ポンモの連中の食事

三月一日夜。キャンプ地に着くとすぐに茶をつくり、トウモロコシの粉をお茶で練って食べる。私たちにもご馳走してくれる。そして九時頃、シャンをつくって食べる。

三月二日朝。昼食はまずお茶、その後にロティを焼き、ジャガイモ入りのトクパ（粥）を作る。彼らもドルポの連中と同じで、食事にはたっぷり二時間はかける。

上り詰めたところから西の対岸に、傾斜の緩やかなところが見える。ここはプリガンという場所で、ポンモの畑になっている。№12bと№11のショナム・ギャルボが蕎麦の畑を持っているという。こちら側の畑と放牧地はリンモのものだという。こうしてみるとリンモの領域もかなり広いようだ。

昼食一二時。一月三日に昼食をとった水場で昼食。この上の岩室でドクターは一泊したらしい。道は下りになるが、凍結していて危ない。岩の張り出しには大きな氷柱《つらら》が下がっている。テンジンが仇に巡り合ったような顔で、氷柱を叩き落としている。以前この辺りで転落して足を痛めたとかで、少しビッコを引いている。

往路の一月二日に昼食にした、広場のような河原にテントを張る。周りはトウモロコシの畑になっているが、ローガオンのチベット人が拓いた畑だという。彼らは五、六年前からローガオンに住み着き、三月末にはここに来るという。テンジンたちは彼らの小屋の棟木を引き抜いて、薪にしている。

今夜も焚き火を囲んで話が弾む。いざ寝る段になって、テンジンがパサンを通じてテントを貸せといってくる。寒い場所でテントが欲しい気持は判るが、余分なテントは同志社隊からの借り物だ。壊されては困るので、「お前たちが責任を持つなら」とパサンに言うと、何と思ったか、テンジンが要らないと言ってきた。テンジンとパサンはトブー（兄弟分）の関係を結んでいる。トブーに迷惑をかけてはいけないと思ったのだろう。彼らは、グランドシートをシェルパのテントの前に張って寝た。

三月三日　八時チュガル出発　四時半スリ・ガート着

六時起床、八時出発。九時には崖を下り、オイコタン（あご）という名の、ローガオンの草地に着く。ポンモの草地に比べると、草が多く、草丈もある。場所が広いのに、放牧する家畜が少ないためだろう。

ここで、シェラップ・ラマとアンギャルが交易に連れて出たヤクの群が、のんびりと草を喰っている。彼らは村を出てから一週間以上も経っているが、まだこの辺りでウロウロしている。思いもしなかったことだ。こんな調子でドルポの連中もキャラバンを続けるのだろう。交易が主目的でも、それだけではなく、放牧も兼ねているということがよく判る。シェラップが村を出る際に、俺のヤクで荷物を運んでやると言ったが、うっかりそれに引っかかったらエライことになるところだった。私たちが昼飯を食っている間に追い越していったが、一時間ほど先でも

ドルポ衆もポンモ連も時間をかけて大量に食う

リンモの牧草地を見下ろしながら登る

大氷柱。地表も凍り側に寄るのも危ない

シェラップのヤク隊は追い抜いて行ったと思ったら
もう荷を下ろしていた。右端に息子のアンギャルも

う泊まるのか、荷を下ろしていた。ヤクを連れての旅は、一日に二、三時間位しか進まないようだ。

オイコタンから崖を下りていくとチビリヤという竹藪の多い所に出る。往路、リンモの連中がキャンプしていた所だ。ハッタイたちが竹籠を作りに来るというのはこの場所かと思っていたが、ここではなく、今朝出てきたチュガルだとのこと。

今もまたキャンプをし、地機で機織りしているリンモの連中の側で昼食。往路はここで三人のポーターを雇ったが、その三人の顔も見える。昼食後、ラハガオンの対岸を通り、水車の脇に出る。往きには橋が無くて渡渉したのだが、誰が架けたものか、今は橋が架かっていた。

リンモの冬村の一つチビリヤ

チビリヤには高機も入っていた

往きには無かった橋

ラハガオンの畑では麦が芽を出し、青々としている。春である。ボテの世界からネパーリーの世界に入ったという感慨ひとしお。ラハガオンは、耕せるところは耕されていて、荒々しさを感じさせない。

四時半、スリ・ガード着。リンモ川がベリ川に合流する地点で、一月一日の宿泊地。テントを張る時に、ペグが一本出てきた。誰かが抜き忘れていたのだ。ここは薪がない寒々とした河原。タラップから来たというボテの一家が野営している。彼らはリミからジュムラまで行くという。

夕暮れの山から羊の群れが下りてくる。水を飲み、僅かばかりの草を食みながら泊まり場に帰って行く。

三月四日　スリ・ガード九時発　ティブリコット五時着

六時起床。朝食後いざ出発という間際に、今日の昼食場所は薪の無いところだから、ロティを作ってから出発すると言い出す。それなら寝る前にロティを焼いておけば良いと思うのだが、それは当方だけの言い分だ。

対岸に泊まったNo.8・No.9の連中は、すでに出発準備を終えて動き出そうとしている。こちらから大声で待機させる。ロティは鉄の板鍋（パン）で焼くのではなく、沸騰した湯で煮るもので、ギャンと言い、小麦粉で作るトベ・コ・ギャンとそば粉で作るパクペ・コ・ギャンとがあり、そば粉のギャンは、パルダンの父親の葬式の際に配った葬式まんじゅうと同じ作り方だ。

山越えでルマに出る道と、ベリ・コーラを渡ってドゥネイから下る道をとる二つのルートがあり、彼らは二手に別れていくという。従って、私たちも二手に別れ、クロさん、マチコ、アンノック、パサンは山越えルートを、私と西ヤンは下の道を行くことになった。川越え人足組は、ショナム・ギャルボ、ショナム・ツェリン、ハッタイ、ギャムゾウ、ヒャクパ、テンジン等々、若くて威勢の良い奴ばかり。出ようとすると、パーラまで所用があるというユンドゥン師匠が追いついてくる。思いの他に往来する人が多いのだ。

河原で草を食む羊

スリ・ガードのテント場でマチコが
ポンモ連に混じり込んで晩飯作り

スリ・ガートのテント場にユンドゥンさんが現れた

ベリ・コーラの渡渉。下半身が痺れる冷たさ

ドゥネイからの川沿いの道は平坦で歩きやすい

九時半、徒渉開始。想像以上に川幅は広く、深く、流れも速い。足が痺れるほど冷たく、少しでも立ち止まると動けなくなってしまいそうだ。連中もキャーキャー言いながら渡っていく。私は少し遅れて水に入った。半分近くまで行くと、腰まで浸かってどうにも動けなくなり、立ち止まってしまった。先に渡り終えたギャムゾウとハッタイが慌てて引き返し、両側から支え、手を引いてくれた。西ヤンもショナム・ツェリンの助けを受けていた。どうにか岸に上がったが、足が完全に痺れ、感覚が戻るまでかなりの時間を要した。

上の道を行った連中は、遥かに先を進んでいる。

徒渉は難儀だが、川沿いの道は平坦で良い道だ。シャルダン、ナムドに帰るという羊の群れに出逢う。この時期にドルポに帰る群れもあることを知る。

ここまで下りてくると春は爛漫。道端にはタンポポが花開き、山には霞たなびく。何とものどか。河原で昼食。タラコットやタラップに帰るという旅人が何組も上ってくる。ネパールガンジまで行った帰りだとかで、皆、鍋・衣類・石油缶などの大荷物を背負っている。

二時頃、プルバが追いついた。彼には今朝、換金のためにドゥネイに行ってもらったのだ。しかし、ドゥネイには話に聞いていた銀行は存在しなかった。仕方なく、オフイスを廻り歩いてやっと六〇〇ルピーだけ細かくしてきたという。同じネパール国内でも、この地域は一ルピー札単位の世界で、一〇〇ルピー札は殆ど用をなさない。私たちの支出で最も大きいのはポーター代だが、ポーターも一〇〇ルピー札は受け取ってくれない。

五時、ティブリコット着。途中から、ムキヤの家での宿泊を交渉させるために、プルバを先行させる。しかし、すでに先着していた西ヤンが交渉済みだった。

上の道を来た連中ものんびりと来た由で、五時半に着いた。途中でチャンを仕入れてきてくれた。ムキヤの家には、往路・大晦日にも泊めてもらったが、リミで雇ったポーターがごねてストライキを起こし、大苦労した苦い思い出もある。

ティブリコットにはツァルカのボテが出稼ぎに来ている。これはずっと以前からのことで、麦田の堆肥出し、薪採り、牛追い等の仕事をして、日当は食事付きで三ルピーという。私たちがムキヤの家に着いた時、三人が薪を運んできて、アマ（夫人）から米と唐辛子などを貰っていた。ツァルカのボテは民家に泊まっている連中もいるらしいが、薪を運んできた三人は寺の下にあるダルマサールで寝起きをしている。彼らは、何とも精悍な顔つきをし、キセルでプカリプカリと煙草を吸っているのを見ると、同じチベット人でもポンモの村人とはまるで雰囲気が違う。何がこうも変えるのであろうか。

ティブリコットの寺院。往路は苦い思いがある。大晦日だった

水田でおどけてみせるドルポ衆

夜、草地を焼く火が空高くチロチロと燃え、幻想的である。ポンモでは野焼きの話を聞き得なかったが、ローガオンを過ぎる頃から、野焼きの煙があちこちから立ち上がっているのを見てきた。

ボテの世界からネパーリーの世界に入った。自然も変わった、人も変わった。まだ離れて四日しか経たないポンモを、私はすでに懐かしいと思っている。

三月五日　ティブリコット九時出発　パーラのダヤン村六時着

六時二〇分起床。家の中で寝たせいもあるだろうが、昨夜はとても暖かかった。それだけ下ってきたのだ。ティブリコットには水田がある。小さな谷から押し出された土砂が堆積して扇状地を形成し、そこが拓かれて棚田となっている。地味はかなり良いようだ。村の家々は、扇状地ではなく、寺の下の山つきの古い地盤の上に建てられている。この村は三つに分かれていて、寺のすぐ下はカミ、中の村はチェトリ、上の村はブラーマンという構成になっている。ここほどカーストによる住み分けが、高度による上・中・下と明確になっているところは珍しいのではないだろうか。

水牛のいる世界に戻ってきた

ムキヤの家に雇われたボテ４人衆。表情は明るい

ここから水牛を目にするようになった。ミカンの木もある。麦はすっかり伸びており、畑には点々と堆肥が出されている。堆肥は相当な量を使っているようで、反当三〇〇貫以上のように思える。

朝、ツァルカのボテ四人（昨日の男三人と女一人）が来て、トクパを食べている。この四人がムキヤの家の農作業をしているのだろう。

七時半頃、№12aパルデンの養父アンドゥイと№6サタシの父が顔を出す。この辺りに出稼ぎに来ていて、私たちの到着を聞いたのであろう。八時にパルダンが来た。洒落た上着を着て、私たちと交換した靴を履いている。なかなかの貫禄だ。約束していたチベット靴の帯を、持って来てくれたのだ。

ここから荷物を一五個にするので、一人を解雇しなければならず、誰にするか決めかねていたところ、パルダンの兄がドゥネイの橋架けの仕事に行きたいといい、都合よく辻褄が合った。

ポンモへの帰路、ティブリコットで粉などを買っていくが、その前金を置いていきたいので、今までの日当を払って欲しいと言う。村を出る時にも前金を要求されたのだが、一〇〇ルピー札しかないので、ドゥネイで両替してから渡すということにしていたので、支払うことにした。

出発に当たって荷運賃などの交渉は、村代表としてのパルダンと行った。その時の約束では、ティブリコットまでは三日で行くが、道が悪いから一日一〇ルピーくれ、それから先は一日八ルピーで良い。もし、ティブリコットまで三日以上かかった場合は、一日八ルピーで良いということだった。その約束だと、四日間かかったのだから三二ルピーのはずだが、彼らは三八ルピーを要求してきた。またもや駆け引き。だが、暖かくなって私たちの切先も鈍ってしまったか、結局、三八ルピーを全員に支払う。

ティブリコット九時発。ティブリコットからパーラへの道は幾つもあるらしく、往路に使ったのはヤク・コ・バト（ヤクを連れて通る道）で、今回は通るのはマンチェ・バト（人だけの時の道）

で、シュリ川沿いの道を行くことになる。一時間ほど川沿いに荒れた谷を進み、丘への登りにかかるところで、これから上には水がないので昼食にするという。まだ一〇時だ。ここには薪がないので家畜の糞を拾い集めるが、到底足りないのでラジウスを使う。

テンジンやテシなどが、畑の畦に生えているシスネ（イラクサ）の若芽を摘んできて、煮たてた湯に放り込み、岩塩を少し加えてスープにしている。シスネの葉には細い棘が無数についていて、肌に触れるとピリッと痛みが走り、痛いような、痒いような、痺れるような感覚が半日ほど続く。彼らは慣れたもので、割れ目を入れた木の枝で器用に挟み採っている。シスネのスープは、チベットの家庭料理にも出てくるものらしいが、新鮮な野菜に飢えていた私たちにとっては、まさに有難い味。畑の畦や道端に沢山生えている。アクの少ない素直な味だ。ほうれん草のように使いたいが、何しろ採るのが難儀。もっぱらスープの具材として以後もしばしば利用した。

晴れわたり、暖かな陽ざしが降りそそぐ枯れ草に寝ころぶ。余りの心地よさに、ウトウトと三〇分程の昼寝。

一二時出発、丘陵地への登りにかかる。かなりきつい。一時半、上の道に出て、峠の分かれ道で休憩。日陰には雪が少し残っている。同行したユンドゥンとは、ここで別れる。彼はパーラまで行くと言っていたのだが、その行先は、同じパーラでも対岸の村なのだそうだ。彼は手を振りながら、飄々と去って行った。峠から先は、道幅も広く坦々とした道。対岸の段々畑を見ながら進む。今日はパーラに泊まるという約束だったので、アンノックを先行させる。

ラゴルという村に着いたのが四時二〇分。ここにはドルポから多くのボテが来ている。ポンモの人たちとの知り合いも何人かいるようである。

五時近く、彼らが畑の中に荷を下ろし、ここで泊まると言い出す。何か気に入らないことがあるらしい。先行しているプル

シスネというイラクサの仲間。癖が無くて旨いのだが、棘に触れると痺れるのが厄介

ユンドゥン師匠ともここでお別れだ

バを呼び戻して理由を聞かせると、プルバやアンノックがパーラを通り越して、ずっと先のカンバの村まで行っていると、村の人が言っていた。それを信じて、日暮れになっても歩かせるつもりかと怒っているのだと判る。誤った情報で、ポーターとの間がギクシャクしたことは、これまでにも何回かあった。言葉が通ぜず、習慣も違う者同士が、情報を共有するのはとても難しいことだ。

そんなことで時も経ち、腹も減ったので、ここで泊まることにしてアンノックを呼び戻す。彼らもお茶を作りだした。

パーラというのは一つの集落名ではなく、この谷の南斜面一帯の総称で、一一ヵ村あるという。泊まることになったのはダヤンという村で、道下の集落はラプタと言い、ユンドゥン師匠が行った川向こうの村はオマガオンだという。こちらには無いが、川向こうには僅かだが水田が見える。

パーラのダヤン村

ボテ連中が多くいる

借りた家の屋上から見る雪山の夕焼けは美しい。薄く靄のようにかかる雲に夕陽があたり、刻々と色を変えて暮れてゆく。束の間の美しさだ。

三月六日　ダヤン村発、ツルダーラ泊

パーラのダヤン村八時出発。ツルダーラのダルマサール四時半着。

六時半起床。昨夜借りた部屋はポンモ連中に占領されたので私たちは屋上に張ったテントで寝た。これくらい暖かくなると、なまじ狭い部屋よりテントの方が快適。

ここにもまた、シャルダンから来ているボテが多い。タラップから来た連中もティブリコットにはいた。連れてきたヤクは上の森林に放しているという。ドルポのボテの移動については、もっと調べてみたいものだ。機会があれば彼らと一緒に歩いてみたい。

八時出発。九時、往路に泊った、カリブンというカンバの新しい村着。一〇年ほど前にカンバが住みついて拓いた村だとい

村の手前のチョルテン

高僧チュアン・リンブルツェが
修行したと伝えられる岩に礼拝

山羊に与えるために枝先が切り落とされて
異様な形になった広葉樹

うが、かなり意識してネパール化しようとしているような印象がある。村の手前にチョルテンが建てられているが、その傍にチュアン・リンブルツェという偉いラマが行をしたという大きな岩があり、ポンモ連中はその岩に額をすりつけたり、手をあて、その手を額に当てて礼拝している。今度はカリブンは通過しただけだが、私たちに気づいた村人が何人も走って出てくる。自分で織ったカーペットを買わないかと持ってきた人もいた。

一〇時ベンタリという村の対岸で休憩。ベンタリ村はマガール族の村だ。ハッタイがこの村はサーブのサティ（友だち）だという。何故かと聞くと、肉を食うからだと言う。そのことで、マガールは他と区別されているらしい。

一一時、ダルマサール着。昼食。往路にリミで雇ったボテのポーターがゴネた場所。大変だったのを思い出す。まだ北面の畑には雪が残っているが、堆肥を積んで春耕の準備はしてある。

道沿いの広葉樹はどれも枝を落とされ、瘤だらけの異様な枝振りになっている。道には落された枝がところ構わず散乱している。山羊や羊などの餌として落としたものだ。この時期は毎日何百頭もの山羊、羊の群が通るので、路傍の草が食い尽くされて、餌不足になるからだ。

二時、バラングラ峠の登り口の牧草地着。峠は雪が解けかかっている。大きな荷物を背負ってネパールガンジから帰ってくる何組もの人々に出会う。

バラングラの登りは、雪が多いが解けかかって歩きにくくテシやヒャクパが何回か転ぶ。頂上に三時着。雪は三尺位あるが、晴れ上がっているので暖かい。

　ポンモに続く雪山もこれが見納め。立ち尽くし、しばらく眺める。感慨あり。

　四時半、峠を下ってツルダーラのダルマサール着。ここもまた思い出の場所。ダルマサールはネパールガンジからの旅人で満員。私たちは水場の近くにテントを張る。

三月七日　ツルダーラ八時半　ペチ四時半着

　六時起床。すこし高度があるせいか、いくらか寒い。ダルマサールの周りは山羊や羊をつれた連中が泊まるせいで、葉を家畜に喰わせるのに切り倒した木が散らばっているので薪に不自由しない。昨夜は久しぶりにドカ火を焚いた。

　八時半出発。テンジンは出発間際になってボテ靴の修理を始める。昨日から底が破れて水が入るらしく、歩きにくそうだった。しかし、夜のうちに修理しておくことはせず、いざ使う段になってから繕いはじめる。まさに「泥縄」だが、ドルポ衆も全く同じだった。かつての日本の旅人なら、履物の不具合があるなら、間違いなく夜のうちに修理したはずだ。これは、民族性なのだろうか。

　一〇時、カイガオン方面に行く道と分かれ、谷に沿って下る。

　一一時、大きな木を切り倒して焼いた形跡がある。カイガオンの人が畑を作っているのだという。掘立小屋が三、四軒、出作

再びバラングラを越えて

雪峯の見納め

ツルダーラのダルマサールは先客で満員
山里を旅する人々には不可欠の施設だ

小屋だろう。何人か麦播きをしている。ここで昼食。陽が当たり暖かい。このところ、昼食後のシラミ取りと昼寝が癖になった。シラミはもう殆ど取りつくしたようで、何匹も取れなくなった。三〇分ほど昼寝して一時出発。

一時半頃からまた登り。この辺り胡桃の木が多い。両側をきれいに囓って中身を食べた殻が散らばっている。リスが食べたのだろう。一時間ほどで山腹を縫う平坦な道に出る。しばらくはうねるように続く。

シャクナゲの蕾はまだ固い。積乱雲が南の山にかかり、雷鳴も聞こえる。夏は確実に近づいている。

重荷を背負っての岩場の下り

三時頃から下りにかかる。登りもきついが、岩場の下りも楽ではない。ここはヤク・コ・バト（ヤクの道）だという。急な崖の下りが一時間半ほど続く。この崖を下りたところがペチという、イラ川との合流点で、小さなダルマサールがある。そこが今日の泊まり場。半分位下ったところで、先に行った西ヤンは下り着き、テント場を決め、河原に散乱する流木集めにかかっている。今夜も良い火が焚けそうだ。

四時半、ペチ着。岩の下の畑のテント場。七時半頃から雨。一時間ほどで止むが、防水が悪いテントで雨が漏る。

三月八日　ペチ発八時二〇分　イラ着一〇時

六時半起床、快晴。八時二〇分出発。イラ川に沿って下る。途中で道を間違える。この辺りまで来るとポンモの連中は道がよく判っていない。テンジンとギャムゾウだけが知っているようだ。ギャムゾウが皆に説明している。

一〇時イラ村の入口着。ここからNo.13のツェワン・デンドゥが帰ると言い出し、それにつれてショナム・ツェリン、ユンドゥン・ギャルツェンの息子も帰るという。他の連中は、ここで食料を仕入れたいので、半日休ませてくれという。ここは粉が一ルピーで三マナ買え、何処よりも安いのだそうだ。ポンモを出るときには我々の荷物よりも自分らの食料の方が多いほどで、これまでに雇った連中に比べても驚くほど多くの食料を持っていた。それがまだ無くなってはいないが、これから先は馴染みの薄い土地になるので不安なのだろう。買いに行くことを承知し、ついでに私たちの粉も買ってきてくれるようテンジンに依頼する。

食料を買うというので、今日までの分を含めて三〇ルピーずつ渡し、今日帰るという四人には、一〇時までの分として三ルピーを払う。

一時間位して全員が手ぶらで帰ってきた。村に男はほとんどいない。粉の値段も一ルピーで一マナと、予想以上に高く、その上、必要な量を手に入れることもできない、という。そして、粉が手に入らないとこれから先に行けないので、ここから皆が村に帰ることにした、という。道も不案内で、食料も心配だというのを無理強いすることも出来ない。帰ることは了解したが、賃金は今日の分まで渡してあるから、払い過ぎになる。一人当たり三ルピーずつ返すようにというが、いったん握った金を素直に手放す連中ではない。返せ、返さないで、声も荒げるひと悶着。結局は、パサンと兄弟分（トブー）の契りを結んだテンジンが返したのがきっかけで解決し、彼らが引き返していったのが一時半過ぎ。やや険悪にはなったが、終ってしまえば後を引かないのが彼らの良い所。互いに「ラムロ・ジャネ！」と挨拶を交わし、手を振って別れたが、二ヵ月にわたって親しんだポンモとの、いささかあっけない幕切れであった。

三時頃、ポーター調達のため、パサンとプルバを隣村まで行かせる。イラでは男はみんな山仕事に行っており、ポーターが集まりそうにないので、範囲を広げて探すことにしたのだ。

私たちも少し疲れが溜まってきたので、今日はこのダルマサールに泊まることにし、水車のある河原で久しぶりに頭を洗う。プルバ、パサンは帰ってこない。

テンジン、ハッタイのおふざけコンビ。ポンモ連中で陶製のパイプ（シュクパ）を使う人は少ない

隊長は殆ど中毒だからポンモ連より手際も良い。腰にタマッグの袋も

汗が染みて塩が出ている西ヤンのジャンバー。背中にはユンドゥン師匠が描いてくれた不動尊。カトマンズに着く前にボロボロに

三月九日　イラ村からルン村

六時一五分起床。このダルマサールはずいぶん蚤が多い。昨夜は相当喰われたようだ。体中がかゆい。

八時朝食中、ポーターが七人やってくる。ルン村の男で、プルバたちが声をかけて送ってきたのだ。西ヤンが彼らを連れて出る。七人で九人分を持つ。二人分持った男はヒョロついているが、全体にポンモの連中より強そうだ。

九時頃パサンが二人連れて帰り、残りはプルバが連れてくるという。クロさんがその二人と共に出る。

ポンモの連中との別れ

麦畑の中で一〇時半まで昼寝。牛の声、鳥の囀りを聞きながら。何とも長閑で、異郷にあるとは思えない。

一一時、プルバまだ帰らず。昼食をパサンに持たせようとしているところに、四人連れてきた。荷物はここで一個減らして一四個にしたので、残っている三個を四人で持つことになった。

今日はルン村まで行って、八ルピー。それから以降の、どこまで、日当は、などについてはまだ決めてなく、ルンに行ってから決めると、プルバが決めてきた。ボテには弱いが、ネパーリーなら大丈夫だろうと任せたのが失敗だった。また支払いでゴタゴタするだろう。

一二時出発。河原沿いの道を下る。切り妻の家が出てくる。川に沿って水田が拓かれているが、これは比較的新しいもののようだ。古い村は山の中腹、準平原状になった、遥か上の方にある。

一時、ルンに登る坂下でポーターが昼食。一時間位休んで出発間際に、先ほど通った水田のある村から婦人が鶏を売りに来る。二羽で二〇ルピーというのを一二ルピーまで値切って商談成立。だが、家に戻って持参してきたのはいずれも若鶏で、小さい。更に八ルピーまで値切る。今夜は久しぶりの鶏肉だ。これにチャンがあれば申し分ないのだが。

サボテンの群生

ダマイの歌と太鼓

結婚式の見物

花嫁と花婿

川沿いの斜面にはサボテンが群生しており、桃の花が満開。

ルンの村は、川からほとんど直登に近い坂を一時間半ほどのところ。昨日半日、今日も半日のんびり過ごしたせいだろうか、いつも以上に登りがきつい。

四時半、村の中のダルマサール着。すぐ下の家では結婚式だとかで、ダマイ（太鼓叩きカースト）の七～八人が輪になって太鼓を叩きながら、踊るように廻っている。単調なリズムだ。多くの村人がそれを見物している。新郎新婦は、一〇歳位の小僧と小娘で、この辺りでは幼齢婚が普通に行われているようだ。先着した西ヤンらは、結婚式のご馳走にありついたとご機嫌。

薬が欲しいといってくる人が多い。薬の大半はポンモに残し、緊急用のものしか持っていないのと、とても対応できる人数ではないので断る。

ポーターの件でサタシと話しあうが、やはり折り合わない。最初にきちんと決めずに荷物を運ばせたのが失敗だった。ともあれ、今日の分だけ支払って、後は明日のこととして、鶏肉を楽しむことにした。

ここはトクリの村だというが、諸事、物ほしげな印象があり、どうも好きになれない。

人間はいけ好かないが、ここから見る山は良い。ドルパタンに通じているという道は、対岸の山の中腹を延々とうねっており、その彼方に雪山、手前にひときわ険しく、雪が付いていない不気味な山がそそり立っている。ルンの人々は、何故こんな険しい山の上に住んだのか、住まなければならなかったのか。山の上に平地があったから、他から攻撃される危険が少なく、安全で住みやすいからなど、常識的な理由を考えてみるが、どれもピンとこない。ともあれ大変なところに住んでいるものだ。

三月一〇日　ルン村一二時発　バルコーラ着四時半

今日はポーターがスムーズに集まらないだろうと、朝はゆっくり起きる。それでも九時になると、何人かサタシの家の前に集まっている。賃金の交渉を始めるが、こういうときのプルバは当てにならない。サタシに振り回されるだけで、さっぱり話しが前に進まない。結局、こっちが口を挟むことになり、ジャガティまで四〇ルピー、全額前金払いということで一四人。四日で着けば一日一〇ルピーだ。前金だが、一〇〇ルピー札での支払いを条件いにした。

出発は一二時になる。今回は日当でなく請負だから、そう慌てることはないと、最後のツァンパを食べて出る。昨日、今日の不手際で、不機嫌。今日からポーター管理は一切やらず、勝手に歩くことにする。

道は、村の上を登って峠を越えるようだ。道ともいえぬような山坂、雪が消え残っている。急坂の途中にダルマサールがある。ネパールガンジから帰る人が相変わらず多い。

峠を越えてからは山腹の道。四時バルコーラ着。テント泊。ルンから飛行場があるダンまでは一二日行程、ドルパタンまで一五日、ポカラまでも一五日だというが、かなり疲れてきたのでダンに出ることに決める。ダンまでは下りだが、ポカラへの道はかなり登りがきついことに加えて、途中の情報が余りにも乏しいからだ。

三月一一日　バルコーラ発八時　タルヤ五時着

朝からの登りは応える。ベリコーラ添いの道だが、川は遙か下を流れる。道は、途中で上り下りは幾つかあるものの、山腹をうねりながらどこまでも続く。小さな川もあるが、山を巻いて沢を渡る程度。小さな峠を越えた途端、急なガレ場の下りになる。こんな場所を最初に通ったのはどんな人だろう、と思いながら下る。ティブリコットからの道は対岸を通っているという。同じようにダンに下ったドクター達は、恐らく、そっちの道を通ったに違いない。

一一時、山を巻きながら下った水場で昼食。対岸には出作り小屋らしい小屋。昼食はサグーという野草を入れたラーメン。今の時期、この辺りで食用にできる野草はこれだけだという。この草は大きく摘んでも熱湯に入れると溶けてしまう。葉には虫がたくさんついているが、ツァンパを振りかけると落ちてしまうのだそうで、アンノックが振りかけている。

昼食後、川を渡る。見事な滝あり。村に入り、登りにかかるところで三〇分ほど昼寝。

後から来たポーターたちがようやく追いついてくる。彼らの話題は賃金のことばかりで、いささか煩い。が、足は速い。午後からの登り道には苔が随分ついている。湿気が多いのか。沈丁花が群生していて花盛りだ。匂いはそれほど強くないが、これほどの群落ともなると、結構な香りで、日本庭園を歩いているような感じになる。

小さな峠をまわると、石楠花《シャクナゲ》の群落が目に入る。バラングラ峠で見た石楠花はまだ堅い蕾だったが、ここでは真っ赤な花が満開。随分下ってきたものだ。日一日と暖かくなり、景観も変わってくる。雪のポンモはもうはるか遠くなってしまった。

五時、タルヤの村はずれ、岩が張り出して岩室状になっているところにテント。ここも山羊群の宿営地のようで、糞が厚く積もっている。林の木は、枝という枝がすべて切り落とされて、異様な姿。道を行く山羊群に喰わせるだけでなく、家で飼育する牛や山羊の飼料にもするようで、身体が見えないほどの量を背負う人に何人も出会う。

三月一二日　タルヤ七時五〇分発　トール六時半着

川原を遙か下に見ながら、山腹の道を巻いて行く。下の方にかなり広い扇状地が広がっている。そこを越えて河原に下りる。

サグー

ジャガティまで請負のポーターは良く歩く

沈丁花が花盛り

山羊の群れ

バナナがある。この村の家は面白いつくりである。部族が違うようだ。川幅もずいぶん広くなった。河原で昼食。昼食後、川沿いに下るが、川沿いといっても決して平坦ではなく、急な崖をよじ登り、落ちそうな岩に足をかけ、恐る恐る下る。それを何回か繰り返し、かなり大きな山を巻いてトール村に入る。

村内で泊まるつもりだったが、粉もなければ水もないという。また川原に下りてテント。あまり人気が良くない村のように感じた。

ポーターたちは月が出てから着く。今日はよく歩いた。

三月一三日　トール発　ジャガティ六時着

ポータは、今日中にジャガティに着くと、五時頃から起きだしてロティを焼いている。先発は六時四五分出発。新開地のような畑、水田、村があちらこちらと続く。低い所にあるのは新しく拓かれた村で、水田や畑のようだ。

午後、西ヤンとプルバに先発してもらう。ジャガティで明日からのポータを集めるためだ。六時ジャガティ着。河原にテントを張る。

橋のたもとで西ヤンからの手紙を受けとる。橋向こうの村には男がいないのでポータが集まらず、別の村で探すとある。

西ヤンたちは比較的早く帰ってくる。ポータは何とか集まりそうだ。

今夜は満月であろうか、月が大きく美しい。

〈田村の日記はここ、三月一三日で終わる。
次はマチコの帰途キャラバン日記〉

道行く何人もが大量の飼料を背負う

中央の集落を挟むように上下に水田が拓かれた扇状地

二　帰途キャラバン日記

一九六八年三月一日～一六日　木村真知子

三月一日　一二時三〇分、一五人のポーターが揃い出発する、余った包帯をライカにして荷物にかける。パルダンにジャガイモ代金三ルピー支払う。残金三一ルピー。

ポーターは、

No.2b ツェワン・アンドゥイ　No.7a ヒャクパ
No.7b ギャムゾウ・ハタル　No.7c テンジン・タルキャ
No.8 ショナム・ツエリン　No.9c テシ・タルキャ
No.9b ショナム・ギャルツェンと息子カルム
No.10 タクラ・ツェリン　No.11 ショナム・ギャルボ
No.12a ツェワン　No.12b テンジン・バハドゥール
No.13 ツェワン・デンドゥとチン・テンジン
No.14 ユンドゥン・ギャルツェン

二時三〇分、リンモへの別れ道の河原に出る。今回は下まで下らず、少し上の小さな橋を渡ったが、皆川で顔を洗っている。

四時半、リアジィ村の上につく。ここはロカという低カーストなので家を借りることは出来ないと言い、野営することになる。河原に我々のテントと、No.7b・7cと9b・9c・13の連中とが集まり、上の方にその他が集まってキャンプ地を構成。途中で出会ったNo.9aの娘と9cの娘たちも引き返してきて、野営地に加わる。火をおこし、すぐ茶を作っている。下の組はテンジン・ギャルボ、ハタル・ギャムゾウ、テンジン・バハドゥールなどの九人。

一五人しか雇っていないはずのポーターが、途中になって一六人いるという奇妙な事実に気づいた。

ポンモを出るときは随分多くの人がゲルーから見送りに下りてきた。シンドゥル宅でテイ・チャン（旅立ち酒）をご馳走になる。パルダンの母がチーズを少しくれた。道は雪が溶けてビショビショだ。

ポンモ滞在の二ヵ月が終わった。ポンモに着いた日が思い出される。ずいぶん暖かくなったものだ。

今日は昼抜き、朝は肉とコンビーフ一を入れた雑炊、大和煮の缶四個。

夜は、紅茶、飯、カレースープ（肉入り）、チョコレート二枚。ポーター連は着くとボテ茶を作り、九時頃にシャン（粥）を作って、本物の夕食となる。

三月二日　六時起床。とても寒く、夜中に何回も目が覚める。朝、ポンモが懐かしいと思った。六時半、肉入り雑炊の朝食。ポーターはマカイのトパを食べている。

九時四〇分、パーパル、ガオン。

往路で昼食をとったところに一二時着。今回は岩室の少し下

ポンモ連中の昼食

で料理。アルファ米九袋を使い、銀シャリを作る。ビーフカレーの缶二つでカレースープ、両方とも日本の味。

一時、こちらの食事はすんだが、連中の方がまだ。火をおこしスープとロティを作っている。

一時四〇分出発。北斜面は何処も雪が付いていて、よく滑る。昨日ほどではないにせよ、来るときも凍りついていた岩室は、物凄い氷と氷柱で塞がっていた。連中は危険地帯を過ぎると、座り込んで石を投げ、氷柱の破壊を試み、ついに成功したらしい。歩き方はそれほど早くない。いつも隊長（田村）とクロさん、私の三人が前に出てしまう。

四時、ギャムゾウ、アンノック、プルバの三人と共に先頭を行く。きつい登りを抜けたところで幕営地には好適だが、先に進むことにし、五時、往きに昼食を食べた場所に着く。

今夜も連中は二組に分かれ、我々の隣りに火を作ったのは、昨夜の下の組に、No.9cの父娘とNo.10のタクラが加わって一一人、No.9cの弁当持ちの小僧は、昨日姉（ラクパ）と交替した。彼らは日本茶をくれと言い、ボテ茶の代わりに日本茶を作って、まず茶を飲む。我々は紅茶。

夕食は、飯に味噌汁（干し大根の葉、ワカメ）。赤貝の缶詰三個、久しぶりの葉が美味しかった。今日の昼、アルファ米を使ってみたが、七人で九袋で充分。八袋でも足りそうだ。彼らの夕食は、マカイのトパにアタを練って丸めたもの入れたスープであった。

夕食後、クロさんがテープの隠し撮りで猥談を収録する。全員大笑い。

二組に分かれていて、両方の組はお互いに行き来しないようだ。No.12aのツェワンとNo.14の息子がちょっと顔を見せたくらい。ヒャクパは長居している。レンバのザンムーが足の爪が痛いといってくる。爪を長くのばしている。治療はまず爪を切ることからはじめる。

来るときのキャラバンとは全く違い、二ヵ月、親しんだ村人がポーターでもありとても楽しい。前はポーターとの間に見えない一線があったのだが、いまは一緒になってはしゃいでいる。笑いすぎたか喉が乾いた。

三月三日　七時四五分出発。八時四五分アンキャ・コーラの草地着。シェラップのヤクを娘のハンムも追っている。アウタリ・ラマのゴンパがあるそうだ。チップラに九時三〇分。スパラムに九時五五分、ここは前キャンプ地。一〇時三〇分にジャライ。ここは前にツァンパを買った村。
シェラップのヤクが追い越して行く。ポンモ連中全員がシェラップに挨拶している。ここで昼食にする。
四時　シュリンゲル着。
朝：肉入り雑炊。昼：アルファ米九袋、ラーメンスープ（干しクイラ葉、ラーメン三袋）、梅干し。夜：飯、カレースープ（肉、干しクイラ葉）、マーブル一個、ガム。

シェラップの祝福を受ける

ロティを焼く

三月四日

トップは隊長とNo.13のテンジン。そして、西ヤン、ツェワン・アンドゥイ、No.12のツェワン、クロさん、ギャムゾウ、ハッタル、マチコ、No.13のツェワン・デンドゥ、テシ。ラストはNo.12のテンジン。九時三〇分出発。

一一時四〇分トプチェ着。峠のチョルテン脇で昼食。一二時二〇出発。一三時にスルカルボ、三時五〇分にベリッグ、四時五〇分にゲリッグの下。

スリガードからティブリコットまで半日強のところを一日掛けて歩く。

出発間際になって、昼食の場所に薪がないので、ここで昼食分を作ってから出ると言いだし、結局我々もここでロティを焼く。連中は茹でロティ。今日は川沿いに行くと思いきや、二組に分かれ、No.13のツェワンとテンジン、テシ、タクラ、ペンパ、ザンム、クロさんにマチコが上の道、残りが下の道を行く。朝七時半ころユンドゥン・イセがパーラに行くとかでひょっこり姿を見せ、今日は一日一緒に歩く。陽ざしはとても強くなり、春の来たことが感じとれる。

煙草　二五ルピー。

九時二〇分に出て登り一途。遙か下に渡渉組が見える。川を渡る様子を上から見物しながら、急がず上っていく。

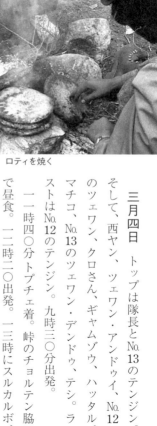

一一時一〇分、一人でトプチェという峠に出る。ポンモ連中は三〇分遅れて到着。水のない昼食。貝の串焼き一缶とロティ一枚。貝を№13のテンジンにやると、奇妙な顔をしながら食べた。水に住むブー（虫）だと説明する。連中はキャラバンに入ってから煙草もねだらなくなったし、こちらが肉を食べていると盛んにディクパだという。肉の入ったスープは勧めても決して食べない。

一二時二〇分出発。下の組も動きだした。蝿が飛んでいる。ルマに私とクロさんは一時四〇分に着いたが、連中は二時着。小学校で水をご馳走になる。道中、ヤカンに汲んで来た水を廻し飲みしている間、№13のツェワン・デンドゥがチャンの交渉をしてきた。我々もヤカンに一杯四ルピーで搾っていないウワを買う。買いに行っていると、連中がツァンパを持ってきて、三ルピー分のチャンを搾り、思い思いに呑みだし、二〇分くらいで呑んでしまう。

ルマにもやはりチベット人がいる。ドルポからのボテだとのこと。ルマにはチェトリとロカがいた。ボテの世界から出てきて最初に入ったネパーリーの村。白い壁も人間もとても異様で、ジュムラで最初に見たボテ以上におかしな、親しみのなさを感じる。ボテは異様さと同様に憎めない何かを持っている。

ルマの次の村で薬をねだられたが、実際に、これからの旅程中に足りるかどうかのというほどなので、村人の要求には応じられない。ドゥネイに行くように、としか言えない。

ティブリコットに五時三〇分着。しだれ柳がしだれ、桜がもう芽吹き、黄緑が美しい。

帰途、最初に緑の畑を見たのは、ラハガオンの下の麦畑で、山あい遠くの緑色を見て、ポンモでの二ヵ月の日数を感じたものだ。

ルマの小学校

アンノックがヤカンをぶら下げてルマの村へチャンの買い出し

ティブリコットでは、往きにも世話になったムキヤの家にまた泊めてもらう。前はクーリーにポーター連中にキリキリ舞させられていたのに、今回は一緒にバカ話をしてふざけあっているのを見て、ネパーリーたちはポカンとした表情をしている。

ここにもツァルカのボテが働いている。彼らの面構えが何とも頼もしく思われる。確かにネパーリーとボテとでは全く違った相貌をしている。ポンモで二ヵ月過ごした今、ツァルカのボテにかえって親しみを感じていた。

夕食は、チャン（ヤカン二杯）、揚げコンブ、串焼き缶一個、福神漬け、カレースープ。

往路で見た時には水田かと思った場所には、ウワが植わっていた。多分二毛作だろう。

三月五日　六時三〇分起床。ティブリコットはとても暖かく、シュラフカバーを外し、チャックも開いて寝ても暑かった。

朝は雑炊（肉を使う）。七時三〇分頃、パルダンがひょっこり姿を見せる。八時頃、アンドゥイと6サタの父の二人が現れた。ポンモの人間は懐かしい。特にアンドゥイは葬式の時の印象が強く残っている。赤いタワ服と帽子、ションバの姿が最も私には好ましい格好だ。何処に行くのかを確かめる間もなく、畑の中に消えていった。彼の姿を観ることは、多分二度とないだろう。耳は遠いのだが、彼の風貌は何ともいえぬ貫禄がある。

九時にやっと出発。ここから、パルダンの兄が帰った。三八ルピー全員に払う。

ティブリコットからは、前に通った道は仮の道だとかで、今回は南に向かう。前に渡ってきた沢に沿ってゆるく登る。荒寥とした禿山が続く。昨日、下の道を通って来た西ヤンは、行ったこともないのに、ここはアフガニスタンを想わせる風景だなどと言っていたが、私も適切な表現のように思った。

一〇時、これから先には水がないとかで、ストップ。昼食。薪もめぼしいものは手に入らず、家畜の糞も集めたが、キャラバン中の炊事に初めてラジウスを使う。我々はアルファ米九袋、カレースープ、梅干し。梅干しはこれで最後。連中は茹でロティ。

一二時出発。食後、皆で昼寝をしていて、テンジン・バハドゥールに起こされる。畑の中を登り、一時半、以前の道に出る。峠の上。連中は二〇分遅れる。ツァルカに帰るところだというボテの夫婦が上ってくる。ユンドゥン先生は、右に山を回っていく道を行くそうで、ここでさよならする。

今日は思いのほか楽で、四時パーラ着。先行したプルバ、アンノックがパーラを越えて行ったらしい。そこで、連中はこれ以上行かない、と言う。それなら、全員村に帰れと隊長が怒り出した。プルバが飛んできて、次の村だからとなだめて、やっとおさまる。

六時、次の村につく。カンバの村の一つ手前の村だ。屋根の上にテント。今日も暖かい。

夕食、カレースープ、コンビーフ缶二個、飯、隊長がビリ（煙草）を買う。一包み二〇個入りで一〇ルピー。石油が漏れて、飴類を入れた袋に入っていた。昼に使ったラジウスの栓の締め方が甘かったのだ。

ジャガイモを六ルピー買う。薪代一ルピー。ここも各家にボテが泊まっている。シャルダンのボテだという。我々が泊まった家では、一番上の一部屋を借りていた。

タルチョの立ったカンバの村

米は今夜で無くなった。高度が下がったためか、最後に食べるドゥネイ米がとても美味しかった。

三月六日　六時三〇分起床。朝食：雑炊（アルファ米四個）、ジャガイモ、干しクイラ。

八時出発。一人でトコトコ歩く。九時カンバの村着。ドルポへ帰るボテが多い。新しいタルチョが立っている。今日はとても疲れを感じる。

一一時、往きにリミのポーターと渡り合ったダルマサールに着き昼食。また何人かのネパーリがしゃがんで見物している。

昼食はアルファ米九個、カレースープ（ジャガイモ、クイラ）、味噌をおかずにする。連中はロティ。昨日マカイ（トウモロコシ粉）を買ったらしく№6、13はマカイのロティを作る。

四時一〇分、ツルダラ着。ここでは、ボテのポーターが動かなくなって、あの温厚なドクターが怒り心頭になりかけたダルマサールだ。ブンタリ・ガオンのネパーリーたちがダルマサールを占領しており、我々はテントを張る。

夕食はアルファ米九袋、ポタージュスープ、チキンボール一個、マッシュポテト一個、

九時過ぎ就寝。

三月七日　六時三〇分起床。今朝はとても寒かった。昨夜就寝時は暑い位だったが、朝、汗が乾かず極めて気持ちが悪く、眼ざめは悪い。

ポンモ連中は今朝はゆっくりで、テンジンがションバ（靴）の修理を始めるなど、出発は八時三〇分になる。北側は溶けかけた雪が凍り、非常に歩きにくい。

九時三〇分、カイガオンへの道と分かれ、南面に向かう沢沿いに下る。前に昼食をとった水場。

一一時、カイガオンの麦畑があり、そこで昼食。アルファ米九袋、カレースープ、味噌。連中はパー（スープ）とロティ。

一時出発。上り下りが激しい、とはいえ楽なハイキング・コース。雲が南の山に湧き、遠くで雷鳴。

四時二〇分、急坂を下って、小さなダルマサールに着き、ここで泊まり。

今日はNo.12a、ヒャクパ、No.14などがテントの隣に火を焚き、タクラ、テシなどが、ダルマサールへ。丸太を四本ほど集めてドカ火を焚く。夕食は飯、カレースープ、福神漬。串焼き各一個。

七時三〇分頃、雨が降り出す。相当な雨でテントは早速漏りはじめる。キャラバン中初めての雨だ。連中にグランド・シートを貸す。雨にはグランシー（グランドシート：敷物）の方がテントよりよほど使い勝手が良い。ガルーダ（安煙草の銘柄）一個を出す。テントの中でヤケ煙草。八時半頃、雨止む。テントから出てドカ火のやり直し。

三月八日　朝はいつもの通りカレーの雑炊。八時出発。雨の降ったあとの谷川沿いの道。とても気持ちが良い。プルバと二人先を行く。プルバの怠けぶりに、朝から腹が立つ。何と言ってやろうかと色々考えながら歩く。昨日、ポーターはシェルパ任せにして、我々はハイキング気分でと提案したが、プルバは、ポンモの連中すらコントロール出来ないということが、我々の間での評価だった。彼は毎日、鼻歌を唄いながらハイキングしている。

一〇時、イラの下につく、連中はここで食事と粉を買うという。ツェワン・デンドゥ、ツェワン・アンドゥイ、No.14の三人が、ここから帰ると言いだす。他は粉を買いたいので、賃金が欲しいという。三〇ルピー渡す。帰る者には二七ルピー。食事が終わっても、替わりのポーターは見つからず。粉を買いに行った連中と、以後の道中について言い争っている。それを聞きながら、つい昼寝をしてしまったが、ハッタイの「ラムロ・ジャノス！」の声で目を覚ます。結局、ここで全員が村に帰ることになった、とのこと。さらにまだ、余分に渡した三ルピーを返せ、返さぬで三〇分ほどの言い争い。いつもなら喧嘩早い西ヤンの出る幕だが、今回は隊長が前に出て怒鳴っている。ついに三ルピー返させての別れになった。サヨナラはやはり悲しいものだ。

イラ手前のダルマサール。ここがポンモ連との別れの場になった

切妻の出作小屋

一時三〇分、彼らの姿が消えていった。

黄色の花やヘビマクラ（マムシグサ）に似た花が咲いている。

プルバがイラ村にポーターを探しに行ったが、駄目。次の村までパサンと出かけていった。紫蘇に似たイラクサを摘み、アンノックに料理して貰う。生卵に似た味。

蚤が酷い。ダルマサールの中の草にいたらしい。プルバ、パサンは帰らず。チョコレート二個。

ポンモとのお別れは、実にあっけなかった。また、思いのほかに早く来た別れだった。親しい友だちがいなくなって、取り残された感じ。隊長と紙上で五目並べをして気を紛らわす。

三月九日　イラからルンへ　六時三〇分起床。朝食中の七時三〇分頃、ルン村のポーター七人。七人で九個を持っていった。一〇時頃パサンが二人連れてくる。残りの三人（荷物は一四個となる）は待てど暮らせど……。隊長と並んで一時間位昼寝。

ヒンドゥーの石を積んだり、オム・マニ・ペ・メ・フムを刻んだ大岩がある。水車小屋が四つ、水路はとても良く作ってある。麦も一〇センチ以上に伸びている。

一一時、先行したクロさんと西ヤンに昼食を届けることにして、アルファ米を炊く。パサンが出発しかけたところにプルバが四人連れてくる。四人で三個の荷を運ぶとのこと。

昼食、イラクサのスープ。アルファ米九個、串焼き一個、味噌。

一二時、隊長、プルバ、ポーター四人と共に出発。川原に沿って一時間、切妻の家がある。出作小屋らしい。一時、ポーターの食事に合わせて休憩。二時頃、老婆が鶏を売りにくる。二羽二〇ルピーを一二ルピーに値切る。

持ってきたのが三時過ぎ。しかも小さな若鶏。一時間も待たせた上に小さすぎると、二羽で八ルピーに負けさせる。ポーターに一羽ずつ持ってもらって出発。出た直後から、一気の急登が一時間半。今日のポーターは早い。とにかく早い。

明日からは、キスリングからサブザックに代える決心をする。サボテンが生えている。下の方では桃の花が咲いている。亜熱帯に入ったようだ。しかし周囲の風景は、やはり乾燥して干からびたようであり、枯れ草の下から若草が顔を出している。

四時三〇分ルン着。山の上の平地にかなりの戸数がある。集会所泊。薬を求めに来る人が多いが。スカリ粉を五ルピーで一〇マナ買う。小屋代は二ルピー、昨夜のプルバ、パサンの食費が五ルピー宛で一〇ルピー、合計一二ルピー。

夕食はロティ、ニワトリのカレースープ（二羽とも食べてしまう）。

三月一〇日　朝、ゆっくり起きる。ポーターは九時過ぎにボツボツ姿を見せ、賃金交渉。一一時過ぎになっても出発の様子がないので、髪を洗う。一〇時頃まで水はきれいだが、それを過ぎると濁ってくる。

一一時三〇分、お茶を作り、ツァンパで昼食。その間、ポーターを待たせる。ここはトクリの村とか、カーストは三つあるらしい。何でも欲しがるので、感じは良くない。

一二時出発。急坂をどこまでも登る。峠を越して、今度は急な斜面の横腹をどこまでも下る。眼もくらむような坂だ。

四時泊。崩れた家が二軒、途中、ネパールガンジから帰る人たちに何組も会う。ドコや大きな荷を背負っている。布、金属の壺、ブリキの箱の類が多い。

夕食は、茶、飯（アルファ米一〇個）、カレースープ。ドカ火を焚く。

ネパールガンジから北に戻る人の荷には
インド産の日用品が目立つ

どこかで買ったのだろうか、
仔牛を連れて北に向かう

手作りの背負子にビシッと積みあげた綿布

三月一一日　朝食：味噌の雑炊。八時出発。朝から物凄い上り下り。ポーター管理は昨日からシェルパ任せ。我々四人はハイキング気分で歩く。ポーターとの差は短くて三〇分。このペースで楽しみながら歩くには、ドクターを交えると少し無理だ、というのが四人に共通した意見。

一一時、水場につき昼食。途中で、隊長に手伝ってもらってイラクサを摘んでおいた。それを入れたラーメンとアルファ米、味噌。イラクサはパラウリ・サグと呼ぶ。

昼食後も上り下りは激しい。枯れ庭のようなところを登ると、向こう側はハゲ山。石を二個拾いドコに入れておく。

五時、羊のキャンプ地につく。夕食はパラウリ・サグにフレーク一缶ですまし汁とアルファ米一〇個。

右膝が下るときに痛む。

ポーター達は一〇時頃まで、喋り続けている。その煩いこと。

三月一二日　七時五〇分出発。朝はカレーの雑炊。クイラが残り少なくなった。例のイラクサでしのぐ。川原の平坦な道を下に見ながら、上り下りを繰りかえして行く。家の型はすっかりミッドランド式になり、平屋根は昨日で姿を消した。イラ、ルンあたりが境になるようだ。バナナが生えている。

昼食はやっと川原に下って、平地で摂る。一二時から一三時二〇分まで昼食。アルファ米が六個しか出ておらず、ラーメンとイラクサのスープをたくさんつくる。ラーメン九個。

醤油を使いすぎ、午後、喉の乾いたこと。塩二マナを一三ルピーで買う。

三〇分川原を行き、また上り。

五時、パーラに着くが、粉も薪もないので、下の川原まで行くという。

六時三〇分、河原に下りる。広い平らな草地。ポーターは暗くなってから着く。満月に近い月がとても美しく明るい。

食事はアルファ米九個、マカイのトパ、コンビーフを二個入れる。

ハイキング気分の4人

三月一三日　今日中にジャガティまで行くというのでポーターは五時頃に起き、六時四五分には一番が出る。平坦な畑道が延々と続き、上り下りはあまりない、川に沿った道。川幅もずいぶん広くなった。真夏のような暑さに汗がひどい。左手の山に猿の群。かなり大きな群である。集落が幾つも……。

昨日あたりから水が不味くなった。なま暖かく味が悪い。

昼食はアルファ米七個、ラーメン四個とワカメのスープ。それにツァンパ。チョコレート一つ。

ジャガティには六時着。何もない川原。ジラ・パンチャヤット（地区パンチャヤット）の所在地というが、聞いてあきれる。

アルファ米、最後の箱を空ける。夕食はアルファ米九個、ツァンパのトパ（コンビーフ一個）、味噌。粉も米も手に入らず。

蕎の花が咲いている。野犬だろうか、ハイエナのような吠え声が一斉に始まり、プルバ、パサンが慌てて周囲に石を投げる。夜中にも時々、遠くで鳴いていた。

靴屋が川原の草葺き小屋で靴を作っている。ホタルが飛んでいる。

三月一四日　六時三〇分起床。ポーターが集まってくる。朝、雑炊。九時出発。荷が軽くなっていることもあり、ポーターの足の早いこと。

一一時四〇分すぎ昼にしようとすると、この先に水場があるからと、ポーターに追い立てられて、三〇分歩いてやっと昼食。アルファ米九、ラーメン四個、のり、味噌。

草葺き小屋の靴屋

川沿いにどこまでも行く。五時三〇分、川の合流点に着き、河原にテント。

夕食は、飯、ツァンパのトパ、コンビーフ一個。

満月が美しい。水車小屋を茶屋と間違えたクロさんが、チャンを買おうと出かけていく。

新しいポーターはよく歩く。風が強い。雲が出ており満月も少し霞んでいる。

三月一五日　七時出発。川を渡り、対岸の山をひたすら登る。道は麦畑の中を続いている。ポーターと一緒でなければ道に迷

大きなチョウタラ

うに違いない。峠にかかる途中ではるかに雪山が見える。

雪山を眺めながらゆく。この眺めは一生忘れないだろう。私はこれを求めて一生歩くだろう。また、それが私には一番性にあっているのだろうという、私にとっての一つの結論を出す。どこまでもの登り。次にどこまでもの下り。山の中腹の村の斜面で昼食。次の水場まで二時間とのこと。水は濁った湧き水。喉の渇きを止めるため茶を作らせる。ご飯は朝炊いておいた冷メシ。暑いので冷メシもおいしい。ラーメンのスープ、味噌。

山を下ってから、しばらくして初めて茶屋があった。ミルクはコンデンスミルクだがおいしい。一杯二〇パイサ。ロキシーもあるが持ってくるのに一時間かかるとのこと。三ボトル六ルピーで買う。米は一マナ一ルピー。マカイピト（トウモロコシ粉）は一パテ（八マナ）三ルピーとのこと。買おうとするとポーター連が、荷が重いので自分たちの粉を買ってくれという。二パテ六ルピーで買う約束をする。

五時半キャンプ地着。曇り空、六時雨がくる。ダルマサールもなく、大きなチョウタラ（休み場）と二階建ての一軒屋。その家の入口で風と雨をよけ、料理。雨はすぐヒョウにかわり二〇分近く降る。次いで大雨。

木の下で、昼に自分が下した結論を、もう一度たしかめる。夕食は、ロキシー、あげコンブ、串焼き一個、ロティ、ツァンパのトパ、ハチミツ。

一軒屋の男の子、一〇歳位の子、ダミになる前兆か、いきなり身体を震わせ、大声で喚きながら火のついたマキを持って飛び出して来た。それが三度。一五分位続き、あとはケロリとしている。ドクターが見たら喜びそうな事例だ。私も初めて見た。

雨は一時間位で止む。一二時また降りだして、目をさます。このところ夜中に決まって目をさます。

三月一六日　五時、目がさめる。八時三〇分出発。朝食は白粥。一日中隊長と一緒に歩く。同じ川を何回も渡りながらどこまでもいく。ポーター達は先に行き、道を探すのに苦労する。川から離れ、山にかかる。しかし、山中ではなく村の中を行くような感じで、畑がどこまでもある。

同じ川を何度も渡る

一二時半、ポーター連にやっと追いつく。山の中腹のチョウパリ、水はやはりここでも濁っている。

昼食は、紅茶、飯、ラーメンのスープ、ラーメンはこれでオシマイ。

道は広くなり並んで歩ける。段々畑が見事。峠に村があり、店もある。チニ（砂糖）が無いとかで、茶は飲めず。ビリを四〇パイサで二個、野菜は無い。水に不自由な所だと思う。一時間登ってダルマサールあり、五分ほど下ったところにロキシー屋があり、そこに泊る。女主人一人だけいる。ロキシーはない。ロキシーを作る小屋で寝る。

〈日記はここ、三月一六日で終わり〉

見事な段々畑

このあと、

三月一九日　午後ダン（空港）着。空港の端にテント。

三月二一日　カトマンズ帰着。

四月一〇日　カトマンズ発→カルカッタ（コルカタ）

四月一二日　コルカタ→ボンベイ

四月一九日　ボンベイ出港（MMラオス号）

五月一二日　横浜帰着。

三　食費会計

一九六八年三月一日～一八日　木村真知子

日付	収入	支出	残金	項目
				〔単位はルピー〕
三月一日	三四		三四ルピー	二月食費残
		三	三一	
				パルダンよりアル・クイラ購入
三月四日		二五	六	
		四	二	チャン（ルマ）
三月五日	一二〇		一二二	三月分食費
		六	一一六	アル
		一	一一五	薪代
三月八日		一五	一〇〇	プルバ食費
三月九日		八	九二	ニワトリ代
		五	八七	粉代
		二	八五	薪代
三月一二日		三	八二	ヌン二マナ
三月一五日		二二	六〇	米二二マナ
		一・六	五八・四	茶八杯（茶店）
		三	五五・四	マカイピト八マナ
三月一六日		一・五	五三・九	ビリ三六
		一〇	四三・九	ニワトリ
		三	四〇・九	マカイピト八マナ
三月一七日		一	三九・九	マカイピト一・五マナ
		一〇	二九・九	米一〇マナ
		五	二四・九	砂糖一シェル
		〇・五	二四・四	パルシー
		一	二三・四	アル
		二	二一・四	アル
		〇・五	一九・九	ダヒ
		二	一七・九	ダヒ
		二	一五・九	マンパリ八パック
		一・四	一四・五	茶七人分（茶店）
三月一八日		二	一二・五	マンパリ四マナ
		一・四	一一・一	茶七人分
				一杯二〇パイサ
		〇・一	一一	茶シェルパ
		〇・三		ビリ
		二		飴
		〇・二	九	パン

《付1》ポンモの世帯表

（家族構成　一九六八年二月当時）

番号	名前	年齢	性別	続柄	その他
No.1	ドルチ（廃屋）				
1	ドルチ		男	戸主	
2	ハンドゥル		女	妻	
3	ニャチュリ		男	息子	
4	ダザンム		女	娘	
5	サナム・ユンドゥン		男	息子	
6	サナム		女	娘	
7	ダブルワ		男	息子	
No.2a	ツェワン・タンパ				
1	ツェワン・タンパ	70	男	戸主	
2	タクパ・ラム	73	女	妻	
3	レンム	40	女	娘	レンバ
No.2b	ツェワン・アンドゥイ				
1	ツェワン・アンドゥイ		男	戸主	
2			女	妻	
3			男	息子	レンバ
4			女	娘	
No.3	ニマ・ツェリン				
1	ニマ・ツェリン	75	男	戸主	
2	プルバ・ラム	68	女	妻	↑No.7b系
3	ショナム・ミンマ	29	男	息子	
4	ダソ・プティ	32	女	ショナムの妻	↑No.12a
5		2	女	ショナムの娘	
6	ダワ・チリ	25	男	息子	レンバ
7	ニマ・ポンツォ	23	女	娘	
8	パサン	20	男	息子	レンバ
No.4	ツェガ				
1	ツェガ	50	男	戸主	
2	タルジュン	40	女	妻	
3	ナムドゥク	12	女	娘	
4	パサン・プティ	9	女	娘	
5	ギンジュン	6	女	娘	
6	ナムチェ・ザンム	3	女	娘	
No.5	リンブルツェ（通常はゴンパに居住）				
1	リンブルツェ		男	戸主	
2	シェラップ・ラマ		男	弟	事実上の戸主
3	ハンム・テシ	80	女	母	
4	ソト		女	シェラップの妻	

5	ニマ・ラマ	21	男	シェラップの息子	
6	サンム	26	女	ニマの妻	↑No.7b
7		1	女	ニマの娘	
8	イセ・ハンム	24	女	娘	
9	アンギャル	19	男	息子	
10	ヌルブ	17	男	息子	
11	アンム	16	女	娘	
12	ギャルボ	8	男	息子	
13	ラトゥング	6	女	娘	
14		33	女	養女	↑No.7b

〈注〉No.5は本村にある家で、普段はゴンパの家に住み、ここは空き家になっている。リンブルツェを主人としたが、世帯を別にするか、シェラップ・ラマを主とした方が現実的であろう。リンブルツェとシェラップ・ラマは兄弟、財産は共有している。

No.6 ウェンゼン・ギャルツェン

1	ウェンゼン・ギャルツェン	53	男	戸主	
2	プティ・レミニ	56	女	妻	
3	シェラップ・テンジン	32	男	息子	サタシ
4	ヌル・サンム	27	女	テンジンの妻	↑No.9
5	タルボ	5	男	テンジンの息子	レンバ
6	ソナム	2	男	テンジンの息子	
7	ソンスム・ナムギャル	13	男	息子	
8	ツェワン・ギャルモ	8	女	ニェル（私生児）	

No.7a シンドゥル・ギャルボ

1	シンドゥル・ギャルボ	60	男	戸主	
2	ツェリン・ドルマ	65	女	妻	再婚
3	ヒャクパ	19	男	息子（妻の孫	ヒャクパの祖父はツェリンの前夫）

No.7b ツェワン・ギャルボ

1	ツェワン・ギャルボ	26	男	戸主	パルダン
2	ザンム	26	女	妻	↑No.5
3	サンデム	57	女	母	
4	ギャムゾウ	23	男	弟	
5	ラタル	18	男	弟	
6	ユンドゥン	57	男	父（一九六八年一月四日死去）	

No.7c テンジン・タルキャ

1	テンジン・タルキャ	32	男	戸主	
2	ヤンズン	32	女	妻	↑No.10
3	アンキャル	7	男	息子	
4	タシナム・タク	4	男	息子	

No.8 ショナム・ツェリン

1	ショナム・ツェリン	32	男	戸主
2	ツェリン・アンム	31	女	妻
3	クンズム	72	男	父
4	クンザン	58	女	母

No. 9a　チュルディン・ギャルツェン

1	チュルディン・ギャルツェン	32	男	戸主	サタシ
2	テンジン・ラム	29	女	妻	↑No.6
3		4	男	息子	
4		3	男	息子	
5	マラム・キャンマ	54	女	母	
6	タンキャル	27	男	弟	
7	ムザン	23	女	妹	
8	キャムゾ	20	女	妹	

No. 9b　ショナム・ギャルツェン

1	ショナム・ギャルツェン	58	男	戸主
2	チル・プティ	34	女	妻
3	ラクパ		女	娘
4	カルム・リンザン	15	男	息子
5			女	娘

No. 9c　テシ・タルキャ

1	テシ・タルキャ	25	男	戸主	
2	プテン・プティ	61	女	テシの義祖母	↑リンモ

No. 10　ツェワン・モラム

1	ツェワン・モラム	61	男	戸主	
2	シタル・サンム	61	女	妻	↑No.9
3	タクラ・ツェリン	33	男	息子	レンバ気味
4	ギャルツェン	29	男	息子	
5	ダワ・ツェルダン	25	男	息子	
6			女	ダワの妻	
7			男	ダワの息子	
8	チェリン・ヨンドン	26	女	娘	
9	パサン・ナム	16	女	娘	

No. 11　ショナム・ギャルボ

1	ショナム・ギャルボ	25	男	戸主	
2	ショナム・サンム	31	女	妻	
3	ランギャル	5	男	Son	
4	マプキャ・ソンム	2	女	娘	
5	ギャンマ	59	女	母	
6	レニミ	31	女	姉	レンバ
7	ショナム・チュルディン	24	男	弟	
8	チェキ・レミニ	22	女	妹	

No. 12a　アンドゥイ

1	アンドゥイ	50	男	戸主	
2	ショナム・クンガ	58	女	妻（再婚）	
3	ミンマ・ラマ	17	女	娘	
4	パルデン・ラマ	19	男	娘の夫	↑No. 6
5	ツェワン	25	男	息子（先妻の子）	
6	ツェリン・ヤンザン	19	女	娘（先妻の子）	

No. 12b　チェトン・ジャンピ

1	チェトン・ジャンピ	67	男	戸主	↑チベット
2	クサン・ハンム	66	女	妻	
3	レンバ	39	男	息子	レンバ
4	テンジン・ギャルモ	28	男	息子	テンジン・バハドゥール
5	キャルム	29	女	テンジンの妻	ツェリン・ギャルモ
6	クンガ・プティ	1	女	テンジンの娘	
7	ニソ・プティ	25	女	娘	
8	パナ・プティ	22	女	娘	

No. 12c　ツェリン・ハツォ

1	ツェリン・ハツォ		女	戸主
2	ソルテトール	13	女	娘

No. 13　ニマ・ラマ

1	ニマ・ラマ	58	男	戸主	
2	ポンチョク・プティ	72	女	妻	
3	ユンドゥン・イセ	41	男	息子	
4	テシ・ラム	30	女	イセの妻	↑No. 12b
5	ダワ・プティ	22	女	イセの先妻の娘	
6	オシドウマ	15	女	イセの娘	
7	ムティ・サンム	12	女	イセの娘	
8	ツェワン・プティ		女	イセの娘	
9	プティ・サンム	9	女	イセの先妻の娘	
10	シンドゥル・ギャルツェン	38	男	息子	（調査隊滞在時は不在だった）
11	ツェワン・デンドゥ	32	男	息子	
12	ツェリン・サンデム	31	女	ツェワンの妻	↑リンモ
13	イセ・サンム	1	女	ツェワンの娘	
14	チン・テンジン	27	男	息子	

No. 14　ユンドゥン・ギャルツェン

1	ユンドゥン・ギャルツェン	男	戸主
2		女	妻
3	ツェワン	男	
4	パサン	男	

《付2》ポンモ調査日記

一八六八年一月一一日～二四日　田村善次郎

ポンモ到着、一九六八年一月五日

ポンモ出発、一九六八年三月一日。

一月五日～一月一〇日、一月二五日～二月二九日の記事なし。ノート見あたらず。

一九六八年一月一一日（木曜日）　曇り、冬型の空模様

七時半起床。昨日大雑把に計測した道路図を清書するつもりで取りかかったが、試行錯誤の繰り返しで、あまり上手くいかない。西ヤンと二人、村の下のチョルテンの方位計測をまずやる。西ヤン曰く、下、上、裏の三つのチョルテンは曲り曲りながらも、一定の方向を向いているのではないかと……。そう言われればそのような気もするが（南北？）、何ともいえない。

村の入口あたりでゴンパから帰ってくる村人、三、四人に逢う。ミンマからの伝言では、ラマは今日再びゴンパを出てリンモに行く、それでドクターたちは今日帰ってくるという。

午前中は結局、計測だけで、あとは囲炉裏端で座っていただけ。何とも毎日、腹の減ること。健康の証拠であろう。今日は地図を作ってから調査項目、調査計画の再検討をする予定だが、この調子だとまた繰り越しになりそう。

昼食はパーパル（ソバ）とガオン（小麦粉）のロティ（二枚）とクイラ（大根）の入ったスープ。ツァンパよりも満腹感はある。

午後は地図の清書、西ヤンは交易関係の聞書きにまわるが、昨日帰った連中のうち、三人はゴンパに行って留守だとかで、あまり聞けなかったという。ゴンパと村との関係はかなり密接なようだ。

三時半頃、ラマがまた村にやってくる。この出迎え風景はカードに記録したが、なかなか面白い。ラマの話によると、ヨゴさんたちが帰るのは明日になるそうだ。

夕方から何だか眼が痛くなった。煙にやられたらしい。暗い石室のような通風が悪い所で毎日過ごしているのだから、目をやられるのは当然のことだ。

夜、チョルテンの所で三、四人が焚き火をしている。聞くと、リンモから来た物乞い連中だそうだ。パルダンやサタシ、その他何人かが食物、薪などを持って行った。

プルバ、パサン、アンノックの三人は夕食後、パルダン宅に遊びに行く。チャンをご馳走になったようで、一時間位して酒気を帯びて帰ってくる。

八時半頃、村の上手から鉦・太鼓の音が近づいてくる。夕方から行われていたNo.12のタックドゥックの一環であろう。痛い眼をこすりながら出て行く。六、七人がNo.12から出て村を右廻

りにまわって帰るところであった。後に付いて行って、チャンをご馳走になって帰る。

一月一二日（金曜日） 晴天。ポンモに来て初めての日本晴

七時半起床。昨夜は少し寒気がし、その上、眼をやられて調子の悪い所にチャンを呑みすぎたせいだろう、シュラフに入ってからも息苦しく、空気が薄い。うとうとはするが、容易に寝付けなかった。西ヤン、クロさんが帰ってきたのは一一時半頃だったという。それはうつつに覚えている。

朝食は、クラッカーにお茶。食後、アンノックに湯を沸かしてもらい、身体を拭く。ポンモ到着以来、身体も洗わず、着替えもせず、洗濯もしなかったので、驚くほど虱が繁殖していた。脱いだシャツを積み上げた薪の上に放り上げたら、ちょうど山から連れ帰ったヤクがそれを見つけ、食い始めた。垢がついて塩気があり、美味しい匂いがしたのだろう。あわてて取り返したが後の祭り。シャツは形を変えていた。

一一時、マチコが油を絞っているというので見に行く。No.9サタシ家の娘が箱に入れた菜種をぎゅうぎゅう捏ねているが、私が行くと恥ずかしがって逃げる。マチコに観察を頼んで引き上げる。菜種を臼で搗いて、剝り箱に入れて二、三日陽に当てると油がにじみ出る状態になるので、それを手で揉む。ニマ・ポンツォ（No.3）も油を絞っている。油搾りは女の仕事である。

一二時半、昼食。ツァンパ七パテ、七人分。

歌と踊りがあるとパルダンとサタシが呼びにくる。このことから村の中に微妙な対立があるらしいことを、クロさんが観察する。

三時半頃、ドクター、ヨゴさん、ミンマの三人がゴンパより帰る。寺は期待したほどのことはなかったというが、それなりに興味深い観察をしてきたようだ。ラマのキャラバンが帰村し、村人が六人、挨拶に来ていたという。

五時前、ヤクが帰ってくると西ヤンが呼ぶので出て行く。かなりの頭数のヤクが上ってくる。数えると、全部で二二頭。No.

陽溜りでシラミとりをする隊長と西ヤン。汗が沁み込んだシャツを乾していたらヤクがそれを食べた。汗の塩分を摂ったのだ

油搾り。右はまだ搗きたてなのか粒子が荒い。
左は二度ほど陽に当ててあり、油が滲み出ている

5の囲いに入る。娘二人が付いているが、一人は迎えに出た者のようで空身。一人が背中にブランケットに包んだ荷物（あまり大きくはない）を担いでいる。昨日、ゴンパに行った者が帰ったのだという。ヤクに荷は付けていない。

夕食：飯、マス（肉）、アル（ジャガイモ）のスープ。食後、クロさんはパルダン家に行く。

プルバがこの頃通訳を面倒くさがる様子がみえる。機会をみて話しあう必要がある。

夕方よりまた眼が痛み出す。

一昨日から来ているリンモの物乞いたちは、畑の傍の岩室に泊まっている。No.3の婆さんが薪を与えたという。ムグから来たという靴売りは、チュルディン・ギャルツェン（No.9）宅に泊まっている。昨日新しくラマと一緒に来た彼らの仲間二人はギャルツェン家の前に野宿しているという。

一月一三日（土曜日）　午前中快晴、午後曇り、風強く、寒し

道路図に畑その他を記入したいと取りかかるが、畑の区画がはっきりしないので、やっていて訳がわからなくなる。きちんとした畦などがあるわけではないし、今は作物が何もないので、なおさらだ。春になって種まきが終わり、作物が芽を出すと区画がはっきり見えるようになるのだろうか。家の配置図も捗らない。

クロさんの方は、家筋のこと、婚姻規制のことなどが着々と判り、今日はキュパのことも判ったという。重要な問題が次々に掘り起こされてきているのに、こちらは未だ何も……。少し焦る。

村ゴンパのところで散髪している。鋏で丸刈りにするのだ。昼前、パルダンも散髪したらしく、さっぱりした頭で来ている。帽子を脱がしてみると、見事な虎刈りである。バリカンで直してやろうと思って探したが、見つからないのでそのままにする。

散髪してもらうサタシ（No.9）
鋏は羊の毛を刈るときに使うもの

昼食はパーパルとガオンのロティ。大きなロティ・パンを借りてきたとかで、ドでかいロティが一人一枚ずつとツァンパのトッパ（粥）。トッパにはマチコが小麦粉を煎って入れたということで、香ばしい匂いがする。

ヨゴさんパサンを助手にして村の撮影。

午後は下の畑をグループごとに地図を作るつもりでやりかけたが、寒さに手がかじかんでやりきれない。三時のお茶までやったが、そこで切り上げる。今日のお茶はコーヒー。

昼すぎ、山からヤク、ゾーが降りてくる。かなり多いが頭数

は未確認。午後、その群れを女衆とNo.9の弟らが追って、クム・コーラ方面に下っていく。放牧地を変えたのだろう。クム・コーラは村から一時間位のところである。今まで放牧していた所は草が少ないので少し上の方に移す。八軒のヤク二二頭連れていく。このヤクは年明けに村に連れ帰り、キャラバンに連れて出るそうだ。

　三時半頃、No.5の囲いの中でヤクに荷を付けている。四時、荷をつけたヤク五頭をニマ・ラマ、パルダン、No.5のシェラップ・ラマが連れて出た。ゴンパに行くという。シェラップはリンブルツェの弟でゴンパの住人。

　今日、六、七人がドゥネイに行った。ドゥネイの役所作りに呼び出されたもので、明日はパルダンなど何人かも行くらしい。役所の仕事で、義務的に呼び出されるが、無料奉仕ではなく、日当は貰えるという。

　リンモから来ている物乞いはパルダンの従兄弟《いとこ》だそうで、物乞いになった理由はドクターが詳しく聞いている。

　今日でパサンがリミで大量に買ってきたゾーのマス（肉）が無くなる。ずいぶん食べた。明日からはスープの味がぐっと落ちるだろう。

　夕食は、飯、マス、アルのスープ。

　食後、経済班の調査項目を作る。社会班にも作るように頼む。そのことでドクター、クロさんと議論。

ドクターの世界観の調査方法

①具体的な社会行動を通じて、その行動の底に流れている意味を読む。

②造形的な面から……例えば、絵、彫刻、細工物などの根底にある意味を読み取る。

③心理学的な方法——心理テスト。

④直接的な質問による接近——質問項目をつくってやる方法。

①~③はこれまで探っている方法である。④を今後どうやって行けば良いかということ。

　方法論の違いは、当然あっていいし、統一する必要はないが、お互いの項目を検討することによって、その違いを認識することは必要であろう。

　ネパーリーとボテ・ポーターとポンモ村人の描いた絵についてドクターの診断。

①ネパーリー・ポーターの絵は、単純で形をなしていない。幼稚で発達が遅れている。一皮剝いても何もないということが言える。精神薄弱者の絵に似ている。

②ボテ・ポーターの絵は一応形を成しているが、内臓が描いてあり、性器が描かれている。ネパーリーに対してボテは野蛮で殺伐で粗野という特徴が出ている。精神分裂症の絵に似ている。

③ポンモ村人の絵には、ボテ的な絵は少なく、形も整ってお

り、様式化された絵は上手である。ロールシャッハテストをすると、血まみれの肉を食ったり、血まみれの水に浮かんでいたりという類いのものが出てくる。肉が多く出て来て、人間が喰ったり、魚が突ついたり、虎が引き裂いたりというものが出てくる。深層心理的には、野蛮、殺伐、粗野、遊牧的な性格が出てくる。それと一面では数多くのチョルテンが出て来たり、仏さまが出て来たりする。

ポンモの人は本質的にはボテ的なものを持っているが、それをラマ教的な教養で隠しているということができる。ロールシャッハに出てくる反応は単純である。日本人のように十人十色ではない。文明・文化の発達というものは、人間の自由度の増加ということが、パーソナリティの形成に大きな役割を果たす。

クロさんは、ボテの絵に表れているものは、遊牧社会の人間、肉食をする人間の本質なのではないかという。チベットという荒く、乾いた自然の中で生きてきた人間の性格がそこに現れている。チベット人の絵に内臓がよく出てくるのは、彼らが牧畜に大きく依存しており、動物の屠殺、解体に慣れていて、且つ内臓が食物としても重要な意味を持っているからであろうし、性器は、雌雄を識別する最も重要で、且つ最初に気づくものだからだと解釈するのだが、それは誤りであろうか、という。

八時半頃、No.9サタシの弟タンキャル、No.5のアンギャルなど若い者四人が炉端に来る。タンキャルは、午後ヤクを追って下ったので何処に連れて行ったのかと聞くと、クムに移したこと、放牧地が四ヵ所あり、あまり一ヵ所に長く置かずに移動させていること、ヤクの所有頭数などを教えてくれる。No.13、No.5（ラマと共同）などが多く所有している。ヤクを所有しているのは九軒だけであり、飼育頭数に偏りがあることなどが判る。ヤクは予想していたほど多くはない。

今、ヤクを連れて交易に出ているのはNo.13の兄弟とNo.10の三人だけだという。キャラバンに出ているのが三人だけだとすると、村にいる男が少ない。ドゥネイに行っている人たち以外にも外に出ている男がいるのだろう。

一〇日に帰ってきたヤクは正月過ぎたらまた出るという。彼らは一〇時半頃まで話して帰る。外は雪が舞っている。

一月一四日（日曜日）　曇

七時半起床。昨夜の雪は僅かに白く地面を染めた程度で、あまり降らなかった。

朝食後パルダン宅（No.7b）へ。パルダン家の朝食は、チベット茶でツァンパを練ったもの。トクパらしきものの鍋が炉にかけられているが、暗いので確かではない。木椀が各人の前に置かれており、お茶が注がれていた。これにツァンパを入れて練って食べる。チャンは今日、仕込むという。お湯を沸かしはじめたら声を掛けてくれるように頼んで帰る。

昨日、アタ（大麦）の粉を売りに来たパルデン・ラマ（№12）が、朝の内に粉を持ってくる。昨夜挽いたのだという。値段は四ルピーで五マナといったが、他で聞いたらもっと高いということだから、もう少しくれという。結局一二マナちょっとに一〇ルピー払ったようだ。マチコが挽きが荒いと言ってかなり値切っていた。パルデン・ラマは№6サタシの弟で、№12の娘と結婚して、№12にいる。いわゆる婿養子だ。

№9サタシが、夜、我々が二階の窓から小便をするのをみたらしく、そんなことをするなら部屋を貸してやらないとプルバに言ったという。プルバは、夜寝る前にバラサーブがお湯で身体を拭き、その湯を捨てているので決して小便ではないと答えたそうだ。これからは慎まねばならない。

一一時半、パルダンの弟がチャンの仕込みを始めたと呼びに来る。見に行くが、今日は洗った麦に三度ほど水をつぎ足しながら煮るだけだというので、昼食後にまた見に行くことにして帰る。

昼食はロティ一枚に味噌汁。ドクターが今日は珍しく食欲旺盛である。良いことだ。

一時四〇分頃、パルダン家に行くと、既にウワ（大麦）、トゥ（小麦）は煮詰まって鍋に盛り上がっている。鍋は樺の皮で覆われている。この状態でもう少し煮詰め、あとはプパを混ぜて、籠に入れるだけだという。プパは酵母のことらしいが、よくは判らない。樺の皮はものを包む、屋根の敷皮にするなど様々な用途がある。

チャンを仕込むのを見ながら聞くと具体的でよく判る。

ボキシーがいろんないたずらをするらしい。ボキシーについては突っ込んで調べること。また、シャンについても同じく突っ込んで聞く。

タルチョはパルダンの話では正月に新しく立て替えるだけだが、クロさんが№13から聞いてきたところでは、年に三回立て替えるという。確かめる要あり。

タルチョにする木はシュクパではないかと思う。タルチョの先端にはシュクパの枝葉と思われるものが付けられている。シュクパっぽいものはビャクシン（柏槇）だと思う。ビャクシンは香木であり、神の依代となる木ではないかと思う。ビャクシンの用途については注意して観察し、聞く必要がある。

タルチョは決まった場所に立てるということだが、それをどのようにして決めるのかパルダンは知らない。タルチョを立て替えるのは誰か、その儀式は、よく観察すること。

正月はロサールという、正月行事は三日間ある。初日は自分の家で飲んで、それからゴンパに行き、その夜はゴンパに泊まる。二日目はゴンパから帰って来て、また飲む。三日目にはタ

チベット茶。筒に茶・塩・ギーを入れて
ガッポンガッポン上下運動でのかき回し

ルチョを立て替える。この時、シャンを焚く。またこの日には、村中の人（各家の主人）が、一瓶ずつのチャンを持って、集会場の三階に集まり宴会が行われる。この時に大ラマ・リンブルツェは出席するのかとパルダンに聞いたら、パルダンが招待すれば来るが、しなければ来ないとのこと。今年は来なかった。

三時半になって、プパを混ぜるときには、他の人はいない方が良いということで追い出される。無理をしてはいけないので外に出る。

その前にチベット茶をご馳走になる。チベット茶は磚茶を煮立て、その中にヌン（塩）とバターを入れてよく掻き混ぜたものであるが、これをスイチャといい、ヌンだけを入れたものをチャトンという。チベット茶はカップに注がれて飲み干すと、間髪を入れず注ぐもののようで、ドクターによると、パルダン家で飲み干すたびに注がれて、五杯立て続けに飲んだが、さすがに飲めなくなって、六杯目は少し残してプギョウ（もう充分・ご馳走様）と言ったら後は注がなくなったという。岩手のわんこそばと同じ方式だ。ドクターとは別の日だが、一杯目を半分くらい飲んでそのまま持っていたら、パルダンの妻君が飲めというような仕草をするので、飲み干したら、二杯目を注ぎ、さらに三杯目も注いでくれたが、すぐには飲まずに置いたままにしていた。茶の接待方式があることに気がつかなかった。不注意であった。

四時前、パルダン家を辞して帰り、ノートの整理をする。よく聞いたつもりであったが、聞き漏らしが多い。

ヨゴさんはパサンを助手に撮影しているが、寒いせいで8ミリがよく廻らないとぼやいている。

夜、シェルパたちはパルダンと一緒にモラム家（No.10）に行ったらしい。ヨゴさんはミンマを連れて村の家を廻ってくると出かけ、三〇分位で帰って来ての話ではモラム家にパルダンたちが集まっていたので、ミンマを残してきたという。

ノートの整理をするつもりで開いたが、灯りが暗いのと痛む目の調子が良くないので、さっぱり進まない。電灯のある世界が羨ましく、懐かしい。

一〇時頃まで、クロさん、ドクターと話をする。初めはポンモの家関係などの難しい話をしていたが、そのうちに食べ物の話になる。ドクターはカツ丼が食べたいという。黒田は美味いコーヒーに洋菓子が欲しい、日本酒も欲しいという。

夕方、クロさんがユンドゥン家（No.13）に行くというと、ドクターが同行したいと言う。姻戚関係などを聞くのに人が多いと聞きづらいからと断ると、ドクターが怒って、自分の治療調査を利用するのは断ると言いだした。今更ながら共同調査の難しさ感じる。ポンモに着いて一〇日目、村の状態が判りかけてきたところで、みんな壁にあたった感じである。疲れも溜まったのであろう。キャラバンの疲れと、調査の疲れは違うようだ。

気がつくと、西ヤンがいつの間にか居なくなっている。敷皮もノートも置いてあるので、寝たのかと二階に上がってみたが、いない。モラム家に行ってシェルパや村人たちと飲んで騒いでいるのであろう。クロさんも西ヤン的にやれれば良いのだが……。

月がずいぶん明るくなった。山の端にかかった月が山を照らし、村の所だけはちょっとした懐になっていて暗く、何とも異様な感じである。家々からは全く明かりも見えない。人声も聞こえない。深閑とした暗闇の村と、月に照らされて明るい対岸の山。凄愴という言葉がふさわしい月夜のポンモ。

マチコは下痢気味だという。少し熱もあるようだ。彼女は心も身体も頑健な方だが、やはり男共の世界に一人いると神経も使うことであろうし、疲れも残るのだろう。こういうとき、ドクターの存在は心強い。

マチコへの投薬のついででもあるまいが、ドクターが目薬を作ってくれる。アンノック、クロさん、私が目をやられている。かなり多様な薬を持ってきたが、その中に目薬を入れてなかったのは失敗であった。

〈以下追加　一月一七日の日記記事だが、一四日夜のことなので、ここに移す。〉

一月一四日の夜、パルダンに招待されてモラム家で飲んだ時は、プルバが二九ルピー払い、招待したパルダンは少なくとも三〇ルピーは払っただろうと言う。モラム家では一晩で、約六〇ルピーの現金収入があったことになる。飲んだのはロキシーである。ポンモではチャンはお茶代わりみたいなもので、ご馳走をしてくれるが、ロキシー（アラック）は無料では飲ませない。モラム家では、小ぶりの真鍮製の椀一杯が一・五ルピーであった。高いものである。ロキシーはどの家でもつくるとは限らないようだが、モラム家では、今日か明日には、またロキシーが出来るので飲みに来いと、ミンマに話したという。

一月一五日（月曜日）　快晴　朝七時の気温マイナス八℃

七時起床。隣のパルダン家からも、パルダン兄の家からも、共に囲炉裏から煙がでている。村の家々はもうみんな起きだしているようだが、外に人影は見えない。屋上に上がって見たが、シャン（香）を焚いた跡らしきものも見えない。明日はもう少し早く起きて見なければならない。

七時半頃、シンドゥル爺さん（№7a）が№6サタシの門口で骨を潰している。やや大きい平石を台にして石で叩き砕く。何かの脛を砕いて髄をとりだしている。黙って見ているとハールだといい、また、ベラともいう。居あわせたアンノックに聞くと、羊の脛だと教えてくれた。砕いた骨は帽子に包んで家に持ち帰った。

調査の限度というものについて。昨夜、西ヤンがモラム家に行ったことについて、ヨゴさんはシェルパたちが楽しんでいるところでだから行かない方が良い。プルバが、今晩はパルダンに呼ばれているので許して欲しいと言ったので、自分はミンマにも楽しむようにと言って残してきたのだ。そこに押しかけて行くのは限度を超えているという。ヨゴさんにはとても簡単に、調査には限度というものはないと言ったが、本当はとても難しい問題である。調査に来た以上、全てのことが見たい、あらゆる事が知りたい、何でも聞いてみたい、相手にしてみれば知って欲しくないこと、知られたくないこと、隠しておきたいこと、何でもないと思って意識しないでやっていることまでほじくり出されることは、嫌なことであり、時には怒りたくもなる。文化の体系、価値基準の違うところで調査をする場合どうすれば良いか、常につきまとうことである。何処まで踏み込むのか、踏み込まなければならないのか、踏み込んで良いのか、いけないのか、いつも迷うところである。迷いながらやっているのだが、外からは傍若無人に見えることだろう。

シェルパとの関係はいかにあるべきか。これも難しい問題だ。ポンモという非常に狭い空間で、四六時中顔をつきあわせているのだから、彼らにしてみれば、息を抜く時がないということであろうが、しかし、彼らは彼らなりに上手に息抜きをしているように私は感じている。そういう点では、彼らの方が私らより上手《うわて》だし、したたかだと思う。今度のことに関していえば、西ヤンとヨゴさんの感覚の違いの現れだと思う。

調査をしない調査が、一番良い調査ではないかと思う。参与観察の行き着くところはそこではあるまいか。

西ヤンは昨夜のロキシーが応えたと見えて今日はふらふらしている。金属製のコップ（小ぶりなお椀）で三杯位しか飲まなかったというのに、酒に強い西ヤンが二日酔いになるとは、よほど神経も身体も疲れているのであろう。また、高度も関係しているのだろう。

ロキシーは蒸留酒だから、アルコール度は焼酎や泡盛と変わらないように思う。ただ、原料によっても、作る人によっても違うので一概にはいえない。ポンモのロキシー原料は小麦である。ネパール中間山地ではコード（シコクビエ）のロキシーが多いという。ちなみにポンモではコードは栽培していない。ポンモはコードの栽培限界を超えているのだと思われる。

マチコは今日も具合が良くない。食中毒とのドクター診断だが、これも疲れからくるものだろう。熱が三八度四分ある。薬を飲んで静かに寝ている他にないが、ドクターのいることが如何に心強いことか、身に染みてわかる。小田ドクターは精神医学の研究者であるが、内科的な診《み》たては非常に優れていることを隊員の誰もが知っており、信頼している。

午前中はパルダン家の屋上で、機織り、パーパル（ソバ）などについて聞く。

午後もノート整理などに時間をとられ、仕事せず。ニマ・ポンツォ（No.3）の家の前でNo.12の養子とギャムゾウ（パルダンの弟）が靴を編んだり手袋を編んだりしているのを見ながら、服装などについて話を聞く。

一〇日と一五日は、ポンモでは紋日だといい、ゴンパに関係のある者は皆出かけるとのこと。ドクターが速成のウイスキーを作り三時の紅茶に入れてくれる。強すぎたのか酔ってしまう。後、パルデン・ラマ（No.12）の服装について聞く。彼の服装が本来のチベット人とどの程度違うのかは、正確には判らないが、靴、帽子などはネパールのものであり、布地もほとんどがインド産の木綿だ。全体にかなりネパール化していると言えるが、ポンモでは特に目立つ訳でもない。そういう点からすると、ポンモはチベット人の村だが、かなりネパール化が進んでいるといえる。

パルデン・ラマによると、ネパールガンジには、布などを仕入れにポンモから毎年何人かは行っている。行く時期は一一月だという。彼は各家から一人ずつ行くといったが、シンドゥル爺さんによれば、今年は三人、去年は四人だったそうだ。ネパールガンジに行く時は、一人が三〇〇ルピー位ずつの現金だけを持っていくという。この現金は何によって得るのか調べなければならない。ネパールガンジから買ってくるのは、布類だけだとパルデンは言うが、そんなことはないはずだ。日用雑貨類も買ってきている。具体的には今後明らかにしなければならない。

首にかけているフマ（お守り）について聞くと、二週間前にゴンパで貰ったという。彼は一月一〇日にキャラバンから帰ったので、二週間前というのは変だというと、リミ滞在中にヤクが病気にかかったので、友だち三人と急いでゴンパまで来てラマにお祓いをして貰って引き返した。急いだので、その時は村には立ち寄らなかったという。行きに一〇日、帰りに五日、ヤクを連れてリミから帰るのに一六日かかったという。彼の言う通りだと

パルデンの首にフマ

計算が合わない。彼に限らず、村人の話しの中の数字は不正確な事が多い。一例をあげると、ヨゴさんが写真撮影の必要から、ミンマにディム（牝ヤク。リムとも聞こえる）の所有頭数を聞きにいかせたら、モラムが五〇頭、ショナム・ギャルボ（№11）が三〇頭と聞いてきた。そんなに多いはずがないので、ヨゴさん自身が行って確認したら、ショナム・ギャルボは二頭しかいないと答えたそうだが、二頭というのもまた少なすぎる。

ともあれ、数に関してはいくら注意しても注意しすぎることはない。結局は自分の目で確かめる必要があるのだが、それには限度があり、いろんな所に不確かな数字が最後まで残るだろう。

ショナム・ギャルボ家でクロさんが聞いた所によると、今使っている真鍮の碗は、バイラワの近くのバザールで買ったという。ポンモでは全ての家で碗や皿類は真鍮製品を使っている。木製の椀は見かけることはあるが、今は使用していないようだ。いつ頃から金属製品を使うようになったのだろうか。木綿類の導入と共にその導入時期は、明らかにしたいことのひとつである。

一月一六日（火曜日）　快晴、風つよし

七時起床。№7の娘がディムに餌をやっている。刳りぬきの餌箱にソバ殻や大根などを煮たもの（中にはトクパのように小麦か蕎麦の粉が入っている）を一頭につき一升くらいずつ与えている。放牧に出す前に煮た餌をどの家も与えているのだろうか。他ではまだ見ていない。仔にはキャラバンから帰った時にヤクと同じ餌を与えていたとマチコが言っていたが、成畜に与えているのはまだ見ていない。ただ先日№9サタシのターラ（囲い）で女たちが干し草らしきものを与えていたのは見た。

八時半頃、パルダン家に、醸造中のチャンを篭から壺に移すのを見に行く。よい匂いだから、きっと良いチャンが出来るとパルダンはいう。正月用の酒にするので水は余り加えない。パルダン家では、また追加で作るらしく、箕にいれた小麦にプパ（糀のもと）を乗せていたのを西ヤンが見ている。

パルダンが、今日は延ばし延ばしにしていたドゥネイに行くらしい。朝からボテ靴の修理をし、細君が織った布をきれいに巻いている。ドゥネイへは、新しい街作りの人夫として徴発されたので行くのだが、ついでにその布を二枚五〇ルピーで売ってくるのだという。

九時過ぎ、ディムを放牧に出す。今日は下手にまとまって下っていく。放牧地が昨日までとは変わったようだ。ヨゴさんによると、ユンドゥン家のディムだけは上に行ったという。

放牧のリズムというようなものがあるのだろうか。あるとすれば、それは何によって決められるのだろうか。ディムに付いていった西ヤンは、べつに誰かが決めるというのではなく、最初に出た者の後に皆が行くのだという。そして、早く食事をす

ませた者が早く出る。だけどばらばらに出るのではなく、まとまって出て行く。あたりまえすぎて面白くもなんともないようだが、面白い。誰かに命令されたり、強制されたりして出来たものではなく、無意識といって良いような状況の中で行われ、できあがっていった生活のリズムというものは、そんなものかもしれない。だが、山・放牧地の状況、木や草の様子、その他を熟知している彼らが選択する方向、場所はそれなりに理にかなったリズムがあるのだろう。

ヤクの場合は一日中人が付いているということはないが、ディムの場合は誰かしら付いている。一人前の男ではなく、女子供の役目である。

パルダンなど六人〈パルダン、テンジン・タルキャ〈パルダンの兄〉、パルデン・ラマ〈No.12〉、シェラップ・ラマ〈No.5、リンブルツェの弟〉、ギャムゾ〈パルダンの弟〉、不明一人〉が、ドゥネイに行った。テンジン・タルキャの妻子がカンニの所まで出て来て、しばらく手を振り、呼び合って別れを惜しんでいた。

午後は服装の話を聞く。最初にチュルディン・ギャルツェン〈No.9サタシ〉をつかまえたが、彼はすぐに逃げる。次にNo.12bのジャンピ、これにも逃げられた。どうも一人からじっくり話を聞くのは無理なようだ。早く言葉を覚えなければと思うが、悲しいことに私は言語音痴である。

放牧から帰って餌を与えられる仔ヤク。刳りぬきの餌箱

屋上テラスから貯えていた餌の麦藁を追い込み場に投げおろす

追い込み場のヤクたちは麦藁を食いだした

放牧地に向かう

ニマ・ポンツォが日向で何かしているので寄っていくと、「カエレ　ジャヌー」と追いかえされる。「カエレ」というのは日本語だろうか？　言葉は判らないが、その雰囲気で追っ払われたことは判る。いつになったら娘たちが逃げなくなるのだろう。

二時半過ぎると太陽はもう山の端に隠れてしまう。日が隠れると急に寒くなる。朝は九時過ぎにならないと昇らないし、二時半にはもう沈む。何とも空が狭く、明るい時間の短い村であることよ。

マチコは今日もまだ具合が悪いと寝ている。寝るのが一番の薬だから、ゆっくり寝て早く直して欲しい。

三時頃、話し相手に逃げられて、今日は外れの日かと落ち込んでいるところに、ユンドゥン師匠が通りかかる。どこに行くのか、聞くと、「ガッタ（水車）」という。水車小屋に行くらしいので付いていく。この水車は、去年、ユンドゥン師匠が作ったのだが、あまり水の落差がないので、来年には少し下の方に移すつもりだという。たまたまネパール人が作っているところに彼が行きあい、作り方を覚えて帰って独力で作ったのだそうだ。そういう器用さをこの人は持っている。

ポンモにある水車はこれだけだから、自分だけが使うのではなく、誰にでも使わせているが、出来が悪い水車なので、使用料は貰っていない。他の村では、五パテについて一パテの使用料を取っているので、新しく作り替えたら、自分も貰うことを考えているという。

水車小屋に行く途中、誰か上がってくるのが見えたので、カンニの所で待っていたら、ドコのような背負い籠を担いだ女三人と、粉袋のような袋を担いだ男、枯草を担いだ男の五人が帰ってきた。女三人は朝出かけるのを見かけている。ゴンパに行った人たちで、籠の中には大根が入っている。大根はゴンパの畑に埋めていたものだという。粉袋のような袋を担いだ男もゴンパからの帰りだという。

五時頃、放牧から帰ってくるディム、ゾーなどをミンマ、パサン、プルバに数えて貰うと、先日、ミンマが聞いてきた数とは全く違っていて、当てにならない。自分で確認する以外にないようだ。

シンドゥル爺さんは、帰ってきた山羊に餌としてチャンの搾り粕を与えている。爺さんの飼い方は他の人より丁寧なようだ。

一月一七日（水曜日）　快晴

九時起床。朝食後、ドクターと方法論について議論をするも結論は出ない。一〇時頃から村に出て青年たちに話を聞きたいと何人かに話しかけるが、落ち着いて話をしてくれる者がいない。モラム爺さんに話を聞くことにする。爺さんは脱線してすぐに祭りの話になって、こちらの聞きたいことは断片的になる。

一月一八日（木曜日）　晴天

午前中はシンドゥル爺さんから小麦の栽培法などの話を聞いた。爺さんは一一時になったら山に木を探しに行くといって出て行った。何にする木か聞きそびれた。シンドゥル爺さんはよく相手をしてくれるけれど、なかなかまとまって話が聞けない。

午後はドクター・とクロさんがツェワン・タンパ（No.２）を訪ねているので、覗いてみたいと思ったが、大勢ではいけないと思い返して、裏山に登ってみることにした。岩場をよじ登って行くと、シュクパ（ビャクシン）が枯草の匂いと混じり、陽だまりに萌え出ている若草とも混じりあって、真にいい香りで、気分が良くなる。身体を支えるのがやっとという岩場でなければ、寝転がって香りに包まれ、羽化登仙の境地に浸りたいところだ。

見下ろせばポンモの家々は一望のうち。険しい谷の、小さな段丘上に位置する小さな村は人影もなく静まりかえっている。外に出れば必ず誰かに出会うものだと思っていたが、人影もないこういう一時もあるのだと知る。

シュクパ……その香りと依代としての性格。

村は西側にポンモ川が流れているが、対岸は林で松の類が比較的多く、その枯木や倒木が目につく。私たちはその倒木を持ち帰って燃料としていたが、村の人たちはそれを燃料に使うことはない。煙が多く、はぜて危ないからでもある。

女や子供は、ヤクなどの家畜を追って山で放牧するのが日課

ちょっと登れば見渡せてしまう小さな村。西側（上）はポンモ川、対岸に松林

だが、放された家畜はよほどのことがない限り、遠くへ逃げることはなく、適当に気を配っておればいい。ヤクが草を食っている間に、彼女たちはシュクパの枯れ枝を拾い集めて持ち帰る。薪にするのだ。シュクパは煙も余り出ないし、香りが良いので最高の燃料である。

どの家も屋上にタルチョが立てられているが、その先端にはシュクパの小枝がくくりつけられている。タルチョは神の依代であり、神はタルチョの先端につけられたシュクパの香りに導かれて降臨する。ポンモでは神を祀る時、必ずシャン（香）を焚くが、シャンもまたシュクパである。ユンドゥン宅の裏にあるチョルテンでは、最近何か祭りをしたらしいたき火の跡があるが、そのたき火の燃え残った小枝もシュクパの生枝であった。

アンノックが今日、塩一マナと缶詰の空き缶二箇と交換した。塩は岩塩でシャルダンから交易で持ち帰ったもので、金で買うとすれば一マナ二ルピーである。

タルチョの柱の中ほどにシュクパの木製の短剣やシュクパの枝、穀物などが括りつけられている

一月一九日（金曜日）　晴天

七時半起床。三～四日前からタマッグ（刻み煙草）も切れてしまった。この村では煙草を吸う人は少なく、手に入れることは難しい。隊からの支給は、一週間四〇本と決められているが、それでは到底足りない。ライオン一箱（二〇本）貰っても一日もてば上等である。調査用だと誤魔化して、特配してもらって何とかすごしているが、何とも浅ましい話ではある。

午前中はショナム・ギャルボ（No.11）を訪ね、交易の話を聞く。ネーザン（親しい友人）や、トブー（兄弟分）のことなど。ポンモの人たちが私たちには考えられないほど気楽に旅に出るのは、行く先々にネーザンやトブーがいるからでもあろう。

午後はクロさんと、またモラム爺さん宅に行く。爺さんはポンモに一二人いるタワ（助僧）の長老でもあり、宗教行事にも詳しい。屋上の陽だまりで、首にかけた数珠をくりながら、楽しそうに話してくれる。

ヨゴさんにモラム爺さんの写真を撮って貰おうと来てもらう。二時半頃パサンが呼びに来て、ヨゴさんを連れ出していった。夕方帰ってからの話では、ユンドゥン家の娘二人が村を出ていくので、その写真を撮ってほしいということだったらしい。二人の娘の内の一人、姉の方はリンモに嫁に行っており、里帰りしていたのだが、その姉を妹のダワ・プティが送っていくらしく、ドコを背負っている。ドコには大根や粉の袋が入っている。

土産であろう。カンニの所まで来ると、村中の女たちが、ロティを二枚ずつ持って見送りに出ている。カメラを向けたら、パサンが女の子たちに抱きつくようにして、カメラに顔を向けさせたという話である。

パサンは何事にも豪快だが、女性についても、かなり関心が強いようだ。モラム家の前は、ちょっとした広場になっており、女衆が機織り、繕いものなどをしていることが多いが、パサンはモラム家の屋上から小石を投げたりしてからかったりする。そういうパサンに、村の女性たちは比較的気楽に対応しているようである。

アンノックは料理の下手なコックだが、村に帰ればサタシをつとめ、女房も二人もつ重立ちの一人だそうだ。

ミンマは、お向かいのサタシ（№6・シェラップ・テンジン）の家にちょいちょい通っている。いまサタシは国王の主要政策である、ガオン・ハルカ運動のトレーニングだとかで、ドゥネイに行っている。トレーニングは、五日講習、五日道つくり実習、後の五日はまた会議というスケジュールで、都合一五日間、各村々の主な男たちを集めて行っているのだという。ポンモからは、パルダン、チュルディン・ギャルツェン（№9サタシ）などが招集されている。シェラップ・テンジンもその一人として出かけている。

ガオン・ハルカは、都市部の青年を地方に送って農村生活を体験させ、思想改造を行うという運動のようだが、正確には確かめていない。ともかく、主人は留守だ。その留守にどちらが誘ったか、誘われたかはしらないが、今夜も七時頃、向かいの窓が開き、松明の合図があってミンマは出て行った。

ミンマのことから、ヨゴさんやクロさんが村の娘から直接的なシグナルを送られたということなどが、囲炉裏端の話題になった。娘たちもだんだん慣れてきて、本来の生地《きじ》が出て来たようだ。ポンモの人たちは、性についてはかなり開放的で積極的である。

ドクターが凄い形相で、石を地面に叩きつけていた。鬱積するモノをこういう形でしか吐き出せないドクターには申し訳ないことをしたと思っている。研究者として微妙な時期にあって、ネパール行きを決めかねていたところに、既に決まっているような新聞発表をしてドクターを無理矢理引きずり込んで、こんな僻地に連れてきてしまった。根っからの都会人であるドクターには、夢想もしなかったことであろうに……。午後、ドクターは寝ていた。

一月二〇日（土曜日）　晴天

七時半起床。五時頃目覚める。ドクターはヘッドランプをつけて翻訳をしている。東京での仕事の持ち越しである。気温はマイナス七℃であるが、それほど寒さを感じない。

昨夜、どんなことからだったか、帰りのキャラバンの話になり、いろんな事が話題になったが、食料のこと、甘味のことなどが主であった。そのことと関連してか、今朝はマチコがミンマをマネージャーにして、空き缶、風呂敷などと食料の交換を始めた。やや僻みにはなるが、帰路の荷物になる民具などを集めるより、当面必要な食料の方がよりベター、ということらしい。「花より団子」ならぬ「ゴミよりロティ」か。もっともではあるが、民具収集は最初からの約束事なのだ。

ニマ・ラマがゴンパからコンパスを持ってきてくれた。自分で作ったもののようで、何とも稚拙だが、使えないことはない。ユンドゥンさんに絵を習っているヨゴさんに使えということらしい。ヨゴさんがお礼として五〇円硬貨二枚渡すと、村の連中には秘密にするから煙草をくれという。「花より団子」は私たちだけではない。「ライオン」を一箱やると、その場で口を切って、ヨゴさんとミンマ、西ヤンと私に一本ずつくれた。ポンモでも煙草は廻しのみをするのが普通だが、一本ずつ配るというのはこれまでなかったような気がする。

ニマ・ラマにネパールガンジに布などを買いに行く話を聞いた。現金を持っていくが、パルダンは三〇〇ルピー程と言っていたが、ニマは二〇〇〇ルピー持っていったという。それだけの現金をどうやって得たのかを知りたいのだが、まだ判らない。

午後は凍傷のショナム・ギャルボ（No.11）に話を聞くつもりで出かけたが彼は仕事中。そこで、今日、ティブリコットから帰ったばかりのショナム・ツェリン（No.8）に、ヤクを持たない交易の話、旅に出る時の儀礼などについて聞いた。

マチコが、夕方、モラム爺さん宅から帰っての話によると、ポンモでは正月が過ぎて一〇日位すると、村の上手の方（ゲルー）に行く家と、谷を越えてプリガンとゴンパに移る家とで、空っぽになってしまうという。それまでに二〇日余りしかない。私たちはどうするか考えなければならない。村人と一緒に私たちも三ヵ所に別れて、春村に移るのも面白いが、どうするかは春村を見て決めることにしよう。

ニマ・ポンツォの家の前で女二人（No.6のザンムともう一人）が機織りをしており、ミンマがラジオを聴いている。側に寄っていくとミンマが、ある女性がサーブたちは避妊薬を持っていないかと聞いていますが、という。何故かと問い返すと、子供ができすぎて困る。その中には二、三人は違う男の子供がいる。夜、寝ていると男が忍んできて子供ができてしまう。そうすると旦那が怒る。避妊薬があれば便利だ、と言うのだ。薬はいろいろ持ってきたが、避妊薬までは気が回らなかった。

村の中の男と女の関係は、どこまで追求できるのか、どこまで追求して良いのか、そのけじめが難しい。

ニマ・ラマから話を聞いた後、四時頃、クロさんとプルバはニマ・ラマと共に、ティブリコットから帰ってきたばかりのショ

リンブルツェに跪拝する村人の横にニマ・ラマ

糸を紡ぎながら雑談

ナム・ツェリン（№8）家に行った。その時のニマに対する態度が非常に興味深かったという。ニマはリンブルツェの甥で、リンブルツェの後継ぎだと言われている。その為なのか、村の中ではとても威張っていて、どの家にも横柄な態度で入って行く。

ショナム・ツェリン家では、チャンが振舞われた。チャンは飲み干すとすぐに注がれるのだが、この時はクロさんが飲み干しても、ニマ・ラマのコップに酒があると注がず、彼がちょっとでも口をつけると、クロさんに注ぐ。また、ニマに勧めて、彼が遠慮すると、クロさんに注ぐということだった。これはポンモ村民のリンブルツェに対する態度と同じだと思われる。

ニマ・ラマが、夜、またやってくる。マチコが各世帯の人数、名前をニマに聴いて確かめている。横で聞いていると、かなりいい加減に答えているようで、どこまで信用して良いのか疑わしい。しかし、ポンモの人たちは一体いくつ名前を持っているのだろうか、聞く人によって名前がみな違うので、同じ人なのに幾つもの名前がノートに書かれている。よそ者に名前を教えるのは悪いことで、デイクパ・ヨギレだという。何時になったら一〇〇人余の村人の名前が確認できるのだろう。かなり時間がかかりそうだ。

八時、ドクターが帰ってくる。№9サタシ家に行ったとてロティを持ってくる。小麦のロティで、ふっくらしていて美味しい。ロティには夫々の家の味があるというのがドクターの感想。ドクターは診察に行く先々でロティを振舞われるので、誰よりもよく家々の味を知っている。

八時すぎ、クロさん、マチコと共にプルバを連れて出る。モラム家の前の囲い場で、娘たちが九人、焚き火の周りで糸を紡ぎながら雑談している。九人のうち四人は二〇歳前後、結婚前の娘で、彼女らは糸をとっている。後は娘とはいえまだ色気づく前の少女。こういう場が娘たちにとって、村人となる教育の場の一つなのだろう。

昼頃、ショナム・ギャルボを訪ねる途中、№9サタシ家の羊や仔ディムを入れてある囲い場で、母親らし

放牧のときもツムをまわしている少女たち

き女が、一七、八の娘に縦糸のとり方を、小型の模型を使って教えている。糸は屑糸を丹念に繋いで巻いたものである。普通は五本の棒を立てて糸をかけていくのだが、彼女はまだ初心者だからであろう、四本でしている。教えるといっても、母親は糸を紡ぎながら見ていて、時々口をはさむ程度だ。

　モラム家に寄る。モラムと婆さん、それに息子の妻君と二、三歳の幼児、娘三人。娘のうちの一人は、いつもディムを追って放牧に行っている、キリリと引き締まった顔の少女。私たちが訪ねた時は、昼食は大体終わっており、彼女だけが粥（トパ）を注いで貰って食べており、他の女衆は糸を紡いでいた。婆さんと息子の嫁はパル（刈った羊の毛）から糸をひいている。左手首にパルを輪にしたものをかけ。左手で細く引きのばしながら右手で器用に紡錘車（ツム）をまわして、撚りをかけながら糸にとっている。娘たちは紡錘車に一度巻いた糸を輪にして巻き取り、それを、また紡錘車に撚りをかけて巻きかえている。二度撚りをかけて紡錘車に巻いた糸は竹籠に入れられている。昼間の明るい光の下では、何ともむさい娘たちだが、チロチロと燃える焚き火のほのかな灯りの中では美しく見える。それにひきかえ、暗い灯りの中で見る婆さんの顔は、何とも奇怪至極。囲炉裏の左手奥で斜に構えた姿は、まさに鬼婆。僅かに顔が見える程度の灯りだけに、いっそうもの凄い。

　モラム爺さんに話を聞き始めたが、この前に聞いた話から一歩も先に進まない。物の本で読んだ知識はどうしても深みがない。モラム爺さんは伝承型の人間なのだが、神話から話を始めたせいでもあろうか、どうしても書物からの知識が先に出てくる。それがまた、村の知識人としての誇りでもあるのだろう。村の中央にあるルー（竜）の事を聞いても、具体的にこの村のルーの話にならない。爺さんは婆さんの尻に敷かれるほどのおとなしい人だけに、権力指向型のところもあるようだ。最初に西ヤンと話を聞いた時も、今の王様のための祭りなどを強調したし、今日もまた、パンチャヤットが出来てからは、税金なども簡単になり、住みよくなったという。しかし、それでいて前がどうだったという話が出てこない。シェルパの通訳経由はもどかしく、悲しい。

　ロキシー四カップ、五ルピー。プルバたちが飲んだのとカップの大きさが違うのだろうか、一カップの値段は半額だ。酒に弱くなったのか、疲れているのか、それとも高所のせいか、少し飲んだだけなのに空気が薄く、息苦しくてなかなか寝付けない。多分、富士山の高さに近い高所のせいだろう。

一月二二日（日曜日）曇

八時半、気温マイナス六℃、湿度五四％。しばらく快晴が続いたが、昨日から徐々に湿度が高くなり、今日は曇ってきた。そのうちに雪が降るだろう。温度はマイナスが続くが、それほど寒さを感じないのは乾燥しているからか……。

昨日、マチコ・クロさんの社会斑は世帯ごとの調査の大まかなまとめができる段階まできて、世帯別の人数、名前等を報告してくれた。はじめにパルダンに聞いた人口九五人よりはるかに多く、一二五人だという。とにかく同じ人の名前が幾つも出てきて、混乱する中をよく整理し、まとめたものだ。

私と西ヤンの経済班は、交易関係はおおよそ完了で、今日から牧畜、農耕に移りたい。正月までには何とか生業関係を終わらせ、衣食住、民具を進めながら、生業の補足をしたい。正月後にどの程度の家が移動するかが問題だが、出来るだけ情報を集めておく必要がある。しかし、最後は出たとこ勝負になる。

朝食後、プルバ、ミンマ、パサンの三人は薪採りに行く。村人は薪には松などは使わず、シュクパなどの煙の出ない香りの良い木を使うが、私たちは大きな割木を一日中燃やしている。パサンたちが朝のうちに太いのを二、三本担いできて、割っておいても、三日と持たない。プルバたちはサーブに付き合って通訳をやらされるより、薪取りの方がはるかに面白いとみえて、また、いそいそと出て行った。

私たちの寝所とパルダン家、テンジン・タルキャ（パルダンの兄）家とは壁一重で隣り合っているので、毎朝粉を挽く石臼の響きが目覚ましである。ネパールでは、毎日食べる米、粉などは、その日の分はその日に搗いたり、挽いたりするのが一般的だ。ポンモでも同様で、夕方になると臼場では竪杵で米を精げ、早朝には居間の入口に据えた石臼で粉を挽く。

竪杵と石臼。竪杵はかなり重い
よほど固い材を使っているのだろう

挽臼

板に穴を穿った篩

ある朝、いったい誰が臼を廻しているのだろうと、テンジン・タルキャ家を覗いてみると、主人がソバを挽いていた。二重に編んだ籠に一杯入れてあったらしいソバが、すでに半分位になっていた。挽いた粉は篩にかけて皮やゴミを除くのだが、篩は、荒く割った板を曲げて底に穴を空け、牛かヤクの皮を張ったもので、日本の粉篩に比べるとはるかに目が粗い。だから細かく砕けた殻も混じっている。ソバのロティを食べると、口の中に殻が残って気になる。篩に残った殻などはディムやヤクなどの餌にする。

朝食後、ドクターとクロさんが、ポンモ人は開放的か、閉鎖的かで議論をはじめる。ロールシャッハテストや夢の分析などによるドクターの意見は聞くに値するものであった。それを以下に摘記しておく。

ドクターの意見を書こうとしたところに、パルダン家に老父の診察に行っていたドクターが、ピンダル（ジャガイモ）を一〇個ほど貰って帰ってきた。診察料兼薬代を早速焼き芋にして食べようと、たき火の中に放り込んだ。芋を焼きながらドクターの話を聞いた。

①パルダン家で雑談をしながら三個、芋を焼いた。ドクター、老父、婆さんのためである。焼き上がったところに嫁（パルダンの妻君）が帰ってきた。ドクターと老父が一個ずつ食べ、最後の一個を婆さんにすすめたら、婆さんはいらないと遠慮をして、嫁にすすめるが、嫁も遠慮をして食べない。それを何回か繰りかえしたが、互いに遠慮しあってきりが無いので、ドクターと老父が半分ずつ食べたという。

②ドクターが、老夫から、いつ日本に帰るのか、父や母は元気でいるのか、セーター（ドクターが着ていた）は何で作るのか、などと聞かれた（ドクター曰く調査された）という。

③煙草をくれと言われたので、煙草は身体に良くないから、吸うものではないと説教したら、横で聞いていた婆さんがそうだそうだと手を打ったという。

日本の村の炉端でもありそうな話だ。実際に、私は調査に行った先で、同じようなことを何度も言われた。

さて、ポンモは開放的か閉鎖的かについて、ドクターの意見。

①単純に、印象としては、私たちのような外来者に対してもかなり開放的であるし、あまり警戒するということがない。

②山奥の平地に乏しい地理的には外から隔絶した世界に住んでいながら、かなり呑気に暮らしているといえるのではないか、

但し、病気だとか、飢餓などという脅威に対しては無防備の状態にある。にも拘わらず、こせこせしたところがないといえる。

③ポンモには数多くのレンバ（唖、聾、精神薄弱など）がいる。それを診せろと言っても別に恥ずかしがったり、嫌がったりせずに診察に応じ、質問に答える。日本の場合は、他人に知られるのを嫌って隠すのが普通で、社会での待遇もかなり酷な扱い方をすることが多いが、ポンモでは全く普通に取り扱っている。

④心理的に見て、かなり住みよい世界ではないだろうか。知能程度はそれほど高くはないが、精神的な萎縮が見られず、ある時には無遠慮と思われるほどに開放的だ。挨拶もせずに他所の家に入りこみ、人のものを勝手に触り、面白ければ笑い転げ、発音が違うといっては口まねをする。カメラを向けるという年をした親父までがポーズをとる。とにかく明るく応対する。

⑤村生活は、face to face の関係に立つのだが、そのあり方が日本人とはかなり違うのではないか。彼らの心理テストからは人間関係に対する敏感さというものがあまり感じられない。人間に対するより、むしろ自然を相手として生きているということがより強く出てくる。

⑥ロールシャッハテストでは、タック・ドゥックなどで仮面を割合によく使っているのに、それを見ることがないし、恐ろしい人間の目も出てこない。これはお互いが、人間関係に対して変に気をつかわず、無頓着に生きているということを表しているものだろう。

⑦それとは逆に、岩山とカラスと雲とタルチョがよく出てくる。これは彼らが住んでいる、荒々しく乾いた自然であり、その自然の脅威に対する神、神への祈り、というものの表れであろう。遊牧民族としてのチベット人の世界であろう。

⑧荒れ狂う竜（ルー）、人間を引き裂く虎などもよく出てくる。恐ろしさが、人間相手よりむしろ自然に対して出ていて、人間を相手にするより、むしろ自然を相手に生きているということができる。

⑨色彩をよく見、また、動きのあるもの（動物）をよく見て

村人にロールシャッハテストをするドクター

いる。ただそれが、一人一人の見るものが独創的で異なっているということはなく、類型的であって、そういう意味では、共同体の枠内で生きているということがいえる。

⑩ 農耕のみに依存する世界に生きて来た我々が、遊牧の世界に生きて来た彼らを見る場合、共感だけで見ることが出来るか、または反感だけで見ることが出来るか。

ポンモの人びとは、家畜を殺さない。それは家畜を殺すと「ディクパ」だからだという。しかし、死んだ家畜の肉、それも羊、山羊、ヤク、ディムについてだけだが、食べるという。チベット人の村で家畜を殺さないということは、考えにくい。ただ、川喜田さんの「ドルポ民族誌」でも、ツムジェでは殺さないという記述がある。私たちの見聞したところでは、チョウリコットでは殺していた。だが、それは大っぴらではなく、知られないように殺すということであった。ミンマの話では、彼の居村であるソロクンブでも、夜、家の中で殺すという。

ポンモで家畜を殺さないのは、大ラマがいて、彼が許さないからとか、殺すと「ディクパ」だからというだけなのか。別の理由として、ポンモには家畜が少ないからだともいう。それだけか、他にも理由があるのか、もっと確かめてみなければならない。

ポンモで家畜を殺さなくなったのは、それほど古くからのことではないように思われる。その理由は、

① パルダン家の老父によれば、ポンモの男は誰でもが、家畜の解体が出来るという。

全ての男が出来るということは、解体する機会が多いことを示している。事故死や病死は頻繁にあるわけではないから、それだけの機会では、全員が解体出来るようにはならないだろう。

② 描画テストによれば、確かにポンモの人たちは、ドルポのシャルダンの人と違って、動物や人間の性器は描くが、内臓まで描くことはしない。その点からすれば、表面的にはかなり温和しくなっており、荒々しさが消えている。それは、ラマ教による教育が彼らの教養を育み、自然児的な性格を矯めたのではないかと考えられる。但し、ロールシャッハテストによる深層心理への接近を試みると、表面に表れているほど本来の要素を失っている訳ではないことが判る。それは先にも触れたように、彼らが見るものは荒々しい自然であり、虎や竜が動物を食い、人を引き裂くという残虐なイメージを見せていることから判断できる。子供の絵には内臓が出てこないから、それほど古いことではないといっても、五年とか一〇年という単位ではないであろうと、ドクターは診断した。

ゴンパのラマによる宗教規制がそれほど強く、村人の意識に及ぶかどうかという疑問が湧くが、実際のポンモではかなり強く働いているようにも見える。ポンモの一六戸、二〇世帯の

内、ラマ一人、タワ（助僧）一二人がラマ教に深く関わっていて、しかも彼らの大半が村の有力者だから、その規制力は相当以上に強いといえる。

今日は午前中、プルバたちは薪採り。ノート整理をして昼食を済ませた後、何とも気が乗らないので、西ヤンとポンモ・チュ（ポンモ川）に洗濯に行く。雪が落ちだしてきた。河原でドカ火を焚くが、川の水は冷たいというより痛いほど。氷も流れてくる。その中でシャツを洗い、身体を拭き、頭まで洗った。何も選りに選ってこんな日に洗わずともと言いながら、痛い水をかぶって、ドカ火にあたって身体を乾かした。

「怠け者の節句ばたらき」というが、我々のは「不精者の雪中洗濯」とでも言うか。我ながら呆れた話である。夜は明日から始める牧畜の調査項目の整理と下調べをする。

一月二四日

午後一〇時半頃、モラム爺さんが囲炉裏端にやってくる。午前中、クロさんが聞きとりに行った際、女たちが集まって、プルバにこんなことを言ったそうだ。以前、チベットに中国人が来て、いろいろ話を聞き、ノートに書いて帰った。そして、その後に毛沢東の兵隊が来て、チベット人を皆殺しにしてしまったというではないか。お前たちもポンモに来て、いろいろ細かいことを聞いてノートしているが、後で殺しに来るのではないか。もしそんなことになったら、私はお前を何処までも追っかけていって殺してやる、と。プルバは大いに弱って、ジュムラではジラ・パンチャットの偉い人が、我々に援助をしてくれた。ダイレクではこうだった、スルケットではどうだった。カトマンズではどうのと、陳弁これ務めたらしい。

モラムが言うには、お前さんたちは、毎日毎日いろんな事を聞きに来るが、ここの連中は本当のことは言わない。本当のことを言うのは私だけだ。私がいろんなことを話すので、村の奴らから悪く言われる。しかし、私はお前さんたちのことをよく判っているから、何でも本当のことを話すのだ。そこでお願いだが、カトマンズに行ったら、王様に会って、この村が良くなるように話して欲しい。そしてジュムラやドゥネイなどのように、King Rice（シェルパ訳・政府米）をポンモにも廻してくれるように、また、私の家は屋上が小さいので、もっと大きい家に替えてくれるように頼んで欲しいと、縷々陳情に及んだらしい。クロさんはＯＫ・ＯＫと言って帰ってきたそうだが、それ以外に何と言えば良いのだろう。

こんな話を聞くと、いったい私たちたちは何者だろう、何者だと見られているのだろうと、考え込んでしまうのである。

昼食後、モラム爺さんは蕪を持ってきてくれ、これから崖から落ちて怪我をしたディム（牝ヤク）に水を飲ませに行くという

かなりの勾配を登る

桶に水を入れ

ディムに水を与えるモラム爺さん

ので、西ヤン、ミンマと一緒に付いて出る。

河原から水を背負いあげ、三〇分ほど崖を登った斜面にディムは繋がれていた。治っても使いものにならないほどひどい怪我で、正月用の肉になれば良いが……、などと不埒なことを考えていたのだが、思っていた以上に元気で、とても正月用の肉になりそうもない。水を与えた後、日溜りに腰を下ろして話を聞いた。断片的だが、焼畑のこと、タワとラマの関係など、面白い話が聞けた。焼畑跡らしいところが見かけられたので、その存在は予測はしていたが、実際に確認出来たのは収穫。ここは村よりも日照時間が長く、三時過ぎてもまだ陽が照っている。三時半頃まで座りこんで話を聞いた。

《付3》ネパール食事日記

木村真知子

一九六七年一一月二八日（スルケット）
〜一九六八年三月二一日（ダン）

一九六七年一一月二八日　スルケット

朝　クラッカー・紅茶　・一一時には空腹になる。
昼　飯：四カップ　味噌汁：味噌三分の一缶　ピンダロ（ナス）
大根葉サグの煮付け　・スルケットでは野菜は割合豊富。ドクターの診療報酬としての持参するものも多い。キャラバン用に米、サグ、ムラ（大根）などを買い込む。米は一パテ一〇ルピー。近くの農家を廻って買い集める。
三時　コーヒー
夕　飯：四・五カップ　味噌汁

一一月二九日

朝　ピンダロ入りのおじや
昼　飯・カレースープ（ムラ・ピンダロ）
夕　飯・カレースープ（ムラ・ピンダロ・焼肉二個）　サグのおひたし（サグは小松菜に似た野菜）

一一月三〇日

朝　昨夕の残り飯とカレースープでおじや　・好評、簡単でよろしい。
昼　茶屋あり　茶（ミルクティ）とダヒ（ヨーグルト）　飯・大根・カボチャ・サグの味噌汁　・プルバ行商人よりスンタラ（ミカン・温州ミカンに似ている）を買う。一一個で五〇パイサ。
夕　飯・カレー（ムラ・カボチャ・ヒョウタン）　大根葉の塩もみ

一二月一日　ダイレクの入口

朝（昼の分も一緒に焚く）　カレースープ（カボチャ・ムラ・サグ）
一一時　茶屋で茶　・ミカンを売っている一一個五〇パイサ。
・茶とミカンは疲れを癒やすに最高。
昼　おじや（朝炊いた飯・大根・サグ・カレー）　ノリさんは弁当（飯・梅干し・ムラの葉）
夕　カレーのおじや（焼肉）

一二月二日　ダイレク

朝　茶・ビスケット　・水場が遠い。遙か下まで下らなければならない。アンノックは水くみに苦労する。薪も無いので手近な木を折ってくる。バザールには何でもある。
昼・夕　記録なし

一二月三日　ダイレク　雨

朝　茶・ビスケット　・米を買う。一軒で一パテか二パテしか買えない。まとめ買いが出来ない。ここから岩塩を使いはじめる。

昼　おじや

三時　コーヒー　ライオン（煙草の銘柄）一箱

夕　飯・カレースープ

一二月四日　ダイレク

朝　ビスケット・紅茶

昼　うどん（四把）・カレースープ

三時　コーヒー・せんべい

夕　飯（五・三マナ）・カレー（肉半ダルニ、サグ、ムラ）　・久しぶりの肉。マトンの匂いも気にならない。ビリ（煙草らしきもの）一包み宛特配。

一二月五日　ダイレク

朝　雑炊（ムラ、蕪）

昼　記録なし

夕（隊長、ノリさん、マチコ、ミシマ）　飯・カレー（サグ、フレーク一個）　紅茶　・サグは茶屋の女将さんに貰う。ダイレクでは青菜はほとんど手に入らない。少し下の村まで行けば畑もあるが、ダイレクバザールで青菜を入手するのは難しい。

一二月六日　ダイレク　夜グアッティ

朝　クラッカー・紅茶

昼　全員ばらばら

夕　ロキシー　飯　スープ（ムラ、固形スープ）　ムラのアツァール（即席漬け）

一二月七日　ダイレク

朝　コーヒー　マカイ（トウモロコシ粉）のロティ一二枚　アツアール　・ロティは宿の娘に焼かせる。

昼　マカイ大豆を煎ったもの

二時　紅茶　・アンノックが紅茶を用意して待っていた

夕　炒め飯（焼肉一個、ギー　シェルパ二人は赤貝）

一二月八日　ダイレク　夕食　ディリコット

朝　飯（昼の分も炊く）　カレー（ビーフカレー一個に水・塩・チリ）・マカイの粉を入れて伸ばす

昼　飯・塩

夕　飯・カレー

一二月九日　ディリコット　夕食 チルカ

朝　飯・カレー（ピンダロ、ムラ、アル）

昼　雑炊（味噌、ムラ、カブ）　ノリさん、プルバは弁当

夕　ロキシー　飯　カレースープ　カンクロのキュウリもみ（久しぶりの生野菜）

一二月一〇日　チルカ

朝　飯（昼の分も炊く）

昼　カルラゴットの茶屋にて茶一杯ずつ　肉スープのおじや（米が少なくなったのでスープを多くして誤魔化す）・羊の肉半ダルニ：五ルピー　・夕食分として肉一ダルニ：八ルピー

夕　飯・カレー（肉、ジャガイモ）　・野菜類が底をつく。パサンがビンマガオンより米、アル等を買ってきて一息つく。米：二パテ：一八ルピー　アル（ジャガイモ）：二ダルニ：三ルピー　ムラ：二ダルニ：一・五ルピー　ピンダロ：二個：一ルピー

一二月一一日　昼食　パトラサング　夜　タトパニ

朝　飯（一一カップ、昼の分とも）　カレースープ（マトン、ピンダロ）　ノリさん、プルバは弁当

昼　カレーの雑炊、紅茶

夕　茶屋でボテ茶　飯　スープ（ピンダロ、アル）

一二月一二日　朝　タトパニ　昼・夕 ジュムラ

朝　飯　カレースープ（ムラ、ピンダロ）

昼　雑炊（味噌、ムラ、アル）　マンパリ（落花生）

夕　食料がなくなる。米なし。　アル・ムラのカレースープにマカイ粉のスイトン　・マンパリ：一マナ：五〇パイサ　午後はマンパリを囓ってすごす。

一二月一三日　ジュムラ

朝　雑炊（アル）

昼　クラッカー　紅茶

夕　飯　ロキシー　マトンの半乾き肉とアルの煮付け　・ジュムラでの食料入手は困難である。ジュムラバザールには何もない。しかし村まで行けば何とか手に入る。マンパリは豊富。

一二月一四日　ジュムラ

朝　雑炊（米五カップ、パルシー（カボチャ））

昼　クラッカー　スープ（アル、卵三個）

夕　飯　スープ（ニワトリ一羽、アル）　・ニワトリはコテッジインダストリーよりのプレゼント

一二月一五日　ジュムラ
朝　雑炊（パルシー、アル、米）
昼　マカイのロティ　スープ（アル、マッシュポテト）・ロティはミンマが焼く。アンノックはロティが焼けない。
夕　飯　ニワトリのスープ（タマネギ、アル）・ノリさん送別会

一二月一六日　ジュムラ
朝　雑炊　卵焼き
昼　雑炊（パルシー）
夕　コード、アタのロティ（約一四カップ）　スープ（アル）

一二月一七日　ジュムラ出発　昼夕食ガジュンコット
朝　雑炊（昼飯も炊く）
昼　カボチャ入りの炒飯　・ドクター曰く「スルケット以来最も美味しい飯」　紅茶（隊長、ドクター、マチコ、プルバ、アンノック）
夕　雑炊（パルシー、米三・五カップ）

一二月一八日　ガジュンコット　夜ムニサング
朝　飯　肉・カボチャのスープ
昼　雑炊（アル、ラーメン、飯）　紅茶
夕　飯　スープ（アル、フレーク一個）・米に石油がつき、臭い飯。クロさん、西ヤン、ミンマはボテのポーターを連れて別に行く。

一二月一九日　昼ピロルワガオン
朝　飯　スープ（カボチャ、アル）・ボテ組の三人も朝食を済ませて出発する。
昼　雑炊（肉、パルシー）
夕　飯　味噌汁　もつ焼き二個（田村、ドクター、マチコ、パサン、アンノック）

一二月二〇日　夜チョウリコット
朝　飯　ポーターにコードのロティ一枚ずつ貰う。パサンに弁当。彼は西ヤンのもとへ連絡に。
昼　ドライカレー　日本茶
夕　ボテ組合流　コーヒー　ソバ　マカイを混ぜたロティ二枚ずつ（蜂蜜を付けて食べる）　雑炊（米、パルシー）・ドクターがヨードチンキを出してチャンと交換する。・マカイ粉：五ルピー　薪とアル：二・五ルピー　米：五マナ：一〇ルピー

一二月二一日　チョウリコット　昼リミ村の外れ　夜カイガオン
朝　飯（四カップ、六人）　カレースープ（パルシー、ラーメン一個）
昼　ドライカレー　日本茶　飴　胡桃
夕　コーヒー　雑炊（パルシー、コンビーフ）　ロティ（コード、アタ）に蜂蜜　桃缶一個　ミカン二個

一二月二二日　朝カイガオン　昼夕リミ
朝　雑炊（アルファ米四個、パルシー）・カイガオンはパルシーが安い。昨夜、リミの女が一ルピーで五個買ってきたという。リミでは一個二ルピーと吹っかけられた。
昼　スパゲッティスープ（パルシー、スパゲッティ、固形スープ、ケチャップ）
夜　ニワトリの煮付け（アル、クイラ、ニワトリ、コンブ、醬油）　コードのロティ二枚ずつ

一二月二三日　リミ
朝　紅茶、クラッカー
昼　ツァンパ（四～五マナ、八人）　カボチャのカレースープ
・初めてのツァンパでシェルパはうれしそう。
三時　マカイ粉のビスケット（卵一、天ぷら油、ギー、胡桃、塩）茶
夜　ロティ　アルのカレースープ　干し蕪を戻して生で食べる

一二月二四日　リミ
朝　紅茶（ミルクなし）　クラッカー
昼　ツァンパ　パルシーとアルのカレースープ
三時　ツァンパを紅茶（塩、ギー入り）で練り、スープをかける。
・美味しい。これは携帯食としても最上。
夜　マカイのロティ（一人二枚）カレースープ（パルシー、フレーク一個）
夜食　クリスマスイブにつき、夜食に飴とガムを出す

一二月二五日　リミ
朝　紅茶（ミルクなし）　クラッカー
昼　マカイ粉のカレーすいとん（パルシー、アル）・これは不味くて不評。
三時　ポップコーン（天ぷら油、塩、大鍋を使用）日本茶・この辺りのポップコーンは深鍋で砂と一緒に煎る。
夜　マカイのロティ（一人二枚）　カレー（パルシー）

一二月二六日　リミ
朝　紅茶（ミルクなし）
昼　コーンスープ、パルシーの煮付け（パルシー、コンブ、醬油）・コーンスープはマカイギャラ（トウモロコシ粒）を昨日から火にかけておき、出来るだけつぶし、マカイピト（ト

ウモロコシ粉）をショウガ（スルケットで貰ったもの）、カレー、チリで味付けしたもの。ともに日本にはない味で皆満足し好評。ただしシェルパはそれほどではなさそう。

夜　ロティ（一人二枚）カレー（ゾーの肉、ジャガイモ）・ロティはパサンが焼くと厚すぎて美味くない。ミンマ、アンノック、パサンの順である。アンノックは漸くロティが作れるようになった。パサンとアンノック、チョウリコットまで食料買い出しに行く。・アル：二〇ダルニ、ゾーの肉：二八ルピー・一挙に我らの食糧事情は豊かになる。肉は乾燥肉にするため細長く切り、炉の上にかけまわした針金にかけて干す。なかなか壮観。骨も捨てずに使う。

一二月二七日　リミ

朝　クラッカー　紅茶

昼　カレー（パルシー、アル）ツァンパ　フレーク一個とタマゴ炒め

夜　ロティ　カレースープ（アル、パルシー、ゾーの骨）・骨は金槌で叩いて細かく砕いてスープに。

一二月二八日

朝　紅茶　スープ（アル、チキンボール一個、骨）

昼　ロティ　カレースープ

夜　チャン（一壺を薬缶三杯分に搾る）ゾーの肉（生乾きの肉を一人二切れずつ焼肉にする）カレースープ（アル、パルシー、骨）ロティ（一人二枚）・明日リンモに向かって出発するので、ささやかに前途を祝してチャンを買う。パサンが壺を担いで帰ってきた。ウワのチャンで一〇ルピー五〇パイサだという。チャンも冷やのままよりも少し燗を付けた方が美味い。一般には搾らずに、また燗もせずにそのまま飲むが、我々は搾って燗をして呑んだ。搾りかすはスープに入れた。チャンは水を加えて搾るので度数はビールよりも低いくらいになるので、大量に飲むことになり、ロティがたくさん余った。

一二月二九日　リミ出発

バラングラ峠下のダルマサール泊

朝　昨夜のロティ　カレースープ（アル、パルシー）・パルシーはカイガオンで買ったものがまだある。

昼　時間がなく、カイガオンの上でポップコーンを齧って済ます。

夜　コーヒー　マカイのロティ（一人二枚）カレースープ（アル、パルシー、フレーク一個）昨夜のチャン（食器一杯）・ボテとネパーリーの混成部隊で昼食の状況が違うので、こちらの昼食の時間が狂う。ボテは一日二回で、昼食抜きだが、

一回の食事に二時間くらいかける。ネパーリーは朝、昼食分のロティも焼いており、昼は一五分か二〇分で済ませてしまう。こちらが一時間もかけるとその間、動かないので、我々も夜、翌日の分も焼いて持参することにする。アンノックとダルマサールに泊まったボテに作らせたら、アンノックより遙かにボテの方が上手であった。・泊まり場についたら、まずコーヒーか紅茶を呑むのが日課になっている。

一二月三〇日　峠越え

朝　飯　カレー（アル、パルシー）

昼　ロティ二枚・峠越えの関係もあって、歩きながら昼食になる。とても不評。ドクターはほとんど食べられない。

夜　コーヒー　ロティ　カレー（アル）・食後、アルを熱灰で焼く。ここはアルが安い。マカイピトも安いがゴミが多く混じっている。マカイピト一二マナ買って、篩にかけたらゴミが二マナ分くらい出た。村の中に泊まるときには薪は買わなければならない。

一二月三一日　夜ティブリコット

朝　アルを入れたカレー雑炊

昼　昨夜焼いたマカイロティをクルサニ（トウガラシ）とヌン（塩）で食べる。水がなくロティを無理矢理、胃に落とす。

夜　マカイのロティ　サーブ連一枚　シェルパ二枚　カレー（アル）　サーブ連のみインスタントラーメン・大晦日、年越しソバはインスタントラーメンですます。アンノックが粉は一回分にも足りなくなっているのを報告せず。ここは粉も高くて、一マナ一ルピー。

一九六八年一月一日

朝　アルとパルシーとアルファ米四袋で味噌雑炊。昼食用にアルを茹でる。

昼　茹でたアルに塩をつけて食べる。

夜　コーヒー　チヌ・チャモール　カレー（アル）・ティブリコットでチヌ（粟）を買う。六マナ六ルピー。六マナ炊いたら八人で食べきれなかった。おかずなしでも食べられるくらい美味しかった。・元日というのに何もない。ここは薪集めさえ苦労する。

一月二日

朝　チヌのカレー雑炊　サーブは早出するボテポーターと一緒に出る。弁当も作れず。

昼　ドライカレー　日本茶　タマゴ一人一個・アンノックが先行し、昼食を用意して待っている手はずが先行しすぎて、ものすごい急斜面の途中で立ち食いする羽目に。ボテの出村でツァンパとタマゴ八個（一ルピーで四個）買う。

夜　コーヒー　飯　カレー（アルとパルシー）・リミで買いだめした米を出す。その米もあまり多くはないので、この先村がないと困ったことになりそうだ。・午後、やはりボテの冬村でツァンパ五マナ四ルピーで、二〇マナ買う。ボテのポータにマカイのトパをもらう。これは美味しい。

一月三日

朝　アル・パルシー・米の雑炊

昼　ツァンパ　ボテ茶（日本茶を使う）

夜　コーヒー　ダルスープ　飯（炒飯：赤貝一缶、ケチャップ）

・隊長は胃の調子悪くお粥に梅干し。ダルスープに使ったダルはジュムラで貰ったもの。

一月四日　リンモ冬村

朝　雑炊（昨夜のダルの残りを使う）　米はこれでおしまい。

昼　マカイのトパ（乾肉、ギー）　ツァンパ　昆布茶（コンブを細かく刻んで煮出した）・トパは肉をギーで炒め、水を加えて煮立ったところに粉をかき混ぜながら入れる。塩味をつける。これはマカイ粉の最も美味しい食べ方のように思う。ここも薪が少ない。

夜　インスタントラーメンのスープ　ツァンパ　串焼き一個

・隊長とクロさんは迎えに来たヨゴさんとリンモに先行する。ヨゴさんはミンマとドゥネイに行き先行していた。・食料が底をつく。開梱したいが、どれに食品が入っているかわからない。ポーターも食料が欠乏しはじめている。・ボテポーターからツァンパを四・五マナ買うことが出来て今夜の食事は何とかしのげた。あと残っているのはアル少し、マカイ粉少し、乾肉いくらか。

一月五日　昼時ポンモ到着

朝　雑炊（アルファ米、マカイ粉、アル）

昼　ツァンパ　カレー（乾肉）　茶（紅茶、ギー、塩）・村に着いたばかりで食料もない。ポーターから、またツァンパを買う。五〇マナ、四〇ルピー。・もちろん主食としてアルファ米、麺などあるが、これは出来るだけ残しておきたい。

夜　飯　カレー（肉）・ドゥネイから政府米が二〇パテ届く。ありがたいが砂やゴミの多い米である。スープには肉しか入れるものがない。ポンモは薪には不自由しないところだ。・リミでリンモに着いたら（リミにいた頃はリンモを目的地にしていた）ソバを打つつもりでパーパル（蕎麦）の粉を買っていたので、隊長が粉を練りはじめたが、粉が粗くて伸びず、苦みも強いので上手くいかず諦める。繋ぎの小麦粉がなかったせいもあるが、苦みが強くてそば切りにしても食べられなかっただろう。

一月六日　ポンモ第一日目

朝　クラッカー　紅茶

昼　ツァンパ　茶　肉スープ・ツァンパはシェルパに分けるとべらぼうに食べる。充分に食べさせたいが、財布の方が心配になるので、少しずつ分けることにする。

三時　紅茶

夜　ピース一缶　ウイスキー一瓶・到着祝いと新年の特別配給。カレー（クイラ、乾肉）もつ焼き四個　パーパルのロティ（一人二枚）・新年を改めてやり直す。ウイスキーは一瓶を九人で空ける。このウイスキーは兼増さんからのプレゼント。隊長は酔ってしまう。・正月気分になる。・パーパルのロティは昨夜ソバを打つつもりで捏ねたものにアタ三マナ、ツァンパ一・五マナを加えてこね直したものである。パーパルを使うときはドロドロに捏ねる。・ロティを作るのにアタ（小麦粉）が必要で、ミンマが今回だけだといって一マナ、一ルピーで三マナ買ってくる。・ポンモではクイラ（蕪）が手に入る。クイラは柔らかくて美味い。・粉類は、アタ、ツァンパともに一マナが一・五ルピー。今までのところに比べると高い。出来るだけ買わないで様子を見ることにする。・朝まだ寝ているところに、昨日ツァンパを買ったボテのポーターが、もっと売りたいといってくる。五マナ四ルピーである。結局彼の持っているツァンパを全部買ってしまった。彼はツァンパを売るつもりでここまで持ってきたのである。売る相手が村人だったのか、我々だったのかは不明だが……。

一月七日

朝　クラッカー　紅茶

昼　スープ（アル、骨）ロティ（一人半枚）ツァンパ（一人約一マナ）茶・ロティは昨日のパーパルの残り。ツァンパは、ティーカップに一杯半で、約一マナ。ツァンパ用の茶は紅茶か日本茶にギーと塩を入れる。日本茶の方が美味いように思われる。・パルダンがアルを約一ダルニくれる。久しぶりにアルのスープを作る。

三時　紅茶

夜　味噌肉汁（アル、クイラ、ごま油、昼に使った骨—肉が大分ついている—を叩いてもう一度ダシを取る）飯・パサンがパルダン家の大きいクイラを一個貰ってくる。・久しぶりに食べた味噌とごま油が何ともいえず美味い。・粉はパーパル、アタ、ツァンパ共に一マナ一ルピーと決まる。・アルは一テ（ここでは約三マナ）が一ルピー。クイラは交渉次第ということになる。

※ポンモ滞在中の食事は、
朝　クラッカーに茶　午前八時
昼　スープにツァンパかロティ　一二時
三時　紅茶かコーヒー　午後三時
夜　飯とスープ　午後六時
を基本とする。従って、ここで買わねばならないのは、粉・アル・クイラ・塩くらい。一日に必要な量は概ね、アル：一テ：一ルピー、クイラ：一ルピー、粉：八～一〇ルピー。粉食で最も高くつくのはツァンパ、一人一マナでは足りない。特にシェルパは足りない様である。パーパルだと、一〇人八マナですむが、アタは八～九マナ必要である。

一月八日
朝　クラッカー　紅茶
昼　ツァンパ　肉のカレースープ
三時　紅茶
夜　飯、カレー（骨）

一月九日
朝　クラッカー　紅茶
昼　ツァンパ　日本茶　カレー（アル、クイラ）
三時　紅茶
夜　飯　カレー（骨、アル、クイラ）

一月一〇日
朝　クラッカー　紅茶
昼　ツァンパ　茶　コーンスープ（大和煮三個、インスタントスープ）・マカイはリミで買ったギャラを一日煮て、潰す。インスタントスープは味が悪い。他の人たちは結構いけるというが、リミで懲りたのがまだ忘れられず、捨ててしまおうかと思うくらいである。・缶詰はコンビーフ、チキンボールを除き、他のインスタント食品と共にスープに入れても美味しくない。味がついているためだろう。
三時　紅茶
夜　飯　カレー（肉、アル、クイラ）
夜食　コーヒー　ミカンの缶詰一缶・ドクター、ヨゴさん、ミンマは昼食後ゴンパへ出かける。明後日帰る予定である。・今日は隊長の誕生日。・ポーターから買ったツァンパがなくなり、村人から買わざるを得ない。ミンマがNo.7a（シンドゥル）と話をつけてくる。ミンマは何軒もの計量升を見て回ったが、No.7aの升が一番大きいという。・ツァンパ七マナ、アタ、パーパル併せて七マナ買う。

一月一一日

朝　クラッカー　紅茶

昼　ロティ（一人二枚）アタ三マナ　パーパル四マナ　カレー（アル、乾肉）・ロティ：七人で七マナの粉。特大が二枚ずつ出来た。一人一マナは多すぎる。

夜　飯　カレー（アル、マス）生蕪（大三個を千切りにし、ワカメと醤油、塩で和える）・クイラ（蕪）はNo.6より貰った。アルをNo.7cより一〇テ買う。

一月一二日

朝　クラッカー　紅茶

昼　ツァンパ（七マナ）、カレー（アル）

三時　紅茶

夜　飯　カレー（アル、クイラ）

一月一三日

朝　クラッカー　紅茶

昼　ロティ（パーパル、アタ）・ツァンパのトパ（ツァンパ二マナと肉）

三時　コーヒー

夜　飯　カレー（アル、マス）・ティブリコットのゾーの肉は

　これで最後。ずいぶん長く保ったものである・トパはツァンパでも作れることを村人の食事を見て知る。真似て見るとまあまあの味。マカイピトの方が美味い。・朝食後に、パルデン・ラマがアタを売りに来る。一〇マナ八ルピーということで前金として五ルピー渡す。・テシがギーを売りたいといって来る。値段についてはパルダンに聞いてからとのことだ。リミで一ダル二〇ルピーだったので、それ以上では買わないといっておく。・パーパル一三マナ、アタ七マナ、ツァンパ二〇マナを合計四〇ルピーでシンドゥル（No.7a）から買う。

一月一四日

朝　クラッカー　紅茶

昼　ロティ　味噌汁（アル、クイラ）

三時　コーヒー

夜　飯　カレー（アル、クイラ、焼肉二個）

夜食　コーヒー　ミカン二缶・缶詰はカレーに入れても少量では駄目。特に焼肉、大和煮は駄目。・パルデン・ラマが昨日約束した粉を持ってくる。シンドゥルに聞いたらマナコルピア（一マナ一ルピ）だというから、俺にも同じようにしてくれというのを断る。結局一二マナ持ってきて一〇ルピーということで、残り五ルピーを渡す。・パルダンの家で正月用のチャンを仕込んで貰うことになり、午前中プルバと一緒に行き、ウワ八マナ、ガウン八マナ、計一六マナ

を買う。値段は粒の場合一マナが一ルピー五〇パイサだということで合計二四ルピー払う。明日、パルダンの母が仕込むというので見物させて貰うよう頼む。・パルダンの家のマナ升は小さい。文句をいうと、ガバメント・マナだから正確に一マナだと答えた。

一月一五日

朝　クラッカー　紅茶
昼　ツァンパ　茶　カレー（アル、クイラ）
三時　紅茶（ウイスキー入り）
夜　飯　カレー（アル、クイラ）　蕪のアツァール（ワカメ、乾蕪、生蕪）　ボテ茶・ウイスキー紅茶（ドクター作、消毒用アルコールに水と蜂蜜を入れて攪拌すると安ウイスキーの味になる）。・パルダンからクイラを買う。中くらいのクイラを四個一ルピーで、三ルピー一二個。

一月一六日

朝　クラッカー　紅茶
昼　ツァンパ　昆布茶　カレー（アル、クイラ）
三時　ボテ茶・サッカリンもなくなりそうなので紅茶を止めてボテ茶にする。ギーは手に入るので、その方が良さそう。ドクターはコーヒー要望。
夜　飯　カレー（アル、クイラ）　茶碗蒸し・茶碗蒸しは缶詰の空缶を利用して大鍋で湯煎する。シェルパ達は食事前のオヤツだと思ったらしい。飯、スープを分ける前に食べはじめた。・フレークは使い忘れた。明日トパに炒めて入れてみよう。・午後、食料チェック。梱包を全部開けて細かく数量を調べ、献立表を作る。ひとまず一月分の献立を作り、表にして常に下の部屋に置いておき、私がいなくてもわかるようにする。・シンドゥルがクイラの大きいのを三個持ってきた。先日もムラをくれた。粉を買うことのお礼らしい。律儀な人だ。

〔ポンモでの食事日誌は以上で終わり一月一七日から二月二九日までは脱けている。以下は帰途キャラバンの食事日記になる。〕

帰途キャラバンの食事日記

※食料チェック
主食　・ドゥネイ米が予想以上に残り、キャラバン中は朝と夜に食べて、三月五日夜まであった。・アルファ米は全部で約一二〇袋あり、昼食に充てる。三月五日以後は、三度共アルファ米を使い三月一四日まであった。・ツァンパ：約一〇マナ。アタ：約一〇マナ。パーパル：約四マナ。

副食　・缶詰類：少量　約二〇個。・クイラは乾しクイラで、一〇日分ほどで長持ちした。クイラの干葉。他にアル。・乾肉は二月二二日に購入。ほとんど毎日食べて三月六日まで。但し、カチカチに乾いて極めて硬かった。・インスタントラーメン：数量不明。・甘味料：砂糖：一日一個使って、ほぼ全行程持つ。飴・チョコレート・ガム。・その他揚げコンブ。コンブ、ワカメ。味噌：味噌汁にするより、そのままおかずにして美味い。梅干し。

一九六八年三月一日　ポンモ出発

夜ラジャジガオンの川原

朝　雑炊（肉、アル、クイラ、コンビーフ、大和煮四個）

・ポンモ最後の食事。

昼　時間なく、昼食なし

夜　紅茶　飯　カレー（アル、クイラ、肉）　チョコレート二枚

・ポンモの連中に茶をご馳走になる。

三月二日

朝　雑炊（肉、アル、クイラ）

昼　飯（アルファ米）　カレー（ビーフカレー二個、アル）

・飯もカレーも日本の味。いくらポンモの食事に慣れたとはいえ、日本の味は、それ以上に美味いと思える。アルファ米は銀シャリの味だ。これだけで美味しく食べられる。

夜　紅茶　飯　味噌汁（干葉、ワカメ）　赤貝三個　・久しぶりの青菜が美味しかった。・昼にアルファ米九個、七人で作ったが充分であった。八個でも足りる様だ。

私たちの昼食はカレーと銀シャリ。日本の味

三月三日　スリガート泊
朝　雑炊（干しクイラ、干葉）
昼　アルファ米九個　ラーメンスープ（ラーメン三個、干しクイラ、葉）梅干し・アルファ米の飯とラーメンのスープ、実に美味い。梅干しはシェルパの口にも合うようだ。・昼間、ガムを配る。ガムは喉の渇きを止める。
夜　紅茶　飯　カレー（肉、干しクイラ、葉）マーブル一個
……雛祭りを祝って・スリガートも薪なし。

三月四日
朝　雑炊（肉、干しクイラ、葉）・肉はあまりにも硬いので昨夜のうちから切って水に浸けておく。・出発直前に、この先には薪も水もないから、昼飯を作っていくといいだした。ブツブツいいながら、アタのロティを七枚焼かせる。
昼　ロティ一枚ずつ　串焼き一個　・上の組は水もなし。下の組は草原だが、上も下も木（薪）はない。・カンカン照りの中で、ロティをようやくの思いで口に押し込む。
夜（ティブリコット泊）紅茶　チャン　飯　揚げコンブ　串焼き一個　福神漬け　カレー（肉、干し蕪、葉）・チャンはルマで買う。薬缶一杯チャンの素を四ルピーで買って下げて歩く。少し酸味があるが美味。・揚げコンブは名案だった。・薪代を払わなければならない。・プルバがドゥネイからライオン（煙草）五〇箱買ってくる。ギーも肉もない。

三月五日　ティブリコット　夜パーラ
朝　雑炊（肉、干しクイラ、葉）
昼　アルファ米九個　ラーメンスープ（ラーメン二個、スパゲッティ一個、干クイラ、葉）梅干し（最後）・薪にするような木はない。枯草を集め、牛糞も使い、やっと炊事が出来る。ラジウスをキャラバン中初めて使う。
夜　紅茶　飯　カレー（コンビーフ二個、アル、干クイラ）・薪なし、一ルピーで買う。高度が下がったせいであろうか、飯が美味しく炊ける。しかし米はこれで最後。・アルが安い。六ルピー分買う。・昼食時に使ったラジウスから石油が漏れ、飴類、クイラにつく。石油にはいつまでも悩まされる。
夜食　チョコレート

三月六日　パーラ　夜ツルダーラ
朝　雑炊（アルファ米四、アル、干クイラ）雑炊は少し残った。犬にやる。
昼　アルファ米九個　カレー（アル、クイラ）　味噌・ポーターの食べているロティが美味そう。
夜　アルファ米一〇個　ポタージュスープ（チキンボール一個、マッシュポテト一、アル）・朝昼晩とアルファ米を使い始める。

朝四・昼九・夜一〇の割合でどこまで保つだろうか？・肉はなくなった。・宿泊地に着くとポーター連から茶をご馳走になり、彼らに紅茶をご馳走するのが恒例になっている。

三月七日　ツルダーラ　夜ペチ

朝　雑炊（アルファ米四、アル、クイラ）

昼　飯（アルファ米九）　カレースープ（アル、クイラ）　味噌

夜　紅茶　飯（アルファ米一〇個）　カレースープ（干クイラ・葉）

福神漬一　串焼き一

夜食　チョコレート一・干クイラ、葉共に乏しくなる。明日にでも何か買わないと。

三月八日　ペチ　夜イラ村の下のダルマサール

朝　雑炊（アルファ米四、干クイラ）

昼　飯（アルファ米九）ラーメンスープ（ラーメン四個、干クイラ）

味噌・薪が乏しいので畑に立枯れているマカイの茎を集めて燃し、ラジウスも使う。

三時　紅茶　チョコレート二個

夜　飯（アルファ米一〇）　カレースープ（コーンフレーク一、干クイラ）　パラウリサグのスープ・パラウリサグはイラクサに似た草。時間をもてあましたのと、ジュムラの近くでアンノックが食べられると言っていたのを思い出し、先の方の柔らかい部分を摘み、スープに入れる。生卵に似た味になる。熱湯に入れ、かき混ぜると細かく崩れる〔溶ける〕。それに粉を加え、塩で味を付ける。〔パラウリサグはシスネ（イラクサ）のこと。シスネのスープはこの上なく美味く春の味だった〕

三月九日　イラのダルマサール　夜ルン

朝　昨夜の残りを雑炊にする。

昼　アルファ米九　パラウリサグのスープ　串焼き一個　味噌

・先発したクロさん・西ヤンに弁当（飯、串焼き、味噌）。

・時間を持てあまし、またスープに入れるものもないので、パラウリサグを摘む。

夜　紅茶　ロティ（マカイ）　ニワトリのカレー・イラでは粉は一ルピー一マナということだったが買えなかった。・ニワトリは二羽二〇ルピーというのを、八ルピーに値切って買う。小さいので二羽でも肉は少ない。・ルンで粉が買えた。二マナ一ルピーで一〇マナ買う。久しぶりにマカイのロティを食べる。美味しい。・ルンはトクリの村でロキシーもチャンもない。

三月一〇日

朝　昨夜のスープの残りで雑炊（アルファ米四）

昼　紅茶　ツァンパ

夜　紅茶　飯（アルファ米一〇個）　カレー（干クイラ）・ここは水場が遠い。

三月一一日

朝　雑炊（アルファ米四個）　味噌

昼　飯（アルファ米九個）　ラーメンスープ（ラーメン三個、パラウリサグ）味噌・野菜が手に入らない日が続く。パラウリサグはありがたい。休憩時に摘む。

夜　飯（アルファ米一〇個）　すまし汁（パラウリサグ、フレーク一個）　このすまし汁はなかなかいける。

三月一二日

朝　カレーの雑炊（干クイラ、アルファ米四個）

昼　飯（アルファ米六個）　ラーメン（ラーメン九個、イラクサ）

・アルファ米が六個しか出してなく、不足分をラーメンを多めに使う。醤油を入れすぎて午後は喉が渇く。

夜　飯（アルファ米九個）　マカイのトパ（コンビーフ二個）・いよいよ干クイラもなくなった。スープを作るも入れるものなし。・粉、米の類は村があっても買えない。・南に下って、水が悪くなる。・途中の村はチェトリの村でロキシーもなければ肉もない。空威張りで、こすっからい。

三月一三日　夜ジャガティ

朝　雑炊（アルファ米四個、干クイラ）

昼　飯（アルファ米七個）　ラーメンスープ（ラーメン四個、ワカメ）ツァンパ　チョコレート一個

夜　紅茶　飯（アルファ米九個）　ツァンパのトパ（コンビーフ一個）味噌・アルファ米は最後の箱。クイラもほとんどなし。

・米も粉も手に入らず

三月一四日

朝　雑炊（アルファ米四個）……雑炊というよりお粥に近い。

・朝食後パサンを上の村まで食料調達にやる。米を二〇マナ買ってくる。やれやれだ。・ロティが食べたいが、粉が手に入らない。

昼　飯（アルファ米九）　ラーメンスープ（ラーメン四個）　海苔味噌・海苔は西ヤンが持っていたもの。

夜　紅茶　飯　ツァンパのトパ（コンビーフ一）・明日からは米も粉も手に入るという。・水がとても悪くなった。

三月一五日

朝　雑炊　昼の分も炊く。

昼　冷や飯　ラーメンスープ（ラーメン四個）味噌　紅茶・山の中腹の松林に湧水がある。量も少なく濁っており、その

ままでは飲めないので、食事の前に紅茶を作る。・暑いので冷や飯が美味い。

三時　茶・帰路初めての茶屋、茶一杯二〇パイサ。ロキシー三ボトル六ルピー。米は一マナ一ルピー。マカイピトは一パテ三ルピーとのことで、買おうとしたらポーターが自分たちのを買ってくれという。二パテ六ルピーで買う約束をする。

夜　紅茶　ロキシー　揚げコンブ　串焼き一個　マカイのロティと蜂蜜　ツァンパのトパ・薪なし。ラジウスでロティを焼くがあまり上手くいかない。それでも久しぶりのロティは美味しい。

三月一六日

朝　白粥　・いよいよ雑炊に入れるものがなくなり、白粥にする。

昼　紅茶　飯　ラーメンスープ（ラーメン三個）・ラーメンはこれでおしまい。よく保ったものである。・水が悪くなった。おかげで紅茶が二回飲める。・ここも薪がないのでラジウスを一台使う。

夜　紅茶　マカイのロティ　ニワトリのカレースープ・ニワトリは薪と共に一〇ルピーで買う。雄鶏である。粉はやはりポーターから一パテ三ルピーで買う。

三月一七日

朝　白粥　・昼食用にロティを焼く。粉の足りない分は、一・五マナを一ルピーでポーターから買う。

一〇時　茶店でマンパリ（落花生）とダヒ（ヨーグルト）を買う。・マンパリはコップ一杯が五〇パイサ。ダヒも一杯五〇パイサ。アルを一ルピー買う。これが売り物かと思うほど小粒である。

昼　ロティ（バターをつける）　カレー（アル）　紅茶

夜　ロキシー　飯　山羊のフライ肉と焼肉　カボチャ（パルシー）とコンブの醤油煮・昼頃通った峠の村で米一〇マナ、砂糖、パルシー、アルが手に入る。米一マナ一ルピー、砂糖一シェル五ルピー、パルシーは五〇パイサ。・近くのサルキ（革加工カースト）からロキシーと山羊一頭を買う。ポータ代が安く上がる分で山羊を買おうという西ヤンの提案。・ロキシーは比較的上等。久しぶりに肉をふんだんに食べ、満足まんぞく。

三月一八日

朝　雑炊（山羊肉、アル）

昼　紅茶　飯　カレー（昨夜の煮付けの残りと肉）
　・飴を買う。甘くない。

夜　紅茶　飯　カレー（パルシー、肉）　ロキシー（昨日の残り）

アミロ（夏ミカンか？）

・茶屋が点々とあるが、たいてい閉まっている。

・川原の茶屋で米八マナ買う。

・アミロを一一個一ルピーで手に入れる。ダイレク以来の果物で美味かった。〔一本まるごと買い、自分たちでもいだ。酸味が強いが、野菜果物に飢えていたせいか、その酸っぱさが新鮮で、とても美味く感じた（田村）〕

・山羊の肉にはそろそろ飽きがきた。

三月一九日　午後ダン着

朝　粥（山羊の臓物入り。肉の甘ったるさが気になる）

昼　ダヒ一〇マナ（一人一～二マナ）　飯　カレー（パルシー、肉）

・ダヒはとても美味かった。ここのマナ枡は大きかった。

・村の水場を使うが、チョロチョロで、水を汲むだけで三〇分位かかった。ここもまた薪なし、買う。〔今は乾期の終り近くで、最も湧水の少ない時期である〕

夜　飯　カレー（アル）　山羊肉の煮付け

・ダンは水も薪もないところである。水は泥水である。ラジウス二台使って料理をする。

・山羊肉は最後。

三月二〇日　ダン

朝　紅茶　飯　カレー（アル）

昼　昼食なし。アンノックがお茶だけ作ってくれた。

夜　ロキシー　キャベツのバター炒め　ポタージュスープ（アル、コンビーフ一、チキンボール一）

テント場近くのサルキが飼っていた山羊。
久し振りに肉が食いたい！

腰が据わった構えからククリを一閃

サルキの手際の良さはシェルパも
手出し不要。頭部もきれいに処理

・キャベツ一個、一・九ルピー。ロキシーはポリタンク一杯、一〇ルピー。

三月二二日　ダン　カトマンズ

朝　紅茶　ダヒ　飯　ダルスープ

・マンパリ（落花生）を石油の空缶と交換する。

・ダンには数日前に国王の行幸があったとかで、バザールの道には両側にバナナが門松のように立てられていた。王は神に近い聖なる人なのであろう。

ダン辺りまで来るとチャイハナが現れ、ミルク入りの紅茶が飲めるようになった

《付4》西部ネパール民族文化調査隊行動記録

一九六七年九月九日　横浜出港

　MMカンボジー号（フランス郵船、貨客船）

〃九月一三・一四日　香港

九月一六日　マニラ寄港

九月二〇・二一日　バンコック寄港

　松沢、西山先発として空路カルカッタへ

九月二三・二五日　シンガポール寄港

九月二九日　コロンボ到着、上陸　ホテル日本宿泊

一〇月二日　コロンボ出発→

　三日　（セイロン）タライマンナー→（連絡船）

　三・四日　ラメシュワラム（インド）上陸、発→マドラス

　五・六日　マドラス→汽車カルカッタ

一〇月七日　ハウラホ駅（カルカッタ）到着、西山出迎え。ブラックバンレーンのチベット人ホテルクンガに宿泊、大部屋、チベット人留学生二人同室一日三ルピー、木村個室五ルピー。税関などがプジャのため休業（一七日まで役所等すべて休み）。

一〇月一七日　荷物クリアリング、通関開始。

一〇月二三日　本隊（小田、黒田、松沢、神崎、木村）カトマンズへ

　二六日　本隊カトマンズ到着

一〇月三一日　荷物通関終了

　西山・田村ラクソールへ出発

一一月一日　西山・田村ラクソール着。荷物待ち。ドアース（運送会社）の倉庫番の小屋泊

一一月三日　ビルガンジまで木村来る。

一一月四日　荷物来ず、西山確認のためあと戻る。主要な駅、訪ね訪ねて結局、ハウラまで戻り、貨車一両だけ残されているのを確認する。

一一月一〇日　田村、木村写真撮影のため村方まで足をのばし、中国人のスパイと間違われて警察に通報され、引っ張られるも、身元確認済みのためすぐ釈放される。

一一月一三日　松沢ビルガンジまで来る。

一一月一四日　荷物到着、西山ラクソール帰着

一一月一五日　荷物国境通過、田村、西山ネパール入国。待っていた松沢、木村と四人、荷物と共にトラックでカトマンズへ向かう。

一一月一六日　荷物隊カトマンズ着。本隊と合流。

一一月一九日　荷物通関終了、出発準備
一一月二三日　小田、黒田、神崎空路スルケットへ先発
一一月二四日　小田ドクター小川の畔の草っ原で診療開始、大繁盛。
一一月二七日　松沢、西山、木村、田村、空路スルケットへ
一一月二九日　ダイレク、ジュムラ方面へのキャラバン開始
一一月三〇日　西山、田村は一日遅れてきたポーターを連れて出発
一二月二～四日　ダイレク到着。ポーター交替。ドクター診療。
一二月五日　小田、黒田、神崎ダイレク出発。松沢、田村、木村は翌日出発。西山は四日ポーター集めに隣村へ六日合流。二〇人余のポーターは一箇所では難しく、苦労する。
一二月八日　ディリコット着、先行隊と合流
一二月一二日　ジュムラ着。ポーター交替。調査地の情報収集。ドクター診療。
～一五日　ジュムラ
一二月一六日　ジュムラ発。松沢新設の日本大使館勤務のため、ジュムラで分かれ、カトマンズに帰る（一二月より正式勤務）。
一二月二一日　カイガオン着。神崎ドゥネイ役所に挨拶に行く。二六日帰りリミで合流
一二月二二日～二八日　リミに引返し、交易関係調査
一二月二九日　リミ出発
一二月三一日　ティブリコット着。ポーター交替
一九六八年一月五日　ポンモ着
～二月二九日　～ポンモ滞在調査
二月二一日　小田ドクタードゥネイ行き、医療サービス
二月二六日　神崎ドゥネイ行き、ドクターに合流
二月二九日　小田・神崎ドゥネイ発、
三月一日　本隊ポンモ発。村人（一五人）ポーターとして同行
三月八・九日　本隊イラ着。ポーター交替
ポンモの村人とここで別れる。
三月一三日　小田・神崎ダン着
一四日　〃　カトマンズへ空路帰着
三月一九日　本隊ダン空港着
三月二一日　本隊カトマンズ帰着
同日　小田空路カルカッタへ
二三日　小田成田へ、東京帰着
四月一〇日　黒田・木村・田村カトマンズ→空路パトナ→空路カルカッタ
四月一二日　黒田・木村・田村カルカッタ→空路ボンベイ

〃　　　　　　　神崎・西山カトマンズ→空路パトナ
四月一三・一四日　神崎・西山パトナ→汽車ボンベイ
　　　　　　　全員集結
四月一九日　ボンベイ出港、ＭＭラオス号
　　　　　　コロンボ寄港
四月二六日　シンガポール寄港
四月二八・二九日　バンコック寄港
五月三日　マニラ寄港
五月五・六日　香港寄港
五月一二日　横浜帰着

西部ネパール民族文化調査隊
〈前列左より〉アンノック、小田（ドクター）、田村（隊長）、木村（マチコ）、西山（西ヤン）
〈中列〉プルバ、パサン　〈後列〉ミンマ、松沢（ノリさん）、神崎（ヨゴさん）、黒田（クロさん）

編著者
田村 善次郎（たむら　ぜんじろう）
1934 年福岡県生まれ。東京農業大学卒業。同大学院修士課程修了。武蔵野美術大学教授、同附属美術図書館館長。2005 年退職、名誉教授。

著　者　［西部ネパール民族文化調査隊］
小田 晋（おだ　すすむ）
1933年生。精神科医。専門は精神病理学。筑波大学名誉教授。国際医療福祉大学名誉教授。元·帝塚山学院大学教授。医学博士。2013年没。

神崎宣武（かんざき　のりたけ）
1944年生。武蔵野美術大学卒業。國學院大学卒業。岡山県宇佐八幡神社宮司。元・旅の文化研究所所長。

木村（田村）真知子（きむら　まちこ）
1941年生。早稲田大学卒業。早大アジア学会所属。日本ネパール協会理事。1995年没。

黒田信一郎（くろだ　しんいちろう）
1939年生。東京外国語大学卒業。北海道大学文学部助教授。専門は文化人類学。1991年没。

西山昭宣（にしやま　あきのり）
1942年生。早稲田大学卒業。早大アジア学会所属。元・日本観光文化研究所事務局長。元・都立高校教諭。

松沢憲夫（まつざわ　のりお）
1941年生。早稲田大学卒業。早大アジア学会所属。元・在ネパール大使館員。日本ネパール文化協会員。国際協力事業団（JICA）鉱工業開発協力部部長、中国事務所長。

ヒマラヤ旅日記　―ネパールポンモ村滞在記

2025年 1月25日　初版第1刷発行

編著者　田村善次郎
発行者　八坂立人
印刷·製本　モリモト印刷（株）

発行所　（株）八坂書房
〒101-0064 東京都千代田区神田猿楽町1-4-11
TEL.03-3293-7975　FAX.03-3293-7977
URL. http://www.yasakashobo.co.jp

ISBN978-4-89694-373-3